江苏省重点史志作品编纂出版资助项目

江苏省地方志工作办公室
南京市地方志办公室 指导

雨花臺志

南京市雨花台烈士陵园管理局 编

南京出版传媒集团
南京出版社

雨花台全景

图书在版编目（CIP）数据

雨花台志 / 南京市雨花台烈上陵园管理局编. -- 南京：南京出版社

ISBN 978-7-5533-4355-6

Ⅰ. ①雨… Ⅱ. ①南… Ⅲ. ①革命烈士 – 陵园 – 概况 – 南京 Ⅳ. ①K878.2

中国国家版本馆CIP数据核字（2023）第161800号

书　　名　雨花台志
编　　者　南京市雨花台烈士陵园管理局
封面题字　洪　炜
出版发行　南京出版传媒集团
　　　　　南　京　出　版　社
社　　址　南京市玄武区太平门街53号
邮　　编　210016
联系电话　025-83283873、83283864（营销）　025-83112257（编务）

策划统筹　翟聪睿
责任编辑　翟聪睿　冯展君　李雅凡　王晓晨
装帧设计　王　俊
责任印制　杨福彬

排　　版　南京新华丰制版有限公司
印　　刷　南京爱德印刷有限公司
开　　本　889 毫米 × 1194 毫米　1/16
印　　张　42.5　　彩插　41
字　　数　1186千
版　　次　2024年12月第 1 版
印　　次　2024年12月第 1 次印刷
书　　号　ISBN 978-7-5533-4355-6
定　　价　700.00 元

《雨花台志》编辑委员会

业务指导 郑国军 高 磊 严晓明 朱莉萍 郭传良 刘 猛
凌柳凤 时觉非 吕晓红 乔 鸣 吴 军 李林洁

终审专家 吴逵隆 王志高 陈 红

图片提供 唐志强 朱向东 陆 晖 魏 星 魏福春 吴 靖
段仁虎 傅 鑫 唐 恺 赵莉萍 周为海 皇甫夏培
白 莹

序

《雨花台志》一书，经过本志编委会全体专家学者五年的艰辛耕耘与努力，终于即将面世。这是继《雨花台烈士陵园志》后又一部地域特色鲜明的地方性专志，记述了雨花台数千年历史沉淀的厚重文化。《雨花台志》将本地区的历史与现状、自然与社会的方方面面展现在世人面前，展示出一幅幅生动的以雨花台为背景的南京历史长卷。本志涉及面广，内容丰富，既有自然学科的内容，包括地理、地质、地形地貌、水域、土壤、气候、资源、物产；也涉及社会人文学科的各个领域，如政治、军事、宗教、民俗、古迹遗址、教育、科技、交通以及本地区的人口变化等，包括在雨花台地区发生的重大历史事件及与之产生交集的历史人物，无不收录其中。

雨花台之名源于佛家的讲经说法台，它是地理标志，也是人文标志。在历史的各个阶段，其文化内涵于不同领域发挥种种影响并不断得以延伸。

据考古发现，早在商周时期，今雨花台中华门外西街一带已有先民聚居。周元王四年（前 472），越王勾践令范蠡于今雨花台北麓、中华门外西街一带建造了一座城池，史称“越城”，亦称“范蠡城”，这是有史料记载的南京筑城史的端始。六朝之际，先后又出现了新亭、劳劳亭、陆机宅、甘露井、讲经坡、麾扇渡、善世桥、落马涧等名胜。东吴时期，在今雨花台北麓长干里建有阿育王塔，此塔与建初寺同为江南佛教塔寺之始。东晋后又在旧址上重建僧寺并立塔，命名为长干寺。之后，雨花台地区陆续出现了一批寺院玄观。

雨花台自古以来有“金陵南大门”之称，因其地势略高于城市，是南京城南之重要高地，历来为驻军设防的军事制高点，曾发生过顾荣、周玘讨伐陈敏，萧衍灭齐建梁，湘军、太平军雨花台战役，辛亥革命雨花台之役，抗日战争南京保卫战雨花台、赛虹桥战斗等南京历史上数十次较有影响的军事战役和冲突。

雨花台地区流传下来许多颇有影响的老地名，如长干里、能仁里、凤台门、安德门、望江矶等。唐宋之际，诗人们尝以长干里为诗题，如唐代的崔颢、李白、李益等，宋代的槐京、苏颂、李之仪、陆游、杨万里等，他们所写诗歌均对长干地区的人文景观或风俗民情做了真挚细致的描述与赞颂，形成了千百年来特有的金陵长干文化。

爱国主义精神与中华优秀传统文化在雨花台这块土地是传承有序的。自古以来，许多杰出的政治、军事、文化名人的祭祀祠堂或墓冢安奉于此，其中以杨邦乂、文天祥、方孝孺等一批忠臣义士的祠、墓最具代表性。新民主主义革命时期，成千累万共产党人和爱国志士为了全民族的解放，为了新中国的建立，英勇牺牲在雨花台，换来了中国革命的胜利。1949 年 12 月，党和政府就在雨花台兴建烈士陵园，以纪念先烈，教育后人。作为新中国成立后建设最早、规模最大的纪念性陵园之一，雨花台烈士陵园一直是全国著名的纪念圣地、教育基地和红色地标。

2014 年 12 月，习近平总书记在视察江苏时指出，“在雨花台留下姓名的烈士就有 1519 名，他们的事迹展示了中国共产党人的崇高理想信念、高尚道德情操、为民牺牲的大无畏精神。要注意用好用活丰富的党史资源，使之成为激励人民不断开拓前进的强大精神力量”。

如今每年前来雨花台参观凭吊的社会各界人士超 500 万人次，每年以雨花英烈为主题的宣传报道、文艺作品等网络阅读量达数亿。雨花英烈事迹与精神深深根植于广大人民心中，成为具有全党价值、全国意义的红色文化标识。

为了凸显雨花台地区的时代特色，全书增设“周边社会”一章，对雨花台地区科技、教育、工商业、城市建设、人口分布以及基层党政机构等诸方面的基本情况做了较为系统的介绍与叙述。其中，在雨花台南麓，除了人们熟知的历史文化名胜古迹外，还有具有现代意义的科技产业，特别是电子行业——中国（南京）软件谷（以下称软件谷）。软件谷于2011年8月2日正式揭牌，是中国首个千亿级软件产业基地，全国首批国家新型工业化（软件和信息服务业）示范基地、首批国家数字服务出口基地。

本志作为雨花台地区的首部专志，编纂历时五年，文字内容达100余万字，书中瑕疵不可避免，有些历史难题有待进一步深入探讨与考证，不当之处，敬请指正。

是为序。

《雨花台志》编委会

2024年11月

凡　例

一、《雨花台志》是南京历史上第一部全面反映雨花台地区历史与现状的专业性志书，以马克思列宁主义、毛泽东思想、邓小平理论、“三个代表”重要思想、科学发展观、习近平新时代中国特色社会主义思想为指导，坚持辩证唯物主义和历史唯物主义的立场、观点和方法，全面、系统、客观记述雨花台地区的历史与现状。

二、本志所收录“雨花台”概念的内容范围：东至晨光路、卡子门大街、双龙大道一线，南至秦淮新河（新林浦故道），西至南河，北至中华门城墙，周围全长28.2千米，总面积约36.8平方千米。

三、本志追溯历史，时间上限不限，下限至2022年8月底，特别重要的人物或事件记述可延至本志出版前。

四、本志由“综述”“环境 资源”“周边社会”“古迹遗址”“人物”“重大战事”“烈士陵园”“艺文”等章以及“大事记”“附录”组成。志书前后分别有“序”与“后记”。

五、本志一般采用章节体，“古迹遗址”“人物”“重大战事”三章则以一地（人）为一条或一事为一节；“大事记”以编年体为主，辅以纪事本末体。

六、本志以志体为主，辅以记、述、传、录、图表、照片诸形式。对个别资料匮乏存疑史实，为勾勒事物原貌与缘由，根据志书的原则，在特定的框架内适当地加以分析或论述。

七、本志记述，横排竖写，即按时间顺序记述。除“综述”一类可以夹叙夹议外，全书原则：秉笔直书，直陈其事；叙而不论，寓观点于史实中。

八、“周边社会”章全面系统地对狭义的雨花台，即今雨花台烈士陵园所在区域周边社会的基本情况做介绍与叙述，展现其当今政治、经济、交通、科技、教育、文化以及人民生活各个方面的发展状况，凸显出这部专志新的时代特色。

九、“人物”章收录与雨花台地区相关的著名历史人物事迹，分“历代名人”“历代僧人”“雨花英烈”“南京保卫战阵亡将士”“抗日外交九烈士”五节，其中历代名人、历代僧人按出生年份排序，雨花英烈按牺牲时间排序，南京保卫战阵亡将士、抗日外交九烈士按职务级别排序。

十、历史纪年，原则上历代年号排前，后面加括号，注明公元纪年。如：明永乐六年（1408）。1912年以后，一律采用公元纪年。

十一、本志撰写采用正体字和简体字，涉及人名或地名的异体字，均保留不变。

十二、“附录”所收有关雨花台地区的史志文录、祠庙碑刻、墓碑墓志及救文，原则上一律采用现代通行的行文形式：逗号、句号断句，简体横排。

目 录

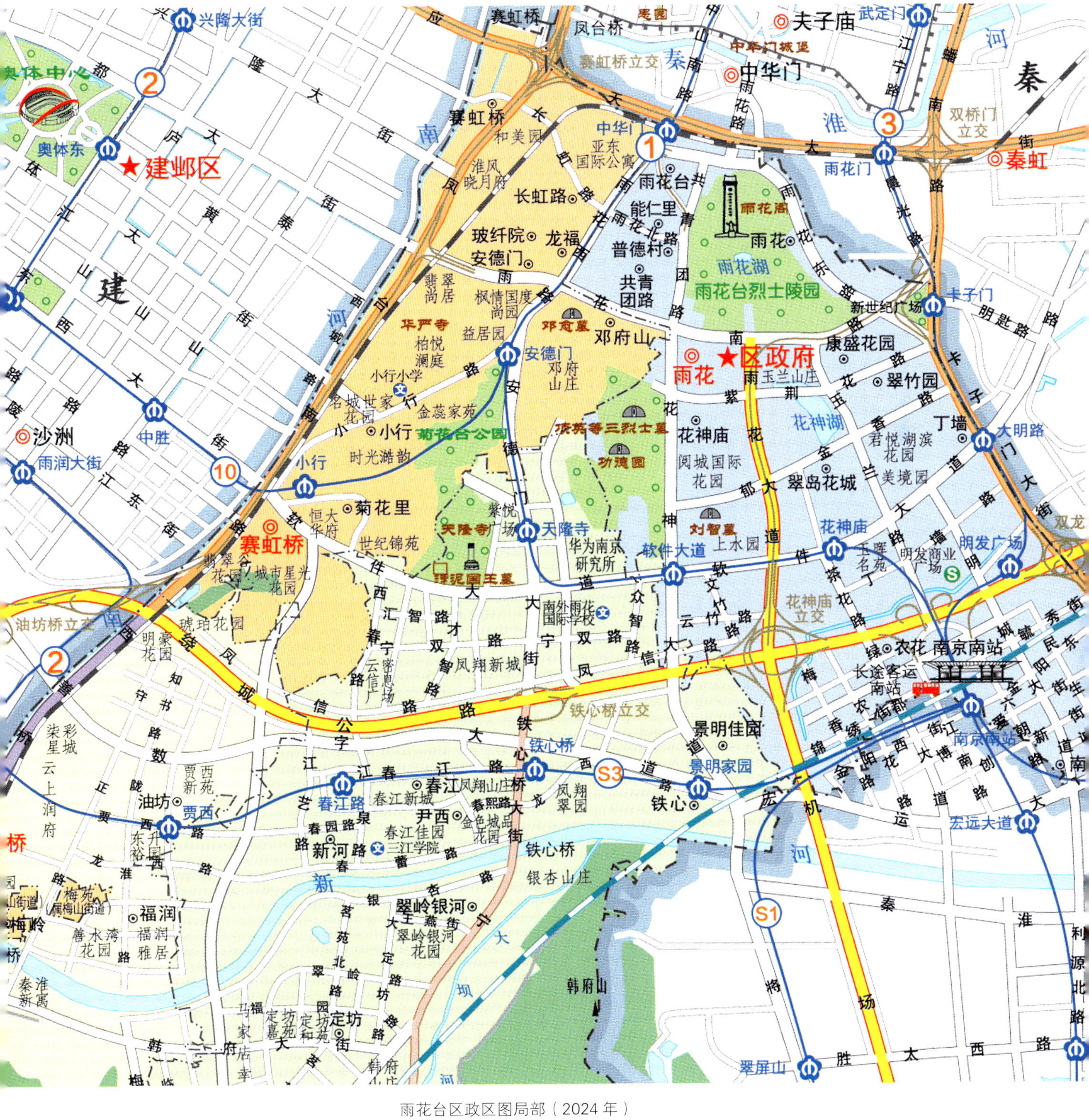

雨花台区政区图局部（2024 年）

吴越楚地图（明·陈沂《金陵古今图考》）

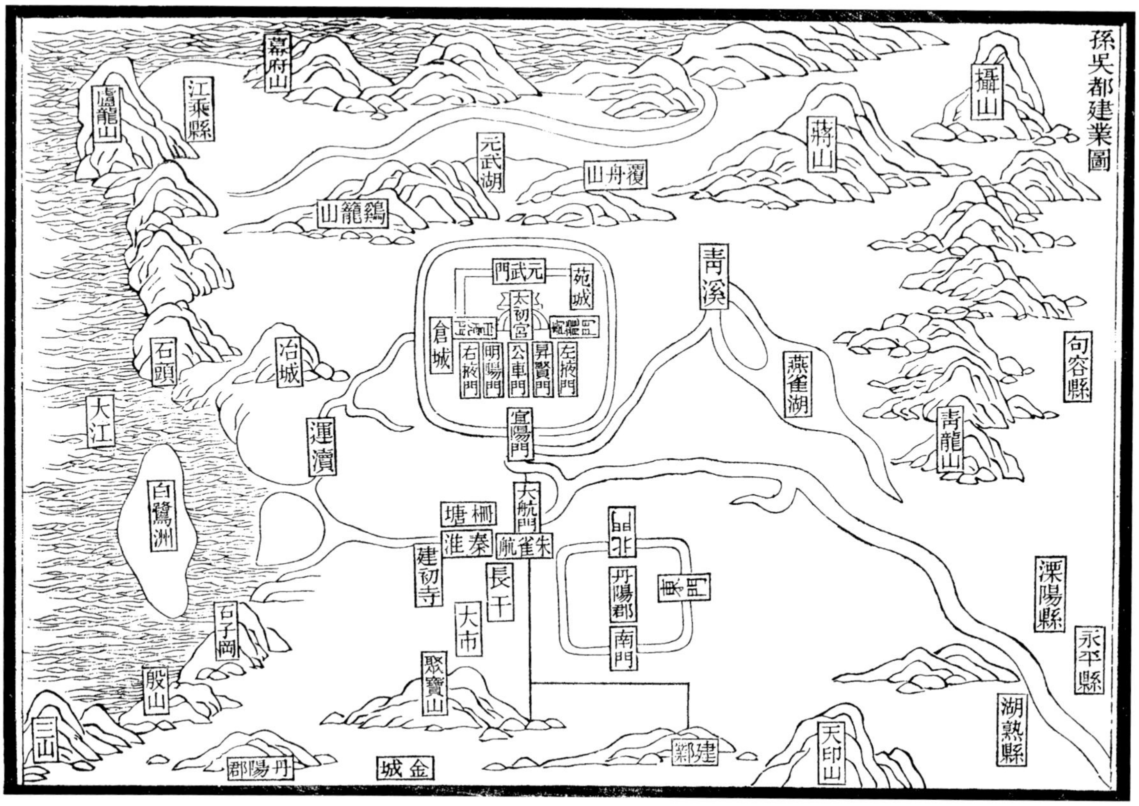

孙吴都建业图（明·陈沂《金陵古今图考》）

东晋都建康图（明・陈沂《金陵古今图考》）

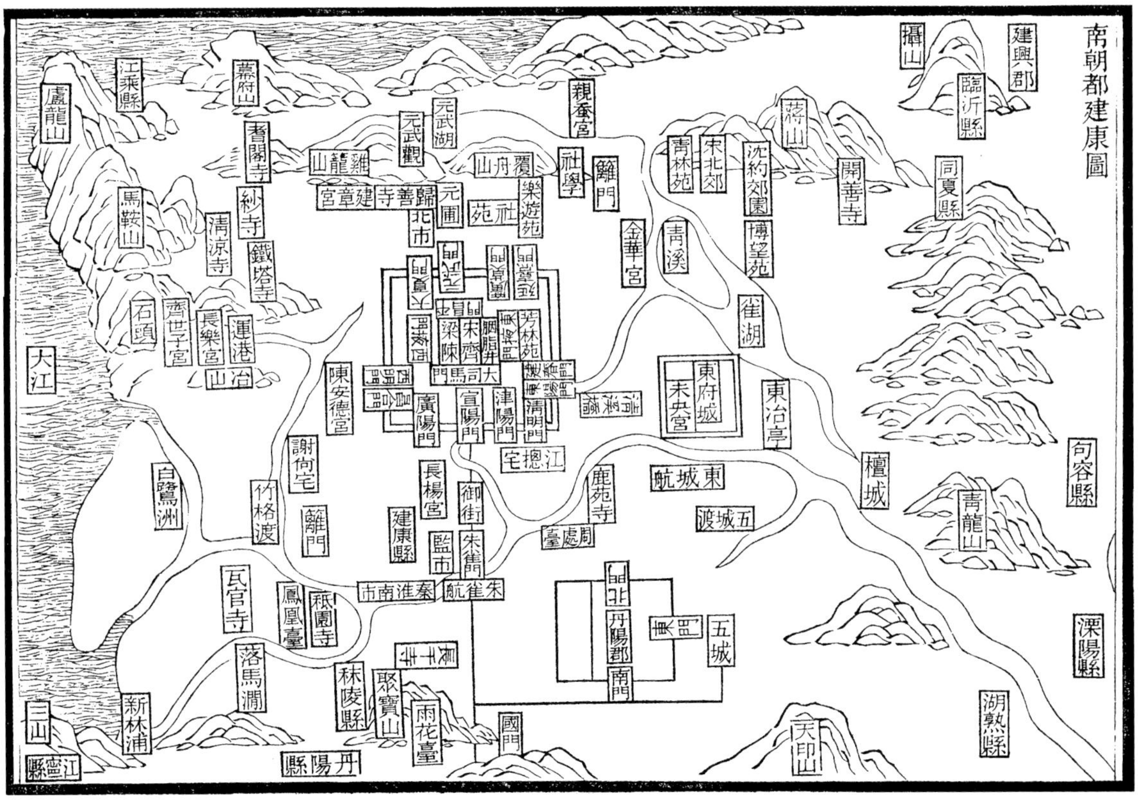

南朝都建康图（明・陈沂《金陵古今图考》）

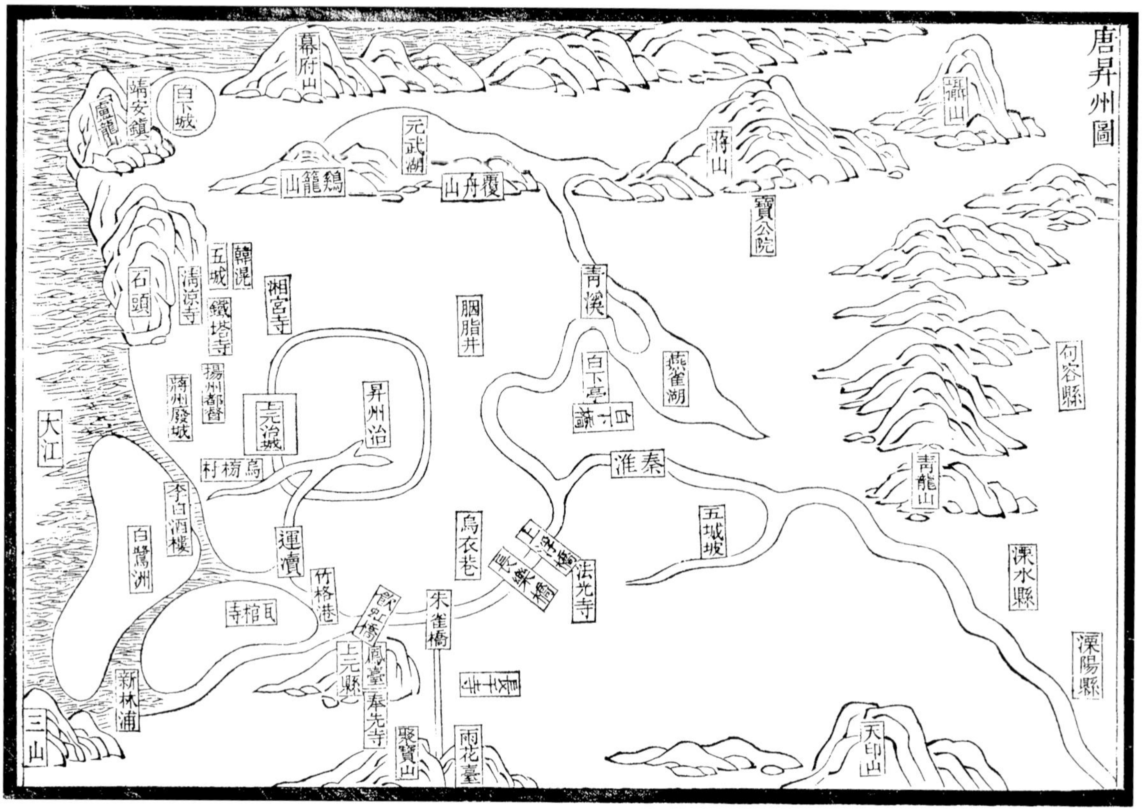

唐昇州图（明·陈沂《金陵古今图考》）

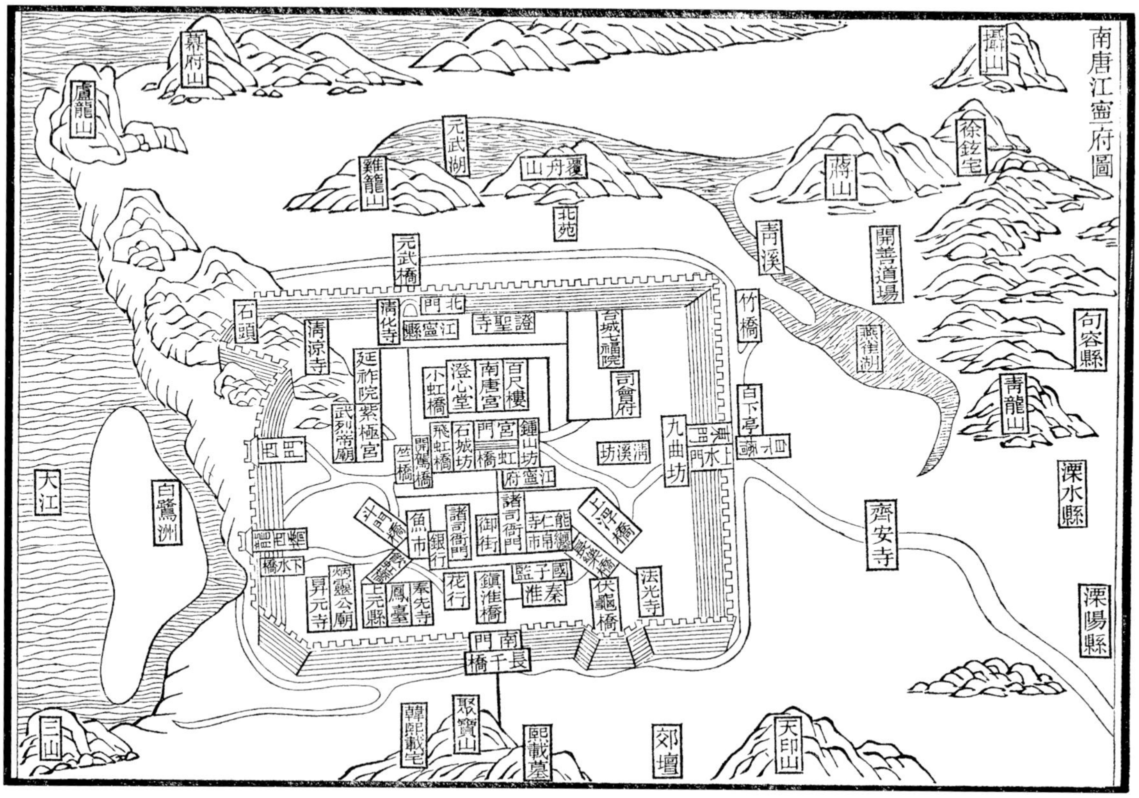

南唐江宁府图（明·陈沂《金陵古今图考》）

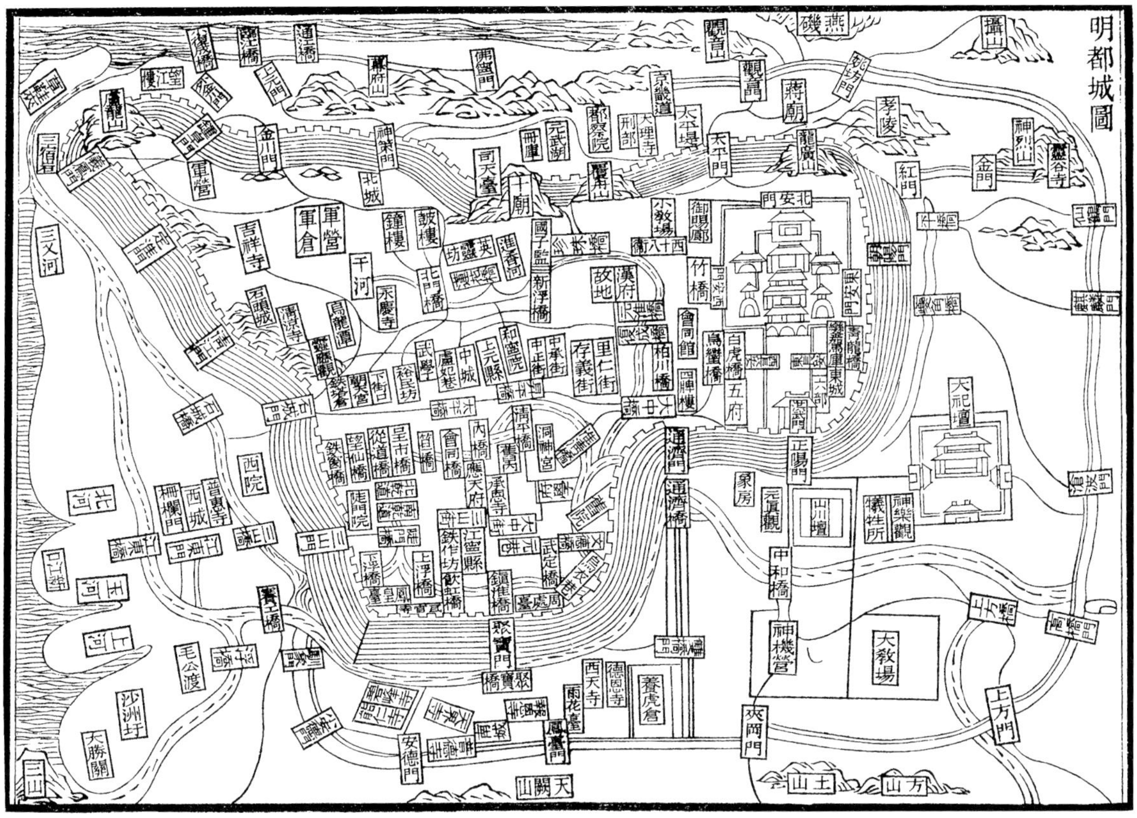

明都城图（明·陈沂《金陵古今图考》）

江宁省城图（清《乾隆江南通志》）

1936 年南京城市图（朱偰《金陵古迹名胜影集》）

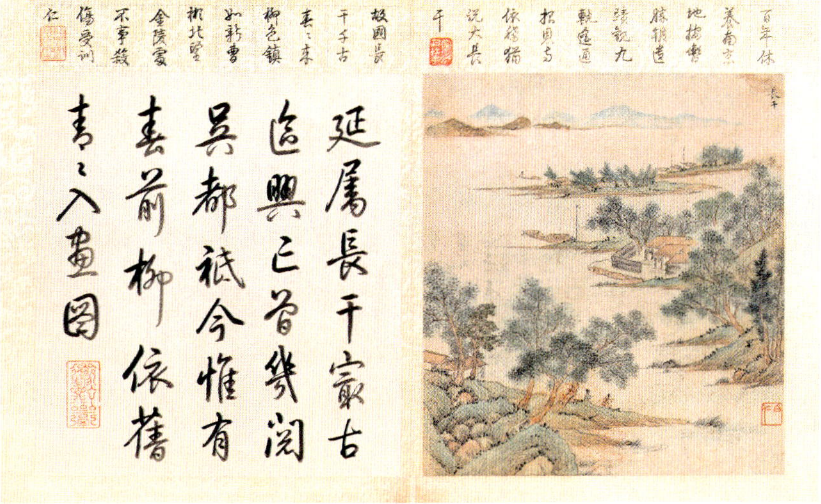

长干

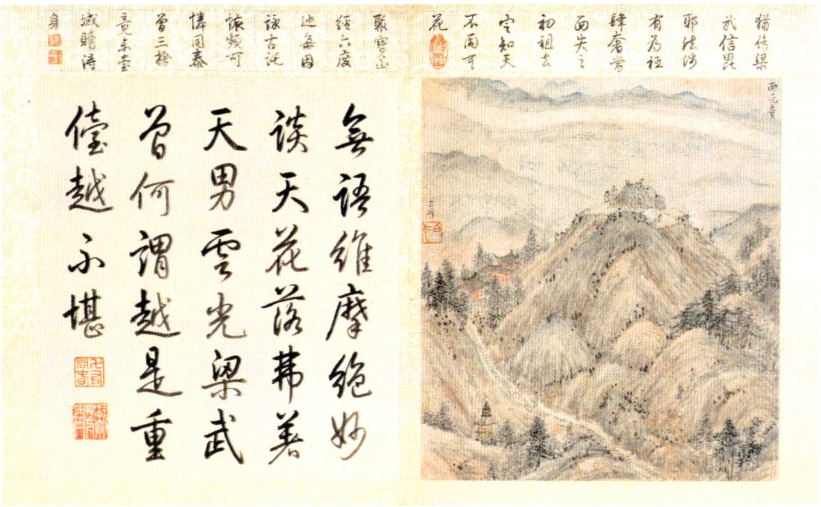

雨花台

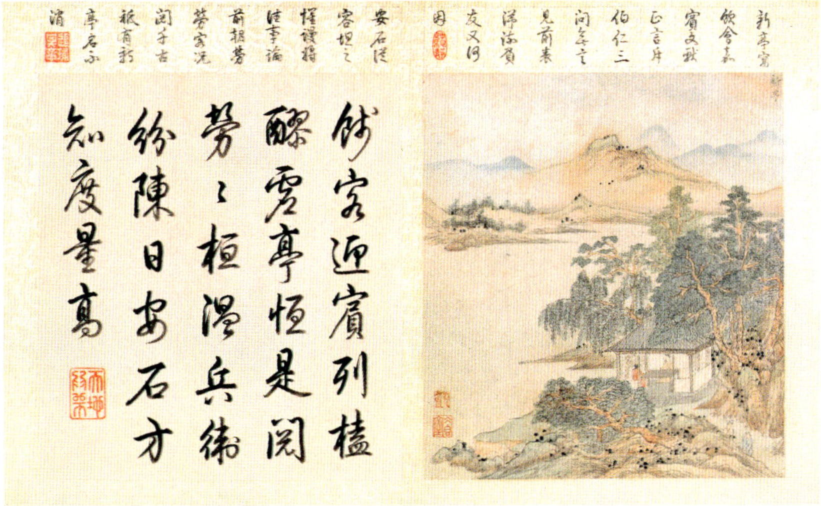

新亭

明·文伯仁《金陵十八景图》

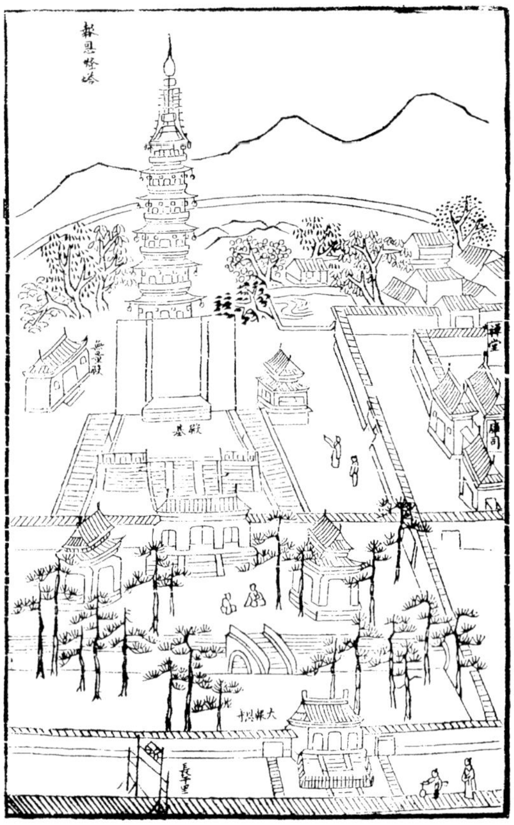

報恩燈塔

在聚寶門外吳赤烏間有康居國異僧來長干里結茅行道能致如來舍利孫權爲建塔奉焉寺名建初實江南塔寺之始梁名長干寺宋改天禧至永樂時鼎新恢拓之賜以今名其塔最高金碧琉璃燈光炫燿中夜燭天極稱壯觀

阿育威光遍九垓浮圖惟此獨崔嵬千燈接焰明京國七級凌空傍斗台耀日法輪宏聖代含靈舍利錫如來中宵映徹中天月好共瞻依瑞相開

报恩灯塔

天界經魚

寺本晉建元文宗改名龍翔在會同橋北洪武中徙建聚寶門外額題善世法門與碧峯能仁兩寺鼎列內有三十六庵延致海內高僧各主一庵地既廣潤深邃僧律精嚴禪誦之聲交發互應迄今無改于舊云

選勝弘施布地金高僧雲集啓叢林香花繚繞莊嚴接竹樹縈紆院宇深貝梵同傳空色界鯨魚齊振海潮音惜將半榻眠雲穩靈鷲何須費遠尋

天界经鱼

明·朱之蕃编、陆寿柏绘《金陵四十景图像诗咏》

雨花閒眺

在府南三里聚寳門外據岡阜最高處梁武帝時有雲光法師講經于此感天雨賜花天厨獻食故以名其臺臺上淺草如茵無一雜樹登其巔則江光日彩與四眺林巒烟火交相映帶遊人車騎駢集終歲殆無虚日

座上高僧演鹿車繽紛天女散曇華山含寳氣無喬木地擅靈區逗彩霞一片江光懸樹近萬家烟火繞城斜青樽未罄笻游目遥見前林集暮鴉

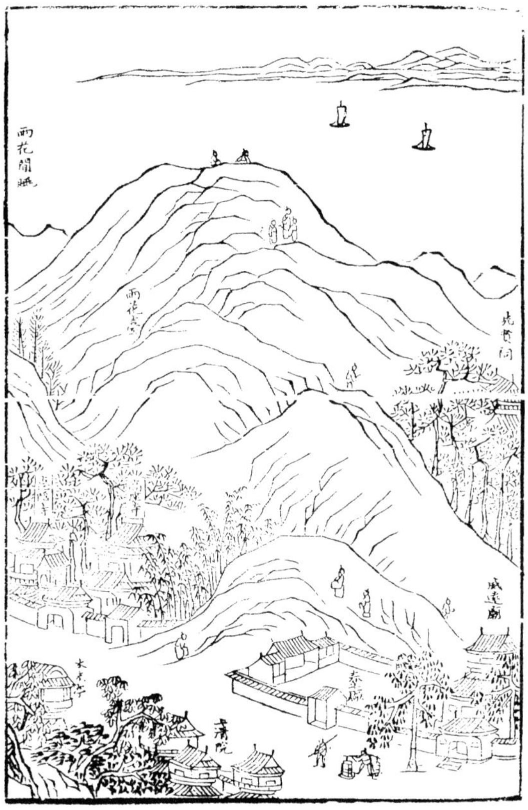

雨花闲眺

長干春遊

在城南聚寳門外江東人謂山隴之間曰干一出城闉山岡綿衍往安德鳳臺二門徑道𢌞環寺宇錯置其間平地民庶雜居故相傳有大長干小長干之名今春日遊覽駢聚每至漏下尚自啓鑰以待歸人

星羅蕭寺自南朝衢路交通被麓棋霽日樓臺宜嘯咏春風花柳助招邀駢闐仕女紛車馬雜遝笙歌接暮朝不用尋仙蓬閬遠喧中取寂任逍遥

长干春游

明·朱之蕃编、陆寿柏绘《金陵四十景图像诗咏》

雨花台

赤石矶

清·高岑《金陵四十景图》

天界

长干里

清・高岑《金陵四十景图》

雨花说法

长干故里

清・徐藻《金陵四十八景》

报恩寺塔

赤石片矶

清・徐藻《金陵四十八景》

天界招提

木末风高

清·徐藻《金陵四十八景》

是台也在聚寶门外崗阜最高四
望荒塚残壕歷歷可指梁武帝時
有雲光法師講经於此天花飛墜
故以名台上有方孝孺祠永寧泉
其泉水清冽可飲游人啜茗多
集於此惟清明日游人擁擠不
堪放紙鳶者争奇鬥勝飛舞滿
天可稱一絶虽夕陽西下大有
樂而忘歸之意

雨花说法

民国·徐寿卿编、韵生绘《金陵四十八景全图》

是里也在聚寶门外江東人謂山隴之間曰干出城垣不遠山崗綿衍從安德鳳台二门徑道廻環寺宇羅列至平疇處民庶雜居故相傳有大長干小長干之称

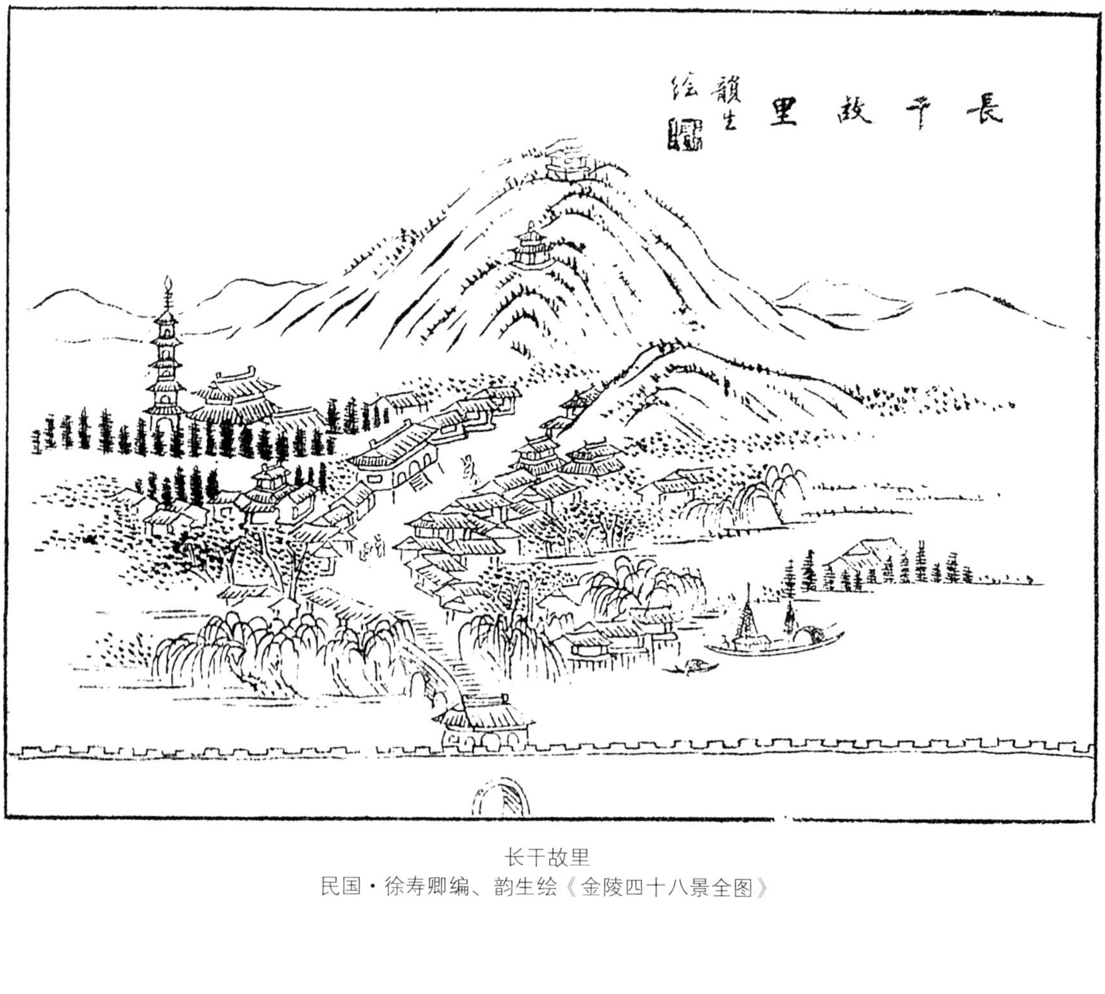

长干故里

民国・徐寿卿编、韵生绘《金陵四十八景全图》

是塔也在聚寶门外梁名長干宋改天喜明永樂復建以報母恩乃名報恩塔其寺亦名報恩寺有十三層之高直入雲霄金碧琉璃光耀奪目世界上首屈一指惜乎遭洪楊劫火今已無存所留者僅一塔頂之鍋而已

报恩寺塔

民国・徐寿卿编、韵生绘《金陵四十八景全图》

是磯也石皆赤色故名在南门外東二里枕濠面郭奔與周處台相連吳時築城鑿濠中斷爲二陂陀高下犬牙参差估舫漁舟多泊於此每当榴花正放時游人畢集丹綠掩映最堪延賞

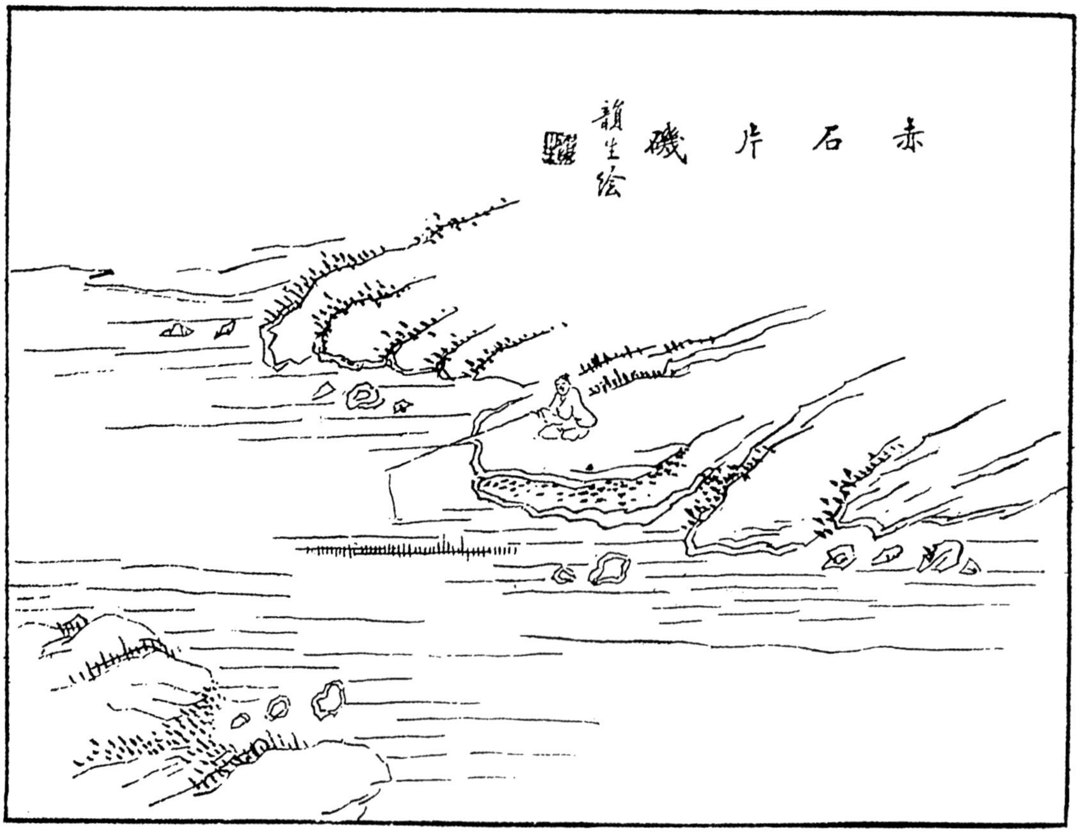

赤石片矶

民国·徐寿卿编、韵生绘《金陵四十八景全图》

是寺也在聚寶門外與碧峰能仁二寺鼎峙為三元朝名龍翔寺明初改名天界中有二十六庵地既廣濶殿宇亦宏內有僧人數百之多戒律精嚴為禪林中當首屈一指

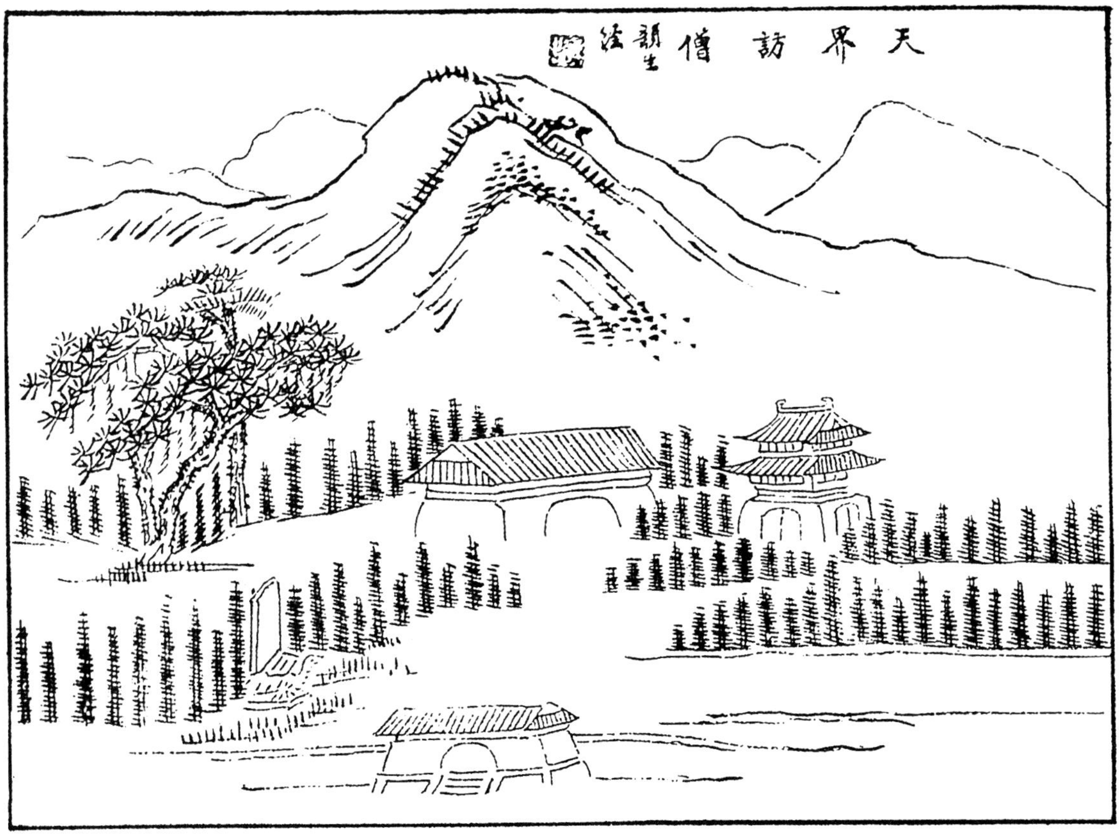

天界访僧

民国・徐寿卿编、韵生绘《金陵四十八景全图》

雨花台

木末亭

民国·陈作仪《金陵四十八景山水册》

南京市博物总馆藏

长干里

报恩寺
民国・陈作仪《金陵四十八景山水册》
南京市博物总馆藏

天界寺

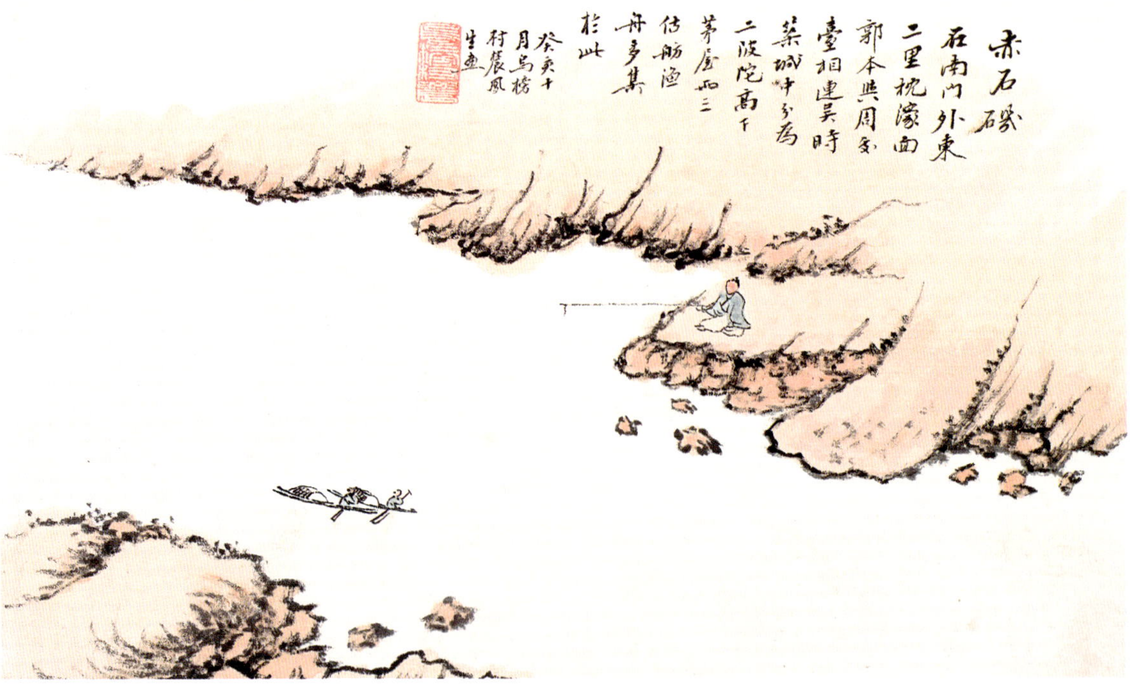

赤石矶

民国・陈作仪《金陵四十八景山水册》

南京市博物总馆藏

雨花台（清《南巡盛典》一百一卷“名胜”）

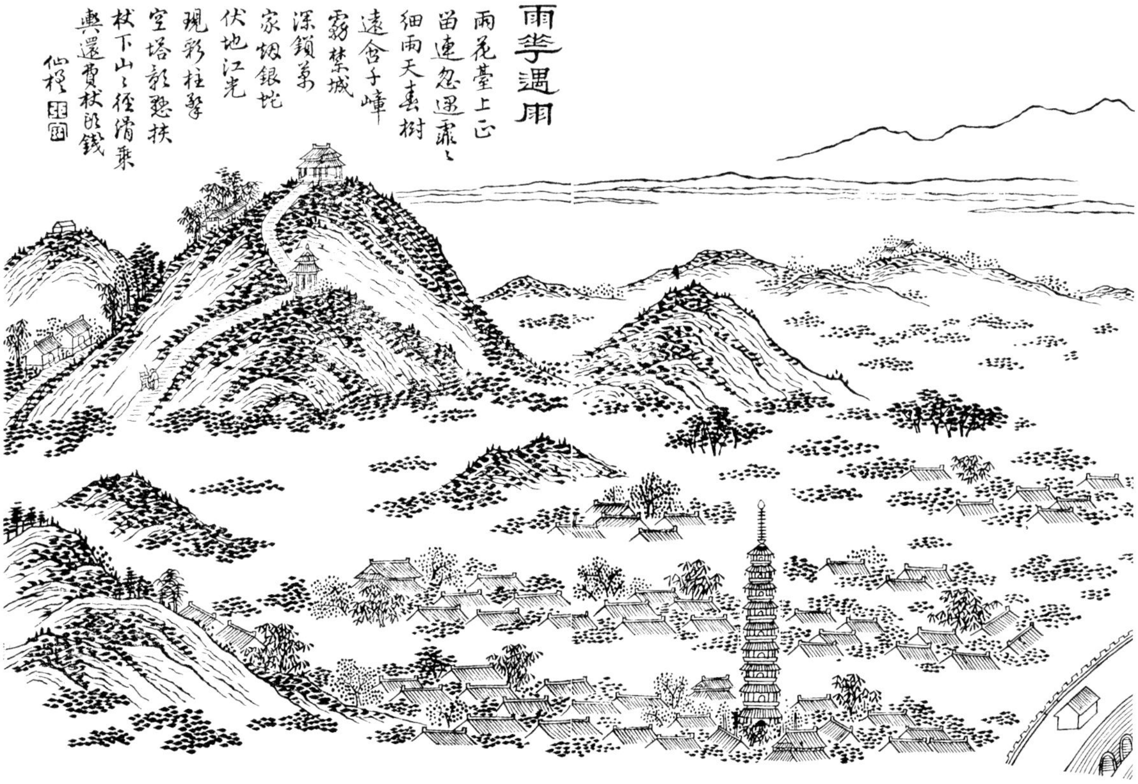

雨花遇雨（清・张宝《泛槎图》）

清·王翚《康熙南巡图》稿本第十一卷（局部）——江宁府大报恩寺

雨花台旧影

雨花台旧影

中华门（聚宝门）正面鸟瞰（20 世纪 30 年代）

中华门正面鸟瞰（2021 年）

雨花阁（2018 年）

二忠祠（2020 年）

雨花台烈士陵园全景（2021 年）

江南第二泉、二泉茶社（2001 年）

金陵制造局遗址大门（2022 年）

大报恩寺遗址公园鸟瞰（2020 年）

南京南站夜景（2020 年）

南京南站商贸圈（2021 年）

软件谷新貌（2021 年）

雨花台南麓新貌（2021 年）

综　述

雨花台（即雨华台），古称石子冈、石子墩、玛瑙冈、聚宝山，位于南京南郊中华门（聚宝门）外。雨花台同南京区域中的钟山、石头山（清凉山）、栖霞山、牛首山、玄武湖（后湖）、莫愁湖、中山陵等风景名胜一样，均有极为丰厚的历史积淀与文化底蕴，是南京人民心中永远珍惜的精神瑰宝，也是南京地区一张熠熠闪光的城市名片。

一

雨花台地区原为长江水道。约数百万年前，由于地壳变动，江道北移，造成砾石沉积，地质上称之为“雨花台组砂砾层”。该地层赋存雨花石，其石呈卵形，质含玛瑙，光彩晶莹，纹路旖旎。该地因石而得名“石子冈”。一名石子墩，又名“石子堈”，堈，壅也，堆积、土冈之义。三国孙吴时，当地俗语称“成子阁”“常子阁”。至元代，雨花台侧山体始称“聚宝山”。

雨花，亦称“雨华”，在佛经中曰“曼陀罗”（梵语），意译为坛场，以“轮圆具足”或“聚集”为本意，指一切圣贤、一切功德的聚集之处。最早将石子冈东冈命名为“雨花（华）”出自南朝刘宋时人山谦之编纂的《丹阳记》：“江南登览之地三，曰甘露，曰雨华，曰凌歊。”所谓雨花台，特指佛教信徒集聚、聆听高僧大德在四面方正的高台上传法之地。

关于雨花台之名的来历，据宋人张敦颐《六朝事迹编类》卷四《楼台门》记载：“梁武帝时有云光法师讲经于此，感得天雨赐花，天厨献食。荆公有诗云：‘盘互长干有绝陉，并包佳丽入江亭。新霜浦溆绵绵静，薄晚林峦往往青。’杨无为有诗云：‘空书来震旦，康乐造渊微。贝叶深山译，曼花半夜飞。香清虽透笔，蕊散不沾衣。旧社白莲老，远公应望归。’”又据宋人马光祖修、周应合纂《景定建康志》卷二十二《城阙志三》“台观”记载：“雨花台，在城南三里，据冈阜最高处，俯瞰城闉。”是书卷十七《山川志》“山阜”亦云：“聚宝山，在城南雨华台侧，上多细玛瑙石，俗呼为‘聚宝山’。”同卷“冈岭”也云：“石子冈，一名石子墩，在城南一十五里，长二十里，高一十八丈。《吴志》云：‘诸葛恪为孙峻所害，投之于此冈。先是童谣云：诸葛恪，何弱弱，芦单衣，篾钩络，于何相求成子阁。成子阁，反语石子冈也。’《舆地志》：‘宋大明中，起迎风观于其上。’旧经云：‘俗说此冈多细花石，故名石子冈。’”是书卷四十六《祠祀志三》“寺院”亦云：“高座寺，一名永宁寺，在城南门外。晋咸康中造，又名甘露寺，尝有云光法师讲《法华经》于寺，天花散落。今讲经台遗址犹存。或云，晋朝法师竺道生所居，因号高座寺。《记略》云：考图志，此山得名于晋，永嘉中名甘露寺。尸黎蜜多罗为王茂宏所敬，故留竺生法师，继号所居为‘高座’。梁初，宝公主之，与五百年大士俱，有灵光师座山巅说妙法，天花坠焉。今号雨花台，则故仆卢给事中名襄字赞元者所命也。”由此足见，神奇美妙的“天花散落”或“天花坠焉”传说演化为“雨花台”之名，无疑与高座寺、云光（又作“灵光”）法师是有渊源的。

此外，《景定建康志》卷十七《山川志》“冈岭”还介绍了梅岭岗[1]，谓：“梅岭冈，在城南九里，长六里，高二丈。旧经云：‘东豫章太守梅颐家于冈下，因名之。’上有亭，为士庶游春所。黄度诗：‘梅冈丘垄已难寻，堪恨吴儿太忍心。闻道土山标擘处，原头丛薄不成阴。’”明人金鳌《金陵待征录》卷一《志地》亦云：“石子冈，《雁门集注》：金陵三石子冈。西冈在安德门外，与白杨路近；东冈即梅冈；中冈则凤台冈也。”从地理位置来看，古人所谓“长二十里，高一十八丈”的石子冈，从最北端的今

[1] 本志中除引文外均以现行写法“梅岗”“梅岭岗”行文。

中华门（聚宝门）算起，至最南端的古新亭，延绵十余里之长。人们可以大致看出，中华门至大报恩寺，包括今晨光集团的部分厂区为古聚宝山。与聚宝山对峙的南面山头为梅岗，或梅岭岗。石子冈的最高处是雨花台。石子冈最南端就是成语“新亭对泣”之新亭，或曰新亭垒。十余里之冈，尤以雨花台其名影响最甚。千百年以来，这里发生过不计其数的重大事件，发生过若干次兵家血火交锋的生死争夺战役；历代无数社会名硕、英贤俊彦、革命英烈长眠于此地；两位佛教伟人——释迦牟尼和玄奘大师的顶骨舍利均在雨花台下的同一地方出土现世；光彩照人的雨花石，清爽沁心、回味无穷的雨花茶也由这块宝地走向海内外；古往今来许多文人骚客均与雨花台结下了不解之缘。

二

从地理位置看，雨花台地区的四至范围是：东至晨光路、卡子门大街、双龙大道一线，南至秦淮新河（新林浦故道），西至南河，北至中华门城墙。周长 28.2 千米，总面积约 36.8 平方千米。区域内主要山脉从东北方向的戚家山、雨花台、石子冈至西南方向的阴山矶止，总体呈东北至西南对角线走向。东北方向海拔较高处现为雨花台烈士陵园，园内冈峦起伏，主要由东冈、中冈、西冈及二泉后山、忠魂亭坡地等组成，地势呈西南至东北一线较高，而东南渐低的坡势，南端的密林区又为较高的山地，东、西炮台和纪念碑处为全园最高点，标高为 60 米，东冈及西冈标高为 56 米左右。

区域内山脉大体是古代长江和支流秦淮河的泥沙经过不断沉积而形成的山丘。

雨花台地区的主要地层为雨花台组砂砾层（原名雨花台砾石层），是下扬子区广布地层之一。在 1924 年的世界地质大会上，此地层由地质学家刘季辰、赵汝钧创名为雨花台砾石层，并确定其分布范围。此后又有许多学者进一步调查研究，从中发现了孢粉和植物化石，时代定为中新世晚期至上新世。该砂砾层的研究，对了解长江的变迁具有一定的科学意义。

民国年间，地质学者张更对雨花台地质之形成与构造研究有素，并有详尽的论述。他在《雨花台之石子》中这样写道：

雨花台地层，就考察所得，其上无别层岩石以掩盖之，其下为红砂岩层。红砂岩层之斜向（dip）约为北二十一度，其走向（strike）为北东二十一度有半。石子层之斜向走向因无确实证明，不能予以决定。红砂岩色甚红，砂子细匀，硬度尚大。锤击之，不易破碎，其已受风化作用者，质甚松脆，捏之即碎，中含第二氧化铁（ferric oxide），故其色红。傍近冈上都为此种砂岩，无石子层覆于其上，盖已因剥蚀作用而去也……

石子层在山之巅，石子与砂砾夹杂存在，其色稍黄。石子虽有大小之不同，大概皆无棱角，略带圆形，或成扁圆，或成椭圆，其十分圆润者极少，几等于无有也。小者夹存于大者相叠之间隙内，更有砂子充塞于其中，大者之沉积于此，盖因水之运送能力至此已达极限，不复能胜负带之任。小者及砂子为其同时由水冲来之物，本可至于更远之地，因其落入于大者间隙之内，受其遮阻，故存在于其间，不复至远处。其斜向走向既不能确定，厚度亦无从测量，只得缺之。因采石子者之挖掘与水流冲洗之关系，石子与砂日向山下移徙，只恐数千年之后，石子将不复有存在者矣。

雨花台之西南一谷内有极大玄武岩（basalt）数块，重量若干不可计算，全是天然状态，未有人工琢凿之痕，留于其上，显系天然遗下之物，必非由人搬运而来者。又有数块，体积较小，已充筑路之用，其上多孔，一见即可知之，此玄武岩块，似与现在地质无甚关系，然一思其所以遗留于此者，决非无因。大概昔日玄武岩覆盖于雨花台层之上，面积极广，后经风化剥蚀作用而刷去玄武岩层，致雨花台层暴露于外，雨花台层极为疏松，一经雨水冲洗即移徙而去。寖寻至于现在，只留雨花台山谷内数块玄武岩及山顶数十亩面积之石子而已。

雨花台以其独特的地质构造、地形地貌、地理位置、周边环境以及悠久深厚的历史文脉，形成了独具特色的环境风貌。《读史方舆纪要》卷二十“南直二”谓：“聚宝山，在府南聚宝门外稍东，冈阜最高处曰雨花台，以梁时僧云光讲经雨花而名。兀术尝登雨花台望城中，盖其地势独高也。《方舆胜览》：雨花台在城南一里，据冈阜高处，俯瞰城闉，江上四极，无不在目，即聚宝山之东巅也。山麓为梅冈，或谓之梅陵，相传汉梅钼（应为晋梅颐）屯兵处。孙策破刘繇别将于梅陵，即此。明初改筑都城，雨花台无复旧观，而报恩塔高耸巍焕，可以尽城郭川原之胜。”

从资源来考察，其一是土地资源。本志所指雨花台地区土地面积36.8平方千米，大部分是建设用地（主要是城镇建设用地），其中南京南站、小行等一带为铁路用地，雨花台风景名胜区为风景名胜设施用地，占地1.0656平方千米。名胜区由中心纪念区、名胜古迹区、雨花石文化区、雨花茶文化区、生态密林区、游乐活动区六大功能区组成。南北轴线长达1300米，高低落差近百米；纪念建筑轴线及两侧区域分布有5个山冈、一池泉水、一面湖水。建有纪念碑的主峰标高60米，东冈及西冈标高为56米左右，形成“品”字状；与主峰在同一轴线的南端，分布着纪念馆和忠魂亭所在的两个山丘，五冈由北向南，地形坡势渐低。山冈下分布着大量的雨花台组砂砾层，冈丘表层土壤多为砂石层，伴有少量棕壤土，pH多为中性，少量坡地pH为5.5—8.6。山坳汇水量较大，现有水面雨花湖，依靠自然汇水常年保持水位，倒影池依靠地下水也能保持水位。天赐的自然地势，配以建筑师巧妙的设计，使绵延千米的纪念建筑轴线，成功镶嵌于起伏的自然地貌中，让该区域具有一种别于其他风貌区卓绝不群的独特气势。近年来，雨花台风景名胜区在纪念建筑、景点建设、园林绿化、生态保护方面都有了飞跃发展，逐步使这一红色纪念地更加雄伟壮观，展现更多可歌可泣的历史人文景观，为赏心悦目的园林美景更添色彩。

其二是森林资源。雨花台地区的森林资源集中在雨花台风景名胜区，名胜区内共有植物品种378种50余万株，草坪、地被10多万平方米，绿化覆盖率达 90% 以上。全地区古树名木（已被南京市绿化园林局挂牌）共 15 个品种 66 株，雨花台风景名胜区内就有 12 个品种 55 株，其中雪松超过一半。特色植物品种，乔木类主要有雪松、龙柏、悬铃木、银杏、广玉兰等，灌木类主要有桂花、梅花、红枫、杜鹃等，地被植物主要有麦冬、吉祥草、二月兰等。绿化布局呈现出较完善的“点、线、面”相结合的体系，东有成片的雪松和毛竹，西有悬铃木、重阳木和水杉，南有香樟、柏树和枫香，北有梅花、鸡爪槭等生态风景林，结合北门花坛、群雕处的海棠和鸡爪槭林、倒影池两侧的红枫、樱花林，纪念馆周围的桂花和紫薇林，忠魂亭前的茶花、紫叶李、广玉兰等点状绿化，以及干道两侧的悬铃木、白玉兰、广玉兰、鹅掌楸、雪松等带状绿化，形成了花期互补、色彩多变、深浅相间、层次分明的绿化氛围。

其三是动物资源。雨花台地区拥有良好的生态环境，显现出动物、植物的情景交融。良好茂盛的植物群落，为野生兽类、鸟禽类、爬行类等动物种群的栖息和繁殖提供了适宜的自然环境。特别是雨花台风景名胜区内，常年有野生兽类如野兔、松鼠、刺猬、獾等；鸟禽类如环尾雉、喜鹊、鸽子、灰鹭、画眉鸟、布谷鸟、金丝雀等，经初步观察统计有 30 余种；爬行动物主要有蛇类、壁虎等。初步呈现出多样的自然生态景致。

三

“雨花台”之名源于佛家的讲经说法台。自宋人张敦颐《六朝事迹编类》记载梁武帝时云光法师在此讲经，感得“天雨赐花，天厨赐食”的传说始，南京的历代重要文献如宋代马光祖修、周应合纂的《景定建康志》，元代张铉修纂的《至正金陵新志》，明代陈沂撰的《金陵世纪》，清代陈文述撰的《秣陵集》、余宾硕撰的《金陵览古》，民国胡祥瀚编撰的《金陵胜迹志》等均沿袭了此种说法。其实，早在三国东吴时期，佛教就在这里生根发芽、开花结果了。东吴赤乌十年（247），金陵历史上第一座佛寺建初寺（在今集庆路花露冈一带）创立不久，雨花台之北亦建有佛塔及尼人精舍。东吴少帝孙亮在位时期（252—258），孙綝乱政，尼人精舍之塔和建初寺之塔因此而毁。西晋初始，在尼人精舍旧址重建僧寺并立塔，至东晋初年，乃命名为长干寺。

北宋太平兴国五年（980），高僧施护、守正、重航、绍赟等9人从北印度来华，其中施护是北印度来华的著名译经僧，为北印度乌填曩国人，世称显教大师，初抵汴京（开封），后驻锡于太平兴国寺之译经院（官立翻译机构），致力于经典翻译，为北宋初年三大高僧之一。佛祖顶骨舍利就是施护所捐献。据《金陵长干寺真身塔藏舍利石函记》铭文，大中祥符四年（1011），金陵长干寺住持演化大师可政和尚与滑州助教王文等人，得到宋真宗允许，修建九层宝塔，佛塔八面九层，初名“真身塔”，建成后赐名“圣感舍利塔”。而塔内地宫中藏有“感应舍利十颗，并佛顶真骨，洎诸圣舍利，内用金棺，周以银椁，并七宝造成阿育王塔，以铁□□函安置”。碑文记载献佛祖顶骨舍利圣物者为北印度高僧施护。北宋天禧二年（1018），长干寺改为天禧寺。

早在端拱元年（988），可政法师在陕西西安紫阁寺获得唐代高僧玄奘大师顶骨舍利，亲自背负迎至金陵，于天圣五年（1027），在天禧寺东冈建石塔一座，安奉玄奘大师顶骨舍利。

北宋以降，因诸多灾祸，天禧寺屡毁屡建。到了明永乐六年（1408），天禧寺再次毁于火灾。永乐十年，明成祖朱棣敕工部依照皇宫大内的建筑规制重建寺院，赐额大报恩寺。此次重建历时17年，至宣德三年（1428）建成。大报恩寺是明代全国汉传佛教中重要性仅次于灵谷寺的皇家寺院，占地400亩，建筑近千间，其中最著名的是九级琉璃塔，被誉为“天下第一塔”，通体装饰五彩琉璃，堪称中国古代建筑艺术之杰作。清咸丰六年（1856），大报恩寺及其琉璃塔均毁于太平天国兵火，寺院变成废墟，仅存永乐、宣德时所立两座御碑以及香水桥等遗迹。明清以后数百年间，佛祖顶骨舍利、玄奘顶骨舍利渐为世人淡忘。

1942年12月23日，侵华日军高森隆介部队在大报恩寺遗址三藏殿后“发掘”时发现了唐代玄奘大师顶骨舍利石函，石函上刻文字说明函内为玄奘大师顶骨舍利及辗转来南京的迁葬经过。2008年，在同一遗址附近的考古发掘中，发现了佛祖“圣感舍利塔”地宫，出土了以七宝阿育王塔为代表的一大批珍贵文物，特别是佛祖顶骨舍利的现身，引起全国乃至世界考古界、学术界和佛教界的广泛关注。因为这是继66年前玄奘大师顶骨舍利出土之后的又一重大发现。

自长干寺（天禧寺、大报恩寺）创立以后，雨花台地区先后又出现了一批佛教伽蓝，如高座寺、铁索罗寺、新亭崇因寺、道场寺、新亭寺、越城寺、能仁寺、普德寺、华严寺、宝光寺、天界寺、碧峰寺、天隆寺、西天寺等，印证了南京人常说的“出了南门尽是寺”。此外，道教的道观清源观、上清院等也在雨花台地区弘法布道，影响当时。

这里寺院林立，香火缭绕；山冈起伏，林木葱茏；流水清泉，鸟语花香；名胜荟萃，风光秀丽，是江南登高览胜佳地。明代朱之蕃编、陆寿柏绘的《金陵四十景图像诗咏》，清代高岑编绘的《金陵四十景图》和徐上添编绘的《金陵四十八景》，民国徐寿卿编、韵生绘的《金陵四十八景全图》均将“雨花台”收录为金陵诸景之一。

四

历史上，雨花台地区原是金陵人终老病故的安息墓葬之地。清人陈文述《秣陵集》卷四《陈·石子冈是六朝人丛葬处》载：“冈在聚宝门外，今名聚宝山。《建康志》：在城南雨花台侧，土多细玛瑙石。”其诗曰：“白杨萧萧红草暮，石子冈前六朝路。我来不见六朝人，惟见六朝丛葬处。六朝自古多才人，旧家裙屐江南春。赤乌以来不胜纪，下逮晋宋齐梁陈。六朝逝矣繁华歇，黄土深深埋白骨。寒食何人酹一樽，夜深犹上六朝月。我来吊古天苍茫，鸺鹠惨淡啼斜阳。君不见二十四陵泣风雨，何况冈前一坯土。”清人王友亮《金陵杂咏》“石子冈”也称：“在城南，六朝丛葬处也。”其诗亦曰：“一道石如鹅卵积，两行松作猬毛纷。冈头客恋几家酒，冈脚人耕六代坟。”六朝以降，这里一直是金陵地区安葬先人的重要墓地之一。明清时期，尤以城南地区民间首选此处为安息墓地。特别是清代数百年间，城南居民均以南门（聚宝门）外为重要墓葬之地。这可能与雨花台石子冈地区的地理位置、优美的自然环境，包括传统的墓葬风水文化与观念诸因素影响有一定关系。老城南有一童谣：“黑皮好，黑皮坏，黑皮是个猪八戒。猫来拖，狗来拽，一拽拽到南门外。南门外，四块板，让黑皮一天睡到晚。”此童谣属于孩提间一种相互戏谑嘲笑的方式，其内容自然含有贬弄他人之意，但从一个侧面也反映出南门外属于安葬亡故之人的阴宅地。

自古以来，许多杰出的政治、军事、文化名人的祭祀祠堂或墓冢也安奉在这里，供后人纪念、瞻仰与凭吊，大大增添了雨花台的历史、文化知名度，其中有梅将军庙（梅颐）、三忠祠（杨邦乂、文天祥、李邦华）、忠肃公庙（福寿）、铁公祠（铁铉）、皇姑庵（徐妙锦）、海忠介祠（海瑞）、群公惠泽祠（方廉等十人）、汪公祠（汪宗伊）、王公祠（王爌）、王公祠（王宇）、景都宪祠（景清）、先贤祠（泰伯等）、郑公祠（郑一麟）、卓忠毅祠（卓敬）、张庄节祠（张可大）、清端襄勤两于公祠（于成龙）、傅公祠（傅腊塔）、曹公祠（曹寅）、陈公祠（陈鹏年）、方公祠（方昂）等。此外，还有历代各个时期的社会名流和贤达人物之墓，如东吴的诸葛恪墓、孙鲁育墓，东晋的鲍靓墓，南唐的韩熙载墓、郑玄素墓，南宋的杨邦乂墓、戚方墓，元代的刘叔亮墓，明代的邓愈墓、孙炎墓、宋晟墓、俞通海墓、胡大海墓、郭子兴（郭兴）墓、李杰墓、方孝孺墓、浡泥国王墓、俞纲墓、吴文度墓、郭天中墓、方树节墓，清代的屈大均衣冠冢、罗文藻墓、刘智墓等。就他（她）们的身份而言，其中既有朝廷重臣贵胄（梅颐、诸葛恪、孙鲁育、韩熙载、曹寅等），也有外国元首（浡泥国王）；既有抵抗外敌侵略的英雄（杨邦乂、文天祥、屈大均等），也有不畏权贵、反对强权篡政，坚守操守大义的廷臣（方孝孺、铁铉、海瑞等）；既有开国元勋（邓愈、孙炎、宋晟、俞通海、胡大海、郭子兴等），也有宗教文化大家（罗文藻、刘智）。

就爱国主义的传统意义来讲，杨邦乂、文天祥、屈大均无疑都是中国古代爱国者的杰出代表。杨邦乂、文天祥在朝廷危难之际英勇奋战、坚贞不屈，均死于侵犯者的屠刀之下。其中杨邦乂早年任溧阳知县，南宋建炎三年（1129）八月，因平叛有功，任建康府通判。同年十一月，面对金兵数万军兵渡江，负责守卫建康（今南京）的江淮宣抚使杜充弃城逃跑，守城的户部尚书李棁、显谟阁学士陈邦光等不战而降，率众出城迎接金兵，唯独杨邦乂宁死不屈。建炎三年十一月二十七日，杨邦乂被囚禁，以血书衣："宁作赵氏鬼，不为他邦臣！"三十日，恼羞成怒的金兀术下令将杨邦乂杀害，并剖腹取心。

景炎三年（1278）十二月，文天祥率军顽强抵抗元军时在广东海丰五坡岭被俘。元至元十六年（1279）六月，文天祥被元军解送大都（今北京）途中经过建康，写下著名的《怀忠襄》诗，表达对杨邦乂的敬仰之情："平生王佐心，世运蹈衰末。齐虏谁复封，楚囚讵当脱。金陵虽怀古，尚友在风烈。褒忠侈遗庙，夫子我先达。"元至元十九年十二月初九，文天祥从容就义。

屈大均于清顺治五年（1648）参加反清斗争，同年失败。顺治十二年削发为僧，出家入番禺海云寺，名其居所"死庵"。次年云游至南京谒明孝陵。顺治十七年秋，第二次访南京，作《秣陵》诗："牛首开天阙，龙岗抱帝宫。六朝春草里，万井落花中。访旧乌衣少，听歌玉树空。如何亡国恨，尽在大江东。"后与朱彝尊参加绍兴祁理孙、祁班孙兄弟的抗清活动等。康熙十九年（1680）春来到雨花台，作《春日雨花台眺望有感》五首，随后瞻仰方孝孺祠，登上木末亭，不禁百感交集："木末亭临万井中，遥遥正对孝陵宫。九原未肯成黄土，十族犹然吐白虹。自古以来无此死，教人不忍作愚忠。雨花台畔啼鹃满，血染蘼芜一片红。"他在雨花台之北、木末亭之南，筑了一个衣冠冢，自题为"南海屈大均衣冠之冢"。康熙三十五年（1696），屈大均在家乡病逝，遗书曰："吾死后，以幅巾、深衣、大带为殓，大带书碣'明之遗民'！"

杨邦乂、文天祥、屈大均等不畏强敌、精忠报国的献身精神属于传统的爱国主义，也是我们今天所弘扬的爱国主义的历史源泉，象征着他们献身精神的许许多多的祠堂、庙堂、墓葬（衣冠冢），体现了雨花台地区历史文化的厚重感。

五

雨花台地区之所以为兵家必争之地，因其地势略高于城市，系南京城南之重要高地，历来为南京城南地区驻军设防的军事制高点。其冈不高，为丘陵低山，海拔仅61米。虽不似高山峻岭，但就地形观之，西北与花盝岗、冶城山、五台山、清凉山等小山相携，东北与钟山、青龙山、黄龙山等大山相望，互成犄角，成为抗击南来之敌的天然屏障。控制雨花台要塞，东可以防守通济门、正阳门（光华门），西可以防御三山门（水西门）、石城门（汉西门），正面可固守聚宝门（中华门）及外秦淮河。雨花台自古以来有“金陵南大门”之称。春秋末期，周元王四年（前472），越国大臣范蠡在雨花台西北秦淮河南岸（今中华门外西街）筑越城，就是为了镇江险，图霸中原。

历史上，雨花台地区发生了数十次较有影响的军事冲突与战役，如西晋顾荣、周玘讨伐陈敏之战，东晋司马绍平定王敦之乱，南齐萧宝卷讨伐崔慧景之战，萧衍灭齐建梁之战，隋军攻占建康城之战，北宋曹彬率军灭南唐之战，清末太平军攻占江宁府之战，湘军、太平军雨花台战役，辛亥革命雨花台之役，北伐军攻占雨花台之战，抗日战争期间南京保卫战雨花台、赛虹桥之战，新四军雨花台进击日伪军之战等。

就以上战役性质而言，其中既有统治者内部权力斗争的战乱与军事冲突，也有统治集团对叛乱首领的军事讨伐与镇压；既有改朝换代的权力更迭（如萧梁取代南齐、隋取代南陈、北宋取代南唐），也有农民起义军同统治集团政府军（太平天国军与清湘军）之间的大规模军事冲突；有辛亥革命军（江浙联军）推翻清王朝的雨花台之役，也有抗日战争期间抵御日本侵略者的南京保卫战。

在抵御日本侵略者的南京保卫战中，雨花台地区的激战是惨烈的、悲壮的。这次保卫战同历代在此发生的战役都向世人道出一个铁的真相：雨花台历来为南京城南军事制高点与重要战略高地，同时也是兵家必争之地，历史证明其“金陵南大门”之称名副其实。由此可见雨花台在军事战役中的战略地位是不容忽视的。南京自有兵火交锋以来，这里的地方军事史、战役史已经雄辩地证明了这一有目共睹的事实。

六

自古以来，雨花台地区一直是江南著名的风景胜地和游览场所。春秋末期，周元王三年（前473），越灭吴，次年越王勾践令范蠡筑城于长干里（今中华门外西街一带、雨花台西北），史称“越城”，亦称“范蠡城”。六朝之际，先后又出现了新亭、劳劳亭、陆机宅（二陆读书堂）、何尚之宅、果园（昭明太子果园）、麾扇渡（又名毛翁渡、麾翁渡、毛公渡）、善世桥、落马涧、甘露井、讲经坡等名胜，同时也产生了一座座名震江南、影响全国的佛家大刹，如长干寺、碧峰寺、高座寺（甘露寺、尸黎密寺）、铁索罗寺（瑞相院）、新亭崇因寺（旷野寺）、道场寺（斗场寺）、新亭寺（中兴寺、天安寺）、越城寺、能仁寺等，加上是地鬼斧神工般的自然景色和葱葱郁郁、优美怡人的自然环境，境内天然瑰奇，婉丽秀逸，美不胜收。“台俯瞰城闉，有江山之胜。”这里吸引了历代文人骚客、帝王将相登临览胜，流连吟咏，或抒发思古追昔之幽情，或望金陵形胜之感慨，倾吐出胸中无限的情怀。如六朝时期的鲍照、谢朓、庾信、吴均等；隋唐五代时期的李白、白居易、崔颢、温庭筠、韦庄等；两宋时期的杨万里、王安礼、苏轼、文天祥等；元代的萨都剌等；明代的刘伯温、杨慎、高启、顾璘、朱之蕃、王世贞、唐寅、汤显祖等；清代的王夫之、孔尚任、黄宗羲、顾炎武、袁枚、魏源、陈三立、张謇等；民国时期的张通之、于右任等都在雨花台地区留下了许多脍炙人口的名篇佳作。

南朝萧齐时期的谢朓《之宣城郡出新林浦向板桥》诗写道：

江路西南永，归流东北骛。天际识归舟，云中辨江树。
旅思倦摇摇，孤游昔已屡。既欢怀禄情，复协沧洲趣。
嚣尘自兹隔，赏心于此遇。虽无玄豹姿，终隐南山雾。

谢朓从京城建康城南出发前往宣城，途经新林浦至板桥的路上，逆大江西行，溯流而上，新林浦为城外出行首站。诗人因得到朝廷重用出任宣城太守不禁心花怒放，又因能远离京师喧嚣之地感到兴奋，于是写下了这首诗。

展现在诗人眼前的是浩渺无涯、东流而去的江水，他伫立船首，回望天际，离离江树，只如淡墨般的几点，融化在水天相连的远处。此诗应该是描写雨花台（石子冈）地区最早的六朝诗之一。

唐代大诗人李白在金陵期间，也留下多首专门颂咏雨花台地区的诗篇，如《新林浦阻风寄友人》《秋夜板桥浦泛月独酌怀谢朓》《长干行》《登梅岗望金陵赠族侄高座寺僧中孚》《金陵新亭》《劳劳亭》等，其中《登梅岗望金陵赠族侄高座寺僧中孚》诗云：

钟山抱金陵，霸气昔腾发。天开帝王居，海色照宫阙。
群峰如逐鹿，奔走相驰突。江水九道来，云端遥明没。
时迁大运去，龙虎势休歇。我来属天清，登览穷楚越。
吾宗挺禅伯，特秀鸾凤骨。众星罗青天，明者独有月。
冥居顺生理，草木不剪伐。烟窗引蔷薇，石壁老野蕨。
吴风谢安屐，白足傲履袜。几宿一下山，萧然忘干谒。
谈经演金偈，降鹤舞海雪。时闻天香来，了与世事绝。
佳游不可得，春风惜远别。赋诗留岩屏，千载庶不灭。

诗仙李白站在雨花台的梅岗高处，放眼眺望曾经霸王气十足的帝王之宅，如今已是“时迁大运去，龙虎势休歇”的衰败景象。目睹世事变迁无常，皇运衰减，虎踞龙盘之势渐渐颓萎。他观钟山环抱金陵形胜，感慨六朝一时繁华，瞬息兴盛即灭，胸中无限的遐思与感叹！

宋代以降，直接用雨花台之名抒写诗歌的作者亦不少，如王安石的《雨花台》、刘过的《雨花台次胡仲方韵》、刘克庄的《登雨花台》、高启的《登金陵雨花台望大江》、顾璘的《雨花台》、文徵明的《雨花台上》、王世贞的《登雨花台》、汤显祖的《雨花台所见》、余怀的《雨花台》、朱彝尊的《卖花声·雨花台》、陈文述的《雨花台》、周宝偀的《雨花台》以及张通之的《春日游雨花台》、于右任的《雨花台》等。历代骚人墨客不论是生活在金陵，或者是游历金陵，常至雨花台一览胜概，一抒襟怀。“或登临纵目，望金陵形胜以舒啸；或策杖寻幽，傍烟霞云树以微吟；或追怀故国，数六朝兴废以寄慨；或缅怀忠烈，颂千秋典型以凛然；或徘徊古寺，忆天女琪花以遐想；或漫步青裀，踏春日晴光以骋怀。”

其中高启的《登金陵雨花台望大江》一诗颇有磅礴气势。全诗描绘道：

大江来从万山中，山势尽与江流东。
钟山如龙独西上，欲破巨浪乘长风。
江山相雄不相让，形胜争夸天下壮。
秦皇空此瘗黄金，佳气葱葱至今王。
我怀郁塞何由开，酒酣走上城南台。
坐觉苍茫万古意，远自荒烟落日之中来。
石头城下涛声怒，武骑千群谁敢渡？
黄旗入洛竟何祥，铁锁横江未为固。
前三国，后六朝，草生宫阙何萧萧！
英雄来时务割据，几度战血流寒潮。
我生幸逢圣人起南国，祸乱初平事休息。

从今四海永为家，不用长江限南北。

诗人登上金陵城南最高处的雨花台，眺望形势犹如龙盘的钟山，巨浪乘长风般的长江，在荒烟落日笼罩下，故都金陵兴衰交替的往昔历历在目。诗人躬逢明初盛世，南北一统，战祸平息，“从今四海永为家，不用长江限南北”，表达了作者对社会稳定、国家繁荣的殷切期待与爱国情韵。全诗笔调豪放、雄健，描绘金陵的钟山、大江雄伟壮丽，追古抚今，感慨之情跃然而出。诗作写得气势雄壮，是登雨花台诗作中的一篇难得佳品。

雨花台丰厚的文化遗迹、历史积淀、风物形胜、人文掌故，吸引着古往今来无数英贤俊彦与诗家前来参谒歌咏，抚古惜今，抒发思古之幽情，为我们留下许多百读不倦的诗词佳作，可谓弥足珍贵。说雨花台是世界文学之都南京的一个标志性缩影，这是不过誉的。

七

雨花石和雨花茶是南京雨花台地区享有盛名的地方特产，也是海内外驰名遐迩的珍贵绝品。前者属天然形成的具有绚丽灿烂色彩的地质属性产物，后者则是南京地区土生土长、经过人们精心加工而制成的生活物品。

南京地区的雨花石文化有着悠久的发展历史，大致距今五六千年的新石器时代或上古时期就已经出现了，并逐渐从原始朴素的玉石文化中独立出来，发育为具有特殊内蕴的赏石文化，成为南京乃至长江中下游地区自然与人文的文化象征。雨花石文化是一种独具特点的文化，不仅以实物的形式存在于人们的现实生活中，同时又以观赏艺术存在于雨花石的收藏和鉴赏活动之中，并且也存在于人们的精神生活中，对人们的文化生活，特别是观赏形式的文学、艺术的发展都产生了深远的影响。2016 年，“雨花石鉴赏习俗”被列入江苏省非物质文化遗产名录。

对于雨花石的定义，部分学者认为雨花石是指南京雨花台、江宁、六合、仪征、江浦、和县等地所产卵形玛瑙、水晶、玉髓、蛋白石及各种具有观赏性的化石、纹理石。

雨花石赋存于雨花台组砂砾层，属于天工造物，是大自然鬼斧神工幻化出的“天然艺术品”，其特点是纹理奇幻、质地晶莹、色彩斑斓、天然精美、光滑圆润，令人爱不释手。诚如池澄、姚群民编著《天赐国宝雨花石》书中所说：“从古到今，人们爱石、藏石、赏石、吟石、画石、巧雕石，形成了独特的雨花石文化。今天，雨花石已受到越来越多的人的喜爱，不仅在国内为人们所收藏，而且随着在美国、日本以及中国香港等地的展出，已渐渐引起海外许多人的重视。韩国和中国台湾地区已涌现出一批雨花石收藏爱好者。可以预见，在旅游业迅速发展、中外交流日益增多的今天，只要我们合理、有效地开发这一新的旅游资源，雨花石必将受到世界各国人民的喜爱。”

南京雨花茶的历史并不长，从 1959 年雨花茶研制成功至 2022 年，不过 63 年的时间。但此茶有松针形的独特外形，质量优异，诞生伊始，就被中国农业科学院茶叶研究所鉴评报告评价为：“外形呈松针形，紧细圆直，色泽翠绿，多白毫，外形美观，别具一格，内质鲜嫩得所，滋味也鲜醇爽口，水色清明，叶底嫩匀。”中华人民共和国对外贸易部上海商品检验局鉴评报告亦评价为：“外形挺秀，色泽新绿，汤色清澈，叶底匀嫩，香高味鲜，堪称绿茶中的极品。特别是无论外形内质都具有独特风格，实属难能可贵。”雨花茶因此跻身全国名茶之列，成为中华人民共和国成立以来第一种南京地区新创制的中国名茶。

雨花茶的创制有其特殊的历史背景和政治意义，它是为了纪念在雨花台壮烈牺牲的无数革命先烈和向中华人民共和国成立十周年献礼而诞生的。雨花茶茶叶制成松针形，象征革命烈士的精神万古长青。此茶是传统茶文化与红色文化相结合的产物，富有象征意义的外形和纯粹的内质，也是南京有史以来第一次以茶的文化向世人展示的地方著名特产。

60 多年来，南京雨花茶经过市场经济的磨砺与检验，愈加受到广大茶文化消费者的青睐和喜爱，逐渐成为中国著名的“三针”之一，即雨花茶“炒青”、安化松针茶“半烘半炒”、恩施玉露茶“蒸青”，并成为绿茶中的珍品与全国经典名茶。

八

雨花台是新民主主义革命时期中国共产党人和爱国志士的集中殉难地。在这里牺牲的烈士成千累万，已知姓名的有1519名，绝大部分为无名烈士。烈士们是在北伐战争、土地革命战争、抗日战争和解放战争中英勇献身的，他们来自全国20多个省份，牺牲时的平均年龄不到30岁；他们有着不同的家庭背景和社会身份，其中许多人出身富有家庭、受过良好教育；他们倒在与内外敌人斗争的最前线，其中大多数是被捕后英勇就义。

在中国革命的风雨长夜里，雨花英烈襟怀救国救民崇高理想，勇敢站在时代前列，为推翻旧世界，建立新中国，毅然抛弃属于自己的一切，义无反顾，奋勇担当，不怕牺牲，前仆后继。

为了缅怀、悼念革命先烈，继承遗志，教育后人，中华人民共和国成立不久，南京市人民政府于1950年1月24日组建了南京市兴建人民革命烈士陵筹备委员会，1952年5月1日，在雨花台主峰建成奠基纪念碑，碑高6.8米。碑的正面用紫铜铸造毛泽东主席手书“死难烈士万岁”六个大字。同年，在烈士就义的北殉难处、东殉难处、西殉难处，竖立了纪念标志。这是雨花台烈士陵园正式建设的开始。

经过70多年的不断营造、扩建、创新与完善，先后建成雨花台烈士就义群雕（1979年9月）、红领巾广场（1982年5月）、知名烈士墓区（1984年4月）、纪念桥、倒影池、雨花台烈士纪念馆（1987年底）、雨花台烈士纪念碑（1989年4月）、忠魂亭（1996年7月）等重要纪念建筑与设施。

中心纪念区是雨花台烈士陵园的主体建筑区域，也是雨花台烈士陵园的中心地带，主体建筑沿着南北向中轴线对称展开，占地20.2公顷，纵长

1500米。整个中心纪念区正好贯穿在五座山丘之间，即主峰、东炮台、西炮台、纪念馆馆址任家山、忠魂亭山坡。建筑轴线贴切地镶嵌在起伏自然的地貌中，构思新奇，富于想象。顺其势而求其形，空间程序和人们在参观、瞻仰中获得的感受意义相吻合。中心纪念区巧夺天工的纪念建筑群现已成为南京市的标志性建筑，被评为建国五十周年南京市城建十项标志性工程之一。1999年在北京举行的国际建筑师协会第20届大会上，纪念馆、纪念碑中轴线建筑荣获“艺术创作成就奖”。2016年9月，雨花台烈士陵园入选首批“中国20世纪建筑遗产”名录。

2014年12月，习近平总书记在视察江苏时指出，“在雨花台留下姓名的烈士就有1519名，他们的事迹展示了中国共产党人的崇高理想信念、高尚道德情操、为民牺牲的大无畏精神。要注意用好用活丰富的党史资源，使之成为激励人民不断开拓前进的强大精神力量”。

如今，每年前来雨花台烈士陵园参观凭吊的社会各界人士超500万人次，陵园先后被确定为全国重点文物保护单位、全国青少年教育基地、全国中小学爱国主义教育基地、全国爱国主义教育示范基地、国家红色旅游经典景区、全国廉政教育基地、国家级烈士纪念设施等。

为了弘扬雨花英烈用鲜血与生命谱写的一曲曲鸿烈的斗争篇章和献身精神，缅怀革命先烈留给后人的宝贵精神财富，雨花台烈士陵园管理局于2019年专门组织相关专家学者编写并出版了《雨花台烈士陵园志》（100余万字）一书，对雨花台烈士陵园的陵园建设（烈士纪念馆、雨花英烈革命事迹、雨花台干部学院、雨花石、雨花茶等）做了一次较为系统的全面总结与梳理，使人们对雨花台烈士陵园和英烈精神有了一个全新的认识。铭记雨花英烈为真理和正义事业献身的英雄气概，弘扬他们舍生忘死、血荐中华的大无畏精神，这就是雨花台烈士陵园这块爱国主义教育基地的最大意义之所在。

九

在雨花台与聚宝门（今中华门）之间，属六朝以来流传至今的秦淮河水上交通形成的长干文化区。据唐人许嵩《建康实录》卷二《太祖》下引《丹阳记》：“大长干寺道西有张子布宅，在淮水南，对瓦官寺门，张侯桥所也。桥近宅，因以为名。其长干是里巷名，江东谓山陇之间曰干。建康南五里有山冈，其间平地，民庶杂居。有大长干、小长干、东长干，并是地里名。小长干在瓦官南，巷西头出江也。”明人陈沂《金陵世纪》卷二《纪衢市其七　坊巷附》“长干里”条谓：“旧志：秦淮南，越筑城长干。《丹阳记》：大长干寺。《实录》云：江东谓山陇之间曰干，建康南五里有山冈，民杂居，名大小长干巷，即今聚宝门外报恩寺前大道也。”陈乃勋辑述《新京备乘》卷上《街坊》“长干里”条也云：“在聚宝门外，《吴都赋》注：‘建业南五里，山冈间平地，有大长干、小长干，大长干在越城东，小长干在越城西。或谓今报恩寺、江宁县丞廨，即其地，俗呼为越台。’”历代文人留下许多歌咏长干一带社会民情风俗的诗词，像唐代的崔颢、李白、李益、张籍等，宋代的槐京、苏颂、黄履、杨杰、李之仪、贺铸、周紫芝、苏泂、周文璞、陈与义、陆游、杨万里、释道生、马之纯、曾极、刘过、罗必元、孙锐、吴龙翰等，他们的作品均对长干地区的人文景观或风俗民情做了真挚细致的描述与赞颂。

唐代诗人李白《长干行》云：

妾发初覆额，折花门前剧。郎骑竹马来，绕床弄青梅。
同居长干里，两小无嫌猜。十四为君妇，羞颜未尝开。
低头向暗壁，千唤不一回。十五始展眉，愿同尘与灰。
常存抱柱信，岂上望夫台。十六君远行，瞿塘滟滪堆。
五月不可触，猿声天上哀。门前迟行迹，一一生绿苔。
苔深不能扫，落叶秋风早。八月蝴蝶黄，双飞西园草。
感此伤妾心，坐愁红颜老。早晚下三巴，预将书报家。

相迎不道远，直至长风沙。

李白这首脍炙人口的诗歌反映了秦淮文化组成部分之一长干地区的民俗民情。特别是“郎骑竹马来，绕床弄青梅。同居长干里，两小无嫌猜”演变为“青梅竹马，两小无猜”，成为讴歌男女纯真爱情的典故，在民间代代相传，千百年来经久不衰。

这里是3100年前长干古城的重要遗址和肇始地，是南京地域文明的重大里程碑。600年后的周元王四年（前472），越王勾践命大夫、上将军范蠡在这里建造了一座城池，史称“越城”。

这里是东晋时期中国古代最早留学天竺的佛教学者、旅行家和翻译家法显撰写旅历专著《佛国记》的创作地（道场寺）。该书是中国佛教史上首部西行求法的重要典籍，也是一部作者历时14年之久，专门记述、介绍30余国旅行经历和反映异国风土人情与佛教盛况的纪游性实录。

这里是南京历史上第二座佛教寺院（第一座为建初寺，创立于东吴赤乌十年，即247年）长干寺的所在地。该寺与建初寺几乎同时创立。在东吴初期为尼人精舍，西晋改为僧人精舍，东晋时正式命名为长干寺。宋天禧年间（1017—1021），又改名为天禧寺。

这里是天禧寺僧人演化大师可政和尚安奉释迦牟尼和玄奘大师顶骨舍利之地。1942年12月23日，玄奘大师顶骨舍利在这里被发现；2008年8月，释迦牟尼顶骨舍利也重现于世。

这里是明代南京城墙13座城门中规模最大的城堡式城门聚宝门（今中华门）所在地。该城堡是世界上保存最完好、结构最复杂的古代瓮城城堡，东西宽118.45米，南北长128米，总面积15168平方米，高20.45米，三道瓮城由四道拱门贯通，被列为全国重点文物保护单位。

这里是明代初期燕王朱棣发动靖难之役后镇压、屠杀以方孝孺为代表的一批不畏强暴、英勇不屈的建文朝廷重臣及其九族的地方。朱棣以“瓜蔓抄”的手法制造了灭绝人寰的杀戮数万人的血腥惨案。

这里是明永乐年间大报恩寺的所在地，该寺所建琉璃宝塔高约 80 米，通体用琉璃烧制，塔内外置长明灯 146 盏，堪称当时世界一大奇观，并被列为中世纪世界七大奇迹之一。

这里是中国近代最早的工业重地——金陵机器制造局（今南京晨光集团）的诞生地。该局建立于清同治四年（1865），时李鸿章由江苏巡抚升任代理两江总督，到南京就任时，将其先前在苏州创办的西洋炮局也迁至南京。在聚宝门（今中华门）外扫帚巷东首西天寺的废墟上兴建厂房，开办金陵机器制造局，为中国近代工业做出巨大贡献。

这里是清廷湘军同太平天国军为占领雨花台高地，进行人肉拉锯战的血腥战场。从同治元年四月至同治三年六月十六日，双方经过两年两个月的殊死血战，以清廷湘军占领天京告终，两军都付出了惨重伤亡的代价。

这里是辛亥革命新军与清军于雨花台炮台进行争夺战的地方。1911 年 11 月 8 日，统制徐绍桢率领驻南京秣陵关的新军第九镇宣布起义，突袭雨花台炮台，遭到驻防南京城的清军张勋部的猛烈炮轰，第九镇官兵由于弹药极度匮乏，伤亡惨重，被迫连夜退避镇江。后与苏军、浙军、镇军、沪军、淞军等于 11 月 13 日组成江浙联军 1 万多人，由徐绍桢任联军总司令。24 日，江浙联军分三路总攻南京，经过协同作战，顽强拼杀，经数昼夜战斗，终于在 12 月 1 日攻占清军雨花台炮台。

这里是抗日战争南京保卫战雨花台、赛虹桥战斗的主战场。从 1937 年 12 月 11 日战斗打响至 12 日雨花台失陷，由于中国军队的英勇顽强抵抗，日本侵略军付出了沉重的代价。据日方资料记载，仅第六师团谷寿夫部队在进攻中华门的战斗中，就战死 230 人，伤 1041 人。中国军队两旅长及官兵 6000 余人，皆为国捐躯。

这里是新民主主义革命时期中国共产党人和爱国志士的集中殉难地。在这里牺牲的烈士成千累万，已知姓名的有 1519 名，绝大多数为无名烈士。英烈们在对敌斗争的险恶环境之中，在革命低潮的危急关头，在身陷囹圄的考验面前，从未动摇对马克思主义的坚定信仰、对党和人民事业的必胜信念，并为之战斗不息，直至献出生命。

总之，历史上有许多重大的人物与事件均活动或发生在雨花台（石子冈）及其周边地区，这些重要的人物和重大的事件不仅对南京地区或全国产生了不可低估的影响，甚至对世界也有一定的影响。雨花台历史古老悠久，文化底蕴深厚，是南京地区不可多得的宝贵财富与遗产。

第一章

环境 资源

雨花台及其所在山体即石子冈，系古代长江和支流秦淮河的泥沙经过不断沉积而形成的山丘。其山体属第四系地层，形成于地质年代历史的最后一个纪——第四纪（250万年前）。石子冈有东冈、中冈、西冈之分，呈东北至西南向，堪舆称“坤山艮向”。

雨花台（石子冈）自古就是金陵西南风水之地。宋代周应合撰《景定建康志》卷十七“山川志序”记载：“疆域帝王之所定也，山川天地之所作也……又南为聚宝山、戚家山、梓潼山、紫岩、夏侯、天阙诸山，以达于西南；又西南绵亘至三山，而止于大江，此（诸葛）亮所谓龙盘之势也！”

该地古代地属江宁县凤东、凤西、安德乡，今在南京市雨花台区辖区内。明代王诰、刘雨纂修《正德江宁县志》第二卷“山阜（冈垅附）”记载：“封内山惟天阙、三山、聚宝最著，余亦不多有者，盖县滨江而上，皆钟阜支余，盘错与东北累累突出不同。”

雨花台地区山脉相连、崇冈交错、支分蔓延，河流三面围绕，湖泊点缀其中，历来是南京的风水宝地。独特的地质构造、地形地貌、地理位置以及悠久深厚的历史文脉，形成了独具特色的环境和资源。本章从地理位置、地质构造、地形地貌、水域、土壤、气候、土地资源、森林资源、动物资源、雨花石、雨花茶多个方面对雨花台地区的环境与资源做了较为系统的概述。

境内诸山图（明·陈沂《金陵古今图考》）

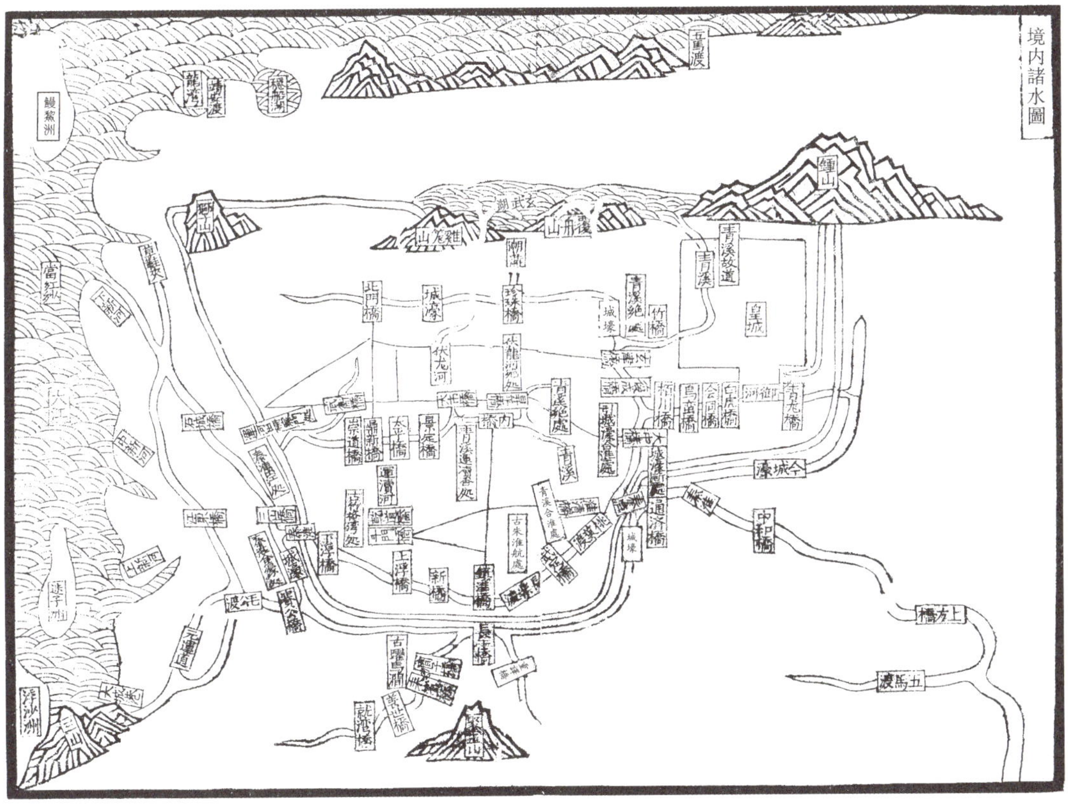

境内诸水图（明·陈沂《金陵古今图考》）

雨花台组砂砾层坡面图

雨花台望聚宝门（1872 年）

聚宝门外（1910 年）

长干桥（1944 年）

雨花台地区森林资源主要集中在雨花台风景名胜区（2022 年）

长干门外秦淮河新貌（2020 年）

花神湖（2022 年）

梅岗俯瞰（2020 年）

雨花湖（2019 年）

雨花台主峰（2020 年）

雨花台风景名胜区木樨苑春景（2021 年）

雨花台风景名胜区内生态密林区秋景（2020 年）

雨花台第二泉（傅抱石 1956 年绘）

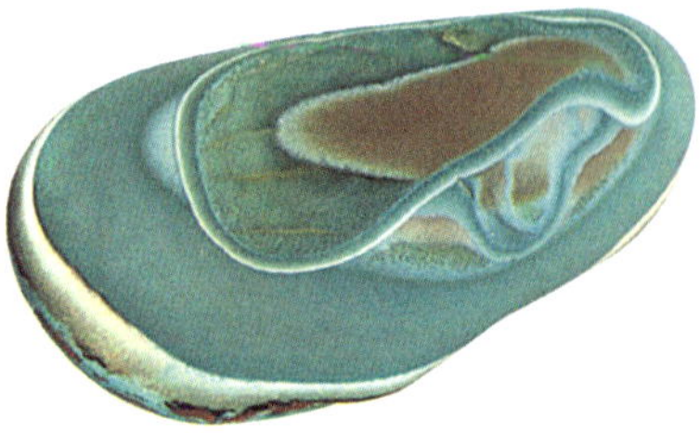

绣花鞋

石柱林

杜鹃

隐士寻幽

赤鹿戏水

大漠金秋

庭院深深

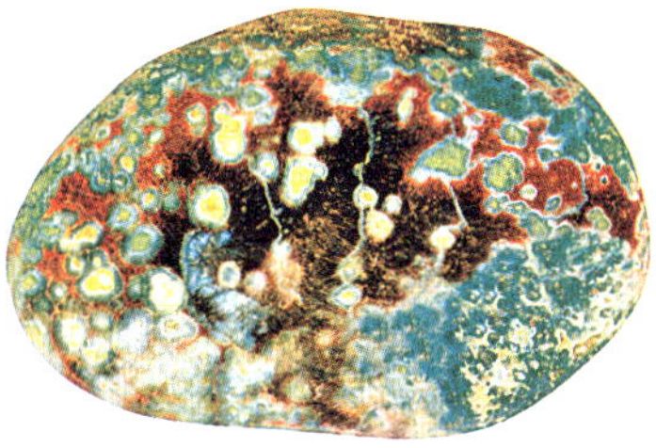

葡萄园

关山万里

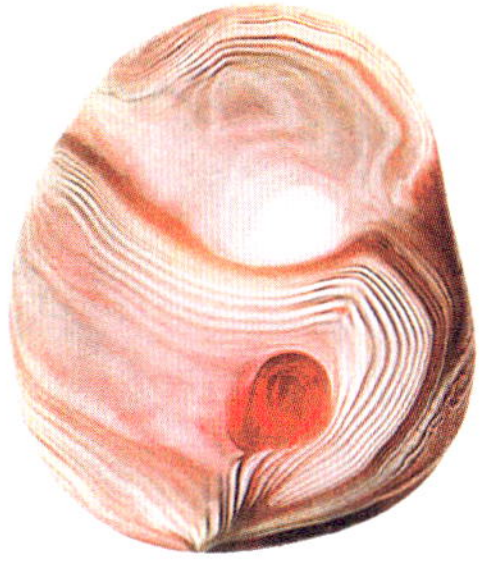

郁金香

春光潭影

春

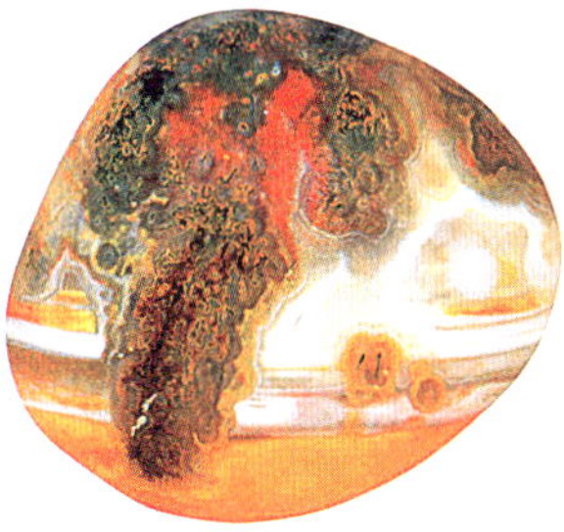

夏

秋

冬

雨花石（南京雨花石博物馆藏）

雨花石赋存于雨花台组砂砾层

雨花台风景名胜区雨花茶纪念茶园（2020 年）

第一节 自然环境

雨花台地区位于北纬 31°95′56″—32°01′30″，东经 118°71′16″—118°81′94″，地处长江下游，地势东南高，西北低，属丘陵平原地区。区域内地形主要为黄土高岗地貌形态，是位于西北侧的平原圩区与东南侧的低山丘陵之间的一片岗地，由长江冲积平原随着地面 3 次抬升而形成一级比一级高的三级阶地，由于长期受水流冲刷被切割成零星分布的垄岗高丘，顶部高程 50—60 米，蕴藏闻名遐迩的雨花石。

雨花台地区位于南京南部主要“绿色走廊”之上，区域三面以三条河流为界，雨花台风景区内自然植被保存完好，山清水秀，风景优美。

雨花台地区属北亚热带湿润气候，受西北风环流影响，季风明显，四季分明，冬冷夏热，光照充足，雨量充沛。每年 6 月下旬到 7 月中旬为梅雨季节。主要气象灾害有台风、寒潮、连阴雨、冰雹、炎热高温和旱涝。

一、地理位置

雨花台所在山体为石子冈，石子冈及其分支四至范围：东至晨光路，南至秦淮新河（原新林浦故道），西至南河，北至中华门城墙。周长约 28.2 千米，总面积约 36.8 平方千米。

新中国成立后，在雨花台东冈兴建了烈士陵园，现陵园南面以雨花南路为界，东北面以雨花东路为界，西面以共青团路为界，占地面积 106.6 公顷，是国内著名的爱国主义教育基地和红色旅游景区。

二、地质构造

雨花台地区位于宁芜中生代火山岩区域北缘，其地层下层主要为白垩纪紫红色砂页岩，上层为雨花台组（初名雨花台砾石层）砂砾层。

雨花台地区所产晶莹多彩的雨花石系在二三百万年前，古长江及其支流古秦淮河的堆积物所形成。此处地层名为雨花台组，是一套疏松的陆相碎屑沉积，分布广泛，常组成阶地，是雨花石的产出地层。雨花台风景名胜区、菊花台、西善桥等地都属于该地层。雨花台组剖面厚约 20 米，岩性底部为砾石层，含脊椎动物、植物和孢粉化石。下部为灰绿、灰红色粉砂质泥岩及含砾砂层，中部为灰黑色粗玄岩，上部为灰红色凝灰质砂岩、粉砂岩、砂砾岩夹灰白色凹凸棒黏土岩、薄层玄武岩。地质学家刘季辰、赵汝钧在 1924 年世界地质大会上将该地层命名为“雨花台砾石层”。1959 年第一届全国地层会议上正式命名为“雨花台组”。1985 年，南京市人民政府在石子冈西顶峰设立“雨花台组砂砾层自然剖面保护区”。此为研究全国地质地层的典型剖面之一。根据地质学者的研究，在距今 1200 万年至 300 万年的新生代第三纪的上新世至第四纪的更新世，该地区原为长江水道，带有色彩的碎石被江水长期冲刷、磨圆，逐渐沉积，后因地壳变动上升，形成了满布砂砾层的山丘，使长江河道北移，形成雨花台组砂砾层。存于砂砾中的雨花石的品种，按其矿物组成分类，有水晶雨花石、碧玉雨花石、玛瑙玉髓雨花石、蛋白石雨花石、植物化石雨花石、石英岩雨花石、原生玛瑙雨花石等。

三、地形地貌

雨花台地区地处长江下游，宁芜丘陵区北缘，地形由西北向东南逐渐上升，地貌类型主要为黄土岗地，属南京地区沿江二、三级阶地，为波状起伏，具有岗冲发育的地貌形态。

雨花台地区为宁镇山脉南支余脉楔入南京而成，区域内主要山脉从东北方向的戚家山、雨花台等至西南方向的阴山矶止，总体呈东北至西南对角线走向。有东冈、中冈、西冈之分，东冈即现在所指雨花台；中冈又称凤台冈，在今望江矶、花神庙一带；西冈为今菊花台公园一带。东北至梅岗，西南至天隆禅寺与渤泥国王墓之间山凹处。顶部海拔为 50—71 米。东冈现为雨花台风景名胜区。区内中心地带分布有 5 座山冈，分别为主峰、东炮台、西炮台、雨花台烈士纪念馆馆址任家山、忠魂亭山坡。建有雨花台烈士纪念碑的主峰标高为 60 米，东炮台、西炮台标高为 56 米左右。主峰与东、西炮台形成“品”字状。与主峰同一轴线的南端分别为雨花台烈士纪念馆馆址任家山及忠魂亭山坡。

俞家山

俞家山亦称戚家山，在南京晨光 1865 创意产业园内。因山北麓有明代开国功臣俞通海家族墓地而得名，原与梅岗为一体，1954 年因雨花台烈士陵园段宁溧路外移新辟道路，遂分割开来。

高 30 米。

梅岭岗

梅岭岗简称梅岗、梅岭，亦称“二郎冈”、二泉后山。在雨花台东坡，高 50 米。东晋豫章太守梅颐家于冈下，故名。位于雨花台风景区东北。东、北临雨花东路。有木末亭、方孝孺墓、杨邦乂剖心处、辛亥革命雨花台之役阵亡将士人马合冢、江南第二泉等胜迹。冈巅古称雨花台。

菊花台

菊花台即石子冈西冈。今亦称石子冈、西石子冈，初于雨花台砾石层上，由砾石堆积而成，故名，高 60 米。有菊花台公园、天隆寺塔林、渤泥国王墓。

邓府山

邓府山位于雨花南路南侧，为石子冈西侧山体支脉，高 35 米。因明代开国功臣邓愈葬于此山，故名。山上还有 1999 年迁建的朱元璋第八女福清公主墓室、邓府山石刻艺术园。

望江矶

望江矶位于雨花南路和花神大道西南交汇处，在凤台门遗址北，属凤台冈（即石子冈中冈）范畴。为石子冈山体最高处，高 70.6 米。古代登临此处可远眺长江，清代建有望江居茶社，民国时期讹“居”为“矶”，成今名。有皖南事变三烈士墓。

土门冈

土门冈位于雨花台烈士陵园北门附近，高 47 米，地势犹存。原有杨邦乂剖心处、二忠祠。

芙蓉山

芙蓉山在雨花台区中医院西侧约 250 处（长虹路 449 号），为菊花台向北支脉，高 36 米，山势犹存。

普德寺山

普德寺山在雨花台区共青团路西侧南京油脂厂内普德寺北侧，为雨花台西侧山体支脉，高 35 米，现存部分山体。

凤　山

凤山属凤台冈，在天界寺东北、普德寺山南，为雨花台西侧山体支脉、凤台山向南余脉，今南京市第一医院（南院），高 30 米，地势犹存。

雷家山

雷家山又称郎宅山，在南京市雨花台区中医院东侧，为雨花台向西支脉，高 40 米，山势犹存。

土城头

土城头在原南京石子岗火葬场，为石子冈西冈部分，毗邻玉环山，高 71 米，今山头已削平。

玉环山

玉环山又称天隆寺山，为石子冈西冈部分，今天隆寺塔林北侧（偏西）山体，山北为宋家凹，山西为凤凰村，山南为向花村，东临回民殡葬处，最高处 55 米，今存大部山体。

乌龟山

乌龟山在雨花台烈士陵园南门西南约 3 千米处，浡泥国王墓所在山体，为石子冈西冈支脉，高 50 米。

营盘山

营盘山在雨花台烈士陵园南门西南约 2.5 千米处，为石子冈中冈部分，凤凰山南偏东，天隆寺西，紧邻玉环山，高 55 米，属菊花台公园范围，山南为铁心桥街道，山北为赛虹桥街道。

阴　山

阴山亦称殷山、阴山矶、膺山矶，在南京市雨花台区西善桥街道贾东（琥珀花园西南角），宁铜铁路东。东晋建武年间（317—318），晋元帝赐建阴山神庙于此，遂名其冈为阴山，亦称阴山矶。今存部分山体，高 44.28 米。

四、水　域

雨花台地区内主要河流有外秦淮河、秦淮新河、南河、南玉带河等。雨花台周边的河流湖泊（含水库）、井泉主要有：

（一）河流湖泊

秦淮河

秦淮河相传为秦始皇三十七年（前 210）开挖的人工河，自六朝时为都城东南郊的水运枢纽。秦淮河为长江南岸的一条支流，从上坊桥至雨花台区境内，接纳南河等河的来水，经武定门节制闸、三山桥，在三汊河注入长江。现此河主要用于城市汛期泄洪之用。秦淮河在东水关分为内、外秦淮河，雨花台地区北侧的一段秦淮河约 3 千米，属外秦淮河，系五代杨吴时期开掘的护城河，亦称杨吴城濠。

秦淮新河

秦淮新河在铁心桥街道、西善桥街道，属秦淮河的新主流，故名。1975 年冬开挖，1980 年 6 月竣工通水。东起江宁区东山街道河定桥东，向西在金胜村注入长江，全长 18 千米。是秦淮河下游主要分洪河道。在秦淮新河大桥注入雨花台区。流经雨花台地区河段长约 11 千米。

南　河

南河在秦虹街道、西善桥街道，古有大城港、阴山河、元运河、大胜河等名称。民国初期因在南京市南郊（偏西南），更名南河。北起赛虹桥，原西南至大胜关入江，1979 年被秦淮新河横穿，改入秦淮新河。长 9.3 千米。是雨花台区与建邺区界河。

南玉带河

原名玉带河，南朝时称跃马涧、南涧、落马涧，明初拓宽，改称“玉鬲河”，后讹传为“玉带河”。1981 年，因与城内玉带河重名，更为今名。位于南京市雨花台区雨花西路旁，发源于邓府山，北流入秦淮河，全长约 3000 米。两头分别通向秦淮河和能仁里，南至雨花西路，北至雨花苑小区内。1990 年经区政府组织清理，河道通畅。1999 年，南玉带河已成为区内城市防洪排水渠道之一。

送驾河

送驾河在雨花台区雨花街道南京南站广场北，全长 1.1 千米，宽约 22 米，为农花河（全长 3.78 千米）中间段。

花神湖

花神湖又名卡子门水库、丁墙水库、杨家水库，在雨花台风景名胜区以南约 2 千米，面积约 5.6 万平方米，是城南最大人工湖泊，湖面呈长条形，东西向较窄，水面宽度平均为 200 米左右，最深处 7 米多。1975 年，为解决雨花公社的丁墙、花木、雨花 3 个大队缺水问题，公社党委讨论决定，在这 3 个大队交界处的杨家山山脚低洼处（古称“白家水洞”）建一座水库。因水库临近卡子门、丁墙村，1978 年竣工后，初名卡子门水库，又名丁墙水库。1980 年改名杨家水库。1999 年，雨花台区政府向社会征名，后又邀请各界有关专家、学者共商，因该水库紧邻花神庙，遂命名为“花神湖”。

雨花湖

雨花湖在雨花台烈士纪念馆（任家山）北端，面积 9800 平方米。水位恒定，自然天成。雨花湖原为冈丘之间的无名池塘，纪念馆在建设开放的同时，开挖整治成湖。湖东侧建有一水坝，水坝将湖水分割成两块：一块为雨花湖，一块为木樨苑。水坝南端有一条小道，可直达纪念馆，北头连接纪念碑干道。

（二）井　泉

雨花台地区有雨花泉、华严寺古井、一泉井、江南第二泉、二泉井、甘露井、玉乳泉等多处井泉。（详见第三章“古迹遗址”第六节“井泉”）

五、土 壤

雨花台区在1981—1986年进行了第二次土壤普查，将全区土壤分为5个土类、8个亚类、16个土属、47个土种。土类是土壤分类的高级单元。全雨花台区土壤划分为黄棕壤土、紫色土、水稻土、菜园土、潮土5个土类，其中雨花台及周边地区位于地带性土壤黄棕壤的分布区域内，丘陵岗地的土壤类型主要为自然土壤黄棕壤，山间谷地黄棕壤受到人类生产活动的长期影响，形成了以水稻土、菜园土为主的耕作土壤。1986年，雨花台区进行第二次土壤普查分类，其中涉及雨花台地区的土类如下表（根据2002年《雨花台区志》资料整理）：

1986年雨花台区土壤普查分类系统表（部分）

土类	亚类	土属	土种	分布	主要特征
黄棕壤	粗骨黄壤	粗骨卵石黄土	粗骨卵石黄土	主要分布在雨花台乡、铁心桥乡、西善桥乡局部地区	由雨花台砾石层形成，由于地表流水的侵蚀，土层瘠薄，砾石暴露地表，土层内含有大量的砾石
	黏盘黄棕壤	黄土	黄土	主要分布于黄土丘陵岗地	下蜀黄土母质，土层深厚，土层60厘米以内未出现黏盘层
黄棕壤	黏盘黄棕壤	黄土	死黄土	主要分布于黄土丘陵岗地	下蜀黄土母质，土层深厚，土层60厘米以内未出现黏盘层
		黄刚土	园田黄土	主要分布于黄土丘陵岗地	下蜀黄土母质，土层深厚，土层60厘米以内未出现黏盘层。主要利用方式为茶园、果园
			园田死黄土	主要分布于黄土丘陵岗地	下蜀黄土母质，土层深厚，土层60厘米以内未出现黏盘层。主要利用方式为茶园
			园田马肝土	主要分布于黄土丘陵岗地	下蜀黄土母质。土层深厚，原为菜地，后改苗圃地
紫色土	中性紫色土	中性紫色土	厚层紫色土	主要分布于宁芜铁路安德门至小行一线的紫色砂岩丘陵	紫色砂岩风化物母质，岩石风化度较好，土层厚度在60厘米以上
			薄层紫色土	主要分布于宁芜铁路安德门至小行一线的紫色砂岩丘陵	紫色砂岩风化物母质，土层厚度<30厘米，内含有较多的未风化及半风化岩石碎块

续表

土类	亚类	土属	土种	分布	主要特征
水稻土	潴育型水稻土	马肝土	马肝土	分布于黄土丘陵岗地冲田中上部位	次生下蜀黄土母质，<0.01 毫米物理性黏粒含量 >50%
			黄白土	分布于黄土丘陵岗地冲田中上部位	次生下蜀黄土母质，<0.01 毫米物理性黏粒含量 >50%
	潜育型水稻土	青肝土	青肝土	分布于黄土丘陵岗地冲田下部位	下蜀黄土母质，由于地势低洼，地下水位高，土壤剖面 60 厘米以上便出现青泥层
菜园土	菜园土	黄菜园土	黄菜园土	黄土丘陵岗地上冲田及塝田	下蜀黄土母质
			菜园马肝土	黄土丘陵岗地冲田	下蜀黄土母质，原为水田，后改菜地，剖面中仍保留着水稻土特征

按照土壤质地，雨花台地区土壤主要可以分为三类，分别是黏土、沙土、壤土，以壤土和沙土为主。壤土以棕壤土和黄棕壤土为主。黏土主要分布在地势低洼、水流汇集区域及现状水面周围。坡地区域的土壤多为砂石层，表面有少量的棕壤土，其余平缓坡地土壤以棕壤土层为主，土壤 pH 多为中性，少量坡地土壤呈酸性，pH 为 5.5—6.6。

六、气　候

（一）气候特征

雨花台地区属北亚热带湿润气候，受西北风环流控制，季风明显，四季分明，冬冷夏热，雨量充沛，灾害频繁。平均年降水量 991 毫米，光照充足，年平均气温 15.3℃，无霜期 216.5 天。

冬季受蒙古高气压控制，多偏北风，天气晴朗，寒冷干燥。受寒潮影响，常有冷空气侵袭。夏季受蒙古低气压控制，受来自太平洋的暖湿空气影响，多为东南风，天气炎热，同时受太平洋副热带高压脊控制时，会出现连续数十天气温≥ 35℃的高温。春、秋两季是全年温度最适宜的季节，日平均温度 20℃。春季多东风或东北风，气温逐渐回升，但冷暖不定，春雨较多，易造成渍害。秋季天气变化不大，初秋仍高温炎热，但早晚凉爽，深秋气温下降幅度大。

（二）气候要素

气　压

年平均气压值在 1020.6 百帕左右。年际变化小。有明显季节变化，冬季气压高，夏季气压低。伏天气压低，闷热难当。

日　照

年总日照时长 2188.1 小时。一年中，8 月日照时间最长，2 月最短。

气　温

年平均气温 15.3℃。一年中，最热为 7 月，最高气温 39℃以上，最冷为 1 月，最低气温 -10℃以下。

湿　度

年平均相对湿度为 81%。月平均相对湿度 7 月最大，为 86%，1 月最小，为 76%。

降　雨

年平均降雨量 991 毫米。年平均雨日 123 天。1954 年是近几十年来降雨较多的年份之一。当年 7 月，区内月降雨量达 465.1 毫米，接近常年降雨量的二分之一。

第二节 资源物产

雨花台地区独特的地质构造、地形地貌、地理位置、周边环境以及悠久深厚的历史文脉，形成了独具特色的风景资源。区域内植物、动物、水体、土壤、气候等共生共存，与雨花台千百年人文情怀、爱国情怀交映成辉。

《读史方舆纪要》卷二十“南直二”谓：“聚宝山，在府南聚宝门外稍东，冈阜最高处曰雨花台，以梁时僧云光讲经雨花而名。兀术尝登雨花台望城中，盖其地势独高也。《方舆胜览》：雨花台在城南一里，据冈阜高处，俯瞰城闉，江上四极，无不在目，即聚宝山之东巅也。山麓为梅冈，或谓之梅陵，相传汉梅铜[1]屯兵处。孙策破刘繇别将于梅陵，即此。明初改筑都城，雨花台无复旧观，而报恩塔高耸巍焕，可以尽城郭川原之胜。”南宋周必大《登雨花台》：“岁晚相逢古帝乡，长松百尺傲冰霜。”清代王元勋《登雨花台遂谒方景诸公祠》：“秣陵城南秋雨来，西风吹上雨花台。台高俯瞰白下尽，渡江云断斜阳开。江声如雷走吴楚，木叶翻飞塔铃语。龙盘虎踞难久居，吴宫晋苑知何处。梅冈东下谒丛祠，野草垂花覆断碑。拾得祠前五色石，犹疑碧血染当时。”雨花台虽历经世代沧桑，气韵始终不衰。

1927 年以后，雨花台沦为国民党统治者屠杀共产党人和爱国志士的刑场。新中国成立后，党和政府决定在此兴建烈士陵园。根据“先绿化、后建设”的方针，1949 至 1979 年，主要进行大规模的绿化造林工作，共栽植雪松、龙柏、桂花、红枫等 300 余种，30 余万株；自 20 世纪 70 年代末至 90 年代中期，又陆续兴建了大规模的烈士纪念建筑群；自 90 年代中期至今，按照江苏省政府批准的《雨花台风景名胜区总体规划》进行建设，现已成为以缅怀凭吊、红色旅游为主体，融自然风光和人文景观于一体的全国独具特色的纪念性风景名胜区。

[1] 此处“汉梅铜”应为“晋梅颐”。

一、自然资源

（一）土地资源

雨花台地区土地面积36.8平方千米，大部分是建设用地（主要是城镇建设用地），其中南京南站、小行等一带为铁路用地；雨花台风景名胜区为风景名胜设施用地，占地106.6公顷，由中心纪念区、名胜古迹区、雨花石文化区、雨花茶文化区、游乐活动区、生态密林区六大功能区组成。雨花台地区还有少量农业用地，其中天隆寺、雨花功德园等地附近为林地，秦淮新河沿岸等地散布着一些园地。

（二）森林资源

雨花台地区的森林资源集中在东北部的雨花台风景名胜区，该区共有植物品种378种50余万株，草坪、地被10多万平方米，绿化覆盖率90%以上。全地区古树名木（已被南京市绿化园林局挂牌）共15个品种66株，雨花台风景名胜区内就有12个品种55株，其中雪松超过一半。特色植物品种乔木类主要有雪松、龙柏、悬铃木、银杏、广玉兰等，灌木类主要有桂花、梅花、红枫、杜鹃等，地被植物主要有大叶麦冬、吉祥草、二月兰等。

名胜区内绿化布局呈现出较完善的“点、线、面”相结合的体系，东有成片的雪松和毛竹，西有悬铃木、重阳木和水杉，南有香樟、柏树和枫香，北有梅花、鸡爪槭等生态风景林，结合北门花坛、群雕处的海棠和鸡爪槭林，倒影池两侧的红枫、樱花林，纪念馆周围的桂花和紫薇林，忠魂亭前的茶花、紫叶李、广玉兰等点状绿化，以及干道两侧的悬铃木、白玉兰、广玉兰、鹅掌楸、雪松等带状绿化，形成了花期互补、色彩多变、深浅相间、层次分明的绿化氛围。

雨花台地区古树名木汇总表

挂牌号	树名	科属	挂牌株数	地址（位置）	树龄（年）	胸围（厘米）	冠幅（米）	树高（米）	等级	含古树群株数
050	银杏	银杏科 银杏属	1	雨花西路能仁里1号	315	190	9	16	一级	1
051	龙柏	柏科 圆柏属	1	雨花西路能仁里1号	165	135	6	13	二级	1
180	红果榆	榆科 榆属	1	雨花台烈士陵园高座寺东侧	105	187	7.5	22	二级	1
361	臭椿	苦木科 臭椿属	1	雨花路黄泥塘8-1号	120	330	7	10	二级	1
394	龙柏	柏科 圆柏属	1	安德门大街6号菊花台公园九烈士墓	105	150	7	12	二级	1

挂牌号	树名	科属	挂牌株数	地址（位置）	树龄（年）	胸围（厘米）	冠幅（米）	树高（米）	等级	含古树群株数
395	龙柏	柏科圆柏属	1	安德门大街 6 号菊花台公园九烈士墓	105	145	7	11	二级	1
396	龙柏	柏科圆柏属	1	安德门大街 6 号菊花台公园九烈士墓	105	152	7	12	二级	1
406	雀梅藤	鼠李科雀梅藤属	1	安德门大街 15 号桔子酒店内	320	丛生	5	3	一级	1
407	雪松	松科雪松属	1	雨花台烈士陵园东炮台	95	142	11	19	名木	1
408	雪松	松科雪松属	1	雨花台烈士陵园西炮台	95	205	12.9	24.3	名木	1
409	雪松	松科雪松属	1	雨花台烈士陵园西炮台	95	214	10.2	22.8	名木	1
410	雪松	松科雪松属	1	雨花台烈士陵园西炮台	95	212	12.5	18	名木	1
411	雪松	松科雪松属	1	雨花台烈士陵园西炮台	95	201	11.5	25	名木	1
412	雪松	松科雪松属	1	雨花台烈士陵园西炮台	95	206	9.6	23	名木	1
413	雪松	松科雪松属	1	雨花台烈士陵园西炮台	95	290	15.3	23.5	名木	1
414	雪松	松科雪松属	1	雨花台烈士陵园忠魂亭东侧	95	146	10.3	16.3	名木	1
415	雪松	松科雪松属	1	雨花台烈士陵园东炮台	95	160	10	13	名木	1
416	雪松	松科雪松属	1	雨花台烈士陵园东炮台	95	163	9.8	17.5	名木	1
417	雪松	松科雪松属	1	雨花台烈士陵园东炮台	95	222	14.2	17	名木	1
418	雪松	松科雪松属	1	雨花台烈士陵园园门广场	95	190	13.4	13	名木	1
419	雪松	松科雪松属	1	雨花台烈士陵园园门广场	95	157	9.9	13	名木	1
420	雪松	松科雪松属	1	雨花台烈士陵园园门广场	95	172	7.8	13	名木	1
421	雪松	松科雪松属	1	雨花台烈士陵园园门广场	95	194	9.5	16	名木	1

续表

挂牌号	树名	科属	挂牌株数	地址（位置）	树龄（年）	胸围（厘米）	冠幅（米）	树高（米）	等级	含古树群株数
422	雪松	松科 雪松属	1	雨花台烈士陵园园门广场	95	172	10.25	15	名木	1
423	雪松	松科 雪松属	1	雨花台烈士陵园园门广场（东炮台）	95	165	9	15	名木	1
424	雪松	松科 雪松属	1	雨花台烈士陵园科普园	95	253	12.5	20.2	名木	1
425	雪松	松科 雪松属	1	雨花台烈士陵园科普园	95	179	7.25	25	名木	1
426	雪松	松科 雪松属	1	雨花台烈士陵园科普园	95	177	8.6	24	名木	1
427	雪松	松科 雪松属	1	雨花台烈士陵园科普园	95	200	10.75	24	名木	1
428	雪松	松科 雪松属	1	雨花台烈士陵园科普园	95	192	8	19	名木	1
429	雪松	松科 雪松属	1	雨花台烈士陵园科普园	95	175	11.5	18	名木	1
430	雪松	松科 雪松属	1	雨花台烈士陵园东炮台	95	173	11.6	16.5	名木	1
431	雪松	松科 雪松属	1	雨花台烈士陵园东炮台	95	173	11.6	10	名木	1
432	雪松	松科 雪松属	1	雨花台烈士陵园纪念碑西侧	95	324	15.75	27	名木	1
433	雪松	松科 雪松属	1	雨花台烈士陵园纪念碑西侧	95	326	12.25	23	名木	1
434	雪松	松科 雪松属	1	雨花台烈士陵园纪念碑东侧	95	326	13.25	24	名木	1
435	雪松	松科 雪松属	1	雨花台烈士陵园纪念碑东侧	95	297.5	17	20	名木	1
436	雪松	松科 雪松属	1	雨花台烈士陵园纪念碑东侧	95	283	17.25	18	名木	1
437	雪松	松科 雪松属	1	雨花台烈士陵园园门广场	95	154	10.5	18.5	名木	1
438	银杏	银杏科 银杏属	1	雨花台烈士陵园 茶厂三角地北侧	120	151	11.6	18	二级	1
439	朴树	榆科 朴属	1	雨花台烈士陵园 茶厂三角地北侧	110	206	15.1	20	二级	1

续表

挂牌号	树名	科属	挂牌株数	地址（位置）	树龄（年）	胸围（厘米）	冠幅（米）	树高（米）	等级	含古树群株数
440	朴树	榆科 朴属	1	雨花台烈士陵园纪念碑北侧	110	244	22	19	二级	1
441	龙柏	柏科 圆柏属	1	雨花台烈士陵园纪念馆门南	45	64	5	13.5	名木	1
442	白榆	榆科 榆属	1	雨花台烈士陵园园门广场	105	180	12.1	14	二级	1
443	白榆	榆科 榆属	1	雨花台烈士陵园园门广场	105	179	6	15	二级	1
445	白榆	榆科 榆属	1	雨花台烈士陵园园门广场	105	196	10	12	二级	1
446	白榆	榆科 榆属	1	雨花台烈士陵园办公区北角	105	188	11	17	二级	1
447	日本冷杉	松科 冷杉属	1	雨花台烈士陵园知名烈士墓	70	91	6.2	12	名木	1
449	五角枫	槭树科 槭属	1	雨花台烈士陵园东炮台	95	183	12.4	15	名木	1
450	五角枫	槭树科 槭属	1	雨花台烈士陵园东炮台	95	185	12.6	14.5	名木	1
451	五角枫	槭树科 槭属	1	雨花台烈士陵园东炮台	95	215	8.6	13	名木	1
452	丹桂	木樨科 木樨属	1	雨花台烈士陵园西殉难处	95	216	11.2	7	名木	1
453	榔榆	榆科 榆属	1	雨花台烈士陵园纪念碑东北侧	120	230	18	18.5	二级	1
719	圆柏	柏科 圆柏属	1	雨花台烈士陵园纪念碑东侧	125	108.5	6.5	20	二级	1
720	圆柏	柏科 圆柏属	1	雨花台烈士陵园东殉难处	125	117	6.2	15	二级	1
721	北美圆柏	柏科 圆柏属	1	雨花台烈士陵园高座寺内	90	98	4.9	19	名木	1
722	圆柏	柏科 圆柏属	1	雨花台烈士陵园纪念碑后	125	107	4	14	二级	1
723	圆柏	柏科 圆柏属	1	雨花台烈士陵园纪念碑后	125	124	4.75	18	二级	1
724	圆柏	柏科 圆柏属	1	雨花台烈士陵园西殉难牌坊	125	120	6.7	12	二级	1

续表

挂牌号	树名	科属	挂牌株数	地址（位置）	树龄（年）	胸围（厘米）	冠幅（米）	树高（米）	等级	含古树群株数
725	圆柏	柏科圆柏属	1	雨花台烈士陵园西殉难牌坊	125	94	1.9	14	二级	1
726	圆柏	柏科圆柏属	1	雨花台烈士陵园西殉难牌坊	125	102.5	3.4	23	二级	1
727	圆柏	柏科圆柏属	1	雨花台烈士陵园西殉难牌坊	125	113	3.75	13	二级	1
822	龙柏	柏科圆柏属	1	安德门大街 6 号菊花台公园九烈士墓	105	158	7	12.5	二级	1
823	龙柏	柏科圆柏属	1	安德门大街 6 号菊花台公园九烈士墓	105	146	7	12	二级	1
824	香樟	樟科樟属	1	安德门大街 6 号菊花台公园九烈士墓	105	地 538	25	22	二级	1
825	雪松	松科雪松属	1	安德门大街 6 号菊花台公园九烈士墓	25	42	5	6	名木	1

来源：南京市绿化园林局 2023 年 3 月 16 日公布《南京市古树名木汇总表》

（三）动物资源

雨花台地区拥有良好的生态环境，显现出动物、植物的情景交融。良好茂盛的植物群落，为野生兽类、鸟禽类、爬行类等动物种群的栖息和繁殖提供了适宜的自然环境。特别是雨花台风景名胜区内常年有野生兽类如野兔、松鼠、刺猬、獾等，鸟禽类如环尾雉、喜鹊、鸽子、灰鹭、画眉鸟、布谷鸟、金丝雀等 30 余种，爬行动物主要有蛇类、壁虎等。

二、雨花石

被誉为“天赐国宝，中华一绝”的南京雨花石历来以五彩缤纷的色彩、千姿百态的纹理、晶莹玉润的质地以及人们所赋予的文化内涵为世人称颂。雨花台地区是雨花石的主产地之一，赋存地层为雨花台组砂砾层。雨花石的文化起源可追溯到 5000 多年前的新石器时期，古往今来，喜好和收藏雨花石之风历代相传，经久不息。历代雨花石爱好者、收藏家，尤其是文人雅士对它更是情有独钟，写下无数的诗文，抒发对它的赞美，从而逐渐形成了独特的雨花石文化。新民主主义革命时期，雨花台成为无数共产党人和爱国志士的殉难地，烈士们的鲜血“染红”了雨花台的寸土寸石，雨花台上的雨花石也逐渐被赋予了“红色文化”的历史特征，显现出革命浪漫主义色彩。2016 年，“雨花石鉴赏习俗”被列入江苏省非物质文化遗产名录。

（一）历史传说

南朝梁代以后，流传着“雨花说法”的神话故事。南宋王象之著《舆地纪胜》云：“旧传梁武帝时，有云光法师讲经于此，感天雨赐花。”元《至正金陵新志》云：“旧梁武帝时，云光法师讲经于此，感天雨赐花。”清《嘉庆江宁府志》云：“云光法师讲经于此，致天雨花，故名。”南北朝是我国历史上佛教最兴旺年代，唐代杜牧的《江南春》诗云：“南朝四百八十寺，多少楼台烟雨中。”史载，当时雨花台（石子冈）地区，就有几十座楼台寺庙，其中当有云光法师讲经台。此后“雨花台”逐渐由“台号”演变成地名，此处所产的美丽石子，自然被称为“雨花石”。

（二）地质赋存

雨花石是古长江及其古秦淮河、古滁河等支流将原岩经过搬运、侵蚀、冲刷、沉积而形成的砾石，主要分布于南京市城南雨花台、菊花台、江宁、江浦、六合，扬州仪征和安徽和县等周边地区。雨花石的产出地层最早由地质学家刘季辰、赵汝钧于1924年在世界地质大会上提出，时称“雨花台砾石层”，泛指南京、六合等地的一套位于赤山组之上、玄武岩之下的砂砾岩层。1959年，第一届全国地层会议上将该地层正式命名为“雨花台组”。雨花台组砂砾层形成时代为中新世晚期至上新世，剖面厚约20米，是一套疏松的陆相碎屑沉积，常组成阶地。地层剖面的砂砾层从下往上，构成了河湖相由粗（砾石层）变细（砂层）的二元结构的韵律层，反映雨花台组沉积环境为湿热气候环境下典型的山前河流相堆积。所含砾石（雨花石）一般长1—10厘米，大的可长20厘米以上。1985年，南京市人民政府在石子冈顶峰设立“雨花台组砂砾层自然剖面保护区”。

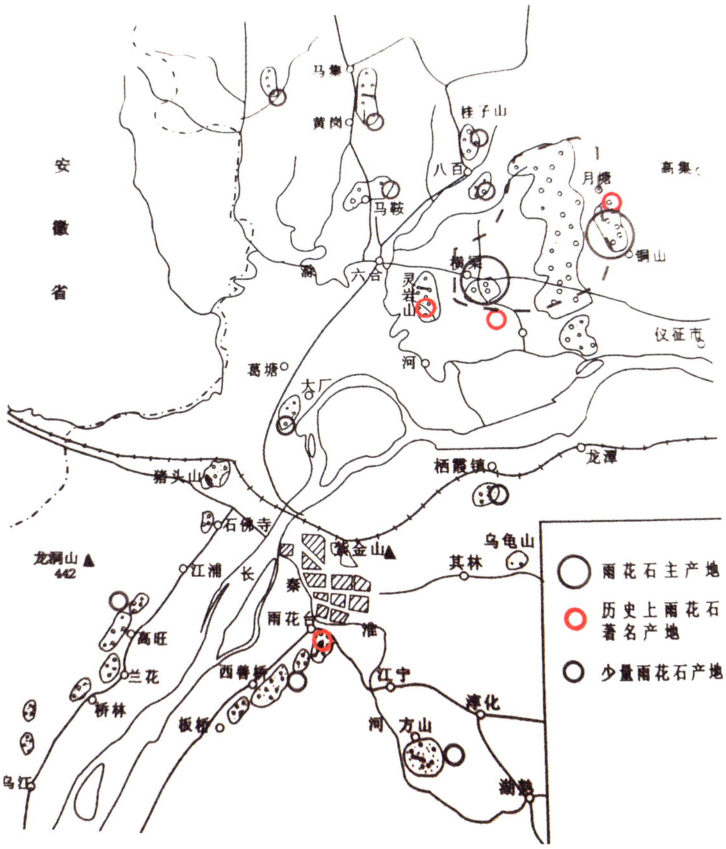

南京附近雨花台组及雨花石产地分布示意图

三、雨花茶

雨花茶及开汤后的外形（“昊月”牌）

雨花茶是南京雨花台的著名特产，属绿茶类，是中国经典名茶之一，也是中国三针之一。为优质细嫩针状春茶，以碧绿的茶色、清雅的香气、甘醇的滋味闻名。雨花茶是传统的中国茶文化和壮丽的红色文化创造性结合的产物，有其独一无二的精神内涵，富有象征意义的外形和纯粹的内质，是新中国成立之后新创制的中国名茶。

为纪念在雨花台牺牲的革命先烈，南京人民怀着对革命烈士的崇敬心情几经努力，研制出了一种外形似松针，翠绿挺拔的绿茶，代表着牺牲在雨花台的成千累万革命烈士的铮铮铁骨，象征着革命烈士忠贞不屈的精神万古长青。1959 年，江苏省人民政府正式命名此种绿茶为“雨花茶”。雨花茶研制成功后很快以其丰富的内涵，独特秀丽的外形和优良的质量，受到了人们的喜爱，获得了多项荣誉，成为江苏省除碧螺春之外又一全国名茶，是南京重要的城市名片。

冠以红色文化传承之名的雨花茶，其种植生产已遍布南京各区城郊，继而销往国内外，成为饮茶者心目中的珍品。雨花台作为雨花茶的命名地与发源地之一，人们在这里品饮雨花茶，饮茶思源，表达对革命烈士的崇敬和怀念之情。

（一）雨花茶创制

1957 年，南京科研、生产、商业部门经过调查研究，向省市领导报告提议创制名特茶，得到当时中共江苏省委第一书记江渭清、中共南京市委第一书记彭冲的同意，并提出创制名特茶纪念雨花台革命烈士，向国庆十周年献礼。

1958 年春，江苏省副省长韦永义挂帅的江苏省名特茶创制委员会成立。主任委员由江苏省山区经济作物局副局长张之宜担任，副主任委员由江苏省农林厅林业特产局局长赵公正等人担任，省内的茶叶专家张志澄、郃大传、曹岚、罗凡等人任委员。并从省内各地调来十多位制茶专家，组建了由俞庸器任组长，戴连荣、王震宇、王家荣、郑学清等人组成的技术攻关小组，开始了创制工作。

1959 年春的茶叶采收季节，名特茶创制委员会召开了采制技术座谈会。会上，针对茶叶的外形，专家们提出了各种方案：“大刀长矛形”寓意中国革命是武装革命；“镰刀斧头形”寓意中国革命的成功主要依靠工人农民；“花瓣形”寓意革命先烈的精神如盛开的鲜花撒满人间。经过反复实验，人们发现这些设想都难以实现，主要因为成形的统一性和易断裂问题很难处理。经过比较，委员会最后决定把茶叶制成松针形，象征革命烈士的精神万古长青。之后，雨花台烈士陵园茶场、中山陵园茶场与江宁实验茶场、栖霞山茶场等十多家茶林场共同开展了松针形新品茶的研制工作。

1959年，雨花茶创制成功。4月27日的《新华日报》刊登了雨花茶研制成功的报道。5月12日，在江苏省茶叶评比会上，“雨花茶”经过严格的品鉴与审查，通过了产品鉴定。诸多权威单位的鉴评报告一致认为：“雨花茶”茶名清雅，外形独特，质量优异，可以跻身全国名茶之列。其中中国农业科学院茶叶研究所对雨花茶的鉴评报告认为：“外形呈松针形，紧细圆直，色泽翠绿，多白毫，外形美观，别具一格，内质鲜嫩得所，滋味也鲜醇爽口，水色清明，叶底嫩匀。”中国茶叶进出口总公司（北京）的鉴评报告认为：“雨花茶形质俱胜。从品类说，确在龙井、碧螺春、黄山毛峰诸名茶之外，别具风格。外观虽与日本京都所产‘玉露’相接近，但绝不似其黑长成‘蜘蛛腿’状，有如‘碧玉针’，且又香味双清，不带郁蒸之气。”中华人民共和国对外贸易部上海商品检验局对雨花茶的鉴评报告认为：“外形挺秀，色泽新绿，汤色清澈，叶底匀嫩，香高味鲜，堪称绿茶中的极品。特别是无论外形内质都具有独特风格，实属难能可贵。”同年，在杭州召开的全国茶叶会议上，“雨花茶”再次经专家品鉴与评定，获得一致好评，被公认为全国新品种的特种名茶。

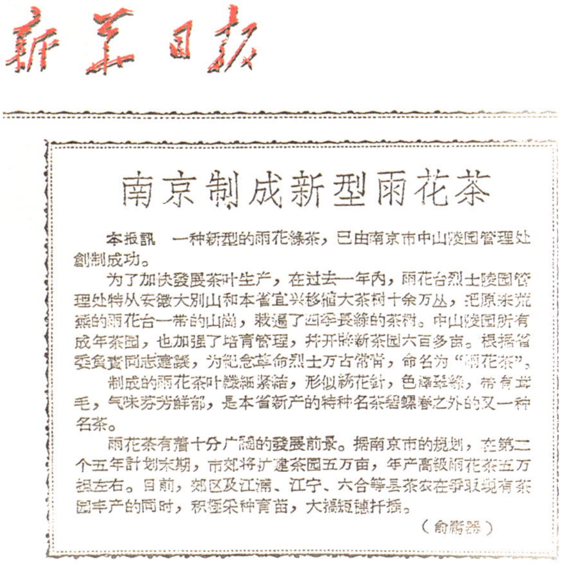
新華日報

南京制成新型雨花茶

本报訊　一种新型的雨花綠茶，已由南京市中山陵园管理处創制成功。

为了加快發展茶叶生产，在过去一年內，雨花台烈士陵园管理处特从安徽大别山和本省宜兴移植大茶树十余万丛，把原来荒蕪的雨花台一带的山崗，栽遍了四季長綠的茶树。中山陵园所有成年茶园，也加强了培育管理，并开辟新茶园六百多亩。根据省委負責同志建議，为紀念革命烈士万古常青，命名为“雨花茶”。

制成的雨花茶叶纖細緊結，形似綉花針，色澤碧綠，带有茸毛，气味芬芳鲜郁，是本省新产的特种名茶碧螺春之外的又一种名茶。

雨花茶有着十分广闊的發展前景。据南京市的规划，在第二个五年計划末期，市郊将扩建茶园五万亩，年产高級雨花茶五万担左右。目前，郊区及江浦、江宁、六合等县茶农在爭取现有茶园丰产的同时，积極采种育苗，大搞短穗扦插。

（俞腾器）

1959年4月27日《新华日报》报道南京制成新型雨花茶

最初雨花茶的制作全靠手工操作，每人每天仅能加工2斤左右干茶。为实现产品标准化、规格化，提高产品质量，增加产量，满足国内外市场需求，1979年，雨花台烈士陵园茶场成立了“雨花茶机械化研究小组”，在江苏省茶叶权威、高级农艺师张志澄的指导下，凭借手工制雨花茶20年的实践经验，将手工制雨花茶的工序与各种机械设备进行配套、摸索。1982年，“雨花茶机械化研究小组”初步拟定出了“雨花茶机制工艺流程”。该流程从鲜叶采摘、摊凉、杀青、揉捻，到毛火、整形、烘焙，初步实现了雨花茶的全程机械化生产。

1983年12月，在对外经济贸易部主持的外销茶评审会上，雨花台烈士陵园生产的用于出口的机制雨花茶凭借其优良的产品品质，获得外贸部颁发的荣誉证书。

雨花茶鲜叶只采摘初展的一芽一叶，特级雨花茶一芽一叶占总量的85%以上。图为雨花茶鲜叶

1983 年，雨花台风景区茶场机制雨花茶获得国务院外贸部颁发的优质荣誉奖状

1988 年 12 月，在首届中国食品博览会上，雨花台烈士陵园生产的机制雨花茶获博览会银奖。雨花茶成为第一个实现全程机制的全国名茶，在中国名茶制作史上增添了浓墨重彩的一笔。

2021 年，“绿茶制作技艺（雨花茶制作技艺）”被列入国家级非物质文化遗产代表性项目名录。2022 年 11 月 29 日，“中国传统制茶技艺及其相关习俗”被列入联合国教科文组织人类非物质文化遗产代表作名录。“中国传统制茶技艺及其相关习俗”项目由包含“绿茶制作技艺（雨花茶制作技艺）”在内的全国 15 个省（区、市）44 个茶非遗项目组成。

（二）雨花茶品牌及文化

南京雨花茶产业大力实施品牌战略，按照“优质、安全、高效”的要求，以市场为导向，从产品品牌、产地品牌到产业品牌，分层次全方位地开展创建工作，实现了雨花茶从传统农业产品向现代食品的嬗变，雨花茶从“名茶”走上“名牌”之路。

1983 年，茶叶市场价格开放后，雨花茶逐渐走上了品牌化发展道路，“昊月”“钟山”“明都”“六朝春”“雪松”“雨萃”等雨花茶品牌陆续出现。2004 年 12 月雨花茶获“原产地域产品保护”（即地理标志产品保护），是南京市第一个获得原产地域产品保护的地方特产。2006 年《地理标志产品 雨花茶》（国家标准 GB/T20605-2006）正式发布实施，2007 年南京市农林局与南京市质监局共同组织南京市茶叶行业协会及相关茶场依据该标准要求，首次完成雨花茶国家级实物标准样的制作，为雨花茶生产企业对样生产，规范雨花茶市场提供依据。此次制作标准样 58 套，划分四个等级：特等一级、特等二级、一级、二级。同年，南京市雨花台园林建设有限公司茶厂等 21 家企业成为首批获得国家质检总局批准在其产品

“昊月”牌雨花茶产品

上使用雨花茶地理标志产品专用标志的企业。获准使用地理标志产品专用标志，意味着企业产品质量符合国家标准，在制作工艺、产品品质方面经过更为严格的检验和认证。普通市民在购买雨花茶时，可查看产品外包装上的显著位置是否有地理标志产品专用标志，并可以扫描标志上的二维码来验证相关雨花茶产品的详细信息。专用标志的使用，提高和统一了雨花茶的产品质量，维护了雨花茶的品牌形象。

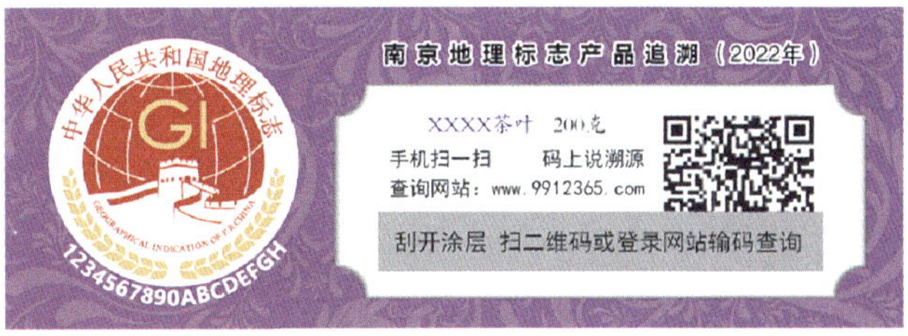

2022 年，雨花茶地理标志产品专用标志样标

2013 年 3 月，由南京市茶叶行业协会申请的“南京雨花茶”商标注册成功，通过对证明商标的管理和保护，把对南京雨花茶的保护上升到知识产权保护的层面。

雨花茶，外形如松针，象征着在雨花台牺牲的革命先烈的铮铮铁骨，品饮雨花茶寓意着对革命先烈的崇敬与缅怀，随之而生的雨花茶文化赋予了中国传统茶文化特有的红色内涵。茶艺是茶文化活动的重心。通过茶艺活动，碧绿的茶叶升华为充满诗情画意和富有哲理色彩的茶文化。21 世纪以来，以雨花茶艺为代表的当代南京茶艺，在继承中得到发展，其茶艺在我国绿茶茶艺中较为独特，让品茗与修身养性实现统一。

雨花茶属于细嫩绿茶，冲泡时要求茶具洁净，通常用透明玻璃杯、细白瓷杯冲泡，便于观察茶在水中的缓慢舒展、游动、变幻过程。泡茶的水质要好，沏茶的水温以 85℃左右最为适宜。雨花茶艺具体流程如下：

初识仙姿（观茶形，闻茶香）雨花茶外形紧、细、圆、直，锋苗挺秀，形似松针，白毫隐露，色泽翠绿，干茶闻之清香扑鼻，观之似雨花英烈铮铮铁骨，直白大方。优质雨花茶，常以清明和谷雨前采制的为最好。

再配甘霖（备水）好茶需好水泡才能显示出优质的特点。冲泡雨花茶以山泉水为最佳，自来水次之。

流云拂月（温杯洁具）冲泡雨花茶要用透明无花的玻璃壶、杯，以便更好地欣赏雨花茶在水中的仙姿，观赏碧绿的汤色、细嫩的茸毫，领略清新的茶香。先用开水烫一遍干净的杯具，做到茶杯一尘不染。

落花如雨（投茶入壶）将雨花茶轻置杯中。雨花茶与水的比例大致为 1 ∶ 50，

茶艺表演

即每杯用茶2—3克，注水100毫升。

温润灵芽（温润泡）采用“回旋斟水法”向杯中注水少许，以1/4杯为宜，水温85℃，温润的目的是浸润茶芽，使雨花茶和水充分接触，让茶芽微张，香气初透，为将要进行的冲泡打好基础。

凤凰点头（悬壶高冲）用“凤凰三点头”的手法冲水至七分满，对雨花茶表达敬意，对客人表示敬意，体现中国传统礼仪。

辨香识韵（闻香品茗）甘泉滋润着芽叶，茶芽渐渐地舒展开来，犹如雨后春笋。先闻雨花茶独特的清雅香气，再品其汤，齿颊留香，甘泽润喉，恰似十里秦淮，韵味无穷，妙不可言。

续悟茶道（二泡）雨花茶一般冲泡三次，雨花茶初品时口感清淡，需细细体会，慢慢领悟；第二泡醇厚甘爽，渐入佳境，滋味最浓；三泡之后，意犹未尽。

第二章

周边社会

现今雨花台作为地名，通常被狭义地认为是石子冈东冈即雨花台风景名胜区所在区域范围，本章从东麓、南麓、西麓、北麓四个方向对狭义的雨花台周边地区的政治、经济、文化、教育各个层面、各个领域的历史与现状做简略的记述，同时对改革开放后日新月异的市政建设、城市交通（含高铁）、院校教育（含中小学）、市场经济、党政机关、街巷、民风民俗、人民生活变化状况、新型高科技基地和以通信产业为主导的软件产业、诸多科研单位、科研成果等进行介绍。从各个侧面展现雨花台周边地区社会发展的整体风貌。

雨花台区委、区政府办公楼

赛虹桥立交

卡子门立交枢纽

中兴全球云计算中心

华为南京研究所

软件谷夜景

第一节　雨花台东麓

雨花台风景名胜区东麓，北端有现代化的双桥门高架桥；东端有“养回红村”居民区，交通便利，建有江苏省新闻出版学校等院校；东南端，是有着南京现代“南大门”之称的卡子门世纪广场，在广场上矗立着时尚的城市标志——世纪塔。

一、土城头遗址

土城头遗址位于土城头路西，明代于应天府外建外郭城，故名。明初朱元璋在筑成南京城之后，还修筑了一道环绕南京城的外郭城。外郭城主要利用南京城外的黄土丘陵，依山带水修筑而成，只在附郭形势险隘的地方才用城砖砌墙开门，其余都是用山埂培土夯成，故俗名“土城头”。土城头路南起卡子门，北至双桥门。1920 年改建为路，1969 年曾名长征南路，1982 年恢复原名。1997 年，卡子门至龙蟠南路拓宽为干道。

二、双桥门立交

双桥门立交位于南京快速内环的东南角，因其地处明代双桥门遗址，故名。是连接机场高速、纬七路高架、龙蟠中路的枢纽，主线 2.47 千米，匝道总长 0.68 千米。双桥门立交工程于 2003 年 4 月开工建设，2004 年 4 月底实现主桥通车，总投资约 14 亿元。双桥门，始建于明洪武二十三年（1390），处于明外郭凤台门与夹岗门之间的南北向丁字城墙上，因门前建有双拱石桥，形似双门，故名。双桥门距都城东南角城墙较近，可护卫墙东侧的天地坛、山川坛、神乐观等重要建筑。神机火器即由双桥门出入，门内有神机营军伍操练，外有戚里街（今称“七里街”）商贩往来。附近所巷米麦成行，养虎仓官粮贮积。置有千户所，设六品城门郎。清同治十二年（1873），建神祇坛。

清末至民国时期，双桥门逐渐衰败，地表城门现已不存，仅存地下遗址，地名沿用至今。

三、卡子门广场

卡子门广场，又称卡子门世纪广场，位于雨花台区卡子门大街 38 号。2001 年 5 月，为迎接新世纪（21 世纪），南京市人民政府在卡子门广场建成世纪塔以志纪念。广场占地 7.9 万平方米，由标志物——世纪塔和园林景观组成。“卡子门”，因清政府在此设卡收货物税而得名。

四、江苏省新闻出版学校

江苏省新闻出版学校位于雨花台区雨花东路 152 号，成立于 2005 年，是一所由江苏省人民政府批准，隶属于江苏省委宣传部的国有公办中等职业学校。该校是江苏省培养新闻出版、印刷发行技术技能人才的基地，是江苏联合职业技术学院办学点、全国新闻出版系统重点职业学校、全国新闻出版职业教育教学指导委员会委员单位。截至 2021 年，江苏省新闻出版学校有在校学生 1329 人，教职工 89 人。

五、江苏传媒学校（原江苏广播电视学校）

江苏传媒学校（原江苏广播电视学校）位于雨花台区雨花东路 156 号，1984 年正式成立。学校占地面积 3.6 万平方米，总建筑面积约 1.3 万平方米，是由江苏省广播电视总台（集团）主办的、全省唯一一所专门培养广播影视中、高等技能型人才的省属公办全日制高职院校。2001 年中国传媒大学远程教育中心在此设立了江苏学习指导中心。2002 年开始举办五年制高等职业教育。2004 年成为江苏联合职业技术学院首批五年制高等职业教育办学点。

第二节　雨花台南麓

雨花台风景名胜区南大门外是雨花南路，雨花南路南侧有多座办公楼建筑，与雨花台风景名胜区隔路相望。其中有中共雨花台区委和区人民政府、区人民法院、区税务局、农业银行等办公楼。再向南是紫荆花路，有雨花台中学、南京科技馆、雨花台区体育中心、雨花台区青少年活动中心等，与区委、区政府办公楼相互毗邻连成一片。以区委、区政府为中心向南向西辐射有阅城国际花园、区政务服务中心、区档案馆、区文化馆、区图书馆、区检察院、铁路南京南站等；花神大道两侧有区公安分局、雨花街道办事处，以及中兴通讯、华为科技等高科技企业。至2021年，雨花台南麓集政治、经济、科技、教育、文化、体育等多领域于一体，展现出崭新的时代特色与地方风貌。

一、雨花台区委、区政府综合办公楼

雨花台区委、区政府综合办公楼坐落于雨花台区雨花南路2号，与雨花台风景名胜区一路之隔。办公楼主楼于2002年10月建成使用，总使用面积39859.3平方米。

（一）中共雨花台区委

中共南京市雨花台区委员会成立于1955年8月。2019年，雨花台区对应中央、省级和市级机构改革，调整优化相应机构和职能。机构改革后，共设置党委机构11个，其中，纪检监察机关1个，工作机关10个。截至2021年，雨花台区有基层党组织1001个，其中党委43个、党总支63个、党支部895个。有党员24276人。

（二）雨花台区人民政府

雨花台区人民政府成立于 1955 年 8 月。2019 年，雨花台区对应中央、省级和市级机构改革，调整优化相应机构和职能。机构改革后，共设置党政机构 37 个，其中政府工作部门 26 个：办公室、发改委、教育局、科技局、民政局、司法局、财政局、人社局、住建局、交通局、水务局、城管局、农业局、商务局、文旅局、投促局、卫健委、退役军人事务局、应急管理局、审计局、行政审批局、市场监管局、统计局、信访局、人防办、地方金融局。

二、雨花台区政务服务中心

雨花台区政务服务中心位于雨花台区竹影路 5 号 1 号楼，成立于 2012 年 6 月 20 日。2019 年 8 月，雨花台区政务服务中心新办公楼建成，总服务面积 3748 平方米，进驻 30 个区（软件谷）职能部门，设立服务窗口 68 个，进驻审批服务事项 1022 项，同时还提供企业信息查询、公共信用信息自助查询、项目预审代办、24 小时取办件等服务。雨花台区行政审批局组建于 2019 年 2 月，下设雨花台区投资建设代办服务中心，承担区政务服务管理办公室（区政务服务中心）的职责，以及区级有关部门的行政许可、审批服务协调推进、政务数据归集应用等职责。内设机构办公室（政策法规科）、审批服务管理科（信息技术科）、市场准入审批科、投资建设审批科、社会事业审批科、政务热线管理科、监督考核科。2021 年，雨花台区政务服务中心受理并办结审批事项 13.8 万件，综合满意率 99.9%。

三、中国（南京）软件谷

中国（南京）软件谷（简称软件谷）位于南京主城区西南部，成立于 2011 年 8 月 2 日。总规划面积 74.5 平方千米，涵盖原雨花软件园、雨花经济开发区、铁心桥街道、雨花街道、赛虹桥街道、西善桥街道部分范围。已建成中国首条软件大道，汇聚了 IBM 中国软件授权培训中心、戴尔、润和软件、三胞集团、中兴通讯、华为科技、东软研发、软通动力、文思创新、泰晟科技、水利部南京水利水文自动化研究所等国内外知名软件企业。成立时是中国最大的通讯软件产业研发基地，系中国首个千亿级软件产业基地，全国首批、江苏唯一的国家新型工业化（软件和信息服务业）示范基地。2021 年，全年完成地区生产总值 566.6 亿元；实际利用外资到账 1.73 亿美元；外贸进出口总额 246.5 亿元，同比增长 18.5%。实现软件业务收入 2500 亿元，同比增长 15.2%；新增软件产业建筑面积 64.76 万平方米，完成年度计划的 107.93%，总量 1078.82 万平方米；新增涉软企业 350 家，总数 3492 家；新增涉软从业人员 2 万人，总数 32 万人。

四、铁路南京南站

铁路南京南站位于雨花台区玉兰路98号。建于2008年，2010年正式运营。北靠雨花台风景名胜区，南临秦淮新河，西接牛首山。占地面积近70万平方米，总建筑面积73万平方米，站房总建筑面积约45.8万平方米，总投资超过300亿元。全站共有15个候车厅，3个站场，15个站台。是中国铁路上海局集团有限公司管辖的客运站，是中国铁路客运特等站，亦是华东地区最大的交通枢纽、连接八条高等级铁路的国家铁道枢纽站，被誉为亚洲第一大高铁站。2021年，铁路南京南站发送旅客3467.67万人次；汽车客运南站发送旅客254.31万人次；地铁南京南站进站2391.70万人次，出站1921.54万人次。

五、雨花外国语小学

雨花外国语小学位于雨花台区郁金香路58号，占地面积28180平方米，建筑面积20694平方米，总投资2亿元。学校设计规模为6轨36个班。属公立全日制完全小学，学制六年，是南京市第一所公办外国语小学，也是雨花台区“十一五”期间重点名牌学校。2017年正式成立雨花外国语小学教育集团，加设分校和附属幼儿园。附属幼儿园位于雨花台区民和路14号，2018年10月10日正式开园，占地面积4700平方米，建筑面积5518平方米。雨花外国语小学花神庙分校位于雨花台区石华街20号，2015年8月31日正式开办，占地面积18861平方米，建筑面积10055平方米；设计规模为3轨18个教学班，为农花村经济适用房项目配建小学，学制六年。雨花外国语小学南站校区位于雨花台区民生路，创办于2020年9月1日，占地面积26014平方米，建筑面积30787平方米，总投资41亿元（含南京南站中学投资）。

六、景明佳园小学

景明佳园小学位于雨花台区花神大道298号，创办于2002年。占地面积18216平方米，建筑面积6862平方米。是南京市首家为解困经济适用房配套的小学，属公立全日制完全小学，学制六年。截至2021年，有班级24个，在校学生851人，教职工55人。

七、雨花台中学

雨花台中学位于雨花台区紫荆花路66号，是江苏省四星级（国家级）示范中学。1957年11月建成。1958年3月，定校名为南京市雨花台初级中学，有教职工11人。1968年，更名为“南京市雨花台中学”，开始招生高中新生。1999年2月，从雨花西路33号迁至雨花台区紫荆花路66号新校址。占地面积144853平方米，建筑面积104270平方米。截至2021年，学校共有教学班 119 个，在校学生 5262 人。其中，初中在校学生 2658 人，高中在校学生 2604 人，教职工 416 人。

八、南京市南站中学

南京市南站中学（初中）位于雨花台区民权路，创办于2020年9月1日。占地面积15898平方米，建筑面积18814平方米。属公办义务教育学校。学校采取集团化办学模式，为雨花台中学南站校区。截至 2021 年，有班级 6 个，在校学生 182 人，教职工 23 人。

九、雨花台区青少年活动中心

雨花台区青少年活动中心位于雨花台区宁丹路 36 号，创办于 2004 年 10 月。占地面积 30000 平方米，建筑面积 10000 平方米。中心拥有四个功能区，一区为活动区，二区是青少年营地，三区为自然生态区，四区是种植区。中心是中国教育协会课程改革与校本课程研究实验基地、南京市环境教育基地，被区政府命名为“雨花台区新市民科普教育基地”。

十、雨花台区教师发展中心

雨花台区教师发展中心位于雨花台区雨花东路 47 号，创办于 1959 年。原名“雨花台区教师进修学校”，是南京市最早的服务于区域教育，指导教师专业发展的教师进修学校。中心占地面积 15573 平方米，建筑面积 12142 平方米。截至 2021 年，有专任教师 41 人，兼职教师 107 人。

十一、雨花台区综合型文化大厦

雨花台区综合型文化大厦坐落于雨花台区竹影路 5 号 3 号楼，雨花台风景名胜区以南，毗邻雨花台区政务服务中心、雨花台区检察院、南京科技馆、雨花体育中心等。2020 年，雨花台区综合型文化大厦建成启用，总建筑面积18000平方米，集阅读、展览、培训、演艺、创作等功能于一体。其中雨花台区图书馆 6400 平方米、雨花台区文化馆 3550 平方米、雨花美术馆 1600 平方米、剧场 1805 平方米、名师工作室 2370 平方米。

（一）雨花台区图书馆

雨花台区图书馆始称“图书室”，建于 1965 年 5 月。至 2019 年，雨花台区图书馆先后五易馆址。2020 年底，雨花台区图书馆正式搬入雨花台区综合型文化大厦，新图书馆建筑面积 6400 平方米。提供包括自助图书借还终端、高清音视频直播等新一代信息技术在内的智慧化、个性化管理和服务，设立少儿阅览区、综合借阅区、新书展示区、电子阅览区等20多个功能区。同时设有读者沙龙、观影阅读、阶梯阅览等多种特色功能区。截至2021年，藏书总量24.43万册，年订阅报纸杂志369种；全年接待读者23.2万人次，文献借阅10.3万人次。现为国家一级图书馆、江苏省文明图书馆。

（二）雨花台区文化馆

雨花台区文化馆始建于1955年8月。1987年1月，雨花台区文化馆建成新馆舍，总面积3300平方米。1993年9月，被文化部评为国家标准文化馆。10月，被江苏省文化厅评为一级文化馆。创作的文艺作品先后获得全国“四进社区”奖、文化部“群星奖”、省“五星工程奖”等。2020年，正式搬入雨花台区综合文化大厦，建筑面积3550平方米。馆内设有文艺组、培训调研与创作组、器材组，涵盖器乐、美术、舞蹈、声乐、戏剧5个艺术门类。

（三）雨花台区档案馆

雨花台区档案馆成立于1981年1月，是安全保管雨花台区重要档案的基地、爱国主义教育基地、档案信息服务中心、已公开现行文件利用中心和政府信息查阅法定场所。1984年6月，雨花台区档案局成立。1998年3月，雨花台区档案馆列为雨花台区政府直属事业单位，雨花台区档案局与其合署，一个机构两块牌子，设办公室、监督指导科和保管利用科。1999年1月，雨花台区地方志编纂委员会成立，下设地方志办公室，挂靠雨花台区档案局；2003年2月，编纂并出版《雨花台区志》；2004年至2021年，共计编纂出版《雨花台年鉴》19卷。2008年8月，雨花台区委党史办划归雨花台区档案局合署办公后，编印出版了《中国共产党江苏省南京市雨花台区组织史资料》等一批史料。2017年12月23日，雨花台区档案馆通过江苏省AAAA级数字档案馆评估验收。2020年9月，雨花台区档案馆迁入位于雨花台区竹影路5号的雨花台区综合文化大厦2号楼。新馆面积6793平方米，共6层，其中库房面积3607平方米。包括设备管理区、档案利用接待区、档案业务用房和库房、办公区等。馆藏各类实物档案约9万卷（册）。

十二、雨花台区体育中心

雨花台区体育中心位于雨花台区雨花大道8号，2007年7月1日正式对外开放。中心总占地面积18600平方米，总建筑面积约26000平方米。体育健身活动面积为12000平方米，内设游泳、网球、羽毛球、乒乓球、斯诺克等场馆，是政府为民办实事的重点工程之一。

第三节　雨花台西麓

雨花台西麓有赛虹桥街道，区位优势凸显，地处秦淮、建邺、雨花台三区交界处，位于南京南大门的“过道”上，是南京通向周边地区的“南桥头堡”。赛虹桥立交为全市市政建设重点基础设施之一，宁芜公路、宁芜铁路、机场路等穿境而过，水、陆、空交通十分便捷。雨花西路两侧分布有雨花台区实验小学、南京玻璃纤维研究设计院、中华中等专业学校等；雨花西路西延小行路有江苏警官学院、公安部警犬研究所等驻区院所，形成雨花台西麓的区域特色。

一、赛虹桥立交

赛虹桥立交位于雨花台区凤台南路与应天大街交汇处，2002 年 11 月开工，2003 年 12 月底竣工通车，因其紧邻赛虹桥得名。赛虹桥立交是全互通双向立交，工程总投资 12 亿元，总面积 13.26 万平方米，桥路全长 10 千米，为 39 米宽双向六车道柏油路，单桥桩有 486 个，立交从顶层到地面分四层，高 23 米，有 8 层楼高。为 2005 年南京举办第十届全运会主城区快速道路网布局中的重要组成部分。

二、赛虹桥地区建材市场群

赛虹桥地区建材市场群位于雨花台区应天大街与凤台南路交汇处，始建于 1998 年。市场群占地面积 2.2 平方千米，先后入驻跨世纪装饰城、赛虹桥建材商城、长江装饰城、绿色建材市场、金虹装饰城、八方建材市场、西郊物资商城、雨建联贸易商城、恒宇装饰城、海涛装饰城等 10 多家大型专业市场，有全国近 30 个省、市的厂家，主要经营品种有木材、油漆、铝型材、五金、陶瓷等，营业面积 10 万多平方米。

三、虹悦城

南京虹悦城位于雨花台区应天大街619号，2012年9月29日开业。由香港德盈集团投资建设，项目总建筑面积35万平方米，商业设施总建筑面积约20.8万平方米，共7层，地下2层，地上5层。是一个集购物、餐饮、休闲、娱乐、商务、居家为一体的大型休闲购物广场。

四、南京金陵花卉交易市场

南京金陵花卉交易市场位于雨花台区雨花西路268号，创办于2000年3月15日。市场占地面积29000平方米，其中标准营业房100余间，冷暖两用的标准交易大棚3000平方米。是集花卉、苗木、假山奇石、园林机械、各类盆具、工艺品及花卉租赁等于一体的综合性批发交易市场。至2021年，已有几十家大型花卉、园林等公司及经营实体进驻市场。花卉及相关产品业务活动覆盖华东地区。

五、雨花台区实验幼儿园

雨花台区实验幼儿园位于雨花台区雨花新村1村12栋，占地总面积6300平方米。始建于1990年，原为安宁幼儿园，2000年更名为雨花台区实验幼儿园。属公办全日制幼儿园。2005年，分园花神美境幼儿园成立后，该园确定为雨花台区实验幼儿园总部。现为江苏省省级示范性实验幼儿园。至2021年，有班级12个，在园幼儿352人，教职工63人。

六、普德村幼儿园

普德村幼儿园位于雨花台区共青团路130号南院，始建于1982年。占地面积2800平方米。属全日制大集体幼儿园，现为江苏省优质幼儿园。至2021年，有班级7个，在园幼儿213人，教职工43人。

七、雨花台区实验小学

雨花台区实验小学有两个校区。东校区位于雨花台区普德村148号，创办于1946年。1987年，更名为南京市雨花台区实验小学。属公立全日制完全小学，学制六年。校园占地面积16977平方米，校舍面积15366平方米。2000年，被授予“江苏省实验小学”称号。至2021年，有教学班45个，在校学生1938人，教职工129人。

西校区位于雨花台区雨花西路130号，始建于1951年2月，原名为南京市城南搬运工会子弟小学，后被命名为雨花台小学。2003 年，学校改为市级实验小学。2015 年，雨花台小学成为雨花台区实验小学（西校区）。2018 年，在原址重建，2020 年投入使用，属公立全日制完全小学，学制六年。校园占地面积 10084 平方米，校舍面积 16123 平方米。至 2021 年，学校有班级 33 个，在校学生 1405 人，教职工 60 人。

八、共青团路小学

共青团路小学位于雨花台区共青团路 66 号，创办于 1987 年，雨花小区开发配套工程之一。占地面积 6316 平方米，校舍面积 3998 平方米。属公立全日制完全小学，学制六年。至 2021 年，学校有班级 18 个，在校学生 720 人，教职工 53 人。

九、共青团路中学

共青团路中学位于雨花台区共青团路 19 号，创办于 1987 年。占地面积 15128 平方米，校舍面积 8811 平方米。属公立普通初中。至 2021 年，学校有班级 24 个，在校学生 804 人，教职工 77 人。

十、南京中华中等专业学校

南京中华中等专业学校拥有安德门和将军山两个校区，分别位于雨花台区雨花西路 260 号和宁丹路 38 号。校园占地面积 42166 平方米，校舍面积 21861 平方米。属公立中专。前身为雨花台区安德门全日制普通中学，1978 年 9 月成立。1985 年 6 月，改为江苏省首批重点职业中学。1992 年 3 月 17 日，成为国家标准省级重点职业中学。1993 年 5 月，安德门职业学校转办为雨花职业技术教育中心，同年 10 月更名为南京中华职业教育中心。2001 年 3 月，被教育部评估为国家级重点中等职业学校。2009 年 10 月，更名为南京中华中等专业学校。2021 年，学校有三年制职专班 34 个，在校学生 1146 人；五年制高职班 29 个，在校学生 1009 人；教职工 114 人。

十一、公安部南京警犬研究所

公安部南京警犬研究所位于雨花台区小行路 18 号，始建于 1958 年。占地面积 154386 平方米。前身是公安部第一人民警察干部学校警犬工作教研室南京警犬训练队。1981 年成立公安部南京警犬研究所，系警犬技术科研领域国家级研究所。2022 年 6 月并入新组建的南京警察学院。是公安部直接管辖下的专门从事警犬技术及相关技术研究的事业单位，也是国内唯一从事警犬技术研究的科研机构。根据公安部的职能定位，主要承担良种繁育、教学训练、现场使用、犬病防治、饲料营养等方面的研究任务；负责全国警犬档案管理、技术信息收集处理和服务、国际警犬技术交流和《中国工作犬业》杂志发行等工作；负责南京片区五省一市（江苏、上海、山东、安徽、浙江、福建）的警犬技术业务指导和管理；配合基层公安机关在重特大刑事案件现场中的警犬使用，受理各类案件的警犬气味鉴定，参与重大活动的警犬安全检查等。中国工作犬管理协会、公安部警犬技术信息中心、《中国工作犬业》杂志社、公安部犬病研究中心、南京金盾动物药业有限责任公司设在南京警犬研究所内。

十二、江苏警官学院（安德门校区）

江苏警官学院（安德门校区）位于雨花台区小行路16号，毗邻雨花台风景名胜区。江苏警官学院前身为南京市公安学校，创办于1949年6月。2002年升格为本科院校，更名为江苏警官学院，有安德门、龙潭、浦口3个校区，是全国首批建立的省属公安本科院校之一，也是江苏培养公安专门人才和培训在职民警的重要基地。安德门校区占地面积158000平方米，校舍建筑面积102000平方米。学院在安德门校区设法律系及法学专业、公安管理系及行政管理专业（普通类）、计算机信息与网络安全系及计算机科学与技术专业（普通类）。

十三、南京玻璃纤维研究设计院

南京玻璃纤维研究设计院位于雨花台区雨花西路30号，为配合国家"两弹一星"战略于1964年成立。现隶属央企中国建材集团，是从事玻璃纤维研究、设计、生产的综合性科研院所。1999年7月转制成为科技型企业。主要致力于配套、工程装备服务、玻纤制品制造三大主业，重点从事宇航材料、膜材料、环境工程、岩棉产业链等产业研究、设计、制造和服务等。有中国工程院院士1名，国家杰出工程师1名，拥有集经营管理、科技创新和市场开发为一体的高素质人才队伍，拥有国家玻璃纤维及制品工程技术研究中心、特种纤维复合材料国家重点实验室、建筑材料行业高性能纤维及复合材料产业创新中心、国家玻璃纤维产品质量监督检验中心等一系列先进创新平台和行业服务平台。截至2016年底，全院获授权专利282件，其中发明194件，国际专利5件，国防专利13件；主持制修订国际标准11项，其中颁布9项，主持制定玻璃纤维和碳纤维国家标准和行业标准73项，占行业内标准总数的93%，主持制定绝热材料国家标准和行业标准66项，占行业内标准总数的59%；有关标准填补国内空白，并取得一系列科研成果。获国家级科技奖励39项，获省部级科技奖励142项，其中获国家科技进步一等奖1项、国家技术发明二等奖3项、科技进步二等奖11项。全院资产总额达21.34亿元，营业收入近11.7亿元，年均上缴税金5660余万元，是全国首批创新型企业、国家火炬计划重点高新技术企业。2021年11月3日，南京玻纤院参研的优秀科技成果在国家科学技术奖励大会上，分别获国家科技进步一等奖和技术发明二等奖。发明创造的"一种梯度结构穿刺织物及其制备方法"在第22届中国专利奖颁奖大会上，获中国专利优秀奖。

第四节　雨花台北麓

雨花台北麓的行政区域为秦淮区中华门街道。中华门街道地处南京主城西南部，东至大明路，南邻雨花台风景名胜区，西抵赛虹桥立交桥，北倚外秦淮河，面积 3.27 平方千米，下设长干里、雨花村、开源、路子铺、双桥新村、曙光里 6 个社区。办事处位于雨花路 42 号。

这里曾经是秦淮河与大江交汇之地。周元王四年（前 472），越王勾践命大夫、上将军范蠡筑城于长干里，扼淮控江。六朝时期，这里是贵族住宅区、寺观集中区和风光游览区，也是商贸交易口岸。这里是金陵寺观的发祥地，东吴时期，此处即建有佛塔和尼人精舍，南朝时期，建康的大部分寺庙集中在秦淮南岸的长干里一带，多为帝王官府建造，也有僧尼化缘营建和个人舍宅为寺。明永乐年间修建的大报恩寺塔是中国寺观建筑史上的经典之作，是中世纪世界七大奇迹之一。新中国成立之后，特别是改革开放后，这里从居民区逐步转变为风景名胜区。

一、古长干里

从雨花台风景名胜区北面至中华门城堡前的外秦淮河，这片区域是古长干里的核心部分，是南京先民聚居的繁华区域。唐代许嵩《建康实录》记载："建康南五里有山冈，其间平地，庶民杂居。有大长干、小长干、东长干，并是地里名。小长干，在瓦官南巷，西头出江。"

长干里南有雨花台，北有秦淮河，西则有长江相护，又处秦淮河入江通道旁，自古的战略地位极为重要。中华门城堡西南，有南玉带河（落马涧），源于雨花台西邓府山，元代《至正金陵新志》载："落马涧，一名南涧，在江宁县南 5 里，向东北流入城壕。"

历代文献均有对长干里的记载，西晋左思《吴都赋》："长干延属，飞甍舛互。"刘逵注："江东谓山冈间为'干'。建邺之南有山，其间平地，吏民居之，故号为'干'。中有大长干、小长干，皆相属。"古有大、小长干巷相连，大长干巷在今中华门外，小长干巷在今凤台山南，巷西通长江。《晋书·桓玄传》载有元兴中童谣曰："长干巷，巷长干，今年杀郎君，后年斩诸桓。"《文选注》载江东谓山间为干。《舆地纪胜》载长干是秣陵县里巷名，金陵南五里有山冈，其间平地，民庶杂居，有大长干、小长干。后亦借长干指南京。清陈维崧《醉太平·江口醉后作》词："钟山后湖，长干夜乌。"清戴名世《道墟图诗序》："今年夏，余读书长干。"郑泽《桃花》诗："莫问长干旧时事，半弯眉月印天涯。"春秋战国时代，这里已是先民聚居之地。秦汉时期，这里是著名的商业区和货物集散地。六朝时期，长干里是贵族住宅区、寺观集中区和风光游览区，也是商贸交易口岸，有张昭宅、二陆（陆机、陆云）读书堂、建初寺、瓦官寺、长干寺、凤凰台、阮籍墓。大小寺庵不计其数，是中国的佛教中心。隋平江南以后，六朝故都的繁华虽已不再，慕名而来寻觅遗迹的四方游客仍络绎不绝。

唐宋以后，许多骚人墨客留下了大量吟咏佳作，有李白的《长干行》、崔颢的《长干曲》、郑板桥的《长干里》等。尤其是李白的《长干行》，演绎出"青梅竹马""两小无猜"两个知名的成语。

唐代诗人崔颢的《长干曲》，题材看似平凡，却因抓住了人生片段中富有戏剧性的一刹那，给人留下了深刻的印象："君家何处住？妾住在横塘。停船暂借问，或恐是同乡。家临九江水，来去九江侧，同是长干人，自小不相识。"

清代诗人郑燮的《长干里》，记录了平常百姓的贫苦生活与劳作的场景："墙里花开墙外见，篱门半覆垂杨线。门外春流一派清，青山立在门当面。老子栽花百种多，清晨担卖下前坡。三间古屋无儿女，换得鲜鱼供阿婆。缫丝织绣家家事，金凤银龙贡天子。花样新添一线云，旧机不用西湖水。机上男儿百巧民，单衫布褐不遮身。中原百岁无争战，免荷干戈敢怨贫！"

由于这里是南京的南大门，商贸业十分发达。南宋《景定建康志》记载："西口市，在城南长干桥下，今西街口是。"特别在明代，南京作为都城，在这里建有接待外国使者与商人的来宾楼、来宾桥、重译桥，以经营竹木薪炭为主的来宾街市，还有以经营米类粮食和其他农副产品为主的大集市。雨花路西侧曾经有一个名为"西街"的商业繁华区和居民区。西街的末端，有个地名叫"小门口"，远郊与安徽附近的人从这里进城。于是也就有了客栈，有了饭店，有了人家。明代《南畿志》记载："小口市在聚宝门外，来宾桥西。一名小市口。"小市口位于西街与安德街交汇点，1996 年中山南路南段拓建后消失。

这里自古便是古都金陵的客运、物流集散中心。从古代的浮航、码头，到近现代的公路、铁路、立交桥、地铁，呈现了一部城市交通的演进史。

清光绪四年（1878），南门外大街（又名米行大街）改建为 3—4 米宽。1932 年，拓宽为 23 米宽的泥结弹石路面，改名为雨花路。1936 年，江南铁路宁芜段建成通车，南京中华门火车站建成。铁路管理机构为商办江南铁路有限公司。1949 年 4 月 23 日南京解放后，江南铁路收为国有，改称宁芜铁路，归上海铁路局管辖。1985 年 12 月，南京市第一座跨越宁芜铁路的雨花路立交桥建成。1995 年，雨花路立交桥不再是主干道。1997 年 6 月，跨越中华门铁路编组站（12 轨）的中山南路立交桥建成。2005 年 5 月 15 日，南京市第一条地铁线路——南京地铁 1 号线建成运营；9 月，双桥门立交桥枢纽竣工通车，成为当时华东地区规模最大的城市立交。2008 年，中华门西侧的长干门竣工通车。长干门前建有饮马桥，跨越中山南路，城门由 5 个拱门并列组成，“长干”一名，便源自“长干里”的老地名。至 2022 年，长干门是雨花台区通往新街口的主要通道。

二、越城遗址

越城遗址位于秦淮区中华门外雨花路西侧，南倚雨花台高地，北濒秦淮河水域。当时古长江在该城西北不远处滚滚奔流，据此可控制秦淮河入江之孔道，是一个重要的军事要塞，一直被视作南京建城史的开端。

《读史方舆纪要》记载：“城址与长干山相连，形势特重。”《景定建康志》记载：“攻守于此者，西则石头，南则越城，皆智者之所必据。”《至正金陵新志》记载：“长干里，在秦淮南，越范蠡筑城长干。”公元前 472 年，出于军事考虑，越王勾践命上将军范蠡在“濒江临淮”的长干地区筑城，作为攻防楚国、争霸中原的重要屯兵据点。控扼淮水入江口的这座城池，史称“越城”，也叫越王城、范蠡城，俗称越台、越王台、范蠡台……

明清之际，越城遗迹犹存，是一块略高于四周的土坡，称为“越台”。越城城周长二里八十步（古旧制以六尺为一步），相当于现在的 942 米多，占地面积只有 6 万平方米。越城虽不大，但它却是南京主城区有记载并有确切年代可考的建造最早的城池。

2017 年 10 月，南京市考古院对遗址进行考古勘探和发掘，发现了商周至六朝再至宋元明清留下的开凿城池的壕沟、烧砖造瓦的窑场、掘井取水的市井巷弄等大量遗迹遗物。如环壕内出土了陶四面锥形器、成捆铁刀等与军事有关的遗物，而更多当年古人生活的遗迹与遗物，则向世人还原出当时六朝建康城的一派繁华之气，呈现出南京城的起源、发展与繁荣。

三、晨光 1865 科技·创意产业园

晨光 1865 科技·创意产业园位于秦淮区中华门外应天大街 388 号，与大报恩寺遗址公园毗邻，由秦淮区政府与晨光集团创办，因所在地为李鸿章于 1865 年创建的金陵机器制造局旧址而得名。

清同治四年（1865），李鸿章由江苏巡抚升任代理两江总督，移署南京，在聚宝门（今中华门）外扫帚巷东首西天寺的废墟上兴建金陵机器制造局，聘请英国工程师设计并主持建造厂房。次年厂房竣工后，李鸿章将先前在苏州兴办的苏州洋炮局移入南京，由刘佐禹任总办，马格里任督办。整个机器制造局设机器厂、翻砂厂、熟铁厂和木作厂，制造开花炮弹、抬枪和铜帽等产品。投产时，有员工兵夫约 400 人，房屋 80 余间，它与上海江南制造局、天津机器局、福州船政局一起被称为晚清洋务运动的四大军工企业。

民国之后，金陵机器制造局改称金陵兵工厂，工厂规模扩大，兴建了许多高质量的厂房，设备也随之更新。抗日战争期间，金陵兵工厂一度西迁重庆，改名为第二十一兵工厂。抗战结束后

迁回南京，改称六〇兵工厂。1949 年南京解放后，第二野战军接管了该厂，1950 年更名为三〇七厂，继续用作军工企业，同时该厂也以晨光机器厂的名称经营民用产品。

1996 年 6 月，国营晨光机器厂作为全国现代企业制度改革一百家试点单位之一，正式组建晨光集团，并更名为南京晨光集团有限责任公司。2007 年，北部厂区改建为 1865 创意产业园，成为吸引优秀企业和高端人才开展科技研发、发挥文化创意之地，也成为海内外游客以及南京市民时尚休闲的好去处。园内共分五个区：A 区：科技创意研发区；B 区：山顶商务区；C 区：科技创意博览区；D 区：工艺美术创作区；E 区：时尚生活休闲区。2013 年，国务院将金陵兵工厂旧址核定为第七批全国重点文物保护单位，列入近现代重要建筑名单。2018 年 11 月 15 日，金陵机器制造局列入第二批国家工业遗产名单。

四、大报恩寺遗址公园

大报恩寺遗址公园位于秦淮区中华门外雨花路 1 号，北邻外秦淮河，南接雨花台，东至 1865 创意产业园，西至雨花路，2015 年 12 月 16 日建成并对外开放，因位于大报恩寺遗址而得名。整个遗址公园占地面积约 14.9 万平方米，其中一期为大报恩寺遗址公园核心区，开放建筑面积 4.6 万平方米。

大报恩寺历史悠久，其前身曾屡废屡建，寺名亦屡屡更易。三国东吴时期，寺先有塔，建有尼人精舍，吴末塔、寺皆废。西晋于原地复建寺，东晋后始称长干寺。梁武帝扩建，改名为阿育王寺，陈代复称长干寺。北宋天禧二年（1018）改名天禧寺，元代改名慈恩旌忠教寺。明永乐十年（1412），明成祖朱棣敕工部在古长干寺原址重建寺庙，征集天下工匠十万余人，耗银约 250 万两，历时 17 年，至宣德三年（1428）始成，赐额“大报恩寺”，为明代南京三大佛寺之一。寺内琉璃宝塔九层八面，额曰“第一塔”，为中世纪世界七大奇迹之一，清末太平天国时期被毁。

2008 年，南京市博物馆考古队在大报恩寺遗址区发现了长干寺地宫，出土了铁函、七宝阿育王塔，以及塔中供奉的佛祖顶骨舍利等佛教圣物，其中国家一级文物 16 件，这是南京一次性出土国家一级文物数量最多的文化遗址。2009 年，遗址区内又发现了大报恩寺的三大殿遗址，被文物专家誉为“规格最高、规模最大、保存最完整”的中国古代寺庙遗址。2011 年，江苏南京大报恩寺遗址被评为“2010 年度全国十大考古新发现”，2013 年被列为全国重点文物保护单位。

对外开放的遗址公园共有 4 个展区，即遗址及出土文物展区、南京佛教文化展区、汉文大藏经展区和报恩文化体验区，可以观看的景点有 30 余处。遗址公园中备受瞩目的琉璃宝塔以轻质钢架玻璃保护塔的形式重现，在完整保护遗址的前提下赋予其象征意义与内涵，已成为中华门外的地标性景观。2017 年 7 月，大报恩寺遗址公园被列为国家 AAAA 级旅游景区。

五、中华门火车站

中华门火车站位于秦淮区中华门外雨花路西侧，应天大街南侧。始建于1936年，原名江南铁路南京总站，因在中华门外，故称中华门火车站。中华门火车站与沪宁铁路南京西站、津浦铁路浦口站并列为南京三大老火车站，也是民国时期南京唯一的民营火车站。车站始建时有两栋复合式连体平房，为江南铁路公司总经理张静江斥资聘用上海营造厂建造，站房一直保留使用至今，是中国著名的近现代铁路历史建筑。

1946年6月，因国民党发动内战，江南铁路被紧急拆除，铁轨用于铺设徐州至南京的津浦铁路复线。中华门火车站被江南公司用作南京到芜湖和宣城的长途汽车站。1948年1月，江南铁路才重新铺轨，恢复通车，中华门站恢复原先铁路客货运车站的职能。20世纪80年代，中华门站处于鼎盛时期，日均发送旅客上万人次。2014年10月14日，停止客运业务。

第三章

古迹遗址

历史上，因在雨花台（石子冈）地区活动的著名人物、社会名硕、英贤俊彦众多，发生的重大事件不计其数，各个时期留下来的古迹遗址特别丰富多彩，短时间内很难爬梳厘清。在南京的诸山中，雨花台古迹遗址的数量之多，文化意义之厚重深沉，即使与钟山（紫金山）相比，也不遑多让。特别是雨花台与佛教文化颇有渊源。自东吴第一座佛家尼人精舍在雨花台之北创立，雨花台地区先后出现了一批佛教伽蓝，如长干寺（阿育王寺、天禧寺、元兴慈恩旌忠寺、大报恩寺）、高座寺（甘露寺、尸黎密寺、永宁寺）、天界寺（龙翔集庆寺）、能仁寺、华严寺、西天寺、道场寺（斗场寺）、碧峰寺、普德寺、天隆寺（极乐庵）、新亭崇因寺、越城寺。除此之外，还有道教的清源观、伊斯兰教的回回营清真寺，印证了南京人口头上常说的“出了南门尽是寺”。许多杰出的政治、军事、文化名人的墓葬和祠庙，也为此地留下了深厚的历史文化积淀。明清之际，这里山冈起伏，林木葱茏；流水清泉，鸟语花香；寺院林立，香火缭绕；名胜荟萃，风光秀丽，是江南登高览胜之佳地。

本章仅从亭台楼阁、墓冢、寺院玄观、祠宇、宅第园圃、城门桥渡、井泉、重要遗址、纪念地几大方面做粗略的梳理。

雨花台地区古迹互见图

…向东绘制
（2022年）

长干古城复原示意图

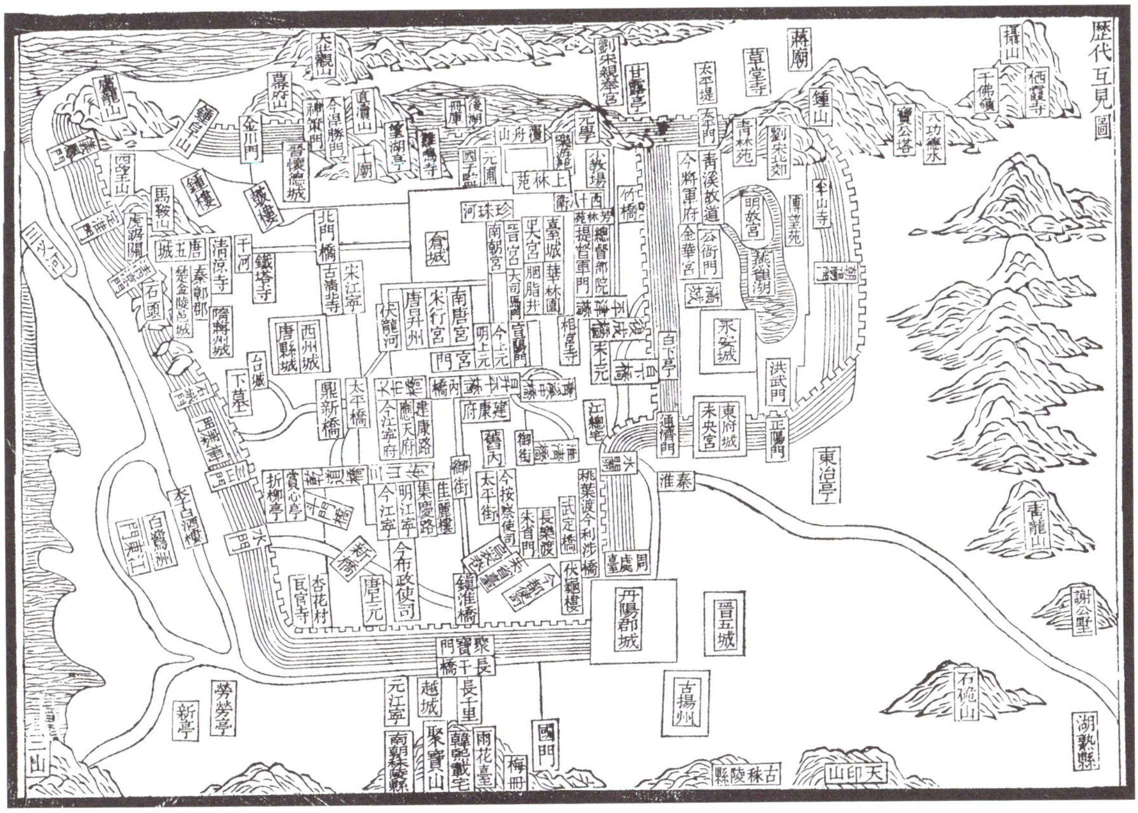

历代互见图（明·陈沂《金陵古今图考》）

越城遗址（2021 年）

雨花阁（2021 年）

梅岗“问梅阁”（2021 年）

新亭遗址鸟瞰（2021 年）

杨邦乂剖心处全貌（2021 年）

木末亭（2022 年）

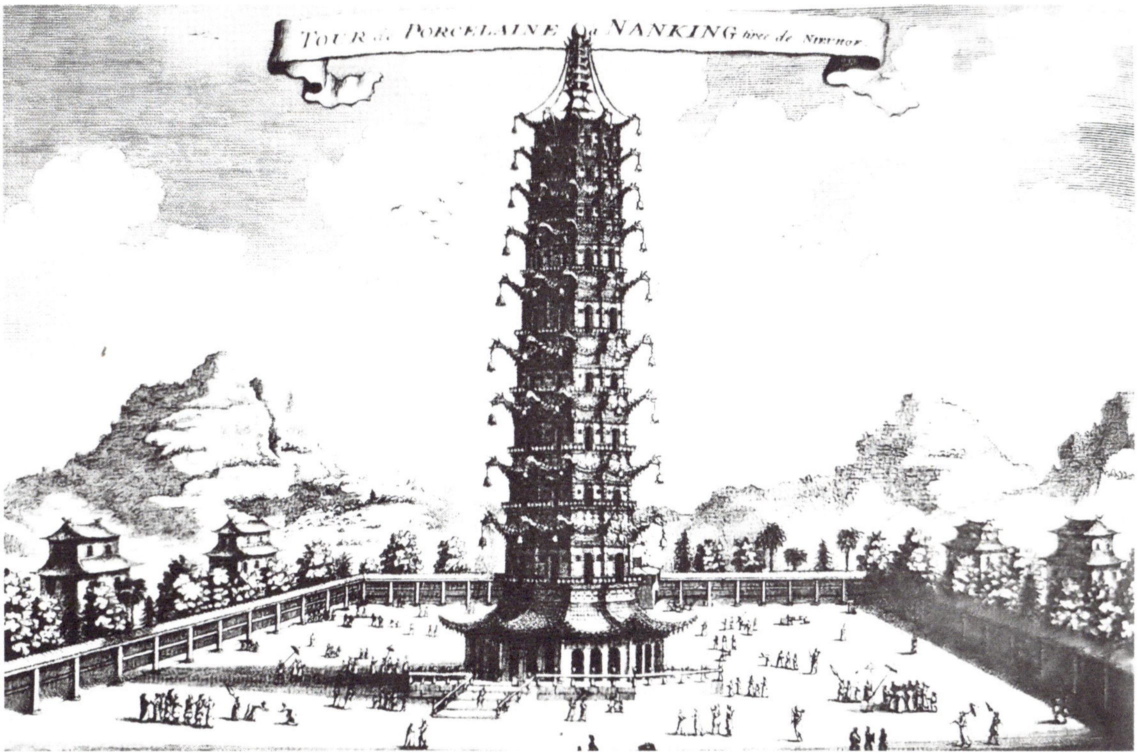

1656 年荷兰约翰·尼霍夫绘制的大报恩寺塔

大报恩寺塔（2021 年）

报恩寺塔顶覆盆（1910 年）

李杰墓神道（2023 年）

方孝孺墓（1924 年）

天隆寺塔林（2021 年）

太监义会碑（2023 年）

第二泉茶社（1929 年）

刘园（1910 年）

中华门旧影（20 世纪 30 年代）

雨花台旧影（20 世纪 30 年代）

金陵机器制造局旧影

金陵机器制造局厂房旧址

辛亥革命雨花台之役阵亡将士人马合冢照壁（2022 年）

雨花台炮台（1929年）

天界寺（1929年）

雨花台（1929 年）

陆军第八十七师淞沪抗日阵亡将士纪念塔（20 世纪 30 年代）

第一节 亭台楼阁

一、雨花台

雨花台，亦名“雨花山”“雨华台”，位于南京市中华门外聚宝山，所在山体为“石子冈”东冈。

自三国孙吴起，雨花台地区以其独特的地理位置、地形环境，逐渐成为兵家必争之地、江南佛教策源地、皇家陵寝之地、登高览胜送别之地，集政治、军事、文化地标于一体，其丰厚的历史积淀，在金陵史乃至中国历史上产生了重要的影响。

雨花台地区原为长江水道。约数百万年前，地壳变动，江道北移，造成砾石沉积，地质学上称之为“雨花石层”。其石呈卵形，质含玛瑙，光彩晶莹，纹路旖旎。该地因石而得名“石子冈”。至元代，雨花台侧山体始称“聚宝山”，元张铉撰《至正金陵新志》记载：“聚宝山在城南雨华台侧，上多细玛瑙石，俗呼为聚宝山。”

雨花，亦称“雨华”，在佛经中曰“曼陀罗”（梵语），意译为坛场，以轮圆具足或“聚集”为本意，指一切圣贤、一切功德的聚集之处。所谓雨花台，特指佛教信徒集聚、聆听高僧大德在四面方正的高台上传法之地。

西晋永嘉初年，正值动乱，龟兹国沙门帛尸黎密多罗（亦简称吉支、吉友、密常）渡江来到建业（今南京），止建初寺。东晋时，丞相王导、太尉庾亮、光禄大夫周顗、太常谢鲲、廷尉桓彝、尚书令卞壶等一代名士，都与他情趣相投，交往密切，尊其为“高座”法师。帛尸黎密多罗生前常在石子冈东冈行“头陀行”，《太平御览》载：“既卒，因葬于此。（晋）成帝怀其风，为树刹于冢。后有关右（泛指函谷关或潼关以西地区）沙门来游，乃于冢处起寺。陈郡谢混赞成其业，仍曰‘高座寺’也。”由此，石子冈东冈逐渐成为西域沙门、本地高僧大德聚集传法之地。

《景定建康志》卷二十二《城阙志三》“台观”载：“雨花台在城南三里，据冈阜最高处，俯瞰城闉。考证：旧传梁武帝时，有云光法师讲经于此，感天雨赐花，故名。……山谦之《丹阳记》

云：江南登览之地三，曰甘露，曰雨华，曰凌歊。”

山谦之为南朝刘宋时期人，故可以得知至少在这一时期已经出现“雨华（花）”之名。

释法云，俗姓周，生于刘宋泰始三年（467），卒于梁大通三年（529），义兴（今江苏宜兴）阳羡人。唐代僧详《法华传记》载：“初产在草，见云气满室，因以名云。亦忽有龟，负三卷书，铭此云讲毗婆尸佛所说法华义疏，今寄与云。”7岁出家，更名法云，从师住庄严寺。13始受业，直到30岁。南齐建武四年（497）夏初，于妙音寺开法华净名二经序。梁萧衍称帝后，佛教盛行。唐代道宣撰《续高僧传》载：“初，云年在息慈，雅尚经术。于妙法华研精累思。品酌理义，始末照览。乃往幽岩，独讲斯典。竖石为人，松叶为拂。自唱自导，兼通难解。所以垂名梁代，诚绩有闻。而文疏稠叠，前后繁映。致依讲诵，有阻恒功。尝于一寺讲散此经，忽感天华状如飞雪，满空而下，延于堂内，升空不坠，讫讲方去。”后秦鸠摩罗什译《大智度论》：“云何为天华？天华芬薰，香气逆风。诸天缨络，悬在佛上。”成语“天华（花）乱坠”即出自此。

因南宋建炎年间（1127—1130）兵火，仅存台址。绍兴初年，迁均庆院至雨花台上。不久又毁。

南宋绍兴三十一年（1161），新修高座、永宁二寺，户部侍郎刘岑撰《新修高座永宁寺记》，建康帅卢襄题匾额。

南宋隆兴元年（1163），建康留守陈之茂重筑雨花台，创“总秀堂”，迁均庆院至雨花台下。

南宋淳祐中（1241—1252），吴渊重修“总秀堂”。

南宋宝祐元年（1253），端明殿学士、签书枢密院事王野再次修葺“总秀堂”，自书匾额。

《景定建康志》记载：咸淳元年（1265）五月，马光祖本打算修缮“乌衣园”，因该园与雨花台相近，“亦不可以不治，乃并撤而新之，高广视旧加倍，缭以修垣，旁建掖屋，又累石数百级，以便登陟，作门通衢，以严启闭。江山观览之胜，为金陵第一矣”。竣工后，马光祖撰《重修雨花台记》。

南宋时期，法云之名开始传为“云光”。至元代，又将法云传为“法云寺”。明代以后，关于雨花台来历的表述基本定型。周晖撰《金陵琐事》：“梁天监二年，宝志公来居，与五百大士俱，有云光，延坐冈说法，天花乱坠，因号其冈曰雨花台。”《乾隆大清一统志》：“雨花台，在江宁县南。王象之《舆地纪胜》：在县南三里，据冈阜最高处，俯瞰城阃。相传梁武时有法师讲经此处，感天雨花，故名。《广舆记》：法师号云光。”

明隆庆六年（1572），画家文伯仁将雨花台绘入《金陵十八景图》。

明天启三年（1623），朱之蕃编、陆寿柏绘《金陵四十景图考诗咏》收入雨花台景，名“雨花闲眺”。文曰：“（雨花台）在府南三里聚宝门外，据冈阜最高处。梁武帝时，有云光法师讲经于此，感天雨赐花，天厨献食，故以名其台。台上浅草如茵，无一杂树，登其巅，则江光日彩与四眺林峦烟火交相映带，游人车骑骈集，终岁殆无虚日。”诗曰：“座上高僧演鹿车，缤纷天女散昙华。山含宝气无乔木，地檀灵区逗彩霞。一片江光悬树近，万家烟火绕城斜。青樽未罄舒游目，遥见前林集暮鸦。”

清康熙七年（1668），雨花台景收录在高岑绘制的《金陵四十景图》（《康熙江宁府志》配图）中。

雨花台（1911 年）

雨花台烈士陵园南大门（2023 年）

康熙二十三年（1684），康熙帝第一次南巡，十一月初一登雨花台，“观其城郭山川形势”，御制《雨花台》诗：“何地飞花雨，晴空无片云。江山恣遐瞩，草树出清芬。城郭参差见，楼台远近分。人家百万户，烟火尽氤氲。”康熙四十四年（1705），康熙帝第五次南巡，四月二十五日登雨花台，御制《驻跸江宁雨后幸雨花台》诗：“膏澍一夜雨，初晓喜晴辉。警跸长千里，鸣銮不阖扉。人勤并物盛，官守莫心违。出京迟日久，怯暑便思归。”

清宣统二年（1910），徐藻编绘《金陵四十八景》收入雨花台景，名“雨花说法”。

1920 年，徐寿卿编、韵生绘《金陵四十八景全图》收入雨花台景，名“雨花说法”。文曰：“是台也，在聚宝门外，冈阜最高，四望荒冢残壕，历历可指。梁武帝时，有云光法师讲经于此，天花乱坠，故以名。台上有方孝孺祠、永宁泉，其泉水清冽可饮，游人啜茗多集于此。惟清明日，游人拥挤不堪。放纸鸢者，争奇斗胜，飞舞满天，可称一绝，虽夕阳西下，大有乐而忘归之意。”

1927 年起，雨花台沦为国民党屠杀共产党人和革命志士的刑场，陈独秀悲愤之下，作《金粉泪》诗：“贪夫济济盈朝右，英俊雕残国脉衰。孕妇婴儿甘并命，血腥吹满雨花台。”小说家张恨水《忆江南》：“归来燕，何处觅秦淮。画舫笙歌桃叶渡，西风残照雨花台。今古一低回。”

1949 年新中国成立以后，为缅怀先烈，教育后人，这里建成了雨花台烈士陵园，一座以自然山林为依托，以红色旅游为主体，融自然风光和人文景观为一体的纪念性省级风景名胜区。

二、新　亭

新亭，六朝时期南京的三大名亭之一，地近江渚，遗址在今雨花台区软件大道与丁树路交叉口附近，距雨花台风景名胜区西南约 3.5 公里。

新亭始建于东吴，旧名不详，史料称之为“吴旧亭”。《丹阳记》：“新亭，吴旧亭也；故基沦毁，隆安中，丹阳尹司马恢移创今地。”《昭明文选》：“丹阳郡新亭在中兴里，吴旧亭也。”

西晋永嘉六年（312），清谈名士、玄学家、太子洗马卫玠（后世评其为中国古代四大美男之一）去世，时年二十七岁，葬新亭东，葬地曰“卫玠台”。《六朝事迹编类》称：“都人闻其姿容，观者如堵。寻以疾终，年二十七。时人谓之‘看杀’，葬江宁。……其台传在城南十里。”

东晋建武元年（317），晋元帝司马睿于建康登基，建立东晋王朝。王导将吴旧亭更名“新亭”。

东晋初，南渡后的北方士人，虽一时安定下来却又经常心怀故国。每逢闲暇，他们便相约到城外长江边的新亭饮宴。名士周顗叹道：“风景不殊，举目有江河之异。”在座众人感怀中原落入敌手，一时家国无望，纷纷落泪。为首的大名士王导立时变色，厉声道：“当共勠力王室，克复神州，何至作楚囚相对泣邪！”众人听王导这么说，十分惭愧，立即振作起来。这里的“江河之异”，是指长江和洛河的区别。当年在洛水边，名士高门定期聚众举办酒会，清谈阔论，极兴而归，形成了一个极其风雅的传统。此时众人遥想当年盛况，不由悲从中来，唏嘘一片。王导及时打消了北方士人们的消极情绪。这便是史上著名的新亭会。后世咏叹国破家亡的诗词歌赋里常常见到的“风景殊异”“新亭会”“江河”，就是来自此次新亭会。

东晋隆安二年（398），殷仲堪举兵江陵，前锋杨佺期至石头城，刘牢之率北府兵赴京师，驻军于新亭，杨佺期等怯战，回泊蔡洲。因新亭年久坍塌，隆安年间（约397—401），丹阳尹司马恢之在原址东南之鹅顶冈重建一亭，仍称“新亭”。

刘宋元嘉三十年（453）正月，太子刘劭与其弟刘浚共谋，率兵夜闯皇宫弑父，自立为皇帝。时为征南将军的刘骏率众讨伐，四月二十一日，冠军将军柳元景率先赶到新亭，修筑工事。次日在新亭大败刘劭大军。刘劭在位仅三月，即被刘骏所击溃。二十六日，刘骏到新亭。二十七日，刘骏即皇帝位，大赦天下。三十日，改新亭为中兴亭（亦有中兴堂、中兴寺、中兴禅房和中兴禅堂之记载）。

南宋建炎四年（1130），岳飞在牛首山击败金兀术，金兀术退往龙湾。岳飞指挥三百骑兵、二千步卒，邀击金兵于新亭，又歼灭金兵二千多人，获俘一千多人，其中首领二十多人；得马匹三百，辎重不可胜数，一举收复了建康。此役结束后，新亭彻底被废。

南宋乾道五年（1169），左朝散郎兼行宫留守司公事史正志在故基重建新亭，并撰写亭记，左朝奉郎、权通判楚州军州主管学事杜易书并题额。

明嘉靖三十四年（1555），画家文伯仁“以避倭寇徙家南京”，寓居金陵期间，他主要以卖字鬻画为生，绘《金陵十八景图》册页，“新亭”为十八景之一。

新亭是古代南京重要的军事、文化地标，它曾目睹六朝兴亡成败，饱经1700多年风霜雪雨。自东吴建亭后，每遇朝代更替，军队必攻之守之；寻幽离别，贵卿百姓必探之登之；励志抒怀，文人墨客必书之绘之。它既是南迁氏族阀门西望长江、怀念故土之地，也是古代南京悲情郁郁、文人气息浓厚之地，更是历代兵家必争之地。可以说，新亭集政治、军事、文化于一身。然而，随着历史的递迁，新亭早已荡然无存，留下的只有史料中的文字故事和凄婉的诗句。一滴新亭泪，满目山河异；揽尽新亭事，窥知金陵史。

2018年，新亭对泣故事入选第四批南京市非物质文化遗产代表性项目名录。

三、劳劳亭

劳劳亭，亦名“望远楼”“临沧观”“望远亭”“远望楼”“劳楼”，东吴置，旧在新亭垒（劳劳山）上，新亭之南700米左右，今已不存，遗址在今雨花台区琥珀花园（原西善桥街道油坊村贾家东村）。

“劳劳”有“辽阔”“高远”之意。劳劳亭所在的劳劳山，简称“劳山”，亦称“牢山”（见宋《景定建康志》之《江宁县志图》）、“南冈”，海拔约55米，西面长江尽收眼底，北近新亭，南俯阴山矶，可通览四面八方。东吴时曰“望远楼”，为士民送别之所。刘宋元嘉年间（424—453），改名“临沧观”。后又改名“劳劳亭”。

《景定建康志》：“劳劳亭，在城南十五里，古送别之所。考证：吴置亭，在劳劳山上，今顾家寨大路东即其所。《舆地志》：新亭陇上有望远亭，宋元嘉中改名临沧观，又改名劳劳亭。”《读史方舆纪要》：“桂阳王休范攻萧道成于新亭，白服乘肩舆，自登城南临沧观，道成将王回、张敬儿诈降于休范，遂袭杀之，后谓之劳劳亭。今劳山在新亭南，亦谓之南冈。”

南朝乐府民歌《华山畿》：“相送劳劳渚，长江不应满，是侬泪成许。”

唐代李白《劳劳亭》诗：“天下伤心处，劳劳送客亭。春风知别苦，不遣柳条青。”又作《劳劳亭歌》：“金陵劳劳送客堂，蔓草离离生道旁。古情不尽东流水，此地悲风愁白杨。我乘素舸同康乐，朗咏清川飞夜霜。昔闻牛渚吟五章，今来何谢袁家郎。苦竹寒声动秋月，独宿空帘归梦长。”

因新亭、劳劳亭同在新亭陇上，自宋代起二亭就经常被误作一亭。《乾隆江南通志》：“新亭在江宁城西南……劳劳亭在江宁城南劳劳山上，古送别之所……与新亭两地，所记甚明。……两亭合而为一，非也。”

明末，新亭、劳劳亭皆毁于战火。清初，在劳劳亭故址建驿亭，官吏迎送皆在此。

劳劳亭历1700多年，目睹过金陵历代兴衰，承载了无数文人墨客情怀，是古代南京著名文化地标之一。

四、木末亭

木末亭，又名“方亭”，今位于雨花台风景名胜区二泉后山，东临方孝孺墓，始建于明万历十九年（1591）。亦称“啸风亭”。民国时期，一度称为“碧血亭”。

“木末”二字最早见于屈原《九歌·湘君》“采薜荔兮水中，搴芙蓉兮木末”句，以此名亭，谓亭秀出林木也，亦有称赞历代志士仁人高风亮节之意。木末亭所在地雨花台，自古为先贤埋葬、祭祀的丘表之地，也是南京城南登高怀古的首选之地。东晋建有梅将军庙。宋代建有褒忠祠（明清扩为二忠祠、三忠祠）。明代建有方忠文公祠、先贤祠、海忠介祠、景忠壮祠、府尹王公祠、张庄节祠、府尹汪公祠、武选郑公祠等。清代建有傅公祠、织造曹公祠、陈公祠、清端襄勤两于公祠以及麻勒吉去思碑等。乾隆年间，以“木末风高”列入“金陵四十八景”之一。

木末亭（复建）（2022 年）

赵绪成为木末亭题“金陵胜景”（2022 年）

木末亭在抗日战争期间毁于战火，后在原址构筑了一座碉堡。2000 年，由雨花台烈士陵园管理局完成复建。新建的木末亭面积有 345 平方米，是一座仿明清式的亭轩建筑，由东南大学的潘谷西教授主持设计。复建的木末亭依山就势，建于碉堡之上，碉堡底部外侧修建半圆形地下廊道，巧妙地利用地形上的高差修建为别具一格的不对称体。正面为单层祠堂式建筑，背面为两层重檐亭式建筑，侧面为错落式建筑，依山而建，浑然天成。高悬在木末亭中的是武中奇书写的“木末风高”、赵绪成书写的“金陵胜景”、刘浚川、季伏昆书写的“木末亭”匾额以及言恭达、张杰、王福成等书写的楹联。

最高处建筑为木末亭（1929 年）

五、来宾楼

来宾楼始建于明初，故址在秦淮区西街路北（雨花台风景名胜区北门正北约 620 米处），与重译楼隔街相望，为洪武年间著名的“十六楼”之一。今不存。

明洪武初，朱元璋为尽快将南京打造成全国政治、经济、文化中心，扩大对外交流和影响，命相关部门在京城内外兴建楼馆十六所，用于接待、娱乐，甚至配备官妓。《客座赘语》：“国初，市之楼有十六，盖所以处官妓也。”《文木山房集》：“明朝初年设诸楼，贮妓乐其中，教坊司掌之，以延四方游客。”

《洪武京城图志》：“来宾楼，在聚宝门外来宾街，与重译楼相对。”明初，出聚宝门沿此路向西直通驯象门（赛虹桥），因名“驯象街”。来宾楼建成后，又名“来宾街”。

《正德江宁县志》：“来宾楼在聚宝门外西南驯象街北，洪武间建，即宋‘丰裕楼’旧基。”

《乾隆大清一统志》：“来宾楼，在江宁县聚宝门外，明初所建十六楼之一。《通志》《金陵琐事》云：在城内者曰南市、曰北市，在聚宝门西曰来宾、东曰重译，在瓦屑坝曰集贤、曰乐民，在西关曰鹤鸣、曰醉仙、曰轻烟、曰淡粉、曰柳翠、曰梅妍，在石城门外曰石城、曰讴歌，在清凉门外曰清江、曰鼓腹，俱洪武中建，以为行人憩息、游观之所，并以处官妓焉。今尽毁。”

明代“景泰十才子”之一的蒋忠作《咏来宾楼》：“层楼迢递俯遥岑，此日登临喜盍簪。钟阜云霞双阙迥，石城烟树万家阴。钟声隐隐来官寺，秋色苍苍带远林。自是圣朝恩泽广，越裳臣妾尽倾心。”

明初进士李公泰作《咏来宾楼》：“地拥金陵势，烟花象外幽。九天开秘祉，八极念怀柔。造化钟神秀，乾坤属远猷。吾皇垂拱治，不待治书求。”

六、重译楼

重译楼始建于明初，故址在秦淮区西街路南（雨花台风景名胜区北门正北约600米处），与来宾楼隔街相望，为洪武年间著名的“十六楼”之一。今不存。

《洪武京城图志》：“重译楼，在聚宝门外，与来宾楼相对。”

《正德江宁县志》：“重译楼在驯象街南，与来宾楼相对。”明代，出聚宝门沿此路向西直通驯象门（赛虹桥），因名“驯象街”。明亡，南京驯象业萎缩，遂改为“西街”（聚宝门外、长干西）。

《金陵选胜》：“十四楼，洪武中建金陵市楼也。据杨用修载，永乐中，晏元振《金陵春夕》诗云：‘花雨春江十四楼。’楼名来宾、重译、清江、石城、鹤鸣、醉仙、乐民、集贤、讴歌、鼓腹、轻烟、淡粉、梅妍、柳翠，乃建在城中以处官妓者，时盖未禁缙绅用妓也。胡元瑞云：此语近出，足为诗家新料。《世纪》载如其数，而少清江、石城，易以南市、北市。《上元志》止载十楼，《琐事》增为十六楼，并南市、北市有之，且载国初李公泰集句五言律十六首，可想见当时歌馆之盛，今惟南市楼尚存。”

明初进士李公泰作《咏重译楼》：“使节犹频入，登临气尚雄。江山留胜迹，天地荷成功。干羽三苗格，车书万里同。圣朝多雨露，樽俎日相从。”

《正德江宁县志》记载：“洪武初，上（指朱元璋）以天下甫定，每微行以察民隐。昔至重译楼，见京师商旅萃聚，喜甚，为诗，以咏之，得前二句。吟哦间，有浙商不知其为上也，即应口续成曰：‘晴日凭栏试回首，五云深处帝王家。’甚称肯。询其名，答曰：‘吾湖州人，姓某，名某。’又询其侨所。明日，即召入，与语，大悦，命为内翰官。”

七、菊花台

菊花台健康主题公园（2021 年）

菊花台位于中华门外石子冈，主峰海拔 62.8 米。菊花台为山丘地貌，自古即金陵南郊风景区，盛产菊花，相传清乾隆帝下江南路过此处，时值金秋，满山浮金点玉美景不凡，遂欣然题名“菊花台”。

民国时期，在此辟建安德门公园。1937 年底，南京沦陷，侵华日军在此立碑、亭。1946 年 5 月，国民政府铲除日军所建碑、亭。1947 年 9 月 3 日，国民政府将被日军杀害的九位驻外使节忠骸安葬于此，更名为忠烈公园。九烈士墓地占地 800 平方米，甬道两旁栽植龙柏，墓地四周种植石楠、女贞、龙柏。

1949年后，恢复菊花台称呼。1978年，筹建菊花台公园。1982年，天隆寺林场与菊花台公园合并。公园范围扩大，丰富了游览内容。园内依山堆叠的假山、水池和飞溅的瀑布气势雄浑，翠竹茂密，花木扶疏，清香怡人。公园的南半部有明清时期的天隆寺塔林、玉乳泉等古迹。南坡山脊有一用花岗岩作基的六角亭，登亭可观西南田园景色。1981—1983 年，公园引进品种竹 70 余种，按品种划区布置，园内菊花生产与竹类专类园初现规模。1984 年举办首届菊展后，更大量引种与应用新技术栽培，1991 年后连年举办菊展。竹类专类园占地面积亦达 16000 平方米，拥有紫竹、孝顺竹、香妃竹等众多名贵品种，成为公园园区绿化的特色。此外，公园各山坡片植花木，形成雪松林、樱花林、梅林、桂花林等，蔚为壮观。菊花台公园已成为雨花台区辖纪念性公园。

八、息心亭

息心亭（1956 年）

息心亭，清光绪七年（1881）由回族富绅蒋翰臣及马洪洲等创建，旧在中华门外花神庙望江矶南，今雨花台风景名胜区南门西南 780 米处。今不存。

因石子冈西冈有伊斯兰教公墓，为便于穆斯林殡葬队伍途中停留（到坟山的穆斯林可在这里补做大小净），遂集资建亭，名“息心亭”。

相传亭上“息心亭”三字为白崇禧所题。此亭原有房屋15间，20世纪60年代中期尚存11间，2004年拆除。

九、雨花阁

雨花阁坐落于海拔54米的雨花台东冈。此处为古雨花台遗址，北宋末年时曾有建筑物，后毁于战火。

1997年4月1日，雨花阁落成。楼阁高34米，阁顶标高海拔88米，由东南大学建筑系潘谷西教授设计。雨花阁占地720平方米，建筑面积1429平方米，坐北朝南，为三层四重檐八角形仿明清式古典园林建筑。底层楼阁外侧设有回廊，楼阁飞檐及回廊屋面均铺有绿色琉璃瓦，并用黄色琉璃瓦剪边，宝瓶形宝顶由4块黄色琉璃瓦拼装而成。8根直径为0.7米的大圆柱自阁台直通顶层，每层楼面均由单向式楼梯相连，楼层外围均设置了闭合式栏杆。阁台外墙为花岗石贴面，楼阁地面、楼面用仿青砖、花岗石铺设，顶层吊顶为半圆形，整幢楼阁除屋面外均以枣红色为基本色调，阁台内不设楼梯，而在其南、北墙外设置双向式台阶与楼阁相接，阁台底部外沿由79组花岗石雕花栏杆围合。阁台南墙面上方镶嵌“古雨花台”石匾，顶层南、北两面檐口下侧各悬挂“雨花阁”木匾，均由书法家张仲林题写，字面镶贴金箔。雨花阁与雨花台风景区东干道高差达20米，水平距离为70米，由四组青石台阶与之衔接。第一组为28级，宽6.4米；第二、三、四组计103级，宽均为4.8米。第一、二两组台阶设置了长、宽各为14米的大平台，上端放置着一对高2.5米的石狮。2014年6月，雨花阁被列为雨花台区一般不可移动文物。

第二节　墓　冢

一、长干里建安二十四年墓

东汉末年墓葬，位于中华门外明大报恩寺遗址范围内。2007 年南京市博物馆发掘。墓葬为长方形单室叠涩顶结构，棺具、人骨朽蚀无存。墓坑壁光滑规整。砖室紧贴墓坑壁砌筑，单砖横向平砌，在铺地砖上平砌六层后开始叠涩三层，顶部以两层砖封口。墓室内长 3.06 米，内宽 0.6 米，高 0.84 米。墓底铺设斜人字形砖。墓内出土陶五联罐、陶灶、青瓷罐、青瓷灯、铜镜、琥珀珠、金指环、陶质买地券、铜钱等随葬品。其中一件买地券外为六角柱形，内呈中空圆形，长 44 厘米，宽 6 厘米，厚 3.4 厘米，五面刻有文字，字口较浅，内涂朱砂。据铭文可知，墓主为龙桃杖，葬于建安二十四年（219）。史载建安十六年（211），孙权已由京口（今江苏镇江）徙治秣陵，次年改秣陵为建业，取建立帝王大业之意。此墓是南京地区首次发现的孙吴早期墓，墓葬形制及出土青瓷器造型、装饰的特点，可作为此后发现的同时期墓葬和瓷器断代的依据。出土器物现藏南京市博物馆。

二、南朝画像砖墓

南朝墓葬，位于雨花台区花神大道西侧缓坡上。2006年南京市博物馆发掘。墓葬早年被盗，砖室全长 8.02 米、宽 2.75 米，由封门墙、甬道和墓室等部分组成，仅发现青瓷唾壶、滑石器两件遗物。所用墓砖大部分模印有各类画像及花纹，主要有贵族出行图和侍女、神兽、宝瓶

南朝墓出土的画像砖拓片

莲花等图案。其图案与著名的河南邓县学庄画像砖墓中的画像有着惊人的相似之处，为以往学界关于此墓归属及画像砖渊源的诸多推测提供了可靠的依据。出土器物现藏南京市博物馆。

三、普德寺僧人塔墓

普德寺僧人塔墓为南唐墓葬，位于雨花台区普德寺以东30米处。1992年南京市博物馆发掘。仅剩塔基，平面呈八边形，边长0.98米，深1.8米。墓内出土铜镜1面、铜钱10枚和墓志等遗物。墓志志文虽多已漫漶，但仍可辨认出墓主为普德寺僧人净照，塔由其弟子137人捐建。

四、杨邦乂墓

杨邦乂墓为南宋墓葬，位于雨花台东冈二泉后山。墓主为南宋忠臣、建康府通判杨邦乂。该墓直径为7米，高逾2米。20世纪50年代初，曾有人在该地发现过断碑，现断碑已下落不明。在“重建三忠祠之碑记”的碑阴处，有《碑阴记》，主要记载三忠祠杨邦乂墓及其祭田的所在地、面积和四至情况。其碑文为：“……忠襄公墓在雨花台东北小茅山，东至小茅山，南至旧清源观墙基，北至路。墓前有碑记一座，墓道有高山冈，自海公祠前一直向西到剖心坊，计二百余丈，横阔计二丈五尺。”

杨邦乂墓旧影

2012年，杨邦乂墓被列为南京市文物保护单位。

五、张保墓

张保墓为南宋墓葬，位于中华门外戚家山。1973年南京市文物保管委员会发掘。墓葬为砖筑结构，南向。墓门上部为砖构仿木门楼式样，门楼高雅，设瓦当、滴水，屋脊东西两端呈翘角状。墓门外有一层封门砖，砖壁后为一内开双扇石门。砖室长约6米，宽约3.5米。分前、后室，前室为单室，后室为两并列的棺室，前、后室均为穹窿顶。该墓未被盗掘，出土遗物比较丰富，主要有陶缸、四系陶瓶、铜镜、铜唾壶、铜钵、铜洗、铜钱、荣州防御使铅印牌、铅印、玉管、梵文嵌绿珠银饰件、银带饰残件、影青小粉盒、定窑镶银口暗花小瓷盘、定窑白瓷盘、定窑白瓷碗、定窑镶银口暗花小瓷碗、太平通宝金钱、金栉背、漆盒、铁锁、墓志等。出土墓志表明墓主为南宋荣州防御使张保。据《景定建康志》记载，张保（1091—1156），字和叔，南宋名将张俊之弟，佐兄立功，累官至拱卫大夫、荣州防御使，留守建康15年。绍兴二十六年（1156）七月卒。墓址当时属江宁县凤台乡松林庄。张保墓发掘结束后墓坑回填，建钢筋混凝土大梁跨越墓顶，在混凝土大梁上砌围墙，以确保墓葬的安全。出土器物现藏南京市博物馆。

六、俞通海家族墓

俞通海家族墓为明代墓葬，位于中华门外戚家山北麓的南京晨光集团南部厂区内。俞通海是明代开国功臣，死后封虢国公。墓前原有神道石柱、碑、石马、石人、石虎等，现仅存石马、石羊各一。1978年11月至次年6月，南京市博物馆相继发掘了俞通海之弟俞通源墓、俞通海之妻於氏墓。墓均为长方形砖室结构，中以砖墙分为前后两部分，隔墙中央原置木门，已朽毁，无地砖。俞通源墓保存较完好，砖室券顶，全长6.91米，封门墙内有石门，门上有铁质门扣，后室的左、右、后壁各置火焰形壁龛1个。於氏墓发掘前遭破坏，顶铺石板，全长5.6米，后室的左、右、后壁各置拱形壁龛1个。俞通源墓出土器物37件，於氏墓出土器物5件，主要有白釉黑彩瓷瓶、青瓷梅瓶、青花梅瓶、影青暗花瓷盘、影青暗花瓷碗、瓷缸、玉带、金簪、金片、银钗、铜镜、钵、盘、灶、锅、钱、铁矛、剑等。

1982年，俞通海墓神道石刻被列为南京市文物保护单位。出土器物现藏南京市博物馆。

俞通海墓（20世纪30年代）

俞通海墓神道石马（2007年）

七、李杰墓

李杰墓原址位于今中华门外养回红村。李杰是明代开国功臣，其女为明太祖之淑妃，死后封镇国上将军、都指挥使。墓前石刻几经搬迁，现位于雨花台风景名胜区内东南端，与二忠祠毗邻。

现李杰墓石刻依次为：神道碑一块，石羊、石虎、石马、石武士各两件。神道屈曲而入，四对石刻分列神道两侧，神道碑则在神道东侧。

神道碑，碑身高 3.14 米，碑额高 0.8 米，碑厚 0.33 米，碑宽 1.2 米，龟趺长 2.5 米。碑额浮雕云纹螭龙，中阴刻篆文“佥都督李”“公神道碑”分为两行。碑文阴刻正楷。该碑为洪武三十一年（1398）夏五月二十一日立，龟趺头部已残缺。

李杰墓石刻经历过三次搬迁。第一次迁于 1985 年，因扩建宁溧公路需要，经南京市政府批准，将四对八件石刻向正北方向平移 47 米，神道碑保留在原地未动，占地面积 2241 平方米。第二次

李杰墓（20 世纪 30 年代）

石武士（2022 年）

石羊（2022 年）

迁于 1993 年，因南京晨光机器厂扩建发展需要，经市文物主管部门多次研究，将四对八件石刻再次向东平移 50 米，同时将 1985 年未迁移的神道碑一并迁入新墓园，占地面积 3237 平方米。两次迁移，四对八件石刻间距及方位均未变化。神道碑在移位后与其他石刻间距略有缩小，但方向仍未变化。第三次搬迁于 1996 年，因石刻长期被凹圈进南京晨光集团围墙内，游人无法参观。雨花台烈士陵园管理局征得文物部门同意，并报经市政府批准，将李杰墓石刻搬迁至雨花台风景名胜区内现址。

李杰墓于 1957 年被公布为江苏省文物保护单位。2003 年 7 月，李杰墓作为“明清皇家陵寝”之明孝陵的组成部分，被联合国教科文组织列为世界文化遗产。2006 年 5 月，李杰墓作为明孝陵“明功臣墓”的组成部分，被国务院列为全国重点文物保护单位。

八、邓愈墓

宁河王邓愈墓为明代墓葬，位于雨花台区邓府山。邓愈是明代开国功臣，死后封宁河王。其旧茔在凤台乡，因葬地狭隘，朱元璋亲自改择城南西山之原作为葬所，敕有司营建墓兆，并命迁其母及弟之丧同葬。墓葬坐西朝东，前有神道碑 1 通，通高 5.05 米。碑额篆刻“大明敕赐宁河武顺王神道碑”，碑身正面楷书 33 行 2700 字，题首为“大明敕赐故开国辅运推诚宣力武臣特进荣禄大夫右柱国卫国公追封宁河武顺王邓公神道碑铭”。碑后石刻有石马、马倌、石羊、石虎、文臣、武将各 1 对，保存尚完好，分列于神道两侧，间距 3.24 米，神道宽 6.42 米。墓冢直径 6 米，高约 2 米，距石刻约 100 米，前有石祭台，上刻“山高水长”四字，北侧刻“宁河武顺王”“光绪戊甲初夏”“邓族后裔敬之”。边卧一碑，上刻“明朝邓宁河武顺王之墓”，为清光绪十八年（1892）邓愈十六世孙邓贤立。墓前尚有单孔砖桥 1 座。

邓愈墓神道石刻（1944 年）

1986 年，因建设需要，对邓愈石刻进行了移位。2003 年 7 月，邓愈墓作为“明清皇家陵寝”之明孝陵的组成部分，被联合国教科文组织列为世界文化遗产。2006 年 5 月，邓愈墓作为明孝陵“明功臣墓”的组成部分，被国务院公布为全国重点文物保护单位。

邓愈墓冢（2021年）

九、方孝孺墓

方孝孺墓位于雨花台风景名胜区二泉后山东北麓，距杨邦乂剖心处不远。墓区建筑总面积为178平方米，由东南大学教授丁宏伟设计。墓区由正气牌坊、神道、方孝孺铜胸像、墓前平台、墓碑、墓丘、墓后照壁及26块碑刻组成，依山就势，保持原有的环境风貌。

墓区最北侧为高5.05米的正气牌坊，上刻对联“十族殉忠天遗六氏，一抔埋血地接孝陵”，横批“天地正气”，为民国初期江苏省省长韩国钧撰写。神道连接牌坊和墓冢，神道后方有一座方孝孺铜胸像，为方孝孺后裔捐资、中央美术学院刘焕章教授创作完成。神道两侧立方孝孺故事绘画石碑刻12方。神道南端为墓丘，建在原土冢上，下部为直径4.6米的圆柱体，上部为直径2.1米的半球体，总高达4.5米。墓前立有墓碑，镌刻有著名书法家尉天池手书“明方正学先生之墓”镏金字。墓冢东侧立有两方碑，其一为清同治五年（1866）八月重修方孝孺墓时的墓碑。碑右首书“同治五年八月重修”，左首书“署两江总督李鸿章敬题”，碑身刻有“明方正学先生之墓”。其二为雨花台烈士陵园管理局1998年重修方孝孺墓时所立的记事碑。墓冢西侧立有历代文人墨客和政要名流对方氏的赞誉之辞及方孝孺语录石碑刻12方，均由当代知名书画家所书，一直延伸到墓冢南侧。

方孝孺是明代著名忠臣，因拒绝为燕王朱棣起草即位诏被杀，其亲属、学生亦受株连。方孝孺殉难后，其门人廖镛、廖铭、王稌冒死捡骸潜瘗应天府聚宝门外梅岗。万历初，明神宗下诏为其昭雪。南京礼部主客司郎中汪应蛟、祠祭司主事汤显祖等为方孝孺造墓立碑建祠堂，之后屡有毁建。现存墓葬系清同治年间所建之衣冠冢。

清咸丰年间，太平军与清军鏖战于雨花台。方孝孺墓、碑、祠均遭严重破坏，同治五年修复。

方孝孺墓全景，右上方为“方亭”（20 世纪 30 年代）

宣统三年（1911），辛亥革命军与清军激战雨花台，墓再遭破坏，1924 年重修。1937 年，侵华日军从雨花台方向进攻南京，方孝孺墓又一次遭严重破坏，只留下荒冢残碑额坊。1982 年，方孝孺墓被列为南京市文物保护单位。1998 年，雨花台烈士陵园管理局对方孝孺墓进行修复。2002 年 6 月 24 日，为纪念方孝孺殉难 600 周年，雨花台烈士陵园管理局对方孝孺墓进行局部修整并竖立方孝孺铜胸像，另辟 24 方石碑刻。

方孝孺墓（1929 年）

孝孺小学（1936 年）

方孝孺墓碑、墓冢（2022 年）

十、宋晟家族墓

宋晟家族墓为明代墓葬，位于中华门外郎宅山（明代称雷家山）西麓。宋晟是明代开国功臣，封西宁侯。1960 年，南京市文物保管委员会发掘。墓葬共 6 座，分布在南北长 39 米、东西宽 35

宋晟墓神道碑（20 世纪 30 年代）

宋晟墓神道碑（2022 年）

宋晟墓出土的白釉褐彩花卉纹梅瓶

米的 3 个圆形封土内。中间封土居后而较大，高 4.6 米，为宋晟父（宋朝用）母墓葬；北面封土稍小而偏前，高 3.7 米，为宋晟的两个夫人丁氏、许氏的墓葬；南面封土高 3.9 米，为宋晟和夫人叶氏的墓葬。墓前 80 米左、右各有墓碑一通，右为宋晟神道碑，通高 6.06 米，系其子宋瑛袭爵后所立。左为宋朝用神道碑，通高 4.92 米，系宋瑛于明宣德初年（约 1426）所立，其玄孙宋恺于正德十一年（1516）在碑末续刻，碑文中见有圆形句读符号。发掘表明，这些墓葬有带甬道的前后室券顶砖墓、前后室券顶砖墓、单室石顶砖墓、单室券顶砖墓等多种类型，其中宋晟墓规模最大，砖室长 9.87 米、宽 3.48 米、高 3.92 米，后室左、右、后三壁各置一方龛。6 墓之中共出土陶、瓷、金、银、铜、铁、玉、水晶等质地遗物 240 余件，其中有大量白釉和青釉的瓷碗、盘、执壶、贯耳瓶、玉壶春瓶等，多为明永乐年间的瓷器精品，具有较高的工艺水平。

1982 年，宋晟及宋朝用神道碑被列为南京市文物保护单位。

十一、浡泥国王墓

浡泥国王墓（20 世纪 30 年代）

浡泥国王墓为明代墓葬，位于雨花台区铁心桥街道东向花村乌龟山南麓，是南京地区唯一一座外国国王陵墓。1958 年 5 月，南京市文物保管委员会开展文物普查时，发现一通倒卧在荒草乱石中的残碑，上刻“永乐六年八月乙未”“浡泥国王去中国”“体魄托葬中华”“葬王于安德门外之石子冈”“得年二十八”等字样，始知此即 15 世纪加里曼丹岛上浡泥国（今文莱达鲁萨兰国）国王麻那惹加那乃之墓。史载永乐六年（1408）八月，浡泥国王麻那惹加那乃率领亲属及近臣 150 余人来中国，受到明成祖朱棣的礼遇。同年十月，浡泥国王染疾而逝，遗嘱托葬中华。成祖赐浡泥国王谥号“恭顺”，以王礼具办棺椁明器。于墓前立碑 1 通，碑文由文渊阁大学士胡广撰写，又命在墓侧立祠祭祀。

该墓原由墓冢、祭祠、神道石刻三部分组成。发现之初仍存墓冢、神道石刻及祭祠石柱础若干、残碑一通。墓前神道石刻呈弧形排列，由墓冢往南，分布着 5 对石刻，相向而立，间距 5.3 米，依次为武将、石虎、石羊、马夫（一说文臣）、石马各一对，保存基本完整。前为方形神道石柱

浡泥国王墓（2022 年）

础 2 件，中凿圆形柱穴，原有石柱插其内。由此向南折东约 110 米处，有神道石碑 1 通。碑由龟趺承载，碑额已缺，碑身亦残。浡泥国王墓发现后，各级政府一直十分重视对墓葬的保护工作，先后修复扶正墓前神道石刻，整修神道，在墓地四周增植林木。2002 年，有关部门斥巨资对墓园进行大规模规划建设，新建或重修牌坊、碑亭、墓冢、祭台、荷花池等，在园内辟建具有文莱风情的“中国—文莱友谊馆”。浡泥国王墓是中国与文莱国世代友好的象征。2001 年 6 月被列为全国重点文物保护单位。2012 年 11 月，浡泥国王墓作为中国海上丝绸之路项目遗产点之一，被列入中国世界文化遗产预备名录。

碑亭（2022 年）

十二、福清公主及子张克俭墓

福清公主及子张克俭墓为明代墓葬，位于雨花台区邓府山北麓。1998 年，南京市博物馆发掘。墓葬北向，为长方形券顶结构，分前、后室。砖室内长 9.35 米，内宽 4.2 米，高 4.75 米，墓顶厚 0.85 米。前、后室之间有 0.6 米厚的隔墙，中央原置木门，已腐。后室中央有须弥座石棺床，东、西、南三壁各砌壁龛。墓室内壁普遍涂饰一层

福清公主棺床

白石灰。墓底用方砖铺地。早年被盗，仅出土金纽扣、铜灶具、铜仪仗具、木箱铜把手、墓志及绿釉琉璃瓦、凤纹滴水等文物。

据墓志，墓主福清公主系明太祖朱元璋第八女，生于洪武三年（1370），洪武十八年（1385）三月，封为福清公主，下嫁开国功臣凤翔侯张龙之子张麟，永乐十五年（1417）去世，葬安德山。此外，在福清公主墓东约百米，还发现了其子驸马舍人张克俊（名杰）之墓。2001年，因建设需要，福清公主墓已按原比例易地重建于邓愈墓冢东侧的邓府山石刻艺术园。2006年，被列为南京市文物保护单位。

十三、含山公主墓

含山公主墓为明代墓葬，在雨花台南。见载于《乾隆江南通志》卷三十七。今不存。

含山公主，明太祖朱元璋第十四女，母亲为高丽妃韩氏，洪武十三年（1380）出生。洪武二十七年（1394）八月，封为含山公主，下嫁驸马都尉尹清。永乐三年（1405），进封长公主。永乐二十二年（1424），加封大长公主。天顺六年（1462）去世。同年，葬于雨花台之南。

十四、顾兴祖墓

顾兴祖墓为明代墓葬，在安德门外小行路南京药械厂内。

顾兴祖，字世延，明征蛮将军。曾封镇远侯，掌南京中军都督府事。明天顺七年（1463）去世。

顾兴祖墓原神道长达百米，有神道碑、石马、石羊、石虎、石翁仲等。神道碑碑额高约1米，碑身高2.5米，碑文“大明征蛮将军协同守备掌南京中军都督府事镇远侯顾公神道铭”等阴刻楷书依稀可辨，惜乎发现时已全部埋入土中，墓室亦被埋进药械厂四车间房屋地基中。1984年初，药械厂平整场地，将头部无存的石翁仲用起重机吊至花房保管。现存石刻还有：石马二座（其一半颈以下毁坏，其二较为完整，高1.55米，长2米）、石羊二座（其一断首，其二较完整，高0.83

顾兴祖墓（20世纪30年代）

顾兴祖墓神道龟趺和残神道碑（2021年）

米，长 1.1 米）、石虎一座（高 1.02 米）。此外，尚有残缺之龟趺，高约 0.75 米。顾兴祖墓所存之神道碑碑文中有若干处涉及少数民族之史料。

1982 年，被列为南京市文物保护单位。

十五、王镇家族墓

王镇家族墓为明代墓葬，位于雨花台区邓府山公交四公司内。1987—1988 年，南京市博物馆发掘。发掘的 8 座墓葬按序排葬，长者居右。除 1 座为竖穴土坑墓外，余均为浇浆墓。墓葬长 2—3 米，宽 1—1.5 米，厚 2 米左右，葬具多为一棺一椁。出土文物除 10 余方石墓志和一些金银首饰外，还发现一具保存完好的古尸、丝绸盖被、百褶裙等珍贵文物。此外，还在墓地东侧调查发现石马和一通成化年间的神道碑，在墓地北侧发现一处规模较大的与享堂有关的建筑遗迹。据出土墓志可知，墓主系明成化、弘治年间的王氏家族，可以确认身份者有王镇、王志远及其妻成氏、王克英及其妻杨氏、王克威、王克衡妻李玉等。

王源墓神道碑（20 世纪 30 年代）

王镇为明宪宗朱见深皇后之父，死后追封阜国公。王镇家族在南京显赫一时，他的几个儿子也都身居要职，被封伯赠侯。王镇子王源袭瑞安侯，墓亦在“江宁县聚宝门外凤台街”，20 世纪 30 年代神道碑尚存。

十六、杨忠墓

杨忠墓为明代墓葬，在雨花台区德恩寺后山，今晨光 1865 创意产业园东，今不存。

杨忠墓志在 1948 年被发现，墓葬具体形制不详。出土墓志现藏于南京市博物馆。据 1948 年 12 月出版的《南京文献》第 24 号后附《南京市文献委员会卅七年工作报告》中的“征集专项”，征集物品分为金石拓片和乡贤未刊稿，在征集到的拓片中有“明南京内官监左少监杨公墓志铭石刻”，名目、首题与南京市博物馆藏杨忠墓志完全一致，可知墓葬早年已被破坏。志石方形，边长 0.73 米。

据墓志铭记载，杨忠，字德遵，生于明永乐九年（1411）。永乐十九年（1421）被选入内廷。成化十三年（1477）擢升内官监左少监（从四品）兼管大报恩寺斋供（祭祀死者、神佛，并上供食品）

一切事宜，以及修缮大报恩寺厨。成化十四年（1478）去世，葬于德恩寺后。德恩寺即为杨忠的坟寺。

十七、赵辅墓

赵辅墓为明代墓葬，在雨花台侧，今不存。见载于《万历江宁县志》："武靖伯赵墓在雨花台侧。"墓葬形制不详。《明史》有赵辅本传。

赵辅，字良佐，凤阳府人。正统十四年（1449），升山东都指挥佥事。景泰七年（1456），升后军都督佥事充左参将，分守怀来。天顺元年（1457），征入右军都督府莅事。天顺八年（1464），升中军都督府同知。成化元年（1465），佩征夷将军印，充总兵官，征广西，封武靖伯。成化三年，佩靖虏将军印，进封武靖侯。成化七年十一月，赐"奉天翊卫推诚宣力臣特进荣禄大夫柱国"。成化二十二年（1486）去世，追封容国公，谥"恭肃"。

十八、韦清墓

韦清墓为明代墓葬，位于雨花台区天隆寺山东麓。2016 年发掘。根据出土墓志铭，知墓主为明孝陵神宫监太监韦清等人。

2016 年，雨花台区天隆寺复建工程地块发现了三座明代砖室墓（编号 2016NYTM3、2016NYTM4、2016NYTM5，以下简称 M3、M4、M5）。三墓同穴并排分布，保存完好，出土遗物 121 件（套），质地包括瓷、锡、玛瑙、银、象牙、铜、石等。三墓位于同一墓坑内，形制相同，为一次性修建而成。墓前挡土墙错缝相连，相邻两墓共用一堵砖墙；各墓所挖墓道均打破墓坑内填土。这些信息表明，三墓为同时营建，因墓主卒葬时间不同而陆续使用。砖室平面呈长方形，由挡土墙、封门、墓室构成。M4 墓室平面呈长方形，墓门内设一道石门，向墓室方向开启，石门紧闭，内以顶门石封堵。墓室前部为长方形砖质须弥座祭台，祭台后为棺床。两侧壁及后壁各有一拱形壁龛。左右侧壁近底部各有一长方形过洞，分别与相邻墓室（M3、M5）相通。两侧壁面上两两对称垂挂 4 组铁条（链）。M3 出土一合石墓志，记载墓主身份及主要经历。墓主韦清为明孝陵神宫监太监，生于永乐十一年（1413），卒于弘治七年（1494），葬于"应天府江宁县天隆寺安德乡之原"。由三墓的特殊结构可知，另外两墓的营建时代与 M3 相同，入葬时间应与 M3 相近。

十九、梁端墓

梁端墓为明代墓葬，在雨花台永宁寺侧，今不存。墓葬形制不详。清端方编《陶斋藏石记》卷四十四收录有该墓出土的《明故南京司礼监丞梁公寿藏铭》拓本。

据铭文，梁端，字玄中，其先祖为安南国谅江府平河县（今属越南北部）人，生于明永乐四年（1406）。宣德二年（1427）入司礼监。梁端从 14 岁起侍奉成祖朱棣、仁宗朱高炽、宣宗朱瞻基、英宗朱祁镇、代宗朱祁钰、宪宗朱见深、孝宗朱祐樘七位皇帝。成化十五年（1479）升南京司礼监左监丞。弘治七年（1494），葬于南京聚宝门之南、聚宝山向阳之地（今雨花台东炮台附近）。

二十、黄海墓

黄海墓为明代墓葬，在南京市天隆寺地块内，今不存。墓葬形制不详，2013年出土墓志“明故御马监太监黄公墓志铭”。

黄海，山后直北部（今太行山北端）人。明正统二年（1437），入内廷，赐姓黄，曾侍奉英宗起居出入多年。天顺元年（1457）赴南京尚膳监，负责供奉宗庙祭祀。天顺八年（1464）特进南京御马监司房写字，其后一直在御马监任职，最高升至御马监太监。正德三年（1508）病逝，葬于聚宝门外安德乡天隆极乐寺山原。

二十一、吴文度墓

吴文度墓为明代墓葬，在石子冈。《乾隆江南通志》载：“尚书吴文度墓在江宁县石子冈。”今不存。

吴文度，字宪之，祖籍福建晋江，徙居江宁。成化八年（1472）进士。历任南京御史、汀州知府、江西布政司左参政、山西右布政使、河南左布政使等职，有惠政。正德初，为南京都察院右都御史，权宦刘瑾屡次责贿，不应，改南京户部尚书致仕。正德五年（1510）病逝，葬石子冈。

二十二、卜春墓

卜春墓为明代墓葬，在今雨花台区雨花街道普德寺后山。墓葬早年被破坏，形制不详，出土墓志“前南京守备司礼监太监卜公墓志铭”藏于南京市博物馆。

卜春，字纯仁，号芝轩，河间任丘（今河北省任丘市）人，生于明成化六年（1470）。幼年选入内廷，历宪宗、孝宗、武宗、世宗4位皇帝，先后任内官监太监佥书、南京司礼监太监佥书、南京守备太监等职，嘉靖十三年（1534）病逝，葬于聚宝门外普德寺后山之西麓。

二十三、顾璟墓

顾璟墓为明代墓葬，在雨花台，今不存。见载于《乾隆江南通志》卷三十七：“副使顾璟墓……在江宁县石子冈。”墓葬形制不详。

顾璟，字英玉，祖籍江苏吴县（今江苏省苏州市）。与从兄顾璘一起称为“江东双玉”。正德九年（1514）进士，先后任南京武选郎、许州知府、温州府同知、山东按察佥事、河南按察副使等职。因得罪权贵罢归，后以宪副致仕居家，以训蒙童自给，卒年不详，死后葬石子冈。

二十四、沈越墓

沈越墓为明代墓葬，在雨花台，今不存。见载于《乾隆江南通志》卷三十七："御史沈越墓，在江宁县石子冈。"

沈越，字中甫，号麓村，锦衣卫籍人，生于明弘治十四年（1501）。嘉靖十一年（1532），登壬辰科同进士。先后任湖广罗田知县、平江知县、河南道监察御史等职。后因不附权贵，竟致仕归里。隆庆四年（1570）卒，葬石子冈。

二十五、郭天中墓

郭天中墓为明代墓葬，在雨花台旁。《福建通志》载郭天中"卒葬于雨花台之旁"。今不存。

郭天中，字圣仆，祖籍福建莆田。明代万历年间书法家、收藏家，生卒年不详。郭天中事亲极尽孝道，为人性情孤高，处世超凡脱俗。爱好名家书画收藏，专精篆隶之学，师法秦汉，曾作《石鼓诗》流传至今。

二十六、方树节墓

方树节墓为明代墓葬，在雨花台方孝孺墓侧。今不存。

方树节，方孝孺十一世孙。明崇祯十七年（1644）三月十九日，李自成攻陷北京，崇祯皇帝朱由检自缢于煤山。方树节得到消息后，乃绝食而亡，葬于雨花台方孝孺墓侧。弘光元年（即清顺治二年，1645），弘光帝朱由崧下诏"荫方孝孺裔孙树节五经博士"。

二十七、罗文藻墓

罗文藻墓为清代墓葬，在南京雨花台天主教丛葬地，今雨花台烈士纪念馆南门附近。今不存。

罗文藻，字汝鼎，号我存，拉丁名 Gregorio Lopez，福建福安人，生于明万历四十五年（1617）。崇祯六年（1633）在家乡由方济各会会士、意大利神父利安当领洗入教，以"额我略"为洗名。此后，于菲律宾、福建等地学习、传教。清顺治六年（1649）十一月入多明我会。顺治十一年（1654）五月在菲律宾马尼拉晋升为司铎（神父），为首位中国籍神父，次年回国传教。康熙二十四年（1685）四月，罗文藻在广州由方济各会意大利主教伊大任为其祝圣，成为第一个中国籍主教，掌中国北部诸省教务。康熙二十八年（1689），教皇依诺增爵十一世任命罗文藻为南京主教。康熙二十九年（1690），罗马教皇宣布成立北京、南京两个主教区，罗文藻为南京教区主教。康熙三十年（1691）

二月，罗文藻病逝，葬于南京雨花台天主教从葬地。

二十八、屈大均衣冠冢

屈大均衣冠冢位于雨花台之北、木末亭之南。今不存。

屈大均，字翁山，广东番禺人。明末清初学者、诗人，为清初诗坛“岭南三大家”之首。生于明崇祯三年（1630）。明亡后曾参与抗清事业，一度削发为僧，晚年隐居著述。清康熙十九年（1680）春，避地南京的屈大均来到雨花台，作《春日雨花台眺望有感》五首，并在雨花台之北、木末亭之南筑衣冠冢，自题为“南海屈大均衣冠之冢”。康熙三十五年（1696）在家乡病逝。雍正帝兴文字狱时，其著作曾遭禁毁。乾隆帝曾派人到雨花台刨毁此衣冠冢，搜寻多日，终无功而返。

二十九、潘天成墓

潘天成墓为清代墓葬，在聚宝门外雨花山后惠应寺侧，今不存。

潘天成，字锡畴，别号“铁庐”，祖籍江苏溧阳黄墟（今属江苏省常州市），生于清顺治十一年（1654）五月。潘天成不怕艰难寻父母，奉母及妹妹归乡，风雪中负母抱妹，世称“潘孝子”。潘天成后移家江宁，雍正五年（1727）病逝，葬江宁聚宝门外雨花山后惠应寺侧。

三十、刘智墓

刘智墓为清代墓葬，在中华门外花神庙毛家巷回民公墓内（今南京市雨花台区外国语学校北大门东侧）。

墓前有2米高石坊一座，正面横额镌“吾道枢纽”，背面刻“典型在望”。从石坊再行10余步，林中有常绿乔木如盖，树南设水泥弧形坐凳，树北为刘智墓。墓南北向，长方形水泥墓茔，中间略呈圆拱形，高1米许，长3米，宽2米。正南嵌“先贤介廉刘公之墓”石碑。墓北1米许，有新建的水泥弧形大照壁一座，高2.6米，

刘智墓（20世纪30年代）

宽4米。照壁正中为阴刻隶书“清代伊斯兰教学者刘智之墓”12个大字。墓后有石碑五通：正中一碑高2.17米，宽0.56米，隶书“清代伊斯兰教学者刘智之墓”；其左碑高1.17米，宽0.48米，楷书“道学先觉”，为光绪二十九年（1903）立；旁为宣统二年（1910）二月十六日立的“重修刘介廉先生墓碑铭”，高1.24米，宽0.58米，碑文楷书23行，满行54字；其右碑高1.09米，宽0.43米，楷书“学贯天人”，为1916年立；此碑侧为1982年南京市伊斯兰教协会新立的“重修刘智墓记”碑，高0.66米，宽0.3米。

刘智墓（2022年）

照壁两侧镶嵌石碑四方，自东而西依次为：宣统二年（1910）花翎二品衔、署理湖北盐法、武昌道军机处存记、上元人金鼎撰写的“重修刘介廉先生墓碑铭”碑；光绪二十七年（1901），金彭寿在石牌坊正面撰“吾道枢纽”碑；光绪二十九年（1903），陇西马元章、马元超（中国伊斯兰教哲合林耶教派教主）所立的“道学先觉”碑；光绪三十二年（1906），乡人士集资修葺刘智墓所立碑，当时“凡为圹若干丈，华表二，石坊一，碑一，而属鼎为文以志之”。

光绪三十三年（1907），刘德坤在石牌坊背面撰书“典型在望”。宣统二年（1910）二月初一至十六日，再次修缮刘智墓。金鼎撰《重修刘介廉先生墓碑铭》。碑文记载：“花翎二品衔、署理湖北盐法、武昌道军机处存记、湖北补用道、上元金鼎撰，武进李正华书，江西补用知县金嗣芬篆额，上元侯仁继刻石。”1915年，原籍江南上元、寄籍粤西桂林的白润苍撰书“学贯天人”碑；1982年，南京市伊斯兰教协会重修刘智墓，有碑记。同年，刘智墓被列为江苏省文物保护单位。照壁上端有三方阴刻贴金阿拉伯文经文。整个墓地庄穆朴素。2017年，南京市雨花台区再次修缮刘智墓。

刘智，字介廉，号一斋，回族，上元（今南京）人。刘智出生在伊斯兰教经师家庭，少年开始学习儒家经史子集和佛道经书。后学阿拉伯文和波斯文，潜心研究伊斯兰教义。晚年归居金陵（南京）清凉山扫叶楼，闭户译注。其著作在中国伊斯兰教内被尊为“汉乞他布”（汉文经典），《天方典礼》被收入《四库全书》存目；《天方至圣实录》被英、法、俄、日等国翻译出版。刘智去世后，遵照伊斯兰教风俗举行葬礼。清同治九年（1870），京江（今江苏镇江市）同人重修刘智墓，题“先贤介廉刘公之墓”。

三十一、辛亥革命雨花台之役阵亡将士人马合冢

辛亥革命雨花台之役阵亡将士人马合冢土冢（2022 年）

辛亥革命雨花台之役阵亡将士人马合冢位于雨花台东冈二泉后山北侧山坡，为纪念在辛亥革命雨花台之役中阵亡的将士及战马而修建，安葬骸骨 361 具、战马 8 匹。整个人马合冢的建筑面积为 135 平方米，由照壁、石花圈拱台、两座墓冢、一通碑、广场、道路等组成。花岗岩贴面的弧形照壁长 6 米，高 4.37 米，厚 0.42 米，顶部为传统的凸形回纹，两侧伴有抱鼓石，照壁上侧对称设置一对石刻龙首饰，突出墙面。中间镶刻中英对照的“辛亥革命雨花台之役阵亡将士人马合冢”等碑文。照壁后方是两座合葬墓冢，均围有花岗岩墓圈。南冢，直径 6 米，高 1.55 米；北冢，直径 5.8 米，高 1.65 米，两冢相距 4.4 米。两冢间有一通 1981 年的立碑。

辛亥革命雨花台之役，始于 1911 年 11 月 8 日，至 12 月 1 日结束，此役中“江浙联军”（主要是江苏军）数百名将士阵亡。雨花台之役的胜利乃至南京的光复，对稳定革命形势以及成立南京临时政府起到了决定性作用。1912 年，孙中山任临时大总统后，专程骑马到雨花台视察炮台，对雨花台之役给予了很高评价。

1927 年 7 月 16 日，时任南京市市长刘纪文向国民政府递交报告，建议将散落在聚宝门外雨花台、金陵机器制造局、刘园、花神庙、安德门、眼香庙、沙洲圩、赛公桥一带骸骨尸棺计 361 具共 165 座坟（附战马 8 匹，共 4 座坟）等统一迁到雨花台安葬，不久，雨花台之役的阵亡将士和战马合葬于雨花台东侧山坡，并立碑纪念，合葬冢共有两座。1956 年，雨花台烈士陵园重新立碑一通，碑高约 3 米，碑文为“辛亥革命阵亡纪念碑”。二碑均在“文化大革命”中遭破坏。

1981 年，为纪念辛亥革命 70 周年，由江苏省纪念辛亥革命 70 周年筹委会拨专款重修该冢，立碑一通，碑高 1.5 米，宽 0.55 米，厚 0.15 米，花岗岩质地，碑文为“辛亥革命雨花台之役阵亡人马冢”。两座合葬冢围以花岗石墓圈，并且新辟一条曲径墓道。墓地四周苍松翠竹环抱，肃穆幽静。同年 10 月，孙中山的孙女孙穗英等人专程前来祭奠辛亥先烈的英灵。

1982 年南京市人民政府公布“辛亥革命雨花台之役阵亡将士人马合冢”为南京市文物保护单位。1998 年，雨花台烈士陵园对人马冢墓区进行了重新修整，由东南大学潘谷西教授主持设计。

三十二、国民革命军第四十军阵亡将士公墓

国民革命军第四十军阵亡将士公墓，原位于今雨花台烈士陵园东南部知名烈士墓附近。

1926 年 7 月，国民革命军开始北伐。1927 年 2 月 21 日，北伐军江右军在程潜的指挥下会攻张宗昌、孙传芳所盘踞的南京。3 月 23 日，江右军兵分三路进攻南京城。第一路主攻雨花台和聚宝门，下午 3 时许攻克雨花台要塞，并以雨花台为依托，猛攻聚宝门。至下午 6 时，率先攻破聚宝门。随后，第二路、第三路也攻破通济、武定、洪武、朝阳诸门。3 月 24 日，北伐军计 6 万人进入南京城，南京遂告光复。

为了纪念在该战役中阵亡的将士，在雨花台上建立了国民革命军第四十军阵亡将士公墓。公墓建于 1927 年，面向东南，共有水泥衣冠冢 12 个，中为一圆冢，左右各五冢，后为一长冢。列名阵亡将士 281 人，墓前有石狮一对，碑一座，碑上刻有阵亡将士的姓名。碑为汉白玉碑，高 1 米左右，宽约 0.7 米。现已不存。

三十三、前驻外使节九烈士墓

前驻外使节九烈士墓位于雨花台西南麓菊花台公园正南坡。墓区由墓道、墓碑和九座墓冢组成。墓道由东向西折北，约百余米。墓碑为卧式，通高 2.5 米，宽 2.2 米，碑高 1 米，宽 2 米。墓座迎面呈梯形，正中为 9 朵菊花组成的浮雕花圈。原碑文系原国民政府外交部部长王世杰撰写（现已无存），现碑文由著名书法家凌文铨书写。墓冢坐北朝南，呈扇状排列，各墓长 2.65 米、宽 1.85 米，均书刻墓主人的职衔和姓名。每座墓前均有祭台。墓后为菊花台主峰，有半圆形水泥护壁，围以 1 米多高的裙墙，地面用鹅卵石铺砌。

这九位烈士分别是：中国驻菲律宾马尼拉总领事馆总领事杨光泩、领事莫介恩、领事朱少屏、随习领事姚竹修、随习领事杨庆寿、主事萧东明、主事卢秉枢、甲种学习生王恭玮，中国驻北婆罗洲山打根领事馆总领事卓还来。

1941 年 12 月，太平洋战争爆发。面对日军的猛烈进攻，菲律宾首都马尼拉陷入混乱，各国外交官们纷纷撤离，而中国驻菲律宾马尼拉总领事杨光泩为保护数十万华人华侨选择留守。1942 年 1 月 2 日，日军占领了马尼拉。4 日，日军公然违反国际海牙公约，将领事馆的 8 名外交官关押，后利诱劝降，被拒后便施以酷刑，百般凌辱，8 名外交官宁死不屈。驻马尼拉日军宪兵司令太田清一恼羞成怒，置国际公法于不顾，于 1942 年 4 月 17 日下令在马尼拉郊外华侨义山秘密枪杀了杨光泩等 8 名外交官。

1942 年 1 月 19 日，北婆罗洲山打根陷入日军之手。时任中国驻北婆罗洲山打根领事馆总领事卓还来被日军秘密逮捕囚禁，先后被押禁在古晋集中营、亚庇监狱、保佛监狱和根地咬监狱，前后达三年半之久。他受尽折磨但始终坚贞不屈，使日军诱使他参加汪伪政府的企图落空。1945 年 7 月 6 日凌晨，日军将卓还来杀害。

前驻外使节九烈士墓（2022 年）

1945 年 6 月，美英盟军光复菲岛后，在当地“华侨抗敌会”等华侨社团的主持下，于 6 月 14 日开展烈士忠骸挖掘工作。时经 3 年，同埋一坑的烈士早已难以辨别，只能凭尚未腐烂的皮带、眼镜等遗物由家属们一一辨认装棺。1946 年 1 月，绰号“马来西亚之虎”的驻菲日军司令山下奉文被处以绞刑。杀害杨光泩、卓还来等 9 烈士的太田清一、阿部木内、芥山光谷皆被处决。

1947 年，国民政府决定将烈士遗骸运回国内安葬。菲律宾 13 个侨团成立了菲律宾华侨各界礼送杨故总领事暨殉职馆员忠骸回国安葬筹备委员会。筹委会于 5 月 19 日举行第一次会议，决定在 8 烈士殉难处建立纪念碑。这一义举得到全菲华侨的热烈拥护，先后有 100 多个团体和 80 多人慷慨解囊，捐款建碑。7 月 6 日，举行了建碑奠基礼，次年 4 月 17 日，一座高 30 米的纪念碑落成。

北婆罗洲各界华人在盟军光复南洋诸岛后，即商议为卓还来建立纪念碑。倡议一出，各方热忱响应。当地政府在烈士殉难处——根地咬机场附近，拨地一英亩（约 4046.86 平方米）作为建碑地址，各民众团体及个人积极赞助建碑经费。1959 年，纪念碑建成。碑高 3 丈，正面隶书碑文为“秉忠蹈义　卓领事暨同难四人纪念碑”。“秉忠蹈义”为蒋介石题写。碑基上镌刻着卓还来简历。同年 7 月 6 日，北婆罗洲各界集会在纪念碑下，举行隆重揭幕仪式。根地咬地区当天降半旗志哀。

1946 年 7 月，北婆罗洲山打根领事馆恢复办公，新任领事俞培均以卓领事殉难经过呈报中国外交部，外交部电复：烈士遗骸归葬祖国。12 月 12 日正午 12 时，根地咬华侨协会赵国森等 4 人护送卓还来遗骸启程归国安葬。在归程中经过的丹南、保佛、亚庇、山打根、新加坡等地，华侨各界都举行公祭仪式，下半旗志哀，同时停止一切娱乐活动。1947 年 4 月 1 日，卓还来遗骸回到祖国，灵位迁入北平八宝山忠烈祠，经族人公议，谥为“贞烈”。

1947 年 7 月 3 日，国民政府派一架 C-46 型专机抵菲，运送杨光泩等 8 烈士遗骸归国安葬。

7 月 7 日 8 时，国民政府驻菲使馆和侨胞举行了隆重的“礼送公祭仪式”。参加“礼送”的侨胞 5000 多人，队伍逶迤 3 里许。当日 8 烈士遗骸空运抵达南京。次日，国民政府举行了公祭仪式于右任、张群、吴铁城等政府高级官员和烈士亲属共 300 多人参加。仪式上宣布：定于 9 月 3 日世界反法西斯胜利日这天，将杨光泩、莫介恩、朱少屏、卓还来、姚竹修、杨庆寿、萧东明、卢秉枢、王恭玮 9 位烈士忠骸安葬在菊花台。

1947 年 9 月 3 日下午，9 烈士被安葬于南京中华门外菊花台，改菊花台为忠烈公园。九烈士墓曾在“文化大革命”期间遭到破坏，墓身和墓碑被炸毁。1982 年 6 月，根据江苏省副省长吴贻芳提案，江苏省政府、南京市政府拨专款重修九烈士墓，恢复原貌。1990 年，雨花台区政府再度将九烈士墓修缮一新。

1995 年，前驻外使节九烈士墓被公布为江苏省文物保护单位，2012 年入选南京重要近现代建筑名录。

三十四、皖南事变三烈士墓

皖南事变三烈士墓，指在皖南事变中牺牲的新四军副军长项英、政治部主任袁国平、副参谋长周子昆三位烈士的墓，又称“三将军墓”，位于雨花台区花神大道雨花台功德园内。1992 年 3 月，被列为南京市文物保护单位，2002 年被列为江苏省文物保护单位。

1955 年 4 月，皖南事变三烈士墓建成。墓道全长约 300 米，3 座墓冢一字排开，中为项英墓，右为袁国平墓，左为周子昆墓。墓冢呈半球形，直径 6 米，高 3.5 米。墓冢前均立墓碑，碑高 3.8 米，宽 1 米，厚 0.5 米，由花岗石砌成。碑额镌刻高浮雕五星、花卉、云纹；碑身正面刻“项英、

皖南事变三烈士墓

周子昆、袁国平同志之墓”“中国人民解放军南京军区立”，须弥碑座为马蹄形。“文化大革命”中，“三烈士墓”曾遭破坏，后经南京市人民政府重新修复。1999 年，南京军区、雨花台烈士陵园管理局大力维护修缮，铺青石墓道，建金水桥、文物陈列室，种植松柏。

三十五、知名烈士墓

知名烈士墓位于雨花台烈士陵园中心纪念区的东南侧，1984 年 4 月 6 日清明节前建成。在国民党统治期间，成千累万的共产党人和爱国志士牺牲在雨花台。大多数烈士牺牲后，被就地掩埋，有墓的寥寥无几。中华人民共和国成立后，陵园工作人员通过广泛的调查，与烈士家属、知情人士联系，多方获悉了大量的资料，查出有 17 位烈士的墓分散在陵园内及南京其他地区。1984 年，雨花台烈士陵园管理处依据调查资料，将分散的 17 位烈士墓集中迁葬于知名烈士墓区，供人们瞻仰、凭吊。17 位烈士是：张霁帆、孙津川、陈志正、赵良璋、丁行、谢士炎、孔繁蕤、邓振询、陈子涛、骆何民、程履绎、成贻宾、卢志英、石璞、宋如海、宋月波、蔡寿民。

烈士墓区为水泥地面，面积 4240 平方米，为传统左右对称式，17 座墓冢呈三排，全部由花岗岩砌造。第一排和第二排之间的正中处，有一长 4 米，宽 2.2 米，高 0.56 米的花池。花池的青翠碧草间，有一花岗岩雕刻的花圈。每座墓冢呈长方形，长 2.27 米，宽 1.5 米，墓前有碑，碑高 1.6 米，

知名烈士墓鸟瞰（2022 年）

宽0.5米。碑正面刻着烈士姓名，用鲜艳的红色描绘，碑背面刻有烈士生平简历。第一排有墓4座，从左至右安葬着石璞、宋如海、孙津川、张霁帆4位烈士；第二排有墓6座，从左至右安葬着宋月波、蔡寿民、陈志正、邓振询、丁行、谢士炎6位烈士；第三排有墓7座，从左至右安葬着成贻宾、程履绎、陈子涛、卢志英、骆何民、赵良璋、孔繁蕤7位烈士。墓区前有一长达106米的甬道，甬道两旁种植着名贵的倒槐树。

雨花台地区墓葬一览表

名称	地址	时代	文献记载/考古发掘
长干里建安二十四年墓	明大报恩寺遗址	东汉	考古发掘
诸葛恪墓	雨花台西南侧	东吴	陈寿《三国志》吴志卷十九
孙鲁育墓	石子冈	东吴	许嵩《建康实录》卷四
卫玠墓	新亭东	西晋	周应合编纂《景定建康志》卷四十三
南郊谢氏家族墓地	梅岗	东晋	考古发掘
谢安墓	石子冈	东晋	周应合编纂《景定建康志》卷四十三
鲍靓墓	石子冈	东晋	杜光庭《墉城集仙录》
西善桥宫山南朝墓	西善桥	南朝	考古发掘
南朝画像砖墓	花神大道西侧缓坡	南朝	考古发掘
普德寺僧人塔墓	普德寺以东30米处	唐代	考古发掘
郑玄素墓	石子冈	南唐	《江南余载》卷下
韩熙载墓	梅岗	南唐	周应合编纂《景定建康志》卷四十三
杨邦乂墓	雨花台烈士陵园二泉后山东北	南宋	现存
张保墓	中华门外戚家山	南宋	考古发掘
戚方墓	雨花台高座寺后	南宋	张铉撰《至正金陵新志》卷十二
刘叔亮墓	雨花台北门西侧	元代	王诰、刘雨纂修《正德江宁县志》卷七
梁栋墓	凤台西乡	元代	张铉撰《至正金陵新志》卷十四
慧昙遗衣塔	雨花台旁	明代	宋濂《宋学士文集》卷五
冯国用	凤西乡	明代	黄之隽等编纂《乾隆江南通志》卷三十七
孙炎墓	聚宝山南	明代	黄之隽等编纂《乾隆江南通志》卷三十七
胡大海墓	城南十五里	明代	王诰、刘雨纂修《正德江宁县志》卷七
耿再成墓	聚宝山南	明代	张廷玉等撰《明史》卷一百三十三
俞通海家族墓	戚家山北麓南京晨光集团南部厂区内	明代	石刻现存；考古发掘
李杰墓	雨花台风景区东南端	明代	石刻现存

续表

名称	地址	时代	文献记载 / 考古发掘
赵昀顶骨冢	雨花台	明代	沈德潜撰《明诗别裁集》卷二
辉和尔华善墓	聚宝门外五里	明代	宋濂撰《文宪集》卷二
杨信墓	聚宝山之原	明代	焦竑撰《国朝献征录》卷之一百十一
邓愈墓	邓府山	明代	王诰、刘雨纂修《正德江宁县志》卷七
郭嵩墓	聚宝山之原	明代	倪岳撰《青溪漫稿》卷二十二
朱亮祖墓	安德乡	明代	焦竑编《国朝献征录》卷八
赵圭墓	安德乡油坊村	明代	出土墓志
郭子兴（郭兴）墓	聚宝山之原	明代	徐纮撰《明名臣琬琰录》卷四
於显墓	西善桥油坊村	明代	出土墓志
张赫墓	西善桥刘家村	明代	出土墓志铭
张麟墓	邓府山	明代	黄之隽等编纂《乾隆江南通志》卷三十七
杜安道墓	雨花台雷家庄	明代	黄之隽等编纂《乾隆江南通志》卷三十七
郭镇墓	聚宝山之原	明代	焦竑撰《国朝献征录》卷四
尹清墓	雨花台南	明代	黄之隽等编纂《乾隆江南通志》卷三十七
方孝孺墓	雨花台烈士陵园 二泉后山东北麓	明代	现存
李祺墓	安德门外南山之原	明代	出土墓志
郭英墓	聚宝山之原	明代	焦竑《国朝献征录》卷之七
宋晟家族墓	聚宝门外雷家庄	明代	石刻现存；考古发掘
浡泥国王墓	乌龟山南麓	明代	遗址现存
樊妙广墓	雨花台区丁墙水库	明代	考古发掘
徐忠及夫人武氏墓	安德乡长冈之原	明代	考古发掘
福清公主及子张克俭墓	邓府山	明代	考古发掘
临安公主朱镜静墓	铁心桥冯韦村	明代	考古发掘
曹英贯墓	安德乡山之原	明代	出土墓志
赵彝墓	凤台门之东	明代	黄之隽等编纂《乾隆江南通志》卷三十七
柳升墓	安德乡	明代	黄之隽等编纂《乾隆江南通志》卷三十七
张益墓	凤西乡西库村	明代	黄之隽等编纂《乾隆江南通志》卷三十七
沈鳞墓	凤西乡岗子村	明代	出土墓志
歹俊墓	安德乡宋家山	明代	出土墓志
含山公主墓	雨花台南	明代	黄之隽等编纂《乾隆江南通志》卷三十七
顾兴祖墓	安德门外小行路 南京药械厂	明代	石刻现存

续表

名称	地址	时代	文献记载 / 考古发掘
杨云墓	铁心桥尹西村	明代	出土墓志
王镇家族墓	邓府山公交四公司内	明代	考古发掘
庞景华及夫人徐氏墓	安德乡王家山	明代	倪谦《倪文僖集》卷二十九
俞纲墓	聚宝门外禾山	明代	黄之隽等编纂《乾隆江南通志》卷三十七
杨忠墓	德恩寺后山	明代	出土墓志
杨达墓	凤西乡之原	明代	倪岳《青溪漫稿》卷二十二
胡靖墓	安德乡大墅中村	明代	出土墓志
赵辅墓	雨花台侧	明代	李登、盛敏耕、顾起元纂《万历江宁县志》卷四
韦清墓	天隆寺	明代	考古发掘
梁端墓	雨花台	明代	出土墓志
陈钢墓	安德门外岔山口	明代	出土墓志
丁固宗墓	油坊村贾东	明代	考古发掘
童轩墓	凤台岗之原	明代	黄之隽等编纂《乾隆江南通志》卷三十七
黄海墓	天隆寺	明代	出土墓志
吴文度墓	石子冈	明代	黄之隽等编纂《乾隆江南通志》卷三十七
傅容墓	外永宁寺侧	明代	罗玘《圭峰集》卷十六
余俊墓	油坊桥贾东	明代	考古发掘
李熙墓	凤西乡李家库	明代	顾璘撰《息园存稿文》卷五
张琮墓	凤西乡	明代	黄之隽等编纂《乾隆江南通志》卷三十七
顾纹墓	石子冈南樊家山	明代	出土墓志
卜春墓	普德寺后山	明代	出土墓志
陈沂墓	西善桥善水湾	明代	黄之隽等编纂《乾隆江南通志》卷三十七
丘得墓	崇因寺侧	明代	湛若水《泉翁大全集》卷六十三
潘真墓	贾家山东	明代	考古发掘
顾璪墓	石子冈	明代	黄之隽等编纂《乾隆江南通志》卷三十七
李逢阳墓	安德门城边	明代	李登、盛敏耕、顾起元纂《万历江宁县志》卷四
沈越墓	石子冈	明代	黄之隽等编纂《乾隆江南通志》卷三十七
许谷墓	安德门外	明代	黄之隽等编纂《乾隆江南通志》卷三十七
郭天中墓	雨花台旁	明代	卢焯《福建通志》
方树节墓	雨花台	明代	陈梦雷编《古今图书集成・明伦汇编・官常典・忠烈部》第七百五十八卷
邵清墓	凤台门外西库村	明代	李登、盛敏耕、顾起元纂《万历江宁县志》卷四

续表

名称	地址	时代	文献记载 / 考古发掘
常延龄墓	雨花台	明代	李瑶据、温睿临纂《南疆绎史·绎史摭遗》卷十一
罗文藻墓	雨花台	清代	郑安德等《明末清初耶稣会思想文献汇编》第二卷·第十五册
雷发达、雷金玉墓	贾家山东	清代	雷景修撰《雷金玉碑记》
屈大均衣冠冢	雨花台	清代	原北平故宫博物院文献馆编《清代文字狱档辑》第二辑
熊赐履墓	雨花台	清代	黄之隽等编纂《乾隆江南通志》卷三十七
潘天成墓	雨花山后惠应寺侧	清代	潘天成撰《铁庐集》卷首
甘凤池墓	凤台门外	清代	甘熙《白下琐言》
吴敬梓墓	凤台门花田	清代	平步青《小栖霞说稗》
刘智墓	花神庙毛家巷	清代	现存
辛亥革命雨花台之役阵亡将士人马合冢	雨花台烈士陵园二泉后山	民国	现存
国民革命军第四十军阵亡将士公墓	雨花台	民国	南京市雨花台区委员会文史委员会编《雨花文史》1995 年第八集
宪兵公墓	韩府山铁心桥 50 米处的朱家场村旁	民国	南京市雨花台区委员会文史委员会编《雨花文史》1989 年第三集
前驻外使节九烈士墓[1]	菊花台	民国	现存
皖南事变三烈士墓[2]	雨花台望江矶	现代	现存
华东人民海军烈士墓	原在望江矶，已迁至西天寺公墓烈士墓区	现代	现存
空军烈士墓	原在望江矶，已迁至西天寺公墓烈士墓区	现代	现存
无名军人烈士公墓	原在花神庙，已迁至西天寺公墓烈士墓区	现代	现存
孙逊群墓	雨花台功德园	现代	现存
茅学勤墓	雨花台功德园	现代	现存
朱培德墓	原在小行凤凰村，已迁至普觉寺公墓	现代	现存
吴焜墓	雨花台功德园	现代	现存
龙树林墓	雨花台功德园	现代	现存
朱希祖墓	雨花台功德园	现代	现存

[1] 该墓葬有杨光泩、莫介恩、朱少屏、姚竹修、杨庆寿、萧东明、卢秉枢、王恭玮、卓还来共 9 位烈士。
[2] 该墓葬有项英、袁国平、周子昆三位烈士。

名称	地址	时代	文献记载 / 考古发掘
纪振纲墓	雨花台功德园	现代	现存
罗占云墓	雨花台功德园	现代	现存
蓝阿嫩墓	雨花台功德园	现代	现存
傅狂波墓	雨花台功德园	现代	现存
钟华农墓	雨花台功德园	现代	现存
资凤墓	雨花台功德园	现代	现存
金行生墓	雨花台功德园	现代	现存
钟华农墓	雨花台功德园	现代	现存
邱一涵墓	雨花台功德园	现代	现存
陈奇墓	雨花台功德园	现代	现存
张富华墓	雨花台功德园	现代	现存
黎有章墓	雨花台功德园	现代	现存
吴凤高墓	雨花台功德园	现代	现存
唐少田墓	雨花台功德园	现代	现存
张祖谅墓	雨花台功德园	现代	现存
叶道友墓	雨花台功德园	现代	现存
乔信明墓	雨花台功德园	现代	现存
黄光明墓	雨花台功德园	现代	现存
傅抱石墓	雨花台功德园	现代	现存
李云龙墓	雨花台功德园	现代	现存
高一涵墓	原在望江矶，已迁至浦口区老幼岗公墓	现代	现存
罗湘涛墓	雨花台功德园	现代	现存
卢前墓	原在菊花台，已迁至江宁区隐龙山公墓	现代	现存
朱偰墓	雨花台功德园	现代	现存
刘培善墓	雨花台功德园	现代	现存
吴咏湘墓	雨花台功德园	现代	现存
陶德琨墓	雨花台功德园	现代	现存
徐尔灏墓	雨花台功德园	现代	现存
许传音墓	雨花台功德园	现代	现存
廖昌金墓	雨花台功德园	现代	现存
廖政国墓	雨花台功德园	现代	现存

续表

名称	地址	时代	文献记载 / 考古发掘
梁从学墓	雨花台功德园	现代	现存
傅彪墓	雨花台功德园	现代	现存
谢立全墓	雨花台功德园	现代	现存
计雨亭墓	雨花台功德园	现代	现存
雷绍康墓	雨花台功德园	现代	现存
刘先胜墓	雨花台功德园	现代	现存
梁辑卿墓	雨花台功德园	现代	现存
邓克生墓	雨花台功德园	现代	现存
王侠北墓	雨花台功德园	现代	现存
马兆文墓	雨花台功德园	现代	现存
刘奎墓	雨花台功德园	现代	现存
廖运昇墓	雨花台功德园	现代	现存
陈桂昌墓	雨花台功德园	现代	现存
知名烈士墓[1]	雨花台烈士陵园东南侧	现代	现存
孙叔平墓	雨花台功德园	现代	现存
张阿舟墓	雨花台功德园	现代	现存
张仲良墓	雨花台功德园	现代	现存
刘飞墓	雨花台功德园	现代	现存
赵俊墓	雨花台功德园	现代	现存
童炎生墓	雨花台功德园	现代	现存
杨汉林墓	雨花台功德园	现代	现存
张钰哲墓	雨花台功德园	现代	现存
唐亮墓	雨花台功德园	现代	现存
张希才墓	雨花台功德园	现代	现存
夏克墓	雨花台功德园	现代	现存
胡先汉墓	雨花台功德园	现代	现存
杨鸿耀墓	雨花台功德园	现代	现存
廖运泽墓	雨花台功德园	现代	现存
杭鸿志墓	雨花台功德园	现代	现存
曾如清墓	雨花台功德园	现代	现存

[1] 该墓葬有张霁帆、孙津川、陈志正、赵良璋、丁行、谢士炎、孔繁蕤、邓振询、陈子涛、骆何民、程履绎、成贻宾、卢志英、石璞、宋如海、宋月波、蔡寿民共17位烈士。

续表

名称	地址	时代	文献记载 / 考古发掘
温玉成墓	雨花台功德园	现代	现存
朱云谦墓	雨花台功德园	现代	现存
郭金林墓	雨花台功德园	现代	现存
戴克林墓	雨花台功德园	现代	现存
常玉清墓	雨花台功德园	现代	现存
何志远墓	雨花台功德园	现代	现存
聂凤智墓	雨花台功德园	现代	现存
陶白墓	雨花台功德园	现代	现存
王文模墓	雨花台功德园	现代	现存
颜伏墓	雨花台功德园	现代	现存
江潮墓	雨花台功德园	现代	现存
冯鼎三墓	雨花台功德园	现代	现存
李味青墓	雨花台功德园	现代	现存
董铁山墓	雨花台功德园	现代	现存
毛英奇墓	雨花台功德园	现代	现存
杜平墓	雨花台功德园	现代	现存
朱军墓	雨花台功德园	现代	现存
杨基明墓	雨花台功德园	现代	现存
张纯青墓	雨花台功德园	现代	现存
高济宇墓	雨花台功德园	现代	现存
饶子健墓	雨花台功德园	现代	现存
华诚一墓	雨花台功德园	现代	现存
林胜国墓	雨花台功德园	现代	现存
李发应墓	雨花台功德园	现代	现存
李福尧墓	雨花台功德园	现代	现存
贺长清墓	雨花台功德园	现代	现存
王岩墓	雨花台功德园	现代	现存
李仲麟墓	雨花台功德园	现代	现存
李庆逵墓	雨花台功德园	现代	现存
肖前墓	雨花台功德园	现代	现存
孔俊彪墓	雨花台功德园	现代	现存
史景班墓	雨花台功德园	现代	现存
王玉峰墓	雨花台功德园	现代	现存

名称	地址	时代	文献记载 / 考古发掘
蔡永墓	雨花台功德园	现代	现存
艾煊墓	雨花台功德园	现代	现存
周阿庆墓	雨花台功德园	现代	现存
张明墓	雨花台功德园	现代	现存
刘安元墓	雨花台功德园	现代	现存
窦国仁墓	雨花台功德园	现代	现存
周光裕墓	雨花台功德园	现代	现存
金忠青墓	雨花台功德园	现代	现存
张藩墓	雨花台功德园	现代	现存
谢云晖墓	雨花台功德园	现代	现存
宫维桢墓	雨花台功德园	现代	现存
严光墓	雨花台功德园	现代	现存
席承藩墓	雨花台功德园	现代	现存
刘昂墓	雨花台功德园	现代	现存
周泽墓	雨花台功德园	现代	现存
章昭薰墓	雨花台功德园	现代	现存
梁瑞驹墓	雨花台功德园	现代	现存
薛爱苹墓	雨花台功德园	现代	现存
刘奠西墓	雨花台功德园	现代	现存
张新华墓	雨花台功德园	现代	现存
谭开云墓	雨花台功德园	现代	现存
陈钦墓	雨花台功德园	现代	现存
柴荣生墓	雨花台功德园	现代	现存
刘西元墓	雨花台功德园	现代	现存
延康墓	雨花台功德园	现代	现存
官俊亭墓	雨花台功德园	现代	现存
王志增墓	雨花台功德园	现代	现存
王静敏墓	雨花台功德园	现代	现存
汪冰石墓	雨花台功德园	现代	现存
业治铮墓	雨花台功德园	现代	现存
尚连璧墓	雨花台功德园	现代	现存
陈慎之墓	雨花台功德园	现代	现存
林华宝墓	雨花台功德园	现代	现存

续表

名称	地址	时代	文献记载 / 考古发掘
邵一衡墓	雨花台功德园	现代	现存
吴奔星墓	雨花台功德园	现代	现存
陈德先墓	雨花台功德园	现代	现存
孙克骥墓	雨花台功德园	现代	现存
李秀英墓	雨花台功德园	现代	现存
刘鸿益墓	雨花台功德园	现代	现存
田震环墓	雨花台功德园	现代	现存
段绪申墓	雨花台功德园	现代	现存
徐百川墓	雨花台功德园	现代	现存
时钧墓	雨花台功德园	现代	现存
袁彬墓	雨花台功德园	现代	现存
吴仕宏墓	雨花台功德园	现代	现存
于永贤墓	雨花台功德园	现代	现存
武中奇墓	雨花台功德园	现代	现存
金玉玕墓	雨花台功德园	现代	现存
李继松墓	雨花台功德园	现代	现存
朱家胜墓	雨花台功德园	现代	现存
王益华墓	雨花台功德园	现代	现存
胡宏墓	雨花台功德园	现代	现存
盛金章墓	雨花台功德园	现代	现存
新艳秋墓	雨花台功德园	现代	现存
常毅墓	雨花台功德园	现代	现存
叶泰清墓	雨花台功德园	现代	现存
陈邃衡墓	雨花台功德园	现代	现存
左爱墓	雨花台功德园	现代	现存
阮捃墓	雨花台功德园	现代	现存
郁炳隆墓	雨花台功德园	现代	现存
何冰皓墓	雨花台功德园	现代	现存
陈可吼墓	雨花台功德园	现代	现存
金基鹏墓	雨花台功德园	现代	现存
张胜文墓	雨花台功德园	现代	现存
王义斌墓	雨花台功德园	现代	现存
于葆林墓	雨花台功德园	现代	现存

续表

名称	地址	时代	文献记载 / 考古发掘
谢斌墓	雨花台功德园	现代	现存
魏荣爵墓	雨花台功德园	现代	现存
黎松寿墓	雨花台功德园	现代	现存
丁大钧墓	雨花台功德园	现代	现存
裴九洲墓	雨花台功德园	现代	现存
叶慧芳墓	雨花台功德园	现代	现存
蒋永生墓	雨花台功德园	现代	现存
王适存墓	雨花台功德园	现代	现存
严高鸿墓	雨花台功德园	现代	现存
庞帮荣墓	雨花台功德园	现代	现存
林连章墓	雨花台功德园	现代	现存
刘春山墓	雨花台功德园	现代	现存
黄辛果墓	雨花台功德园	现代	现存
同辉墓	雨花台功德园	现代	现存
高鸿墓	雨花台功德园	现代	现存
胡今叶墓	雨花台功德园	现代	现存
徐躬耦墓	雨花台功德园	现代	现存
向守志墓	雨花台功德园	现代	现存
傅奎清墓	雨花台功德园	现代	现存
钱国梁墓	雨花台功德园	现代	现存
魏金山墓	雨花台功德园	现代	现存
张力雄墓	雨花台功德园	现代	现存

第三节　寺院玄观

一、长干寺（阿育王寺、天禧寺、元兴慈恩旌忠寺、大报恩寺）

长干寺为大报恩寺前身，原址位于秦淮区雨花路 1 号大报恩寺遗址公园内。“长干”之名源于该地区的古地名“长干里”。长干寺最早可溯源至东吴，其地先有塔，后有寺。东吴时期，在长干里建有阿育王塔，此塔与建初寺同为江南佛教塔寺之始。据《梁书》记载，当时有尼人在塔近构建精舍，后塔寺均被孙綝毁除。西晋初于原地复立寺及塔。东晋后又重建，始称长干寺。东晋咸安年间，丹阳尹高悝在城南张侯桥掘得一金像，上有梵文说是阿育王第四女所造。高悝用牛车载金像走到长干寺，简文帝使安法师承造小塔，未及成而亡，弟子僧显继修。晋宁康年间，高僧慧达在长干里掘得金函，中有三舍利及爪发各一枚，发长数尺。于是迁徙舍利到北面，在简文帝所造塔西造一层塔。太元十六年（391），又使沙门僧尚加为三层。南朝梁时期，该寺称阿育王寺。梁武帝登基后，对该寺大加兴建。梁大同三年（537），梁武帝改造阿育王塔，发掘地宫，从石函中得到七枚舍利与四枚爪发。于是，武帝在寺内设无碍大会，遣皇太子及王侯朝贵等奉迎，施钱一千万为寺基业。大同四年，武帝再设无碍大会，竖二刹，各以金玉罂重盛舍利及爪发装入七宝塔内，又以石函盛宝塔，分别藏入两刹刹下。《南史》称：“及王侯妃主百姓富室所舍金银环钏等珍宝充积。”

南唐时，长干寺废为营庐。北宋端拱元年（988），释可政于长安终南山紫阁寺传得玄奘顶骨，携归建康。大中祥符初年，可政奏请朝廷，重建长干寺。大中祥符四年（1011），修建九层宝塔，获赐名“圣感舍利塔”。天禧二年（1018），长干寺改名为天禧寺。《景定建康志》载：“天禧寺，即古长干寺，在府城南门外。”天圣五年（1027）二月又建白塔安奉玄奘顶骨。元符二年（1099），为重振天禧寺，知府吕升卿请朝廷改十方住持，请慧严入主天禧。政和六年（1116），慧严扩建寺院，新建法堂及寝堂、方丈、僧堂、厨库等。

大报恩寺（1929 年）

元至元二十五年（1288），寺又改称元兴慈恩旌忠寺。至顺初年（约 1330），元文宗送观音像入寺供奉，并赐款重修舍利塔。元末，寺毁于兵火。明洪武九年（1376），工部侍郎黄立恭奏请修复舍利塔，重建大雄宝殿、山门，复名天禧寺。永乐四年（1406），右善世溥洽受命修天禧寺塔。永乐六年（1408），寺、塔皆毁于火。永乐十年（1412），朱棣敕工部于原址重建寺庙，赐额“大报恩寺”，寺于宣德三年（1428）建成。寺中所建琉璃塔极为宏丽，被称为“天下第一塔”。《金陵世纪》载：“造九级琉璃塔，中藏舍利及佛爪发，八面门牖，垂拱阑槛，蜃吻鸱尾，埏埴而成，不施寸木，照耀云日。内设篝灯百四十有四，光照百里。上设黄金宝珠顶，围圆可数丈，雨夜舍利光出轮相间，如火珠，人多见之。”《金陵杂咏》称：“规模大拓永乐年，突过唐宋元之前。八门洞白日，九级阶青天。”

成化八年（1472），寺略有修葺。嘉靖四十五年（1566），寺内因雷失火，大殿、天王殿、观音殿、法堂皆毁，唯存琉璃塔及少量建筑。万历二十六年（1598），报恩寺塔顶倾侧，洪恩募修塔顶，并建濠上亭、方丈室、大禅殿、香积厨、藏经楼、请经堂、放生池等。

明末，大报恩寺有天王殿、大雄宝殿、三藏殿、三藏塔、九级琉璃宝塔、金刚殿、左大禅殿、右禅殿、观音殿、放生亭、藏经楼、祖师殿、请经堂、客堂、僧寮、大寮、斋堂、香积厨等建筑，共有僧院一百四十八房，基址面积约四百亩。清顺治十八年（1661），寺重修。康熙三年（1664），居士沈豹募建大殿，是时琉璃塔仍极为宏丽。康熙帝南巡时登塔赋诗曰：“凤刹高悬上界灯，珠缸璧带一层层。平临下见诸天小，晴日江山万里澄。”乾隆帝南巡时登塔题写九级匾联。嘉庆五年（1800），塔再次遭雷损坏，内务府于七年拨款修理竣工。咸丰六年（1856），因太平天国运动，塔寺均毁。《金陵胜迹志》称：“咸丰兵燹时，寺塔悉毁，无复存焉。后虽稍葺门殿，比于曩时，不过百分之一。”同治年间，三藏殿建。同治四年（1865），李鸿章建兵工厂，占据大报恩寺大片土地。民国时期，寺内曾开办学校，佛殿改作课堂。1935 年，住持本明修建三藏殿。20 世纪 50 年代后，寺址渐为民居。2007 年，南京市委、市政府启动了大报恩寺项目重建工作。2008 年，大报恩寺前身的长干寺地宫考古出土了佛顶骨、“感应舍利”“诸圣舍利”以及“七宝阿育王塔”等一大批世界级文物。2012 年，为保护遗址、传承文化，此地改为“大报恩寺遗址公园”。2013 年 5 月 3 日，大报恩寺遗址被列为全国重点文物保护单位。2015 年 12 月，大报恩寺遗址公园正式开园。

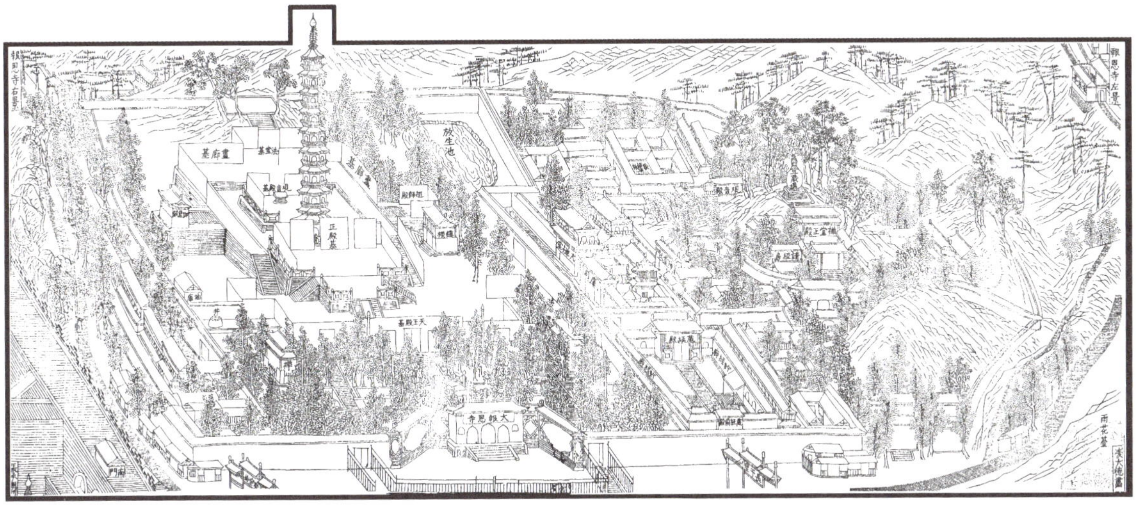

大报恩寺版画（明·葛寅亮《金陵梵刹志》）

18 世纪人绘制的大报恩寺琉璃塔风景画

二、碧峰寺

碧峰寺原位于今雨花西路130号的南京市雨花台区实验小学（西校区），始建于东吴嘉禾四年（235），初名瑞相院。西晋永嘉元年（307），晋怀帝命安东将军在瑞相院建寺，仍称之为瑞相院。东晋太元十三年（388），寺废，重修。梁天监十四年（515），梁武帝敕命重修，并亲临建斋。唐贞观二十一年（647），唐太宗命御史大夫褚遂良重建，改名翠灵寺，供奉三世如来金像。北宋淳化二年（991），寺庙衰败，奉旨重修，改名妙果寺。元至元十八年（1281）又重建，改名铁索寺。考诸历代名号，与铁索罗寺大体相同，但时代记载不一，应有一定的渊源。明洪武五年（1372），应金碧峰禅师（即释宝金）的请求，朱元璋命工部侍郎黄谦督工重建寺庙，命其为碧峰寺。碧峰寺寺额“碧峰禅寺”四大字为黄谦书。万历年间，大方禅师募建千佛阁。据《留都见闻录》和《金陵琐事》，寺中有“沉香罗汉像，甚奇古”，相传是郑和带来。明代有名僧梦居禅师于碧峰寺。据《金陵梵刹志》，明代后期，寺有金刚殿三楹、天王殿三楹、正佛殿五楹、僧院五房、石塔一座，以及毗卢阁三楹、华严楼五楹、左伽蓝殿三楹、右祖师殿三楹、左斋堂三楹、右禅堂五楹、厨库茶寮七楹，占地一百亩，并有地四亩七分、房地九间等公产。清代，寺中有“木刻风僧济颠像”，为“扬州八怪”罗聘画，笔法奇妙。清王友亮有诗云：“晋代遗精舍，明时驻异僧。嘉名虽屡易，瑞相至今仍。曲涧分斋钵，疏林出佛镫。荒凉难久恋，题壁记吾曾。”清汤濂有诗云：“古寺累更名，碧峰自千古。木落四山空，佛光隐何处。”清末之后，碧峰寺屡遭兵火。1946年，寺址改为碧峰寺小学。1965年犹存山门、金刚殿、两侧厢房，1983年翻修新校，原有建筑皆被拆除。

碧峰寺（20世纪50年代）

三、高座寺（甘露寺、尸黎密寺、永宁寺）

高座寺位于雨花台风景名胜区内，原名甘露寺，始建于东晋咸康年间。“甘露”之名，源于西晋之“甘露井”，此井现存，位于高座寺北门外。“高座”之名，则源于西域高僧帛尸黎密（一译梨蜜、黎蜜、梨密）多罗。西晋永嘉年间，帛尸黎密多罗来到建康（今江苏南京），被丞相王导等人敬重，因常于高处讲法，时人尊称其为“高座”。后帛尸黎密多罗去世，葬于石子冈东。晋成帝在冢侧为其立刹。有关右沙门来游京师（即南京），在墓地侧起寺，称之为高座寺。《高僧传》卷一《晋建康建初寺帛尸梨蜜》载：“成帝怀其风，为树刹冢所。后有关右沙门来游京师，乃于冢处起寺。陈郡谢琨赞成其业，追旌往事，仍曰高座寺也。”又有一说：东晋时竺道生法师曾居于此寺，被称为“高座”，因此得名高座寺。据传，南朝梁武帝时，云光法师在高座寺讲法，感动上天，落花如雨，坠地成石，即今日南京之特产雨花石。讲经之台即今日之雨花台。唐时，李白族侄中孚在高座寺出家，李白有《登梅岗望金陵赠族侄高座寺僧中孚》一诗赠之，称赞中孚“吾宗挺禅伯，特秀鸾凤骨”。宋代，高座寺亦名永宁寺，寺中诗刻多荒废。南宋诗人曾极有《高座寺》诗云：“石子冈前高座寺，犊车曾向此徘徊。清谈未解倾人国，更引胡僧度海来。”

明代，高座寺分为两寺，西寺称为高座，东寺称为永宁。洪武初，高座寺几近荒废，后被僧瑄重修，但不久就毁于火。景泰四年（1453），礼部尚书胡濙前来高座寺进香，当时寺规模尚存，

高座寺山门（20 世纪 30 年代）

高座寺（2017 年）

但已破败不堪。弘治元年（1488），照堂法师开始重建高座寺，工程于九年（1496）十月完工，先后恢复了药师、净业两大殿及东室、西堂、钟鼓楼等。高座寺是雨花台旁的一大游玩景点，《金陵选胜》称“寺倚台，僧房环寺，香室窈径，竹树葱蒨，山光鸟语，并成禅悦”。据周晖《二续金陵琐事》所载，高座寺中有十三块“石刻《圣教序》”，但不全。

清代，依然保持着高座、永宁两寺并立的格局，两寺皆坐落于雨花台梅岗上，《乾隆江南通志》称“南对雨花，北眺钟陵，据南冈之胜”。清人王友亮有《高座寺》诗，云：“径绕琅玕碧四围，来游恰值雨涳濛。道人高座昔安在，仙客品泉今已非。幽鸟尚能传梵语，落花应是悟禅机。淹留好乞香厨饭，山蕨如拳笋正肥。”清人汤濂有《高座寺》诗，云：“雨花台寂寂，登眺极荒凉。说法人何在，无言下夕阳。”由此可见，当时的高座寺已经荒凉。清咸丰年间，高座寺毁于兵火，同治中稍有修葺，但难复旧观。光绪二年（1876）重修，依然不复当初规模。而永宁寺则荡为废丘，后在其上建屋，作为茶舍。民国年间，高座寺荒凉破败，门前冷落。1949 年后，高座寺遗址（含与之相邻的安隐寺）曾先后为雨花台烈士史料陈列室、雨花台烈士陵园招待所、雨花石博物馆等。寺庙的朱栏碧栊、回廊庭院犹存。2002 年、2009 年，南京市政府对高座寺、安隐寺进行两次修缮。2011 年 9 月，高座寺恢复对外开放。

2006 年，高座寺被南京市人民政府公布为南京市文物保护单位。

四、新亭寺（中兴寺、天安寺）

新亭寺始建于晋太元五年（380），高僧竺法义去世，晋孝武帝以十万钱买下新亭冈为其造墓，在上面起塔三级。竺法义的弟子昙爽在墓旁立寺，名其为新亭精舍。南朝宋孝武帝讨伐刘劭时，曾在此寺落脚。即位之后，又来禅堂赏玩，扩建寺庙，改其名为中兴寺。元嘉末，有童谣说："钱塘出天子。""钱塘"与"禅堂"音近，所以中兴寺中建有龙飞殿，宣扬宋孝武帝是童谣中的"真龙天子"。宋孝武帝改建寺庙后，在宋文帝的忌日于寺内设八关斋，任命寺内僧人释法颖为都邑僧正。宋前废帝将寺庙废毁，明帝定乱后又下令将其修复。历朝高僧如求那跋陀罗、昙摩蜜多、僧导、僧璩、慧览、道温、僧印、宝亮等人，都曾在此寺止单。

刘宋大明四年（460），改中兴寺为天安寺，但中兴寺名依然使用。南齐永明年间，魏使李道固出使至南齐，与僧钟在中兴寺中相会。萧梁时期，梁武帝曾与大臣庾肩吾在寺中作诗唱和。不久，侯景作乱，柳仲礼出兵相拒，驻扎于新亭。侯景率步骑万余人于中兴寺后渚挑战，柳仲礼在韦粲的劝谏下坚壁不出。之后韦粲军迷失道，兵败青塘，从弟韦昂战死，寄殡于中兴寺。南朝灭亡后，寺再无记载，应已毁于战火。

五、越城寺

越城寺始建年代不详。《建康实录》卷一载："周书元王四年，即越王勾践四年，当春秋之末，越既灭吴，尽有江南之地。越王筑城江上，镇（一说作距）今淮水一里半，废越城是也。案，越范蠡所筑，城东南角近故城望国门桥，西北即吴牙门将军陆机宅。"因有越城，越城寺之名便由此地名而来。晋僧释法相渡江至江南后在越城寺居住，晋镇北将军司马恬恶其放荡不羁，以毒酒害之，但释法相饮而不死，晋元兴末才去世。自此以后，越城寺也湮没无记载了。

六、铁索罗寺（翠灵寺、妙果寺、瑞相院）

铁索罗寺始建于东晋，因有铁索罗国尼师来居此，故名铁索罗寺，为中国汉地第一座尼人寺院。《六朝事迹编类》云："本东晋尼寺也。尚书仲杲女见释书有比丘尼，问讲师，师曰：'女子削发出家，为比丘尼。'后因铁索罗国尼至，遂就此建寺，以铁索罗为名。中国尼自此始。"刘宋以来，该寺又有翠灵寺、妙果寺等名。北宋开宝八年（975），寺毁。太平兴国二年（977），改为瑞相院。《至正金陵新志》卷十一引《乾道志》云："宋齐以来，或为翠灵寺，或为妙果寺。开宝八年毁。太平兴国二年，有僧请其地重兴瑞相禅师塔，因改今额（瑞相院）。"明代亦称之为瑞相院，其位于永宁寺东南二里，距离聚宝门外羽林二郎冈上。但明人当时已经难以分清铁索罗寺与碧峰寺哪一个是瑞相院旧基了。《金陵梵刹志》云："按志，瑞相有二，此为太平兴国二年僧请其地重建。又碧峰寺，亦系瑞相，不知孰为旧基。"《金陵待征录》云："瑞相院在羽林二郎冈，有铁罗、翠灵之名，与碧峰寺同。”同时，铁索罗寺与碧峰寺历代名号大体相同，但时代记载不一，有可能是后人混淆了二者，也有可能是某时代一分为二，但因缺乏可靠史料，现在已经无法考证了。今已不存。

七、天宝寺（天保寺、均庆院）

天宝寺始建于晋代，刘宋时被废帝刘子业毁废。宋明帝刘彧定乱，下令将其修复。唐开元十年（722）改为天保寺，宋改称均庆院，旧在金陵坊。宋开宝八年（975）毁，太平兴国五年（980）在修真观基址重建，绍兴初徙建至雨花台，之后毁于火。隆庆元年（1567），建康留守陈之茂重筑雨花台，迁均庆院至雨花台下。元代，寺在城南门外，只存留古塔一座，已无殿舍屋宇。塔前刻有“宋故三藏特赐宝觉园通法济禅师道公之塔”十八字，塔后有《宋故三藏法师道公塔铭》。据《金陵梵刹志》，明正德年间，均庆院重建，为高座寺小刹。嘉靖年间，“寺僧呈请如今额”，即天宝寺。当时有山门一楹、佛殿五楹、僧院一房、基地三亩，公产田、地共十二亩九分五厘。清代以后，寺荒废，今已不存。

八、永福寺

永福寺始建于晋代，原名开福寺，后改名为景福寺，“旧在冶城东南”。南唐避讳，又将其改为永福寺，宋、元时期名永福尼寺。明天顺年间，诂庵禅师重建该寺。寺内有孔雀台，于成化年间毁坏，后又于弘治十四年（1501）重建。万历年间，居士张应文又募款重修永福寺。明代，该寺为碧峰寺小刹。《金陵梵刹志》记载：“在都门外，南城，安德街天竺山前。北去所领碧峰寺相邻，东北去聚宝门二里。”明代后期，寺有山门三楹、观音殿三楹、佛殿三楹、孔雀楼五楹、石塔一座、僧院二房等，基址五亩。明人陈沂有《永福寺晚睡》诗，云：“峰峦树色初晴后，楼榭烟光欲暮时。”清代，永福寺尚有记载，今已不存。

九、道场寺（斗场寺）

道场寺，原址在今秦淮区应天大街388号晨光1865创意产业园一带。原名斗场寺，因本地有斗场里，故以里名寺。但因为“斗”与佛教教义不合，在佛教典籍中，多称其为道场寺。道场寺始建于晋太宁年间，为司空谢石所建，故又称谢司空寺。《大方广佛华严经随疏演义钞》卷十五云：“谢司空寺者，即道场寺，从檀越呼之。”名僧佛陀跋陀罗曾于此译经，其中包括著名的《华严经》六十卷。道场寺将其译经之堂命名为华严堂。法显取经归国后，也与佛陀跋陀罗在道场寺共译了经律论六部二十四卷，包括《摩诃僧祇律》《方等般泥洹经》《杂阿毗昙心论》《大般泥洹经》等大量经典。法显在此寺写出的《佛国记》（又名《法显传》），是中国古代关于中亚、印度、南洋的第一部完整的旅行记，在中国和南亚地理学史和航海史上占有重要地位。南齐时，道场寺又名安明寺。南朝以后，道场寺不复存在。

十、能仁寺

能仁寺原位于今雨花台区雨花街道能仁里一带，始建于刘宋元嘉二年（425），是刘宋文帝刘义隆为高祖刘裕所建，初名报恩寺（与后来的大报恩寺无关），旧在古城西门。唐会昌中，寺废。杨吴大和六年（934），徐景运为纪念其祖父徐温重建，改称报先院。南唐升元中改称兴慈院。宋开宝中又废。太平兴国二年（977），寺院因地势低下潮湿而迁徙。至道年间，宋太宗召见兴慈院中圆觉律师，赐“御容及罗汉像”。咸平年间，宋真宗重赐院基田产，变律寺为禅寺，又赐诗云：“精勤演律达真风，释子南禅道少同。奥旨筌蹄悟佛理，慧灯广布九围中。”崇宁年间，寺名改称承天寺，又于政和七年（1117）改称能仁寺。建炎年间，能仁寺又遭兵毁，后于庆元年间重修。

明初，能仁寺又废毁，于洪武二十一年（1388）重建于天竺山，位于聚宝门（今中华门）西二里，建有山门、天王殿、正佛殿、法堂、伽蓝殿、僧院、禅院等建筑，基址面积一百五十亩。《金陵世纪》云：“洪武初移建于此，命僧住持，为瑜伽教，仍率众僧从焉。”嘉靖初，寺又毁，后在万历年间重修山门、金刚殿和大雄宝殿，并增绘丹彩，但终未能恢复原有规模。

清顺治年间，寺亦有整修。嘉庆年间，能仁寺已败圮，但庙内有覆水梅一株，前往赏玩的游人不少。《白下琐言》云：“聚宝门外能仁寺一株，色淡红而心素，枝多下垂，呼为覆水梅。寺已败圮，开时游人杂遝。”清人王友亮有诗云：“游兴先于蝶，南冈此探春。寺名仍率旧，梅意已争新。野径多穿竹，僧房半作榛。对花浇茗碗，一笑亦前因。”同治年间，覆水梅已不在。因咸丰年间太平天国兵火以及抗日战争时期战乱破坏，能仁寺逐渐荒废。至 20 世纪 60 年代中期，尚存殿堂一座，寺址为江苏省通信电缆厂。此后工厂扩建，殿宇拆除，旧迹遂不存。

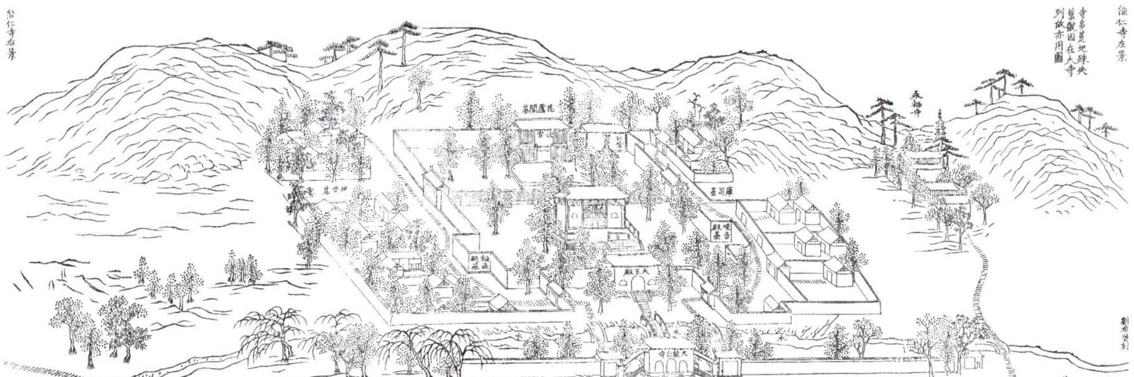

能仁寺（明・葛寅亮《金陵梵刹志》）

十一、宝光寺（天王寺、普光寺）

宝光寺始建于刘宋时期，时名天王寺。梁时为昭明太子果园，杨吴时又为徐景通之私园，南唐保大四年（946）更名为奉先禅院。后葬昙禅师，起宝光塔，改名宝光塔院。宋时又改普光寺，明正统年间赐名宝光寺。当时因年深日久，殿宇倾颓，士人姜觉真等捐金修葺。成化初，寺庙遇火烧毁，住持通辨又向士人袁庆等人募款重修。嘉靖二十年（1541），住持妙玺盗卖祠宇田亩等事被发现，官府将其赶走，但寺庙愈发破败，仅存后殿，日渐倾圮。万历十一年（1583），住持宗洪等人想要改建寺庙，将后山空地卖出筹款，后由建昌饶孟岩以三十金购买。水部大夫廖明河又捐金五十助建寺庙，于万历十二年（1584）竣工。明顾起元《客座赘语》记载，宝光寺有"西域来《贝多婆力义经》，长可六七寸，广半之，叶如细猫竹笋壳，而柔腻如芭蕉"。明人皇甫汸有《游宝光寺》诗，云："四山栖梵处，一径杳然深。岁久惟看树，台荒半宿禽。远江横落日，寒殿下秋阴。独坐观冥理，宁知静者心。"清代，宝光寺尚有记载。清人汤濂有《宝光寺》诗，云："南唐奉三贤，寺亦名宝光。欲寻昙师塔，云中莲花香。"清甘熙《白下琐言》云："（宝光寺）后接雨花台。其顶方平如砥，面对天印山，形势颇聚，或谓为雨花台带结。大殿后壁画达摩尊者坐像，高及二丈，阔如之，衣摺七笔而成，魄力浑劲，俗呼为七笔头祖师，康熙间人手笔，昔张斗堂、雪鸿两先生常栖息其中。"今已不存。

十二、新亭崇因寺（旷野寺、崇果院）

新亭崇因寺原名旷野寺，始建于南朝刘宋，北距今中华门十里。其地原为新亭所在，有王导、谢安之遗迹。齐时，旷野寺废弃，梁大同年间复建。梁元帝曾书《旷野寺碑》，云："云楣胶葛，桂栋阴崇。刻虬龙于洞房，倒莲花于绮井。月殿朗而相晖，雪宫穆以华壮。辙辙璇题，虹梁生于暮雨；璞璞银榜，飞观入乎云中。铭曰：圆珰旦晖，方诸夜朗。金盘曜色，宝铃成响。"唐开元年间，因为法融禅师曾经在此居住，寺改名为禅居院。杨吴大和二年（930）改名为崇果院，宋代改名为崇因寺。北宋政和年间，崇因寺宗袭长老自以衣钵造观世音像，非常精美，苏轼为之作《观音颂》。宋代诗人刘谊曾为崇因寺作诗云："十里崇因寺，临江水气中。"宋末，崇因寺遭兵火，几乎废弃。元时，远峰宏禅师重新中兴崇因寺。元延祐二年（1315），昙芳禅师主持崇因寺，增建钟楼、僧堂、众寮、厨房、浴室等。其时，寺有僧众不满百人，多为年长高僧。昙芳之后，正逵禅师继主之，从田中偶得巨木，坚劲修直，以之为柱新建大殿。正逵禅师又以元文宗赐金铸巨钟，为纪念苏轼而作雪堂，为僧人送终作三塔。笑隐禅师为此而作《集庆路崇因寺记》。明嘉靖年间，崇因寺重修。据《金陵梵刹志》，明代后期，有天王殿三楹、佛殿三楹、左伽蓝殿三楹、右祖师殿三楹、方丈六楹、回廊六楹、僧院三房等殿堂，基址十四亩，并有田、地、山、塘共二百一十九亩五分二厘。清乾隆年间，《乾隆江南通志》言："崇因寺在府城南十里，石马山之阴。"清人王友亮有诗云："王谢曾游处，凄凉客少经。乱山衔古寺，特地指新亭。午钵泉声净，秋龛石气青。萧萧群木脱，犹似感飘零。”寺后湮没无闻。

十三、普德寺

普德寺石龟趺旧影

普德寺始建于南朝梁天监二年（503），位于雨花台西北麓的普德村，在今中华门西南一里半。明正统年间敕文重修，有金刚殿、天王殿、左右钟鼓楼、左右碑亭、大佛殿、观音殿、轮藏殿、伽蓝殿、祖师殿、回廊、僧院、禅堂、斋堂、净业堂、厨库、茶房等建筑，基址面积150亩。大雄宝殿供金身如来佛，周围列铁罗汉五百，形状奇异，各不相同。《白下琐言》曰：“两廊有五百罗汉像，奇形变态，无一同者，创造之工不在杭州净慈之下。”大雄宝殿后为无量寿佛殿，供大铁佛一尊。普德寺位于山坡之间，苍翠环逼，松林茂深，一侧与雨花台相接。明代诗人皇甫汸有诗《游普德寺》，曰：“古寺城南访六朝，高台一望几萧条。门前黄叶催年暮，林外青山觉路遥。塔影常圆沙苑月，钟声静带楚江潮。老僧宴坐耽禅定，送客何曾过虎桥。”明代权宦刘谨曾捐资修缮普德寺，故寺内立有刘谨的塑像。刘谨失势后，寺僧担心受到牵连，遂称塑像为伽蓝神像。据《金陵待征录》，普德寺又有题名碑，“首列王振及内官数十人，后列公孤师保岳牧守令，又奉刘宁塑像”。普德寺后山明清时曾建有先贤祠，祀泰伯等42位先贤，其地名先贤坊。清人汤濂《金陵百咏》有诗曰：“诸贤何巍巍，太伯安可仰。青溪与梅冈，山水发清响。”

清咸丰年间，普德寺毁于兵火，仅存大铁佛与五百铁罗汉。后重建三进院落，坐北朝南。民国时，普德寺内尚有天王殿、大雄宝殿、无量寿佛殿，供奉有金身如来佛像、五百铁罗汉、大铁佛，大铁佛高六米，人称“伽蓝神”。其时，寺与栖霞、毗卢、卧佛三寺并称“金陵四大古刹”。抗日战争中，三尊罗汉被盗，运往日本，后以泥塑取代。1950年，有僧4人、房屋48间、田400余亩。1958年，寺中铁罗汉全部炼为钢铁。“文化大革命”期间，大铁佛亦毁，殿宇用作橡胶厂房。1982年8月，普德寺被列为南京市文物保护单位。1999年，普德寺尚存大雄宝殿、无量寿佛殿及两个石龟趺和一个梁天监二年所建石井栏。石井栏上三面分别镌刻着隶书“雨”“花”“泉”三字，另一面镌刻着隶书“天监二年”。该石井栏现存于雨花台风景名胜区甘露井上。今普德寺二殿已重修。

普德寺（1944 年）

普德寺今貌（2024 年）

十四、国胜寺

国胜寺始建于南陈天嘉元年（560），章皇太后舍宅为寺。据元《至正金陵新志》卷十一《祠祀志》“国胜寺”条记载，其“在南门外落马涧，去城二余里”。今已不存。

十五、华严寺

华严寺位于安德门外小行里华严村，本为古刹，久废。明永乐年间，碧峰禅寺住持释佛妙重建华严寺，盖造佛殿、廊庑、石塔，后葬于塔中。正统三年（1438），僧果开奏乞额名，明英宗依旧赐额“华严寺”。正统十一年（1446），住持祖祥等僧新修华严寺，增大规模，于殿左、右创建菩萨殿、阁二所，又多加彩绘。后华严寺又逐渐破败，殿宇多颓，寺僧俱以栽花植果而为佛事。明代，华严寺为能仁寺小刹。据《金陵梵刹志》，明代后期，寺院有山门一座、金刚殿三楹、左观音殿三楹、天王殿三楹、佛殿五楹、左伽蓝殿三楹、僧院七房，基址二十亩。1982 年南京文物普查时，工作人员在古华严寺遗址中发现了“敕赐华严禅寺碑”龟趺、石莲花须弥座、石柱础、石柱以及石井等文物与“官断华严寺庙产不准典卖碑”残碑一通，以及建造该寺用的部分明代砖块。

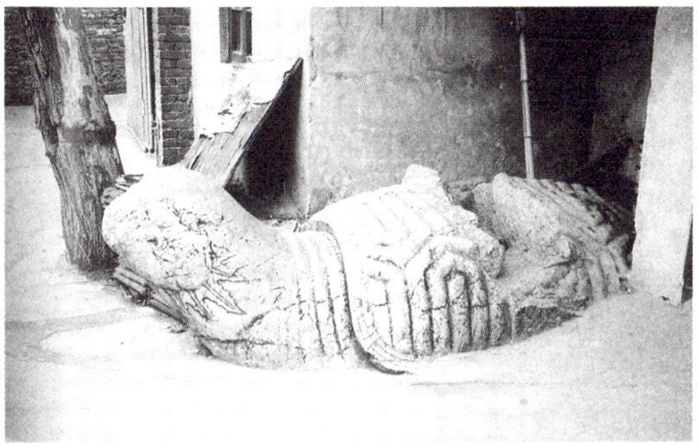

华严寺龟趺

十六、安隐寺（安隐院）

安隐寺原位于今雨花台风景名胜区内，不知始建于何时，原名安隐院，最初位于蒋山（今紫金山）后，后废。宋绍兴四年（1134），寺易址重建于雨花台后梅岗上，高座寺旁。《至正金陵新志》载：“安隐院在雨华台后，向南百余步。”据《金陵世纪》，安隐寺旧有一塔倾斜，一夕风正，数年倾圮不存。明永乐初，姚广孝推荐僧人开俊住持此寺。正统年间，寺重建，赐名安隐寺。《重修安隐寺碑记略》载：“永乐初，闽之福州有儒僧曰开俊者，少师姚公广孝荐取来京，在斯院焚修，才行果富。由是，太宗文皇帝优赍斋粮、金币、钞锭甚夥，悉皆蓄之，未尝私费。正统改元丙辰，创建殿宇于安隐院之旧基。”安隐寺明代为高座寺小刹，北接高座，南连宝光，东对永宁，处于群山之间，林木森郁，楼宇掩映。南朝旧迹，依稀可见，风景极胜。正德四年（1509），安隐寺重修，于正德十五年（1520）竣工，住持为惠成。明人皇甫汸有诗云：“人天即此路，花雨见空台。刹尽南朝建，经多西土来。碑荒残藓合，僧定野棠开。了悟身如幻，何须访劫灰。”清代以后，安隐寺逐渐衰败。据朱偰《金陵古迹图考》记载，该寺曾在太平天国战争后重修，院宇颇宏；民国初年又遭兵毁，至 20 世纪 30 年代初，“仅供百余椽庴而已。前为第二泉，今系茶肆”。1954 年，安隐寺被南京市人民政府园林管理处征收。1955年，安隐寺被翻修成烈士史料临时陈列室。1989年，改为雨花石博物馆。2002年后开始重建，在此址恢复高座寺。

十七、英台寺

英台寺位于雨花台区西善桥一带。南宋乾道年间即有寺。明代为崇因寺小刹。据《金陵梵刹志》，明代后期，寺尚存金刚殿三楹、天王殿三楹、佛殿三楹、观音殿五楹、僧院一房等殿堂，基址八亩，另有田、地、山、塘共二十五亩八分六厘等公产。今已不存。

十八、清源观

清源观位于雨花台北侧，始建于宋代，原名清源庙。《乾隆江南通志》曰："清源观在府城南，雨花台侧，宋建。"宋真宗赐号二郎神为清源妙道真君，庙名出于此。宋嘉熙年间，道观得以修葺。元至正年间，信徒戴荣祖与其子戴元吉捐款重修道观，宁国路南陵主簿李桓为之作《重建清源庙碑》。明洪武初，道士汤静渊重修道观。成化十三年（1477），道观又被重修，赐名清源观。南吏部左侍郎钱溥为之作《清源观碑》。当时有山门三楹、中殿三楹、二郎殿三楹、三茅殿三楹、梓潼殿三楹、道院一房，占地七亩，统领上清院。直至清代乾隆年间尚有记载，然今已不存。

十九、普照寺

普照寺原名普照庵，不知始建于何代。元至大年间（1308—1311），僧人无尽重建庵。明成化年间，僧人定瑀历访名山，来到南京，觉得普照庵四周风景秀丽，便定居在此，逐渐对其修葺。正德十二年（1517），因定瑀禅师德行可法，朝廷下诏将其升庵为寺。嘉靖元年（1522）又在基址上增建前殿三楹。明代为永兴寺小刹。《金陵梵刹志》记载："在都门外，南城。西去所领永兴寺半里，北去聚宝门二里。"清代，普照寺尚有记载，后不存。

二十、月印庵

月印庵原位于今雨花台风景名胜区内，始建于元大德五年（1301），由僧人无可所建，后荒废。据《重修月印庵记略》，明弘治年间，"宗师净俊秀夫策杖自北而来，游于南都。凡古者兴教之地，靡不经历，见而心悦。乃披荆棘，剪草菜，得其石础旧址于荒芜中，结草庵于上"。重建后的月印庵位于高座寺东南半里，聚宝门（今中华门）南二里。据《金陵梵刹志》，明代后期还有山门一座、佛殿三楹、法堂三楹、僧院一房，基址五亩。后不知毁于何时。

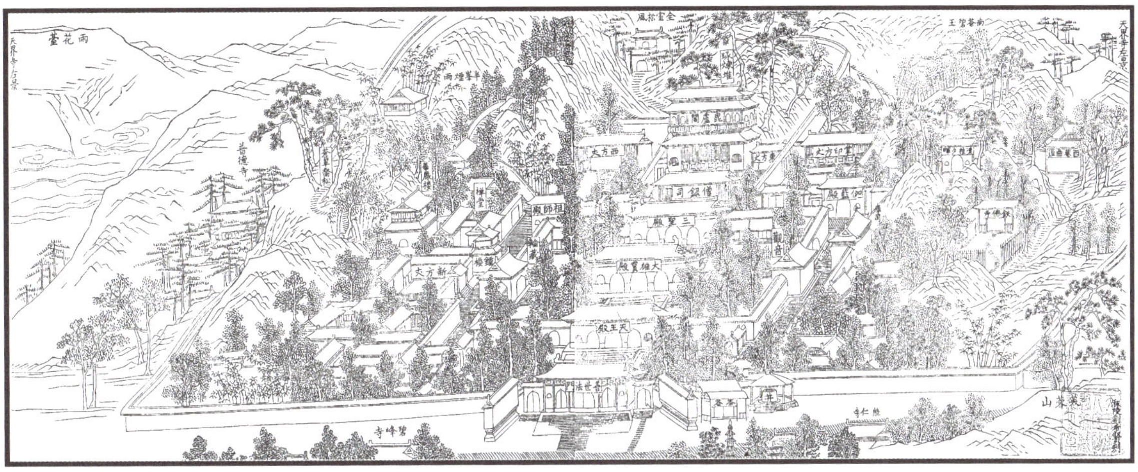

天界寺（明·葛寅亮《金陵梵刹志》）

二十一、天界寺（龙翔集庆寺）

天界寺今位于雨花台区雨花西路能仁里，始建于元至顺元年（1330），原名龙翔集庆寺，位于下街口闪驾桥（今笪桥）北，即今朝天宫东侧，是元文宗以金陵潜邸改建。至正二十七年（1367），元惠宗赐额“天界第一丛林”。明洪武初年（约1368），寺改名为天界寺，为明代京师三大寺之一。明廷于天界寺设善世院，统领天下寺庙。洪武二年（1369），在天界寺设“元史局”，修《元史》。洪武十四年（1381），于天界寺设置僧录司，总辖天下僧尼。洪武二十一年（1388），天界寺遇火灾焚毁，朱元璋下令在城南凤山（今中华门外雨花西路能仁里）重建寺庙，赐名“天界善世寺”。永乐六年（1408），增建旃檀林、毗卢阁、三十六庵，并于寺内设僧录司。永乐二十一年（1423），天界寺又遭火灾焚毁，仅剩大殿。天顺二年（1458），觉义道香募款重建观音、轮藏、天王等殿，其徒戒谦续建。成化年间，增建殿堂百余间，规模宏大，为南京佛寺之首。寺内松竹掩映，清幽宜人，有“西庵曲径”“苍翠乔松”“半峰烟雨”“双桂返照”“南庵碧玉”“古拙品梅”六景，称城南幽胜。后因年久失修，天界寺又沦于衰败。万历二十四年（1596），觉义定椿等人募修毗卢阁。万历三十年（1602），部檄诸山修僧录司。万历三十五年（1607），重修金刚殿与左右画廊百间，兴复公塾，禅堂中增建华严阁。其时，天界寺占地面积六百亩，东至凤台街，南至西宁

天界寺廊檐

天界寺（1944 年）

天界寺（2022 年）

侯坟，西至安德街，北至普德寺山，统领鸡鸣寺、静海寺两座次大刹以及清凉寺、永庆寺等十二座中刹。寺中有钟伯敬书“金刚经塔”。据《留都见闻录》，至明末，因年久失修，“此中名庵三十余处，今半圮废，竹园僧舍，多为外人赁典也”。清康熙六年（1667），法石潮禅师重修禅堂，广其规制。咸丰年间，因太平天国运动，天界寺被毁，仅存殿宇一座。同治年间重建大殿，民国初重建天界毗卢宝殿，塑毗卢佛与二十四诸天。国民政府主席林森书“天界寺”额。抗日战争时，天界寺住持普性被日军杀害。民国末，尚有毗卢宝殿及僧寮 10 余间。1983 年，雨花台区人民政府公布天界寺为雨花台区文物保护单位。1997 年，寺内添置假山、亭阁和水池。1999 年，寺内计有大殿、厢房、廊房等大小房屋 28 间，建筑面积 1300 平方米，围墙内占地面积超 2600 平方米，还有古银杏树 1 棵。2015 年，天界寺重修大殿、山门及僧房，焕然一新。

二十二、上清院

上清院位于雨花台侧、清源观旁，始建于元至元二十六年（1289），明正德四年（1509）重建，距聚宝门（今中华门）一里。《至正金陵新志》卷十一《祠祀志》“宫观”类记载：“上清院，在府城正南隅，至元二十六年道士潘云窗建。”《金陵玄观志》也说：“（上清院）在都门外，南城雨花台侧。去所领清源观相接，聚宝门一里。元至元间，道士潘云窗建，为修真之所。正德四年重修。”其时有山门三楹、上清殿三楹、道院一房。清代之后，上清院没有相关记载，疑已被毁弃。

二十三、永宁院

永宁院原位于今雨花台风景名胜区一带，明代为永宁寺小刹，东与所领永宁寺相对，北距离聚宝门二里。据《金陵梵刹志》，明代后期，尚有山门一座、观音殿三楹、佛殿三楹、僧院三房，基址十五亩。今已不存。

二十四、宝林庵

宝林庵现址在雨花东路教师发展中心院内。宝林庵为明魏国公徐达所建，明代为永宁寺小刹，在永宁寺南一里，距离聚宝门（今中华门）三里。据《金陵梵刹志》，宝林庵风景颇为幽静秀美：“郊原野望，满目珠林。覆地松阴，古苔新径。雨花欲尽，忽复得此。”明代后期，尚有山门三楹、佛殿三楹、观音殿三楹、祠堂三楹、左右回廊十八楹、僧院一房，基址六亩一分，公产田、地、山、塘共四十三亩七分九厘。清代以后仅有僧房、僧院数间。1928 年 10 月，中共南京市委书记孙津川在雨花台牺牲，其灵柩暂厝宝林庵三年，后于 1931 年由家属正式安葬于宝林庵后山。1948 年 12 月 27 日，卢志英、陈子涛、骆何民三烈士尸体被国民党秘密埋葬于宝林庵后山。1958 年改

宝林庵（20 世纪 30 年代）

为敬老院，后改为雨花台烈士陵园职工子弟园艺学校。现为雨花台区教师发展中心。1982 年，宝林庵（宝林寺）遗址被公布为南京市文物保护单位。2001 年，经雨花台区文物局批准，宝林庵得以维修，恢复其第二进大殿等建筑。

二十五、外鹭峰寺

外鹭峰寺在小安德门外，北距离聚宝门五里，距所领能仁寺三里。明宣德间为善世鹭峰禅师塔院。明宣宗朱瞻基派人祭祀善世鹭峰禅师，因以其名题寺。明代，外鹭峰寺为能仁寺小刹。据《金陵梵刹志》，明代后期，殿宇已多半毁坏，仅存佛殿三楹、方丈五楹、僧院一房，基址六亩，公产地、山、塘共十一亩五分五厘。今已不存。

二十六、圆通庵

圆通庵始建于明代，具体时间不详，为能仁寺小刹，位于能仁寺北安德街，即今雨花台之西。《金陵梵刹志》载："北去所领能仁寺一里，聚宝门三里。"明代后期，庵尚有伽蓝殿三楹、佛殿三楹、僧院一房，基址一亩。明代后没有记载，疑已毁弃。

二十七、西天寺

西天寺位于今秦淮区中华门外正学路一带，始建于明初，是印度班的答（萨诃咱释哩）禅师之塔庙。明洪武年间，班的答禅师示寂后葬于此，敕建塔寺。明太祖朱元璋因班的答禅师来自“西天”，故赐名西天寺。西天寺位于大报恩寺后，明虢国公俞通海墓右；在聚宝门（今中华门）东南一里，即报恩寺东北重译街。明代曾下领三小刹，即德恩寺、大慧庵、到彼庵。西天寺至清代中期尚存，《康熙江宁府志》《乾隆江南通志》等均有载。据《金陵省难纪略》，清咸丰三年（1853），太平军攻打聚宝门，“运西天寺罗汉五百尊，高下排列”以引诱清兵。西天寺当亦在此时期被毁。同治四年（1865），李鸿章在西天寺废墟上兴建厂房，开办金陵机器制造局。

二十八、德恩寺

德恩寺位于今秦淮区西街一带，明代为西天寺小刹。据《金陵梵刹志》，寺“在都门外，南城，驯象街。西北去聚宝门一里，即在所领西天寺东”。德恩寺在古刹普光寺基址上修建，明正统间重建，奏请赐额。嘉靖时毁于火灾。至明代后期，仅存山门一楹、金刚殿三楹、僧院十二房，基址三十亩，公产山十亩。寺今已不存。

二十九、大慧庵

大慧庵位于聚宝门（今中华门）东南半里处，明代为西天寺小刹。据《金陵梵刹志》，庵“在都门外，南城，驯象街。西去所领西天寺相近，西北去聚宝门半里”。明代后期，尚有佛堂三楹、佛殿三楹、僧房一房，基址二亩。寺今已不存。

三十、到彼庵

到彼庵位于雨花台之东，明代为西天寺小刹。据《金陵梵刹志》，庵“在都门外，南城，河畔通济街。西去所领西天寺一里，西北去聚宝门二里”。明代后期，尚有地藏殿三楹、佛殿五楹、僧房一房，基址二亩。寺今已不存。

三十一、永兴寺

永兴寺建于明成化年间，在大报恩寺南三里，距离聚宝门（今中华门）三里。据《金陵梵刹志》载：“成化初年，赐额。林壑幽閴，规制甚丽。今已近圮。”明代后期，有山门一座、金刚殿三楹、天王殿三楹、佛殿三楹、左伽蓝殿一楹、右祖师殿一楹、钟鼓楼二座、僧房四房，基址二十五亩，公产有田、地、山、塘共二百四亩三分五厘。明代曾下领普照寺、惠应寺、安隐院三小刹。清康熙年间重修，今已不存。

三十二、惠应寺

惠应寺在雨花台梅岗，始建于明正德年间，为永兴寺小刹，后逐渐废毁。据《金陵梵刹志》载，明代后期，寺尚有山门三楹、金刚殿三楹、天王殿三楹、佛殿五楹、左伽蓝殿一楹、右祖师殿一楹、法堂五楹、右轮藏殿三楹、僧院二房等，基址五十亩。清代，《乾隆江南通志》对惠应寺尚有记载，今已不存。

三十三、安隐院

安隐院，据《金陵梵刹志》记载，“在都门外，南城，聚宝山之阳。东去所领永兴寺半里，西北去聚宝门三里。正德间创”。明万历年间，寺有山门一座、佛殿三楹、右弥勒殿三楹、僧房二房，基址五亩，为永兴寺小刹。清代，寺改为云锦殿，建有钱士扬孝子与母节孝坊，以表彰钱士扬从火中救母而出的事迹。后湮没无闻。

三十四、外永宁寺

外永宁寺原名永宁寺，在大报恩寺南十里，距离聚宝门（今中华门）十里，为明代太监傅容于正德年间所建。因欲别于高座寺分出之永宁寺，故称外永宁寺，又称新永宁寺。明代侍郎罗玘曾为外永宁寺作记。明代后期，寺尚有天王殿三楹，佛殿三楹，左、右钟楼及鼓楼二座，法堂七楹，僧院四房，基址二十亩，并有田、地、山、塘共三百九十二亩九分三厘。所领小刹，曰德胜寺、广兴寺、智安寺、德寿寺、永泰寺。寺后毁于清代。

三十五、德胜寺

德胜寺应始建于明代，位于安德街，为外永宁寺小刹。据《金陵梵刹志》，明代后期，寺尚存山门一楹、佛殿三楹、左伽蓝殿三楹、右观音殿三楹、祖师殿三楹、僧院三房等殿堂，基址三十亩，有公产田、山、塘共九十五亩六分七厘。今已不存。

三十六、广兴寺

广兴寺为僧人惠兴所创，始建于明景泰二年（1451）。在外永宁寺南，距离半里；在聚宝门

（今中华门）东南，距离十里，为外永宁寺小刹。据《金陵梵刹志》，明代后期，寺尚存佛殿三楹、僧院三房等殿堂，基址四亩。今已不存。

三十七、智安寺

智安寺位于今雨花台区软件大道一带。明初本为僧人昙周之塔院，景泰年间毁于火，为外永宁寺小刹。据《金陵梵刹志》，明代后期，寺仅有佛殿基址、僧院一房，基址二亩，有田、地、山、塘等公产三十二亩二分六厘。今已不存。

三十八、德寿寺

德寿寺始建于明代，具体时间不详，位于聚宝门（今中华门）西北十里、外永宁寺西十里，为外永宁寺小刹。据《金陵梵刹志》，明代后期，寺仅存佛殿基址、僧院二房，其基址十四亩，有田、山、塘等公产共十六亩七厘。今已不存。

三十九、永泰寺

永泰寺位于聚宝门（今中华门）东南十三里，外永宁寺东十里。据《金陵梵刹志》，寺“在都门外，南城，安（德）乡。……唐开化（疑‘开元’之误）年创”。明《正德江宁县志》卷六《寺观》“永泰寺”条记载：“正统十三年（1448）内府酒醋局内官喜住建，弘治十七年（1504）寺僧智泰重修。”位置在韩府山阳，为外永宁寺小刹。明代后期，寺有天王殿三楹、佛殿三楹、僧房一房，其基址八亩，有田、地、塘等公产七十四亩八分八厘。清代不见著录。

四十、祝禧寺

祝禧寺位于今雨花台区西善桥一带，据《金陵梵刹志》，寺“在郭外，南城，安德乡。北去所统报恩寺十里，聚宝门十里”。始建于明正德年间，其时奏请赐额。为报恩寺所领中刹，所领小刹为天隆极乐寺。明代后期，寺有山门三楹、金刚殿三楹、天王殿三楹、佛殿三楹、左伽蓝殿三楹、右祖师殿三楹、法堂三楹、方丈三楹、回廊四十二楹、僧院八房等殿堂，其基址四十五亩，另有田、地、山、塘等公产共二百三十四亩四分四厘。毁于何时不确。

四十一、天隆寺（极乐庵）

天隆寺位于石子冈上，在聚宝门（今中华门）东南十里，在重冈邃岭之中。天隆寺始建于明

天隆寺塔林（2021 年）

初，原名极乐庵。明永乐十五年（1417），凿玉乳泉。宣德年间，寺庙重建，为天然和尚塔院，僧人弘升奏请赐额“天隆极乐寺”，为祝禧寺小刹。万历四十三年（1615），古心律师圆寂，在天隆寺后玉环山立塔。后古心律师之徒隐微理律师、印含璞律师、莲宗相律师圆寂后也于此建塔，天隆寺历代祖师也多立塔于此。明代后期，有金刚殿三楹、天王殿三楹、佛殿三楹、毗卢阁三楹、僧院一房等殿堂，基址二亩。至清代，已有大小墓塔五十多座。乾隆时，天隆寺依旧是大寺之一。咸丰年间，天隆寺毁于太平天国兵火。同治、光绪年间略有修葺，民国时期尚存墓塔二十座左右。1982 年，南京进行文物普查，清查出古心律师、隐微理、印含璞、辅仁和尚、信开智、天隆寺第二代祖师安龙锡公和天隆寺监院梵行广公的墓塔构件。1986 年，雨花台区文管会修复了“古心馨公”“印含璞公”“安龙锡公”三位祖师的墓塔。1997 年，古林寺第二十一任祖师融通骨灰葬入天隆寺祖师塔林之中。1999 年，天隆寺有山门、大殿、僧寮二十余间，祖师塔四座，明永乐古井一口。天隆寺现位于菊花台公园。

四十二、慈善寺

慈善寺位于今雨花台区西善桥一带，明代为崇因寺小刹。据《金陵梵刹志》，明代后期，寺尚存山门一楹、佛殿三楹、僧院三房、禅院十四楹等殿堂，基址八亩，另有田、地共三十七亩三分等公产。今已不存。

四十三、兴福寺

兴福寺位于今雨花台区西善桥刘家村一带。明代为崇因寺小刹。据《金陵梵刹志》，明代后期，寺仅存佛殿基址、僧院一房，基址二亩。今已不存。

四十四、凤岭寺

凤岭寺位于崇因寺东十里，聚宝门（今中华门）东南十三里，始建于明宣德元年（1426），为崇因寺小刹。时右善世溥洽示寂，于凤岭之阳坐龛，建塔院，赐额。据《金陵梵刹志》，明代后期，寺仅存佛殿三楹、僧院一房，基址十亩，另有公产田、地、山、塘共五十八亩八分八厘。今已不存。

四十五、回回营清真寺

回回营清真寺于明洪武二十一年（1388）敕建[1]，遗址位于雨花东路养回红村五号小区，又称城南清真寺，是明代南京最早的清真寺。

回回营清真寺石匾

回回营是对回族将士营地或因迁徙而新形成的回族聚集地称谓之一。元末明初，常遇春、胡大海、丁德兴等回族将领常年征战北方，返回南京后，带回不少回族部卒，其中也不乏精通天文历法的人才，于是在此组建了“钦天回回监”。《明史》卷三十一云：“洪武元年改院（即太史院）为司天监，又置回回司天监。”《洪武京城图志》云：“聚宝山，在聚宝门外雨花台侧，上多细玛瑙石，因名聚宝山，今置钦天回回监于此。”“钦天回回监在聚宝门外，其测候台在聚宝山。”随着迁徙到此的回族人口逐渐增加，朱元璋赐建清真寺，以供穆斯林礼拜。据明弘治五年（1492）王鏊撰《敕建净觉、礼拜二寺碑记》：“洪武二十一年，有可马鲁丁、亦卜剌金等，原系西域鲁密国人，为征金山、开元地面，遂从金山境内随宋国公归附中华。钦蒙高帝喜其宾服，钦赏纻丝银钞等物，着落礼部给与脚力，前往永平府搬取家小赴京居住，因而敕建二寺安扎。”清咸丰年间，此寺毁于太平天国战火，原聚居于寺周围的2000余户回族居民离散，聚居地改为回民墓地。

《南京回族伊斯兰教史稿》记载，此寺规模宏大，占地面积十三亩六分，系午朝门式样，大殿宫殿式，殿内上面雕刻有九龙蟠珠，雕梁画栋，九开间九进共八十一间。在回回营西侧大路上，原还有一座城门状的门楼，上书“回回营”三个大字，此门楼在抗日战争时期被毁。原太平路寺（即花牌楼清真寺）大门门头上的石刻“清真寺”三个大字系该寺物。另现位于雨花台东南的养回红

[1] 该清真寺敕建年代有洪武元年、洪武七年、洪武二十一年、洪武二十五年多种说法，本志按《南京民族宗教志》，取洪武二十一年之说。

村还存在洪武年间敕建的此寺（即城南礼拜寺）遗址残留的石柱础构件。

四十六、静修庵

静修庵原在安德门地区今德安花园临街处，建于何时不详。此庵建筑为青砖小瓦，砖木结构，一路二进，属穿堂式江南庭院风格。

该庵大致为清代中后期建筑。进入院门即为天井，两侧为厢房，厢房西边是一排四间的正殿，正殿中供十余尊佛和菩萨的站、坐像，当地人称之为“师姑庵”。拆除前，庵的墙面方砖上曾有三个黑色楷书大字“静修庵”。1997 年，因建德安住宅小区，静修庵被拆除。

第四节 祠 宇

一、梅将军庙

梅将军庙旧在雨花台梅岗，祀东晋豫章太守梅颐（一作梅赜）。今不存。

梅岗位于雨花台风景名胜区雨花阁后山，属古代石子冈东冈，是南京城南重要历史人文地标。东晋初，豫章太守梅颐病逝。人们在石子冈东冈建“梅将军庙”，山冈因名“梅颐冈（岗）”“梅颐营”“梅岭冈（岗）”“梅岭”“梅冈（岗）”等。

相传，梅颐曾夜梦见自己被召为“太山府君”，不久便以百岁高龄无疾而终。太山府君又曰泰山府君，道家以泰山之神为泰山府君，五百年换一次。东汉年间，太山府君开始“人神化”，魏晋时期民间传说中的太山府君，主管地府，治理鬼魂，必须由“正人直臣”充任。一旦被召为太山府君，“克日便亡”，由阳间到冥界赴任。死后成为“人神”的梅颐，得到官民的无比尊崇，梅将军庙建成后香火不断，梅岗也成为一处胜迹。

南宋《景定建康志》云：“梅岭冈，在城南九里，长六里，高二丈。旧经云：东豫章太守梅颐家于冈下，因名之，上有亭，为士庶游春所。”又记：“晋梅将军庙在城南门外雨华台东，地名东石子冈。晋梅颐尝屯营于此，又名梅岭冈，或名梅颐营，后人即此立庙。”

梅将军庙是史料所载雨花台最早的名人祠庙。自立梅将军庙后，谢安、韩熙载、杨邦乂、文天祥、方孝孺、

梅岗“访梅亭”（2022 年）

梅岗一角（2022 年）

李邦华等名臣、忠义之士先后或葬或立祠于此，梅岗成为南京古贤忠烈汇聚的丘表之地。南宋末年，元朝中书左丞相伯颜率元军攻建康，虽驻军于梅岗，却未对该地风貌造成过多破坏，梅将军庙亦得以留存。伯颜曾作《过金陵梅岭冈留题》一诗："马首经从庾岭回，王师到处悉平夷。担头不带江南物，只插梅花一两枝。"明代藏书家郎瑛在《七修类稿》评述："伯颜下江南，过金陵梅岭冈诗……所以著名，亦有是善。"

明弘治年间（1488—1505），有位僧人称只要在梦里梦到高座寺边梅将军庙，第二天凡是祷告的，总是灵验。同乡张寅听说后，立即赶来瞻拜梅将军庙，并出资"征言镵石"。

明代学者刘仕义在《新知录摘抄》中记载：嘉靖年间，雨花台两侧有十多座东、西并列的佛寺，高座寺侧有梅将军庙，每月初一、十五日，城内外前来焚香的居民数以万计，兵部尚书王以旂为之碑记，而旁边的寺院却"不蒙一香一烛"。刘仕义感叹，自古忠臣义士不计其数，有的名垂青史、啧啧人口，有的名噪一时却随着时间泯灭无闻，但像梅颐这样的实在罕见。

近代以来，雨花台饱经战火洗礼，梅将军庙也多次毁缮，延至 1949 年南京解放前夕，只剩下三间破败不堪的险屋。1953 年，因雨花台烈士陵园整体规划建设的需要，梅将军庙被拆除。

1700 多年来，梅岗以独特的人文风光吸引了众多帝王将相、文人骚客。明清时期，梅岗及岗下刘园是南京最佳赏梅胜地。

2000 年，雨花台风景名胜区复建梅岗。建筑面积 277 平方米，建有仿古园林式建筑访梅亭、问梅阁、寒香轩，亭、阁、轩间由长廊连接。长廊长 80 米，宽 2 米，廊壁上嵌有各式漏窗，称"梅廊"。梅廊周围广植梅花。现梅岗是南京主要的赏梅地之一，中国南京国际梅花节的重要分会场。

二、眼香庙

眼香庙在今中华门外窑岗村，祀眼香娘娘，遗址在雨花台区同仁堂路南京药业股份有限公司配送中心。

眼香庙遗址石构件

相传南宋建炎三年（1129），金兵大举南下，宋高宗赵构从建康府（今南京）仓皇逃往临安（今杭州）时，有妃子留于建康，妃子贤淑，爱民如子，采用宫廷药方为当地村民治眼疾，深受民众爱戴，逝世后乡民立庙祀之，尊呼为“眼香娘娘”，故称眼香庙，又名宋妃祠、眼香祠、眼香庵等。

南京曾有两处眼香庙，除窑岗村的一处外，还有另一处在牛首山，是一座规模较小的庙宇。据《金陵玄观志》：“眼香庙，在郭城安德门外，南城，牛首山地，去所领移忠观三十五里、聚宝门三十里。宋朝建，万历二十年募化重修。”清代陈文述咏诗《宋妃祠》云：“潇潇暮雨暗灵旗，天水苍凉又一时，车驾仓皇人去远，湖山金碧梦归迟。暮潮沧海梅妃冢，明月扬州绣女祠，都是生平凭吊处，南朝遗事不胜悲。”

窑岗村的眼香庙，肇建年代及规模史无确载。从现存的遗址来看，它也是一座小型庙宇，可能始建于明代。明代南京大兴土木，聚宝门外雨花台西侧的芙蓉山、窑岗村一带设有琉璃窑。有人推测，窑工长年烧窑容易被窑场沙土伤眼，故在此建眼香庙，以祈求神灵保佑窑工双目健康。清周宝偀《金陵览胜诗考》云：“（眼香庙）在牛首山旁。宋高宗南渡，有妃留建业，善治目疾，殁，立庙祀之，呼为眼香娘娘，琉璃窑亦有小庙。”

眼香庙于20世纪50年代初改建为药厂，现存一座大殿和东西厢房，大殿曾作为食堂使用，东西厢房曾改成职工活动室，后来均改成职工宿舍。1958年，窑岗村的村民在眼香庙附近取土时，意外发掘出一批极其精美的琉璃构件。2008年初，南京市博物馆对窑岗村琉璃窑遗址重新进行考古发掘，出土了一批与之前相同的琉璃构件残件。眼香庙现为雨花台区文物保护单位。

三、二忠祠（褒忠庙、三忠祠）

二忠祠原在土门冈，今位于雨花台风景名胜区东南面。二忠祠始建于南宋绍兴二年（1132），初为“褒忠庙”，亦称“褒忠祠”，祀南宋建康通判杨邦乂。明崇祯六年（1633），增祀文天祥，始称“二忠祠”。

南宋建炎三年（1129），金兵犯建康，守将杜充等或逃或降，惟建康通判杨邦乂宁死不屈，被金兵剖腹取心而死。

绍兴元年（1131）冬，江东安抚大使、建康知府叶梦得上奏朝廷，称杨邦乂临难不苟的节操古今少有，过去的褒奖与其功绩不相称，建议“加秩、赐谥、锡庙号、葬以礼”。次年三月，依宋高宗赵构诏令，杨邦乂遗骸被重新安葬在聚宝门外二里的土门冈。当时还建了褒忠庙在杨邦乂墓前，周围是廊屋，四周设立禁区，不准打柴放牧。

南宋末年政治家、文学家，抗元名臣文天祥少年时，父亲带他到学宫瞻仰先贤祠，看见其中所祭祀的吉水同乡欧阳修、杨邦乂、胡铨，谥号都为“忠”，羡慕不已，遂立志曰：“没不俎豆其间，非夫也！”

南宋景炎三年（1278）十二月，率军顽强抵抗的文天祥在广东海丰五坡岭被元军俘获。元至元十六年（1279）六月，文天祥被元军解送大都（今北京）途中经过建康，写下著名的《怀忠襄》诗：“平生王佐心，世运蹈衰末。齐虏谁复封，楚囚讵当脱。金陵虽怀古，尚友在风烈。褒忠伤遗庙，夫子我先达。”表达了他对杨邦乂的仰慕之情和以身殉国的决心。至元十九年十二月初九日，文天祥从容就义。

明崇祯六年（1633），孔子第六十二代孙、南京礼部侍郎孔贞运奉旨，在褒忠庙内合祭文天祥，改称“二忠祠”（各有肖像，分设享堂，享堂中设龛，奉二公神主合祀）。《白下琐言》：“冈上有二忠祠，与文信国合祀。其裔居溧阳，甚蕃衍，每春秋二祭必至。祠墓皆修整如新，信忠烈有后云。”

崇祯十二年（1639）四月，李邦华出任南京兵部尚书，在“二忠祠”增设在建文四年（1402）“靖难之变”中殉节的翰林院修撰王艮、大理寺丞邹瑾、御史魏冕、御史曾凤韶、秦府长史邹朴、衡王府纪善周是修、沛县知县颜伯玮、乐平知县张彦方、浮梁教谕王省总共九人的灵位。因为诸位大臣同为吉水人，同样在“靖难之变”中为义而死，因此又将他们在金陵的褒忠祠合祀。李邦华在记事碑文中写道：“正气者，君子去来之舆也！来则乘之，去不舍焉。时之今昔有分，官之崇卑有分，而正气则合。……死地不同，而生地同，死事不同，而死忠同，正气先后数百年其揆一也，其合祀也又奚疑？”

崇祯十七年（1644）三月十九日，李自成攻陷北京后，李邦华上吊自尽。

明亡后，二忠祠增祀明末殉节而死的李邦华，改为“三忠祠”[1]，三忠皆江右吉水人。咸丰三年（1853），三忠祠因战火坍塌。

清同治四年（1865），太平军失败退出南京后，医士吴钟奇募捐修祠，又改为“二忠祠”。

清同治十二年（1873），南京世清堂、光裕堂、集庆堂奉旨修祠，仍称“三忠祠”。时任江宁布政使的梅启照撰文并篆额、书丹，叙述了三忠祠建立始末和重修原委。碑阴记述三忠祠地址四至以及管理规章。

1935 年 10 月，因修建江南铁路中华门火车站，三忠祠被拆除。

1998年，雨花台烈士陵园管理局根据从中国台湾地区传来的杨邦乂第43代孙保存的建筑图样，

[1]据清同治十二年（1873）梅启照撰《重建三忠祠记》称：“（二忠祠）其后又附祀李忠肃公，至我朝咸丰元年，始改为‘三忠祠’。”但清陈开虞《康熙江宁府志》已载有“三忠祠……最后祀南大司马李公邦华”“顺治十年（1653），吉安后学康范生、文佩倡议重修，为《三忠合祠碑记》”，可见早在清初“二忠祠”已改称“三忠祠”。

在雨花台东南角复建二忠祠。其主体建筑为九檩举架单檐歇山仿古寺院建筑。祠宽15米，进深10米，屋面正脊高9.9米，歇山式大屋面飞檐翘角，宝蓝色琉璃瓦。祠堂正门25米处砌筑了硬山式折线形照壁，长6.88米，武中奇书写的文天祥《正气歌》篆刻在黑色磨光花岗岩上，祠内影壁正面还用线刻手法刻绘了二位忠臣的全身像，背面刻有建祠后记。

现雨花台风景名胜区杨邦乂剖心处存清同治十二年（1873）“重建三忠祠碑”一通，碑高1.67米、宽0.88米，厚0.2米。碑额高0.36米，宽0.97米，厚0.2米。碑额篆书“重建三忠祠之碑记”8字。该碑碑阴处，尚有《碑阴记》，主要记载三忠祠、杨邦乂墓及其祭田的所在地、面积和四至情况。（碑文见本志《附录》）

四、旌忠庙

旌忠庙在城南铁索寺（后为碧峰寺）东南，遗址在雨花台西约300米处，祀南宋抗金名将姚兴。今不存。

姚兴，字叔兴，临安府新城县（今浙江省杭州市）人。南宋靖康元年（1126），姚兴以州校的身份得到任用。先后在宗泽、张浚、刘锜麾下效力，屡立战功，被授任为右武大夫，累次升任至建康府驻扎御前破敌军统制，充任荆湖南路兵马副都监。绍兴三十一年（1161），姚兴与金军在尉子桥相遇，金军以铁骑兵进击，姚兴独以一军与金接战，鏖战数十合，因援兵不至，战死阵中。

《景定建康志》：“旌忠庙，在城南铁索寺之东南。绍兴三十一年，虏兵犯淮西，御前策选锋军统制姚兴独以一军与贼接战于尉子桥，鏖战数十合，援兵不至，竟殁于阵，将死，犹手杀数十人。知枢密院叶公义问以事奏闻，特赠正任观察使，仍命立庙，赐今额。”

五、忠肃公庙

忠肃公庙旧在城南土门冈，祀元末江南行台御史大夫福寿，今不存。遗址在雨花台北门附近（原雨花商厦一带）。《乾隆江南通志》：“卫国忠肃公庙在鸡鸣山，祀元福寿。至正丙申，明兵下集庆路，福寿死之。诏立庙城南土（门）冈。明洪武中建于此。”

元至正十六年（1356）三月，朱元璋率兵围集庆（今南京），元朝江南行台御史大夫福寿督兵出战。城破后，福寿不肯逃跑，仍负隅抵抗，最终死于乱军之中。

元惠宗闻福寿壮烈之举，赠福寿金紫光禄大夫、江浙行省左丞相、上柱国，追封卫国公，谥“忠肃”。明朝建立后，朱元璋感佩福寿“秉节死义”，下诏在城南雨花台北侧土门冈立庙。洪武六年（1373）四月，朱元璋诏令有关部门在春、秋二季，遣官于忠肃公庙致祭。洪武二十年（1387）十月，朱元璋“以其溷处闾巷，祠宇卑陋，不称神居”，将忠肃公庙迁建鸡鸣山之阳。洪武二十一年（1388）夏五月，庙成，翰林学士刘三吾撰《敕建元卫国忠肃公庙碑》。

六、方忠文公祠

方忠文公祠，亦称“方正学先生祠”“方正学祠”，旧在梅岗东北侧小茅山，祀明代忠臣方孝孺，明万历年间建。今不存。

方孝孺，字希直，一字希古，号逊志，浙江宁海人。明建文四年（1402）六月十三日，燕王朱棣率兵攻下南京，文武百官多见风转舵，投降燕王。建文帝朱允炆在宫中自焚，方孝孺被捕下狱，拒为朱棣起草即位诏。六月二十五日，朱棣命人将其带至聚宝门（今中华门）外街上，施以车裂之刑，并诛灭十族。方孝孺门生、德庆侯廖永忠的孙子廖镛与其弟廖铭收拾他的遗骨，掩埋在聚宝门外的山上。直到永乐二十二年（1424）九月，继位不久的明仁宗朱高炽论及靖难之变，曰：“若方孝孺辈，皆忠臣，诏从宽典。”

嘉靖十五年（1536），宁海县令杨时季率先在方孝孺家乡缑城里建祠，祀方孝孺父子，南京考功郎中薛应旂撰《方正学祠记》。

万历初年（约1573），明神宗下诏令褒奖建文时的忠臣，在南京建立“表忠祠”，方孝孺位列第二。

万历十七年（1589），南京礼部主客司郎中汪应蛟、祠祭司主事汤显祖等为方孝孺墓立碑。南京礼部尚书王弘诲、赵用贤辟墓道，树坊祠祀之，曰“方忠文公祠”，亦称“方正学先生祠”。南京工部尚书丁宾《谒方正学先生祠》诗曰：“花雨台前石子冈，孤坟松柏自苍苍。从来洒泪成新土，何必游魂返故乡。山色一林俱积翠，江流千古半斜阳。欲知直道人心在，祠庙于今信有光。”大学士叶向高《题方正学先生祠堂》诗曰：“燕歌一夜满都城，大内罘罳火彻明。无复看书延侍讲，仍传天语劳先生。两朝事往君恩在，十族烟销诏草成。为问精灵何处是，雨花台畔子规声。”

南明弘光二年（1646）四月，明安宗命礼臣追复建文年号，立忠臣方孝孺祠；设姚广孝像，跪于阶前。遗民诗人邢昉《和祖心上人游城南谒方正学先生祠》诗曰：“寂寂荒祠野霭昏，萧萧残碣倚松根。金川门又成亡国，石子冈偏欲断魂。昔日麻衣惭叔父，于今青草失王孙。废兴自古须臾事，独有先生恋主恩。”

清顺治十三年（1656），户部主事洪若皋等重建方孝孺祠。题联“起懦廉顽一夕秋风生木末，成仁取义千年春草在长干”。清初“浙西六家”之一李良年《拜方正学先生祠四十韵》诗曰：“绝学吾乡重，孤忠异代存。丰姿留想像，瞻捧肃蘋蘩。……席帽三山市，舆尸百草根。长时深薤露，何地剪春旛。密网蠲中叶，新祠起断原。都人还俎豆，隧道儿凉暄。故友嗟邻近，余辉照隔垣。松移荒木末，阶净长兰荪。”

康熙四十二年（1703），山东巡抚钱钰重修祠，翰林院编修戴瀚作记，祠改为南向。昆山朱厚章《拜方正学祠》诗曰：“秋气凛毛发，祠门吊落晖。何人加白帽，大节在麻衣。草乱疑瓜蔓，庭空绝燕飞。景公遗庙近，化鹤并来归。”

乾隆十六年（1751）三月二十三日，乾隆帝初次南巡，入江宁府境，登雨花台，御题方孝孺祠额曰“浩气同扶”。进士钱大昕《方正学祠》诗曰：“噀尽常山舌血红，读书种子果推公。一门都入全归录，五尺羞称靖难功。煮海久知刘濞志，劳军难得亚夫忠。长陵金碗今零落，尸祝何如老秃翁。”嘉庆二年（1797），时任南京盐巡道方昂重修，并换华表。

咸丰年间，太平军在雨花台与清军作战，方孝孺的墓、碑、祠堂均遭毁坏。

同治五年（1866）八月，时任两江总督的李鸿章为方孝孺重新修墓、立碑、建祠。同治十一年（1872），复修。

1924年，方氏后裔方秉彝等筹资重修方孝孺祠、墓及方亭，并就祠宇添造房屋，设私立孝孺乡村小学一所。祠堂内正中左边供奉方孝孺神龛，右边供奉与方孝孺同时遇难的族人及当年冒死救护方氏遗孤的魏泽、余学夔、俞允、任勉四人牌位。时任江苏省省长的韩国钧还签发训令，命地方当局妥善保护方孝孺祠、墓。

1937年12月13日，日军从光华门、雨花台攻入南京，制造惨无人道的南京大屠杀，方孝孺墓、祠再度遭损坏。“文化大革命”时期，墓地又横遭破坏，除两块破旧的石碑尚存外，石牌坊、祠堂等都荡然无存。

七、铁公祠

铁公祠位于雨花台，明万历初年建，祀明兵部尚书铁铉。今不存。

铁铉，字鼎石，河南邓州人，明初名臣。明洪武年间由国子生授礼科给事中，历任山东布政使、兵部尚书等。燕王朱棣发动“靖难之役”时，铁铉带兵死守济南，阻击燕兵南下。建文四年六月（1402），朱棣在南京奉天殿即皇帝位。铁铉在淮南被俘，后被押送到京师。朱棣再三劝导铁铉归顺，铁铉依然不从，大骂不已。朱棣命人割去铁铉耳鼻塞其口中，将铁铉凌迟处决。万历初年（约1573），明神宗下诏“祀建文朝尽节诸臣与乡”，修铁铉等七位建文忠臣之庙。南明弘光帝时，追赠铁铉为太保，谥“忠襄”。清高宗追谥“忠定”。清代诗人汤濂《铁公祠》诗曰：“山东守何坚，淮上气犹怒。铁汉真铁心，死终不回顾。”

八、皇姑庵

皇姑庵在雨花台后，祀明初徐达之女徐妙锦。今不存。《金陵待征录》：“在雨花山后，祀徐妙锦，不肯为燕王后者也。嘉庆中，北城徐氏重修。”

徐妙锦，生于明洪武十三年（1380），祖籍凤阳，明中山王徐达之女，明成祖仁孝徐皇后之妹。仁孝皇后去世后，朱棣闻听徐妙锦贤惠，欲聘立为皇后。徐妙锦以自己相貌丑陋，不适合嫁人为由，予以拒绝，后削发为尼。正统五年（1440），徐妙锦病逝，葬于钟山祖茔。

近代史学家刘声木评价：“徐中山三女知君臣之义，明顺逆之理，身为弱女子，不获有为，因薄视成祖，宁牺牲后位，自愿为尼，以安淡泊。其识见高出靖难诸臣之上，洵千古一人也。”

九、黄忠节祠

黄忠节祠，亦称“黄侍中祠”，祀明侍中黄观、妻翁氏及其二女，旧在驯象门外、赛虹桥之东，明万历三十一年（1603）由安徽青阳人施益臣建立。今不存。

黄观，字澜伯，又字尚宾，早年从许姓，明洪武二十九年（1396）恢复黄姓。池州府贵池县清江金墩人。黄观早年师从元末明初学者黄昪，自幼勤学，洪武二十四年（1391），黄观中会元，殿试仍第一，此后历任翰林院修撰、户部右侍郎等职。

建文元年（1399），建文帝朱允炆改旧制，黄观任右侍中，参与重要国事奏议。是时，燕王朱棣自恃皇叔，态度傲慢，入朝不拜建文帝。群臣畏其权势，缄口不敢言，唯独黄观当面顶撞朱棣。朱棣对此怀恨在心。后来，朱棣以讨伐齐泰（赐名）、黄子澄为名，号称“靖难”，起兵北平府（今北京），直逼南京。其间，黄观在长江上游督促各地赴援，当船行至安庆下游罗刹矶，到达安庆时，燕王已经渡江进入京城，下令揭露左班文职“奸臣”罪状，黄观名列第六。不久朱棣搜寻国宝，不知所在，有人说已交给黄观去募兵了。朱棣下令，命官府追捕黄观，逮捕其妻翁氏及二个女儿交给象奴。翁氏遂带领二个女儿及家属十人，跳下淮清桥而死。得悉建文帝已死，金川门失守，黄观叹道：“我妻守节操，必死无疑。”于是他招魂葬于江上，然后下令将船开到罗刹矶，身穿朝服向东拜别，在江水湍急处投江而死。

万历二十五年（1597）二月，应天府巡抚龚文选请求为黄观建祠（桃叶渡）、行赠录、表墓，得到神宗同意。弘光年间，黄观被追谥为“文贞”。

万历三十一年（1603），安徽青阳人施益臣在赛工桥（即赛虹桥）东侧翁夫人棺椁处建立“黄忠节祠”，祀明侍中黄观、妻翁氏及其二女。祠成，光禄卿徐大任前往祭拜，翰林院修撰焦竑撰《黄忠节祠记》。

十、卓忠毅祠

卓忠毅祠位于雨花台方孝孺祠左，祀明户部右侍郎卓敬。今不存。

卓敬，字惟恭，浙江瑞安卓岙人。明初著名才子。明洪武二十一年（1388），榜眼及第，官至户部右侍郎。建文初年，卓敬密疏建文帝，徙封燕王朱棣于南昌，可惜未被采纳。“靖难之役”后被逮捕，宁死不屈，为明成祖朱棣所杀，灭三族。

万历初年，朝廷采纳御史屠叔方的建议，为卓敬修墓建祠。

十一、海忠介祠

海忠介祠位于雨花台梅岗方孝孺祠、景清祠之间，祀明代著名清官海瑞。

海瑞，字汝贤，号刚峰，海南琼山（今海南省海口市）人。

明天启年间（1621—1627），有人在花神庙旁建魏忠贤生祠，布衣何光显（廉吏何遵后人）因为厌恶太监魏忠贤，刻意在魏忠贤生祠附近建海忠介祠，同日开工，同日竣工，以海瑞之清廉映衬魏忠贤之贪婪。

清代甘熙《白下琐言》：“海公祠在梅冈小茅山之巅，祀明都御史忠介公瑞。塑像严厉，望之懔懔可畏，俨有不怕死之概，真传神妙手。”清代汤濂《海忠介公祠》诗曰：“刚者真难得，如公介节全。在山与出山，泠泠鸣清泉。”清代缪重熙《海忠介公祠》诗曰：“刚介本性生，侠骨天所值。时事慨以慷，抗疏严弹劾。市棺乃进言，爱君敢缄默。下以敦人伦，上以补衮职。外擢倡俭勤，清风诚可式。卒至死鞅掌，奇贫一无得。岂第古遗直，南都沐其德。”

据《光绪续纂江宁府志》记载，清同治五年（1866）改建江宁府学，海忠介祠等原在梅岗的多座祠宇（合称十三祠，大部分毁废于太平天国战争期间）移至冶山（今朝天宫冶山）合祀，仍合称十三祠。

十二、群公惠泽祠

群公惠泽祠，明隆庆元年（1567）建，旧在善世桥（清末改称五贵桥，今中华门地铁站南出口处附近），雨花台西北约500米处。今不存。

明朝后期，政治腐败，赋税繁重，人民生活在水火之中。南京有几位地方官员，却为民请命，奏请朝廷，取消苛捐杂税，减轻百姓负担，拯溺救焚，惠泽于民。地方乡绅、儒生赵善继联合发起为那些为政清廉、济民有方的官员建祠立碑，纪念群公惠泽，共选十人：巡抚都御史方廉，巡按御史黄少岩、宋粟庵，户科给事中郭麓池，巡江御史艾恒所，府尹吕光询，通判陶训，上元知县房韫玉、县丞程民孚，江宁县丞李懿。

隆庆元年六月，祠建成，汉阳知府卢壁撰《群公惠泽祠记》（碑现存江南贡院）。《群公惠泽祠记》记载：“留都南门之外，善世桥之西北，有祠翼然，其额曰‘群公惠泽祠’。……祠在衢路之冲，外为大门。门内为大堂，堂有三楹。堂之上、堂之左、堂之右，设塑像及木主焉。堂之旁为小厅，如堂之数。厅之后复为二楹，守者居之，朝天宫道士也。祠垣皆以砖祠之。后有隙地亩余，种以竹，竹且成林矣。”

《群公惠泽祠记》碑

据《万历上元县志》载，祠中除汉阳知府卢壁《群公惠泽祠记》碑外，还有南尚宝卿许谷所撰《京县德政碑》和江东鹳山李晓所撰《续建惠泽祠碑》。

据《金陵待征录》载，清道光年间，群公惠泽祠已成为当地穆斯林民众的祭祀场所。《光绪续纂江宁府志》记载，同治五年（1866）改建江宁府学，群公惠泽祠与原在梅岗的多座祠宇（合称十三祠，多毁废于太平天国战争期间）移至冶山（今朝天宫冶山）合祀，亦合称十三祠。

十三、汪公祠

汪公祠位于雨花台梅岗下，明万历年间建，祀明代应天府尹汪宗伊。今不存。

汪宗伊，字子衡，别号少泉。明嘉靖十七年（1538）中进士。嘉靖十九年任江西浮梁知县，后先后任兵部主政郎中、武选历员外郎署郎中，大胆谏言，锐意改革，拒绝严嵩、严世蕃父子诱惑拉拢。嘉靖三十二年，遭严氏父子嫉恨，辞官返家。隆庆四年（1570）重获启用，为南京吏部文选郎，后先后任光禄寺卿、应天府尹、南京大理寺卿、右都御史、户部侍郎等职。万历八年（1580）五月，汪宗伊升任南京吏部尚书，主持官吏选拔及考绩调用。万历九年转吏部尚书。但因年老多病，加上其子汪庭去世，朝廷终允其告老归乡。万历十四年十二月五日去世，归葬于路口洋港。天启初，追谥“恭惠”“资政大夫”。

至清嘉庆年间，汪公祠在《嘉庆江宁府志》中仍有记载。但清代甘熙在《白下琐言》卷六“聚宝门外诸祠”写道：“按《府志祠祀》所载：‘汪公祠在雨花台梅冈下，祀明应天府汪宗伊；郑公祠，祀明兵部武选司郎中郑一麟，与汪公祠并。……’此又在十三祠外者，皆湮没不可考。”可见该祠在清道光年间已湮没。

据《光绪续纂江宁府志》记载，清同治五年（1866）改建江宁府学，原在梅岗的多座祠宇（合称十三祠，大多毁于太平天国战争时期）移至冶山（今朝天宫冶山）合祀，将汪公祠也纳入其中，亦合称十三祠。

十四、王公祠（王爌）

王公祠位于雨花台梅岗，建于明嘉靖年间，祀明应天府尹王爌。今不存。

王爌，字存约，号南渠，浙江黄岩人。进士出身，历任太常博士、工科给事中、兵科给事中、刑科给事中。嘉靖三年（1524），王爌迁任应天府尹，大力清理整顿民间繁重赋役，重罚逃税大户。时逢应天府发生饥荒，王爌开仓救灾，又上疏奏免当年赋税。嘉靖八年（1529），以侍奉老母为由，辞官归里，居家十年。嘉靖十七年（1538），复任南京右都御史，职掌院事，不久又被迫上疏请求告老还乡。此后再不复出。王爌离去后，南京百姓将王爌在南京任上的种种善政记录下来，汇编成册，名曰《遗爱录》，以示感激与追思。南京士民怀其德益甚，共同筹款在聚宝山下为王爌立生祠。祠堂中悬楹联“八邑民肥方独瘦，三朝望重报犹轻”，顾璘为之撰《应天尹王公生祠记》。嘉靖三十三年（1554），王爌去世，追赠工部尚书，下旨赐祭葬。

王公祠至清道光年间尚存，甘熙《白下琐言》卷六“聚宝门外诸祠”类载雨花台梅岗有“王公祠，祀明应天府尹王公爌”。

据《光绪续纂江宁府志》记载，清同治五年（1866）改建江宁府学，王公祠等原在梅岗的多座祠宇（合称十三祠，大多毁废于太平天国战争时期）移至冶山（今朝天宫冶山）合祀，仍合称十三祠。

十五、王公祠（王宇）

王公祠在雨花台侧，建于明万历年间，祀兵部武选司员外郎王宇。今不存。

王宇，字永启，闽县（今福建省福州市）人。万历三十八年（1610）进士，官南刑部主事。擢兵部武选司员外郎，奏免南都武弁赴北袭职，下级官员都感念他的恩德，为建生祠于雨花台侧。擢山东提学参议，课士执法，为请谒不遂者中伤归，行李萧然。后起北户部员外郎，未任，卒。

十六、景都宪祠

景都宪祠建于明万历年间，在雨花台永宁寺后，祀明御史景清（都宪为都御史之别称）。今不存。

景清，本姓耿，讹景，真宁人。明洪武二十七年（1394）以榜眼中进士，授翰林院编修，升左佥都御史，后任金华知府。建文元年（1399），任北平参议，建文二年（1400），升御史大夫。燕王朱棣反，景清与方孝孺等密谋讨逆，事不成，方孝孺等死节。永乐元年（1403）复任御史大夫，一日上朝时，内着红衣，身怀短剑，欲当殿刺杀朱棣，事不成，被处磔刑，壮烈而死，遭“瓜蔓抄”诛灭十族。明宣宗即位后，追封景清谥号“忠烈”。万历年间，在雨花台永宁寺后建祠。至清代，顺治十七年（1660）重建，后乾隆改谥“忠壮”，故此祠又名“景忠壮祠”。

景都宪祠是明清时期雨花台的重要祠宇。清袁枚等纂修《乾隆江宁新志》载：“御史大夫景公祠在方公祠左，亦万历中建，太常李维桢有记。明季祠毁。顺治庚子，民部解几贞修复。雍正十年，大中丞陈公以二忠、方、景诸祠倾圮已甚，乃捐俸檄行修葺，并清理诸祠田产以奉祭祀，立有碑记。”吴敬梓在《儒林外史》第二十九回也写道：“一同步上岗子（雨花台），在各庙宇里，见方、景诸公的祠，甚是巍峨。”汤濂《景公祠》：“赤星犯帝座，衣绯怀利刀。一死甘如饴，伤心瓜蔓抄。”王友亮《景公祠》：“当年殉国难，最烈莫如公。萌念即星变，粉身犹鬼雄。齐黄谋不与，方铁志还同。过客椒浆奠，争传御史忠。”

据《光绪续纂江宁府志》记载，清同治五年（1866）改建江宁府学，景公祠等十多处原在梅岗的祠宇（合称十三祠，大多毁废于太平天国战争时期）移至冶山（今朝天宫冶山）合祀，仍合称“十三祠”。

十七、先贤祠

先贤祠旧在青溪，后祠毁。明万历三十五年（1607），在雨花台西侧普德寺后山重建。清乾隆三十八年（1773），顺天府通判方道永又移建于雨花台永宁寺左侧。今不存。

先贤祠，南宋淳祐十年（1250）五月，由宋制使马光祖建于青溪，祀吴泰伯、范蠡、严光、诸葛亮、张昭、周瑜、是仪、王祥、周处、王导、陶侃、卞壸、谢安、谢玄、王羲之、吴隐之、雷次宗、刘瓛、陶弘景、萧统、颜真卿、李白、孟郊、李建勋、潘祐、曹彬、张咏、李及、包拯、范纯仁、程颢、郑侠、杨时、李光、张浚、杨邦乂、虞允文、朱熹、张拭、吴柔胜、真德秀，凡41人，皆生长金陵与宦游于此者。后祠毁。

明万历三十五年（1607），本地大学者焦竑向大学士叶向高、李廷机建议重建先贤祠，最后由祠祭郎葛寅亮具体负责，将先贤祠迁到普德寺后山。增苏轼一人，春秋祀之。至清代，所祀先贤有增有减，其中宋代41人，明代54人，清代先定61人，后增至67人。清乾隆六年（1741），文人樊圣谟倡议重修先贤祠，祀泰伯以下230人。因工费甚巨，其好友吴敬梓鬻全椒老屋成之。乾隆三十八年（1773），顺天府通判方道永（方苞兄之子）又移建于雨花台永宁庵左，江苏松太兵备道章攀桂撰记。汤濂《先贤祠》："诸贤何巍巍，太伯安可仰。青溪与梅冈，山水发清响。"

据《光绪续纂江宁府志》记载，清同治五年（1866）改建江宁府学，先贤祠与原在雨花台梅岗的多座祠宇（合称十三祠，多毁废于太平天国战争期间）移至冶山（今朝天宫冶山）合祀，亦合称十三祠。

十八、郑公祠

郑公祠在雨花台梅岗下，明万历年间建，祀明兵部武选司侍郎郑一麟。今不存。

郑一麟，浙江上虞人，约生于明嘉靖二十七年（1548），字世祯，一字肖龙，号趾庵。万历五年（1577）进士，初任兵部主事，后署武选司郎中。其后，历任肇庆知府、袁州知府、福建副使、河南副使、山西布政司参政等职，约于万历四十一年（1613）病逝。

在南京期间，郑一麟公正廉洁，体恤下情，孝亲爱友，造福一方，深得百姓爱戴。任期结束离去，当地士民为其在雨花台梅岗建生祠。郑一麟死后，改为郑公祠，与应天府尹汪宗伊并祀。

至清代，郑公祠在《嘉庆江宁府志》中仍有记载。但清甘熙在《白下琐言》卷六"聚宝门外诸祠"写道："按《府志祠祀》所载：'在雨花台梅冈下，祀明应天府汪宗伊；郑公祠，祀明兵部武选司郎中郑一麟，与汪公祠并。'……，皆湮没不可考。"可见该祠在清道光年间已湮没。

据《光绪续纂江宁府志》记载，清同治五年（1866）改建江宁府学，原在梅岗的多座祠宇（合称十三祠，大多毁于太平天国战争时期）移至冶山（今朝天宫冶山）合祀，将郑公祠也纳入其中，亦合称十三祠。

十九、张庄节祠

张庄节祠，亦称“旌忠祠”，在雨花台，建于明崇祯年间，祀明代左都督张可大。今不存。

张可大，字观甫，世袭南京羽林左卫千户。明万历二十九年（1601）武进士。授浙江都司，后升为游击、参将。天启元年（1621），张可大任都指挥使，掌南京锦衣卫。天启六年（1626）升为都督佥事，佥书南京右府。崇祯元年（1628）出任山东登莱总兵官。崇祯三年（1630），张可大以勤王有功，升都督同知。崇祯四年（1631）晋升右都督。十月，佥书南京左府兼督池河、浦口二军。崇祯五年（1632）春正月初三，张可大率兵平“吴桥叛变”，战败，次日自缢身亡。

张可大死后，葬上元县侯家塘(今属江宁区汤山街道)，朝廷赠特进荣禄大夫、太子少傅，谥“庄节”，赐祭葬，予世荫，建祠曰“旌忠”。清乾隆四十一年（1776），赐谥“节悯”。

至清代，汪公祠在《嘉庆江宁府志》中仍有记载。但清甘熙在《白下琐言》卷六“聚宝门外诸祠”写道：“按《府志祠祀》所载：‘……张庄节公祠在雨花台，祀明左都督张可大……’此又在十三祠外者，皆湮没不可考。”可见该祠在清道光年间已湮没。

据《光绪续纂江宁府志》记载，清同治五年（1866）改建江宁府学，原在梅岗的多座祠宇（合称十三祠，大多毁于太平天国战争时期）移至冶山（今朝天宫冶山）合祀，将张庄节祠也纳入其中，亦合称十三祠。

二十、清端、襄勤两于公祠

清端、襄勤两于公祠在雨花台梅岗，清康熙三十四年（1695）建，祀清代两江总督、清端公于成龙和河道总督、襄勤公于成龙。今不存。

清代康熙一朝出了两个叫于成龙的名臣。他们曾一起共事，均官至一品总督，都清正廉洁、勤政爱民。《清史稿》记载：“同时两于成龙，先后汲引，并以清操特邀帝眷，时论称之。”直隶坊间有民谣称颂道：“前于后于，百姓安居。”其中，清端公于成龙曾被康熙誉为“清官第一”，襄勤公于成龙事迹则被改编成侠义公案传奇《于公案》，在民间广为流传。

两位于成龙都曾在南京任职，深受百姓爱戴。他们去世后，当地居民便在聚宝门外雨花台梅岗建祠纪念，名为清端、襄勤两于公祠。

《嘉庆江宁府志》记载：“康熙三十四年（1695），江宁府居民建祠于聚宝山之麓，肖像祀故两江总督于清端公。……襄勤之薨也，郡人追思其德，一如追思清端者，且以清操伟绩后先相继而显，用实由清端荐，礼宜从祀，遂设襄勤木主（牌位）于清端祠一堂。”

乾隆十六年(1751)三月十八日，乾隆帝第一次南巡金陵，遣官至雨花台祭两江总督于成龙祠，赐于成龙祠曰“清风是式”。

嘉庆十四年（1809），江宁知府吕燕昭在于公祠祭祀时，发现于清端公有像而无牌位，于襄勤公有牌位而像未设，且两于公同名同姓易被混淆，遂捐俸鸠工，修葺圮坏，重造清端公牌位于像前，复筑旁舍，移奉襄勤公牌位于舍中，并撰《清端襄勤两于公祠记》刻于祠壁。

道光年间，甘熙《白下琐言》卷六“聚宝门外诸祠”类载：雨花台梅岗有“于公祠，祀国朝总督于清端公成龙；其右又有于公祠，祀国朝总督于襄勤公成龙”。

据《光绪续纂江宁府志》，清同治五年（1866）改建江宁府学，于公祠等原在梅岗的多座祠宇（合称十三祠，大多毁废于太平天国战争时期）移至冶山（今朝天宫冶山）合祀，仍合称十三祠。

二十一、傅公祠

傅公祠在聚宝门外雨花台梅岗，清康熙三十三年（1694）江南士民建，祀清代两江总督傅腊塔。今不存。

傅腊塔，伊尔根觉罗氏，满洲镶黄旗人。自笔帖式授内阁中书，迁侍读。清康熙十九年（1680）授山东道御史。康熙二十五年出为陕西布政使。康熙二十六年擢左副都御史，迁工部侍郎。康熙二十七年调吏部，授两江总督。康熙三十三年六月卒于官任。康熙帝闻知曰：“傅腊塔和而不流，不畏权势，爱惜军民。两江总督居官善者，于成龙而后，惟傅腊塔。”遣太仆寺卿杨舒赴江宁致祭，赠太子太保，谥“清端”，予骑都尉世职。金陵士民为怀念之，为其建傅腊塔祠于雨花台梅岗，亦称傅公祠。

康熙四十四年（1705）四月，康熙帝第五次南巡，御书“两江遗爱”匾额，谕江西、江南总督阿山等曰：“朕昨往雨花台，曾见原任总督傅腊塔祠堂，傅腊塔居官甚好，其参劾之人虽多，总无怨者。大有气节，实心效力，朕因是特书匾额赐之，尔等刊毕，可亲悬其祠堂。此匾额之字、宜善加封裹，给与其子。”

乾隆十六年（1751）三月，乾隆帝第一次南巡，遣官至雨花台祭两江总督傅腊塔祠，赐督臣傅腊塔祠曰“政肃两江”。

傅腊塔祠道光年间犹存，甘熙《白下琐言》卷六“聚宝门外诸祠”类载：“……曰傅公祠，祀国朝总督清端公傅腊塔。”列其为聚宝门外“十三祠”之一。

二十二、曹公祠

曹公祠位于聚宝门外雨花台梅岗，康熙年间江宁机户建，祀清代江宁织造郎中曹寅。又称织造曹公祠，今不存。

曹寅，生于顺治十五年（1658），清代作家曹雪芹的祖父，字子清，号荔轩，又号楝亭，又号雪樵。康熙二十九年（1690），他出任苏州织造，两年后又调任江宁织造。从此，曹寅和他的儿子曹颙、嗣子曹頫连任江宁织造近40年。康熙帝后六次南巡，其中四次住在曹寅家。康熙五十一年，曹寅病逝。

《光绪续纂江宁府志》云：“江宁机房，昔有限制，机户不得逾百张，张纳税当五十金。织造批准注册给文凭，然后敢织，此抑兼并之良法也。国朝康熙间，尚衣监曹公寅深恤民隐，机户公吁奏免额税，公曰：'此事吾能任之，但奏免易，他日思复则难，慎勿悔也。'于是得旨永免。机户感颂，遂祀公于雨花冈，此织造曹公祠所由建也。"

清代陈坦园《如我谈》："聚宝门外雨花台侧曹公祠，中奉康熙间江宁织造曹寅之像，庭前丹桂二株，每至花时，游人雅赏而来，如入清虚之府。"

曹公祠道光年间犹存，甘熙《白下琐言》卷六"聚宝门外诸祠"类载："……曰曹公祠，祀国朝织造曹公寅。"将其列为聚宝门外"十三祠"之一。

二十三、陈公祠

陈公祠位于聚宝门外雨花台梅岗，清雍正初年（约1723）江宁士民建，祀清代江宁知府陈鹏年。今不存。

陈鹏年，字北溟，号沧州，湖广湘潭人。清康熙三十年（1691）进士。历任浙江西安知府、淮安府山阳县令、海州知州、江宁知府、武英殿修书总裁官、苏州知府等职，官至河道总督，雍正元年（1723）积劳成疾，卒于任上。清萧奭《永宪录》载："（陈鹏年）柩过潞河，两岸万人同声哀号以送之。"雍正帝谕曰："鹏年积劳成疾，没于公所。闻其家有八旬老母，室如悬罄。此真鞠躬尽瘁、死而后已之臣。"同时"褒锡甚至。赐帑金二千，锡其母封诰，视一品例荫子，谥恪勤。祀河南、江宁名宦"。

江宁士民在聚宝门外雨花台梅岗建祠，祀前江宁知府陈鹏年，名陈公祠。《嘉庆江宁府志》："陈公祠在府治聚宝门外，祀国朝总督河道前江宁府知府勤恪公陈鹏年（三学致祭）。"道光年间，甘熙《白下琐言》卷六"聚宝门外诸祠"类载："……曰陈公祠，祀国朝河道总督陈恪勤公鹏年。"列其为聚宝门外"十三祠"之一。

据《同治上江两县志》，清同治五年（1866）改建江宁府学，陈公祠等原在梅岗的多座祠宇（合称十三祠，大多毁废于太平天国战争时期）移至冶山（今朝天宫冶山）合祀，仍合称十三祠。

二十四、方公祠

方公祠在雨花台梅岗方孝孺祠后堂，清嘉庆四年（1799）立，祀清代江苏布政使、南盐巡道方昂。今不存。

方昂，字叔驹，号𢓭庵，又号坳堂，山东历城人。清乾隆三十六年（1771）进士，授刑部主事，累晋郎中，后以荐出为江西饶州知府。乾隆五十九年（1794）擢江苏苏松道，乾隆六十年补江宁盐巡道，颇有政绩。嘉庆二年（1797），方昂重修方孝孺祠，并换华表。嘉庆三年秋，任贵州按察使。嘉庆四年八月，方昂为江苏布政使。未久以病乞归，后病逝于家。

方昂去世后，江宁士民在雨花台方孝孺祠后堂立"方公祠"，将他与方孝孺并祀。嘉庆二十三年（1818）二月，根据巡抚陈桂生奏请，嘉庆下诏，予原任江苏布政使方昂入祀名宦祠。

甘熙《白下琐言》卷六“聚宝门外诸祠”类记载：“曰方公祠，祀明文学博士方忠文公孝孺。南盐巡道方公昂，祀于后堂。”列为聚宝门外“十三祠”之一。

据《光绪续纂江宁府志》，同治五年（1866）改建江宁府学，方公祠等原在梅岗的多座祠宇（大多毁废于太平天国战争时期）移至冶山（今朝天宫冶山）合祀，仍合称十三祠。

二十五、李臣典祠

李臣典祠在雨花台，清同治三年（1864）立，亦称李忠壮公祠，今不存。

李臣典，字祥云，湖南邵阳人，晚清名将。18岁从军，最初是王珍的部下，后随曾国荃支援江西，隶属于湘军吉字营。咸丰八年（1858），战于江西吉安南门外，曾国荃遭遇重创，李臣典勇猛争先，追杀太平军至永丰、新淦。曾国荃奇其勇，破格提拔他为宝庆营守备。

同治元年（1862），李臣典随曾国荃进军太平天国的都城天京，李臣典取丹阳镇，夺秣陵关，以总兵记名。同治二年（1863），李臣典与赵三元夜袭雨花台石城，因功以提督记名。不久授河南归德镇（今河南商丘）总兵。李臣典与萧孚泗、张诗日等攻夺紫金山。同治三年（1864），克天堡城，天京城被团团包围。五月，克地堡城。六月，诸军轮番进攻，双方伤亡很大。李臣典后率副将吴宗国等日夜挖地道，十五日地道成，李臣典与九将同列誓状。翌日，地雷发，李臣典等蚁附入城，诸军毕入。清军攻取天京，李臣典功列第一，锡封一等子爵，赐黄马褂、双眼花翎。任命未至，李臣典已卒于军中，诏加赠太子少保，谥“忠壮”，吉安、安庆、江宁各建专祠。

据《光绪续纂江宁府志》：“李忠壮公祠在南门外雨花山，祀总兵李臣典，同治间旧部吉中等营捐建。”

据卢前《怀旧中之怀旧》记述，直至1945年抗战胜利后，雨花台景观已面目全非，而李臣典祠尚存，“添了些铁丝网”。

二十六、五显庙

五显庙在聚宝门外驯象街（今中华门外西街）。《金陵玄观志》：“驯象街五显庙，在郭城聚宝门外南城驯象街，离神乐观五里，聚宝门半里。”五显庙供奉的五显神，是5位名中带“显”字的民间神祇统称。五显神的来源传说不一，最早流行于婺源、德兴一带，相传起于唐而显于宋，至明初鼎盛，曾被奉为正神。明初在鸡笼山南麓建有五显灵顺庙，为十庙之一，享太常寺春秋二祭。国子祭酒宋讷《奉敕撰五显灵顺庙记》云：“五显灵顺之神，发祥婺源，齐威并灵，丕著一时，土人为之立祠。”明代南京有多座五显庙，故此处又称驯象街五显庙。据朱之蕃《重修五显灵观庙记》记载，驯象街五显庙曾于明万历二十八年（1600）重修。

自宋代以来，五显信仰即有所谓正邪之分，至清代，因正神“五显”与邪神“五通”长期混淆，五显庙被视为“淫祠”，屡遭禁毁，却又屡禁不绝。清甘熙《白下琐言》载：“聚宝门外五显庙，乾隆间，赛会烧香，士女云集。制军尹文端公禁止之，以其庙改祀关帝。然其中犹有别殿，供五显神像，皆泥塑。神龛前各有幔幛，亦泥所为，薄不盈寸，绘画五采，极其精致，数十年来完整如新，了无损裂痕，真神工也。”清周宝偀《金陵览胜诗考》则称：“五显神系顾野王五子，萧梁时死节者，庙在聚宝门外西街东，明万历二十八年重修。国朝乾隆间，尹望山制军改为关帝庙，庙有雷劈银杏木、水流来佛二尊。”并有诗云：“五显名犹旧，门迎南涧开。木经雷劈后，佛是水流来。幔好泥如绮，碑荒字蚀苔。老僧夸胜地，东指雨花台。”五显庙至民国时期尚存，后被拆除。

据媒体报道，2013 年在中华门外西街方家巷一民宅中发现一尊古石狮的头像残件。当地老居民回忆，方家巷旧名五显庙，五显庙拆除后原址改建为方家巷小学。据文物专家分析，此残件很可能为明代五显庙遗物。

二十七、花神庙

花神庙始建于清乾隆年间，旧在南京凤台门外凤凰市西，东临善司庙，坐北朝南，今不存，遗址在今雨花台区雨花大道和郁金香路交汇处西南，遗址处立有地名保护碑。

清甘熙《白下琐言》卷二载：“凤台门，外郭十八门之一也。有花神庙，旧有联云：‘过眼说繁华，漫劳寻，芳草吴宫，秾花晋苑；同心勤报赛，最难忘，春风山郭，秋雨江城。’却易移他处不得。每岁花朝，卖花之家，各以花供献儿，牡丹、芍药、海棠、碧桃之属竞秀争妍，备极其胜，谓之花神会。”

花神，在中国早有文献记载，《月令广义》曰：“女夷，主春夏长养之神，即花神也。”元代，雨花台一带开始种植玫瑰花。明初，各地种花能手移居在凤台门一带，利用这里松软的丘陵地种植鲜花，一年四季供应宫廷。永乐年间，郑和下西洋返回，带来东南亚奇花异卉的种子，凤台门一带花农开始种植水仙等。明中后期，花农中开始做假山、树桩盆景。明末造园家计成著《园冶》：“……南京凤台门，贩花扎架，处处皆然。”明代著名思想家、哲学家、科学家方以智撰《物理小识》提及水仙：“南京安德门华严寺前，花匠畜水仙云：但取大如卵者，夏出土，悬之，九月积石子，栽数年乃大，大则开花。”

《江苏省志·风景园林志》：“乾隆年间（1736—1795），金陵雨花台花神庙及夹岗、雨花村一带，为金陵的花木生产中心和春游踏青之地。”当地花农建花神庙，占地面积约 5 亩。由 3 个自然独立的庙堂组合而成，东头三间供奉观音菩萨，中间三间供奉善事（司）菩萨，西首三间才是花神庙殿，据传庙内供奉着花神唐明皇，骑白马，执白扇，双目炯炯有神；众花神各居其位，层次分明地分布在花岛之中，牡丹仙子杨玉环仪态万方，丰满动人；岛后由假山堆砌，众花神神像各异，还供有土地像。

花神庙大门外为广场，广场上建有当年城南最气派的“凤凰大戏台”。戏台高大雄伟，四檐向外挑出，每年农历三月十五至十七日唱戏三天。戏台后有两口水井，大约是由于水面的反射和井口的共鸣，演员的唱腔格外好听，素有“双井衬音”之说。花神庙还有农历二月十二的百花生日和九月十六的菊花生日。这两天，花农们都纷纷前来敬香拜佛，祈祷花神保佑人花两旺。

太平天国时，花神庙毁于战火，但人们十分信奉百花仙子，将花神庙与善司庙合并。传说善司庙供奉的是一个其面极丑、其心极善的神仙，两庙合并后，有二进大殿，九十九间厢房。既供百花仙子，又供善司圣人，香火渐渐兴旺。花神庙一直以培植白兰、茉莉、栀子、珠兰等传统香花而闻名，还出了芮、徐、毛、翟、尹、夏、王、李八大花农世家。相传太平天国时期，马祥兴的创始人马思发在花神庙摆设饭摊，后在雨花台附近开饭馆，取名“马祥兴”。光绪三十四年（1908），陈作霖《金陵物产风土志》记载：“城外凤台门，花佣善养茉莉、珠兰、金橘，皆盆景也。”

民国时期，花神庙村民从种花养花发展到园林绿化，名气也越发响亮。夏家凹的王金镛是当时花神庙唯一会堆假山技术的人，承接了当时国民党政府参谋总长、陆军上将朱培德公馆的假山及绿化工程。1937 年 12 月 13 日日军占领南京，花神庙遭到严重摧毁。据战后统计，花神庙村被烧毁住房 92 间，花房 184 间，花树 38000 多株。

1951 年，政府给花农们无息贷款，并派专人到广州给花农们买来一批白玉兰、茉莉花苗扶持花农。恢复庙会、花会。1952 年，全国号召为抗美援朝前线“捐大炮、捐飞机”，花神庙村 200 多户花农家家捐款，买下了一架飞机支援前线。花神庙村也因此轰动全国。1954 年因年久失修，花神庙倒塌。1964 年全部拆除。

1983 年，南京市园林局联合南京多家媒体共同举行投票，选出了“新金陵四十八景”，花神庙以“花神竞艳”榜上有名。

2000 年，雨花台区政府改造花神湖，在湖面面积 56000 平方米的花神湖上建造 17 孔花神渡桥。桥两侧伫立着掌管四季的四位花神雕像。花神渡桥的桥头还建有花神亭，亭内的碑刻记述了 2000 年改造花神湖美景的过程。

2000 年之后，花神庙村的 600 多名农户开始创办花卉公司，有的花农开始进行盆景创作，一家家园艺公司、花卉公司和苗木公司仍在周边继续着 600 年来的祖业。2006 年，雨花台区政府出台了《南京市雨花台区花境建设规划》。雨花台区以“花神庙社区、花神桥、花神湖”为中心，种植、命名了一批以“花”为主题的道路：花神大道、郁金香路、紫荆花路、玉兰路等。

2016 年，雨花台区雨花街道花神庙社区恢复了传统的“花朝节”。2018 年，“花神庙花神信俗”列入南京市第四批非物质文化遗产代表性项目名录。

第五节　宅第园圃

一、范蠡宅

范蠡宅在古越城中，遗址在今中华门外西街一带，雨花台风景名胜区北门西北约300米处，今不存。

《正德江宁县志》记载：“范蠡宅，《乾道志》云：在长干里。《丹阳记》：蠡城金陵，居长干古越城中。古注云：蠡与师随使者至姑苏之宫，不伤越民，遂灭吴。勾践既平，还金陵，居长干，筑城，今越城故址犹存，在长干桥西南。”《乾隆江南通志》：“范蠡宅在江宁县治长干里。《丹阳记》云：蠡居长干古越城中。”

周元王三年（前473），越灭吴。次年，越王勾践令范蠡筑城于长干里，这是有史料记载在南京建造最早的一座城池，史称“越城”，亦称“范蠡城”。范蠡遂建宅于城中，暂居数年。后废。

二、陆机宅（二陆读书堂）

陆机宅，亦称“二陆读书堂”，孙吴时建于越城西北，今不存。遗址约在雨花台风景名胜区北门西北约700米处。《建康实录》：“周书元王四年，即越王勾践四年，当春秋之末，越既灭吴，尽有江南之地。越王筑城江上，镇（一说作距）今淮水一里半，废越城是也。案，越范蠡所筑城，东南角近故城望国门桥，西北即吴牙门将军陆机宅。”《景定建康志》：“陆机宅，在秦淮侧。又《金陵故事》：‘临秦淮有二陆读书堂，其迹犹在。’”《正德江宁县志》：“陆机宅在越城西北，近秦淮。《旧志》：临淮有‘二陆读书堂’，带淮、屏钟山，最幽邃。”

陆机，字士衡，吴郡吴县（今江苏省苏州市）人。西晋著名文学家、书法家。为孙吴丞相陆逊之孙、大司马陆抗第四子，与其弟陆云合称“二陆”。陆机、陆云在少年时，随父居建业（即南京），兄弟二人曾长期在此读书。世称“陆机宅”，又称“二陆读书堂”。西晋太康元年（280），孙吴灭亡，陆机退居家乡华亭，闭门勤学，累积十余年。故昆山亦有“陆机宅”。

南齐时，在陆机宅旧基建皇家园林南苑。唐代，金陵王处士又在南苑故基建水亭。李白游金陵，作《题金陵王处士水亭》诗：“王子耽玄言，贤豪多在门。好鹅寻道士，爱竹啸名园。树色老荒苑，池光荡华轩。此堂见明月，更忆陆平原。扫拭青玉簟，为余置金尊。醉罢欲归去，花枝宿鸟喧。何时复来此，再得洗嚣烦。”

宋代马之纯作《陆机宅》：“只闻二陆住华亭，却有书堂在秣陵。如此弟兄无比拟，翕然京洛有声称。辩亡著论真难及，受命专征若易能。十万河桥俱溃散，儒生虚语不堪凭。”清乾隆二十七年（1762）三月，清高宗弘历第三次南巡，御制《题陆机宅》诗：“书堂见说昔临淮，遗迹难寻柱础埋。萧艾如兰结神缔（用陆机赋语），审然何必旧居怀。”

三、何尚之宅

何尚之宅位于南涧寺侧，今不存，遗址在今雨花台区雨花西路北端南玉带河附近，东距雨花台约460米。

何尚之，字彦德。庐江郡灊县人，南朝宋大臣。

元嘉十三年（436），宋文帝任命何尚之为丹阳尹。何尚之在丹阳外城南（南涧寺侧）建造宅院，设置玄学校，聚集学生。东海人徐秀，庐江人何昙、黄回，颍川人荀子华，太原人孙宗昌、王延秀，鲁郡人孔惠宣，因为仰慕丹阳郡兴盛的玄学前来游学，称为“南学”。

《南朝佛寺志》：“南涧寺在何尚之宅畔。尚之宅临南涧，又谓之落马涧。当今南门外西街‘涧子桥’。寺居其间，即以南涧为名焉。”《景定建康志》：“何尚之宅，在南涧寺侧。考证：……南涧，今城南落马涧是也。”《正德江宁县志》：“何尚之宅在南涧寺侧，南涧即城南‘落马涧’。今为‘善世桥’。”

四、果　园

果园为古代皇家园林，亦称“昭明太子果园”“徐景通园”，今不存。旧在雨花山，今雨花台风景名胜区曦园一带。

萧统，字德施，小字维摩，南兰陵郡兰陵县（今江苏省常州市武进区）人。南朝梁著名文学家，梁武帝萧衍长子。梁天监元年（502）十一月，册立为太子。中大通三年（531），英年早逝，时年30岁，谥号“昭明”，葬于安宁陵，史称“昭明太子”。萧统为太子时，在城南雨花山天王寺（刘宋大明中建）旧址建起果园，在此会友、为学、吟咏。陈诒绂撰《金陵园墅志》：“果园在雨花山，昭明太子建。”

杨吴天祚二年（936），时任金陵副都统的徐景通（940年改名李璟，943年继位，史称南唐中主）

将果园改建为私人园林，后称徐景通园。

南唐保大四年（946），李璟在此建奉先禅院。昙云法师圆寂，塔于禅院，因名宝光塔院，亦称宝光寺。北宋至和元年（1054），太常博士梅尧臣至雨花台，作《和胡公疏送屿师移居宝光寺》诗：“宋曰天王寺，梁时太子园。地犹随世变，物岂与人存。欲问移居意，还应避俗喧。相期唯有月，夜夜在高原。”元代，宝光塔院改为普光寺。明初，普光寺改为宝光寺。正统年间重建，改为德恩寺。嘉靖年间，南京吏部稽勋司郎中皇甫汸游雨花台，作《宝光寺》诗：“四山栖梵处，一径杳然深。岁久惟看树，台荒半宿禽。远江横落日，寒殿下秋阴。独坐观冥理，宁知静者心。”

清代学者姚鼐作《访坳堂观察于城南宝光寺释皓清亦至读观察近诗数十首雨中共至皇姑寺作诗二首》，其一云：“江雾带长干，南望尽苍碧。何处使君居，空山少人迹。东风泛林影，径草含新色。数转造精庐，遂尔逢巾舄。漠漠寒云光，幽幽丈室白。山僧共披帷，飞雨飒沾席。清言接今兹，高文自曩昔。真性不容遏，笔墨偶流溢。结习诚未忘，固已遗喧寂。诛茅钟阜巅，邀君共晨夕。”

五、王氏别业

王氏别业位于聚宝门外雨花山（即雨花台），是明代“景泰十才子”王贞庆别墅。今不存。

王贞庆，字维善，一字善甫，定远人，驸马都尉永春侯王宁与怀庆公主之子。景泰年间，王贞庆在聚宝门外雨花山置地建别墅，园内辟一轩，周边栽植桂树，自号“金粟主人”。《金陵园墅志》：“王氏别业在雨花山。王贞庆，字善甫，南京永春侯宁子。园旁筑小轩，绕以桂树，自号金粟主人。”《江南通志》：“王贞庆……驸马都尉永春侯宁子，宁在戚里中以文雅著，贞庆尤工诗，名列‘景泰十才子’中。”王贞庆曾在此作《清明日写怀》诗：“地僻长时少送迎，坐看春色又清明。传家旧物青毡在，处世中年白发生。杨柳东风犹料峭，杏花疏雨半阴晴。塞翁得失何须论，且共沙鸥暂结盟。”

六、松风阁

松风阁位于雨花台高座寺侧，明代张可大祠园，今不存。

崇祯五年（1632）春正月，发生“吴桥叛变”，山东总兵张可大率兵平叛，战败后，自缢身亡。朝廷赠特进荣禄大夫、太子少傅，谥“庄节”，赐祭葬，在雨花台高座寺侧建祠曰“旌忠”。

《金陵园墅志》：“松风阁在雨花山，张庄节祠园。其子怡，字瑶星，明亡隐居于此。与友人赋诗饮酒，啸傲其中。”淮安知府周在建《同湘灵苍略远度集饮瑶星松风阁》诗：“江远轩窗静，登楼逸兴同。高歌惊鹤梦，落日醉松风。白社人还聚，青山意不穷。笑看鸦影乱，城市晚烟笼。”按察使宋琬作《风入松·访张瑶星于松风阁不遇》诗：“雨花台畔访柴荆。匹练大江横。钟山紫翠斜阳外，虬龙影、几阵松声。曾共庐山高衲，小楼明月吹笙。短筇重过石头城。怀旧不胜情。

征君结制栖霞寺，梧桐老、白鹤相迎。为道二乡居士，来寻三影先生。”

《凤麓小志》：“张可大，字观甫……子怡，原名鹿徵，字瑶星，号白云。初补诸生。读书海石园中凡五年，以父死难，荫锦衣千户。流贼陷京师，脱归，居雨花山松风阁。国变后，守祠不出。晚隐摄山，不入城市，虽日著书，秘弗示人，卒葬山中。其撰述极富，尤邃于《诗》《书》、三礼焉。”《金陵园墅志》又曰：“松风阁在高座寺，白云之居也。”江宁太守陈大亨诗云：“竹榻月明当独卧，柴扉雪满复何求？”

七、止园（勺园）

止园建于清乾隆年间，今不存。旧在雨花山杨巷（即“西羊巷”），今雨花台风景名胜区北门 150 米处。

翁荃，字兰友，一字止园，时称“止园先生”“兰友茂才”“征士”，江宁人。翁荃晚年在南郊雨花山杨巷筑屋，取名“止园”，门前古树数株，与杨邦乂墓、方孝孺祠遥遥相对，门额为清代文学家方苞书，至清末犹存。隐居止园期间，翁荃与著名学者程廷祚过从甚密，五经、“三礼”皆有纂说。《白下琐言》：“翁止园先生荃，江邑诸生，究心‘三礼’学，与桐城方望溪、高淳张彝叹、同里刘古塘称为‘四子’。”

据陈诒绂撰《金陵园墅志》，清末，画家陈泰占接手翁荃止园，扩建后在此居住，改名“勺园”。

八、绣　谷

绣谷为清代学者、画家汪霭枚别墅，位于雨花台梅岗。清代李放辑录《画家知希录》引《江苏诗征》：“汪霭枚，号陶庵，江宁人，居雨花山寺，画宗张风。”陈诒绂撰《金陵园墅志》：“绣谷在梅冈，江宁汪陶庵霭枚别墅。霭枚键户寡交，博综典籍。”

九、刘　园

刘园又名“又来园”“再来园”“刘家花园”，亦称“雨花山庄”，在雨花台风景名胜区北门西侧约 230 米处（今雨花台区普德寺北 250 米处宁芜铁路南）。

刘文陶，字舒亭，清代上元县（今南京）人。咸丰三年（1853）入清军，后因军功被荐保为浙江候补知县，加封同知。致仕后因仰慕先贤刘叔亮节操，于光绪八年（1882）春，出资购得南郊胜地刘公墩（刘叔亮葬地）10 余亩地建园。刘文陶巧妙地凭借天然地势，扩建屋宇，增植花木，拓为园墅隐居于此。次年秋天，又在园内建立祠堂，于园东侧刘公墩上重建碑亭。时人俗呼“刘园”。园中有“白菡萏居”“绿尖阁”“绿杨溪”“修梅吟馆”“罢钓湾”“西堤”“白云窝”“水月虚明之室”“卧波梅亭”“雨花山房”“倚竹亭”“东皋”“藏春坞”“刘公墩”“拥翠堂”“萦青阁”“豆棚”等24景，刘文陶寓居该园后，与金陵文人名流聚此交往，赋文题诗无数。

《金陵胜迹志》：“刘园……为刘舒亭之别墅，地当南郭，里近长干。水石清幽，林木掩映。有凌波仙馆、云起楼、荼蘼廊、萦青阁诸胜。环溪垂柳与桃林相间，春时疑若武陵源，故向有‘小桃源’之目。”《清稗类钞》：“人以其为刘舒亭明府（明府即太守）

刘园（20世纪30年代）

所筑也，因呼之曰‘刘园’，刘相其林泉，扩为屋宇，皆就天然形势而位置亭榭台馆焉。地当南郭，里近长干有刘公墩，为刘叔亮墓。”《岁华忆语》：“自洪杨金陵乱后，园林花木，樵苏尽之。数十年来，元气未复。胡园既创，刘园继之，始有花时游览之乐。一岁之中，梅花最盛，应推梅冈下之刘园，不下四五百株。正月盛开，裙屐咸集，吟啸其下，为坐香雪海中。”《新都胜迹考》：“在南门外雨花台侧，山水清幽，林木掩映，刘舒亭明府之别墅也。相其林泉，扩为亭榭栖馆，皆就天然之势而构造之。地当南郭里，近长干。有刘公墩，系刘叔亮先生之墓，水色湾环，山形起伏，一望俨若图画。由刘公墩渡山涧入梅林，曰‘访桥’，桥之西有堤横亘，界溪为双。其曲曰‘罢钓湾’，相传皆叔亮先生之遗迹。其溪南则为‘又来堂’，堂之后拓水榭出溪间，环以湖石，掩以文槛，曰‘凌波仙馆’。溪北为‘云起楼’，缘溪自南而西，曰‘荼蘼廊’。自西而北，曲径通幽曰‘师竹轩’‘倚竹亭’。凡一亭一榭，皆得自然之意。其中器具，又皆以竹为之，陈设古朴，雅而不俗，诚名园也。”1929年，南京市政府按照国民政府内政部要求，对辖内古迹古物进行调查，后编印《首都名胜古迹》图集，刘园亦列于其中。1934年，学者朱偰来此考察，只见园内“诸景尽废，园墙已圮，惟疏柳数株，掩映小桥之上，犹有昔日风光”。

1935年10月，为修建江南铁路（即今宁芜铁路），刘园被征收拆毁，一代名园彻底消失。其遗址在雨花台北门西侧约230米处，今雨花西路上（在雨花台区实验小学北校门对面）还立有一块“刘公墩”的老地名碑。

第六节　城门桥渡

一、聚宝门

聚宝门，即现在的中华门，是明代南京城墙十三座城门中规模最大的城堡式城门。该门前身为南唐都城至宋、元金陵城的“南门”。洪武十九年（1386）重建城门，因面对聚宝山（今雨花台）而得名。明代《南京都察院志》称：“城长九百五十三丈五尺，垛口一千二百零二座。东至通济门界，西至三山门界，……本门冲繁。”1928年夏，国民政府将聚宝门改名为中华门，取中华民国定都南京之义。1929年4月，由蒋介石题写“中华门”，并刻石镶嵌于城门之额，保留至今。1937年12月，清末所建城楼被侵华日军炸毁。但除木结构的城楼及城门、闸门外，其内瓮城砖石结构迄今基本保存完好。现址南北深128米，东西宽118.45米，总面积15168平方米。由3道瓮城、4道城门、27个藏兵洞、两条登城马道和一条坡道组成。是世界上现存规模最宏伟、保存最完好、设计最精巧、结构最复杂的砖石结构城门。现为全国重点文物保护单位。

二、雨花门

雨花门位于秦淮区江宁路南端的雨花桥前内秦淮河长干巷段，为南京明城墙民国时期增辟城门之一。1936年，为了将南京市内小铁路（京市铁路）在向南延展至养虎巷与江南铁路接轨，实现沪宁铁路、江南铁路连通，遂在明城墙开辟城门，因地处雨花台附近而得名“雨花门”。雨花门为单拱，仅供火车通行，两侧各有不足2米的人行道。20世纪50年代末，连接沪宁、宁芜铁路的尧化门—中华门联络线建成通车后，市内小铁路停运，雨花门段小铁路路基改建为道路，雨花门也被拆除。2009年，南京市政府利用老城砖修缮雨花门段城墙，同年6月23日，城门复建工程主体完工。复建后的雨花门为三拱城门。主拱门宽约14米、高约9.9米，东西两侧各有一个宽约 5.5 米、高约 6.35 米的副拱门，各设一条慢车道、一条人行道。

三、长干桥

长干桥，曾名长安桥、聚宝桥，位于秦淮区中华门外，跨外秦淮河，北接中华门，南联雨花路。明郑纪撰《重兴善世桥记》：“留都之南门曰‘聚宝门’，门外有桥曰‘长安’，即古之长干桥也。”杨吴时期筑城，在金陵凿濠，引秦淮绕城，西入大江，桥跨濠上，为南唐御街直达城外长干里必经之道。明顾起元撰《客座赘语》卷一：“南唐都城，南止于长干桥，北止于北门桥。”宋周应合撰《景定建康志》卷十六《疆域志二》“桥梁”：“长干桥在城南门外，五代杨溥城金陵，凿濠引秦淮绕城西入大江，遂立此桥。”

长干桥（1948 年）

南宋咸淳元年（1265），建康知府马光祖重建，更名长安桥，为五孔石拱桥。明初改建，又名聚宝桥。《正德江宁县志》：“国朝因之而规制为益宏健云。”清代多次维修。太平天国时，在天京保卫战中遭破坏。清光绪二年（1876）予以修复，桥长 43 米。1937 年因战争被炸毁。日伪时期搭木桥维持交通。1946 年草修，两年后崩塌，临时架设军用便桥，维持交通。1951 年 1 月由市建设局重建，为钢筋水泥梁桥。1975 年 6 月又进行了扩建。扩建后的长干桥长 98.83 米，宽 21.96 米，共 8 跨。刘伯承元帅 1951 年 7 月题写的“长干桥”汉白玉碑镶嵌在桥头栏杆左右。

四、五贵桥

善世桥亦称“南涧桥”，近称“五贵桥”，建于南朝刘宋时期（或更早），跨落马涧（又名南涧，即今位于雨花台区雨花西路北端的南玉带河），距雨花台约 460 米。今已不存。

《永乐大典》：“善世桥，在今聚宝门外，来宾街西南。”《正德江宁县志》：“善世桥在来宾桥西南，跨跃马涧。”《乾隆江南通志》：“善世桥、来宾桥西皆跨跃马涧，水流通城濠。”《秦淮志》：“近三里店，明弘治修，得庆元石纪。”宋元嘉三十年（453），宋文帝被太子刘劭谋害。其三皇子刘骏当时正镇守外地，闻讯父皇被杀，垂涕上阵，进取建康（今南京）讨伐刘劭，其部将柳元景在南郊新亭大败刘劭，劭军溃败下来，退至南涧，人马争渡，结果坠落涧中，一时间涧水被阻塞而断流。后人据此典故称南涧为“落马涧”。

《太平寰宇记》:“落马涧,在县东南五里,水下秦淮,宋武陵王讨元凶劭,斩劭,余军赴涧而死,水为之溢,因名焉。”《景定建康志》:“落马涧一名‘南涧’,在江宁县南五里,东北流入城濠。《事迹》:宋孝武讨元凶,元凶军败,人马倾满涧中,时人呼为‘落马涧’。陈亡,涸竭。”北宋王安石《题跃马涧诗》云:“小涧何年跃马蹄,白沙翠竹净无泥。石桥流水行人过,野路斜阳倦鸟啼。”

南宋庆元二年(1196)三月,知宫事赐紫吕志淳、副知宫程应泽共同募集善款,在落马涧建桥。郑纪撰《重兴善世桥记》:“筮日,兴作坎地三丈余,得一小石碑,首刻曰‘建造跃马涧桥一所’,中曰‘庆元二年三月,知宫事赐紫吕志淳、副知宫程应泽,并劝缘司库石工姓名’。”

明洪武二十一年(1388),大龙翔集庆寺遭火焚,明太祖朱元璋出内帑在涧桥之西南、城南凤山重建寺宇,改名“天界”,俗称“天界寺”,扁其山门曰“善世法门”,桥始因之以名“善世桥”。相传天界寺主僧曾重修之。弘治九年(1496),郡人柳智路经此地,目睹桥已倾圮,遂发善心,动员南京城内外乐善好施者捐款重建善世桥。《重兴善世桥记》:“桥广八十尺,袤六十,下圈石为门,上砌石为路,两旁翊以石栏,车马往来如履平地。落祭之日,守备成国诸公喜懋绩有成,请记其事。”明代欧大任作《初春过悦上人迟恩公礼公》:“杖藜江路雪方消,献岁初过善世桥。为许阮公持白马,便逢支遁论逍遥。山寒竹树鸣苍玉,窗暝梅花照绛绡。今日长干禅藻盛,风流何必减南朝。”清代根据朱元璋、刘基、胡大海、常遇春、徐达五人经此桥到天界寺进香的传说,更名为“五贵桥”。或谓原有小桥,中间高,两头低,形似乌龟,人称乌龟桥,后雅化为“五贵桥”。

1935年,因中华门火车站征地受阻,曾于桥旁建临时车站。桥今为中华门地铁站南出站口覆盖。原址附近今立有“五贵桥”老地名牌。

五、皂荚桥

皂荚桥,旧在新亭北,今不存。《秣陵集》:“皂荚桥是曹景宗屯兵处。”南朝宋元徽二年(474),桂阳王休范反,攻建康,其将“丁文豪破台军于皂荚桥,直至朱雀桁南”。

六、就湾桥

就湾桥,又名“龙湾桥”,今不存,原址位于今雨花西路南玉带河上(供电局小区东)。《秦淮志》:“一曰坝桥,在小市口。”《正德江宁县志》:“就湾桥,在安德街。”宋代以前建在南涧弯道处,因名“就湾”。元代又改称“龙湾桥”。

七、泉水桥

泉水桥,今不存。《正德江宁县志》:“在凤台街普德寺东南。”

八、五圣桥

五圣桥，遗址位于今中华门外西街南面张家花园附近，今不存。《正德江宁县志》：“五圣桥，在来宾桥西南五显庙前。”

九、重译桥

重译桥位于中华门外长干桥东，建于明初，因附近有重译楼而得名，今不存。此桥在明代一度被传即古朱雀桥，实为讹传。《永乐大典》：“重译桥，在聚宝门外东重译街，即乌衣巷朱雀桥也，今名重译，国朝新建。”《正德江宁县志》：“重译桥在长安桥东。金陵故老相传即古乌衣巷口，谓即朱雀桥，非是。”《秦淮志》：“在扫帚巷古东市口。”

十、来宾桥

来宾桥位于中华门外西街南玉带河上。建于明初，此桥前身为古望国门桥，因近来宾楼得名来宾桥。桥跨跃马涧（今南玉带河），为三孔石拱桥，长10米，宽22米，中孔净跨2.5米，矢高1.5米，为秦淮区文物保护单位。《正德江宁县志》：“来宾桥即古望国门桥，在驯象街，近桥有来宾楼，因名。”《永乐大典》：“来宾桥，在今聚宝门外，国朝新建。”《秦淮志》：“来宾桥在西街，古望国门桥，有来宾楼，因名。”

来宾桥（2019年）

十一、涧子桥

涧子桥，旧在南涧寺南、何尚之宅边，在中华门外长干桥西约160米处（水榭华庭小区东侧），东连芦席巷，西接窑湾街。因在跃马涧（今南玉带河）上，得名涧子桥。又名见子桥，旧时有农历八月十五夜在此桥求子风俗。现存桥为清代重修，单孔石拱桥，长8.2米，宽4米、净跨6米，矢高3米。

涧子桥（2021年）

桥墩完好，路面栏杆已重修，为秦淮区文物保护单位。《正德江宁县志》：“涧子桥在来宾桥北，水流入城壕。”《秦淮志》：“在窑湾涧水入壕处。”

十二、小航桥

小航桥，跨南河，通往沙洲，在雨花台区小行，今不存。清《同治上江两县志》之《二县乡镇志》有标示。

十三、土板桥

土板桥，今称“拖板桥”。明代《洪武京城图志》中之《京城山川图》已有标示，位于瓦屑坝，横跨南河。明正德年间陈沂《金陵古今图考》之《明都城图》标名为“浮桥”，东对驯象门，西通沙洲圩。清《同治上江二县志》之《二县乡镇图》标为“土板桥”。明代此地设有征收实物税的瓦屑坝抽分竹木局和征收船料钞的驯象门水关。据说所有船只经过这里，照章纳税后，官员才将桥板拖去，放船通行，故名拖板桥。

十四、西善桥

西善桥，亦称“新林桥”，约始建于南朝梁武帝时期，跨新林浦，遗址在雨花台区西善桥街道老街西侧南河上。《景定建康志》：“新林桥，在城西南一十五里。《扬州记》云：金陵南沿江有新林桥，即梁武帝败齐师之处。”

相传南唐时，新林桥坍塌，牛首山僧人用善款在原址重建，为区别东面的“善桥”，遂命名为“西善桥”。《正德江宁县志》：“西善桥在凤台门外善桥之西。”

《金陵世纪》：“梁新林桥，城西南十八里，即今之西善桥也。《扬州记》云：梁武帝败齐师处，即此。”1980年秦淮新河竣工后，跨河建新桥，桥名仍曰“西善桥”，原南河上西善桥废弃。

十五、赛虹桥

赛虹桥，亦称“赛工桥”“赛公桥”“赛洪桥”“栅洪桥”，位于雨花台区赛虹桥街道南河边，明洪武初年建造，为三拱石桥，原正对明外郭城驯象门。明代陈沂撰《金陵世纪》记载：“赛工桥，在驯象门外之西。”《正德江宁县志》：“赛工桥在驯象门外瓦屑坝，弘治间应天府府尹吴公雄重修。”清康熙年间重建。桥宽50余米，分水桥墩长60余米，拱矢高8.95米，至今仍能负载8吨重量。其宽度在南京古桥史上罕见。明代顾起元《客座赘语》：“今日赛工桥西即是江水流处，其后洲渚渐生。”顾炎武《王徽君潢具舟城西，同楚二沙门小坐栅洪桥下》：“大江从西来，东抵长干冈，至今号栅洪，对城横石梁。（此桥盖古时立栅处，本当名栅江，后讹为洪耳，犹射江之为射洪也）”

赛虹桥（20 世纪 30 年代）

赛虹桥今貌（2021 年）

明天启年间朱国祯《涌幢小品》记载：明朝建都南京，工部与应天府筑城竞赛，分段包工。应天府提前竣工，并以余力建成此桥，名为“赛工桥”。后吏官为避讳上之嫌，以“工”与“虹”音近，取长虹卧波之意，改名为“赛虹桥”，沿用至今。另有民间传说，明朝定都南京后，江南富商沈万三认捐了建城费用的三分之一并负责施工。其儿媳提出和公公比赛筑桥，拿出私房钱雇佣工人日夜施工，抢在规定时间前把桥修成，且质量也优于沈万三所造的其他桥梁。故民间又称此桥为“赛公桥”。

清周宝偀《金陵览胜诗考》之《赛公桥》诗云：“桥边深竹野鸦飞，桥上沿村散社归。斜日入河人影乱，野田经雨豆花肥，近江山色连城绿，绕郭人家半水围。玉碎珠沉传此处，不禁垂泪吊斜晖。”

明清时桥旁有芮家园。明末吴应箕《留都闻见录》载：“塞洪桥有芮家园，属杨龙友者，即古白鹭洲处也。平畴绿野，可以游目骋怀。园中有池、有堤，亦可觞咏，但其亭台纤狭，原是富家儿所营者，不足副大观也。今属之商城周方伯。”桥北明清时有预备仓。

1937 年 12 月南京保卫战期间，中国守军曾在此与日军激战。1947 年秋，桥头东南树立“抗战殉国将士纪念塔”纪念殉国官兵，后被毁。1992 年《南京市雨花台区地名志》载：“现桥长 28 米，宽 13 米。为钢筋混凝土结构。”2009 年重修，宽 30 米，长 60 余米。2012 年，赛虹桥被列入南京市文物保护单位。

十六、草塘桥

草塘桥在凤台门外，今不存。《正德江宁县志》：“草塘桥在县南凤台门外。”

十七、霸王桥

霸王桥在驯象街（即中华门外西街），今不存。《正德江宁县志》：“霸王桥在驯象街。”

十八、毛公渡

毛公渡在雨花台西1.9公里处，最早称“麾扇渡”，后讹传为“毛翁渡”“毛扇渡”“麾翁渡”“毛公渡”，今位于雨花台区赛虹桥街道凤台南路与兴隆大街交汇处西南约200米处，西为南河（南河为古代夹江），是古代南京城西南战略要地和重要的渡口之一。

《晋书》“顾荣传”载：广陵相陈敏反，渡江据州，“周玘与荣及甘卓、纪瞻潜谋起兵攻敏。荣废桥敛舟于南岸，敏率万余人出，不获济，荣麾以羽扇，其众溃散”。明《洪武京城图志》载：“毛翁渡，在聚宝门外瓦屑坝南。晋顾荣与陈敏战于此处，荣以白毛羽扇麾军，因名麾扇渡，后讹为毛翁渡。今名因之。”《乾隆江南通志》：“毛公渡，驯象门外，即古麾扇渡。”《江苏省通志稿大事志》：“至正二年，集庆路判官周尧委诣阴山运粮河相视，上至官庄铺，下至毛公渡，中分新旧两河。”

明代洪武初年，朝廷在龙江、瓦屑坝设立“抽分竹木局”（相当于海关、税收部门）。根据史料记载，瓦屑坝抽分竹木局官位不大，但管辖范围和权力很大，除了征收实物税，还拥有大量的土地用于堆场，征收的竹木、砖瓦、柴炭等实物，主要供造船和朝廷使用。

毛公渡因地处水陆交通要地，逐渐热闹繁华起来。明太祖朱元璋为接待外国来宾和朝觐纳贡使者，在京城周边建起十六楼，其中在毛公渡（瓦屑坝）西建集贤楼，在集贤楼北建乐民楼，与聚宝门外的来宾楼、重译楼遥遥相对。在毛公渡边，还有关帝庙、天后庙以及工部开办的窑厂等。清代，毛公渡南北岸成为南京重要关隘，咸丰十年（1860）正月，清军与太平军曾经在这里进行激战。

民国时有毛公渡警察所。1937年12月南京保卫战期间，中国守军为阻止日军进攻，将毛公渡桥炸毁，仅存桥墩。后在桥墩上架起桥面。1958年建有毛公渡大队。1982年，原雨花台区江东公社曾重修此桥。桥长26米，宽4.8米，东西走向，三孔，青石桥墩，钢筋水泥桥面。现毛公渡桥为1989年修建，属钢筋砼空心板梁结构，长61米，桥宽26米，面积为1586平方米。

第七节　井　泉

一、雨花泉古井

雨花泉古井位于普德寺（今雨花台西北麓的普德村 134 号）大雄宝殿东面的天井中。普德寺始建于南朝梁天监二年（503）。泉栏呈内圆外方形，其内径 0.3 米，方形边长 0.48 米，高 0.39 米。泉栏三面分别镌刻着隶书“雨”“花”“泉”三字，另一面镌刻着隶书“天监二年”。现普德寺仅存有部分构件，旧有砖砌井壁已被破坏，泉眼亦被填堵。井栏现保存于雨花台风景名胜区甘露井上。

雨花泉

二、永宁泉（古永宁泉）

永宁泉旧在雨花台梅岗永宁寺后，高座寺泉（即今雨花台“江南第二泉”）东南，今不存。明代至今常将高座寺泉视为永宁泉，实为长期讹传所致。

明初，因修道路，将高座寺讲院一分为二，西曰“高座寺”，东曰“永宁寺”。永宁寺后有一泓泉水，因寺得名“永宁泉”。《金陵胜迹志》：“永宁寺，在雨花山，有永宁泉。高座、永宁本一寺，明始分为二，西曰‘高座’，东曰‘永宁’。”明洪武年间，著名教育家、儒学大师赵谦游雨花台，闻听南宋诗人陆游曾到永宁寺游玩，用永宁泉水泡茶，倍加赞赏，还将永宁泉命名为“二泉”。于是，赵谦应邀书题“第二泉”匾额。后有人加“江南”二字，变为“江南第二泉”。

后因永宁泉枯竭，遂废弃。而高座寺前的井泉代之成为雨花台最佳品茗取水之处。因“永宁泉”名气更大，后史遂将高座寺泉称为“永宁泉”或“江南第二泉”。

清代金鳌在其所撰《金陵待征录》中指出了过往的讹传：“永宁泉，今之列榜启肆，侈为第一泉。秋试必担致以供主司茗饮者，非真泉也。真泉弃于草莽，在永宁寺后。本高座寺讲院，后截为道，乃分为二禅堂，壁上有《宋僧新公塔铭》可证。”

三、甘露井（亭）

旧在古甘露寺前，因名。南京最古老的井之一，始建于西晋，距今已有约1700多年的历史。今位于雨花台风景名胜区江南第二泉西侧草坪。历史文献中常与永宁泉混淡。

甘露井、亭（2015年）

《秣陵集》：“高座寺在南门外梅冈上……晋永嘉中名‘甘露寺’。西竺僧尸黎密来中国，为王导所敬，因号所居为‘高座’，既卒，于冢侧立刹，谢鲲仍名为‘高座寺’。梁时宝志主其寺，有云光法师坐山巅说法，感天雨宝花，唐卢襄名之曰‘雨花台’，有志公手植松、中孚塔、甘露井。”《嘉庆江宁府志》：“甘露泉在高座寺。”

根据《乾隆江南通志》记载，明代又在高座寺侧建永宁寺，二寺并列。甘露井时称“雨花台甘露泉”，永宁泉则为“高座寺茶泉”（即第二泉）。《金陵选胜》：“余所纪泉止存古迹……如鸡鸣山泉……雨花台甘露泉、高座寺茶泉、净明寺玉华泉……留守左卫仓井即鹿泉寺井，合二十六处。”

甘露井水质清净，井水清澈见底，久旱不雨亦不枯竭，味甘醇清凉。岁久寺废，井尚在，距雨花台风景名胜区曦园园门约12米处。井口为圆形，直径约0.8米，井内壁砖砌而成，完好无损，井深不见底，投入石块，数秒方能听到落水声，原井栏已不复存在。

1996年10月，雨花台烈士陵园管理局修缮了甘露井，在甘露井上修建一亭，名为甘露亭，此亭由东南大学建筑系潘谷西教授主持设计，甘露亭高4.5米，建筑面积30平方米。亭八柱八角，东、南、西、北四面各有四级台阶，东、北两面篆额“甘露亭”，亭顶为空透式，以便人能观看到清冽的井水。

甘露亭建成后，将原普德寺内的雨花泉井栏放置于甘露井上。

四、一泉井

一泉井（2022 年）

一泉井位于雨花台风景名胜区二忠祠后院，今存一井栏。一泉旁的墙面上有一石碑，碑上记载：“古称一泉，年代已无人考。”相传宋代因有一泉之说的存在，尔后陆游方有“第二泉”之说。因此，该泉应早于二泉之得名。

五、江南第二泉（高座寺茶泉、永宁泉）

江南第二泉，原名“高座寺茶泉”，原永宁泉废弃后，此泉亦称“永宁泉”。旧在高座寺前，遗址在雨花台二泉茶社，位于雨花台风景名胜区东干道旁。

明初，因修道路，将“高座寺讲院”一分为二，一曰“高座寺”，一曰“永宁寺”。《金陵胜迹志》：“永宁寺，在雨花山。有永宁泉。高座、永宁本一寺，明始分为二，西曰‘高座’，东曰‘永宁’。”其时，高座寺前、永宁寺后均有泉。永宁寺后有一泓泉水，因寺得名“永宁泉”。明洪武年间，著名教育家、儒学大师赵谦游雨花台，闻听南宋诗人陆游曾到永宁寺游玩，用永宁泉水泡茶，倍加赞赏，还将永宁泉命名为“二泉”。于是，赵谦应邀书题“第二泉”匾额。后有人加“江南”二字，变为“江南第二泉”。高座寺茶泉清水一潭，深六七尺，大旱不涸，清冽甘美，沁人心脾，自古为金陵名泉。明代周晖《金陵琐事》记载：金陵共有 24 处名泉，名曰“金陵泉品”，其中城南雨花台一带有牛首山龙王泉、虎跑泉、太初泉、雨花台甘露泉、高座寺茶泉、净明寺玉华泉。后永宁泉枯竭，遂废弃；而高座寺前的井泉代之成为雨花台最佳品茗取水之处。因“永宁泉”名气更大，后史遂将高座寺茶泉称为“永宁泉”或“江南第二泉”。清代金鳌在《金陵待征录》指出：“永宁泉……非真泉也。真泉弃于草莽，在永宁寺后。本高座寺讲院，后截为道，乃分为二禅堂，壁上有《宋僧新公塔铭》可证。”

江南第二泉（20 世纪 30 年代）

清代，此泉旁设有茶社。清代诗人储国钧在《高座寺》诗中描述：“石径分茶社，云峰闭磬声。上方无客到，趺坐豁羁情。”清代吴敬梓《金陵景物图诗》之《雨花台》序云：“永宁泉，泉极清洌。

江南第二泉陆游雕像（2022 年）

茶社酒村皆近泉之左右，游人于此小憩。”吴敬梓在《儒林外史》二十九回中还描写了一段著名情节：两个挑粪伕忙完了一天活计，要“到永宁泉吃一壶水，回来再到雨花台看看落照”。吴敬梓笔下的“永宁泉”即是“高座寺茶泉”。据《金陵胜迹志》记载：“永宁寺……咸丰兵火，荡为邱墟，后虽稍稍修葺，而雨花一泓，土人仅构屋置铛，以为茶寮云。”清同治年间，江苏候补知府何维朴题雨花台永宁泉茶舍联云：“小窗多明，俯拾即是；众山倒景，乘空欲飞。”1895 年，清政府被迫签订《马关条约》，将台湾、澎湖割让给日本，爱国人士洪繻在南京作《登雨花台》：“梁武讲经于此间，天花法雨散华鬘。青丝白马来侯景，朱雀乌鸢出大阛。此台旧事不堪忆，高座寺边余暮色。吊古何须感废兴，即今且复埋荆棘。梅岭已荒内史亭，石冈已铲谢公迹。孤垒犹留战后氛，二泉空话茶时客。”清末徐寿卿撰《金陵杂志》：“第二泉一曰永宁泉，在雨花台永宁寺。对面一泓，纤淫缕侵，取之不竭。上建瓦屋数间，以为茶舍。春夏佳赏，游屐纷遝，啜煮消遣，心境为之一清。中有许公振祎集句一联云：‘携来天上团圆月，来试人间第二泉。’”

民国学者夏仁虎在《岁华忆语》中如此描写当时的上巳节：“人家率于是日诣雨花台永宁泉品茗为乐。泉水清冽，足湔烦渴，往往谈笑竟日，看夕阳而归！”1932 年，诗人范蕴章作《题雨花台第二泉》诗：“雨花台畔晚凉天，扫叶同煮第二泉。品茗清谈忘俗虑，新诗高唱入云边。”

20 世纪 70 年代初，因人防工程建设，泉水一度淤塞断流。后经多次整修，江南第二泉恢复原貌，成为一处游览景观。一泓清盈见底的碧水池，池中数米高的太湖石上有多孔泉眼，泉水从数米高的假山石中汩汩流出，汇集成池。现“江南第二泉”的匾额为当代著名书法家萧娴所书。今江南第二泉还保留一口古井，称“二泉井”。

2012 年 3 月，“江南第二泉”被列入南京市文物保护单位。

二泉井（2022 年）

六、焦婆井

焦婆井约建于宋代，距今约 800 年以上，旧在雨花台西南、凤台门外（今阅城国际小区西门附近），南宋时为当地地标之一，今不存。井以“焦婆”为名，源自道教“焦婆”传说，实为“戒杀食素，其水并碗，皆得清净”之意。

《正德江宁县志》："焦婆井在聚宝山南。"明代周晖在《品泉》一文中写道："余近日又访……凤台门外焦婆井，皆携茗一一试过，惜不得仲交赞之耳。"孙应岳在《金陵选胜》中，将金陵诸名泉罗列为26处，凤台门下焦婆井位列其中。

七、义 井

雨花台周边有两处义井。所谓义井，是指供公众汲用之井。唐代张说《玄识阁黎庐墓碑》："置义井，取施无求报。"

义井一，旧在天禧寺侧，即今雨花台北600米处大报恩寺遗址公园内。宋天圣五年（1027）正月十六日，由丞相李迪开凿启用。李迪撰《义井记略》曰："相国陇西公赴镇江宁，思福黎庶，志在康济，常虑一物，不得其所。有塔主大律师可政者，乃谓城之南隅，康衢四达，憧憧往来，朝及其夕，请官之隙地特建义井，俾历炎酷，以济其众。公跃闻斯美，笔允其请。遂募其积善者唐文遇出家帑以备其事，畚锸星聚，穿凿聿成，固砌翠珉，广覆华宇，冽冽其泉，纵铄金焦石，其源靡息，轮蹄绝虑，鱼樵无患，老幼承惠矣。"

义井二，在石子冈七里铺，今邓府山前，雨花台西南800米处。南唐保大三年（945）置井，石栏上有僧人广慧铭文。今不存。

八、雷山义井

雷山义井旧在聚宝门外东隅德恩寺内，亦称德恩寺义井、雷山义泉。今不存。遗址在今雨花台风景名胜区方孝孺墓东北约300米处（梅花村8栋）。《正德江宁县志》记载："石栏围丈余，上刻'雷山义井'四字，篆书古甚。"

元至正八年（1348），翰林待制杨刚中门人雷秉义在德恩寺始建义井，取名"雷山义泉"。《金陵待征录》："雷山义泉，在德恩寺。四字篆书，末题'至正戊子雷秉义建'，按《金陵新志》：秉义为杨刚中门人。"

明周晖《金陵琐事》"品泉"中记载：万历二年（1574）十二月，在他的建议下，盛时泰将"德恩寺义井"列入金陵二十四处名泉之一。之后，孙应岳在《金陵选胜》"泉石"中，又将金陵名泉增加到二十六处，"德恩寺义井"依然名列其中。

九、华严寺古井

华严寺古井地处原雨花镇（现工农社区居委会）境内，距华严寺龟趺10余米处，水面距井栏约5米，井口直径0.5米，井水清澈甘醇。井壁为小砖砌就，原井栏与地面持平，现高出部分是后人新加的，井四周已用水泥铺设，保存完好。

华严寺古井

玉乳泉

十、玉乳泉

玉乳泉位于雨花台区天隆寺塔林北面 50 米外，高 0.39 米、外径 0.8 米、内径 0.52 米，原为寺内用井。井栏为青石质，呈八边形，井栏上镌刻“玉乳泉”和“永乐十五年”（1417）字样。传说原泉水呈乳白色，可治百病，名闻遐迩。

十一、流惠泉

流惠泉旧在铁心桥善司庙之右，遗址位于今铁心桥以北约 550 米处，今不存。清代甘熙《白下琐言》记载，当时通往安德门、牛首山的大道异常繁忙，“朝夕之往来者不绝”，由于这一段地势颇高，缺少水泉，行人经常口渴难耐。江宁有贤士卜璠，自号“朴庵居士”，平时乐善好施，其祖茔在安德乡裴村（今铁心桥街道南），每年清明扫墓时，目睹此情此景，萌生了打井念头。明隆庆五年（1571）八月，卜璠在大道边“湾塘”处，“凿池得泉，甓之为井”，并建亭供行人休息。“由是往来兹途者，就亭而憩，就井而汲，可以息肩，可以蠲渴，咸欣欣以为良便矣。”翰林邢雉山取名“流惠泉”。

第八节　重要遗址

一、长干古城

商周时期古城址，位于雨花台北麓西街地块。2017 年开始考古发掘，2023 年 12 月确认古城址。

遗址内发现了丰富的商周时期、六朝时期、宋元明清时期的文化遗存。其中，遗址北部的台地，属湖熟文化台形遗址，在台地以外，发现了多重环壕、墙基槽与门墩门道、水井、灰坑等遗迹，根据考古学命名原则，考古专家将其命名为长干古城。古城可能有内外双重结构，内城以两道环壕围起的台地为主，外城可能以遗址东侧的南玉带河为环壕之一部分。出土遗物丰富，陶器有鬲、鼎、罐、豆、钵、盆、刻槽盆、斝、觯形杯、簋、器盖等，硬陶与原始瓷有坛、罐、豆、器盖等，石器有锛、斧、刀、镰、镞等，玉器有玉璧。遗物具有典型的湖熟文化特征，同时又显现出中原商周文化、太湖流域诸文化、江淮地区诸文化等的影响。长干古城的繁荣时期，在晚商至西周时期，至春秋时期衰落。

根据古地理环境的复原成果，商周时期，长干古城正位于古秦淮河入江口附近，应是一处重要的交通节点或军事要塞。据史书记载，春秋末年，越灭吴后，越人于此筑越城，六朝时期重新启用废越城，作为军事堡垒，并于越城以南新建国门。

2023 年 12 月，“长干古城——南京西街遗址重要成果专家论证会”召开，长干古城的考古发现进一步受到学界重视。长干古城的发现，是南京地域文明探源的重要收获，将南京建城史提前了 600 年，为湖熟文化、吴文化研究提供了新材料，为宁镇地区青铜时代考古学文化格局研究提供了新视角。

二、越 城

周元王四年（前 472），越王勾践令范蠡筑城于长干里（今中华门外西街一带、雨花台风景名胜区北门西北约 300 米处），这是在南京有史料记载的建造最早的一座城池，史称“越城”，亦称“范蠡城”。《建康实录》云：越城在“淮水一里半。”《图经》云：“城周回二里八十步，在秣陵县长干里。”此地地势较高，北临秦淮河，南倚雨花台，西控长江，以此作为进攻楚国的根据地之一。《景定建康志》载：“《金陵故事》云：周元王四年，范蠡佐越，灭吴，欲图伯中国，立城于金陵，以强威势。”

越城自古就为战略要地，《景定建康志》载：“《郡国志》云：在县南六里，东瓯越王所立，吴王濞败，保此城，后走丹徒，晋王敦、王含以水陆五万逼淮，温峤烧朱雀航以挫其锋，遂潜师渡水，大破含军于越城。《南史》：卢循犯建康，刘裕恐其侵轶，用虞丘进计，伐木，栅石头城，修治越城。齐崔慧景寇建业，萧懿入援，自采石济岸，遁越城。梁武义师次新林，遣王茂据越即此地。”

隋灭南陈，越城被毁，此后未再建，到唐代已被人称为“废越城”，明清时期仍存其址。《正德江宁县志》记载：“越城在古秣陵县长干里，宋江宁县尉廨处。周二里八十步，今聚宝门外报恩寺西，遗址仅一亩许。俗传其土甓灶绝蚁，故为居民取之殆尽。”越城自古为文人墨客怀古之地。因遗址处有一片高地，故又称“越台”。清陈文述《越城》诗云：“一样兴亡更可嗟，长干枯树噪啼鸦。越台争似苏台好，杨柳年年扫落花。”周宝偀《越城》诗云：“禅院风清古迹埋，长干西畔小徘徊。一堆土石迷烟草，人踏斜阳问越台。”

三、赤石矶遗址

赤石矶在雨花台（聚宝山）东北，是雨花台的一条支脉，因由红色砂岩构成，故名。五代杨吴时期，因挖掘护城河（杨吴城濠，即今外秦淮河），将赤石矶一分为二，从此外秦淮河南北两岸各有一处地方都叫“赤石矶”。

今人所熟知的赤石矶在外秦淮河北岸，门东地区的老虎头。陈作霖《东城志略》记载：“赤石矶者，雨花山之分支也。杨吴筑城时，断而为二。在城内者为紫岩，俯临娄湖。……今湖久涸，而乱石狰狞，俗呼‘老虎头’者，‘娄湖头’之转音也。”此处赤石矶因有周处读书台、石观音寺等古迹，近代以后愈来愈广为人知。

在外秦淮河南岸还有一处赤石矶，在明清时期更为出名，曾是雨花台地区的一处游览胜地。明代万历年间，竟陵派代表人物钟惺任南京礼部祭祠司主事，后迁南京礼部仪制司郎中，他“栖泊金陵，乐其山水”，多次到赤石矶泛舟，流连忘返之际，刻“埋我于此”四字于石上。明末吴应箕《留都见闻录》也记载了当时的景象：“赤石矶，在聚宝门外西天寺下河干之南岸也。岸皆林樾，尤多石榴。林杪通街，为居人鳞次，而矶以隔林，逐觉静窅。其石大蔽数牛，横瞰水面，河流洄洑其下，故名矶焉。”

清代，此处赤石矶被列为“金陵四十景”或“金陵四十八景”之一。由于它是一片伸入外秦淮河中的赤紫色岩石，故称“赤石片矶”。《乾隆大清一统志》云：“赤石矶在江宁县东南城外。”清高岑《金陵四十景图》第九景有“赤石矶”，称其“在南门外东二里，枕濠面郭。本与周处台为一，杨吴时筑城凿濠，中断为二，陂陀高下，苑屋参差，估舫渔舟多集于此，榴花数百株。每当夏日，丹绿掩映，游人蚁集，流水轻飔，最为胜赏云”。清代多版本《金陵四十八景图》所描绘的“赤石片矶”画面，都是秦淮河岸边的一块岩石。晚清以后，随着外秦淮河南岸地貌环境的改变，“赤石片矶”景观不复存在，赤石矶之名也被老虎头独占。

赤石矶遗址（2024 年）

直至今日，在养虎巷附近的外秦淮河南岸依然可见赤紫色岩石，这就是昔日赤石矶的遗迹。

四、杨邦乂剖心处

杨邦乂剖心处今位于雨花台风景名胜区二泉后山，呈半圆扇状，东西进深 23 米，南北宽 18 米。周围青松翠柏环抱，环境幽静。

南宋建炎三年（1129），金兵入侵建康，建康通判杨邦乂被俘，宁死不屈，在雨花台土门冈被金兵剖腹取心。后人在其殉难处立碑纪念。

杨邦乂剖心处原在雨花台下宁芜公路北（原雨花百货商店南面）。1932 年开辟雨花路时向东南迁移约百尺。1952 年因新建宁溧公路又向南迁移到宁溧公路南面土山上。1975 年因雨花台烈士陵园扩建工程的需要又向南迁至今址。

杨邦乂剖心处旧影

剖心处现存 1873 年“重建三忠祠碑”、1932 年重立“宋杨忠襄公剖心碑”、1975 年“杨邦乂剖心处迁移记”碑和 1976 年杨邦乂剖心处保护标志碑共四通。另有石狮两尊。

“宋杨忠襄公剖心碑”踞于“杨邦乂剖心处”中心平台之上。平台高 0.8 米，长宽各 4.23 米；碑身高 1.86 米，宽 0.9 米，厚 0.24 米；碑额高 0.6 米，宽 1.12 米，厚 0.31 米，碑通高 3.26 米。其碑文由三部分组成，中心竖书“宋忠臣庐陵杨忠襄公剖心处”12 字，为民国时期的南京市市长石瑛题写。两侧隶书“宋杨忠襄公剖心碑记”碑文。（碑文见本志《附录》）

五、伏龟楼遗址

伏龟楼始建于南唐，位于都城东南隅南侧城外。南宋景定元年（1260），马光祖在伏龟楼上增创硬楼 88 间，约毁于元末明初应天府城改筑时期。伏龟楼具有角楼性质，除主要用于军事瞭望守备外，还兼有登高观景之功能，成为南宋时期金陵第一胜景，范成大《吴船录》云：“凡游金陵者，若不至伏龟（楼），则如未始游焉。”2001 年 5 月，在明代南京城墙维修过程中，于武定门至雨花门之间的明代城墙东南转角内侧土冈上发现一处大型建筑遗迹。遗迹东西残长 15.85 米，南北残宽 7.61 米，残高 1.6 米，东距明代城墙约 1 米，与明代城墙南段基本平行，南侧部分墙体被叠压于明代城墙之下。遗迹内外均用长方形大砖垒砌，砖长 33.8—39.6 厘米，宽 16.5—18.4 厘米，厚 5.1—6.4 厘米，上下残存 21 层，砖缝填以黄泥砂浆。这处砖构建筑遗迹砌筑考究坚固，规模较大，从形制及构筑特征看，应为一处向上略有收分的大型建筑台基，其用砖与南唐二陵等南唐墓砖相仿，故推测始建时代为杨吴或南唐时期。发掘者依据遗迹位置以及实砌砖构礅台的构筑特征，认为它可能是作为南唐都城城垣附属建筑的伏龟楼基址。2005 年 9 月，遗址所在地辟建为伏龟楼遗址及南唐城垣遗迹展览馆。2006 年，遗址被列为南京市文物保护单位。

伏龟楼遗址

六、长干寺长干塔塔基和地宫

长干寺长干塔塔基和地宫位于中华门外长干里大报恩寺遗址范围内，宋代遗存。长干塔为宋长干寺重要建筑之一。2008 年，在明大报恩寺遗址发掘过程中发现该塔塔基，并证实为明代大报恩寺沿用。塔基平面呈正八边形，最大对径约为 25 米。从外至内分为五层结构，除中心部的地宫外，

金棺

银椁

外围四层结构的平面形状皆为八边形。地宫位于塔基中心，圆形竖井式，直径 2.2 米，从原始山体中垂直下挖而成。地宫之内，从上至下以一层石块、一层夯土的方式有规律地夯筑，共 39 层。在距离地表 4.2 米处，发现一块方形覆石，位于地宫中心。覆石提取后，其下露出了方柱状的石函。石函高 1.5 米，边长 0.72 米，由上部盖板、底部垫板和四周四块壁板拼合而成。其中北壁石板镌刻《金陵长干寺真身塔藏舍利石函记》长篇铭文。文称，大中祥符四年（1011），长干寺住持演化大师可政和守滑州助教王文等人，得到宋真宗的允许，修建八面九层宝塔，塔高“二百尺”，而塔内地宫中藏有“感应舍利十颗，并佛顶真骨，洎诸圣舍利，内用金棺，周以银椁，并七宝造成阿育王塔，以铁函安置”。与碑文的记载完全一致，在石函内发现一座铁函，高 1.3 米、宽 0.5 米。这是国内目前从佛塔地宫中发现的最大的铁函。铁函顶部放置大量的铜钱，以及水晶球、玛瑙珠、串珠、鎏金银凤等供养器物。在石函下，还有一个小型埋藏坑，其内出土白瓷碗、青瓷碗、青瓷壶各 1 件。地宫从现存地表开口至埋藏坑底部共深达 6.74 米。这是迄今国内发现的最深的佛塔地宫。出土文物藏于南京市博物馆。

七宝阿育王塔

七宝阿育王塔 位于铁函内，用绸包裹。高近 1.2 米，内部为木质胎体，外部用银皮蒙覆，表面鎏金，并镶嵌大量水晶、玛瑙、琉璃等多种宝石。该塔由相轮、山花蕉叶和须弥座三大部分组合而成。塔刹有 5 重相轮，顶部为球形宝珠。四只山花蕉叶分别位于须弥座顶部四角，其内侧分别浮雕了两座佛立像和两座佛坐像。外侧则浮雕了一组佛祖诞生、苦修、说法、涅槃，以及降魔显圣等佛传故事。塔刹与四座山花蕉叶之间皆以长链相连，链上悬铃。塔的主体是位于底部的方形须弥座。其上、下两端的出涩部分皆浮雕一组佛像，姿势各异。塔身四面中心部分，分别浮雕了“萨埵太子饲虎”“大光明王施首”“尸毗王救鸽命”和“须大拿王”四幅大型佛祖本生变相。塔座四面的顶部分别刻有“皇帝万岁”“重臣千秋”“天下民安”和“风调雨顺”四字吉语。塔座四隅站立大鹏金翅鸟（即佛教“天龙八部”中的迦楼罗）。每面的上部和下部分别錾刻铭文，主要记述捐赠施主的身份、姓名，捐赠的数量，以及变相的名称等。另外在塔刹根部，山花蕉叶内侧以及塔座顶部平面之上皆有铭文，提供了十分丰富、重要的文字记载。从整体上看，该塔造型高大雄浑，装饰精美，寓意深刻，代表了宋代佛教器物制作的最高水平。塔身内发现了大量的珍贵文物。主要有各类丝织品、水晶球、鎏金银熏、银钗、玉碗、玻璃杯、琉璃净瓶、金棺、银椁及各类香料等。从清理的结果看，塔身内部的文物可以分成上下二层。上层主要为由丝绸包起来的多个包裹，下层为一用丝绸包裹的方形漆函，函内安放着由多层丝绸包裹的方形银函。上层一个包裹内有银椁，银椁底部有须弥座。根据碑文记载，此方形银函和银椁内应有金函和金棺，用以供奉感应舍利、佛顶真骨和诸圣舍利。

2010 年 6 月 12 日，在南京栖霞寺举行的释迦牟尼佛顶骨舍利盛世重光大典上，文物工作人员打开金棺银椁，密藏千年的佛顶真骨和感应舍利重现世间。

七、窑岗村琉璃窑窑址

窑岗村琉璃窑窑址位于雨花台区赛虹桥街道窑岗村、眼香庙、芙蓉山一带。1928 年调查发现。1958 年南京市文物保管委员会清理了两座残窑。1959 年，南京博物院再次进行勘查和发掘，共发现残窑遗迹 60 余处，清理了保存较好的一座窑址，开挖了 3 条探沟，出土了一批琉璃构件等遗物，证实这里就是《明会典》所记载的聚宝山官窑所在地。2008 年 3 月至 9 月，南京市博物馆对窑岗村 30 号（原南京搪瓷厂址范围）进行大规模考古发掘，主要发现有明代单座窑体 14 座、窑作场地及护坡各 1 处，出土各类文物标本 1900 余件。发掘表明琉璃窑址皆依山而建，排列具有一定的规律。眼香庙一带曾发现一排并列 6 座窑址，全长 22.7 米。窑体直接建于生土之上，均为全倒焰式马蹄形窑，窑顶虽遭晚期毁坏，但依据残存的遗迹分析，应为砖砌券顶。窑体底部保存较好，一般由窑门、火膛、窑室和烟囱四部分构成，窑门外多发现有砖砌的挡土墙和挡火墙，其中一座还发现有排水沟。火膛底部比窑床低 0.8—1 米，窑床上均匀分布有吸火孔，和窑室后端的烟囱相连；烟囱位于窑室后端的凸出部分。根据形状和结构的不同，已发现的窑体大致可分 5 个类型，其差异可能与各窑体的时代早晚及烧造用途不同有关。发现的窑作场地、砖砌护坡等遗迹在各窑体周围，其中前者是为各窑服务的制坯和晾坯场所，后者则为防止水土流失，保护窑体而建。

此外，还发现有临时堆放燃料之用的砖砌建筑遗迹。出土的遗物多发现于山体边缘的窑灰及残次废品堆积区。堆积区地层呈倾斜状，包含物以素烧和施釉的建筑构件为主，还有一些陶瓷质生活用器，以及烧制过程中使用的器具等。建筑构件包括瓦当、滴水、筒瓦、板瓦、脊兽、仙人、鸱吻、栏杆、斗拱和椽子等，其中素烧器占多数，证实了琉璃器“先素烧，后釉烧”的文献记载。釉色以黄釉和绿釉为主，还有少量的黑釉、蓝釉和五彩器，多色泽艳丽，制作精美。建筑构件中瓦当、滴水数量最多，模印的纹饰有龙纹、凤纹、莲花纹、番莲纹和兽面纹等多类。从素烧器的器表纹饰分析，模印工具应为木模。发现的生活用器多为青瓷和白瓷碗，时代以明初为主。发现的窑具以各类器垫为主，均泥制素烧，在不少垫片上发现有在使用过程中留下的龙纹、凤纹等印痕。其中一件青瓷碗内残留有黑色釉料，为了解当时琉璃釉料的成分和配方提供了珍贵实物资料。此外，还发现一些阴刻有方位和数字的陶拍，推测为单个窑体的编号，以便于窑场统一管理。根据考古发掘及《明会典》等文献记载，该窑是专为南都宫殿、礼制建筑、帝王宗室陵寝及以大报恩寺为代表的皇家寺观等最高等级建筑烧造各类琉璃建筑构件的御用窑址，始烧于明代以前的元至正年间，至少到万历年间仍继续烧造，最终停烧年代则至清初。20 世纪 50 年代出土的琉璃构件分别藏于国家博物馆、南京博物院、南京市博物馆。2008 年，遗址发掘的各类遗物藏于南京市博物馆。2002 年，被列为江苏省文物保护单位。

八、明代瓮堂

明代瓮堂位于中华门外悦来巷 2 号，名为“聚恩泉”，相传是明初为筑城民工洗澡修建的浴堂。而据《金陵梵刹志》记载，明代大报恩寺有“浴堂一所，每年租银二十二两，内除众僧洗银七两，夏租银每年七两钱，冬租银每年七两五钱”，故瓮堂应为明大报恩寺公产，出租给私人经营，除供寺僧洗浴使用，也对公众开放。瓮堂的构造非常巧妙，两个瓮堂相距 1 米，结构为双连体穹窿形、砖砌，瓮高 3.2 米，内径 4.5 米，顶部呈半圆形。堂顶如同一个倒扣的大瓮，这也是“瓮堂”名称的由来。这样的设计使得积在顶部的水顺着墙壁流下，而不会滴在人身上，让人冷战。东侧瓮堂南面开门，上有圆形天窗，墙角处有烧火口，自地下通入邻室。西瓮堂与之相似，其内壁圆曲，下部为仰莲座。瓮内既可以采光，还可在气温较高的情况下，打开天窗上增筑的四面窗子透气。2006 年，明代瓮堂被列为江苏省文物保护单位。

九、沈家粮行

沈家粮行位于中华门外悦来巷 1–2 号，据传是明代江南富豪沈万三建造的水上码头粮仓。沈家银行坐西朝东，原有五进，存三进硬山顶、砖木结构平房，通面阔三间 12 米，每进为七檩，通进深 32 米，占地面积 384 平方米。两侧为三叠封火墙。南、北两侧封火砖墙保存十分完好，铁皮大门、门头保存比较完好。沈家粮行现为南京市文物保护单位。

十、金斗会馆

金斗会馆位于中华门外西街 123 号，即合肥会馆。会馆，为同乡在异地组建的一种社会性互助组织，始于明代，因有利于同乡联络、互济、发展，至清代趋向兴旺，清末民初逐步衰颓。甘熙《白下琐言》记载：“金陵五方杂处，会馆之设甲于他省。”“金斗”，即合肥的别称。现存二进，其中第二进为明构。第一进面阔 7 米，三开间结构，进深七檩 7 米，高 4.8 米，第二进面阔 7 米，高 4.95 米，三开间结构，小厅结构，进深七檩 8 米，建筑面积约 100 平方米，梁头上雕有花纹，柱下有础石。门外墙有合肥会馆界碑 1 通。金斗会馆现为区级文保单位。

十一、回回观星台

回回观星台亦称“测候台”，又被称为“明朝第一天文台”，建于洪武初年，用于观测天象气候，时在雨花台北侧，今不存。遗址在今雨花东路养回红村江苏传媒学校附近。

元末明初，朱元璋置太史监。以刘基为太史令，下置通判太史监事，佥判太史监事，校事郎，五官正，灵台郎，保章正、副，挈壶正，掌历，管勾等，掌记载史事、编写史书、起草文书，兼管国家典籍、天文历法、祭祀等。洪武元年（1368），改太史院为“司天监”，设监令、少监、监丞、主簿、主事、五官正副及监候、司晨、漏刻博士。又在雨花台置“回回司天监”。设监令、少监、监丞。

洪武三年（1370），改回回司天监为“回回钦天监”，伊斯兰天文学家马沙亦黑、马哈麻兄弟先后任回回钦天监监正与监副，从事大规模的天文测量工作，以校正、补充各种天文数据。马沙亦黑还制造出浑天仪等天文仪器。《历算全书》：“明洪武初，设回回司天台于雨花台。寻罢回回司天监，设回回科，隶钦天监。每年西域官生依其本法，奏进日月交蚀及五星凌犯等历。”《永乐大典》：“钦天回回监在聚宝门外，其测候台在聚宝山。”

洪武十八年（1385），朱元璋又在鸡鸣山置“钦天监观星台”，至此，南有雨花台回回钦天监观星台，北有鸡鸣山钦天监观星台。《明太祖高皇帝实录》：“洪武十八年冬十月丙申，筑钦天监观星台于鸡鸣山，因雨花台为回回钦天监之观星台。”洪武二十一年，朱元璋下诏取消回回监和回回历法。洪武三十一年（1398），朱元璋下诏取消回回监，其历法划归钦天监。《大明会典》：“三十一年，革回回监，而其历法亦隶之本监。”

明朝第一天文台遗址碑

史料记载，元末跟随朱元璋反元的淮西起义军中有大量的回族，朱元璋定都南京后，常遇春、冯胜、沐英等回族将领得到封侯加爵，回族政治地位空前提高。同时，来自中亚、西亚、南亚、东南亚各伊斯兰国家的贡使、商队络绎不绝。

明政府在三山、聚宝门外建塌房以贮商货，在江东门外建廊房（旅店）、江东驿馆和接待寺，广设会同馆、乌蛮馆、重译楼等外交接待设施，还专设“回回文字馆”、回回钦天监观象台等回族教育和科研机构，在城南附近辟回族聚居区（俗称“回回营”），并特建礼拜寺“供子孙世居，学习真经，焚修香火，祝延圣寿，寄籍江宁县优免差役。”

当地旧有“养虎仓”“回回营”“红土桥”地名。民国时，取“养虎仓”“回回营”“红土山”三村名之首字而成“养回红村”，地名保留至今。2018 年 8 月 18 日，江苏传媒学校在校内操场处（此地旧名红土山二郎冈，为明朝回回司天监监正府和回回测候台所在地）设立了“明朝第一天文台”遗址碑。

十二、太监义会碑

太监义会碑全称“南京司礼监等衙门太监等官义会碑”，明代碑刻，2001 年被发现于南京雨花台风景名胜区涌泉广场附近竹林，现位于雨花台风景名胜区二泉后山，西接杨邦乂剖心处，南临方孝孺墓。

所谓“义会”，是宦官集体出资，为筹办身后丧葬、坟地卜建等事宜设立的互助团体。“南京司礼监等衙门太监等官义会碑”即是宦官们集体为营建葬地而立的碑刻。雨花台太监义会碑是目前南京仅存的明代太监义会碑刻，尤为珍贵，2006 年，南京市人民政府公布太监义会碑为南京市文物保护单位。

该碑体量颇大，由碑额、碑身、碑座三部分构成，碑身为以青石雕成，碑座为汉白玉质，通体无剥蚀，碑文字迹清晰。碑身通高 3.48 米，碑高 2.64 米，宽 0.84 米，厚 0.23 米；碑座高 0.84 米，宽 0.94 米，厚 0.42 米；碑额浮雕双凤等云纹；碑座下部镂刻海水、江牙、山峰等四合云纹，上部饰云雁图；碑身正面四周镌缠枝花纹；圭首额书竖题阴刻篆书“皇明”二字：“皇”字长 0.18 米，“明”0.15 米见方。碑身阳面自右向左横书“南京司礼监等衙门太监等官义会碑”。

碑铭记录了 27 名太监的姓氏、名讳、桑梓，共计 6 排。27 名太监有：顺天府 10 位，保定府 5 位，关中 4 位，西安府 2 位，河间、真定、南阳、湖广各 1 位，无籍贯 2 位。第十二名可能因故获罪而名号俱废，只知是关中咸阳人氏。碑文全文如下：

王公讳章，号龙山，保定府雄县人。

王公讳弼，号双泉，顺天府霸州人。

党公讳存仁，号义庵，西安府华阴县。

舒公讳忠，号毅庵，顺天府遵化县。

赵公讳继，号义斋，河间府任丘县。

刘公讳登，号晋庵，保定府新安县。

赵公讳秀，号忠斋，保定府高阳县。

贺公讳贵，号秦川，关中咸阳县。

王公讳德，号四桥，真定府槁城县。

马公讳龙，号海峰，顺天府大成县。

张公讳宠，号龙江，顺天府霸州人。

□公讳□，号□，关中咸阳县。

孙公讳相，号南溪，顺天府霸州人。

王公讳守谦，号岐山，关中咸宁县。

李公讳科，号乐庵，顺天府保定县。

刘公讳尚忠，号思云，湖广承天籍锦衣人。

朱公讳相，号玉泉，保定府容城县。

刘公讳芳声，号瑞吾，顺天府东安县。

李公讳奉，号岐山，关中咸阳县。

杨公讳安，号□江，南阳府郏平县。

刘公讳玉，号昆山，保定府清远县。

李公讳荣，号钦轩。

周公讳元诏，号御亭，顺天府宝坻县。

李公讳国祥，号瑞吾，顺天府宛平县人。

刘公讳进朝，号松山，顺天府顾安县人。

杨公讳奉，号玉山。

朱公讳有光，号明斋，西安府咸阳县。

十三、麻勒吉去思碑、德政碑

麻勒吉去思碑、德政碑全称“总督江南江西部院麻老爷去思碑”“两江总督麻大老爷德政碑”，清代碑刻，康熙十二年（1673）十月初一立于雨花台曹公祠（祀江宁织造曹寅）左侧，2013年出土。

麻勒吉，字谦六（后改为马中骥），满族，正黄旗人，姓瓜尔佳。顺治八年（1651），始设汉、满两榜科考，麻勒吉以会试第一、殿试一甲第一（满榜状元），成为满族第一位状元。

康熙七年（1668）十二月至十二年五月，麻勒吉任两江总督。时苏州、松江频遭水患，布政使慕天颜议浚吴淞江、刘河口，麻勒吉与巡抚玛祜疏请以各府漕折银十四万充工费。淮、扬被水坍没田地，请永免岁赋，诏并允行。莅任数年间，“兴利除弊，纲纪毕张，凡藩臬、郡县、学校、营卫、驿递、场局、市井一切要政，各定章程，以除苛滥，士民感动”。后因失察镇江驻防兵讦将军李显贵、知府刘元辅侵吞钱粮案，被押至京城听审。康熙十二年，麻勒吉被降二级，调任兵部督捕理事官。

麻勒吉离任后，两省百姓感念麻勒吉德政，于同年十月在雨花台立“总督江南江西部院麻老爷去思碑”“两江总督麻大老爷德政碑”两碑，以为纪绩。《清史稿》：“江南民为麻勒吉立碑雨花台纪绩，祀名宦。”

此二碑曾在道光年间失踪。据甘熙《白下琐言》记载：“聚宝门外曹公祠之左，旧有碑一座，上刻‘两江总督麻大老爷德政碑’，予及见之，近年已为僧人砌墙失去。”至2013年，两碑才重新现身。据悉此二碑原嵌于南京城南瞻园大四福巷一老宅墙里，拆迁后被运至高桥门一渣土场，乃被发现。两碑尺寸均为0.130米高，0.83米长，0.25米厚，其中一块略有残缺，上刻“……吉号谦六满洲人壬辰科状元……西部院麻老爷去思碑……一（据史料推断，此字应为残损的“二”字）年十月朔日两省士民公建”等字，另一块残缺稍严重，残余碑文记录着麻勒吉在南京的政绩。两碑现收藏在江南贡院博物馆。

十四、清高宗御碑亭

清高宗御碑亭即乾隆御碑亭，位于雨花台风景名胜区东干道与丁香路交界处。碑文分四面，分别为乾隆皇帝（爱新觉罗·弘历）第一次至第四次南巡时游览雨花台所作。2006年乾隆御碑被列为南京市文物保护单位。

乾隆御碑亭（2022年）

石碑原位于雨花石博物馆老馆东南水塘东侧，“文化大革命”中曾被推倒，断裂为两截，1995年修复，1996年雨花台烈士陵园在原地修建了乾隆御碑亭，建筑面积20平方米，置碑于亭内。碑由碑额、碑身、龟趺组成。碑总高2.55米，宽0.8米，厚0.21米；碑额上刻有二龙戏珠图案。因年代久远，碑文已剥蚀，但仍能依稀可辨。

碑文一（正面）：乾隆十六年（1751）正月，乾隆皇帝开始第一次南巡，三月二十四日驻跸江宁府行宫。二十五日下午，乾隆皇帝先登长干寺，“眺览既周，遂前幸雨花台”，御制《雨花台》七绝一首。全文：

崇冈跋马晚春晴，凭览遗台触慨情。便果云光致花雨，可能末路救台城。乾隆辛未春御题。乾隆宸翰（印）、陶冶性灵（印）。

碑文二（背面）：乾隆二十二年（1757）正月，乾隆皇帝开始第二次南巡。三月二十日驾幸雨花台，御制《雨花台口号》一首。全文：

崔巍雨花台，迹传梁武帝。云光讲经致雨花，台城不救嗟何济。文殊问讯维摩处，乃有天花散天女。一之为甚可再乎，著者空槌涂毒鼓。丁丑暮春御题。所寶惟贤（印）、乾隆宸翰（印）。

碑文三（右侧）：乾隆二十七年（1762）正月，乾隆皇帝开始第三次南巡。三月二十六日驾幸雨花台，御制《题雨花台》七律一首。全文：

梅冈东麓雨花台，闻道谈经曾致来。岂识维摩不着座，争如太白只衔杯。六朝坊市谁兴废，九道江流自漩洄。未审苑城偶南望，可应追悔此为哉。壬午暮春题雨花台作，御笔。乾隆宸翰（印）、惟精惟弌（印）。

碑文四（左侧）：乾隆三十年（1765）正月，乾隆皇帝开始第四次南巡。三月初八日驾幸雨花台，御制《戏题雨花台》七绝一首。全文：

闻道文殊问病由，雨花摩诘座无留。法师便果诚能致，已落人间第二筹。乙酉暮春上瀚戏题雨花台作，御笔。乾隆宸翰（印）、惟精惟弌（印）。

十五、天隆寺塔林

天隆寺塔林位于菊花台公园玉环山。天隆寺始建于明初。原名极乐庵。明宣德年间（1426—1435），寺僧弘升奏请赐额“天隆极乐寺”。清乾隆元年（1736）七月二十六日寺庙册籍记载，计开江宁所属 12 寺，天隆寺名列第三。该寺原有金刚殿、天王殿、佛殿、毗卢阁等建筑，有基址 1200 平方米，田地山塘 13000 多平方米。

天隆寺塔林（2022 年）

天隆寺塔林是佛教南山律宗中兴初祖古心和尚和古林寺、天隆寺历代祖师的安葬地。古心是中国佛教律宗南山正宗隋、唐以来的继承者，明、清乃至近代律学研究的开拓者。天隆寺塔林的塔多为四面或六面石刻，分塔基、塔座、塔身、塔顶等，经精雕细刻、卯榫堆砌而成。石刻花卉、动物、纹饰等，都是精美的高浮雕，线条活泼自然，风格细腻洒脱，是研究明、清雕刻艺术的极好实物资料。这里原有石塔 50 余座，经历代战乱，现存有字塔身 8 件。

天隆寺塔林深隐万竿翠竹之中，沿竹林幽径北去数百米外有玉乳泉。玉乳泉是天隆寺建寺年代留下的遗迹，井栏上“玉乳泉”和“永乐十五年”等字样依稀可识。

1986 年 3 月，雨花台区文管会主持修复了“古心馨公”“印含璞公”“安龙锡公”墓塔三座。2011 年天隆寺塔林被公布为江苏省文物保护单位。

十六、雨花台炮台（大炮山、东炮台、西炮台）遗址

雨花台作为战略要地，清代至民国均设有炮台并筑有蜿蜒起伏的城墙。《清史稿》：“江宁冲，繁，难。倚南：聚宝山雨花台设炮台。”

据《首都志》卷九：光绪二十一年十二月（1896 年 1—2 月），雨花台设西式炮台，装备“四十

磅子快炮四尊，并子药房四间，炮亭四座”，次年三月竣工。《清史稿》卷一百三十八：“光绪三十一年(1905)，以东南各省新军，次第练成，命兵部侍郎铁良至江南考察江海防务。旋铁良覆陈江南之沿江海炮台，分为四路，曰吴淞，曰江阴，曰镇江，曰金陵。第一路吴淞炮台……第二路江阴炮台……第三路镇江炮台五处……金陵城外炮台七处，曰乌龙山，曰幕府山，曰下关，曰狮子山，曰富贵山，曰清凉山，曰雨花台。……雨花台在聚宝门外，置炮二具，炮勇十四人。”

雨花台炮台（1922 年）

大炮山遗址（2022 年）

据《首都志》载：“是山形势险要，兵家必争，清季迄今，设有炮台，辛亥革命曾与清军剧战于此，遗迹犹可寻也。”辛亥革命武昌起义不久，徐绍桢率新军第九镇士兵随之起义。徐绍桢下令向雨花台进攻，突袭雨花台炮台，但由于弹药匮乏被迫退避镇江，九镇官兵退到镇江后，与苏军、浙军等革命军组成江浙联军，由徐绍桢任总司令，决定再次挥戈金陵，消灭清军。江浙联军进攻金陵时，由苏军担负进攻雨花台的重任，经过激烈的争夺，苏军攻占了雨花台炮台，清军遂失去了城南的军事屏障。而后，苏军调转炮口猛轰聚宝门，一鼓作气，占领了南京。1912 年，孙中山在南京就任中华民国临时大总统期间，曾与侍从 6 人骑马视察雨花台炮台。

抗日战争期间，日军也曾抢占雨花台，在雨花台炮台上，用重炮轰击中华门、新街口等地，轰垮中华门附近的城墙，然后从中华门西城角入城，南京沦陷。雨花台炮台作为要塞堡垒，饱尝过胜利的喜悦，也体会过失败的耻辱。

雨花台炮台原有大炮山、东炮台、西炮台三处。大炮山亦称“大炮台”，约建于清咸丰年间，位于东、西炮台之北，烈士就义群雕像西侧山包，清代为雨花台炮台主炮阵地，后历经战火，遗址已不存。东、西炮台位于雨花台中冈的东、西两峰，地势险要，居高临下，虽经历翻天覆地变化，古垒遗址犹存，现今已成为人们访古寻幽之佳地。

十七、金陵机器制造局厂房遗址

金陵机器制造局厂房遗址，位于中华门外正学路南京晨光集团有限责任公司内，南距雨花台约650米。由李鸿章于同治四年（1865）创建。

李鸿章由江苏巡抚升为两江总督后，将他所办的随军炮局从苏州迁来南京，开办了金陵机器制造局。它是南京地区第一座近代工厂，专门制造军火，以供淮军及本省各防营使用。辛亥革命后，改名“金陵兵工厂”。后经多次扩建，具有较大的规模。

金陵机器制造局制造的车轮式后膛炮（1872 年）

1949 年 4 月南京解放，同月 29 日，中国人民解放军第二野战军接管了工厂。10 月，二野奉命南下，工厂改属第三野战军管辖，命名为军械总。1950 年 8 月，工厂改属华东军区。1952 年 11 月，军械总厂改属地方，由原二机部领导。1952 年底，山西长治三〇七厂搬迁至南京，与军械总厂合并，称国营三〇七厂，不对外使用。1957 年 4 月，采用国营晨光机器厂作为第二厂名，对外公开使用。1980 年 3 月，改称南京晨光机器厂。1996 年 6 月，作为全国一百家现代企业制度试点单位之一，正式组建了晨光集团，并更名为南京晨光集团有限责任公司。2007 年，金陵制造局遗址重开大门，变身为“1865 创意产业园”。

现存制造局厂房 7 处：同治五年（1866）的机器正厂、同治十二年（1873）的机器右厂、光绪四年（1878）的机器左厂、光绪七年（1881）的炎铜厂和卷铜厂、光绪十二年（1886）的木厂大楼、光绪十三年（1887）的机器大厂，每厂门上均有横额，书有建厂年代和厂名。其中以机器大厂规

金陵机器制造局仿制的美式加特林回轮机枪（1872 年）

金陵机器制造局生产车间（1872 年）

模最大。这些厂房多具西洋风格，人字形屋顶，三角桁架，青砖清水墙。

整个遗址占地面积共约 3837 平方米。金陵机器制造局厂房保存完好，是南京地区一处重要的工业文化遗产。1991 年，被建设部、国家文物局评为近代优秀建筑。1992 年，列为江苏省文物保护单位。2017 年 12 月 2 日，入选第二批中国 20 世纪建筑遗产项目名单。2018 年 1 月 27 日，入选中国工业遗产保护名录（第一批）名单，主要遗存：9 栋清代厂房、19 栋民国时期厂房和办公用房。入选理由：拥有当时最先进的设备，拥有工人近千，规模仅次于江南制造局的近代化机器大生产的大型军工企业，所生产的新式枪炮的产量和质量均居当时全国之首；是国内目前最大的近现代工业建筑群。2018 年 11 月 15 日，金陵机器制造局被列入第二批国家工业遗产名单。

十八、同善堂遗址

同善堂旧在中华门外雨花路 205—207 号，曾为雨花台区人民政府办公地，今为南京市第一医院南院所在地。

同善堂初建于清光绪元年（1875），系缎业首富于绍章捐地 700 方，又邀集 30 余位缎业同仁共同捐资所建，取共同行善之意，命名“同善堂”。同善堂领导管理实行董事会制，先后担任董事长的有于绍章、于近农、黄月轩、张扬之、周麟等人。董事每届 13 人，历届董事皆为缎业商人。同善堂先后购置房产 72 间，义地 3 块，初为备木匣，收殓殇婴，后发展为兴办施材、施茶、停柩、代埋葬等善举，并附设同善殡仪馆及同善公墓。日常慈善业务雇佣两个职员和两个工友处理，经费开支主要靠停柩收费和房租收入等。

同善堂为周围贫困户兴办善举，70 余年如一日，从未间断，素为人们所称道。侵华日军在南京制造大屠杀惨案期间，同善堂曾同世界红卍字会南京分会、中国红十字会南京分会和崇善堂等慈善团体，不畏艰难险阻，分别派出人员掩埋遇难同胞尸体。当时该堂董事长于近农和董事黄月轩、张扬之、李砺之、贾鉴西、张咸之、魏之颐、李仲怀等人，曾亲睹日军任意屠杀我国无辜同胞，抛尸露骨，人血满地，从人道主义出发，克服重重困难，组织了一个二三十人的掩埋组，任刘德才为掩埋组组长，戈长根为掩埋组副组长，每人袖系盖有“南京市雨花台同善堂”图记的红十字臂章，在东干长巷、水台、区公所后、兵工厂后山以及西羊巷的两个地洞，共计收尸掩埋 7000 余具。

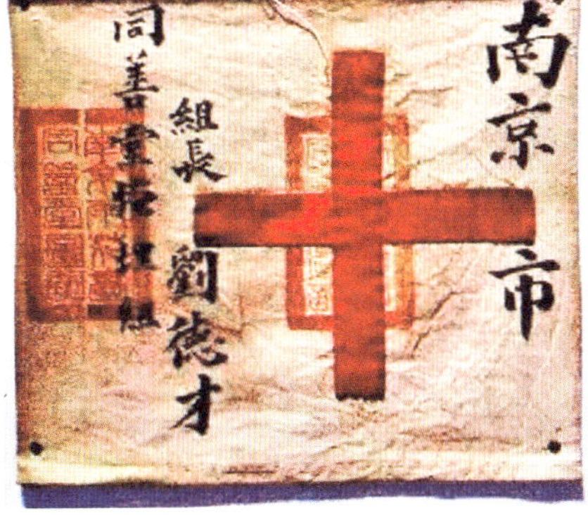

刘德才的同善堂掩埋组臂章

1946 年 10 月，制造南京大屠杀的元凶之一谷寿夫自东京远东国际法庭引渡来宁，同善堂掩埋组组长刘德才将亲手收尸掩埋经过向国防部审判战犯军事法庭做了详细陈述，雨花台地区受害者的家属和亲友一起，揭露了谷寿夫恣意纵容部属任意屠杀、强奸、抢劫、放火的罪行，为军事法庭审判定谳、处决谷寿夫提供了不容抵赖的铁证。

1949 年 5 月，南京市军管会和南京市人民政府在今雨花路205号的同善堂内，接管了国民党南京市第十一区公所。6月2日，在同善堂内成立了南京市第十一区人民政府。8月底，同善堂迁出。不久，同善堂撤销。1953年6月，第十区人民政府（1950年改为十区，1955年改十区为雨花台区）又迁回同善堂旧址。1983年，雨花台区人民政府搬到共青团路2号新楼办公，同善堂旧址改建为雨花台区招待所。现为南京市第一医院南院所在地。

十九、雨花台碉堡群遗址

1937年南京保卫战期间，雨花台成为中日两军交火的主要战场之一，中国守军为第七十二军第八十八师孙元良部，下辖第二六二旅朱赤部、第二六四旅高致嵩部，参加攻击这一阵地的日军为第十军所属第六、第一一四师团各一部。1937年12月9日上午，日军以1个联队向雨花台阵地发起进攻，遭守军痛击。下午，日军又增加1个联队，再次发起进攻。第二六四旅旅长高致嵩亲率五二八团2个营增援，击毙日军六七百人，第二六四旅也付出很大伤亡代价。11日、12日两天，日军集中大批轰炸机与数十门重炮和数千步兵多次进攻雨花台，均被打退。后终因内无弹药，外无援兵，雨花台阵地失陷，高、朱两旅长及官兵6000余人皆为国捐躯。

南京保卫战雨花台碉堡群遗址（大炮山碉堡）

日军占领雨花台后，在雨花台炮台上，用重炮轰击中华门直至新街口等地，轰垮中华门附近的城墙，后从城墙豁口攻入南京，南京沦陷。

雨花台地区至今尚存抗战时期碉堡群遗址十几处，其中有9处列入文物保护单位：烈士陵园内7处，为南京市文物保护单位；烈士陵园周边2处，为雨花台区一般不可移动文物。

雨花台碉堡群遗址位置：

1. 梅岗碉堡。在雨花台烈士陵园雨花阁下，东南侧30米为杨邦乂剖心处。
2. 木末亭碉堡。在雨花台烈士陵园木末亭内。木末亭在此基础上修建，西北侧40米为方孝孺墓。
3. 曦园碉堡。在雨花台烈士陵园曦园内。
4. 东炮台碉堡。在雨花台烈士陵园东炮台。
5. 西炮台碉堡。在雨花台烈士陵园西炮台。
6. 碉堡遗址一处，在雨花台烈士纪念碑下，碉堡因纪念碑建设被拆，但甬道尚存。
7. 大炮山碉堡。在雨花台烈士陵园大炮山。
8. 华严寺南山碉堡。在赛虹桥街道华严寺南山。
9. 菊花台碉堡。在菊花台公园内。

第九节　纪念地

一、雨花台烈士纪念碑

雨花台烈士纪念碑位于雨花台烈士陵园内。（详见第六章“烈士陵园”第一节“中心纪念建筑”）

二、雨花台烈士北殉难处

雨花台烈士北殉难处位于雨花台烈士陵园内。（详见第六章“烈士陵园”第一节“中心纪念建筑”）

三、雨花台烈士东殉难处

雨花台烈士东殉难处位于雨花台烈士陵园内。（详见第六章“烈士陵园”第二节“主要纪念设施”）

四、雨花台烈士西殉难处

雨花台烈士西殉难处位于雨花台烈士陵园内。（详见第六章“烈士陵园”第二节“主要纪念设施”）

五、陆军八十七师淞沪抗日阵亡将士纪念塔

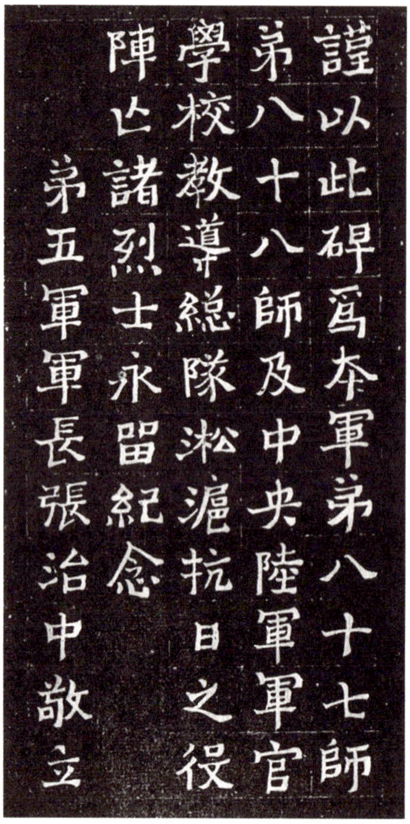
謹以此碑爲本軍弟八十七師
弟八十八師及中央陸軍軍官
學校教導總隊淞滬抗日之役
陣亡諸烈士永留紀念
弟五軍軍長張治中敬立

张治中题写的淞沪抗日阵亡烈士墓铭（拓片）

陆军八十七师淞沪抗日阵亡将士纪念塔位于今雨花台区雨花东路晨光巷东南山坡上。

1932 年 1 月 28 日，日海军陆战队对驻防上海的第十九路军发起攻击，十九路军在蔡廷锴、蒋光鼐两位将军率领下奋起抵抗，拉开了“一·二八”淞沪抗战的序幕。国民革命军第五军，以张治中为军长，所辖计有八十七、八十八两师及中央陆军军官学校教导总队和独立炮兵第一团山炮营，奉中央之命驰援十九路军。中国军队英勇杀敌，狠狠打击了日军嚣张气焰。第五军在此次战役中，官长阵亡 83 名，受伤 242 名，失踪 26 名；士兵阵亡 1533 名，受伤 2897 名，失踪 599 名，合计 5380 名。

1933 年，在雨花台东北山冈上，即二泉后山上修建陆军八十七师淞沪抗日阵亡将士纪念塔。纪念塔塔座为圆形，塔身呈方形，塔身高 10.5 米，四周环绕草坪，草坪外围筑有 52 座阵亡将士墓穴，每个墓穴正面设置墓碑，铭刻阵亡将士的姓名、职务等。纪念塔由国民党元老于右任撰写塔名，张治中、王敬久、宋希濂等高级将领分别撰写了“陆军八十七师淞沪抗日阵亡烈士墓碑记”“陆军八十七淞沪抗日阵亡将士墓志铭”“陆军八十七师淞沪抗日阵亡烈士公墓碑”“陆军八十七师淞沪抗日阵亡将士纪念塔题词”。整个纪念建筑群建筑占地 1000 多平方米。1935 年，鲍先德作《过雨花台八十七师淞沪抗日阵亡将士纪念塔怆然感赋》：“一塔岿然矗夕阳，千秋勋绩著淞防。生溅碧血心无愧，死傍青山骨亦香。烟冷石城犹踞虎，烽遮玉塞未驱狼。纵教泉下嗟雄鬼，化作飞磷恨未忘。”1937 年南京保卫战期间，纪念塔被侵华日军炮火所毁。

据《南京园林志》记载：“1954 年，原穿过（雨花台）陵园之宁溧路，向外移至雨花台东冈东北麓，即二泉后山。”1954 年改线至雨花台烈士陵园东北的这一段宁溧公路，就是现在的雨花东路。这条公路的建成，把一部分雨花台东北山冈的山体分割开来，使其成为南京晨光集团有限责任公司宿舍区的一部分，该塔遗址就在这个范围中。现存石阶若干。

六、赛虹桥抗战殉国将士纪念塔

赛虹桥抗战殉国将士纪念塔原位于赛虹桥东南桥堍旁。1937 年 12 月南京保卫战期间，赛虹桥作为水西门的守城据点，中国军队曾经在此阻击日军进攻，进行了激烈的交战。第五十一师

一五一旅三〇二团团长程智、副团长兼第一营营长郑溥生、第二营营长徐景明壮烈牺牲，中国守军伤亡1700余人。1947年，陆军第一〇〇军副军长周志道（南京保卫战时任一五一旅旅长）奉命在赛虹桥北侧修建“抗战殉国将士纪念塔”，并局部修缮赛虹桥。

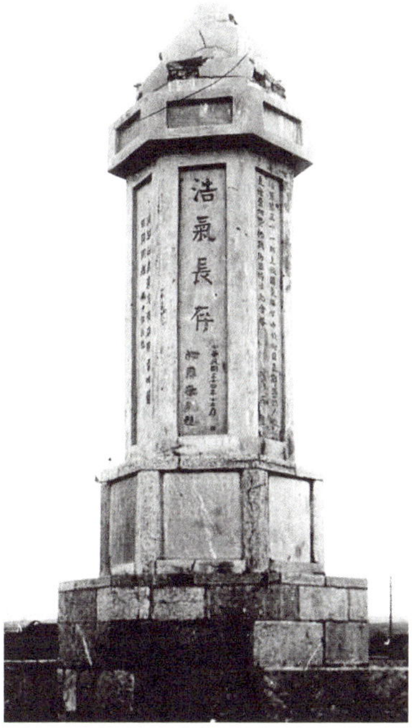
赛虹桥抗战殉国将士纪念塔旧影

纪念塔为经幢式石塔，由塔座、二层座、塔身和塔顶四部分组成，建于正六边形石台之上，石台的一边有4米，塔为六面体，高约6.5米。塔身部分六面皆有题词，根据南京市城市建设档案馆保存的20世纪50年代修路档案，抄录题词如下：

陆军第五十一师上校团长程智中校副团长郑溥生少校营长徐景明暨抗战殉国将士纪念塔　蒋中正题

浩气长存　中华民国三十四年十二月　□□□题

旖欤壮矣　表定有碑　风云呵护　日月同辉　□□□敬题

人死有重于泰山，轻于鸿毛者，今程郑徐诸烈士之死，如天地，如河岳，如日星，伟矣，死得其所　□□□题

丹心碧血　中华民国三十四年十二月　□□□题

浩气塞苍冥　王耀武敬题

纪念塔二层座刻有碑文，每面都嵌着一块石板，共6块，内容是周志道撰写的《程郑徐三烈士暨抗战殉国将士碑文》，叙述了将士殉国经过。1956年，因修建南伞巷（现长虹路）至集合村道路，该塔被拆除。

七、侵华日军南京大屠杀遇难同胞普德寺丛葬地纪念碑

侵华日军南京大屠杀遇难同胞普德寺丛葬地纪念碑位于雨花台西南普德村，共青团路北侧普德寺遗址。1985年8月由南京市人民政府建立。纪念碑由两块相向、对称的高大灰色碑体组成，中有长方形刻字碑块连接。其碑体状如合十的一双巨手，寓意后人对遇难者的悼念。刻字碑正面刻有“侵华日军南京大屠杀遇难同胞普德寺丛葬地纪念碑”字样，背面有碑文。2006年，侵华日军南京大屠杀死难同胞丛葬地（普德寺）

1947年1月29日，南京审判战犯军事法庭和红十字会派人在普德寺前山头等南京大屠杀遇难者丛葬地检验尸骨，众多群众跟随观看，白骨累累

侵华日军南京大屠杀遇难同胞普德寺丛葬地纪念碑（2022 年）

被公布为全国重点文物保护单位。

碑文为：

一九三七年十二月侵华日军南京大屠杀惨案，震惊寰宇。血沃钟山，水赤秦淮。我无辜同胞不幸遇难者逾三十万人。普德寺系我遇难同胞尸骨丛葬地之一，经南京红卍字会先后埋葬于此者共达九千七百二十一具，故亦称“万人坑”。附录其年月及埋尸记载如下：

一九三七年

十二月二十二日葬二百八十具。

十二月二十八日葬六千四百六十八具。

一九三八年

一月三十日葬四百八十六具。

二月二十三日葬一百零六具。

三月二十五日葬七百九十九具。

四月十四日葬一千一百七十七具。

五月二十六日葬二百一十六具。

六月三十日葬二十六具。

七月三十一日葬三十五具。

八月三十一日葬十八具。

九月三十日葬四十八具。

十月三十日葬六十二具。

兹值中国人民抗日战争胜利四十周年，特此刻石纪念，旨在告慰死者于地下，永励后生于来兹：不忘惨痛历史，立志振兴中华。

八、侵华日军南京大屠杀遇难同胞花神庙地区丛葬地纪念碑

侵华日军南京大屠杀遇难同胞花神庙地区丛葬地纪念碑旧在雨花台乡花神庙村，今位于中华门外雨花台功德园入口右手处。1987 年 11 月，侵华日军南京大屠杀花神庙地区遇难同胞纪念碑被公布为南京市文物保护单位。2001 年 12 月，由南京市人民政府、雨花台区人民政府重立。纪念碑为一自然太湖假山石，立于四方形水泥底座之中。山石正面刻有“侵华日军南京大屠杀遇难同胞花神庙地区丛葬地纪念碑”字样，青灰色水泥底座正斜面有碑文。

碑文如下：

1937 年 12 月 13 日南京沦陷后，侵华日军即进行血腥大屠杀，尸横遍地，惨不忍睹。南京红卍字会和崇善堂两慈善团体自 1937 年 12 月 22 日至 1938 年 4 月 18 日止，在中华门外雨花台、望江矶、花神庙一带共掩埋遇难同胞尸体 27239 具。南京市民芮芳缘、张鸿儒、杨广才等组织难民 30 余人，于 1938 年 1 至 2 月的 40 余日内，在花神庙一带掩埋中国军民尸体 7000 余具，其中难民尸体 5000 余具，军人尸体 2000 余具。特立此碑，悼念遇难同胞，永志不忘历史，振兴中华。

侵华日军南京大屠杀遇难同胞花神庙地区丛葬地纪念碑（2022 年）

九、江苏省公安英烈纪念墙

江苏公安英烈纪念墙位于雨花台烈士纪念碑西侧，2008 年 4 月 1 日落成开放。由纪念墙主体、3 组浮雕和 1000 多平方米的纪念墙广场组成。纪念墙主体建筑长 12 米、高 4.3 米、厚 0.85 米，正面安装一尊高 1.5 米、宽 1 米的警察铜像，背面镌刻着碑文和新中国成立以来江苏省 592 名公安英烈和因公牺牲民警的姓名、生卒年月和生前单位。中科院院士、国家一级建筑师、东南大学教授齐康负责总体设计。纪念墙主体用红色花岗岩贴面，以“长城”为造型，寓意公安机关肩负着保卫国家和人民安全的神圣职责，一代又一代公安民警以忠诚、奉献、鲜血和生命，筑起了保民平安的钢铁长城；纪念墙又形似一面猎猎飘扬的旗帜，将公安英烈的名字镌刻在“旗帜”上，表明他们是江苏省公安民警乃至全社会学习的榜样，党和人民永远不会忘记他们。

纪念墙广场上的 3 组浮雕，各长 2.5 米、高 1.6 米、厚 0.65 米，全部用整块花岗岩石材雕刻而成，分别凸显“忠诚卫士”“正义之剑”和“钢铁长城”三个主题，进一步丰富了纪念墙的内涵。纪念墙广场占地 1000 平方米。在组织施工过程中，有关专家尊重现有地形地貌，科学调整地形，最大限度保护了原来的山体（西炮台），并将生态广场的建设理念贯穿其中，对现场数十棵 80 年以上的松树采取了科学保护措施，使纪念墙在苍劲挺拔的大树绿荫下显得更加肃穆、庄重。自英烈纪念墙建成以来，江苏省公安厅将把每年因公牺牲民警的姓名镌刻在纪念墙上，经常性地开展祭奠、入警宣誓等纪念教育活动。同时配合雨花台烈士陵园管理局组织开展的多种形式社会宣传活动，让广大群众和青少年更加崇敬英烈、珍惜平安、维护法治，更加关心和支持公安工作，凝聚社会各方面的力量，共建和谐社会，共创平安家园。

江苏省公安英烈纪念墙（2022 年）

第四章 人物

雨花台不仅是历代政治家、军事家活动的重要舞台与疆场，同时也是文人骚客、帝王将相登临览胜，感慨吟咏，抒发思古追昔之幽情，咏叹金陵形胜之风采，倾吐胸中无限之情怀的绝佳地方。同时，雨花台也为佛教、道教、伊斯兰教众多传教弘法者所青睐，他们在此建寺筑宫、弘法布道与传教诵经，所以这里亦成为诸宗教的学者、名流及僧道大德活动的圣地。再者，自古以来，许多杰出的政治、军事、文化名人的墓葬或祠庙也安奉这里，供后人纪念、瞻仰与凭吊，大大增添了雨花台的历史、文化知名度。更为重要的是，成千累万的共产党人、爱国志士为了全民族的解放和新中国的建立，在雨花台下惨遭国民党反动派的杀害，壮烈牺牲。本章设历代名人、历代僧人、雨花英烈、南京保卫战阵亡将士，抗日外交九烈士等节予以介绍。

梅岗鸟瞰

梅岗韩熙载像

谢鲲墓志拓片

玄武湖梁州萧统像

韩熙载夜宴图（局部）

南京九华山三藏塔、玄奘像

雨花台风景名胜区二忠祠照壁

刘公墩地名牌

雨花台风景名胜区方孝孺铜像

陕国公郭兴神道碑碑额

邓愈墓今貌

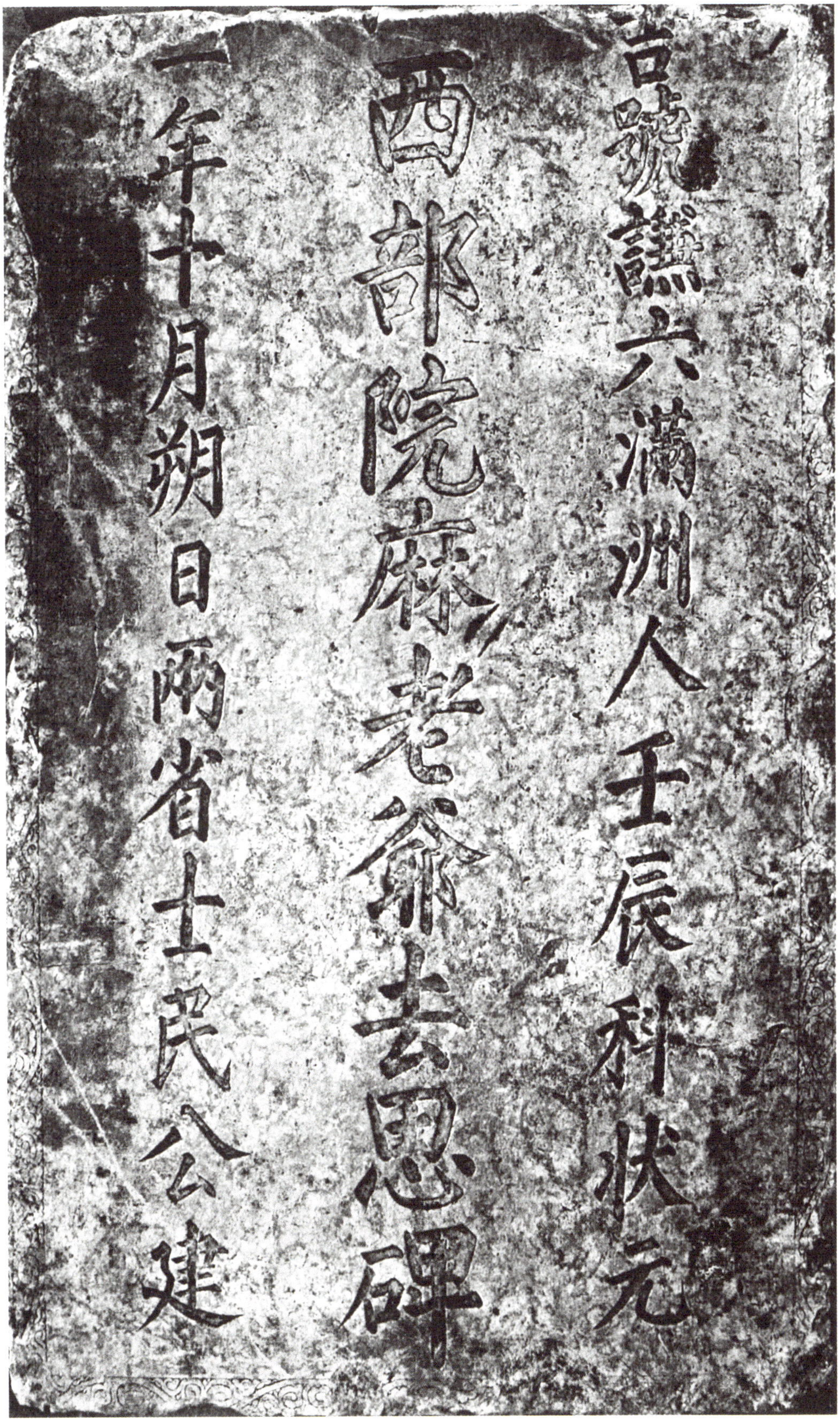

总督江南江西部院麻老爷去思碑

金陵制造局旧址李鸿章像

第一节　历代名人

泰　伯

泰伯（生卒年不详），又称太伯（古"泰"通"太"），姬姓，生活于商朝末期，祖籍西岐周原（今陕西岐山北），后定居梅里（今江苏无锡梅村）。吴国第一代君主，东吴文化的宗祖，以"至德无形，三以天下让"名垂千古。

泰伯父亲是商末西岐君主古公亶父（即周太王），母亲太姜，是有台氏之女。生三子，长子泰伯，次子仲雍，三子季历。泰伯才识卓绝，德行无边，助其父古公亶父治理西岐，深得臣子之心。

季历之子姬昌（后来的周文王），自小聪明过人，才华出众，深得古公亶父之宠，并言："我世当有兴者，其在昌乎！"意在传位于季历再传姬昌。当时西岐礼法为传长不传幼，泰伯察觉父亲之意，遂决定让位于三弟季历，趁父亲病重之时和二弟仲雍迁居到荆蛮之地，文身断发，以表示不可以继承君位，来避让季历。

后古公亶父病逝，泰伯、仲雍赶回奔丧，季历与众臣请求泰伯即位，泰伯不受，丧毕携二弟仲雍再次离开周原，先是前往长江以南句曲（今句容）山中暂居，后到梅里避居下来。不久季历被商暗害而死，泰伯又返岐山奔丧，群臣与侄子姬昌再次请求泰伯即位，泰伯仍不受，王位便由其侄子姬昌继承。

泰伯与仲雍又返江南梅里，土著居民认为泰伯有德义，拥立泰伯为当地的君主，尊称他为吴泰伯，自号"勾吴"。

数年之间，江南勾吴地区民众富裕，国家兴盛。泰伯去世后，葬于梅里平墟。

泰　伯

南宋开庆元年（1259）秋，马光祖任建康府知府期间，在青溪畔立青溪先贤祠，泰伯以“三让天下”和开发江南的功德位列41位先贤之首。明万历三十五年（1607），先贤祠在雨花台西侧普德寺后山重建，清乾隆三十八年（1773），又移建于雨花台永宁寺左侧。

范　蠡

范蠡（生卒年不详），字少伯，楚国宛地三户邑（今河南省南阳市淅川县滔河乡）人。春秋战国之际政治家、谋略家，越国大夫。周灵王二十一年（前551），范蠡携文种入越国。周敬王二十七年（前493），因越、吴交战失败，越王勾践和范蠡入吴为奴三年。周敬王三十年（前490），越王勾践和范蠡离吴返越。在范蠡的劝导下，越王重农桑，务积谷，养生息，因势逐渐强盛。周敬王四十二年（前478），越国开始伐吴，吴越战于笠泽，至周元王三年（前473），越灭吴国，吴王夫差自杀。次年，越王勾践令范蠡筑城于长干里（今中华门外西街一带、雨花台北），这是南京有史料记载的建造最早的一座城池，史称“越城”，亦称“范蠡城”。据宋《景定建康志》：“长干里，在秦淮南。考证：越范蠡，筑城长干。”明《正德江宁县志》也称：“范蠡宅，《乾道志》云：在长干里。《丹阳记》：蠡城金陵，居长干古越城中。古注云：蠡与师随使者至姑苏之宫，不伤越民，遂灭吴。勾践既平，还金陵，居长干，筑城。今越城故址犹存，在长干桥西南。”

范　蠡

诸葛恪

诸葛恪（约203—253），字元逊，琅琊阳都（今山东省临沂市沂南县）人，三国时期东吴大将军诸葛瑾长子。《三国志》谓：“少知名。《江表传》曰：‘恪少有才名，发藻岐嶷，辩论应机，莫与为对。’权见而奇之，谓瑾曰：‘蓝田生玉，真不虚也。’《吴录》曰：‘恪长七尺六寸，少须眉，折頞广额，大口高声。’弱冠拜骑都尉，与顾谭、张休等侍太子登讲论道艺，并为宾友。从中庶子转为左辅都尉。”他曾辅佐太子孙登，

孙峻谋杀诸葛恪（清版画）

出任左辅都尉，成为东宫幕僚领袖。后出任威北将军、丹阳太守，平定山越之乱。东吴赤乌八年（245），丞相陆逊病逝，出任大将军，领荆州牧。神凤元年（252），孙权病危时，选诸葛恪为托孤大臣。孙亮即位后，拜太傅，开始掌握军政大权。执政初期，革新政治，抗击曹魏，取得东兴大捷，名闻海内，天下震动，因功授丞相，进封阳都县侯。东兴大捷使其产生了轻敌之心，他不顾国力大举出兵伐魏，遭遇新城之败。回朝之后，更加飞扬跋扈、独断专权，为万民所怨、众口所嫌。

东吴建兴二年（253）冬十月，长期与诸葛恪交恶的孙峻联合吴主孙亮密谋，以宴饮诸侯为名，请诸葛恪赴宴。诸葛恪入帐后，旋即被杀。

后诸葛恪被苇席裹身，竹篾当钩钩在腰间，抛尸在石子冈（今雨花台）。临淮人臧均上表收葬诸葛恪，孙亮、孙峻采纳，并吩咐属下找到诸葛恪尸体进行安葬。永安元年（258），吴景帝孙休即位，为其平反昭雪，恢复官爵。

孙鲁育

孙鲁育（约216—255），字小虎。孙权、步皇后之幼女，被称为“小公主”（胞姐全公主孙鲁班被称为“大公主”）。东吴黄龙元年（229），孙鲁育下嫁左将军朱据，自此又被称作“朱公主”，简称“朱主”。

赤乌四年（241），皇太子孙登去世。次年（242），孙和被立为太子。同年八月，孙和弟弟孙霸受封为鲁王。孙霸生母全公主孙鲁班心生嫉恨，欲拉妹妹孙鲁育谮害孙和生母王夫人，废太子孙和以立鲁王孙霸为太子。孙鲁育没有听从，于是姐妹之间有了嫌隙。

赤乌十三年（250），朱据去世后，孙鲁育改嫁车骑将军刘纂。赤乌末年，她和朱据之女成为其异母弟孙休的妻子。五凤二年（255），孙仪等密谋杀害权臣孙峻，因事情泄露而自杀。受牵连被杀者数十人，孙鲁育也因被孙鲁班诬为同谋者而遭孙峻杀害，草葬于石子冈（今雨花台）。太平三年（258）十月，孙休继位，改元永安，大赦全国，孙鲁育得到平反。

孙鲁育墓在雨花台一带，具体位置不详。晋干宝《搜神记》载：“孙峻杀朱主，埋于石子冈。归命即位，将欲改葬之。冢墓相亚，不可识别。而宫人颇识主亡时所着衣服，乃使两巫各住一处，以伺其灵，使察战监之，不得相近。久时，二人俱白见一女人，年可三十余，上着青锦束头，紫白袷裳，丹绨丝履，从石子冈上半冈，而以手抑膝长太息，小住须臾，更进一冢上，便止，徘徊良久，奄然不见。二人之言，不谋而同。于是开冢，衣服如之。”

梅　颐

梅颐（约218—约318），一作梅赜，字仲真，汝南西平（今属河南省驻马店市）人，世出望族。梅颐约生于东汉建安二十三年（218）。史载其“少好学，隐退而求实进止”。

曹魏时，梅敷、梅颐、梅陶三兄弟率部曲万余屯居于湖北夷水两岸，时称“夷王”。东吴黄武六年（227）春正月，孙权派诸葛瑾、步骘、朱然前至襄阳，陆议、潘璋等讨伐夷王梅氏兄弟。嘉禾五年（236），孙权北征，派右都督陆逊与中司马诸葛瑾攻襄阳。“江夏功曹赵濯、弋阳备将裴生及夷王梅颐等，并帅支党来附逊。逊倾财帛，周赡经恤。”赤乌四年（241）、五年、九年，孙权先后三次派大将朱然进攻盘踞襄阳的梅氏兄弟，均不胜而退。西晋永嘉元年（307）九月，司马睿偕王导渡江至建邺（今江苏南京），梅氏兄弟归附。梅颐任琅琊王、镇东大将军司马睿（后为东晋元帝）五部（分驻城东西南北中）之一的军司马，“秩比千石”，领兵驻守城南石子冈（今雨花台）东冈。建武二年（318）四月，司马睿即帝位。不久，梅颐献出久已失传的《古文尚书》，立刻引起轰动。其所献《古文尚书》被国家视为瑰宝，“立于学官，家传人育”。

梅颐在做豫章太守时，因为犯事，丞相王导派人抓捕了他。陶侃找到王导说情，派人在江口将他夺下。梅颐见到陶公，屈身下拜，陶公阻止他，梅颐说：“梅仲真膝，明日岂复屈邪！”这就是著名典故“梅膝不复屈”的由来。

东晋大兴年间（318—321），一日夜里，梅颐夜梦自己被召为“太山府君”，不久，无疾而终，高寿百岁。死后受到官民的无比尊崇。人们在梅颐曾经扎营、居住的石子冈（今雨花台）东冈建庙祭祀，称为“梅将军庙”。故其山冈最早被称为“梅岭”，后亦称“梅岭岗”“梅颐岗”“梅赜营”等。

鲍靓

鲍靓（生卒年不详），亦名静，字太玄，别名鲍玄。西晋时为南海太守，也是道教三皇派的主要创始人。

鲍靓自小聪明好学，兼学道教和儒典，明天文及河图洛书。早年曾任河南南阳中部都尉。西晋永嘉五年（311）前后北方战乱，鲍靓举家迁到建邺（今江苏南京），开馆授徒。葛洪慕名拜鲍靓为师，鲍靓见他年轻有为，又聪慧上进，于永嘉六年（312）传《三皇文》给葛洪，并将女儿鲍姑嫁给葛洪为妻。建兴二年（314），鲍靓赴任南海太守。在任期间，他颇孚名望，人称“鲍南海”。《广东通志》记载鲍靓常“行部入海”，这表明鲍靓当时已开始在南海诸岛及其附近海域进行出巡活动。传说鲍靓有一次出海，遇风浪被困于孤岛，煮白石（即燕窝）以充饥。葛洪之后到了广东罗浮山。鲍靓虽忙于政务，但还经常到罗浮山和葛洪共同研究道术。东晋大兴元年（318），鲍靓在龙山遇见阴长生，阴长生向其授道诀及道法。

鲍靓晚年回到建邺，不久去世，葬于石子冈（今雨花台）。传说后来有一股叛军来到石子冈掘墓求财，下葬不久的鲍靓墓冢很快引起了他们注意。叛军打开棺材，惊讶地发现里面没有尸体，仅有大刀一把。

陆机

陆机

陆机（261—303），字士衡，吴郡吴县华亭（今上海松江区）人，西晋文学家、书法家。陆机为孙吴丞相陆逊之孙、大司马陆抗第四子，与其弟陆云合称“二陆”，又与顾荣、陆云并称“洛阳三俊”。陆机出身名门士族，官拜大司马。他身长七尺，声如洪钟，年少时有奇才，文章盖世，倾心儒家学术，非礼不动。吴凤凰三年（274），父亲陆抗逝世，陆机与其兄陆晏、陆景、陆玄及弟陆云分领陆抗部众，担任牙门将。陆机、陆云少年时随父居建业（今江苏南京），兄弟二人曾长期在此读书，故宅院（建于越城西北，即今雨花台风景名胜区北门西北约700米处）世称“陆机宅”，又称“二陆读书堂”。

晋太康元年（280），吴国灭亡，陆机退居家乡华亭，闭门勤学，累积十余年。太康十年（289），陆机与弟弟陆云一同来到京师洛阳，才高八斗的“二陆”很快名气大震。身在洛阳的陆机怀念故宅，曾在《怀旧居赋》写下“望东城之纡余，邈吾庐之延伫”名句。

陆机先后任太子洗马、著作郎、郎中令、尚书中兵郎、殿中郎等职。“八王之乱”期间，陆机被成都王司马颖重用，任平原内史，故后世又称他为“陆平原”。太安二年（303），司马颖与河间王司马颙起兵讨伐长安王司马乂，以陆机为后将军、河北大都督，与司马乂战于鹿苑，结果大败。陆机被人借机诬告有谋反之意，遂被司马颖所杀。

谢鲲

谢鲲（281—324），字幼舆，陈郡阳夏县（今河南太康县）人，晋代名士、官员。《晋书》卷四十九谓其“少知名，通简有高识，不修威仪，好《老》《易》，能歌，善鼓琴”。他受到名士王衍、嵇绍的赏识，与王敦、庾敳、阮修并称“王衍四友”。

谢鲲出身世家，其祖父谢缵为魏晋大臣，官至典农中郎将。其父谢衡为西晋大臣、文学家，官至国子祭酒、散骑常侍。谢鲲是太常卿谢裒的兄长、太保谢安的伯父。西晋末，谢鲲为太傅（即司马越）参军。避乱渡江后，成为江州长史，受封咸亭侯。与阮放、毕卓、羊曼、桓彝、阮孚、胡毋辅之、光逸并称“江左八达”。

东晋建立后，谢鲲曾劝阻王敦的“清君侧”之谋，并且“推理安常，时进正言”，使谢氏家族未因王敦之逆而受牵连。后出任豫章太守，世称“谢豫章”。谢鲲为政清正严明，深受治下百姓爱戴。谢鲲儿子谢尚，官至镇西将军、都督豫冀幽并四州诸军事、豫州刺史，袭爵咸亭侯。女儿谢真石，嫁阳翟褚氏的褚裒，后因其女儿褚蒜子被立为皇后，被封为寻阳乡君。东晋太宁元年十一月二十八日（324年1月10日），谢鲲病逝于任上，获赠太常，谥号为“康”，葬于石子冈（今雨花台）。

1964年9月9日，谢鲲墓在中华门外戚家山（雨花台东北500米处）被发现。《谢鲲墓志》载："晋故豫章内史，陈（国）阳夏，谢鲲幼舆，以泰宁元年十一月廿（八）（亡），假葬建康县石子罡，在阳大家墓东北（四）丈。"

谢 安

谢安（320—385），字安石，陈郡阳夏（今河南太康）人。西晋氏族南迁时，谢氏名门迁到浙江始宁（今上虞）。谢安是东晋政治家、军事家，太常谢裒的第三子、镇西将军谢尚的堂弟。

谢 安

谢安多才多艺，善行书，通音乐，少以清谈知名，屡辞辟命，隐居会稽郡山阴县之东山，与王羲之、许询等游山玩水，并教育谢家子弟。后谢氏家族于朝中之人尽数逝去，他才东山再起，历任征西大将军司马、吴兴太守、侍中、吏部尚书、中护军等职。简文帝逝后，谢安与王坦之挫败桓温篡位意图。桓温死后，他更与王彪之等共同辅政。他性情娴雅温和，处事公允明断，不专权树私，不居功自傲，有宰相气度。治国以儒、道互补，能顾全大局，以谢氏家族利益服从于晋室利益，有"江左风流宰相"之称。在淝水之战中，他作为东晋一方的军事统帅，以"北府兵"八万兵力，打败了前秦苻坚九十万大军，使晋室得以政权稳定。战后，他因功名太盛而被孝武帝猜忌，被迫前往广陵（今江苏扬州）避祸。

东晋太元十年（385）四月，谢安自请出镇广陵（今江苏苏州）的步丘，建筑新城。由于战事吃紧，孝武帝诏令谢安返京。返京途中，谢安已觉自己疾病缠身。同年八月，谢安逝世。孝武帝追赠其太傅，谥"文靖"，下诏在石子冈东冈（今雨花台梅岗）择地安葬。因无陵苑，又诏令在府中备办丧事仪式。到其安葬时，举行隆重的礼仪，一切依照先前大司马桓温的标准。又因为打败前秦苻坚的功勋，谢安又被加封庐陵郡公。唐李吉甫《元和郡县图志》卷二十五谓："谢安墓，在县东南十里石子冈北。"元张铉《至正金陵新志》卷十二谓："谢安墓，城南九里梅岭冈。"南宋马之纯曾作《谢安墓》，云："中兴江左百余年，人物谁如太傅贤。桓贼寻常思问鼎，苻秦百万已临边。笑谈解折奸雄锐，指顾能摧敌阵坚。平昔经纶才试此，依然赍恨向重泉。"

何尚之

何尚之（382—460），字彦德，庐江灊县（今安徽霍山东北）人，南朝宋官员，文学家、教育家。何尚之年少轻佻放荡，喜欢赌博，后走上正道，凭操守为人所称道。

何尚之初任临津令，后被刘裕征为府主簿，并随同北伐后秦，其间因公事免官。宋少帝即位后，何尚之任庐陵王刘义真的车骑咨议参军。

南朝宋景平二年（424），何尚之调中书侍郎。同年宋文帝即位后，何尚之历任临川内史、黄门侍郎、尚书吏部郎及左卫将军。直至元嘉八年（431）其父何叔度去世，何尚之才离职守丧，守丧期完后复任左卫将军，领太子中庶子。何尚之一向喜好文学义理，很受宋文帝赏识。元嘉十二年（435）迁任侍中，兼任太子中庶子，不久又改领游击将军。

元嘉十三年（436），宋文帝任命何尚之为丹阳尹。何尚之在丹阳外城南（南涧寺侧，在今雨花西路北端“南玉带河”附近）建造宅院，设置玄学，聚集学生。东海人徐秀，庐江人何昙、黄回，颍川人荀子华，太原人孙宗昌、王延秀，鲁郡人孔惠宣因仰慕丹阳郡兴盛的玄学前来游学，称为“南学”。元嘉二十二年（445），何尚之迁尚书右仆射，加散骑常侍。元嘉二十五年（448）再迁尚书左仆射，加散骑常侍，领汝阴王师。元嘉二十八年（451）转尚书令，领太子詹事。大明二年（458）亦转侍中、左光禄大夫、开府仪同三司，后又曾兼领中书令。大明四年（460）去世，以本官加赠司空，赐谥“简穆”。著有文集十卷行于世。

萧 统

萧统（501—531），字德施，小字维摩，南兰陵（今江苏常州西北）人，南朝梁文学家，梁武帝萧衍的长子。天监元年（502）十一月被册立为太子。

萧 统

萧统爱好文学和佛法，在太子位上广纳人才，勤于著述。当时东宫号称有书近三万卷，“名才并集，文学之盛”，被认为是自晋、宋以来从未有过的现象。他主持编集的《文选》三十卷（世称《昭明文选》），是我国现存最早的诗文选集。原有集，已散佚，后人将其辑为《昭明太子集》。

萧统为太子时，先是在城北将南齐永明年间一处皇家园林“玄圃”（位于今南京玄武湖内）改建为私园。之后，又在城南雨花山（今雨花台）“天王寺”（刘宋大明中建）旧址建起“果园”（亦称“昭明太子果园”“徐景通园”，今属雨花台“曦园”一带），在此会友、为学、吟咏。陈诒绂《金陵园墅志》云：“果园在雨花山，昭明太子建。”

中大通三年（531），萧统英年早逝，谥号为“昭明”，葬于安宁陵，世称“昭明太子”。

李 白

李白（701—762），字太白，号青莲居士，唐代诗人。隋末，其先人流寓碎叶（今吉尔吉斯斯坦北部托克马克附近）。李白幼时随父迁居绵州昌隆（今四川江油）青莲乡，25 岁离川，以安陆（今属湖北）和任城（今山东济宁）为中心，长期漫游。开元十三年（725），李白第一次来到金陵，在长干里遇见一位商人的年轻妻子，并根据她的生活经历，创作了著名的《长干行》。其中，“郎骑竹马来，绕床弄青梅”及“同居长干里，两小无嫌猜”脍炙人口，已演化为成语。

天宝元年（742），李白受玉真公主推荐，被唐玄宗征召入京，任翰林供奉。后被唐玄宗“赐金还山”，离开长安，从此又漫游四方。天宝六年（747）前后，李白又一次来到金陵，在雨花台与族侄高座寺僧人中孚相遇。中孚以仙人掌茶相赠，并要李白以诗作答。李白遂作《答族侄僧中孚赠玉泉仙人掌茶并序》。离别前，李白与中孚一起登上雨花台梅岗，眺望金陵城，并写下《登梅岗望金陵赠族侄高座寺僧中孚》，其“佳游不可得，春风惜远别”之句，表达了诗人对中孚依依不舍的浓厚亲情。

李白一生蔑视权贵，漫游天下，纵酒赋诗，仗剑任侠，广结良朋，创作了大量具有高度艺术成就的诗歌，对后世文学产生了深远影响，故有“诗仙”之称。李白十分喜爱金陵，曾在《上安州裴长史书》中自称：“白本家金陵，世为右姓，遭沮渠蒙逊难，奔流咸秦，因官寓家。”他一生中多次来金陵，在雨花台地区的长干里、梅岗、新林浦、板桥等地都留下过游踪。其作品内容与雨花台地区相关的，除前文提及的《长干行》《登梅岗望金陵赠族侄高座寺僧中孚》等，还有《新林浦阻风寄友人》《秋夜板桥浦泛月独酌怀谢朓》《金陵新亭》《劳劳亭》等多首诗篇。

天宝十四年（755），安史之乱爆发。李白入永王李璘幕府。后李璘谋乱兵败，李白受到牵连，流放夜郎，途中遇赦东还。宝应元年（762），在其族叔当涂令李阳冰处病逝。

韩熙载

韩熙载（902或908—970），字叔言，后唐同光进士。先祖为南阳（今属河南）人，唐后期举家徙于潍州北海（今山东潍坊），有传与唐代文学家韩愈为同一远祖。

韩熙载出身豪族，诗文、书画、音乐无不通晓，名震一时。父韩光嗣为李嗣源所杀，韩熙载因归南唐。署秘书郎，为校书郎，出为滁、和、常三州从事。继拜虞部员外郎、史馆修撰，数言朝事，无所回隐。元宗嗣位，屡迁至中书舍人、户部侍郎。李煜朝时，累官至中书侍郎、光政殿学士承旨。工书画，与徐铉齐名，二人合称“韩徐”。著有《拟议集》《定居集》，均已佚。《韩熙载夜宴图》描绘的就是韩熙载当时的夜宴活动。据宋《景定建康志》，戚家山“在城南天禧寺东”，“郑文宝《南唐遗事》云，韩熙载居戚家山”。

韩熙载

开宝三年（970），韩熙载病逝，被追封为右仆射兼平章事，赐谥“文靖”，葬于梅颐岗（今雨花台梅岗）的谢安墓侧。李煜令南唐文士徐铉为韩熙载撰写墓志铭，让徐锴负责收集其遗文并编集成册。据宋《景定建康志》，韩熙载墓“在梅颐岗”，“熙载病卒后，主谓近臣曰：‘吾竟不得熙载为相。’乃追赠平章，谥文靖，葬于此”。现雨花台风景名胜区的梅岗有一座韩熙载雕塑。

郑玄素

郑玄素（？—948），京兆华原（今陕西耀县）人，五代时期藏书家。《旧五代史》卷九十六《晋书二十二》有传。他“避地鹤鸣峰下，萃古书千卷，采薇蕨而弦诵自若”。饱读诗书，终身未入仕。长大后在舅舅温韬身边做事。五代杨吴天祐六年至九年（909—912），由于时局不稳，战乱频繁，郑玄素离开温韬，移居南方躲避战乱，来到江西庐山鹤鸣峰下隐居。郑玄素喜好收藏书籍，有千卷之多，其中包括钟繇、王羲之的书法拓本。

杨吴天祐九年（912），杨行密的养子徐知诰（原名李昪）以功迁升州刺史，开始收集图书，开办教育事业。郑玄素见有此良机，就将从温韬所得的《兰亭序》献给徐知诰。徐知诰付给郑玄素十多万钱，同时又加赠了许多绸缎布匹。杨吴大和二年（930），李璟游览鹤鸣峰，发现此地风景很好，想在此建一个读书台。郑玄素听说后，立即将宅院献出，自己则迁到庐山青牛谷居住。此后，郑玄素开始聚徒讲学。郑玄素在庐山青牛谷“高卧四十年”。

南唐保大初，中主李璟将郑玄素召至都下（今江苏南京），将其安置于吏部尚书徐铉家（宅居栖霞寺侧）。保大六年（948），郑玄素病死，徐铉让郑玄素同乡龙敏（时任后晋太常卿，正出使南唐）操办丧事，将其葬在石子冈（今雨花台）。传说下葬时，七只白鹤突然出现在空中盘旋，龙敏随即祷告，七只白鹤一一用翅膀轻拂棺盖，然后飞去。

杨邦乂

杨邦乂（1085—1130），字晞稷，吉州吉水（今属江西）人，南宋忠臣。父母早逝，与兄长相依为命。北宋政和七年（1117），杨邦乂考得进士，虽然时局艰难，但每以气节忠义自许。杨邦乂历任婺源县尉，蕲州、庐州、建康三郡教授，溧阳知县，后因平叛有功，改任建康府通判。

杨邦乂

南宋建炎三年（1129），金军渡过长江，直逼建康城。当时李棁以户部尚书的身份兼管军饷，陈邦光以显谟阁直学士的身份守卫建康，并写好了降书，准备投降。金军统帅完颜宗弼（兀术）入城，李棁、陈邦光率领下属拜见完颜宗弼，只有杨邦乂不下跪，以血在衣服上写大字：“宁作赵氏鬼，不为他邦臣。”完颜宗弼无法令他屈从。一日，完颜宗弼派人劝降杨邦乂，许诺他投降就官复原职。杨邦乂以头撞柱墩流血，说：“世岂有不畏死而可以利动者？速杀我！”又一日，完颜宗弼与李棁、陈邦光等人在堂上饮宴，将杨邦乂带到庭中。杨邦乂大骂道：“天子以若扞城，敌至不能抗，更与共宴乐，尚有面目见我乎？”座中有一刘团练，在纸上写“死活”两个字给杨邦乂看，说：“若无多云，欲死趣书‘死’字。”杨邦乂奋笔而书“死”字，金人相顾变色，但没敢加害于他。不久，完颜宗弼又带出杨邦乂劝降，杨邦乂不胜愤慨，遥望大骂。完颜宗弼大怒，杀害了杨邦乂，将他的心脏剖出。

朝廷为褒奖杨邦乂的壮烈气节，赠直秘阁，赐田三顷。官府为其殓葬，建“褒忠庙”褒扬他的忠义，赐谥“忠襄”，其墓和庙在土门冈。南宋绍兴七年（1137），加赠其为徽猷阁待制，增赐田三顷。2018年，“杨邦乂的传说”被列入南京市非物质文化遗产代表性项目名录。

姚兴

姚兴（？—1161），字叔兴，临安府新城县（今浙江杭州）人，南宋抗金名将。北宋靖康元年（1126），姚兴以州校的身份得到任用。因截杀金人有功，借补承信郎。南宋建炎元年（1127），姚兴随张琪聚集军队归附东京留守宗泽。绍兴元年（1131）擢武义郎，隶属张浚军中。又随从刘锜防守顺昌，收复宿州、亳州，攻克城父、永城、临涣、蕲县朱家村，升任武略大夫。又在淮河沿河边地的战斗中有功，被授任为右武大夫，累次升任至建康府驻扎御前破敌军统制，充任荆湖南路兵马副都监。

绍兴三十一年（1161），金人背弃盟约，姚兴隶属都统王权部下，在庐州的定林与500名金国骑兵遭遇并与之发生战斗。姚兴击退金兵，活捉敌将鹘杀虎。

金军渡过淮河后，王权畏战而撤退自保，派姚兴拒敌。姚兴与金军在尉子桥（今安徽巢湖境内）相遇，金军以铁骑兵进击，姚兴率兵奋勇战斗，杀死金军几百人。但后因内奸出卖，姚兴误中埋伏，孤军与金兵鏖战数十回合，终因援兵不至，战死沙场。临死之前，姚兴仍手刃敌军数十人。姚兴死后，宋高宗追赠其为正任观察使，命立庙表彰，赐额“旌忠庙”。据史书记载，旌忠庙在城南铁索寺之东南。其遗址在雨花台西约300米处。

戚方

戚方（？—1171），南宋将领。南宋建炎元年（1127），戚方初为骐骥院教骏营（南宋时专门驯马的军队）士兵。建炎三年（1129），戚方一度入山寨为寇，后杀其头领，率众归建康，投靠右丞相、兼江淮宣抚使、镇守建康的杜充，后被任命为江淮宣抚司准备将。同年十一月，金军渡江，杜充派都统制陈淬率岳飞、戚方等将官奔赴马家渡迎战。陈淬战死，诸将皆溃。戚方率溃卒数千走金坛县，又沦为流寇。

建炎四年（1130）三月，戚方攻陷广德军，后又攻宣州、安吉上乡等地。岳飞率兵讨伐，与之激战数十次，皆获胜。戚方遂转而向张俊投降。至绍兴末年，戚方积功累至步军司前军都统制。绍兴三十年（1160）擢江州御前诸军都统制。乾道初，改镇江都统制，迁武当军节度使。

乾道三年（1167），戚方因刻削军士、交结内侍等罪状落节钺，责授果州团练副使，潭州安置。乾道七年（1171）病死。

明《正德江宁志》记载，戚方墓在雨花台高座寺后。今已不存。

刘叔亮

刘叔亮（生卒年不详），宋末元初高士，赵孟頫挚友。蒙古族问鼎中原建立元王朝后，刘叔亮秉持文人节操，始终缅怀前朝故国，隐居集庆（今江苏南京），悲愤至极，醉酒自尽，后被安葬于雨花台旁。时人谓此地为“刘公墩”（今雨花台风景名胜区北门西侧约230米处，即今雨花台区普德寺北250米处宁芜铁路南）。

刘叔亮死后，赵孟頫非常伤感。他来到雨花台，看到刘叔亮长满杂草的坟头，颇有感触，写下了《金陵雨花台遂至故人刘叔亮墓》一诗。诗云：“雨花台上看晴空，万里风烟入望中。人物车书南北混，山川襟带古今同。昆虫未蛰霜先陨，凤鸟不鸣江自东。绿发刘伶缘醉死，往寻荒冢酹西风。”

清光绪八年（1882）春，刘文陶出资购得刘公墩处十余亩地建别墅，时人俗呼其为“刘园”。次年秋天，刘文陶于园东侧刘公墩上重建碑亭。近代文学家杨长年有《刘公墩怀古》一诗。诗曰：“寂寞荒郊久不春，故园今日焕然新。一丘一壑归同姓，还喜名山得主人。”

1935年10月，因修建江南铁路，刘园被征收拆除，刘公墩遂亦不存。

文天祥

文天祥（1236—1283），字履善，又字宋瑞，吉州庐陵（今江西吉安）人。体格魁梧，容貌出众，风姿超群。文天祥自幼倾慕忠臣义士，对欧阳修、杨邦乂、胡铨等谥号带“忠”字的忠义之士感佩不已，立志学习。宋宝祐四年（1256），文天祥考取进士第一，在集英殿奏对策问，文不加点，一挥而就，被宋理宗钦点为状元。他一度掌理军器监兼权直学士院。

南宋开庆元年（1259），蒙古军攻鄂州（治今湖北武汉武昌区），宦官董宋臣劝说宋理宗迁都。在无人敢议其非的情况之下，文天祥毅然上书，言“乞斩宋臣，以一人心”，但未被采纳。后文天祥任军器监，又上书言贾似道之罪，被贾似道指使同党弹劾罢免。

文天祥

咸淳九年（1273），文天祥被起复为湖南提刑。次年

（1274），改知赣州。德祐元年（1275），元兵东下，文天祥在赣州组织义军，被任命为浙西、江东制置使兼知平江府。在援救常州时，因内部失和而退守余杭。随后升任右丞相兼枢密使，奉命出使元军议和，因面斥元主帅伯颜被扣留。后于镇江脱险，流亡至通州（治今江苏南通），由海路南下，至福建与张世杰等人坚持抗元。景炎二年（1277）进兵江西，终因势孤力单败退广东。祥兴元年（1278）卫王赵昺继位后，拜少保，封信国公。后在五坡岭（今广东海丰北）被俘，押至元大都（今北京），屡经威胁利诱，仍誓死不屈。

忽必烈召见文天祥并劝降，均遭其严正拒绝。元至元十九年十二月（1283年1月），文天祥被杀。临刑之时，他神色从容，对左右吏卒曰"吾事毕矣"，然后向南方行礼告别。文天祥被后朝追谥"忠烈"，与陆秀夫、张世杰并称为"宋末三杰"。明崇祯六年（1633），孔子第六十二代孙、南京礼部侍郎孔贞运奉旨，在聚宝门（今中华门）外二里的土门冈杨邦乂"褒忠庙"合祭文天祥，庙后改称"二忠祠"。

福　寿

福寿（？—1356），唐兀（元时蒙古人称党项人及其所建西夏政权为唐兀）人，元代大臣。幼俊茂，知读书，尤善应对。初任长宁寺少卿，改引进使，升知侍仪使，进正使。出为饶州路达鲁花赤，擢淮西廉访副使，入为工部侍郎，佥太常礼仪院事，拜监察御史，改户部侍郎，升尚书，出为燕南廉访使，又五迁为同知枢密院事。元至正十二年（1352）改也可札鲁忽赤，至正十五年（1355）迁江南行台御史大夫。至正十六年（1356）三月，因抗拒朱元璋攻占集庆（今江苏南京），战死于乱军之中。

《元史》卷一百四十四记载："十六年三月，大明兵围集庆，福寿数督兵出战，尽闭诸城门，独开东门以通出入，而城中势不复能支，城遂破。百司皆奔溃，福寿乃独据胡床坐凤凰台下，指麾左右。或劝之去，叱之曰：'吾为国家重臣，城存则生，城破则死，尚安往哉！'达鲁花赤达尼达思见其独坐若有所为者，从问所决，留弗去。俄而乱兵四集，福寿遂遇害。"

元惠宗妥懽帖睦尔闻福寿壮烈之举，赠其金紫光禄大夫、江浙行省左丞相、上柱国，追封卫国公，谥"忠肃"。元至正二十八年（1368），朱元璋在击破各路农民起义军并控制江南全境后，于应天府（今江苏南京）称帝，国号大明，年号洪武。朱元璋感佩福寿"秉节死义"，下诏在城南雨花台北侧土门冈立"忠肃公庙"祭祀（后迁至鸡鸣山之阳）。

杨　信

杨信（1320—1376），开封鄢陵（今河南许昌）人。元末，杨信以胆略闻名，选充湖广炮手，翼百户，戍守镇江。元至正十六年（1356），朱元璋攻下集庆（今江苏南京）后，杨信率部归附，被任命为铳手军首领，随大军攻打常州、宣州，因功获授亲随帐前万户。后在攻打婺州、衢州、九江、南康等战役中立功，实授管军千户。至正二十三年（1363），陈友谅围攻南昌，杨信率铳手军跟随朱元璋，大战鄱阳湖。陈友谅战死后，杨信又率军至武昌，击溃陈友谅余部，随后克合肥，援安丰，拔永新，屡建战功。后又随常遇春征讨张士诚，升虎贲左卫亲军指挥使司事。出戍湖北蕲州，遂转佥蕲州卫指挥使司事，阶宣武将军。调戍武昌，迁永州，已而佥永州卫指挥使司事，俾其子孙世袭其职。

明洪武八年（1375）十一月，朱元璋诏杨信还京。洪武九年（1376）二月，杨信改佥留守卫亲军指挥使司事，于同年五月病逝。朱元璋闻之，悯悼不已，特遣内臣祭以牲醴，派朝中大臣前往致奠，并命工部为其营造坟茔，将其葬于聚宝山之原（今雨花台附近）。宋濂撰《故宣武将军佥留守卫亲军指挥使司事杨公圹志》，评价“惟公幸际兴王之运，临敌不慑，故能立显功，受荣爵，殁且不朽矣。岂非奇男子哉”。

孙　炎

孙炎（1323—1362），字伯融，应天府句容（今属江苏镇江）人。身长六尺余，面黑如铁，一足偏跛，能言善辩，颇有诗名，所结交者皆是当时名士，自负有治国安民之才，常自许曰：“孙炎男子，岂死蒿下耶？”元至正十六年（1356）三月，朱元璋攻下集庆（今江苏南京），闻孙炎名，委任其为江南行中书省掾。至正十九年（1359）随朱元璋征浙东，以功历官池州府同知、华阳府知府。同年十一月擢行省都事，十二月调任处州（辖境相当今浙江丽水等地）总制。

孙炎打听到刘基、章溢、叶琛等都是深藏民间的人才，但其中最有名的刘基却拒不出山。孙炎再三邀请，置酒与其饮论古今成败之事，语如倾峡，滔滔不绝，刘基深为叹服。后经孙炎举荐，刘基等终于被朱元璋招揽重用。

至正二十二年（1362）二月，处州苗帅李佑之、贺仁德等叛乱，杀守将耿再成。孙炎被囚禁后拒绝投降，遂被害。同年，孙炎葬于聚宝山之阳（今雨花台南侧）。宋濂为其撰墓志铭。明洪武元年（1368），朱元璋即皇帝位，追封孙炎为丹阳县男，谥“忠愍”，塑像于耿再成祠。

耿再成

耿再成（？—1362），字德甫，泗州五河县（今属安徽）人，元末明初名将。

元至正十二年（1352），耿再成投靠了刚刚在濠州参加起义的朱元璋。至正十三年（1353），耿再成随朱元璋攻克了泗州、滁州。至正十四年（1354）十月，元军包围六合，朱元璋在河涧侧面设下埋伏，命令耿再成诱敌，大败元军。至正十五年（1355），耿再成任镇抚，随朱元璋渡江。至正十六年（1356）随军攻下集庆、镇江，以元帅之职镇守镇江，后因功升任行枢密院判官，先后镇守滁州、长兴、扬州。至正十八年（1358）担任前锋，随军攻破金华府，受命驻兵于缙云的黄龙山，以遏制元军进攻，谋取处州。至正十九年（1359）十一月和胡大海于处州大败石抹宜孙，攻克处州城，留守处州。

元至正二十二年（1362）二月，元降将蒋英叛降张士诚，杀死金华守将胡大海。处州苗人降将、副元帅李祐之等人听说后，也率部叛乱。耿再成率十几名兵卒仓促迎战，受伤坠马后大骂不绝，遂被害。其尸体被简单埋葬。后耿再成被改葬在聚宝山（今雨花台），追封为高阳郡公，侑享太庙，肖像入功臣庙。明洪武十年（1377），其被加封泗国公，谥“武壮”。

俞通海

俞通海（1330—1367），字碧泉，庐州巢县（今安徽巢湖）人，祖籍濠州（今安徽凤阳）。明代开国将领。

元朝末年，俞通海和廖永安等人于巢湖结寨自保。元至正十五年（1355）五月，俞通海率巢湖水军投奔朱元璋，此后随朱元璋南渡长江作战，屡败元军。俞通海为人沉毅，治军严而有恩，最擅长水战。他在和张士诚部将吕珍的战斗中被箭射中右目，便让士兵披上自己的战甲继续督战，最终打退敌军。至正二十年（1360）参与龙湾之战，击退陈友谅。至正二十三年（1363）参与鄱阳湖水战，解救朱元璋，焚烧陈友谅舟船，立下首功。至正二十六年（1366）随军攻打张士诚。

元至正二十七年（1367），朱元璋派大军包围平江，徐达命令俞通海率军前来会合，战灭渡桥。在进攻桃花坞的战斗中，他身中流矢，伤势严重，归还金陵休养。四月九日，朱元璋亲自前往他的府第看望，俞通海已经不能说话，朱元璋洒泪而出。次日，俞通海卒，朱元璋痛哭不已，下诏赠光禄大夫，追封其为豫国公，侑享太庙，肖像入功臣庙。朱元璋亲率百官为他发丧，官府负责安排吊问、赙赠、葬器的具体事宜。俞通海没有子嗣，由其弟俞通源承袭官位。

明洪武三年（1370），俞通海被改封为虢国公，谥号为“忠烈”。洪武九年（1376），加赠开国辅运推诚宣力武臣柱国。洪武二十三年（1390），俞通海三代皆封公爵。其墓在今雨花台木末亭北约 200 米处，为南京市文物保护单位。

郭兴（郭子兴）

郭兴（1331—1384），濠州（今安徽凤阳）人。明代开国名将，淮西二十四将之一，武定侯郭英和郭宁妃的哥哥。本名郭子兴，因与同时期的濠州红巾军首领郭子兴同名同姓，故史料多称之为郭兴。郭兴年轻时“拳勇有膂力，善骑射”，元至正十三年（1353）时加入郭子兴的濠州红巾军。其时，朱元璋在军中逐渐崭露头角，郭兴的父亲遂命儿子追随朱元璋，还将女儿（即后来的郭宁妃）嫁给朱元璋，郭兴和弟弟郭英从此转投朱元璋麾下。

至正十四年（1354），朱元璋脱离郭子兴自谋发展，带着徐达、汤和、郭兴、郭英等人离开濠州，南略定远。沿途，他们的队伍逐渐壮大，先后夺取滁州、和州，又渡江攻占采石矶、太平府等地，至正十六年（1356）攻取了集庆（今江苏南京）。郭兴一路随军征战，常担任朱元璋的宿卫，并在攻取集庆一战中有“先登”之功，被授为管军总管。至正十七年（1357），郭兴随徐达攻取常州，进升统军元帅。围攻常州时，他身中矢石，多月昼夜不解衣甲，以致身上都长了虱子。他既而连克宣州、江阴、宜兴、婺州、安庆、衢州，势如破竹。

郭兴（郭子兴）

至正二十三年（1363），陈友谅在鄱阳湖迎战朱元璋。当时，陈友谅的水军以庞大的战舰“连锁为阵”。朱元璋采纳郭兴的建议，以火攻迎敌，大败陈友谅。至正二十四年（1364），郭兴随朱元璋攻克武昌，因功被任为鹰扬卫指挥使。不久，郭兴因平定张士诚之役中多次“裹创力战，功绩尤著”，升任镇国上将军、大都督府都督佥事。

明洪武元年（1368），郭兴跟从徐达攻克汴梁，率兵守卫潼关。后又从徐达率轻骑直捣奉元（今陕西西安）。此后，他镇守巩昌（今甘肃陇西县），使边境得以相安无事。洪武三年（1370），郭兴被任命为秦王武傅，兼任陕西行都督府佥事。同年冬，朱元璋赐封功臣，郭兴因不守纪律，只被封巩昌侯，得食邑一千五百石以及世袭的凭证。洪武四年（1371），郭兴攻伐蜀地及汉州、成都。洪武六年（1373）随徐达镇守北平，与陈德于答剌海口打败元军。

洪武十七年（1384）十一月，郭兴于家中病逝。朱元璋辍朝三日，赙赠有加，追封其为陕国公，赐谥“宣武”。次年（1385），郭兴下葬。洪武二十三年（1390），郭兴被追定为胡惟庸逆党，其世袭爵位被废除。

郭兴墓在雨花台东北侧，具体位置不详。翰林学士刘三吾撰“郭公神道碑铭”，曰：“葬聚宝山之原。”据明《正德江宁县志》卷七，郭兴墓在聚宝山东北。而《明一统志》载，郭兴墓在聚宝山西。2011年，考古部门在大报恩寺遗址附近发现一块云龙纹饰的石碑，石碑上写着“大明敕赐陕国公神道碑”，初步被确认为郭兴墓碑。

李　杰

李杰（1332—1370），字茂实，寿州霍邱县（今属安徽六安一带）人。他出身农家，于元至正十年（1350）因反抗元统治，“乃入戎伍，驱驰于群雄之间六七载”。至正十六年（1356），朱元璋已攻下集庆，改集庆为应天府，李杰率部渡江投奔朱元璋，隶属大将军徐达麾下，参加征战。由于英勇善战，他受到朱元璋的赏识。明洪武元年（1368）任广武卫指挥，在攻打宣城、毗陵、安庆、九江、太平的战役中屡建奇功，并参加庐州、泰州、高邮、淮安、吴兴、苏州诸都之役。后转战中原，驰骋于黄河中下游之山东、山西、河南、河北等地，南征北战，所向披靡。洪武二年十二月（1370年1月）在孔山寨战役中，他深陷敌围，不幸战死。其灵柩后被运回应天府，葬于聚宝山（今雨花台）之阳。李杰有二女五子，长女为朱元璋之妃，于洪武十七年（1384）十月册封为淑妃，摄六宫事。李杰被追封为镇国上将军、都指挥使。洪武三十一年（1398）五月，大学士宋濂为李杰墓撰写《宣武将军佥广武卫指挥使司事赠骠骑将军佥都督府事李公神道碑》。李杰墓石刻现已移至雨花台风景名胜区内。

郭 英

郭英（1335—1403），濠州人，祖籍山东巨野，后迁到濠州（今安徽凤阳东北）。十几岁时与兄长郭子兴（郭兴）从朱元璋起兵，负责宿卫，俗称“郭四”。先后跟随朱元璋、徐达、常遇春攻打陈友谅、张士诚军，平定中原、云南等地，身经百战。

明洪武十四年（1381），郭英跟随傅友德攻打云南，一举将元军击溃，并生擒元军首领。后又率军攻取曲靖等地，将各山寨悉数平定。洪武十六年（1383）又随傅友德平定蒙化、邓川、丽江等地。洪武十七年（1384）以功绩封武定侯，食禄二千五百石。洪武十八年（1385）被任命为靖海将军，镇守辽东。洪武二十年（1387）跟随大将军冯胜出兵金山，降纳哈出，进封征虏右副将军。回京后，朱元璋让郭英掌管宫廷禁兵。洪武三十年（1397），郭英被任命为征西将军耿炳文的副将守备陕西，平定沔县贼寇高福兴。回京后，郭英遭到御史裴承祖弹劾。朱元璋于是命诸戚里大臣议论郭英的罪名，最后郭英得到赦免。

明建文年间，郭英从耿炳文、李景隆讨伐燕王朱棣，无功而返。“靖难之役”结束后，朱棣登基为帝，郭英被罢官回家。永乐元年（1403）二月，郭英卒于家中。朱棣辍朝二日，遣官致祭，赙恤有加，赠营国公，谥“威襄”，赐葬于聚宝山（今雨花台）之原。

邓 愈

邓 愈

邓愈（1337—1377），原名邓友德，字伯颜，泗州虹县（今安徽泗县）人，明代开国名将。天生魁梧，勇武过人，十几岁便领兵抗元。元至正十五年（1355），他率所部万余人从盱眙投奔朱元璋，任管军总管，朱元璋赐其名为邓愈。他跟随朱元璋渡过长江，攻克太平、集庆，直取镇江，屡立战功，升为广兴翼元帅。

邓愈后转战浙西，屡败元军。累积军功屡次升官，历任佥行枢密院事、江西行省参知政事、江西行省右丞、湖广行省平章、右御史大夫、太子右谕德。为人简重缜密，智勇兼备，严于治军，善抚降者，功著一时。明洪武三年（1370），邓愈跟随徐达远征甘肃，击败北元军队，招降吐蕃、乌斯藏诸部，后被晋封为荣禄大夫、右柱国，封卫国公。

洪武十年（1377）十一月，邓愈病逝于寿春（今安徽寿县）。

此噩耗传来后，朱元璋大哭不已，遂停止上朝三日，追封邓愈为宁河王，谥“武顺”。邓愈柩车至三山门，朱元璋亲迎灵柩祭奠，最后选定了“宽平爽垲”的城南西山之原为墓地（即邓府山）。十二月，邓愈被安葬在邓府山。《大明敕赐宁河武顺王神道碑》曰：“敕有司营建墓兆。仍命迁王母夫人及弟吽之丧同葬焉。凡丧事所需，皆官给之。恩至沃也。”安排完邓愈丧事，朱元璋犹念邓愈之功，专门召见翰林学士朱梦炎等进殿，谕之曰：“愈事朕二十二年，东征西讨，勋劳至甚，历镇八州，有功无过，尔其撰文刻之石，以昭不朽。”

蒋薰《宁河王邓愈祠》诗曰：“将军麟阁与云齐，绝塞荒祠落日低。不是扪苔寻断碣，更无人说邓征西。”

宋 晟

宋晟（1343—1407），字景阳，一作景旸，凤阳府定远县（今属安徽）人，明初名将。宋晟早年投奔红巾军，与其父兄一同参与抗元起义，累功至天宁翼元帅、总兵官等职。明后，他历任武德将军、怀远将军、龙虎将军，辗转江西、大同、陕西等地，治理有方。

自明洪武十二年（1379）起，宋晟出镇凉州卫（今甘肃武威中部），抵御北元及西番进犯。与都督刘真远袭哈梅里（哈密），后随大将蓝玉远征罕东，使军威远播至西域。洪武二十九年（1396）南下讨平广西诸苗叛乱，洪武三十一年（1398）随燕王朱棣出塞。建文帝即位后，宋晟镇甘肃。“靖难之役”后，宋晟入朝觐见朱棣，被改授为后军左都督。旋即以平羌将军再镇凉州，更受倚重，赐号“推诚辅运宣忠效力武臣”，封为西宁侯。他的两个儿子分别娶朱棣之女安成公主、咸宁公主，显赫一时。

永乐五年（1407）七月，宋晟病逝于肃州。“讣闻，天子悼叹，遣官赐祭，敕有司给傅。”永乐六年（1408），宋晟归葬于南京聚宝门外其父宋朝用墓旁。崇祯十七年（1644），南明弘光帝追补开国名臣赠谥，追封宋晟为宁国公。朱棣评价他：“晟虽老，其尽心边事，昼夜不懈于怀绥远人，爱恤士卒，得边将之道。使守边者皆然，朕复何忧？”宋晟墓今位于雨花西路113号，仅存宋晟及其父宋朝用的神道碑各一通。

卓 敬

卓敬（约1348—1402），字惟恭，瑞安（今浙江瑞安卓岙）人，明初才子。《明史》卷一百四十一有传。少时聪明绝伦，博学多才，诗词宏丽，文章奇拔磊落，读书十行俱下。明洪武二十一年（1388）榜眼及第，官户部侍郎。

建文初，卓敬秘密上疏言燕王智虑绝伦，雄才大略，酷类高帝。北平形胜地，士马精强，金、元所由兴。今宜徙封南昌，万一有变，亦易控制。“夫将萌而未动者，几也；量时而可为者，势也。势非至刚莫能断，几非至明莫能察。”但此策并没有被采纳。燕王朱棣发动“靖难之役”成功后，卓敬被捕，朱棣问责其“离间骨肉”。卓敬厉声回答“惜先帝不用敬言耳”，并激昂答道：“人臣委贽，有死无二。先皇帝会无过举，一旦横行篡夺，恨不即死见故君地下，乃更欲臣我耶？”朱棣怜其才，不忍杀卓敬。但由于姚广孝谗言，卓敬及其三族被杀害。后来人们为了纪念他，在雨花台方孝孺祠左建卓忠毅祠。

方孝孺

方孝孺（1357—1402），字希直，又字希古，号逊志，浙江宁海人。曾以“逊志”名其书斋，因其故里旧属缑城里，故称“缑城先生”。父亲方克勤曾任山东济宁知府，以爱民闻名。方孝孺因在汉中府任教授时，蜀献王赐名其读书处为“正学”，故亦称“正学先生”。

方孝孺

明洪武十五年（1382），方孝孺被推荐入京。朱元璋召见他，非常欣赏他端庄的举止风范，便对皇太子说：“此庄士，当老其才。”建文帝朱允炆即位后，将方孝孺召为翰林侍讲，不久又升其为侍讲学士，遇到国家大政之事都要向他咨询。建文帝喜爱读书，每次有疑惑不解之处就召见方孝孺讲解。临朝奏事，在决定大臣们的建议是否采用时，建文帝有时会命方孝孺在屏风前写批复。在编修《太祖实录》及《类要》等书时，方孝孺都担任总裁。后更定官制，改任命方孝孺为文学博士。朱棣谋反，朝廷商议讨伐，诏书与檄文都出自方孝孺之手。建文四年（1402）六月，朱棣的燕军攻下京师南京，建文帝不知下落，方孝孺等诸多大臣被抓入监狱。

朱棣想让方孝孺草拟即位诏书，方孝孺当场大哭，声震内外。燕王走下来，劝说道：“先生毋自苦，予欲法周公辅成王耳。”方孝孺问：“成王安在？”燕王说：“彼自焚死。”方孝孺问：“何不立成王之子？”燕王说：“国赖长君。”方孝孺又问：“何不立成王之弟？”燕王说：“此朕家事。”朱棣环顾左右给方孝孺拿来纸笔，说：“诏天下，非先生不可。”方孝孺投笔于地，大哭骂道：“死即死耳，诏不可草。”燕王大怒，命令在聚宝门（今中华门）外对方孝孺施以磔（剐）刑，并诛其十族。方孝孺慨然赴死。门人收集遗骨，将其埋葬在聚宝门外山上。方孝孺所著书有《大易枝辞》《周礼考次》《武王戒书注》《宋史要言》《帝王基命录》《文统》及《逊志斋集》等。其墓现位于雨花台风景名胜区内。

景　清

景清（约1362—1403），本姓耿，讹景，真宁（今甘肃正宁县）人。《明史》卷一百四十一有传。自幼双亲俱亡，寄养于陕西真宁县辛庄里寨子村外祖母家，入真宁籍。明洪武二十七年（1394）

进士，授编修，改御史。洪武三十年（1397）春，朱元璋召见景清，命其署左佥都御史。后景清因奏疏字误，怀印更改，为给事中所劾，下诏狱。但不久即被释，奉诏去川陕一带巡察私茶，后升为金华知府。建文初，为北平（今北京）参议。朱棣的燕军攻破京师南京后，廷中大臣死者甚众，景清暗地私约方孝孺等以身殉国。朱棣登基后，命景清仍任原职。一日早朝，景清"衣绯怀刃"入宫，欲借机刺杀朱棣。但朱棣事先得到消息，已有所提防，命手下抓住景清，从其身上搜出所藏利刃。朱棣责问景清行刺动机，景清奋起答曰："欲为故主报雠耳！"景清被凌迟处死，尸身被悬于长安门示众，同时其族被诛。"藉其乡，转相攀染，谓之'瓜蔓抄'，村里为墟。"明宣宗即位后，追封景清，赐谥"忠烈"。万历年间，有人在雨花台永宁寺后为其建祠纪念。

王贞庆

王贞庆（生卒年不详），字维善，一字善甫，自号金粟主人，安徽定远人，一说淮甸（今江苏淮安）人，明太祖朱元璋外孙。其父都尉永春侯王宁。明成祖朱棣在位时，为奉天翊运推诚效义武臣、永春侯，赐予世代享受特权的铁券，其母为怀庆公主。王贞庆折节好士，有诗名，著有《茗芝集》，与刘溥、汤胤勣、苏平、苏正、沈愚、王淮、晏铎、邹亮、蒋忠并称"景泰十才子"。景泰年间，王贞庆在聚宝山外雨花台置地一处建别墅，园内辟一轩，周边栽植桂树，自号"金粟主人"。《金陵园墅志》谓："王氏别业在雨花台。王贞庆，字善甫，南京永春侯宁子。园旁筑小轩，绕以桂树，自号金粟主人。"

铁 铉

铁铉（1366—1402），字鼎石，河南邓州（今属河南）人，元代回族后裔，明初名臣。洪武年间，由国子生授礼科给事中，调任都督府断事。未几，擢山东布政司参政。明建文二年（1400），曹国公李景隆驻师德州，铁铉督漕运。不久，李景隆兵败南逃。面对燕师大军，铁铉与参赞高巍在临邑相遇，遂协商募兵以固守济南。济南被围月余，燕师大军始终没有攻破，只得放弃攻城，离去南下。建文帝得报大喜，遣使赐以白金彩币，封及三代。铁铉入谢，建文帝赐宴，升铁铉为右布政使。寻升兵部尚书，佐大将军、历城侯盛庸统天下兵。建文四年（1402），燕军攻下京师南京后，铁铉在淮南被擒，押送南京。朱棣即皇帝位，"执之至，（铁铉）反背坐廷中嫚骂。令其一回顾，终不可"。燕王朱棣大怒，下令割下铁铉耳、鼻塞铉口中，并在闹市中将铁铉凌迟处死。

明神宗朱翊钧登基后，朝廷为铁铉平反，在雨花台建铁公祠祀铁铉。南明弘光帝追赠铁铉为太保，谥"忠襄"。清乾隆帝追谥其为"忠定"。

张　麟

张麟（约 1369—1395），安徽凤阳人，凤翔侯张龙之子。明洪武十八年（1385），张麟为驸马都尉，娶朱元璋第八女福清公主。洪武二十八年（1395），张麟病逝。其墓地在江宁县七里铺东（今南京雨花台区邓府山东麓）。

福清公主

福清公主（1370—1417），名不详，朱元璋第八女，母安妃郑氏。明洪武十八年（1385），公主下嫁张龙之子张麟，生一子张杰。据说，她相貌清秀，琴棋书画无一不精，善治国安邦之道，精灵聪慧，常与相臣之女为伴，曾多次献计出谋替朱元璋解燃眉之急。永乐十五年（1417）二月，福清公主去世，葬于应天府江宁县天隆寺安德乡之原（今雨花台邓府山北麓）。

郭　镇

郭镇（1372—1399），字彦鼎，祖籍凤阳临淮县人。父郭英，以才勇善战，跟随朱元璋平定天下，成为一代名将，封武定侯。母马氏（原配），累封营国夫人。

明洪武二十二年（1389），郭镇作为有功勋的皇亲国戚子弟，被选为永嘉公主夫婿，朱元璋赐其金玉带、鞍马、金绣衣九袭，拜驸马都尉，每年食禄二千石。郭镇好学、工诗，熟于礼度，每次被派练兵以及在外办理事务，他都谨慎、勤奋而不敢懈怠，得到朝廷内外称赞。

洪武三十一年（1398）闰五月，朱元璋驾崩。皇太孙朱允炆即皇帝位，又命郭镇前往辽东前线进行慰问。事毕返回途中，郭镇疾病发作。到达南京后，他已经不能上朝。建文帝派御医诊治郭镇，但郭镇终因医治无效，于建文元年（1399）在家中病逝。消息传来，建文帝辍正朝三日，将其入殓安葬，遣官致祭，诸王也都遣人祭奠。同年四月，郭镇葬于聚宝山（今雨花台）。

含山公主

含山公主（1381—1462），名不详，朱元璋第十四女，母高丽妃韩氏。明洪武二十七年（1394）八月十六日被封为含山公主，下嫁驸马都尉尹清。建文初，尹清掌后府都督事，先含山公主卒，追赠光禄大夫。永乐三年（1405），含山公主进封长公主。永乐二十二年（1424），含山公主加封大长公主。

天顺六年（1462）九月，含山公主去世。明英宗朱祁镇辍朝一日，遣中官前往吊唁，命有关部门营造墓地、操办丧事。同年，含山公主葬于雨花台之南。

王 镇

王镇（？—1474），字克安，祖籍北京密云。其父王凤因喜金陵山川，举家迁居南京正阳门东正阳街，占籍南直隶应天府上元县（今江苏南京）。

明天顺八年（1464）十月，王镇第二女被明宪宗朱见深册立为皇后。成化元年（1465），王镇授金吾左卫指挥使，不久拜中军都督府都督同知，后又升中军都督府右都督。王镇为人厚重清谨，虽身受荣宠，但不改其朴素性情，被人称有长者风范。成化十年（1474）六月，王镇病逝，追封瑞安侯。弘治六年（1493）又追封阜国公，谥“康穆”。

20世纪80年代后期，王镇家族墓在雨花台区邓府山公交四公司内被发现。

梁 端

梁端（1406—1494），字玄中，其先祖为安南国谅江府平河县（今属越南）人。明成祖朱棣派遣丰城侯李彬镇守交趾，后将梁端送往中国。明永乐十八年（1420），梁端奉明成祖朱棣敕诏，被送往南京。洪熙元年（1425）被选入内书馆读书，宣德二年（1427）七月被选入司礼监历事。正统五年（1440）三月，京师（北京）大兴土木，重建奉天、华盖、谨身三大殿等，明英宗朱祁镇得知梁端精于会计，熟习各类政务，便命其担任总会计。

天顺三年（1459），梁端奉命前往广东等处采集珍珠。天顺五年（1461）又奉命镇守珠池（今广东汕头东南部）。成化四年（1468），梁端奉诏赴京，擢升南京司礼监奉御。成化十五年（1479）加升左监丞，职掌南京内府宪章。

从十几岁起，梁端先后侍奉朱棣、朱高炽、朱瞻基、朱祁镇、朱祁钰、朱见深、朱祐樘7位皇帝。弘治七年（1494）四月，梁端因病去世，葬于聚宝门之南、聚宝山向阳之地（今南京雨花台东炮台附近）。

顾兴祖

顾兴祖（？—1463），字世延，河南行省扬州路江都县（今江苏扬州）人，明开国名将顾成之孙、顾统之子。明永乐年间，他继承其祖父顾成的侯爵爵位。明仁宗朱高炽即位时，广西叛乱。朱高炽下诏命顾兴祖平定浔州、平乐、思恩、宜山等苗族地区，后归降者众多。宣德年间，交趾（今越南）的黎利再次叛乱，并围困丘温。当时顾兴祖坐镇南宁却拥兵不援，后被逮捕下锦衣卫狱，逾年得释。正统末，顾兴祖跟从明英宗朱祁镇北征，在“土木堡之变”后脱逃，后被定为死罪。又因也先逼都城，顾兴祖充任副总兵，参与京师保卫战，后又再次出战，并抵御蒙古军于城外。后授都督同知，守备紫荆关。

景泰三年（1452），顾兴祖因受贿而被连坐下狱，后得释放。因立东宫（皇太子）有功，授征远伯。

天顺年间恢复镇远侯，镇守南京，掌中军都督府事。天顺七年（1463）卒。其墓在今雨花台安德门外小行街（今南京药械厂内）。

杨 忠

杨忠（1411—1478），字德遵。其先祖为交南（今越南北部）显贵。

明永乐十九年（1421），杨忠被选入内廷，侍奉明成祖朱棣。洪熙元年（1425），明仁宗朱高炽命杨忠到翰林院学习。明宣宗朱瞻基在位时，特加其奉御（从六品）之职。景泰年间，明代宗朱祁钰命杨忠前往南京尚膳监，恭祀宗庙。明英宗朱祁镇在位时，命杨忠掌管内务数年。成化九年（1473），杨忠升任南京内官监左监丞（正五品）。成化十二年（1476）受命守明孝陵，主管神宫监事宜。次年（1477）擢升内官监左少监（从四品），兼管大报恩寺斋供（祭祀死者、神佛，并上供食品）一切事宜，以及修缮大报恩寺厨。

成化十四年（1478）十月，杨忠因病去世，葬于德恩寺后（遗址在今南京雨花台李杰墓北150米处）。

韦 清

韦清（1413—1494），字源洁，广西庆远府思恩县（今属环江毛南族自治县）人。先世为名门望族的后代。

明宣德四年（1429），朝廷选拔俊秀童男子入宫看管起居作息的“宫漏”，韦清被选进宫，于宫中内书馆读书。宣德八年（1433），韦清任内承运库书办（管办文书的属吏），为人小心缜密，勤奋干练。景泰五年（1454）擢升御用监匠作房管监，督查官匠监造御物等器。天顺元年（1457）升御用监典簿。成化三年（1467）升御用监右监丞，成化四年（1468）升御用监左监丞，成化六年（1470）升御用监右少监，成化八年（1472）升御用监左少监，成化十年（1474）升御用监太监。次年（1475）又改调南京，升任孝陵神宫监太监，掌管印信。

弘治七年（1494），韦清病逝家中，葬于江宁县天隆寺安德乡之原（今雨花台西南天隆寺塔林南300米）。

2016年下半年，南京市考古研究所在南京天隆寺复建工程项目用地东北侧的玉环山发现了韦清墓。

赵 辅

赵辅（？—1486），字良佐，凤阳府（今安徽滁州凤阳县）人。曾祖赵端，以武功累官广东都指挥同知。梁国公赵德胜的侄孙。明正统十四年（1449），在吏部尚书王直等人的推荐下，赵辅升山东都指挥佥事，坐五军营。景泰七年（1456），赵辅升后军都督佥事，充左参将，分守怀来。

天顺元年（1457），赵辅征入右军都督府莅事。天顺八年（1464）升中军都督府同知。成化元年（1465），赵辅佩征夷将军印，充总兵官，征广西，与都御史韩雍破大藤峡，后被封为武靖伯。数十日后，叛民又杀进浔城，言官纷纷弹劾赵辅，赵辅则把责任推给守将，未受处罚。成化三年（1467），赵辅佩靖虏将军印，讨建州女真，大破之，晋封为武靖侯。成化七年（1471）十一月，赵辅被赐号“奉天翊卫推诚宣力武臣、特进荣禄大夫、柱国”，食禄仍旧，本身免一死，三代并妻一体赦封。成化八年（1472），女真入河套，大掠延绥等郡。赵辅受命佩平虏将军印，总制诸路军马。这时敌势猖獗，难以抵挡，赵辅奏请增兵十五万，言官弹劾赵辅玩寇殃民。不久，赵辅称病，被召回京城，仍令理营府事。成化十年（1474），赵辅以流侯不得世袭，乃辞侯爵，请求恢复世袭伯爵。明宪宗朱见深不允其辞，但允许其子孙可世袭伯爵。成化十二年（1476），赵辅以风痹辞解兵柄，家居十年。

成化二十二年（1486）六月，赵辅去世，被追封容国公，谥号为“恭肃”。明江宁知县石允珍主修，李登、盛敏耕、顾起元修纂的《万历江宁县志》卷四《冢墓》谓：“武靖伯赵墓在雨花台侧。”

黄　海

黄海（约1425—1508），山后直北部（今太行山北端）人。明正统二年（1437）进入内廷，赐姓黄，得以在仁寿宫侍奉朱祁镇生母、皇太后孙氏。正统八年（1443）晋升为御前答应（太监）。正统十一年（1446）随明英宗朱祁镇到南海子狩猎。受到朱祁镇赏识，升为长随。自此，朱祁镇起居出入，黄海均陪侍左右。景泰二年（1451），黄海升任奉御。次年（1452）调酒醋面局，不久升任酒醋面局左副使。

天顺元年（1457），黄海降职赴南京尚膳监，负责供奉宗庙祭祀等事宜。成化四年（1468）复升御马监奉御，成化十一年（1475）转任御马监左监丞，成化十四年（1478）转任御马监右监丞，成化十八年（1482）擢升左少监，成化二十年（1484）又擢升御马监太监，兼理“宝钞广惠库”事宜。弘治二年（1489），黄海降为左监丞。弘治六年（1493）复转左少监，弘治十二年（1499）复转右少监，弘治十八年（1505）恢复御马监太监。

正德三年（1508）十二月，黄海因病在宫外府第病逝，葬于聚宝门外安德乡天隆极乐寺山原（今属雨花台区铁心桥街道）。

郭　嵩

郭嵩（1436—1478），字惟贤，祖籍安徽凤阳临淮。曾祖郭英，明洪武年间以功被封为武定侯，追封为营国公，谥“威襄”。祖郭铉，被追封为定襄伯。父郭斌，官至尚宝司丞。叔父郭登，由勋卫进爵定襄伯。郭登无子，郭嵩被过继为子。

景泰年间，郭嵩拜散骑舍人，侍卫禁中。成化八年（1472），郭登去世，被追封为定襄侯，谥

"忠武"，郭嵩承袭定襄伯爵位。成化九年（1473）命分督五军营。寻奉命持节充正使，册封沂阳王于荆州。成化十一年（1475）命往北直隶山东、河南，印录马匹。成化十二年（1476）再奉命持节充正使，册封赵王妃于彰德。成化十三年（1477），朝廷以南京乃根本之地，命郭嵩掌南京前军都督府事，专督操江。成化十四年（1478），郭嵩病逝于官舍，葬于聚宝山（今雨花台）。

吴文度

吴文度（1441—1510），字宪之，福建晋江人，从父寓居江宁。吴文度早孤，与伯兄茹苦读书，志力学业。明成化八年（1472），吴文度举应天乡试，登壬辰进士，授浙江龙泉知县。龙泉过去号称难治，吴文度到来后，招集父老示以礼义，对态度强硬者则依法惩治，使境内肃然。成化十五年（1479）征拜南京、山东道监察御史，多有建树。成化二十三年（1487）擢汀州知府。其间，安抚瑶民，修举学政，考德问业，惠政斐然。任期满，当地百姓立祠、勒石，祀而颂之曰："视祠之庙貌，如吴公也！"

弘治十一年（1498），吴文度擢升江西布政司左参政。弘治十五年（1502）进山西右布政使。一年后转河南左布政使。正德元年（1506）迁右副都御史，巡抚云南。后因平定地方有功，明武宗朱厚照"降敕奖谕，赐与甚厚"。

正德三年（1508），吴文度擢户部右侍郎。寻转左侍郎。未几，拜南京都察院右都御史。刘瑾多次索贿，吴文度不应。同年十一月改南京户部尚书致仕。此后，吴文度萧然深居，与知己好友饮宴尽欢，达官贵人至，则避之不见。刘瑾被诛后，朝廷欲再用吴文度，但此时吴文度已身染重病，卧床不起。

正德五年（1510）十一月，吴文度卒，葬于江宁县石子冈（今雨花台）侧。撰有《交石稿》若干卷，流传于世。

王　源

王源（1458—1524），字宗本，别号观澜，祖籍北京密云。祖王凤，父王镇，其姐为明宪宗朱见深第二任皇后。

明成化十年（1474），王源以其父战殁，袭升义勇某卫千户，因占籍应天府上元县，遂授锦衣卫都指挥使。成化十八年（1482）升中军都督府同知。成化二十年（1484）封瑞安伯，岁禄千石。弘治五年（1492）晋封为瑞安侯，更号"奉天翊运推诚佐理武臣，阶特进光禄大夫"，益禄三百石，锡诰券，子孙世袭。弘治十六年（1503）加太子太保。

嘉靖三年（1524）五月，王源卒于京师之赐第。明世宗朱厚熜闻讣，震悼，辍视朝一日，赠太师，谥"荣靖"，命礼部谕祭，工部治葬皆如制，又以布粟赙之，将其葬于江宁县聚宝门外凤台街。

卜 春

卜春（1470—1534），字纯仁，号芝轩，河间任丘（今河北任丘）人。幼年时被选入内廷，侍奉明宪宗朱见深。

明弘治元年（1488），按例谪迁内监，卜春被派往内书馆读书。弘治五年（1492）被选为司礼监六科廊办文书，弘治九年（1496）被选为皇太子朱厚照陪侍，弘治十三年（1500）转任典玺局办文书，弘治十四年（1501）升为长随，弘治十六年（1503）复任奉御。正德元年（1506），卜春升任内官监太监佥书，赐蟒衣、玉带，为乾清宫管事太监，在宫城外可以骑马出入，皇帝坐朝时捧剑在侧。正德二年（1507），卜春受命在宫中教书。正德五年（1510）奉旨掌印视事酒醋面局，秋七月调南京司礼监太监佥书岗位任职。

嘉靖四年（1525），卜春奉命任南京守备太监，有蟒衣、玉带之赐。嘉靖八年（1529）春，卜春受命掌管守备关隘边防事宜。同年六月，卜春辞任离去。嘉靖十三年（1534）四月病逝，六月葬于南京聚宝门外普德寺后山之西麓（今雨花台区雨花街道普德寺后山）。

王 爌

王爌（1472—1554），字存约，号南渠，浙江黄岩人。进士出身，历任太常博士、工科给事中、兵科给事中、刑科给事中。

明嘉靖三年（1524），王爌迁任应天府尹。应天久为留都，机构设置与北京相仿，部门繁多，人员芜杂。庞大的开支主要依靠应天府百姓的赋役，而法外加征，更是不计其数。王爌在大力清理整顿民间繁重赋役的同时，对查明的逃税大户予以重罚，这在一定程度上均平了赋役，保护了下层民众的利益。时逢应天府因歉收发生大饥荒，王爌开仓救灾的同时，又上疏奏免当年的赋税，挽救了许多无以为继的贫苦百姓。嘉靖八年（1529），王爌以侍奉老母为由，辞官归里，居家多年。

嘉靖十七年（1538），王爌复任南京右都御史，职掌院事。不久被迫上疏请求告老还乡。后朝臣虽多次荐举，但生性耿直的他最终不再复出。嘉靖三十三年（1554）卒。追赠工部尚书，下旨赐祭葬。王爌离开南京后，南京百姓将王爌在南京任上的种种善政记录下来，汇编成册，名曰《遗爱录》，以示感激与追思。该书在应天府流传极广。南京士民怀其德益甚，共同筹款在聚宝山（今雨花台）下为王爌立生祠。祠堂中悬楹联“八邑民肥方独瘦，三朝望重报犹轻”。刑部尚书顾璘撰《应天尹王公生祠记》。王爌去世后，该祠改称王公祠，清代道光年间犹存。

顾 璟

顾璟（生卒年不详），字英玉，祖籍江苏吴县。顾璘从弟，二人时称“江东双玉”。明正德九年（1514），顾璟举进士，授南京工部主事，旋改兵部。正德十五年（1520）升南京武选郎，奉旨查冗员，得罪当政者。正德十六年（1521）谪贬许州知府。在许二年察廉，升温州府同知。再升山东按察佥事，奉敕整饬沂州等处兵备，行“保甲法”，一方遂宁。

嘉靖六年（1527），顾璘升河南按察副使，奉敕整饬信阳州等处兵备。因得罪权贵，竟罢归。后以宪副致仕家居。归时甫四十，“惟居临街一小楼，扁‘寒松斋’，训蒙童数人以自给”。顾璘死后葬于江宁县石子冈（今雨花台）。

沈 越

沈越（1501—1570），字中甫，号麓村，南直隶应天府江宁县锦衣卫籍。

明嘉靖十一年（1532），沈越登壬辰科同进士。初授湖广罗田知县，劝民垦荒地千余亩，流庸附籍者数百户，阖邑称颂，立生祠祀之。后调平江（今江苏苏州）知县，恪尽职守，关注民生，厘革蠹弊，为民除害，平江百姓为之立碑。沈越擢河南道监察御史，巡按江西，执法峻整，雷厉风行，查核武员冗滥、旗役冒替者数千人，疏请落职罢役。严嵩当国，有所不悦，以指授沈越，沈越不从，严嵩怀恨。

嘉靖二十三年（1544），沈越以试事忤旨落职。后出任开封府判，稍迁卫辉府推官，再迁德安府同知。因不附权贵，竟致归里。隆庆四年（1570），沈越卒于家，葬于江宁县石子冈（今雨花台）。

沈越著述意致简远，有《嘉隆见闻录》十二卷及《麓村诗草》《新亭漫稿》等作品行世。

汪宗伊

汪宗伊（1510—1587），字子衡，号少泉，崇阳（今湖北崇阳）人。嘉靖九年（1530），汪宗伊应县试，被拔为优等。嘉靖十三年应省试为第一人，嘉靖十七年（1538）中进士。嘉靖十九年（1540），汪宗伊任浮梁（今属江西景德镇）知县，访贫问苦，赈灾恤民，废除常例恶法，禁止横征暴敛，重新核定各种税费，分里甲征收，并在县衙门口张榜公布，以示监督。后父亲病故，按制回家丁忧。三年守制期满后被征召入朝，任兵部主政郎中，不久改任武选历员外郎署郎中。汪宗伊大胆谏言，锐意改革，淘汰多余职事冗员千余人。此时正值严嵩、严世蕃父子擅权，诱惑拉拢他，均屡遭拒绝。

嘉靖三十二年（1553），因支持杨继盛上疏《请诛贼臣疏》，汪宗伊遭严氏父子嫉恨，遂辞官返家。隆庆四年（1570）被重新起用，任南京吏部文选郎。万历元年（1573）升光禄寺卿，任应天府尹。不久升南京大理寺卿、右都御史，后晋户部侍郎。

万历八年（1580）五月，汪宗伊升任南京吏部尚书，主持官吏选拔及考绩调用，权重一时。万历九年（1581）转吏部尚书，为一品官，其政治地位仅次于宰相。但汪宗伊年老多病，致仕之心日切。当年九月，其子汪庭去世，对其打击甚大，朝廷终于允请他告老归乡。数年后，汪宗伊去世，归葬于路口洋港。明神宗朱翊钧钦赐全部祭葬，建坊开道，指派翰林院学士、国史编修袁宗道撰写墓志铭。天启初，复追谥其“恭惠”，并加赠资政大夫。

汪宗伊一生才学渊博，著作等身。除了他个人的《少泉诗集》《奏疏汇编》外，还著述或编纂过《南京吏部志》《应天府志》《南京尚宝寺志》《南京大理寺志》《风纪汇编》《臆说注疏》《尚书教议》《崇阳县志》等十余种著作。汪宗伊死后，雨花台梅岗建有汪公祠。

海 瑞

海瑞（1514—1587），字汝贤，号刚峰，广东琼山（今海南海口琼山区）人，明代清官。海瑞一生经历了正德、嘉靖、隆庆、万历四朝。嘉靖二十八年（1549），海瑞参加乡试中举，初任福建南平教谕，后升浙江淳安和江西兴国知县，推行清丈、均徭，并屡平冤假错案，打击贪官污吏，深得民心。

海 瑞

嘉靖二十九年（1550），海瑞上京城参加会试。在此期间，海瑞向朝廷上疏《平黎策》，再次重申了他的治黎策略。这一建议并没有引起朝廷的重视。

嘉靖三十三年（1554），两次会试都没考中的海瑞决定放弃科举考试。同年闰三月，海瑞任福建延平府南平县教谕。嘉靖三十七年（1558）被任命为淳安知县，数年后转任兴国县知县，后被选拔为户部云南司主事，赴任北京。嘉靖四十五年（1566年），海瑞上疏，批评明世宗不理朝政等事。明世宗大怒，后听说海瑞抱必死之心，已买好棺材并和家人诀别，才暂未追究，但数月后还是将海瑞关进诏狱。直到明世宗驾崩，明穆宗继位后，海瑞才被释放。

隆庆三年（1569），海瑞以右佥都御使的身份任应天府巡抚，致力兴利除弊，铲除地方豪强势力，安抚贫困百姓，被誉为“海清天”。

隆庆四年（1570），海瑞以应天巡抚总督南京粮储，因受排挤，遂罢官还乡。

万历初，张居正主持朝政，亦不喜海瑞，派巡按御史去调查他。御史来到海瑞老家琼山，见海瑞以家常饭菜待客，房屋也非常简陋，只能叹息着离开了。虽然朝廷内外很多人举荐海瑞，但张居正忌惮海瑞性情耿直，始终不肯召见他。

万历十二年（1584）冬，张居正死后，吏部拟用海瑞为左通政。明神宗朱翊钧雅重海瑞之名，于次年（1585）正月召其为南京都察院右佥都御史，道改南京吏部右侍郎。万历十五年（1587），海瑞卒于应天府官任上。

《明史》本传载：“海瑞无子……丧出江上，白衣冠送者夹岸，酹而哭者百里不绝。瑞生平为学，以刚为主，因自号刚峰，天下称刚峰先生。”朝廷追赠他为太子太保，谥“忠介”。天启年间，布衣何光显（廉吏何遵后人）在雨花台梅岗建有海忠介祠。

王　宇

王宇（生卒年不详），字永启，闽县（今属福建）人。明万历三十八年（1610）进士，任南京刑部主事。擢兵部武选司员外郎，奏免南都武弁赴北袭职。下级官员都感念他的恩德，于雨花台侧为其建生祠。王宇擢山东提学参议，课士执法，为请谒不遂者中伤归，行李萧然。著有《原斋集》及《经书说》。后起北户部员外郎，未任，卒。

郑一麟

郑一麟（约1548—约1613），字世祯，一字肖龙，号趾庵，浙江上虞人。明万历五年（1577）进士。郑一麟与祖郑遂、父郑舜臣三代并祀乡贤，同登进士。三世济美，在上虞历史上极为罕见。

郑一麟初任南兵部主事，后署武选司郎中。万历十二年（1584）由兵部郎中知肇庆府事。《肇庆府志》记载："肇庆值大水，一麟朝夕露次步祷，拯溺赈饥，不遗余力。又分遣乡落，抚恤所存，活以万计。水退，补筑诸决堤，亲视版锸。修桥建闸，备水利民，一如前守。创塔于新江口，为郡城利。凡士民所急，知无不为。秩满进去，士民遮留不及，若失慈父焉。"万历二十年（1592），郑一麟任袁州知府，见学宫低洼狭小，迫近民居，捐俸买市肆20余间，改阔轩敞，士人称赞。月余，升福建副使。万历二十三年（1595）十一月为河南副使。万历二十六年（1598）为山西布政司参政，历官按察使。万历二十九年（1601）以母老得请归养。根据史料推断，郑一麟约于万历四十一年（1613）病逝。

在南京任职期间，郑一麟公正廉洁，体恤下情，孝亲爱友，造福一方，深得百姓爱戴。任期结束后，郑一麟离去，江宁士民为其在雨花台梅岗建生祠。郑一麟死后，该生祠被改为郑公祠，与应天府尹汪宗伊并祀。

张可大

张可大（？—1632），字观甫，应天（今江苏南京）人，世袭南京羽林左卫千户。明万历二十九年（1601）武进士。授建昌守备，后迁浙江都司佥书，分守瓜洲，擒拿劫贡船的贼人有功，先后升为游击、参将。后随总兵王鸣鹤平定西南有功，随调往宁波，驻扎舟山，多次击败入犯倭寇。《明史》卷二百七十《列传》第一百五十八有其传。天启元年（1621），张可大任都指挥使，掌南京锦衣卫，以勤勉忠于职守闻名，并撰《南京锦衣卫志》二十卷。天启六年（1626）升为都督佥事，佥书南京右府。张可大生平孝友，又博学多才，所到之地，礼贤下士。虽在军旅，每日带兵训练、打仗，但他依然手不释卷，有儒将之风。崇祯元年（1628），张可大出任山东登莱总兵官。登莱历来为北京门户，张可大尽心海防，每每亲自巡视，将沿海地形、兵力强弱绘制成《海防图说》上交朝廷。崇祯二年（1629）冬，白莲教余众上万人围攻莱阳，张可大率军进击，莱阳之围遂解。

不久京城有警，张可大受命保卫，镇守西直、广宁诸城门。崇祯三年（1630），张可大以勤王有功，升都督同知。这时刘兴治在东江谋反，张可大奉诏还镇讨平。崇祯四年（1631）晋升右都督（正一品），十月又佥书南京左府，兼督池河、浦口二军。

崇祯五年（1632）春，因“吴桥兵变”，张可大率兵平叛，战败。后张可大知水城不可守，杀其妾陈氏，于官署太平楼的墙上写道：“某年月日，山东总兵张可大尽节于此。”然后，自缢身亡。

张可大死后，葬于上元县侯家塘（今属江宁区汤山街道）。朝廷赠特进荣禄大夫、太子少傅，谥“庄节”，赐祭葬，予世荫，又在雨花台建祠曰“旌忠”。清乾隆四十一年（1776），赐谥“节悯”。张庄节祠亦称“旌忠祠”。

李邦华

李邦华（1574—1644），字孟暗，吉水人。明万历三十一年（1603）与父李廷谏一同考中乡试举人。第二年（1604），李邦华考中进士，被任命为泾县知县，后因政绩突出，又被提拔为御史。

万历四十四年（1616），李邦华称病归乡。天启元年（1621），李邦华官复原职，整饬易州兵备。次年（1622）迁光禄少卿，四月被提拔为右佥都御史，代替毕自严巡抚天津。天津军府新立，诸事草创，李邦华上任后极力整顿，使得津门军战力为诸镇之首。之后，李邦华又被提拔为兵部右侍郎。天启四年（1624），李邦华抵京，被阉党进谗言，于是托病而归。第二年（1625）秋，李邦华被削除官职。

崇祯元年（1628）四月，李邦华被起复为工部右侍郎，总督河道。之后又改到兵部任职，协理戎政。在李邦华的治军下，京营所设云辇、龙旌、宝纛、金鼓、旗帜、甲胄、剑戟焕然一新。崇祯帝朱由检对此非常满意，升任他为兵部尚书。当时军队内弊病很重，李邦华力图整顿京营，并将京营内吃空饷、占兵役等事一一整顿，又淘汰不能胜任的兵卒，非年壮力强者不录。自此，军营中的风气好转了不少。

崇祯十二年（1639），李邦华为南京兵部尚书时，制定营制，淘汰将领，分设营地，以“守江南不若守江北，防下流不若防上流”的方案来应对起义军的攻势。又遍历南京周边地形，加固城防，囤积军粮，将防务处理得井井有条。崇祯十五年（1642），李邦华掌南京都察院事，不久又代刘宗周为左都御史。

崇祯十七年（1644），李自成攻陷山西。李邦华秘密上疏，请求崇祯帝朱由检固守京师，效仿永乐年间的旧例令太子于南京监国。又请将定、永二王分封太平、宁国二府，以拱护两京。朱由检见疏意动，但又犹豫未决，最终依然决定死守北京。不久，李自成军逼京城，李邦华想带着御史登城作战，但被太监们拦阻。三月十八日，外城失守，李邦华跑到文天祥的祠堂内过夜。第二天，内城也失守了。李邦华对着文天祥像作揖云：“邦华死国难，请从先生于九京矣。”最后，他作绝命诗，上吊自尽。南明朝廷追赠李邦华为太保、吏部尚书，谥“忠文”。后在聚宝门外二里的土门冈“二忠祠”增祀李邦华，将其改为“三忠祠”。

方树节

方树节（？—1644），方孝孺第十一世孙。明崇祯十七年（1644）三月十九日，李自成攻陷北京，崇祯帝朱由检自缢于煤山。方树节得到消息后，绝食而亡，时人将其葬于雨花台方孝孺墓侧。南明弘光元年，即顺治二年（1645）二月，弘光帝朱由崧下诏“荫方孝孺裔孙树节五经博士”。清陈梦雷《古今图书集成·明伦汇编·官常典·忠烈部》第七百五十八卷《名臣列传五十三·明二十四》：“方树节，按《宁海县志》：‘树节，正学先生十一世孙。崇祯十七年，荫五经博士。闻李闯变，不食而死。’葬雨花台正学先生墓侧。”

雷缜祚

雷缜祚（？—1645），字介公，安徽太湖县人。明崇祯三年（1630）乡试中举。崇祯十三年（1640）考中进士。同年应“庚辰特用”考试，录为刑部主事。崇祯十四年（1641）三月，雷缜祚向崇祯帝朱由检弹劾首辅杨嗣昌六大罪状，宜斩首；又奏凤阳总督朱大典、安徽巡抚郑二阳、河南巡抚高名衡、山东巡抚王公弼等人办事不力，急需调换。

崇祯十五年（1642），雷缜祚擢升武德道兵备佥事。他上疏弹劾督军范志完纵兵淫掠、折除军饷等。崇祯帝召雷缜祚入朝，与范志完面质于中左门。雷缜祚大义凛然，毫不畏怯，当场揭露首辅周延儒“招权纳贿，如起废、清狱、蠲租，皆自居为功。考选台谏，尽收门下。凡求总兵巡抚者，必先贿幕客董廷献”。督军范志完是周延儒的门生，两任佥事而擢升督军，又有尚书范景文、翰林院方拱乾，以及给事中朱徽、沈胤培等与他结成一伙，为非作歹。奏后不久，周延儒被卸职，范志完被诛捕。崇祯十七年（1644）五月，福王朱常洵长子朱由崧即帝位，成立南明朝廷，改元弘光。御史王懩、东阁大学士阮大铖借妖僧大悲被诛杀一案，诬蔑雷缜祚为背后主使者。与此同时，周延儒、范志完旧党乘机群起而围攻雷缜祚。朱由崧听信谗言，下令捕雷缜祚并赐以自尽。

清顺治二年（1645）夏四月八日，雷缜祚留下家书一封，又书“先帝遗臣”于腹，投缳自尽。遗命勿葬，效仿春秋时期伍子胥抉目的典故，置棺雨花台侧。

方以智

方以智（1611—1671），字密之，号曼公，又号鹿起，别号龙眠愚者。出家后改名大智，字无可，别号弘智，人称“药地和尚”。安徽桐城人。

方以智自幼秉承家学，勤学好问，九岁能文，接受儒家传统教育，从小就养成了关心时事的习惯。十四岁时，他曾徒步到百里外的考场参加会试，以此来磨炼意志。《清史稿》本传说：“以智生有异秉，年十五，群经、子、史，略能背诵。博涉多通，自天文、舆地、礼乐、律数、声音、文字、书画、医药、技勇之属，皆能考其源流，析其旨趣。”成年后的方以智博涉多通，载书泛游江淮、吴越间，多在南京和桐城。他遍访藏书大家，博览群书，四处交友，结识学友。在他的学友中还有西方的传教士。从他们那里，方以智学习了解西方近代自然科学，开阔眼界，丰富自己的学识。

明崇祯十三年（1640），方以智考中进士，选为庶吉士。有人向崇祯帝推荐方以智。朱由检召对德政殿，方以智“语中机要，上抚几称善”。方以智后在北京任工部观政、翰林院检讨、皇子定王和永王的讲官。崇祯十七年（1644），李自成农民起义军攻入北京，朱由检自缢，方以智在灵前痛哭，被农民军俘获。不久，李自成兵败山海关，方以智侥幸乘机南逃。清顺治七年（1650），清兵入广西桂林，瞿式相与张居正的曾孙张同敞共同守城殉难。方以智去昭平仙回山“披缁为僧”。其子方中履随方以智入山，“父析子荷，父汲子炊”，过着饥寒交迫的生活，终被清军搜出。清帅反复逼降无效，最后听任方为僧。方以智于是去梧州在云善寺居住两年。顺治九年（1652）八月，方以智回桐城省亲。

顺治十年（1653），方以智回桐城拜见父亲后，再次回到阔别多年的金陵，皈依天界寺的觉浪道盛法师门下。《清史稿·方以智传》云：“其闭关金陵高座寺也。”他食用粗茶淡饭，饱读诗书，深研哲学论著，成为一代宗师。康熙十年（1671）冬十月，他因疽病发作病逝于舟中。

方以智一生中著述400余万言，作品多有散佚，存世数十种，内容涉及文学、历史、哲学、地理、医学、物理。

郭天中

郭天中（生卒年不详），字圣仆，福建莆田人。其先祖为避兵火，迁徙南京。明代书法家、收藏家。幼年早孤。笃于学，对书体尤通，篆隶为精。郭天中事亲极尽孝道，为人性情孤高，处世超凡脱俗。他爱好收藏名家书画，不事经商，专精篆隶之学。穷崖断碑，搜访抚拓；闭户冥搜，寝食俱废。晚年书益进，师法秦汉，最为遒古。母殁，葬于城东郊。他僦居其侧，风雨萧然不肯去。

崇祯六年（1633），藏书家、刻书家毛晋曾专访郭天中家，记其“老屋两间，不蔽风日，几榻间彝鼎盘缶，皆三代间物，其最珍玩者，一折角汉研，因顾其斋曰汉研”。临别之时，他赠送郭天中毛晋书画若干。

郭天中曾作《石鼓诗》流传至今。诗曰：“鼓非石，賨者星，文非鼓，勒者铭。焚外书，删外经。经雅颂，书典刑。隶秦汉，径睒庭。篆龙乌，蓝溲青。臼谢杵，舂戳停。嵌辞金，波画零。我拜手，神之听。”据清卢焯《福建通志》卷六十一，郭天中死后，葬于雨花台之旁。

王之仁

王之仁（？—1646），字九如，北直隶保定（今属河北）人。明崇祯末官至浙江定海总兵，统水师。弘光时为镇倭将军。清兵下浙东时，王之仁曾奉表投降，旋为民众抗清义举所感动而悔之，于是积极拥立监国鲁王，被晋封为武宁侯。清顺治三年（1646）六月，清军渡钱塘江，当江上师溃，众军皆遁，唯王之仁一师坚守驻地。当见事不可为，乃率领部分兵员乘船数百艘，携带大批辎重由蛟门航海到舟山，打算同明肃虏伯黄斌卿会师共举。没想到黄斌卿竟炮击王之仁，趁火打劫抢走王之仁的兵船。王之仁对黄斌卿的背信弃义痛恨不已，把家属九十三人乘坐的船凿沉，家人全部溺海而死。他自己留下一条大船，竖立旗帜，直驶吴淞江口。当地清兵以为他是前来投降的前朝高官，立即将其转送南京。

王之仁见到招抚江南大学士洪承畴时，慷慨陈词，说自己是“前朝大帅，国亡当死，恐葬于鲸鲵，身死不明，后世青史无所征信，故来投见，欲死于明处耳”！洪承畴一开始以己度人，还以为王之仁只是重施自己松山故伎，作秀而已，于是以礼相待，婉言劝他剃发投降。但王之仁断然拒绝，遂被杀害。王之仁死前，留有绝命诗二首。其一云：“黄沙白浪起狂飙，力尽钱塘志未消。半世功名垂马革，全家骨肉付江潮。诗题四壁生如在，大笑秋空死亦骄。三百年来文字重，只今惟有霍嫖姚。”《研堂见闻杂记》记载：“居无何，金陵顽民有欲效刘盆子故事者，一时煽起。公以人望居城中，遂无活理，使群卒拥出，以乱刀斫死，殡之雨花台僧舍中。”

髡　残

髡残（1612—约 1692），俗姓刘，字介丘，号石谿、白秃、石道人、残道者、电住道人等，武陵（今湖南常德）人，清初僧人、画家。幼时爱好绘画，因早年丧母，投龙山三家庵，四十岁时出家为僧，法号大杲，开始云游名山。后髡残在南京遇到一老僧，发现其出家经历与自身类似，但已得云栖大师为之剃度。髡残便请云栖大师遗像，拈香遥礼为师。后又返回家乡，居桃源余仙溪上，随龙半庵习禅，久之忽有所触，心地豁然。清顺治十一年（1654），髡残再至南京，居于大报恩寺，校刻《大藏经》。据清钱澄之《田间文集》卷二十一《髡残石溪小传》，顺治十五年（1658），髡残皈依道盛禅师门下，易名大杲，后住持祖堂幽栖寺。道盛圆寂前将衣钵托付给髡残。髡残后行脚于吴越之间，晚年回归幽栖寺隐居，圆寂前叮嘱弟子将骨灰投入江河。髡残诗文书画皆有成就，尤以绘画著称于世，是“清初四僧”之一。

于成龙（清端）

于成龙（1617—1684），字北溟，号于山，山西永宁（今吕梁）人，清代名臣。明崇祯十二年（1639）举副员。清顺治十八年（1661 年）出仕，为罗城县知县。康熙六年（1667）升任四川合州知州。

后迁任湖广黄州府的同知和知府，历任代理武昌知府，福建按察使、布政使、巡抚和总督等职。康熙二十年（1681）入京觐见，清圣祖玄烨褒其“清官第一”，升任其为江南、江西总督。康熙二十三年（1684），朝廷命令于成龙兼管江苏、安徽两地巡抚的政事。同年四月，于成龙病逝。于成龙去世时，其木箱中只有一套官服和床头盐豉数器。民众为之罢市巷哭，塑建雕像祭祀。玄烨追封其太子太保，赐谥“清端”，并御书匾额。于成龙在二十余年的宦海生涯中，三次被举“卓异”，以卓著的政绩和廉洁刻苦的一生深得百姓爱戴。《清史稿》卷二百七十七云：“上曰：‘于成龙督江南，或言其变更素行。及卒后，始知其始终廉洁，为百姓所称。殆因素性鲠直，不肖挟仇谗害，造为此言耳。居官如成龙，能有几耶？’”

熊赐履为于成龙撰写的墓志铭记载，于成龙“卒之日，金陵人为之巷哭。相率炳香灯祭于寝，日几千百人，衙舍至不能容。远近闻之皆辍市，如丧其亲”。在出殡当日，“士民数万人，步二十里外，伏地哭江干，江水声如不闻。公之得吏民之心，江宁人谓数百年来无能如此者”。

康熙三十四年（1695），江宁府居民在聚宝门（今中华门）外雨花台梅岗建清端于公祠，祀两江总督清端公于成龙。

罗文藻

罗文藻（1617—1691），乳名罗才，又名火沼，字汝鼎，号我存，拉丁名 Gregorio Lopez，福建福安人。他是天主教第一位中国籍主教。自幼父母双亡，被天主教堂传教士雇为教堂佣工。明崇祯六年（1633）秋，他由方济各会会士、意大利神父利安当领洗入教，以“额我略”为洗名。入教后，罗文藻以传道员身份随利安当到南京传教。传教受阻，未及一年即返回福州，曾赴台湾传教。

罗文藻

崇祯十年（1637），他随方济各会神父赴北京传教，受到汤若望器重。因明廷查禁，他曾一度被朝廷收押，获释后回福安。不久，福建教会遭到打击，罗文藻被迫到澳门宣教。

清顺治元年（1644），罗文藻随黎玉范神父到菲律宾马尼拉，向多明我会报告中国教务，事后返澳门。顺治二年（1645）又随安多尼神父到马尼拉，获准入圣多玛斯学院深造。顺治四年（1647）回到福建协助艾神父传教，同时在福安购地筹建藤头教堂。顺治七年（1650），罗文藻在藤头加入多明我会，成为中国第一位多明我会会士。顺治十一年（1654），他在马尼拉城由鲍布来德主教祝圣为司铎，成为神父，后受派返回中国传教。

康熙四年（1665），罗文藻第四次去马尼拉筹措传教经费，并受当地多明我会、方济各会和耶稣会之托，回国视察各省修会所辖教务，遍历闽、浙、赣、粤、晋、鲁、湘、川及江南（包括今江苏、安徽两省）、直隶（今北京、天津两市，河北大部和山东、河南小部分地区）诸省，在两年内带领3000多人受洗。康熙八年（1669），清廷禁止天主教，外籍主教联名上书罗马教宗，要求提升罗文藻为主教，管理中国教务。教廷虽早在顺治十五年（1658）即已准备在中国实行宗座代牧制，但因西、葡两国的反对而作罢。康熙十三年（1674），教宗克雷芒十世任命罗文藻为巴希利主教（具衔）、南京教区宗座代牧。他接到委任书后，为避免与葡萄牙保教权发生矛盾，遂上书谦辞。

康熙十八年（1679），教皇依诺增爵十一世重新任命罗文藻为南京主教，教廷传信部及多明我会总会也劝他接受，罗文藻欣然应允。但因教皇的任命状尚未到达，未能施行祝圣仪式。

康熙二十四年（1685），方济各会意大利主教伊大任在广州为罗文藻祝圣，罗文藻成为第一位中国籍主教，掌中国北部诸省教务。同年六月，罗文藻到南京任职。到任后，他即上书教宗，希望宽免中国籍神父读拉丁文的要求，又要求豁免教士们要发誓听从主教的命令。在敬祖敬孔的问题上，他虽遵从罗马教廷的禁令，但在执行时却能按照中国的民情，予以缓和。康熙二十七年（1688），他又为吴渔山、刘蕴德、万其渊三人祝圣。康熙二十九年（1690），罗马教皇宣布在中国成立北京和南京两个主教区，与澳门分立，罗文藻为南京教区主教。同年十月，罗文藻在巡视教务途中突患重病，转回南京。

康熙三十年（1691）二月，罗文藻病逝，葬于南京雨花台天主教丛葬地，其址即今雨花台烈士纪念馆南门附近任家花园。

屈大均

屈大均（1630—1696），初名邵龙，又名邵隆，号非池，字骚余，又字翁山、介子，号菜圃，广东番禺（今属广州）人。清初文学家，与陈恭尹、梁佩兰并称“岭南三大家”，有“广东徐霞客”之美称。清顺治五年（1648），屈大均参加抗清斗争。失败后，屈大均削发为僧，在番禺海云寺出家，名其居所“死庵”。顺治十三年（1656），他以化缘为名开始云游四海，首次至南京谒明孝陵。顺治十七年（1660）秋，屈大均第二次访南京，作《秣陵》诗，曰：“牛首开天阙，龙冈抱帝宫。六朝春草里，万井落花中。访旧乌衣少，听歌玉树空。如何亡国恨，尽在大江东。”之后，他与朱彝尊参加绍兴祁理孙、祁班孙兄弟的抗清活动。

康熙十二年（1673），屈大均赴桂参与平西王吴三桂反清斗争。未久，他因洞悉吴三桂借反清之名而行争霸割据之实的用心，遂托病辞职返回广东。次年（1674），屈大均移志于对广东文献、方物、掌故的收集编纂。他不顾清廷的禁令，撰写了《皇明四朝成仁录》，为明末清初的抗清志士颂扬功绩。

康熙十九年（1680）春，避地南京的屈大均来到雨花台，作《春日雨花台眺望有感》五首。其一云：“烟雨霏霏碧草齐，断肠春在孝陵西。松楸折尽寒山露，何处堪容杜宇啼。”随后，他瞻仰方孝孺祠，登上木末亭，不禁百感交集：“木末亭临万井中，遥遥正对孝陵宫。九原未肯成黄土，十族犹然吐白虹。自古以来无此死，教人不忍作愚忠。雨花台畔啼鹃满，血染蘼芜一片红。”壮志未酬、心灰意冷的屈大均在雨花台之北、木末亭之南，筑了一个衣冠冢，自题为“南海屈大均衣冠之冢”。康熙三十五年（1696），屈大均在家乡病逝，遗书曰：“吾死后，以幅巾、深衣、大带为殓，大带书碣‘明之遗民’！”

在屈大均去世30多年后，雍正六年（1728），发生了著名“曾静案”，并引发了大规模的“文字狱”。雍正帝编成《大义觉迷录》一书，将其颁发于全国学校，以图“感化”百姓，巩固统治。

雍正八年（1730）十一月，屈大均之子屈明洪任广东惠来县学教谕，在读到《大义觉迷录》中“广东屈温山先生”时，疑即指自己父亲，主动到广州投狱自首。广东巡抚傅泰查阅《翁山文外》《翁山诗外》等书，果然“多有悖逆之词，隐藏抑郁不平之气”，于是上奏朝廷，将屈明洪以及其二子流放福建，并焚毁屈大均诗文著作。

乾隆三十九年（1774）十二月，清高宗弘历在闲翻屈大均的诗文时，发现有“雨花台葬衣冠”之句，说道：“此等悖逆遗秽，可任其留存？”他立即谕令两江总督高晋到雨花台找到该衣冠冢，将其销毁清除。高晋得令后将任务交给江宁藩司闵鹗元。闵鹗元带队在雨花台掘地三尺搜遍了每一个角落，最终没有搜出屈大均所谓的衣冠冢。高晋得报，遂再次搜寻多日，同样一无所获，只得据实上报朝廷。乾隆四十年（1775），弘历批阅：“既无其事，可以已耳。”

乾隆四十年（1775）四月，广东巡抚德保再次上奏，主张掘开屈大均墓，“仍锉其尸，以快人心，以申国法”。此时，弘历已淡化此事，批示道：“亦不必矣。”

于成龙（襄勤）

于成龙（1638—1700），汉军镶红旗人，字振甲，号如山，其家族为辽东望族。于成龙弱冠时入国子监学习。清康熙七年（1668），于成龙由荫生授乐亭县令，之后历任滦州知州、通州知州。康熙二十年（1681），于成龙（清端）迁两江总督，他对清操久著的知州于成龙（襄勤）惺惺相惜，并予以推荐提拔，清圣祖玄烨亲自提拔他为江宁知府。刑部尚书魏象枢巡察通州时，于成龙向其辞行，魏象枢以优礼待之，于成龙谢不敢当。象枢曰“此非待知府礼，君廉能，故以待督抚礼待君耳”，并赠诗一首。诗中说：“冰清玉洁两于公，名姓相同志亦同。”九月，他抵达南京，宣布裁漕规，禁馈赠，一切陋规俱罢。康熙二十三年（1684）十一月，玄烨在第一次南巡期间，命大学士明珠传谕江宁府知府于成龙曰：“朕在京师，即闻尔知府于成龙居官廉洁。今临幸此地咨访，与前所闻无异。是用赐尔朕亲书手卷一轴。朕所书字非尔等职官应得者，特因嘉尔清操，以示旌扬。但观凡人靡不有初，鲜克有终。尔必自始至终，毋有改操，务效前总督于成龙正直洁清，乃无负朕优眷之意。”于成龙在宦涯中体恤民生，关爱大众，虽为名声显赫的封疆大吏，但刚直不阿且疾恶如仇，一身正气而两袖清风，深得皇室赞赏和百姓爱戴。康熙三十九年（1700）二月，于成龙病逝。玄烨深为震悼，下部优恤，赐谥“襄勤”。

康熙朝出了两位于成龙，他们均官至一品总督，都清正廉洁、勤政爱民。《清史稿》记载：“同时两于成龙，先后汲引，并以清操特邀帝眷，时论称之。”有人称两位于成龙为老于成龙和小于成龙，直隶坊间有民谣称颂道：“前于后于，百姓安居。”

于成龙去世后，江宁府居民在府治聚宝门外雨花台梅岗清端于公祠中增设襄勤公于成龙牌位，其合称清端、襄勤两于公祠。

石　涛

石涛（1641—约 1718），俗姓朱，法名原济，又作元济，清初僧人、画家。石涛本为明代宗室，是明靖江王朱亨嘉之子。明末，朱亨嘉被绍宗朱聿键处死，石涛在宫中仆臣的帮助下逃至武昌，幼年削发为僧。石涛少年时好聚古书，又学临古法帖，学画山水人物及花卉翎毛，受到楚人的称赞认可。青年时，他常在武昌、洞庭、长沙、越中、宣城等地云游，与名士画家相交，声名逐渐传开。石涛 30 岁时，辟黄檗道场于敬亭之广教寺而居，于东坡丑字法有所悟，遂习古体。石涛后又游黄山，觉茫茫云海、奇松怪石千变万殊，如鬼神不可端倪，便狂喜大叫，画技益进。其时，安徽太守曹某喜好书画，前来求画，石涛应之。图成，每幅各仿佛一宋元名家，而笔无定姿，神到笔随。石涛又画一横卷，为十六尊者像，亦极为绝妙。他在敬亭山住十几年后离开，至南京大报恩寺养病，每日坐于龛中。有人前来拜访，他皆婉拒，只有隐者张南村前来才与之交谈。其时，石涛自号“苦瓜和尚”，又号“清湘陈人”。数年后，石涛渡江而北，至北京谒明十三陵，居留 4 年后南还，至扬州大东门外临水结屋，自题曰“大涤堂”，在此卖画为生。有《石涛罗汉百开册页》《苦瓜和尚画语录》《山水清音图》等传世。

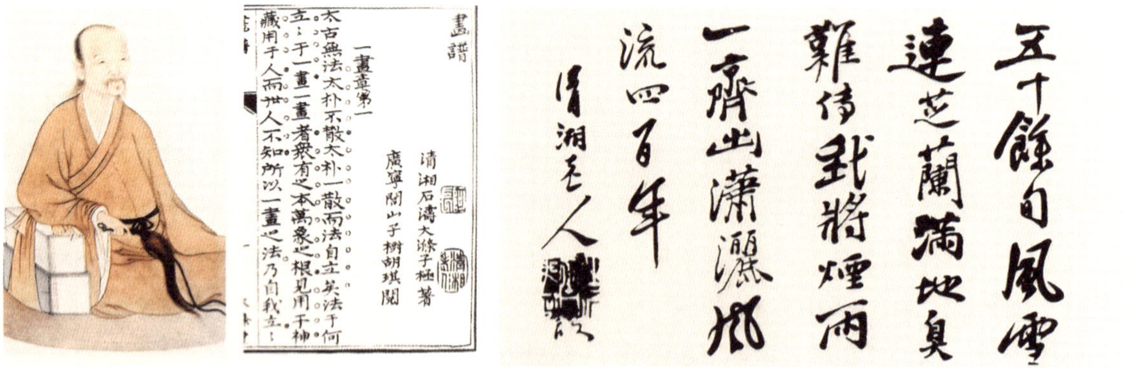
畫譜
清湘石濤大滌子極著
廣寧閣山子樹胡琪閱
一畫章第一
太古無法，太朴不散，太朴一散，而法自立矣。法于何立？立于一畫。一畫者，衆有之本，萬象之根，見用于神，藏用于人，而世人不知。所以一畫之法，乃自我立。

石涛（左）及《石涛画语录》（其手写刻本名《画谱》）书影（中）和书法（右）

潘天成

潘天成（1654—1727），字锡畴，别号铁庐，祖籍江苏溧阳黄墟（今溧阳古县街道黄墟村）。潘天成不怕艰难寻父母，奉母及妹妹归乡，风雪中负母抱妹，世称“潘孝子”。

潘天成高祖父被举荐为贡人，后被朝廷授以“文散官”，赴云南任职，后卒于其地。康熙三年（1664），天性朴实谨慎的潘父被某仕宦之家构陷，牵入命案，被迫举家流落到荆溪（今江苏宜兴）。

康熙五年（1666），宦家惧怕遗留后患，将他的父母与弟妹转移到他郡，并派人引诱潘天成进山打柴放牧，趁机将其挤入深谷。幸亏派去的人以实相告，潘天成得以逃脱，却从此与父母失散。潘天成此时才十几岁，他日夜号哭，四处寻访亲人。后潘天成行至池州青阳县白沙岭，夜无所栖，踞古庙坏梁而卧。潘天成通过走访知道父母所在，可等到他赶到后，父母却又被宦家转移到其他地方。他逐户叩门询问山里人家，却无迹可寻。

康熙七年（1668），潘天成做小贩在徽州各处寻访，每至一个村落，便摇着拨浪鼓大声呼叫。由于他说的是溧阳话，山中妇孺围观大笑。一日，在临近江西地界的一个村庄，母亲金氏闻声而出，与潘天成相拥大哭。潘天成想将父母接归家乡奉养，却苦无资财，只好外出以典佣为业，历时6年。他的孝行感动了雇用他的商人，商人赠他金五十。至此，潘天成才得以迎归父母。归乡途中，他们遇风雪，潘天成让幼弟陪伴父亲，他则背着母亲，抱着幼妹，往复行走，皮肤皲裂，血迹染于山谷。回到家乡后，潘天成行商奉养双亲。及父母卒，从学于荆溪汤之锜，游学桐城，遂隶籍为安庆府学生。居二十余年，移家江宁。

雍正五年（1727），潘天成病逝，葬于聚宝门外雨花山（今雨花台）后惠应寺侧。

麻勒吉

麻勒吉（？—1689），瓜尔佳氏，字谦六，后改为马中骥，满洲正黄旗人。清顺治八年（1651），始设汉、满两榜科考，麻勒吉以会试第一、殿试一甲第一（满榜状元），成为满族第一位状元。顺治十年（1653），诏谕："修撰麻勒吉有志向学，兼通满、汉文，为人持重老成。若侍读学士有空缺，即以麻勒吉充任。"不久，麻勒吉被授予修撰，之后逐步成为顺治帝的宠臣。顺治十一年（1654），麻勒吉擢升为弘文院侍讲学士。顺治十二年（1655）任日讲官，编撰《太祖圣训》《太宗圣训》及删订历代通鉴，任副总裁。顺治十四年（1657）任经筵讲官。

《两江总督麻大老爷德政碑》拓片

康熙五年（1666），麻勒吉擢刑部侍郎。康熙七年（1668）授两江总督。其时，苏州、松江频遭水患，布政使慕天颜议浚吴淞江、刘河口，麻勒吉便与巡抚玛祜疏请以各府漕折银十四万充工费。淮、扬被水坍没田地，经麻勒吉奏请，获准永免岁赋。后因镇江驻防兵讦将军李显贵、知府刘元辅侵冒钱粮，麻勒吉受到牵连，被押至北京听候审查。康熙十二年（1673），麻勒吉左迁兵部督捕理事官。两省百姓感念麻勒吉德政，于同年十月在雨花台立《总督江南江西部院麻老爷去思碑》《两江总督麻大老爷德政碑》两碑，以为纪绩。康熙十九年（1680），巡抚傅弘烈剿贼至柳州，遇害致死，麻勒吉受命兼摄巡抚事。时柳州再度兵变，百姓纷纷逃离，田荒赋淆，麻勒吉招抚流亡难民，令难民归故里就业，同时修葺学宫，振兴地方文教，颇著治绩。麻勒吉卒于康熙二十八年（1689）。

《清史稿》本传记载：“江南民为麻勒吉立碑雨花台纪绩，祀名宦。”

傅腊塔

傅腊塔（？—1694），伊尔根觉罗氏，满洲镶黄旗人。自笔帖式授内阁中书，迁侍读。清康熙十九年（1680）授山东道御史，有声台中。康熙二十五年（1686）出为陕西布政使。康熙二十六年（1687）擢左副都御史，迁工部侍郎。

康熙二十七年（1688），傅腊塔调吏部，授两江总督。傅腊塔到任后，清弊政，斥贪墨，断案明察审慎。康熙二十八年（1689），清圣祖玄烨南巡视察，阅运河，命傅腊塔会同河道总督王新命勘仪真河闸。康熙二十九年（1690），淮安、徐州等地发生饥荒，傅腊塔发常平仓粮谷赈恤灾民。此外，傅腊塔将芦洲丈量定为五年一次，派印官专理其事。减轻民众的税赋负担。

康熙三十三年（1694），经傅腊塔上疏，淮、扬地区的荒田赋税获准免征。同年六月，傅腊塔卒于官任。康熙帝闻知，亲谕廷臣曰：“傅腊塔和而不流，不畏权势，爱惜军民。两江总督居官善者，于成龙而后，惟傅腊塔。”遣太仆寺卿杨舒赴江宁致祭，赠太子太保，谥“清端”，予骑都尉世职。同年，江南士民在聚宝门外雨花台梅岗建傅公祠，祀两江总督傅腊塔。

曹　寅

曹寅（1658—1712），字子清，号荔轩，又号楝亭，满洲正白旗内务府包衣。清代文学家、藏书家。官至通政使司通政使、管理江宁织造、巡视两淮盐漕监察御史。善骑射，能诗及词曲。

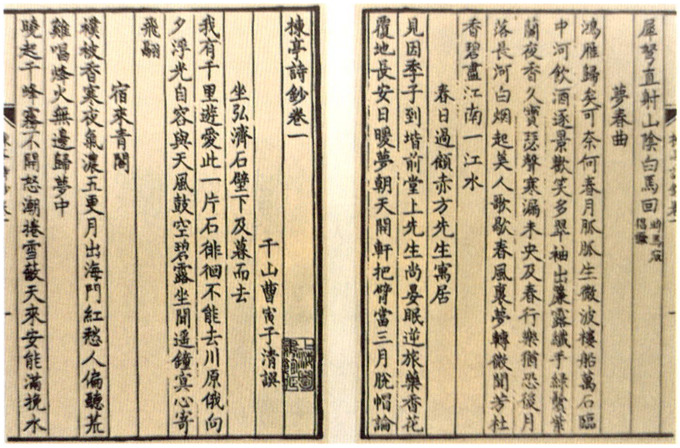
楝亭詩鈔卷一
千山曹寅子清譔
坐弘濟石壁下及暮而去
我有千里遊愛此一片石徘徊不能去川原俄向
夕浮光自容與天風鼓空碧露坐聞遥鐘冥心寄
飛翮
宿來青閣
樸被香寒夜氣凄五更月出海門紅愁人偏聽荒
雞唱烽火無邊歸夢中
曉起千峰霧不開怒潮捲雪蔽天來安能滿挽水

屏弩直射山陰白馬回
夢春曲
鴻雁歸矣可奈何春月脈脈生微波樓船萬石臨
中河飲酒逐景歡笑多翠袖出簾露纖手綠鬟[illegible]
蘭夜香久實瑟聲寒漏未央及春行樂猶恐後月
落長河白烟起美人歌歇春風裏夢轉微聞芳杜
香碧盡江南一江水
春日過顧赤方先生寓居
見因季子到堦前堂上先生尚晏眠逆旅巢香花
覆地長安日暖夢朝天閒軒把臂當三月脫帽論

《楝亭诗钞》书影

曹寅十六岁时入宫为康熙銮仪卫，康熙二十九年（1690）任苏州织造，康熙三十二年（1693）移任江宁织造。此后，曹寅与其子曹颙、嗣子曹頫连任江宁织造近四十年。自康熙四十二年（1703）起，曹寅与李煦隔年轮管两淮盐务，凡四次。清圣祖玄烨后六次南巡，其中四次皆住曹寅家。康熙五十一年（1712）七月，曹寅病卒。曹寅有《楝亭诗钞》《诗钞别集》《词钞》《楝亭图咏》等著作传世。《全唐诗》就是由“曹寅校刊，以翰林彭定求等九人分校”完成的。

曹寅担任江宁织造期间，体恤民意，曾奏请为机户免除额税。曹寅去世后，机户感颂其德，在雨花台梅岗建织造曹公祠。

刘　智

刘智（约 1660—1730），字介廉，自号一斋，回族，上元（今江苏南京）人，清代伊斯兰教学者。刘智受父亲刘三杰影响，幼承家学，诵习《古兰经》和圣训。十五岁起研读儒家经籍，数十年致力于波斯文及阿拉伯经传典籍的研究。曾游学苏杭及鲁豫等伊斯兰教传播地区，寻师访友，搜求介绍伊斯兰教经籍资料。晚年回到南京，归居清凉山扫叶楼，闭户译注，埋头译著，致力于阐扬伊斯兰教学术文化。

刘智译著宏丰，有《天方至圣实录》《天方性理》《天方典礼》等数百卷，创具了中国特色之伊斯兰教思想体系。学者誉之为“中国伊斯兰教哲学思想集大成者”，广大穆斯林尊奉其为“先贤”。其《天方典礼》曾被清人收入《四库全书总目》存目，《天方至圣实录》被英、法、俄、日等国翻译出版。

刘智去世后，葬于南京中华门外花神庙毛家巷回民公墓内（今南京雨花外国语学校北大门东侧）。刘智墓被多次重修，于1982年被列为江苏省文物保护单位。

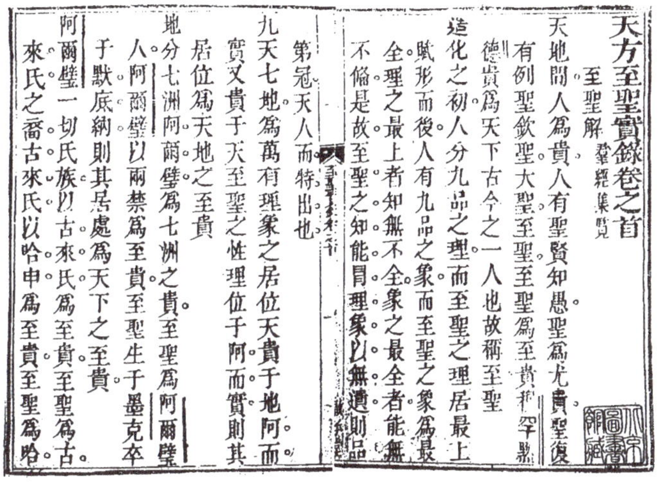
天方至聖實錄卷之首
至聖解
天地間人爲貴人有聖賢知愚聖爲尤貴聖復
有例聖欽聖大聖至聖至聖爲至貴稱罕默
德貴爲天下古今之一人也故稱至聖
造化之初人分九品之理而至聖之理居最上
賦形而後人有九品之象而至聖之象爲最
全理之最上者知無不全象之最全者能無
不備是故至聖之知能冐理象以無遺則品
第冠天人而特出也
九天七地爲萬有理象之居位天貴于地阿而
實又貴于天至聖之性理位于阿而實則其
居位爲天地之至貴
地分七洲阿爾壁爲七洲之貴至聖爲阿爾壁
人阿爾壁以兩禁爲至貴至聖生于墨克卒
于默底納則其居處爲天下之至貴
阿爾壁一切氏族以古來氏爲至貴至聖爲古
來氏之裔古來氏以哈申爲至貴至聖爲哈

《天方至圣实录》书影

陈鹏年

陈鹏年（1663—1723），字北溟，又字沧州，湖南湘潭人。清代官吏、学者。清康熙二十三年（1684）举人，康熙三十年（1691）进士，任浙江西安知县。康熙四十二年（1703）以山东赈灾功擢江宁知府。康熙四十四年（1705）清圣祖玄烨南巡时，总督阿山欲加赋为供应之用，陈鹏年力持不可而止。事后，他被借故诬劾下狱，江宁人为之罢市，他终仍被夺官。康熙四十七年（1708）任苏州知府，“禁革奢俗，清滞狱，听断称神。值岁饥，疫甚，周历村墟，询民疾苦，请赈贷，全活甚众”。康熙六十年（1721），陈鹏年任河道总督，奉命与尚书张鹏翮治河。当时黄河决口武坡，他疏请开引河于广武山下，并疏下流引河，以杀水势。玄烨从其奏，命陈鹏年代理河道总督兼摄总漕事。雍正元年（1723），因长期奔波在治理黄河水灾的实地，陈鹏年病体缠身，生疾笃久，最后病死于官任上。《清史稿》卷二百七十七《列传》六十四《陈鹏年》谓，清世宗胤禛闻之，十分痛惜，谕文称曰：“鹏年积劳成疾，没于公所。闻其家有八旬老母，室如悬罄。此真鞠躬尽瘁、死而后已之臣。”同时“褒锡甚至。赐帑金二千，锡其母封诰，视一品例荫子，谥恪勤。祀河南、江宁名宦”。其长子“树芝奏辞恩荫。请予祖父式谷、前祖母罗、贺及母石、谢封诰。并给之。以树芝为朝阳令”。陈鹏年有《道荣堂文集》《喝月词》《历仕政略》《河工条约》等著作。

清萧奭《永宪录》记载：“（陈鹏年）柩过潞河，两岸万人同声哀号以送之。”雍正初，江宁士民在聚宝门外雨花台梅岗建陈公祠，祀江宁知府陈鹏年。

翁　荃

翁荃（生卒年不详），字兰友，一字止园，时称止园先生、兰友茂才、征士，江宁（今江苏南京）人。翁氏在明为武世家，祖父翁信任南京都督，赐居铁作坊，至翁荃已十世。翁荃自为诸生后，就不再参加科举乡试，入云台山隐居钻研经籍训诂。

清乾隆初，诏修三礼义疏，征穷经之士，公卿争相荐引，翁荃固辞不出，让弟子和风翔应聘。隐居期间，翁荃与程绵庄过从甚密，五经、三礼皆有纂说。翁荃诗文多不传，曾作《读武侯靖节合集》《田家诗拟陶》等。

翁荃晚年在南郊雨花山（今雨花台）杨巷筑屋，取屋名为“止园”。其门前古树数株，与杨邦乂墓、方孝孺祠遥遥相对，门额为清代文学家方苞书。清沈德潜在《清诗别裁集》评价：“止园究心三礼学，与方望溪、张彝叹诸先生说经硁硁，不以诗人自命也。即诗中寄托，亦复抱负不凡，读其诗，可以观其旨趣矣。”

方　昂

方昂（1740—1800），字叔驹，号乇庵，又号坳堂，山东历城人。其先祖居浙江义乌，为方孝孺同族。方昂为清乾隆三十六年（1771）进士，授刑部主事，后迁郎中。当时秋审更换新条例，规定凡以刀杀人皆判为死刑。方昂性格耿直，认为应该根据案情轻重以核罪，因此常与人发生争执。后乾隆帝颁旨更正此条例，但方昂终被同僚所忌，以致多年未能升迁。

乾隆五十四年（1789年），方昂任江西饶州知府。时安南（今越南）阮光平到朝廷觐见，所经州县、驿站皆供物，唯独方昂令其下属不给，说：“国家以威德服四夷，非夸以靡丽。”此后，方昂升任江苏苏松道，后以疾归。复出后又任松太道，向总督、提督陈八条策略，得到采纳，从而扼制了海盗。

乾隆六十年（1795），方昂补江宁（今江苏南京）盐巡道，缉讼棍，除污吏，平强暴，灭盗贼，整顿民风民俗，谢绝交际应酬，受到同僚的敬重。他还于嘉庆二年（1797）主持重修了雨花台方孝孺祠，并换华表。嘉庆三年（1798）秋，擢贵州按察使。嘉庆帝很欣赏方昂，称：“方昂任江宁时，甚得民心。”嘉庆四年（1799）八月，方昂又迁江宁布政使，未久以病乞归。

方昂刚劲勤职，嘉庆帝得知其病归，叹息道：“此人可惜！”不久，方昂病逝于家。江宁士民在雨花台方孝孺祠后堂立“方公祠”，将方昂与方孝孺并祀。嘉庆二十三年（1818）二月，根据巡抚陈桂生奏请，嘉庆帝下诏，予原任江苏布政使方昂入祀名宦祠。

李鸿章

李鸿章

李鸿章（1823—1901），字少荃，安徽合肥人。曾为曾国藩的幕僚，清末洋务派和淮军首领。清咸丰三年（1853），李鸿章组织团练，抵御太平军的进攻。同治元年（1862），他带领一支从安徽老家招募的队伍，从安庆奔赴上海。这支队伍由于主要来自安徽江淮一带，被称为“淮军”。此后，这支队伍同戈登的“常胜军”夺取了苏州、常州，李鸿章由此升任为江苏巡抚。同治四年（1865），他升任代理两江总督，将先前在苏州创办的西洋炮局也迁至南京，在聚宝门（今中华门）外扫帚巷东首西天寺的废墟上兴建厂房，开办金陵机器制造局。次年（1866）七月，厂房竣工。清《同治上江两县志》卷十二载：“（同治）四年九月中，为屋百一十余间。五年以后，就报恩寺坡下隙地，增建委员住屋十二间，铁炉房、气炉房、火炉翻砂厂、翻砂模炕屋并洋楼、匠人住房共增八十余间，廊五十余间。”据清《同治续纂江宁府志》，金陵机器制造局“屋宇形式皆仿造西洋建筑”。下设三个机器厂、两个翻砂厂、两个熟铁厂、两个木作厂，还有火药局、火箭局、地雷局等，购机器于外洋，募洋匠为师，仿造外洋式样营造厂屋，制造炮位门火、车轮盘架、子药箱具、开花炸弹、洋枪、抬枪、铜帽等，解济淮军和江苏省留防各营之用。刘佐禹任金陵机器制造局总办，马格里任督办。

同治八年（1869），金陵机器制造局能够制造多种口径的大炮、炮车、炮弹、枪子以及各种军用品。金陵机器制造局与同年创办的上海江南机器制造局、同治五年（1866）创办的福州船政局以及同治六年（1867）创办的天津机器制造局齐名，是我国19世纪60年代洋务运动期间创办的四大兵工企业之一。同治九年（1870），李鸿章又继曾国藩任直隶总督兼北洋大臣，掌外交、军事、经济大权。他积极发展近代军事工业，建立北洋海军，也代表清政府签署了一系列不平等条约。

光绪二十七年（1901年）九月，李鸿章病逝，清廷追赠太傅，晋封一等侯爵，谥“文忠”。

刘文陶

刘文陶（1841—？），字舒亭，上元（今江苏南京）人。其父刘恩荣曾被朝廷候选为县丞。清咸丰三年（1853）入清军，后因军功被荐保为浙江候补知县，加封同知。致仕后因仰慕先贤刘叔亮节操，相中了南郊胜地刘公墩（刘叔亮葬地）。光绪八年（1882）春，出资购得此处十余亩地建园。

刘文陶巧妙地凭借天然地势，扩建屋宇，增植花木，拓为园墅并隐居于此。次年秋天，他又在园内立祠，于园东侧刘公墩上重建碑亭。时人俗呼该园为“刘园”。园中有“小桃源”“白菡萏居”“绿尖阁”“绿杨溪”“修梅吟馆”“罢钓湾”“西堤”“白云窝”“水月虚明之室”“卧波梅亭”“雨花山房”“倚竹亭”“东皋”“藏春坞”“刘公墩”“拥翠堂”“萦青阁”“豆棚”等二十四景。刘文陶寓居该园后，与金陵文人名流聚此交往，赋文题诗无数，于光绪十八年（1892）刻《雨花山庄题咏集》四卷。其前三卷汇辑了27位文人墨客吟咏刘园诗作601首，第四卷则收录刘氏自作诗155首。

1935年10月，为修建江南铁路（今宁芜铁路），刘园被征收拆毁。

第二节　历代僧人

康僧会

康僧会（？—280），三国时期僧人，先祖是康居（今新疆北部至中亚一带）人，但长期在天竺（今印度一带）生活。他的父亲因为做生意移居到交趾（今越南一带）。康僧会十多岁的时候双亲去世，服丧期满后出家为僧。康僧会修行精严，知识丰富，通晓三藏经典，博览儒家六经，既对天文地理之学都有所涉猎，又对佛理领悟深刻，且有很好的文字功底。

康僧会想令佛教在江东振兴，于吴赤乌十年（247）来到建业（今江苏南京），在道旁搭建茅屋，设立佛像。孙权得知后，召见了康僧会。康僧会借机向孙权宣扬佛法，给他讲述阿育王建八万四千塔供奉舍利的故事，并焚香祈祷二十一日，求得一枚舍利。孙权大为叹服，当即下令建造塔寺供养舍利，并将其命名为“建初寺”，又将寺庙所在地命名为“佛陀里”。自此开始，江东佛法兴盛了起来。

孙权之孙孙皓即位后，所行法令非常严苛，封毁了许多祠庙，还准备毁弃佛寺，派遣大臣张昱前往寺庙考察康僧会是否真有道行。康僧会很好地解答了张昱提出的各种难题。孙皓听到禀报后，以马车迎请康僧会入宫讲论佛法。康僧会借机向孙皓宣讲了许多佛教有关善恶报应的教义。

孙皓秉性昏暴，常行残虐之事。有一次，孙皓得了一种怪病，便派遣使者去寺庙请康僧会入宫，向他请教罪福之因由。康僧会一一讲解得清楚明白，并取佛陀护佑众生之本愿为孙皓讲解。孙皓听了这些，更加虔诚，当即从康僧会受五戒，十天左右就痊愈了。于是，孙皓将康僧会的住所修缮一新，要求宗室都要信奉佛教。

康僧会

康僧会自此在吴国大力宣扬佛法。

吴天纪四年（280）四月，孙皓投降晋军。九月，康僧会圆寂。

康僧会为佛教在江南的传播作出了卓越贡献。他译出了众多佛经，包括《六度集经》八卷、《旧杂譬喻经》二卷、《吴品经》五卷、《菩萨净行经》二卷、《权方便经》一卷、《菩萨二百五十法经》一卷、《坐禅经》一卷、《法镜经注解》二卷、《道树经注解》一卷、《安般经注释》一卷。康僧会还将梵呗传入江南，为后世定下了模范。

帛尸黎密多罗

帛尸黎密多罗（约261—约342），魏晋时期僧人，汉名吉友。因为他经常讲席说法，听讲者位低，讲授者座高，时人敬称其为“高座”。

据《高僧传》本传，帛尸黎密多罗原是西域某国太子，他将王位让给了弟弟，之后出家修道。帛尸黎密多罗于晋永嘉年间来到中国，在兵荒马乱中渡江，居住在建初寺。魏晋时人推崇男子容貌仪态之美，而帛尸黎密多罗“天姿高朗，风神超迈”，因此被丞相王导、太尉庾亮、光禄周顗、太常谢鲲、廷尉桓彝等重臣名流赏识，一时名声鹊起。帛尸黎密多罗与王导亲厚，会面时常卧而不坐，王导亦不以为忤。但是当与尚书令卞壸相见时，帛尸黎密多罗却敛衿饰容，正坐相对。帛尸黎密多罗解释说：“王公风道期人，卞令轨度格物，故其然耳。”时人都很叹服，认为他做得很得当。

大将军王敦在南夏，听说王导等人都器重帛尸黎密多罗，怀疑他们识人不明。但当他自己见到帛尸黎密多罗后，也变得非常虔诚。周顗选拔人才之前拜访帛尸梨密多罗，感叹道：“若使太平之世尽得选此贤，真令人无恨也。”不久，周顗被王敦所害，帛尸黎密多罗前往超度，灵前作三曲梵呗，声震云霄，又诵咒数千言，声音高畅，颜容不变。之后挥涕收泪，神气自若，喜悲张弛有度。王导曾经对他说：“外国有君，一人而已。”帛尸黎密多罗笑着回答道：“若使我如诸君，今日岂得在此。”这一回答被传为佳话。

帛尸黎密多罗生性清高简约，不学汉话。简文帝评价他的做法是“以简应对之烦”。不过，当别人与帛尸黎密多罗交谈的时候，翻译未完，帛尸黎密多罗往往就已经完全领会对方的意思，所以众人都叹服他的聪明悟性。

最初江东没有咒法，帛尸黎密多罗译出《孔雀王经》等咒术经典，又教授弟子梵呗，在江东留下了密法传承。据经录，帛尸黎密多罗译有《大灌顶神咒经》十二卷，其中《佛说灌顶三归五戒带佩护身咒经》一卷、《佛说灌顶七万二千神王护比丘咒经》一卷、《佛说灌顶十二万神王护比丘尼咒经》一卷、《佛说灌顶百结神王护身咒经》一卷、《佛说灌顶咒宫宅神王守镇左右经》一卷、《佛说灌顶冢墓因缘四方神咒经》一卷、《佛说灌顶伏魔封印大神咒经》一卷、《佛说灌顶摩尼罗亶大神咒经》一卷、《佛说灌顶召五方龙王摄疫毒神咒经》一卷、《佛说灌顶梵天神策十经》一卷、《佛说灌顶随愿往生十方净土普广所问经》一卷、《佛说灌顶章句拔除过罪生死得度经》一卷。

帛尸黎密多罗于咸康年间圆寂，时年 80 余岁，诸公为此痛惜流涕。琅琊王珉以师礼事奉帛尸黎密多罗，为他作序云：“春秋吴楚称子，传者以为先中国而后四夷，岂不以三代之胤，行乎殊俗之礼，以戎狄贪婪，无仁让之性乎？然而卓世之秀，时生于彼，逸群之才，或侔乎兹，故知天授英伟，岂俟于华戎。自此以来，唯汉世有金日磾，然日磾之贤，尽于仁孝忠诚，德信纯至，非为明达足论。高座心造峰极，交俊以神，风领朗越，过之远矣。”

帛尸黎密多罗常在石子冈雨花台东修头陀行，圆寂后就葬在此地。晋成帝怀念帛尸黎密多罗的风采，在墓地为其建了一座小刹。之后有关右沙门来游建康（今江苏南京），在墓地处起寺，称之为“高座寺”。

释法相

释法相（约 325—404），俗姓梁，东晋时期僧人。传说法相曾在山中苦修，诵经 10 余万言，鸟兽聚集在其左右，温驯如家禽一般。还有一次，他路过太山祠，得一位玄衣武冠的异人授意，轻松打开了庙中重过千钧的大石函，并取出函中财宝，布施给穷人。后来，法相来到江南，驻于越城寺。他放浪不羁，举止滑稽，有时还赤身裸体，触犯了当时的权贵。据《高僧传》，镇北将军司马恬很不喜欢他，就用鸩酒招待他，想把他毒死。然而，法相“频倾三钟”，却依然神清气爽，安然无事，令司马恬十分惊异。法相于东晋元兴末年（404）圆寂。

竺法旷

竺法旷（327—402），俗姓睪，下邳（今江苏睢宁一带）人，东晋时期僧人，在吴兴（今浙江湖州一带）居住。竺法旷年少的时候父母都去世了，但他对后母十分孝顺，家贫没积蓄，就去种地赡养后母。后母去世后，竺法旷出家，拜竺昙印为师。竺昙印佛法精深，竺法旷尽心求学，及至受具足戒。竺昙印曾病危，竺法旷连续数日为师祈福。到第七天，竺昙印就痊愈了。之后，竺法旷辞别老师远游，广寻佛法经要，最后到潜青山石室隐居。

竺法旷推崇《法华经》与《无量寿经》，认为《法华经》是“开三乘方便，归入一乘真实”之要旨，《无量寿经》则是通向净土的最好法门。所以，竺法旷经常吟诵这两部经典，并为信众讲解。公卿贵族对他很尊重，谢安曾经前去拜访他，马车无法走山路就步行前往。晋简文帝派堂邑太守曲安远去问好，竺法旷劝诫他“当勤修德政，以塞天谴”。

晋兴宁年间，竺法旷东游至禹穴（今浙江会稽山一带），对山水景色非常满意，就与郄超、谢敷等人一同在此隐居。当时瘟疫盛行，竺法旷慈悲为怀，于是便挂单城外的昌原寺，前往乡间治病救人，治好了很多百姓。当时，另一位僧人竺道邻建造无量寿佛像，竺法旷便带领一些信众建设大殿。相传，当时伐木后遇到干旱，无法通过水路运送，竺法旷以咒术召来河水，成功帮助建造了大殿。晋孝武帝听闻竺法旷修行精深，召请他到建康长干寺，以师礼相待。元兴元年（402），竺法旷圆寂。

释法显

释法显（约337—约422），俗姓龚，平阳（郡治今山西临汾西南）人，东晋时期僧人。三岁为沙弥，二十岁受比丘戒。当时国家分裂，王朝频仍更迭，军阀割据，社会动荡。由于佛家律藏译文严重舛缺，因此他立志前往天竺（今印度一带）寻求戒律。

晋隆安三年（399），法显约同学慧景、道整、慧应、慧嵬等从长安出发，西度流沙，越葱岭到天竺求法。隆安四年（400）夏，在张掖与另一批西行的僧人宝云、智严、慧简、僧景、僧绍五人相遇。是年秋到达敦煌，得到敦煌太守李浩的大力帮助。凡所经历三十余国，至北天竺，“皆汉之张骞、甘父所不至也”。他先后遍历天竺诸地，得《摩诃僧祇律》《萨婆多众律》《杂阿毗昙心论》《方等泥洹经》等，后又得《弥沙塞律》《长杂二含》及《杂藏》。

法显于义熙七年（411）秋由海路归国，次年夏途经广州，数月抵达青州长广郡牢山（今山东青岛崂山）南岸。法显即到青州，敬信佛教的刺史李嶷闻之，躬自迎劳，并请法显留住半年之久。第二年秋，法显南归晋都建康（今江苏南京），在当时的佛教翻译中心道场寺同佛陀跋陀罗、宝云等学僧译出《大般泥洹经》《摩诃僧祇律》《方等泥洹经》《摩诃僧祇比丘尼戒本》等经律诸书，垂有百万余言。其中，著名的《佛国记》就是法显于义熙十四年（418）在道场寺撰写完成的。

《佛国记》，又称《法显传》，或称《法显记》《法显行传》《佛游天竺记》《佛游天竺本记》《历游天竺记传》《释法显游天竺记》《释法明[1]游天竺记》《昔道人法显从长安行西至天竺传》《三十国记》等。《佛国记》全书记述了法显从隆安三年至义熙七年经西域至天竺，嗣后回国，前后历十余年历程，是一部介绍多国风土人情和佛教盛况的旅行传记。全书记述的地域范围除中国汉地和边疆外，还包括印度、阿富汗、斯里兰卡、印度尼西亚、尼泊尔、巴基斯坦等国在内的地理、交通（含有关中国和南亚的陆海交通）、宗教、文化、物产及风俗等，成为研究当时亚洲诸国的重要史料，并在佛教、艺术、语言及自然诸多学科方面对中国产生了广泛影响。因该书以佛教文化为题材，故又是一部十分重要的佛教类典籍。

元熙初，法显离开建康至荆州，圆寂于辛（新）寺。

释慧达

释慧达（生卒年不详），本名刘萨河，并州西河离石（今山西吕梁一带）人，魏晋时期僧人。年少时喜欢打猎。相传三十一岁时忽然假死，数日之后才复苏。据他回忆，在昏迷中见到种种地

［1］“显”字改“明”，为避唐中宗李显讳。

狱苦报，又见到一名僧人，说是他前世老师，为他说法，让他出家前往丹阳会稽吴郡寻找阿育王塔像，礼拜忏悔之前的罪过。苏醒之后，刘萨河便出家为僧，法名慧达，精勤修行福业，尤其以礼忏为先。东晋宁康年间，慧达来到建康（今江苏南京），闻简文帝在长干寺所造三层佛塔，每晚放光，便登上城墙观望，只见长干塔寺独有异色。于是，慧达前往长干寺礼拜，夜晚时见到庙宇之下偶尔有光透出，便召集同道一同挖掘，从地中挖出三块石碑，“中央碑覆中，有一铁函，函中又有银函，银函里金函，金函里有三舍利。又有一爪甲及一发，发申长数尺，卷则成螺，光色炫耀。乃周敬王时阿育王起八万四千塔，此其一也”。于是，旧塔的西面又立一塔，安奉舍利。晋太元十六年（391），孝武帝将此塔增建为三层。

后来，慧达又前往吴县（今江苏苏州一带）、会稽（今浙江绍兴一带），礼拜佛像、佛塔。

北魏太延元年（435），慧达来到凉州番禾郡东北望御谷，遥遥礼拜，人们请问缘故。慧达说：“此崖当有像现，若灵相圆备，则世乐时康，如其有阙，则世乱民苦。”不久，慧达行至肃州酒泉县城后圆寂。相传八十七年后，果然风雨交加，雷震山裂，挺出石像，如慧达所言。

关于释慧达的史料记载很多，其中充满了神话与传说的成分。但慧达游化江东、黄河、河西走廊诸地传法并产生了很大影响，这一事实是确凿无疑的。

释法颖

释法颖（416—482），俗姓索，敦煌人，南朝宋齐时期僧人。十三岁出家，为法香弟子，住凉州公府寺，与同学法力俱以律藏知名。法颖非常聪慧，所学一闻便能通晓，精研律部，博涉经论。刘宋元嘉末，法颖来到建康（今江苏南京），住在石子冈（今雨花台）新亭寺。宋孝武帝南下时改治此寺，因法颖学业兼明，敕为都邑僧正。后法颖辞任回到多宝寺，常修习禅定，亦时开律席。及至齐高帝即位，复敕法颖为僧主，供养丰盛。法颖以施舍之财物造经像及药藏，镇于长干寺中。齐建元四年（482），法颖圆寂。撰有《十诵戒本》与《十诵羯磨》等。

宝　志

宝志（418—514），一作保志，南朝宋梁时期僧人。俗姓朱，建康金城（今江苏句容西北）人。少时出家，住建康道林寺，修习禅。至刘宋太始初，忽变得与众不同，居止无定，饮食无定时，蓄发长达数寸，常赤脚在街巷行走，持一锡杖，杖头挂剪刀和镜子，或者挂一两片丝布。到了南齐建元年间，逐渐显出奇异之处，几天不吃也没有饥饿的样子。传说与人言语，有先见之灵，事后均有效验，凡所赋诗，皆成为应验的预言。宝志有许多神异的传说，其名一时妇孺皆知，亦为朝野士

宝　志

庶所钦敬。自萧梁始，梁武帝萧衍信仰佛教，对宝志尤为钦重，允许他出入禁地，并下诏赞道："志公迹拘尘垢，神游冥寂。水火不能燋濡，蛟虎不能侵惧。语其佛理，则声闻以上，谈其隐伦，则遁仙高者，岂得以俗士常情空相拘制，何其鄙狭一至于此？自今行道来往，随意出入，勿得复禁。"宝志"知名显奇四十余载，士女恭事者数不可称"。天监十三年（514）十月，宝志圆寂，葬于钟山独龙阜。时人建浮图五级于其上，后又于塔前建开善精舍（即开善寺）。据记载，宝志主持过高座寺。《景定建康志》卷四十六《祠祀志·寺院》中"高座寺"引《记略》云："考图志，此山得名于晋，永嘉中名甘露寺。尸黎密多罗为王茂弘所敬，故留竺生法师，继号所居为'高座'。梁初，宝公主之，与五百年大士俱，有灵光师座山颠说妙法，天花坠焉。今号雨花台。"

僧伽跋摩

僧伽跋摩（生卒年不详），汉名众铠，天竺（今印度一带）人，南朝宋时期僧人。僧伽跋摩年少出家，清峻有戒德，善解三藏，尤其精擅《杂阿毗昙心论》。刘宋元嘉十年（433），僧伽跋摩来到建康（今江苏南京），器宇宏肃，道俗敬异，人称"三藏法师"，后被请住在平陆寺，供养丰盛。僧伽跋摩行道讽诵，日夜不停。僧众归集，道化流布。僧伽跋摩擅长戒律，为中国尼众重新二众授戒，并且说服了不赞同的人。刘宋彭城王刘义康很尊敬僧伽跋摩，广设斋供。慧观法师等人因僧伽跋摩对《杂阿毗昙心论》很有心得，便于元嘉十年九月于长干寺招集学士，请僧伽跋摩再次翻译《杂阿毗昙心论》，宝云法师译语，观自法师笔受。后僧伽跋摩又译出《摩得勒伽》《分别业报略》《劝发诸王要偈》《请圣僧浴文》等经典。僧伽跋摩以游化传法为志向，传经完毕后便辞还本国。元嘉十九年（442），僧伽跋摩随商船离开中国。

智　辩

智辩（生卒年不详），又作慧辩，南朝时期僧人。他与法朗、慧勇、慧布均为栖霞寺僧诠法师之弟子，称"诠公四友"，又有"四句朗、领悟辩、文章勇、得意布"之称。其师僧诠死后，他离开摄山，入长干寺。慧因尝"造长干辩法师禀学三论……辩后归静山林，便以学徒相委，受业弟子五百余人，踵武传灯，将三十载"。智辩传法与禅定相结合，受业学者甚众。但其在空观义理方面的见解与同门法朗多有相悖，故被法朗"排斥中假之诮"。《续高僧传·法朗传》评价智辩道："然辩公胜业清明，定慧两举，故其讲唱，兼存禅众。"智辩在长干寺弘法三十年之久，既讲《般若》三论，又兼禅定，影响甚大，时人称其"领悟辩"。

释昙颖

释昙颖（生卒年不详），南朝宋时期僧人，会稽（今浙江绍兴）人。昙颖少年出家，谨于戒行。诵经十余万言，止于长干寺。昙颖性情恭俭，善于诱人入道，说法一绝。凡是邀请他讲法的，无论贫富都前往，没有分别心。刘宋太宰江夏王刘义恭对昙颖非常看重。昙颖后圆寂于长干寺，终年 80 余岁。

玄 奘

玄奘（602 或 600—664），俗姓陈，名祎，洛州缑氏（今河南偃师缑氏镇）人。唐代高僧。他与鸠摩罗什、真谛并称中国佛教三大翻译家。中国汉传佛教唯识宗（又称慈恩宗）创始人之一。十三岁出家，二十一岁受具足戒。早年曾游学诸山，参访名师，学习《涅槃经》《摄大乘论》《杂阿毗昙心论》《俱舍论》等经论。因为感到各师所说不一，各种经典也不尽相同，于是决定西行求法，以解迷惑。曾陈表朝廷奏请去西方求法，未被允准。

唐贞观三年（629），朝廷因饥荒允许百姓自行求生。他即从长安（今陕西西安）出发，经姑臧出敦煌，经今新疆及中亚等地，辗转到达中印度摩揭陀国王舍城。随后进入当时印度佛教中心那烂陀寺，师从戒贤学习《瑜伽师地论》《显扬圣教论》《对法论》《集量论》《中论》《百论》《俱舍论》《大毗婆沙论》《顺正理论》《因明论》《声明论》等论典，着重钻研《瑜伽师地论》，兼学梵书《声明记论》。后游历印度东部、南部、西部、北部的数十国。回到那烂陀寺后，戒贤让他主讲《摄大乘论》《唯识决择论》。玄奘撰写了《会宗论》三千颂，融合了空有二宗，批驳了师子光反对《瑜伽师地论》的观点，因而受到戒贤的赞赏。曾和“顺世论”者辩论获胜，还奉戒贤之命独自同小乘论师辩论并获胜。戒日王在曲女城为玄奘设无遮大会，玄奘宣讲大乘教义，获得更大声誉。贞观十九年（645），玄奘返回长安。史书记载，玄奘西行求法，往返 17 年，旅程 5 万里，所历“百有三十八国”，带回大小乘佛教经律论“凡五百二十夹，总六百五十七部”。归国后，他受唐太宗李世民召见，住长安弘福寺，后又住大慈恩寺。此后约 20 年间，他主要从事译经事业，先后译出经、论七十五部，凡一千三百三十五卷，其中主要有《大般若经》《解深密经》《大菩萨藏经》《瑜伽师地论》《大毗婆沙论》《成唯识论》《俱舍论》等。他还曾把《老子》和《大乘起信论》译为梵文，传入印度，并将自己在天竺的所见所闻撰写《大唐西域记》（十二卷）一书。

玄 奘

麟德元年（664）二月，玄奘圆寂，后葬于白鹿原。总章二年（669），改葬“大唐护国兴教寺”。此后，唐肃宗李亨登基，亲自为玄奘舍利塔题写塔额“兴教”二字。唐末，天下动荡，黄巢所领农民军纷起，兴教寺僧遂护玄奘灵骨舍利至终南山紫阁寺安葬。直至北宋端拱元年（1988），可政和尚礼拜终南山时，在废寺危塔中发现玄奘灵骨舍利。可政背负玄奘灵骨舍利，徙行千里，迎归至建康（今江苏南京），后在天禧寺（今大报恩寺前身）建塔安奉。1942 年冬，驻扎在南京中华门外的日军高森隆介部队在天禧寺旧址的山丘上平整土地，准备建造所谓的“稻荷神社”。他们在挖掘过程中，在地下 3.5 米深处见 石椁，内藏 石函，石函两侧刻有文字，记载唐玄奘遗骨辗转来宁的迁葬经过。其中一面写有：“大唐三藏大遍觉法师玄奘顶骨，早因黄巢发掘，今长干演化大师可政于长安传得，于此葬之。”另一面写有：“玄奘法师顶骨塔，初在天禧寺之东冈，大明洪武十九年受菩萨戒弟子黄福灯、普宝迁于寺之南冈三塔之上。”玄奘顶骨在南京的意外出土，在当时社会上引起了强烈轰动，全国上下一片哗然。南京市民很快在报纸上得到了消息，群情激愤，纷纷要求当时的汪伪政府出面干预此事。最后，该顶骨被分为数份，其中日方留下一份。剩下的由中方分别安奉或保管，一份于 1944 年 10 月 10 日在南京玄武湖畔九华山建塔供奉，一份由北平（今北京）佛教界迎至北平供奉，一份被汪伪政府保管。被日本人分出的那部分送至日本，分供于东京的慈恩寺和奈良的药师寺。

1949 年后，原汪伪政府保管的那份顶骨先是转到南京博物院，后辗转于南京毗卢寺、南京栖霞寺、南京市文物保管委员会供奉、保管。1973 年，南京灵谷寺修复开放后，专门设立玄奘大师纪念堂，遂将玄奘大师的顶骨舍利供奉于寺内。为了妥善保存玄奘大师的顶骨舍利，寺方将其置于一樽状如高脚杯的真空玻璃器皿当中。舍利大约有 5 块，每块 9 平方厘米左右大小，呈淡淡的褐色，外罩中国佛教协会赠送的 13 层密檐木塔。供奉于北京的顶骨已在“文化大革命”中遗失。

释可政

释可政（生卒年不详），宋代僧人，于北宋端拱元年（988）将玄奘法师的顶骨舍利从长安带回金陵。大中祥符年间，可政奏请恢复金陵长干寺，主持修建工程。据《金陵长干寺真身塔藏舍利石函记》，大中祥符四年（1011），住持可政与滑州助教王文等人获宋真宗允许，修建九层宝塔，初名真身塔，建成后赐名“圣感舍利塔”。塔内地宫中藏有“感应舍利十颗，并佛顶真骨，洎诸圣舍利，内用金棺，周以银椁，并七宝造成阿育王塔，以铁□□函安置”。佛祖顶骨舍利圣物者为北印度高僧施护所献。天禧二年（1018），长干寺改为天禧寺。天圣五年（1027）二月又建白塔，瘗葬玄奘顶骨。可政获宋真宗赐“演化大师”号。

释施护

释施护（？—1017），宋代译经高僧，北印度乌填曩国人，世称“显教大师”，为北宋初三大高僧之一。初抵汴京（今河南开封），后驻锡于太平兴国寺之译经院（官立翻译机构），致力于经典翻译。宋太平兴国五年（980）二月，他与北印度迦湿弥罗国的天息灾三藏同抵宋京，受宋太宗赵炅召见并获赐紫衣。当时，宋太宗有意翻译佛典，命郑守均在太平兴国寺西方建译经院，设立三堂，以中堂为译经处，东序为润文处，西序为证义处。太平兴国七年（982）六月，译经院落成，宋太宗诏令其从事译经，并赐施护“显教大师”之号，命梵学僧法进、常谨、清沼等人笔受缀文，光禄卿杨说、兵部员外郎张洎润饰文稿，殿直刘素监护。施护译经、论凡一百十五部，共二百五十五卷，其中包括《守护大千国土经》三卷、《大乘庄严宝王经》四卷、《给孤长者女得度因缘经》三卷、《广释菩提心论》四卷、《大乘二十颂论》一卷、《六十颂如理论》一卷、《一切如来真实摄大乘现证三昧大教王经》三十卷等。雍熙二年（985）十月，宋太宗浏览新译经论，甚表嘉许，任施护为“朝请大夫试鸿胪少卿”。长干寺佛顶骨舍利就是施护所捐献的。北宋天禧元年（1017），施护圆寂。宋真宗甚为哀悼，追谥其“明悟”。

释慧严

释慧严（生卒年不详），又号永公，法云圆通秀禅师之法嗣，宋代僧人。据《补续高僧传·永公传》，宋元符二年（1099），为重振天禧寺（今大报恩寺），知府事吕升卿请朝廷改十方住持，随即请慧严入主。慧严进入寺庙，环视叹息道：“真福地也，所以不振者，正坐不正耳。”于是，慧严在塔后扩建地基，准备建造法堂，令僧人各得其位。在众信徒的支持下，慧严当即准备材料，召集工匠。不久，主殿落成，高明静深，万象俱发，宏丽雄特，为一方丛林之冠，和从前相比有天壤之别。建房及漆绘的费用加一起，共耗钱五百万。慧严尽量利用扩展出来的场地，增建了寝堂、方丈、僧堂、厨库等建筑，并将藏经移至旧院。整个寺院沿着一个方向延伸，每座建筑都在正位，面貌焕然一新，真正成为一座宏大的寺庙。施布者魏德宝遍请僧众，大作法事，以庆祝寺庙落成；又购买田产等赠送给寺庙，以其收入为寺庙平日使费。慧严欣喜，称赞魏德宝功德圆满。自此，天禧寺振兴，慧严不知所终。

释慧新

释慧新（1100—1147），南京楚丘（今山东曹县东南）人，南宋僧人。二十四岁出家，依止本府名街显慈寺卧佛院僧人明德为师。南宋建炎元年（1127）受具足戒。建炎四年（1130）发愿背负母亲刘氏前往南海礼拜普陀观音，途中得悟观音随心而现之理，于是回到了临安。绍兴二年（1132），慧新在龙山结庵修行，发心施饭斋僧，供养僧人上座讲法。绍兴五年（1135），慧新前往建康（今江苏南京）普光庵，接待往来云游的僧侣。后来又搬迁到高座寺东面，在狭小的空地间建设寺庙。诸多法师前来挂单说法，慧新都能保持供养，香火愈发庄严。六军将帅与四方信徒纷纷前来供养僧人，日日如此。绍兴十五年（1145），慧新主持建造了一尊弥勒佛像，其加上莲花座与背光，有一丈八尺之高，金碧辉煌，灿烂夺目。佛像落成之日，法会非常隆重，前来观看的信徒众多。绍兴十七年（1147）二月，慧新圆寂。建康府兴教院主持中彦、太平兴国寺主持德明为其于雨花台永宁寺造塔，法永为其撰写塔铭。

释志德

释志德（1235—1322），俗姓镏，号云岩，山东东昌（今聊城一带）人，元代僧人。十二岁时，志德随顺德开元寺海闻法师出家。后听闻真定法照禧禅师于龙兴寺弘扬唯识学，遂前往修习，尽得其蕴。元至元二十五年（1288），元廷令江淮诸路立御讲三十六所，遴选有才德的法师分主，志德被选为其一。元世祖忽必烈亲自召见他，赐宴并紫方袍，命其主持天禧、旌忠二刹。志德于寺中日讲《法华经》《华严经》《金刚经》等疏。至元三十一年（1294），志德受赐“佛光大师”之号。志德持戒严谨，不爱金钱，将所受布施全部拿来翻新殿庑楼阁。在荒年的时候，他煮粥救济饥民数万人。志德毫不沾染世俗陋习，以戒律严格要求徒众，举动严谨。如果用了寺庙中的常住物，误一罚百，故犯者摈出僧团。志德于天禧寺任住持三十余年，一衣一鞋终身不换，过午不食，夜晚坐禅直至天明。后因刻苦念经失明，忽然梦到梵僧将其迎居至内院，高坐空中散花如雨。至治二年（1322）二月，志德安坐而化，去世前仍诵经不停。火化后有舍利无数。前来送行者有数万人，建塔于张家山。赵孟頫为之作《志德和尚塔铭》。

释慧昙

释慧昙（1304—1371），字觉原，俗姓杨，天台（今属浙江）人，元末明初僧人。慧昙小时候容貌庄严，不与孩童们嬉戏。每次进入塔庙，总是礼拜佛像。父母觉得他有方外之缘，便送他去法果寺出家，拜大均为师。十六岁时，慧昙受具足戒，学律于明庆杲公，习教于高丽教公。其时，正逢笑隐禅师在中天竺寺传授禅法，慧昙前往拜见请教。笑隐禅师举百丈禅师野狐禅之法语，慧昙得以开悟。

元天历二年（1329），笑隐禅师前往金陵龙翔集庆寺为开山住持，慧昙跟随在侧，主管藏库钥匙。天历三年（1330），笑隐禅师前往燕都，在奎章阁觐见元文宗。同行的其他僧人都颤抖不能向前，唯有慧昙神气自若。笑隐禅师称叹道：“真吾家师子儿也。”回到寺庙后，正逢新铸铜钟成，笑隐禅师称赞慧昙“福慧兼美”，令其首击钟。

至顺二年（1331），慧昙出山主持牛首山祖堂寺，使殿阁一新，改寺名为祖山寺。至正三年（1343），他主持清凉广惠禅寺，同样修整殿宇，令气象一新。元帝师非常满意，授予他“净觉妙辩禅师”之号，让其主持保宁寺。至正十六年（1356），明军攻取集庆，慧昙于营门拜见朱元璋。朱元璋见他气貌异常，感叹道“此福德僧也”，并命他主持蒋山太平兴国寺。次年（1357），龙翔集庆寺改为大天界寺，慧昙受命为主持。每次法会，慧昙都升座说法，朱元璋常亲临听法，并亲自书写“天下第一禅林”悬挂在寺门上。

明洪武元年（1368），朱元璋设立善世院，授慧昙“演梵善世利国崇教大禅师”号，命其住持大天界寺，统领诸山释教，并“颁之诰命，赐以紫方袍”。洪武三年（1370）夏，慧昙奉命出使西域。洪武四年（1371）秋，他到达省合剌国（今斯里兰卡）。国王对慧昙非常尊重，让他住在佛山寺，以师礼相待。九月，慧昙生病，对左右侍者言："予不能复命矣。"后结跏趺坐，安详坐化。

火化后，其舍利安葬在其国舍利塔中。宗泐将慧昙遗衣取回，藏于聚宝山雨花台旁。

释宝金

释宝金（1308—1372），俗姓石，号碧峰，乾州永寿（今陕西咸阳一带）人，元末明初僧人。六岁时出家，拜云寂温法师为师，稍长受具足戒。宝金博学多才，明于经论，穷究性相之学。后又转入学禅，入蜀地晋云山中求学于海真法师。海真法师为其讲说大道秘要，宝金在两三年间废寝忘食参悟。海真法师为其开示说："尘劳暂息，定力未能深也。必使心路绝，祖关透，然后大法可明耳。"宝金愈发精进不懈，出门参学。

不久，宝金入峨眉山，以松柏果实为食，三年胁不沾席。后证得禅定，有时一坐数月。一次，宝金在树下打坐，突然溪水暴涨，将他淹没。七天后水退，人们才发现，宝金如平日一般打坐，只是衣服湿了而已。一天，宝金听到伐木声，忽然彻悟，全身汗如雨下，笑道："妙喜大悟十有八，小悟无算，岂欺我哉？未生前之事，今日乃知之。"其后，他游历五台山，并在此地建造灵鹫庵，修持弘法。四方前来参学的僧人有千余人之多，布施供养的信众也络绎不绝。

元至正八年（1348），元顺帝派遣使者将宝金召至燕都，对其十分礼遇，赐其以金纹伽黎衣，将他送回。第二年（1349），他又再次召见宝金，命他建坛祈雨，事成后赐其"寂照圆明大禅师"之号。元顺帝又请宝金主持海印禅寺，宝金推辞不受。当时，朝廷官员自丞相而下乃至武夫悍将，无不争相皈依。宝金将所得到的赐予全部用来赈济灾民。

明洪武三年（1370），明太祖朱元璋诏宝金至南京，令其住持天界寺。洪武四年（1371）冬，朱元璋在钟山设普济佛会，选高僧十人主持，宝金是其中之一。洪武五年（1372），宝金将自己的衣钵等物全部变卖，拿钱作佛事七日，意与众别。朱元璋得知，赐诗十二韵，其中有"玄关尽悟，已成正觉"之言。六月四日，宝金沐浴更衣，与四众言别，后安然示寂。火化时，百姓倾城出送至聚宝山，供养的香、币堆成小山。火灭后得到五色舍利无数，齿、舌、数珠皆不坏。宋濂为其撰墓志铭颂赞。

宗　泐

宗泐（1318—1391），俗姓周，字季潭，别号全室，浙江台州临海人，元末明初僧人。年幼时就常跏趺而坐。八岁时，他随杭州中天竺寺笑隐禅师学佛。十四岁剃度，二十岁受具足戒。后笑隐禅师前往金陵龙翔集庆寺，任开山住持，宗泐相随。后宗泐参谒元叟行端于杭州径山，与之谈吐契合，行端令其掌记室。不久，他前往泾县水西宝胜禅寺做住持二十余年，百废俱兴。明洪武元年（1368），宗泐升任杭州中天竺住持，洪武四年（1371）迁住径山寺。明太祖朱元璋征召江南有道僧人，宗泐居首，居于天界寺。次年（1372），明廷于钟山建普度大会，宗泐奉命升座说法。朱元璋听后非常赞叹，命宗泐主持天界寺。朱元璋常去天界寺与宗泐论道，或召至内廷问对，和诗论文，赐茶与膳，称赞宗泐“真苦海慈航也”。宗泐患病，朱元璋亲往慰问，并命太医诊治。洪武十年（1377），宗泐奉诏与杭州普福如玘禅师共同注解《心经》《金刚经》《楞伽经》三经，颁行全国。

不久，朱元璋认为汉传佛经仍有遗漏，命宗泐率领徒众三十人前往西域取经。宗泐过新疆，至尼泊尔与北天竺，得《庄严宝王经》《文殊经》等经典，并于洪武十五年（1382）三月还朝。后朝廷开僧录司，命宗泐为右善世。宗泐耿直敢言，于教门之事不顾自身安危。同年，宗泐因牵连进胡惟庸案而被治罪，被发配至凤阳槎峰建造寺庙。寺庙三年后完工，赐名“圆通寺”。

洪武十九年（1386）秋，宗泐重被起用，主持天界寺。朱元璋赐诗，有“泐翁去此问谁禅，朝夕常思在目前”之句。洪武二十一年（1388），天界寺毁于大火，宗泐以重建天界寺为己任，奏请朱元璋于聚宝门外重建天界寺。得到允许后，宗泐全力以赴投入寺院的建设中。寺落成后，宗泐于三塔庵辟一室，将其题名为“松下居”，安享晚年。洪武二十三年（1390），他再次被任命主持天界寺。洪武二十四年（1391），他复领右善世。宗泐自感年老体衰，朱元璋遂赐归槎峰，云：“寂寞观明月，逍遥对白云。汝其往哉！”宗泐渡江至江浦石佛寺，因病而止，不久圆寂。火化后有舍利无数，附葬于天界寺广智塔右。

宗泐有《全室和尚语录》《全室外集》传世。他还曾将其西行所见写为一书，名《西游集》，惜该书已不存。

释力金

释力金（1327—1374），俗姓姚，字西白，吴（今江苏苏州一带）人，元末明初僧人。力金自幼聪慧，读一次就能记住书中内容。去佛寺游玩时，他见到佛像必拜。力金对佛教信仰日深，至县中宝积院出家，拜道原衍为师。十一岁时受具足戒，精研三观十乘之要旨。一日忽然叹息道：“名相之学，略谙之矣。盍弃诸缘，而往跻觉路乎！”于是，他前往双径参访古鼎铭禅师。古鼎铭很欣赏力金，让他担任记堂。不久，力金就能独自讲法，僧众、信徒都很信服。元至正十七年（1357），力金主持苏州瑞光寺。后逢嘉兴天宁寺因灾被毁弃，郡守极力邀请力金前往兴复。在力金的努力下，天宁寺不久便得到修复，且更胜于前。元帝师听闻力金之贤，向其授以“圆通普济禅师”之号。力金十分孝顺母亲，为母亲建造孤云庵养老。尝以《楞伽经》与《坛经》为佛法心要，酷暑之时仍挥汗抄写，传之后人。

明洪武年间，朝廷设立善世院，打算遴选有道高僧主持天下名山。浙江省丞推荐力金主持杭州净慈寺，力金极力推辞，后被任命主持大天界寺。在南京，他被朱元璋多次召见，颇受恩宠。力金不仅精通佛典，还遍览群书，与人谈论之时每有妙句，所以士绅都愿意与他交游。在点拨学人方面，力金更是直指心源，宗说兼行，机用迭发，令听者非常敬仰。洪武四年（1371）冬，明廷诏集三宗名僧十人及其徒众二千在钟山设广荐法会，命力金总持斋事，其仪制规式都成为后世楷模。洪武五年（1372）再设法会，朱元璋亲临，命力金说法，从公侯到百姓，都为之叹服。洪武六年十二月二十四日（1374 年 2 月 5 日），力金手书一偈后圆寂。火化后有无数舍利，设塔于嘉兴城西。

释道成

释道成（？—1432），字鹫峰，别号雪轩，家住蓟北之云州（今河北一带），明代僧人。身长七尺，广额丰颐，仪表不凡。出家受具足戒后，与两位朋友共同修习，云游到山东青州，住在土窑之中。三人专心修道，胁不沾席，三年来日日如此。道成听闻济南灵岩寺秋江洁禅师正在弘扬曹洞宗禅法，便前往参访。受到秋江洁禅师的启示诲导后返回青州，日益精进，后出世主持莱州大泽山智藏寺。他每次说法，来听讲的有千余人。

明洪武十五年（1382），朝廷设僧录司，任命道成为青州都纲。朱元璋闻道成贤能，将他升任为僧录司右讲经，考试天下僧人。洪武三十年（1397）秋，朱元璋命道成主持天界寺，道成辞让不受，朱元璋不允，制诗留之。诗云："不答来辞许默然，西归只履旧单传。鼓钟朔望空王殿，示座从前数岁年。"朱棣即位后，命道成出使日本，赐予其金钵、锡杖、净瓶等物。道成远渡重洋，抵达日本，后与日本入贡使团一同归国。朱棣对其非常满意，升道成为左善世。朱棣命天下僧人于钟山寺修设普度大斋，道成奉旨说法。当时，听众有数万人，都说看到了祥云瑞霭。朱棣听说此事，写了三首感应诗赐予道成。道成用朱棣所赐金钱，在天界寺后建造了高十余丈的毗卢佛阁。朱棣巡狩北京时，道成多次觐见，得赏都非常丰厚。

朱高炽即位后，因受人谗言，将道成贬谪至海南。朱瞻基即位后，将道成召还，赐予金帛，令其复任，仍掌僧录司事。道成自感老迈，不久乞归南京天界西庵终老。朱瞻基准许，赐予金银佛像，命近臣护送。宣德六年十二月八日（1432 年 1 月 11 日），道成端坐而逝，火化后有舍利无数。朱瞻基遣官谕祭，赐塔安葬。

释溥洽

释溥洽（1346—1426），字南洲，晚年号迂叟，又称一雨翁，明代僧人。溥洽本姓陆，是陆游的后人，祖籍会稽山阴（今浙江绍兴一带），祖父一辈迁至饶州。不到八岁，溥洽就对佛法有兴趣。后拜普济寺雪庭禅师为师，稍大入天竺寺受具足戒，师事东溟禅师。溥洽博览佛典，寒冬酷暑，昼夜不懈。不久，溥洽又前往普福寺求学于具庵玘公，广泛研习佛教经典，贯通义理。除此之外，还阅读儒家经典。明洪武四年（1371），他住到孤山玛瑙讲寺，不久又搬到苏州北禅寺，前来求学的徒众云集。六年后至杭州下天竺寺，设"金光明护国期忏"七昼夜，日夜为众讲法，声名远播。

明太祖朱元璋闻溥洽贤能，称赞他"东鲁之书颇通，西来之意博备"，授僧录司右讲经。梦观禅师圆寂后，溥洽主持天禧寺，三年后升为左善世。明成祖朱棣即位后，召道衍至北京主管佛教事宜，溥洽将左善世之职让给道衍，居右善世。

永乐四年（1406），朱棣诏修天禧寺塔。塔落成之日，朱棣亲往观礼，命溥洽主持法事。见祥光烨煜，万众聚观，朱棣非常满意。时有任觉义嫉妒溥洽，称靖难之役时溥洽曾为建文帝设药师灯，忏诅朱棣，后又为其削发帮助逃脱。溥洽并不辩解，自处泰然。朱棣将溥洽囚禁十余年。后因道衍临终时为其求情，溥洽才被释放，并恢复右善世之职。

明仁宗朱高炽即位后，因为溥洽年老资深，对他很礼遇，让他住在庆寿寺松阴精舍安养。溥洽上奏想要回南京大报恩寺终老，仁宗允许了，赐予其佛像、经书、金钱若干，以驿舟送归。宣德元年（1426）七月，溥洽患病。他向寺中住持惟寔交代后事，并与徒弟诀别云“清净自在住”，便圆寂了。其坐塔之时，有万余人送葬，明宣宗朱瞻基派人前来拜祭。

溥洽撰有《金刚注解附录》二卷，应制及与名人唱和诗若干卷，后门人为其刻《雨轩集》八卷。

释智光

释智光（1348—1435），字无隐，山东庆云人，元末明初僧人。俗姓王，十五岁出家入大都（今北京）吉祥法云寺，苦心学习佛法。元至正年间，印度班的答禅师来到法云寺，智光经常向其请教佛法，逐渐学会了梵语，成为班的答禅师的入室弟子。明初，朱元璋召智光答问，见他懂得梵语，便命他于钟山居住，赐予一应所需，翻译班的答带来的经典。智光将《四众弟子菩萨戒》译为汉文，译文词句简要，说理清晰，众人叹服。

明洪武十七年（1384），智光与徒弟惠便奉诏出使西域，经过独木绳桥，到尼巴辣（今尼泊尔）、梵天竺国（今印度）等地扩大明王朝的影响，受到当地人的仰慕。不久，他们又去拜访麻曷菩提上师，学得金刚鬘坛场四十二会。之后，又前往“地涌浮图”国（疑今尼泊尔一带）礼塔。归国之时，尼巴辣派遣使者与西番、乌思藏等地使者相随入贡。智光回国不久，又再次出发前往西竺诸国出使。洪武二十三年（1390），智光带领尼巴辣、帕木竹巴等十四部使者来朝。

朱棣即位后，对智光远赴西方出使的事迹很嘉许，又与智光讨论佛法，感觉很有所得，非常喜悦。永乐三年（1405），朱棣任命智光为僧录司左阐教。永乐四年（1406），他又派遣智光前往西藏迎大宝法王葛哩麻。智光归来后，被提升为右善世，居住在雨花台西天寺。

永乐十五年（1417），智光奉诏前往北京，居于崇国寺。朱高炽即位后，封智光为“圆融妙慧净觉弘济辅国光范衍教灌顶广善大国师”，赐予他金印、冠服、孔雀销金盖旛、金银器物、几案、舆马等等，让他主持能仁寺。宣德元年（1426），朱瞻基即位，又加封智光为“西天佛子”。宣德十年（1435）六月，智光在能仁寺坐化。火化之后，留下大量舍利。

智光显密皆通，一生授徒众多，其所传《心经》《八支了义真实名经》《仁王护国经》《大白伞盖经》影响较大，为当世所重。

释永隆

释永隆（1360—1392），本姓施，姑苏人士，明代僧人。二十岁左右时在尹山崇福寺出家为僧。明洪武十七年（1384），永隆试经得度牒，受具足戒。

洪武二十五年（1392），永隆带徒弟前往京师（今江苏南京）参加朝廷举办的度僧考试。参加这次考试的有三千多名沙弥，其中很多人都记不住经书，请人替考。明太祖朱元璋得知后大怒，要把这些人都发配为军。永隆慈悲不忍，禀奏朝廷愿意焚身求取免除这些人的罪过，朱元璋同意了。二月二十五日，永隆禅师前往雨花台，坐入龛中，书写一偈云："三十三年一幻身，洞然性火见全真。大明佛法兴隆日，永祝皇图亿万春。"又取一炷香，于上书"风调雨顺"四字，对宫廷近臣说："遇旱以此香祈雨，必验。"片刻，便点火自焚，烟焰凌空，异香扑人，有群鹤在龛顶飞翔。良久之后，火焰熄灭，有无数舍利。后来遇到大旱灾，朱元璋召僧录司官员，迎请永隆禅师留下的香，到天禧寺率众祈雨，到了晚上就天降大雨。朱元璋非常高兴，对群臣说："此真永隆雨耳。"他写《落魄僧》诗来宣扬永隆的功绩。诗云："盘陀迭膝倚乔松，累世因缘积善功。车马有时云会集，旛幢无刻雾来从。经谈般若三千界，法演仁王九五宫。煅炼始知玄妙处，为专铁脊久凌空。"

萨诃咱释哩（板的达）

萨诃咱释哩（？—1381），其名又译为撒哈咱失里或萨诃攒释理，《明史》中写为板的达，《金陵梵刹志》尊称为西天班的答禅师，意译为"具生吉祥"。印度僧人，生于中天竺迦维罗卫国，即释迦牟尼之生国。其种姓为刹帝利，亦与释迦牟尼同。萨诃咱释哩出家于迦湿弥罗国（今克什米尔）苏啰萨寺，初习五明经律论，辨析精详，后笃修禅定，不出山十数年。

萨诃咱释哩一直仰慕中国五台清凉山（文殊菩萨应现之所），发愿前往瞻礼。于是，他从信度河（今印度河）启程，花费四年时间，历经突厥（今中亚一带）、屈支（今新疆库车一带）、高昌（今新疆吐鲁番）等国，东行数万里到达中国甘肃。元惠宗妥懽帖睦尔听闻萨诃咱释哩到来，派人前去将他迎请到大都（今北京），让其居住在吉祥法云寺。当时有很多僧人聚集在他门下求学，包括后来被称为"西天佛子大国师"的智光。元代皇帝虽然非常礼遇萨诃咱释哩，但二人交谈却"机语不契"。

明洪武二年（1369），萨诃咱释哩前往五台山瞻礼，驻锡于寿安寺五载。洪武七年（1374），萨诃咱释哩率领十余名弟子前往南京，驻锡于钟山崇禧寺。明太祖朱元璋在奉天门召见他，向他和弟子古麻辣室哩等询问佛法与沿途经历、国家风俗等事，相谈甚欢，于是赐予萨诃咱释哩"善世禅师"之号与银章，让他"总天下释教"，并令其在钟山八功德水畔筑庵居住。每次前往钟山游玩的时候，朱元璋都会前去拜访萨诃咱释哩，还赐诗问安。洪武九年（1376）秋，萨诃咱释哩奉旨瞻礼观音道场宝陀罗伽山（今普陀山）。之后又登天目山狮子岩，溯鄱阳湖，登庐山，渡淮河，礼拜四祖、五祖塔后回到南京。朱元璋在华盖殿接见了他，对其倍加慰劳。

朱元璋很看重萨诃咱释哩，每次宣谕僧众，都要举萨诃咱释哩的例子，提倡僧众效法。当时，有八万余人从萨诃咱释哩受戒，他把受戒者供养的无数金钱都分给穷人。洪武十四年（1381）五月，萨诃咱释哩涅槃，火化后有无数五色舍利。弟子们收敛舍利，在聚宝门外雨花台下筑塔藏之，并建造祠宇。朱元璋前往临视，赐名“西天寺”。智光为萨诃咱释哩撰写墓志铭。

释夷简

释夷简（生卒年不详），字同庵，明代僧人。夷简生于元代，其出家的时候杭州南北两山寺院众多，香火鼎盛，金碧辉煌，梵音阵阵。元末，天下大乱，杭州也遭遇兵火，寺庙荡然一空，唯有净慈寺独存，但大铜钟残破将毁。明洪武十一年（1378），天下初定，佛法方兴。夷简年高有德，名望过人，被推举主持净慈寺，一时间僧俗云集，香客众多。他以信众之施舍修葺寺院，重建钟楼，筹集三十二万两铜重铸巨钟，声震江湖，气魄宏伟。又在四周山岭广植松竹，郁郁成林。洪武二十五年（1392），夷简主持天界寺，朝廷征辟他为僧录左善世。徐一夔称赞他“誉彻九重，望膺圣眷，长僧司于朝，海内方袍之士倚以为重”。

释无极

释无极（生卒年不详），字守愚，德清、雪浪、洪恩之师，明代僧人。精通华严，唯识诸家之学，曾于南京大报恩寺三藏殿长期讲道。《憨山老人梦游全集》卷三十记载：“惟我先大师无极和尚，自淮阴从师，一钵往依焉，饮冰啮雪，废寝忘飡者，二十余年，具得贤首、慈恩性相宗旨。既而南归，至金陵魏国公子见而悦之，遂为檀越，请讲《圆觉经》，唱而不和，听者寥寥。祠部主政五台陆公往谒，谓先太师翁西林和尚曰：‘顷见北来高僧无极，真人天师也，聆其讲说妙义，深契佛心。吾念报恩，乃圣祖所设之讲教。僧徒居此，安可绝无闻乎？’公为住持，诚能礼请归寺，大演法道，开诱群蒙，法门之幸也。”

释道永

释道永（？—1420），俗姓吴，字无涯，号非幻，信安浮石乡（今浙江衢州一带）人，明代僧人。母亲怀他的时候，父亲梦见明果长老的轿子到了门口。他出生之前，父亲又做了同样的梦，就给他起名为“原僧”。道永学会认字后，每天念诵《金刚经》一卷。父亲认为这是前世因缘，于是将他送到乌石山出家，拜世愚禅师为师。世愚禅师对道永期望很高，让他居座下并亲自教导。久而久之，道永胸中凝滞澌尽，悟得佛道，受到世愚禅师的印可。

明永乐五年（1407），明成祖朱棣开始修建长陵。有大臣称释道永精通地理，于是朱棣将其征辟至朝廷，授钦天监五官灵台郎，赐七品服，让他来指导建陵。建陵已毕，将要升职，道永恳求继续回去为僧，于是被提拔为僧录司右阐教，主持碧峰寺，不久又改为主持灵谷寺。朝廷于灵谷寺建大斋，礼官监督很严格，道永却毫不在意。徒弟感到很奇怪，问其师。道永笑道：“自家有一大事甚紧，无暇他及。”永乐十八年（1420）闰正月，道永沐浴更衣，趺坐书偈曰：“生死悠悠绝世缘，蒙恩永乐太平年。者回撒手归空去，雪霁云消月正圆。”投笔而逝。火化之时，祥烟弥布，舍利充满。

释觉澄

释觉澄（？—1473），号古溪，原姓张，蔚州（今河北西部）人，明代僧人。自幼拜云中天晖昶禅师为师。觉澄花费数年时间苦读三藏经典，忽然大彻大悟。自此开始，修行日益精进，博得众多公卿大夫称誉。后主持南阳香岩寺，修禅卓有成就。

觉澄外出参学，拜访各处大师，远上西蜀，游学江南，前往杭州受三坛大戒。又登太冈山，参访月溪和尚，得其佛法奥义。明景泰五年（1454）秋，觉澄前往安庆投子山，礼拜楚山和尚。楚山见其机锋颖利，已经证悟，于是亲传衣钵。不久，觉澄与楚山相别，在固始南山修习禅法。后前往五台山礼拜文殊菩萨，又有所悟。天顺五年（1461），在天界寺首座清宁的邀请下，觉澄前往高座寺居住。在寺内修行十一年之久，足不履城市，开导僧众、信徒。成化九年（1473）八月，他沐浴后端坐涅槃，众人都悲伤哭泣。觉澄慢慢地睁开眼，说：“不须如是。”然后再次瞑目。著有《利生药师科仪》三卷。

西域僧

明成化年间（1465—1487），有一不知名西域僧人（生卒年不详）来到中国，住在雨花台南回回寺中。西域僧通汉语，看起来年四十左右，却自称年六十。平日不饮不食，每天只吃几颗枣子而已。此僧常在一个仅能容身的龛中修行，如果想要入定，就让他人锁上龛门，用纸密封上。有时长达一个多月，里面连咳嗽声都没有，别人都以为西域僧坐化了。到龛附近仔细听，则听到西域僧掐数珠的声音历历分明。济川杨景方曾经请西域僧到家中供养，有家人请问养生修行之术，他只是劝告少思考、少睡觉、少吃东西而已。西域僧对一切布施都不接受，说：“吾无用也。”后来不知所踪。

释永宁

释永宁（1483—1565），俗姓郭，字西林，六合人，明代僧人。据《新续高僧传·明金陵大报恩寺沙门释永宁传》，永宁幼年出家，拜大报恩寺无瑕玉为师。永宁生性正直，老成持重，大家都很推许佩服。二十岁时，他便开始持诵《金刚经》，一直坚持到老。明武宗南巡时，驻跸大报恩寺，永宁因兵部尚书乔白岩推荐，被礼部尚书任命为报恩寺提点，并与僧人惠远一起掌管僧录印，陪同明武宗七日，没有丝毫差错。明嘉靖十年（1531），永宁被推举为大报恩寺主持，综理寺事。嘉靖二十年（1541）升职为僧录右觉义，五年后又升职为左觉义。当时，佛教在江南地区不太兴盛，永宁认为士林轻视僧侣的主要原因是僧人的文化水平不高，于是请云谷法师住三藏殿教导习禅。几年之后，云谷去栖霞山闭关，正好守愚法师来到南京，永宁又请他主讲，带领僧众数十人每日听受。永宁掌僧录印二十五年，下属诸山奉法唯谨。嘉靖四十四年（1565），永宁持僧录印拜访礼部尚书，以年老体弱请辞，礼部尚书慰留不允。永宁归寺后便封印不用，次日示疾，不服药物，只是念诵《金刚经》不停，不久悠然坐化。

释法会

释法会（1500—1575），俗姓怀，别号云谷，嘉善胥山人，明代僧人。法会自幼出家，拜乡中大云寺僧人为师。十九岁时便四处参学，不久受具足戒，又学习天台小止观法门。听闻法舟济禅师在天宁寺，便前往参拜，请教修行方法。法舟济授以念佛审实话头。法会依教日夜参究，废寝忘食，猛然有省，得到法舟济的认可。他又阅《宗镜录》，大悟唯心之旨，从此一切经教及诸祖公案皆通晓。法会读《镡津集》后，便效仿明教大师日夜诵念观音圣号十万声的做法，通宵不寐，礼拜观音大士像，终身不懈。后来到金陵，居于天界寺。魏王闻之，请其于西园丛桂庵供养。大报恩寺住持西林法师又邀请法会住三藏殿，法会于中静坐禅修三年。有权贵来游，见法会端坐，以为无礼，口出不逊。于是，法会前往栖霞山隐居，结庐于千佛岭下。其时，有小偷将法会的所有东西都偷走，被人抓住。法会给小偷食物，并将财物赠与，闻者无不感化。后南都吏部尚书、五台居士陆光祖请法会担任栖霞寺住持。法会坚辞，推举嵩山善公应命，重兴了栖霞寺。见往来者众，法会乃移居栖霞山最深处“天开岩”。即便如此，依然有不少人前往参学。不论贵贱僧俗，法会皆软语低声，恳切教以参禅法门，士大夫归依者日众。法会寻常示人，多以唯心净土法门，住山清修40余年如一日，胁不沾席，终身礼诵。明万历三年（1575）圆寂。

释福登

释福登（1540—1612），俗姓续，山西平阳（今临汾）人。明代高僧、建筑家，别号妙峰，世称“妙峰禅师”。福登年幼时父母双亡，十二岁时出家，十八岁时流落至蒲坂郡东山，拜文昌阁万固寺僧朗公为师。二十七岁时受具足戒，出门参学。

明隆庆元年（1567），福登前往南京，在天界寺（一说在大报恩寺）听无极法师和憨山德清讲《华严经》，每日课余主动打扫厕所。德清观其行，觉得他必是高僧，便与之结为好友。此后，福登又入中条山隐居3年，大有发悟。山阴王于南山为之建寺庙，又令其前往北京求取《北藏经》。途中，福登与德清相遇，遂邀德清同归寺。

万历二年（1574），福德与德清入五台山隐居，各发愿刺血泥金书《华严经》。书经将毕，福登拟办无遮大会，恰逢皇太后为明神宗祈皇储于五台山，福登和德清遂将其改办成“为国求储”的无遮大会。此次大会历时 120 天，赴会者来自周边八省，络绎不绝。法会结束后，福登和德清认为盛名之下，不可久居，遂一同下山隐遁。德清赴牢山（今山东青岛崂山），福登则至山西宁武，在芦芽山上结茅庵而居。皇太后派人访而得之，赐建华严寺，供福登居住，这里便成为一大道场。后来，他又在山顶造七级万佛铁塔一座。这是福登经营建筑之始。不久，蒲州万固寺也要重修，福登主持工程，经营 3 年，使塔殿一新。接着，陕西三原修建渭河大桥，福登以两年时间主持完成。福登在返回芦芽山途中路过宁化，见此处石壁千仞，一平如掌，便募财动工，建成了精妙绝伦的“万佛洞”石窟。不久，宣化府（今河北张家口）建黄河大桥，又请福登主持工程。福登亲自测量设计，建成一座二十三孔桥。福登为实现自己的誓愿，四处募集资金，在荆州监造了三座铜殿，将其先后送至峨眉山、宝华山、五台山，分别供奉普贤、观音、文殊三位菩萨。

万历三十三年（1605），福登把第三座铜殿送至五台山显通寺安置，明神宗闻讯下诏，将显通寺扩建为大护国圣光永明寺。竣工后，又建华严七处九会道场，费用全部出自国库。因五台山道路崎岖，于是“溪设桥梁，石铺大路三百余里”，沿途起建了寺院，修建了阜平普济桥、龙泉关惠济寺、慈佑圆明寺等建筑。此外，福登还应山西巡抚之请，主持修建了崞县（今属原平）的滹沱河大桥。

万历三十六年（1608），晋王请福登主持重修太原的大塔寺。可惜工程尚未完成，福登就病倒了，于万历四十年（1612）九月返回五台山，不久便圆寂。

释如馨

释如馨（1541—1615），俗姓杨，字古心，溧水人，明代僧人。如馨年少时就信仰佛教，三十多岁时于南京栖霞寺出家，拜素庵法师为师。曾发愿步行朝礼五台山，三年之后才到达，后在五台山修行数年，持戒严谨，受众人推崇，名声远播。

万历十二年（1584），如馨来到南京，住在古林庵。其时，古林庵庙小地狭，“屋仅三楹，圆方百尺”。如馨入住后，四方僧侣皆来依止，信众纷纷布施。如馨化庵为寺，拓基增建。寺“凡三年告竣”，“遂成一大梵刹矣”。自元末以来，律学衰微，如馨为此叹息，认为佛法长存依靠的是戒律，因此苦读《梵网经》，潜心研究戒律。万历二十八年（1600），金陵幽栖寺洪恩法师奉旨修缮大报恩寺塔，前期工作都很顺利，只有塔顶难以合正，经过多次努力也没能成功。相传洪恩日夜虔诚祈佛，一晚忽梦神人，说：“优波离尊者至，始克如愿。”第二天，如馨赤足杖锡持钵入寺，洪恩看到这一幕，领悟到如馨

释如馨

就是梦中神人所指，于是请求如馨的帮助。如馨应承了下来，才喊第一声号子，众人共同用力，塔顶就合上了。自此，来听如馨讲法的人日日增多。如馨在栖霞、甘露、灵隐、天宁等寺庙开坛授戒，后来遍及三十多所寺庙，有徒众上万人。明神宗也听闻如馨的声名，请他到五台山，赐其紫衣锡杖，为开皇坛说戒。明神宗为戒坛题额“万寿戒坛”，赐号如馨“慧云律师”。三坛佛事做毕，明神宗又赐其千佛珠衣，使其荣宠至极。

万历四十三年（1615），如馨坐化，葬于天隆玉环山。明神宗听闻如馨去世，令燕都愍忠寺绘如馨遗像供于大内，并题赞曰：“瞻其貌，知其人。入三昧，绝六尘。昔波离，今古心。”如馨一生弘律，戒德冰霜，世称中兴律祖。

释洪恩

释洪恩（1545—1608），俗姓黄，字雪浪，南京人，明代僧人。在宝华雪浪山出家，故以山为号。据《新续高僧传·明金陵宝华山释洪恩传》，洪恩双目重瞳，额高面宽，大口方颐，肌理如玉，又天性聪慧，喜好静寂，幼年时便学趺坐，很有佛缘。十三岁时，洪恩跟随父亲去大报恩寺听无极法师讲《法华经》，到“三界无安，犹如火宅”一段时，忽然有悟，割发还父，立誓出家。做小沙弥的时候，遇到有施主斋僧，僧众云集，依次而坐，洪恩直登首席。有坐在首席的长老呵斥他不应坐在这里，洪恩问：“此座待谁？”长老说：“待通佛法者。”洪恩说：“若然，则我当坐矣。”于是，长老举座上所讲问难，洪恩信口而答，毫不思索。再问再答，辩论不竭，滔滔不绝。众人都非常惊叹，认为他是高僧转世。洪恩于佛书无所不读，也广泛涉猎其他典籍，乃至晋字唐诗。他曾说：“不读万卷书，不知佛法。”

洪恩曾跟随无极法师学习。无极法师圆寂之后，洪恩将无极的语录依次补订，尽扫训诂之文，专谈称性之学。洪恩讲法，总是教导学人以理观为入法之门。说法30年来，不立坛场，不设高座。于山水清幽之处，为众说法，东南法席之盛无出其右。明万历二十五年（1597），洪恩至焦山主持楞严讲会，撰写《般若心经述解》一篇，讲会疏引，手写《圆觉经》并刻于石。万历二十六年（1598），金陵大报恩寺塔顶倾侧，洪恩立志修理，亲领僧人百余乞于都市，官绅、百姓纷纷捐助，不久便集成。大报恩寺塔高约80米，其塔顶中心木约长20多米，很难安装成功。洪恩呕心沥血，终将其修复完成。

洪恩生平不故作孤高，不惧闲话，说法谈禅，论诗度曲，因人而施。平日饮食起居，不挑好坏，随境所处，事至不推，事去不恋。在虎丘讲《般若经》时，有自题像偈云：“游遍天目山，来坐虎邱石。人道是支公，我说浑不识。雪浪庵中不死人，走向江南说消息。”晚年，在望亭结茅饭僧。一日腹疾，对弟子说：“日而行，夕而息。未有夕而不息者，吾其息乎。”弟子知其师大限将至，问入灭后用龛还是用棺。洪恩言：“坐死龛子，卧死棺材，相锡打瓶，且莫安排。”沐浴端坐圆寂，临终遗命还葬雪浪山北。

释德清

释德清

释德清（1546—1623），俗姓蔡，号憨山，世称“憨山德清”，明末四大高僧之一。他周岁时因病而舍入佛门，寄名于长寿寺。十二岁时至南京报恩寺随西林永宁学经，与雪浪洪恩同门。十九岁时至栖霞山云谷法会处学禅，同年于无极法师处受具足戒。

明嘉靖四十四年（1565），西林永宁圆寂，将报恩寺托付给德清。次年（1566），报恩寺因雷击被毁于大火，僧人星散。隆庆三年（1569），德清至镇江金山寺授学。隆庆五年（1571）游历北方，次年（1572）至北京，投宿河漕遗教寺，先后参学摩诃忠法师、安法师，又拜访遍融大师与笑岩法师。后又前往五台山、盘山等地行脚。万历二年（1574），德清与福登“入少林谒初祖”。

万历三年（1575），德清再赴五台山，此后更有精进。万历九年（1581），因明神宗久无子嗣，皇太后遣内侍于五台山大塔院寺建“祈储道场”，礼请德清与妙峰福登主持。次年（1582）八月，皇储诞生，德清也因此名声大振。皇太后欲请德清入宫供养，被德清谢绝。德清前往牢山（今山东青岛崂山）一带清修，皇太后又赐三千金为其建寺。德清将其尽数赈济灾民。

万历十四年（1586），明神宗“敕颁十五藏，散施天下名山”，皇太后感念德清求储之功，特赐一部给东海牢山，并捐金建造海印寺。同年，紫柏真可来访，二人深入交流 20 多天，皆有所得。万历十七年（1589），德清为南京大报恩寺乞请《大藏经》一部，相传其时宝塔放光。万历二十年（1592），德清至京师访紫柏真可，二人相处 40 余日。万历二十三年（1595），德清于京师讲律，皇室权贵诬告其私造寺院。德清后以此罪名被“遣戍雷州”。次年（1596）入云南曹溪寺，后抵达广州，又至雷州，一路传播佛教。万历二十八年（1600），德清应邀整顿曹溪南华寺。次年（1601）秋，“开辟祖庭，改风水道，选僧受戒，立义学，作养沙弥，设库司清规，查租课，赎僧产，归侵占。一岁之间，百废具举”。

万历三十二年（1604），因被紫柏真可“妖书案”牵连，德清再次被遣回雷州。不久，朝廷大赦，他返回南华寺。万历四十一年（1613），德清自广州长春庵离开，先后至湖南、九江、杭州等地，前来迎请的弟子、居士不计其数。天启二年（1622），应韶阳太守之邀请，德清再入曹溪弘法讲经。天启三年（1623），德清圆寂。著有《观楞伽经记》《楞伽补遗》《华严经纲要》《法华击节》《金刚经决疑》《圆觉经直解》《般若心经直说》《大乘起信论疏略》《大乘起信论直解》等。

释钦义

释钦义（？—1627），俗姓王，字湛怀，金坛人，明代僧人。据明清之际文坛领袖钱谦益《列朝诗集·列朝诗集闰集第三·湛怀法师义公》，钦义十岁时出家于大报恩寺，二十岁时远游名山，参访耆宿，建黄曲社于尧山。后复归大报恩寺，不食常住粮。新安汪仲嘉募金建一阁给钦义居住，钦义遂不复出。钦义禅寂之余，游戏笔墨，作倪迂小景梅花，得逃禅老人笔意。又善鉴别古器物，当时贤士大夫多喜从游，钦义也常借此弘扬佛法。天启末年（1627），跏趺端坐，日中时辞众而逝。钦义在诗歌上很有成就，金陵周晖选其诗32首，附憨山、雪浪二老诗作之后，编成《长干三僧诗》。

释圆悟

释圆悟（1566—1642），俗姓蒋，号密云，宜兴人，明代僧人。圆悟自幼喜好佛法，亲近佛门，稍长，因读《六祖坛经》而有悟。二十九岁时于荆溪显亲寺幻有正传禅师座下出家，苦修不止，但始终未能开悟。三十八岁时，一日过铜棺山，豁然省悟，得幻有正传认可。明万历三十九年（1611）得传正传衣钵。之后历住龙池院、天台山通玄寺、金粟山广慧寺、黄檗山万福寺、阿育王山广利寺、天童山景德寺、金陵大报恩寺等地，大振宗风。崇祯十五年（1642），圆悟圆寂于通玄寺。圆悟一生弘法度人，弟子众多，名僧辈出，有《密云禅师语录》《天童语录》行世。

释寂光

释寂光（1580—1645），俗姓钱，字三昧，广陵人，明代僧人。寂光二十一岁时出家，跟随雪浪法师学习《华严经》。精通之后，遍参名宿。紫柏真可、云栖袾宏都非常器重他。后寂光于慧云法师处受具足戒，专精律学。古心律师在五台山弘律时，升寂光为副座，助其教授。律学得以中兴，多有寂光之功。后寂光闭关于小天台，面壁有得，遂行脚诸大名山。至江州时，被信众邀请住东林寺，有池中白莲不种自生等灵迹出现。后寂光又至衡山，相传在此为潭中怪龙说戒。晋藩闻之，遣使迎请寂光，为建龙华大会，宏敷戒席。寂光又曾演戒于金陵大报恩寺，相传其时宝塔放光二十余夜。后寂光又受请重兴句容宝华寺，此寺为梁武帝时宝志和尚道场。寂光至，开千华大社，学侣云集，院宇重新。明崇祯十五年（1642），寂光受荆王请重兴沩仰道场。次年（1643）奉诏主修金陵大报恩寺。弘光元年（1644）于金陵设坛忏荐明思宗，明安宗朱由崧特赐其紫衣白金，文武百官皆称之为国师。弘光二年（1645），寂光圆寂。寂光一生弘法利生，传戒数百次，修建寺庙十多处，为律宗振兴做出了极大贡献，是律宗千华派之祖师。著有《梵网经直解》四卷及《十六观经忏法》。乾隆时，《梵网经直解》被编入《大藏经》。

释道盛

释道盛（1592—1659），俗姓张，字觉浪，明末清初僧人。父亲为居士，故道盛自幼受佛教影响颇多。明万历三十八年（1610），十九岁的道盛目睹祖父去世之过程，顿生出家之念，于是前往庆源忠堂岗欲随孤舟和尚出家。孤舟和尚叮嘱其先将僧事习学熟练，有机缘再出家。果然不足一月，道盛便被父亲寻回。次年，识源和尚来到城中，道盛又去求剃度，再次被父亲带回，但父亲见其志向坚定，只能允许。于是，道盛拜入识源和尚门下，于城西梦笔山闭关三年。出关后，随博山元来受具足戒，又去参访东苑和尚，而得寿昌一脉认可。崇祯八年（1635），道盛于福船寺开堂说法，后又辗转多处弘法。后道盛入主南京天界寺，门下弟子众多。清顺治十二年（1655）回广丰县博山能仁寺讲法。顺治十六年（1659）返回天界寺，于寺中圆寂。

释普见

释普见（生卒年不详），俗姓李，字一微，黑井人，清代僧人。十四岁时出家，拜释彻庸为师，学习戒律十年。二十四岁时随彻庸前往金陵请藏，住大报恩寺。其时，大报恩寺方丈空缺，传法弟子众多，无法定夺谁做继任者。于是，众僧决定采用公正的抽签法来决定。抽签三次，都是普见抽中，大家都很惊叹，认为这是天意，便让他做方丈。三年之后，普见回到妙峰山，一心精修，每日诵《金刚经》十五卷，持续了五十多年。某日，普见生了病，对侍僧说："可传知内外执事及远近诸檀，三日后吾欲逝矣。"三天之后，击鼓聚众礼佛，普见坐在法座上说："当日马祖道，离四句，绝百非，是有是无？诸人速道一语。"众人无人对答。普见又说："老僧自道去也。昔者赵州左跏趺而逝，今日老僧则不然，欲使右跏趺而逝也。"于是，他垂下左足，寂然而终。

月　霞

月霞（1858—1917），俗姓胡，名显珠，湖北黄冈人，清末民初僧人。清光绪四年（1878），他因科举失利，于南京大钟寺礼禅定大师剃度出家，后于因如律师处受具足戒。嗣后，前往江南一带参学，得天宁寺冶开和尚认可付法后，至河南太白山隐居，向了尘禅师学习禅法。后又前往南京赤山亲近法忍长老，学习经教之学。自光绪十九年（1893）开始，月霞往来于大江南北，讲经说法，声名日盛。光绪三十二年（1906）渡海至日本讲经，后又到印度、暹罗、缅甸等地巡礼佛教圣地。宣统元年（1909），杨仁山居士创立"祇洹精舍"，邀请月霞前往执教。月霞后又在南京大报恩寺创办僧师范学堂，培养了大批僧才。1912年，月霞在上海哈同花园开办华严大学。晚年始终将精力聚焦于僧人教育上，先后主持常熟兴福寺、安庆迎江寺、武昌普渡寺、汉口普光堂等寺院，培养了大批佛教学者与僧人。1917年，月霞圆寂。著有《维摩诘经讲义录》《法界法源》等。

谛闲

谛闲（1858 1932），俗姓朱，浙江黄岩人，清末民初僧人。谛闲十八岁时娶妻生子，但不久妻子皆亡，遂感悟人生无常之理，至浙江临海白云山成道和尚门下剃度出家。二十四岁时至天台国清寺受具足戒，二十六岁到平湖福臻寺敏曦老和尚座下学习《法华经》。后又至上海龙华寺，得定融真传。清光绪十八年（1892），他于慈溪圣果寺闭关。出关后，他的足迹遍布大江南北名刹，到处讲经说法，授戒度人。宣统元年（1909），谛闲应邀来到南京大报恩寺，继月霞法师之后主持僧师范学堂，培养了大批僧才。1912年，谛闲任慈溪五磊寺住持。1929年，谛闲前往东北传戒百余坛。1932年，谛闲于观宗讲寺圆寂。

第三节　雨花英烈

雨花台是新民主主义革命时期中国共产党人和爱国志士的集中殉难地。在争取民族独立、人民解放的历史进程中，许多中华民族的优秀儿女在这里壮烈地倒下，用生命为新中国的诞生铺平了前进的道路。雨花英烈们来自全国 20 多个省市，家庭出身各有不同，多数受过良好的教育，其中不乏留洋的博士。他们牺牲时大多很年轻，平均年龄不足 30 岁，最小的才 16 岁。他们短暂的一生，体现了个人命运与国家、民族命运的叠合，他们的人生故事，映射出中国现代史的脉络。他们是民族精英、中华才子！现将雨花台烈士纪念馆中陈列的主要烈士生平经历，按照烈士牺牲时间先后列述如下，供后人瞻仰学习。

张霁帆

张霁帆（1901—1926），化名张慕鸿，四川宜宾人，中共党员。1921 年春考入川南师范学校。1922 年 5 月加入中国社会主义青年团。1923 年 7 月起先后任团成都地委代理书记、委员长。1924 年 8 月加入中国共产党，11 月任团南京地委秘书。1926 年 3 月任中共豫陕区执委委员，8 月任中国共产主义青年团豫区执委书记，为响应北伐战争，积极开展农民运动。同月，他前往上海向党中央请示汇报工作后，搭乘火车返回河南，途经徐州车站时，被军阀孙传芳部逮捕，解至南京，不久牺牲。

张霁帆

金佛庄

金佛庄（1897—1926），原名金灿，字辉卿，浙江东阳人，中共党员。1918 年考入保定陆军军官学校。1922 年加入中国共产党。1923 年出席党的三大。1924 年春参与黄埔军校的创建工作，

金佛庄

顾名世

成　律

吴光田

历任黄埔军校第一期学生队第三队队长、黄埔军校教导第二团第三营营长、国民革命军第一军第一师第二团党代表和团长、黄埔军校编制委员会常务委员等职。1926 年任国民革命军总司令部参谋处副处长、警卫团少将团长，随北伐军攻克南昌等地。同年 12 月受密令到上海、杭州等地，对直系军阀江浙地方部队开展策反工作，从九江乘轮船东下时，由于行踪泄露，在南京下关码头被军阀孙传芳部逮捕，同月牺牲。金佛庄是中国共产党人中最早的军人身份的党员。

顾名世

顾名世（1896—1926），江苏无锡人。黄埔军校第四期政治科大队区队长，北伐后任国民革命军中央警卫团上尉副官。1926 年 12 月在南京下关码头与金佛庄同时被军阀孙传芳部逮捕，同月牺牲。

成　律

成律（1901—1927），字辛六，又名应钟，湖南宁乡人。1925 年考入东南大学。1926 年夏任国民党南京市第一区党部第二区分部执行委员。1927 年 2 月任国民党南京市第一区党部候补执行委员兼第二区分部常务委员。同年 3 月在军阀孙传芳部对东南大学宿舍进行搜查时，因查出藏有进步书籍及党务书信被捕，同月牺牲。

吴光田

吴光田（1907—1927），江苏松江（今属上海）人，共青团员。东南大学政治经济系学生。1925 年加入中国共产主义青年团。1927 年 3 月与成律同时被捕，不久牺牲。

赵文秀

赵文秀（1904—1927），字俊升，化名赵益三，山东益都（今青州）人，中共党员。1923年初加入中国社会主义青年团。1924年转为中共党员。1926年初任中共津浦铁路浦口工务段支部书记，创办工人夜校，4月任中国共产主义青年团南京地委委员。1927年3月在南京浦口领导工人武装策应北伐军时，在对敌作战中牺牲。

赵文秀

谢文锦

谢文锦（1894—1927），原名用绣，又名襞霞，浙江永嘉人，中共党员。1920年加入上海社会主义青年团。1921年被派赴莫斯科东方大学学习。1922年在莫斯科加入中国共产党。1924年6月回国，任中共上海地方执行委员会秘书兼组织部主任，12月创建中共温州独立支部。1925年任上海总工会总务科副主任。1926年2月任中共江浙区委委员，8月任中共南京地委书记。1927年4月10日夜参加中共南京地委紧急扩大会议时被捕，数日后牺牲。谢文锦是中共南京党组织第一次遭破坏时牺牲的主要负责人。

谢文锦

侯绍裘

侯绍裘（1896—1927），字墨樵，江苏松江（今属上海）人，中共党员。1918年考入上海工业专门学校（前身为上海南洋公学，后并入上海交通大学）。1923年加入中国共产党。1925年8月任国共合作的国民党江苏省党部常务委员，9月任国民党江苏省党部中共党团书记。1927年3月任上海特别市临时市政府委员。同年4月10日夜参加中共南京地委紧急扩大会议时被捕，数日后牺牲。

侯绍裘

张应春

张应春（1901—1927），女，原名蓉城，字秋石，江苏吴江人，中共党员。1922年毕业于上海中国女子体育专门学校，后在松江景贤女子中学等处任教。1925年8月任国民党江苏省党部执行委员兼妇女部部长，11月加入中国共产党。1927年4月上旬到南京从事革命工作，于10日夜参加中共南京地委紧急扩大会议时被捕，数日后牺牲。

张应春

刘重民

刘重民

刘重民（1902—1927），原名刘盛宝，江苏江都人，中共党员。1922年考入金陵大学。1923年加入中国社会主义青年团。1924年加入中国共产党，年底任国民党中央上海执行部宣传部干事。1925年1月出席中国社会主义青年团第三次全国代表大会，9月任中共上海区委军事委员会书记。1927年初任国民党江苏省党部执行委员、工人部部长兼秘书长。同年4月10日夜参加中共南京地委紧急扩大会议时被捕，数日后牺牲。

许金元

许金元

许金元（1906—1927），又名肖羊，江苏苏州人，中共党员。1923年考入杭州之江大学，同年加入中国社会主义青年团。1925年转为中共党员。同年11月当选为国民党苏州市党部常务执行委员。1926年2月任中共苏州独立支部书记，8月任国民党江苏省党部委员。1927年春任国民党江苏省党部委员兼青年部部长。同年4月10日夜参加中共南京地委紧急扩大会议时被捕，数日后牺牲。

文化震

文化震

文化震（1902—1927），字雨龙，贵州贵阳人，中共党员。1922年考入东南大学。1925年加入中国共产党。1926年任中共南京地委委员、共青团南京地委书记、国民党南京市党部工人部部长。1927年3月任南京总工会总务主任兼秘书主任。同年4月10日夜参加中共南京地委紧急扩大会议时被捕，数日后牺牲。

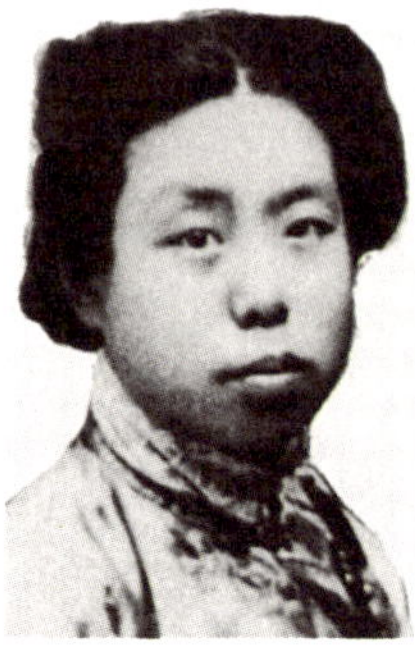
陈君起

陈君起

陈君起（1885—1927），女，原名陈墨云，又名陈振，江苏嘉定（今属上海）人，中共党员。1924年加入中国社会主义青年团，年底加入中国共产党，创建南京妇女问题研究会。1925年任共青团南京地委妇女委员。1926年任国民党南京市党部妇女部部长。1927年任中共南京地委妇女委员。同年4月10日夜参加中共南京地委紧急扩大会议时被捕，数日后牺牲。

钟天樾

钟天樾

钟天樾（1905—1927），原名钟正譙，字尧粥，四川永川人，中共党员。1924年考入东南大学。1926年加入中国共产党，曾任共青团南京地区城北支部书记。1927年3月任南京总工会执行委员。同年4月10日夜参加中共南京地委紧急扩大会议时被捕，数日后牺牲。

梁　永

梁　永

梁永（1904—1927），原名永坤，字精邦，山东东平人，中共党员。1925年进入南京五卅公学学习，年底加入中国共产主义青年团。1926年加入中国共产党，在南京从事工人运动。1927年3月任南京总工会执行委员。同年4月10日夜参加中共南京地委紧急扩大会议时被捕，数日后牺牲。

谢　曦

谢曦（？—1927），天津人，中共党员。早年就读于天津高等工业学校。1922年加入中国社会主义青年团。1923年底任团天津特支组织部主任。1924年3月任团天津地方执行委员会候补委员，同年转为中共党员。1926年1月任国民党天津市党部书记委员，7月参加北伐，任国民革命军第六军军官。1927年4月10日夜参加中共南京地委紧急扩大会议时被捕，数日后牺牲。

胡秉铎

胡秉铎

胡秉铎（1902—1927），字鸣之，贵州榕江人，中共党员。1919年考入贵州省立法政专门学校。1924年8月考入黄埔军校第二期，年底加入中国共产党。1925年任《青年军人》周刊总编辑、中国青年军人联合会负责人之一。1926年任国民革命军第一军军部机要秘书、东路军总指挥部第一科上校科长、第一师政治部主任，隐蔽在国民党军中从事情报工作。1927年"四一二"反革命政变后召集秘密会议时在南京被捕，不久牺牲。

顾　浚

朱如红

史砚芬

王崇典

顾　浚

顾浚（1895—1927），又名顾嘉茂，四川宣汉人，中共党员。1921年留学德国，开始接触马克思主义。1924年春回国考入黄埔军官学校第一期，在校期间加入中国共产党。1927年1月任南昌国民革命军宪兵团第一营少校营长。同年参加南昌起义，后受党的委派潜回南京从事地下活动，不久被捕牺牲。

朱如红

朱如红（1907—1928），江西赣县人，中共党员。1927年加入中国共产党。1927年冬在家乡组织农民协会，参与组织领导大埠农民武装斗争。1928年7月由山东返回江西，途经南京时被捕，8月牺牲。

史砚芬

史砚芬（1904—1928），又名余晨华，江苏宜兴人，中共党员。1927年春加入中国共产主义青年团，不久转为中共党员，同年秋任共青团宜兴县委书记，10月当选为共青团江苏省委候补委员。1927年11月任中共南京市委委员兼共青团南京市委书记。1928年春任共青团江苏省委巡视员。同年5月在南京台城召集共青团中央大学支部会议时被捕，9月牺牲。

王崇典

王崇典（1903—1928），字彝文、逸文，安徽涡阳人，中共党员。1926年考入东南大学（1927年6月改称第四中山大学）。1927年加入中国共产党，任中共第四中山大学支部书记，12月任中共南京市委委员。1928年5月因参加南京台城秘密会议被捕，9月牺牲。

齐国庆

贺瑞麟

孙津川

姚佐唐

齐国庆

齐国庆（1903—1928），安徽太和人，中共党员。1922 年考入南京河海工程专门学校。1924 年考入东南大学（1928 年 2 月改称江苏大学）。1927 年加入中国共产党。1928 年初任中共江苏大学支部书记。同年 5 月因参加南京台城秘密会议被捕，9 月牺牲。

贺瑞麟

贺瑞麟（1909—1928），又名何瑞林，江苏徐州人，中共党员。1925 年加入中国共产主义青年团，不久转为中共党员。1927 年 10 月任中共南京市委委员兼共青团南京市委书记，11 月任团市委组织委员。1928 年 3 月任团南京市委书记。同年 7 月因中共南京党组织遭破坏在南京焦状元巷 14 号的住所被捕，10 月牺牲。

孙津川

孙津川（1895—1928），又名方淦，安徽寿县人，中共党员。1925 年 8 月加入中国共产党，年底任中共吴淞机厂特别支部书记。1927 年 3 月任上海铁路总工会委员长，11 月任中共南京市委职工运动委员会委员。1928 年 3 月任中共南京市委书记，6 月在党的六大上当选为中央审查委员会委员。同年 7 月到南京下关黄泥滩开会时被捕，10 月牺牲。孙津川是中共南京党组织第三次遭破坏时牺牲的主要负责人。

姚佐唐

姚佐唐（1887—1928），安徽桐城人，中共党员。1922 年春加入中国共产党，任中共陇海铁路徐州（铜山）站支部书记。1923 年参加京汉铁路工人大罢工。1924 年 6 月赴莫斯科出席赤色职

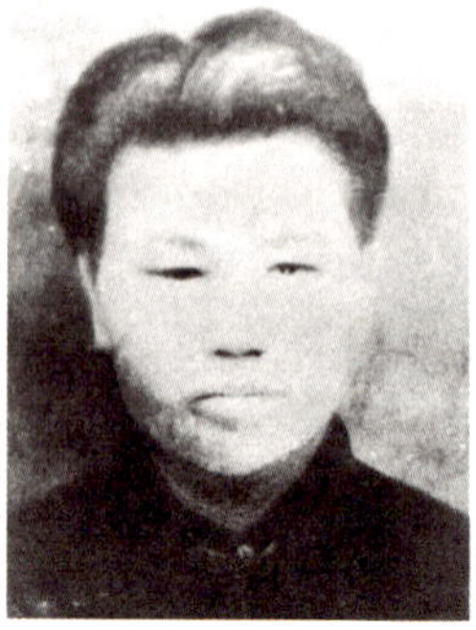
周不论

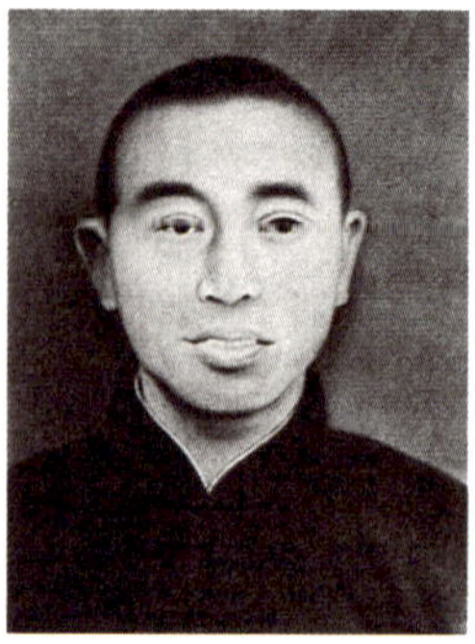
杨锡海

刘炳福

黄祥宾

工国际第三次代表大会。1926年参加北伐，任国民革命军总司令部所属铁道大队副大队长。1928年7月中共南京党组织遭破坏后在上海被捕，解至南京，10月牺牲。

周不论

周不论（1903—1930），又名周宗玉，湖南醴陵人，中共党员。1922年加入中国共产党。1926年考入黄埔军校第五期。1927年任中共湘东特委委员、醴陵县委委员兼南四区区委书记等职。1929年2月被国民党当局通缉，身份暴露后在南京被捕，1930年2月牺牲。

杨锡海

杨锡海（1907—1930），江苏武进人，中共党员。1927年加入中国共产党，曾任武进电气工会书记。同年12月因组织武进电气工人斗争被捕，解至南京，1930年4月牺牲。

刘炳福

刘炳福（1901—1930），浙江平湖人，中共党员。1927年加入中国共产党。曾任上海报界工会干事。1929年春随《中央日报》社迁至南京。5月因发动报界工人罢工被捕，不久牺牲。

黄祥宾

黄祥宾（1905—1930），江苏武进人，中共党员。1921年考入无锡江苏省立第三师范学校。1925年加入中国共产主义青年团，同年转为中共党员。1926年秋考入东南大学。1930年初任中共中央大学支部书记，2月在校内发起成立南京自由大同盟。同年8月因暑期留校参加革命活动被捕，不久牺牲。

李济平

夏雨初

谭籍安

宋如海

李济平

李济平（1908—1930），原名李维选，江苏江阴人，中共党员。1927年初加入中国共产党，任中共江阴县委委员，6月赴莫斯科东方大学学习。1928年冬回国后任中共扬州县委负责人。1929年底任中共江苏省委巡视员。1930年7月任南京市行动委员会书记，后在南京下关召开会议时被捕，8月牺牲。李济平是中共南京党组织第六次遭破坏时牺牲的主要负责人。

夏雨初

夏雨初（1903—1930），化名张建华、李兴国，安徽郎溪人，中共党员。1925年考入中国大学。1926年加入中国共产党。1928年4月领导郎溪农民暴动。1929年任中共上海沪西区负责人。1930年任中共中央特派员、中共南京市委常委、南京市行动委员会委员。同年7月在南京下关召开会议时被捕，8月牺牲。

谭籍安

谭籍安（1906—1930），湖北宜城人，中共党员。1926年毕业于武昌琴园甲级农校。1927年加入中国共产党。1930年任中共南京市委委员兼秘书。同年8月因中共南京市委机关遭破坏被捕，不久牺牲。

宋如海

宋如海（1911—1930），山东济宁人，中共党员。1929年加入中国共产党。1930年6月任中共南京地下组织下关地区交通员。同年7月在参加南京党组织会议时被捕，8月牺牲。

陈继昌

李传夔

蒋宗銮

冯柏六

陈继昌

陈继昌（1906—1930），江苏吴县（今属苏州）人，中共党员。大革命失败后加入中国共产党，任南京电报局报务员。1930 年 7 月因参与发动电报局职工举行“反饥饿、反解雇”群众集会被捕，8 月牺牲。

李传夔

李传夔（1906—1930），江苏吴县（今属苏州）人，中共党员。毕业于上海电信学校。大革命失败后加入中国共产党，任南京电报局报务员。1930 年 7 月因参与发动电报局职工举行“反饥饿、反解雇”群众集会被捕，8 月牺牲。

蒋宗銮

蒋宗銮（1904—1930），江苏吴县（今属苏州）人，中共党员。毕业于上海电信学校。大革命失败后加入中国共产党，任南京电报局报务员。1930 年 7 月因参与发动电报局职工举行“反饥饿、反解雇”群众集会被捕，8 月牺牲。

冯柏六

冯柏六（1909—1930），浙江上虞人，中共党员。毕业于上海电信学校。大革命失败后加入中国共产党，任南京电报局报务员。1930 年 7 月因参与发动电报局职工举行“反饥饿、反解雇”群众集会被捕，8 月牺牲。

马名驹

马名驹（1908—1930），江苏如皋人，中共党员。大革命时期加入中国共产党。1928 年 2 月考入晓庄师范。1930 年 4 月学校被国民党当局查封后，转移到南京东洼子小学任教。同年夏因秘密印发革命传单在南京被捕，8 月牺牲。

叶　刚

叶　刚

叶刚（1908—1930），原名叶道生，浙江南田人，中共党员。1925 年加入中国共产主义青年团。1926 年转为中共党员。1927 年 2 月任中共南田独立支部组织委员。1928 年春考入晓庄师范，任中共晓庄师范支部委员。1930 年在中共南京市委宣传部工作。同年 7 月在策反晓庄国民党驻军时被捕，8 月牺牲。

汤　藻

汤　藻

汤藻（1908—1930），化名杨再生，江苏如皋人，中共党员。1927 年初加入中国共产党。1928 年 2 月考入晓庄师范。1929 年秋在中山陵园区白马村创办乡村小学，后任南京东洼子小学校长。1930 年 7 月初因秘密印发革命传单在南京被捕，8 月牺牲。

沈云楼

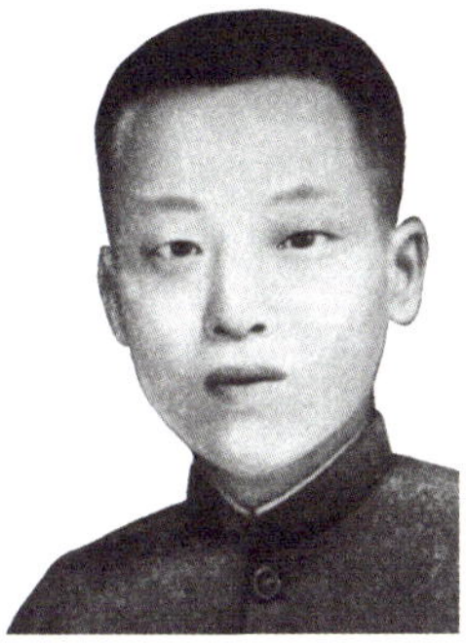

沈云楼

沈云楼（1913—1930），化名沈一山，江苏兴化人，中共党员。1929 年考入晓庄师范，不久加入中国共产主义青年团，后加入中国共产党。1930 年任中共南京市委秘密交通员。同年 8 月因中共南京市委机关遭破坏被捕，不久牺牲。

冯菊芬

冯菊芬

冯菊芬（1910—1930），女，又名冯爱萍，江苏东海人，中共党员。1928 年加入中国共产党。1930 年 7 月到南京参与组建市军委机关，8 月因中共南京军委机关遭破坏被捕，9 月牺牲。

谭梓生

谭冰瓯

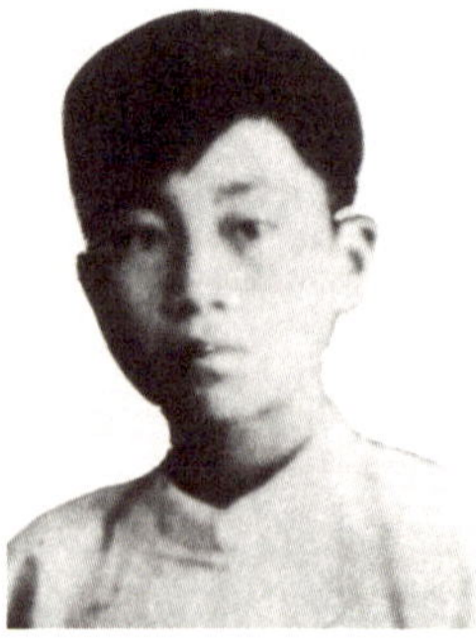
谭铁肩

何寒莺

谭梓生

谭梓生（1898—1930），安徽旌德人，中共党员。1923 年加入中国共产党。1925 年考入上海法政大学。1927 年先后任安徽旌德县县长、湖北通城县劳农政府副主席、湖南茶陵县县长。1930 年从安徽旌德到上海汇报工作时被捕，解至南京，9 月牺牲。

谭冰瓯

谭冰瓯（1907—1930），安徽旌德人，中共党员。大革命时期加入中国共产党，在家乡秘密开展党的工作。1930 年跟随谭梓生从安徽旌德到上海汇报工作时被捕，解至南京，9 月牺牲。

谭铁肩

谭铁肩（1911—1930），安徽旌德人，中共党员。大革命时期加入中国共产党，在家乡秘密开展党的工作。1930 年跟随谭梓生从安徽旌德到上海汇报工作时被捕，解至南京，9 月牺牲。

何寒莺

何寒莺（1908—1930），江苏常州人，中共党员。1927 年加入中国共产党，曾任共青团武进县委委员。1929 年在南京国民政府铁道部工作时，秘密从事党的通信工作。1930 年 8 月因身份暴露在南京被捕，9 月牺牲。

吕国英

吕国英

吕国英（1907—1930），女，江苏沛县人，中共党员。1929 年考入上海中华艺术大学，在校期间加入中国共产党，任该校党支部宣传委员。

黄瑞生

师集贤

姚爱兰

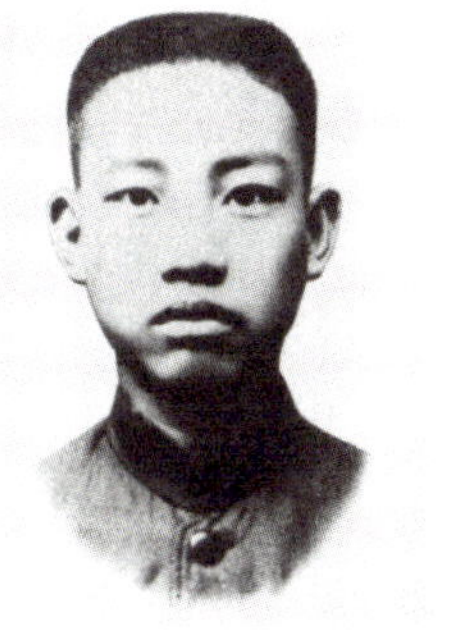
袁咨桐

1930 年夏因秘密从事革命工作在南京被捕，9 月牺牲。

黄瑞生

黄瑞生（1904—1930），原名黄人祥，安徽六安人，中共党员。1918 年考入安徽省立第三甲种农业学校。1925 年考入北京农业大学，年底加入中国共产党。1926 年任北京农业大学农艺系中共暨共青团支部书记。1927 年调中共江苏省委工作。1928 年 11 月任中共南京市委宣传委员。1929 年 4 月任中共南京市委书记。同年 5 月前往国民党中央军校开展工作时被捕，次年 9 月牺牲。黄瑞生是中共南京党组织第四次遭破坏时牺牲的主要负责人。

师集贤

师集贤（1899—1930），原名师道立，号露冷，陕西合阳人，中共党员。1924年毕业于上海大学。1929年在南京国民政府审计院工作。1930年加入中国共产党。同年7月因提供情报和掩护同志在南京被捕，9月牺牲。

姚爱兰

姚爱兰（1912—1930），女，江苏六合人，共青团员。1928 年考入晓庄师范。1929 年加入中国共产主义青年团。1930 年 9 月因学校被国民党当局查封后仍坚持斗争，在南京被捕，不久牺牲。

袁咨桐

袁咨桐（1914—1930），贵州赤水人，共青团员。1929 年考入晓庄师范，加入中国共产主义青年团。1930 年任共青团晓庄师范支部书记。1930 年 5 月、8 月两次被捕，9 月牺牲。

石　俊

胡尚志

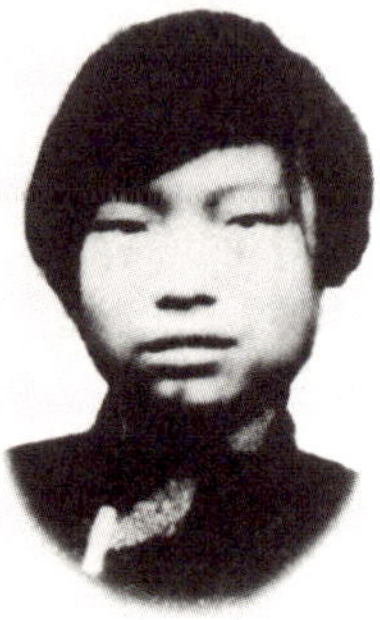

郭凤韶

陈景星

石　俊

石俊（1907—1930），化名张惠如，江苏如皋人，中共党员。1927年初加入中国共产党。1928年2月考入晓庄师范。1929年任中共晓庄师范支部书记。1930年6月任中共南京市委委员。同年7月在南京夫子庙组织集会示威时被捕，9月牺牲。

胡尚志

胡尚志（1907—1930），原名胡圣年，笔名楚子，湖北潜江人，中共党员。大革命时期加入中国共产党。1928年考入南京安徽公学。1929年3月考入晓庄师范。1930年春被党组织派往北平新农学校深造，晓庄学校被查封后赶回南京坚持斗争。同年参加党组织地下革命活动准备工作时在南京被捕，9月牺牲。

郭凤韶

郭凤韶（1911—1930），女，浙江临海人，中共党员。1925年考入临海女子师范学校。1926年加入中国共产主义青年团。1929年秋考入晓庄师范，在校转为中共党员，年底参加中共南京市委宣传部工作。1930年9月为营救被捕同志，在南京下关火车站被捕，不久牺牲。

陈景星

陈景星（1908—1930），又名刘大伟，辽宁海城人，中共党员。1929年7月考入金陵大学，10月加入中国共产党。1930年2月参与发起成立南京自由大同盟，春季任中共金陵大学支部书记，6月任中共南京市委委员、常委，7月任市行动委员会委员。同年8月因中共南京党组织遭破坏被捕，9月牺牲。

石　璞

李林泮

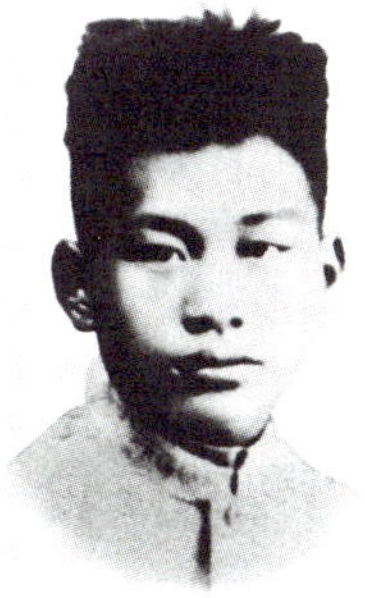

谢纬棨

许立双

石　璞

石璞（1913—1930），号国柱，辽宁铁岭人，中共党员。1929 年 7 月考入金陵大学，年底加入中国共产主义青年团，不久转为中共党员。1930 年 2 月参加南京自由大同盟。同年 8 月因中共南京党组织遭破坏被捕，9 月牺牲。

李林泮

李林泮（1909—1930），吉林双城（现属黑龙江）人，中共党员。1929 年秋考入中央大学，同年冬加入中国共产党。1930 年 2 月参加南京自由大同盟。同年 8 月因中共南京党组织遭破坏被捕，9 月牺牲。

谢纬棨

谢纬棨（1910—1930），又名宗晖，湖南长沙人。1927 年考入晓庄师范。1930 年参加上海戏剧运动联合会、南京自由大同盟。同年因学校被国民党当局查封，在转移上海后被捕，解至南京，10 月牺牲。

许立双

许立双（1896—1930），江苏江都人，中共党员。1922 年加入中国共产党。1929 年任中共南京市委常委兼组织委员、中共浦镇机厂支部书记。1930 年 9 月因秘密从事革命工作在南京被捕，10 月牺牲。

陈兆春

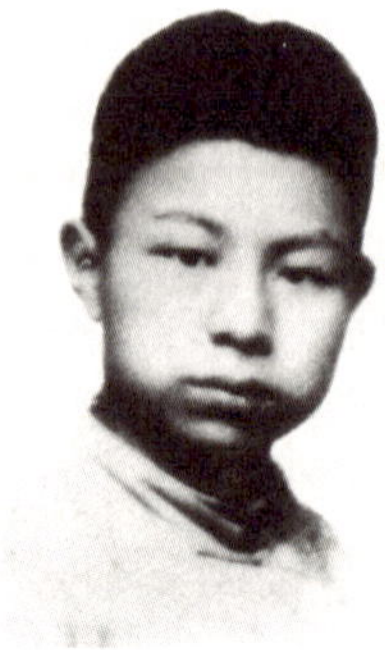
郑家祥

苏订娥

邓定海

陈兆春

陈兆春（1893—1930），江苏南京人，中共党员。1925年加入中国共产党，后任浦镇机厂党小组组长。1930年9月因秘密从事革命工作在南京被捕，10月牺牲。

郑家祥

郑家祥（1912—1930），安徽霍邱人，中共党员。1930年任中共芜湖市委组织部干事等职，在芜湖、宣城一带从事革命工作。同年在安徽南陵被捕，解至南京，10月牺牲。

苏订娥

苏订娥（1910—1930），女，湖南平江人，中共党员。1927年加入中国共产党，曾领导上海沪东区恒丰纱厂工人斗争。1930年任中共南京市委地下交通员，同年11月牺牲。

邓定海

邓定海（1903—1931），湖北黄陂人，中共党员。1925年加入中国共产党。1929年6月任中共南京市委委员。1930年初任中共和记洋行支部书记。同年4月在领导和记洋行工人罢工后被通缉，9月在汉口被捕，解至南京，次年1月牺牲。

刘希雨

刘希雨（1909—1931），又名西雨，云南昆明人，中共党员。1929年在上海劳动大学读书期

刘希雨

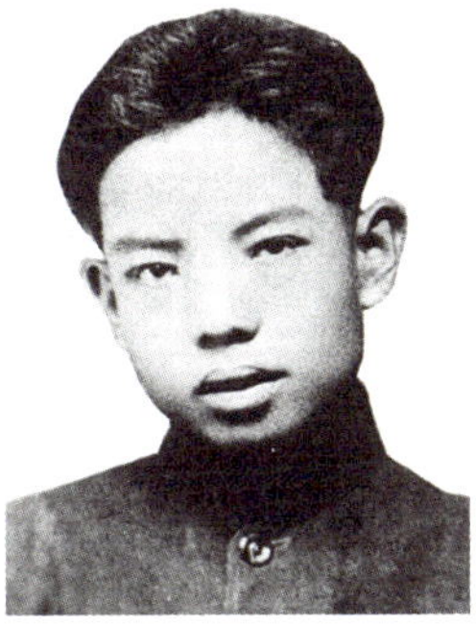

陈仲模

马克昌

恽代英

间加入中国共产党，曾任中共上海江湾区街道支部书记。1930 年 12 月在上海筹备游行示威活动时被捕，次年 4 月牺牲。

陈仲模

陈仲模（1911—1931），又名陈凯，云南昆明人，中共党员。1929 年入上海劳动大学读书。1930 年加入中国共产党。同年 12 月在上海筹备游行示威活动时被捕，解至南京，次年 4 月牺牲。

马克昌

马克昌（1906—1931），云南河西人，中共党员。1929 年在云南省立第一师范学校读书期间加入中国共产主义青年团。1930 年加入中国共产党，任中共上海江湾区委书记。同年 12 月在上海筹备游行示威活动时被捕，解至南京，次年 4 月牺牲。

恽代英

恽代英（1895—1931），字子毅，化名王作林，祖籍江苏武进，出生于湖北武昌。中国共产党创建时期的重要领导人，政治活动家、理论家，青年运动的领袖。1915 年考入武昌中华大学。1921 年加入中国共产党。1923 年当选为中国社会主义青年团中央执行委员会候补委员兼宣传部部长。1924 年国共合作时期任国民党上海执行部宣传部秘书。1926 年在国民党二大上当选为国民党中央执行委员，同年任黄埔军校政治主任教官兼中共党团干事。1927 年 1 月任黄埔军校武汉分校政治总教官，5 月在中共五大上当选为中央委员。1928 年 6 月任中共中央宣传部秘书长。1929 年任中共中央组织部秘书长。1930 年任中共沪中、沪东区委书记，5 月在上海前往老怡和纱厂联系工作时被捕。1931 年 2 月解至南京，4 月牺牲。2019 年入选“100 位为新中国成立作出突出贡献的英雄模范人物”。

杨峻德

谭寿林

朱杏南

高文华

杨峻德

杨峻德（1900—1931），又名杨实，福建建瓯人，中共党员。1921 年考入中国大学法律系。1926 年加入中国共产党，同年任中共建瓯支部委员。1928 年任中共福州市委书记。1930 年 1 月任中共闽北特委书记，11 月任中共福建省委常委、秘书长兼组织部部长。1931 年 3 月在前往厦门郊区出席厦门市委常委会途中被捕，解至南京，5 月牺牲。

谭寿林

谭寿林（1896—1931），又名谭勉予，广西贵县人，中共党员。1921 年考入北京大学，参加北京大学马克思学说研究会。1922 年加入中国社会主义青年团。1924 年加入中国共产党，次年 12 月任中共梧州地委书记兼梧州《民国日报》社社长。1928 年任中华全国海员总工会秘书长。1931 年任中华全国总工会秘书长。同年 4 月在上海恢复工会组织时被捕，解至南京，5 月牺牲。

朱杏南

朱杏南（1898—1931），江苏江阴人，中共党员。1926 年加入中国共产党。1929 年春任中共吴县委书记，在太湖、阳澄湖附近建立革命根据地。1929 年 9 月在太湖等地开展农民运动时被捕，解至南京，1931 年 5 月牺牲。

高文华

高文华（1907—1931），化名程清，笔名高潮，江苏无锡人，中共党员。1924 年考入黄埔军校第三期。1925 年加入中国共产党，8 月任国民革命军第三师连党代表，1926 年任北伐军总司令部工兵团营指导员、团党代表。1927 年 11 月任共青团无锡县委书记。1928 年 3 月在无锡周山浜汤家桥联络工作时被捕，解至南京，1931 年 7 月牺牲。

刘雪亮

文绍珍

邓演达

陈朝海

刘雪亮

刘雪亮（1908—1931），原名刘俊贤，化名刘蜀臣，四川泸县人，中共党员。1929 年初考入北平大学，在校期间加入中国共产党。1930 年春打入南京国民党中央陆军军官学校，任入伍生团中共特支书记。同年 9 月因组织发放革命宣传品在南京被捕，次年 8 月牺牲。

文绍珍

文绍珍（1908—1931），又名文丹慈，湖南石门人，中共党员。1926 年考入黄埔军校第五期，同年加入中国共产党，7 月参加北伐，任国民革命军东路先遣军连指导员。1929 年进入中央陆军军官学校从事兵运工作，同年秋任炮兵学校支部书记。1930 年 11 月任中共南京市委委员。1931 年 7 月在中共南京军委系统遭破坏后被特务盯梢，后在北平（今北京）被捕，解至南京，8 月牺牲。

邓演达

邓演达（1895—1931），字择生，广东惠阳人。早年参加中国同盟会。1919 年毕业于保定陆军军官学校。1924 年任黄埔军校教育长。1926 年 7 月任国民革命军总司令部政治部主任。1927 年 1 月任黄埔军校武汉分校代理校长，3 月在武昌开办中央农民讲习所，任所长，后当选为国民党中央执行委员、中央政治委员会委员、中央军事委员会主席团成员和中央农民部部长。1930 年 8 月创建中国国民党临时行动委员会（中国农工民主党前身）。1931 年 8 月在上海出席江西起义干部训练班结业活动时被捕，解至南京，11 月牺牲。

陈朝海

陈朝海（1908—1931），号会川，化名胡梅，广西博白人，中共党员。1928 年加入中国共产党，

杨桐恒

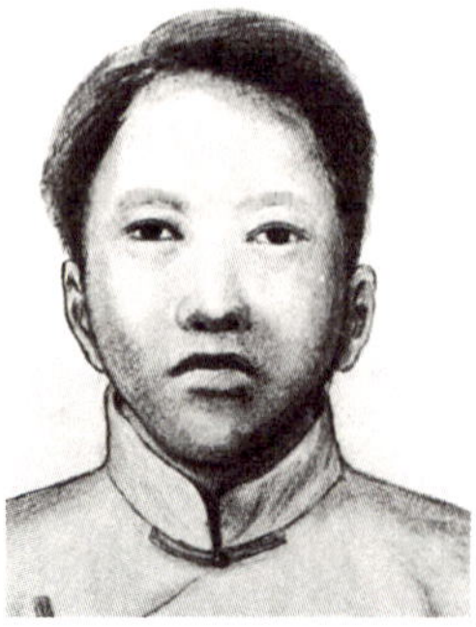
倪朝龙

宋月波

张阿春

同年考入中央大学。1931年6月因在南京秘密从事地下革命活动被捕,关押在国民党中央军人监狱,同年底牺牲。

杨桐恒

杨桐恒（1906—1931），四川宣汉人。1930年赴上海文生氏英文专科学校读书。1931年为敦促国民党政府抗日来南京参加学生请愿游行时，遭军警殴打而牺牲。

倪朝龙

倪朝龙（1906—1931），又名倪啸云，福建福清人，中共党员。1927年考入上海劳动大学，同年加入中国共产党。1930年任中共上海劳动大学支部书记，同年底在上海筹备游行示威活动时被捕，解至南京，1931年牺牲。

宋月波

宋月波（1894—1932），山东滕县（今滕州）人，中共党员。1927年加入中国共产党，后在南京、徐州从事党的地下工作，曾任中共南京市委委员。1932年因中共南京党组织遭破坏被捕，同年4月牺牲。

张阿春

张阿春（？—1932），浙江绍兴人，中共党员。1931年加入中国共产党，曾任中共苏州中心县委组织部部长兼中共鸿生火柴厂支部负责人。1932年在苏州领导工人罢工时被捕，解至南京，同年4月牺牲。

吕小和尚

梁传贵

冷少农

李耘生

吕小和尚

吕小和尚（？—1932），湖北广济人，中共党员。1931 年加入中国共产党，任中共鸿生火柴厂支部委员、厂团组织负责人。1932 年在苏州领导工人罢工时被捕，解至南京，同年 4 月牺牲。

梁传贵

梁传贵（1908—1932），又名梁小杨，江苏淮安人，中共党员。1923 年到苏州鸿生火柴厂做工，后加入中国共产党，任中共鸿生火柴厂支部书记。1932 年在苏州领导工人罢工时被捕，解至南京，同年 4 月牺牲。

冷少农

冷少农（1900—1932），原名冷肇隆，贵州瓮安人，中共党员。1923 年毕业于贵州法政专门学校。1925 年赴广州参加革命，在黄埔军校政治部工作，其间加入中国共产党，任中共两广区委军事部秘书。1928 年先后打入南京国民政府训练总监部、军政部任秘书。1932 年 3 月因潜伏身份暴露在南京被捕，6 月牺牲。

李耘生

李耘生（1905—1932），又名李立章，山东广饶人，中共党员。1923 年加入中国社会主义青年团。1924 年加入中国共产党。1926 年 2 月负责中共山东地委组织工作，冬季任中共汉口硚口特区区委书记。1927 年夏任中共武昌市委书记。1931 年 4 月任中共南京市委委员、组织部部长，11 月任中共南京特委负责人。1932 年 4 月在中共南京党组织遭破坏后处理善后工作时被捕，6 月牺牲。李耘生是中共南京党组织第七次遭破坏时牺牲的主要负责人。

郁志翘

康友川

王鳌溪

潘运生

郁志翘

郁志翘（1908—1932），江苏崇明（今属上海）人，中共党员。1928 年加入中国共产党，曾任中共崇明县委三区委负责人、崇明县委委员。1930 年 4 月在崇明海家宅召开工农兵代表大会时被捕，解至南京，1932 年 9 月牺牲。

康友川

康友川（1907—1932），浙江宁波人，中共党员。1926 年加入中国共产党，任共青团宁波市委宣传部部长。1927 年底因共青团宁波交通处遭破坏被捕，解至南京，1932 年 9 月牺牲。

王鳌溪

王鳌溪（1894—1932），四川巴中人。1920 年起在成都、重庆从事报社记者和编辑工作。1931 年到上海创办《新大陆报》。1932 年初因撰文反对蒋介石独裁统治被捕，解至南京，同年秋牺牲。

潘运生

潘运生（1902—1932），安徽怀远人，中共党员。1931 年加入中国共产党。曾在国民党蚌埠警察局从事党的地下工作。1932 年因中共长淮特委遭破坏被捕，解至南京，10 月牺牲。

曹顺标

萧万才

赵连轩

朱务平

曹顺标

曹顺标（1913—1932），又名曹均，浙江萧山人，共青团员。1928 年加入中国共产主义青年团，1931 年春专职任上海中学学生联合会负责人。1932 年 5 月由中共江苏省委调任上海民众反对停战协定援助东北义勇军联合会青年部专职干部。同年 7 月在上海参加江苏省反帝代表大会被捕，解至南京，10 月牺牲。

萧万才

萧万才（1880—1932），江苏阜宁人，中共党员。1932 年加入中国共产党。曾任中共南洋肥皂厂支部书记、闸北区委秘密交通员。同年 8 月因“共舞台案”在上海被捕，解至南京，10 月牺牲。

赵连轩

赵连轩（1906—1932），安徽凤阳人，中共党员。1928 年加入中国共产党。1931 年任中共凤阳县委委员。1932 年任中共凤阳县委书记。同年 8 月因中共长淮特委遭破坏，在凤阳临淮关被捕，解至南京，11 月牺牲。

朱务平

朱务平（1898—1932），原名朱焕明，字镜秋，安徽宿县人，中共党员。1923 年加入中国共产党。1926 年任中共临涣独立支部书记、中共宿县地方执行委员会书记。1928 年任中共徐海蚌特委委员兼凤阳县委书记。1930 年任中共长淮特委委员。1931 年 6 月任中共长淮特委书记。1932 年 9 月因中共长淮特委遭破坏，在蚌埠门台子火车站被捕，解至南京，11 月牺牲。

陈理真

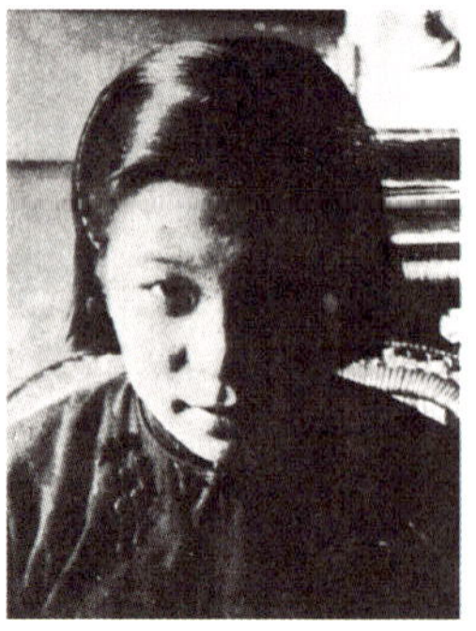

丁　香

蒋　云

方德芝

陈理真

陈理真（1906—1932），又名陈履真，安徽萧县人，中共党员。1927 年毕业于江苏省立第七师范学校。1928 年加入中国共产党。1929 年考入上海华南大学和大陆大学，后调中央训练班学习。1930 年任中共徐海蚌特委宣传部部长、长淮特委书记。1931 年 7 月任中共江苏省委农运委员会书记，8 月任中共沪东区委书记，后任江苏省委巡视员。1932 年 10 月因中共长淮特委遭破坏在徐州被捕，解至南京，11 月牺牲。

丁　香

丁香（1910—1932），女，原名丁贞，江苏苏州人，中共党员。1930 年 4 月加入中国共产主义青年团。1931 年转为中共党员，后在苏州、上海等地从事地下革命工作。1932 年 9 月被中共上海组织派往平津一带进行秘密工作时被捕，解至南京，12 月牺牲。

蒋　云

蒋云（1903—1932），化名蒋雄，江苏江阴人，中共党员。1927 年加入中国共产党。1928 年 1 月任中共江阴县委书记，6 月赴莫斯科参加党的六大，回国后任中共江苏省委巡视员，10 月任中共江苏省徐海蚌特别委员会书记。1929 年 11 月任中共江苏省（兼上海市）委员会候补委员。1931 年 12 月在上海参加产业总工会主席联席会议时被捕，解至南京，1932 年冬牺牲。

方德芝

方德芝（1909—1932），安徽合肥人，中共党员。1927 年加入中国共产党。曾任中共上海日华纱厂支部书记，参加过上海工人三次武装起义。1928 年 8 月在上海被捕，解至南京，1932 年牺牲。

姜辉麟

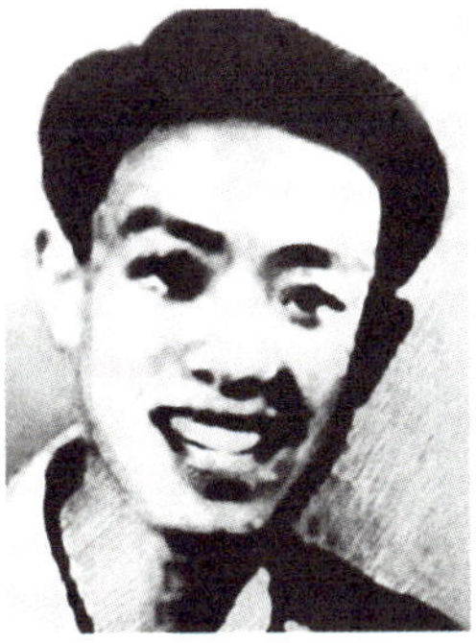
谢小康

李昌祉

蓝文胜

姜辉麟

姜辉麟（1897—1932），女，化名姜石贤，江苏松江（今属上海）人，中共党员。1927 年加入中国共产党。1928 年任中共淞浦特委内部交通员。1932 年调中共江苏省委工作，同年冬返回上海途中在镇江被捕，解至南京，年底牺牲。

谢小康

谢小康（1910—1933），湖南人，共青团员。1927 年马日事变后遭国民党当局通缉，避难上海。1930 年 12 月在上海法租界中央无线电训练班学习时被捕，解至南京，1933 年牺牲。

李昌祉

李昌祉（1906—1933），化名方平，湖南嘉禾人，中共党员。1928 年加入中国共产党，在上海、南京从事兵运工作，后打入南京高级军校特别党部工作。1932 年因南京宪兵系统中共地下特别支部遭破坏被捕，次年 2 月牺牲。

蓝文胜

蓝文胜（1906—1933），化名蓝芳，湖北广济人，中共党员。1926 年初考入黄埔军校第五期。1927 年春加入中国共产党。1931 年 9 月打入国民党宪兵第三团，任团部上尉副官。1932 年 9 月因南京宪兵系统中共地下特别支部遭破坏，在苏州被捕，解至南京，次年 2 月牺牲。

李治邦

张　炽

杨振铎

陈原道

李治邦

李治邦（1907—1933），又名李伯平，贵州郎岱人，中共党员。1926 年考入贵阳省立师范学校。1929 年考入省立贵州大学。1931 年考入上海法学院，同年加入中国共产主义青年团。1932 年转为中共党员，历任共青团法南区委军委秘书、团江苏省委军委秘书、团中央军委负责人等职。1932 年冬在国民党当局检查信件时暴露身份，后在上海海格路海格里被捕，解至南京，次年 3 月牺牲。

张　炽

张炽（1898—1933），字子昌，云南路南（今石林）人，中共党员。1924 年考入北京民国大学，同年加入中国共产党，任中共民国大学支部书记、北京地委西区委员。1926 年 5 月作为中共北方区委特派员前往大连巡视，担任中共大连地委宣传部部长。1927 年 3 月任中共云南特委委员，8 月参加南昌起义。1929 年调中共中央机关做巡视工作。1930 年 7 月在上海组织发动法商水电工人罢工斗争时被捕，解至南京，1933 年 4 月牺牲。

杨振铎

杨振铎（1905—1933），字警轩，化名杨金铎，山西芮城人，中共党员。1925 年加入中国共产党。1926 年入上海大学学习。1927 年 3 月参加上海工人第三次武装起义，历任上海大学共青团支部书记、共青团江苏省委书记、上海沪中区行委书记等职。1930 年 4 月在上海主持召开沪中区行委会议时被捕，解至南京，1933 年 4 月牺牲。

陈原道

陈原道（1902—1933），又名伯康，安徽巢县人，中共党员。1925 年加入中国共产党并被派赴莫斯科中山大学学习。1929 年 2 月回国，任中共中央宣传部秘书。1930 年 2 月任中共河南省委常委、秘书长兼组织部部长。1931 年 2 月任中共河北临时省委组织部部长。1932 年 11 月任中共江苏省委常委兼上海革命工会党团书记。1933 年 1 月在上海组织失业工人请愿示威时被捕，解至南京，4 月牺牲。

毛福轩

毛福轩（1897—1933），号恩梅，化名毛恩灏，湖南湘潭人，中共党员。1921 年在中共湖南支部创办的湖南自修大学半工半读。1922 年到安源路矿从事工人运动，年底加入中国共产党。1925 年任中共韶山支部首任书记。1926 年任中共湖南区委特派员兼农运特派员。1927 年任中共湘潭县委书记、湖南省委委员。1928 年春转移上海进行地下革命斗争，后打入国民党金山县公安局，从事情报工作。1933 年 2 月在中共江苏省委遭破坏时暴露身份被捕，解至南京，5 月牺牲。毛福轩是毛泽东在建党伊始，亲自培养并带领走上革命道路的农民革命家。

毛福轩

胡南生

胡南生（1905—1933），又名胡兰生，湖北武昌人，中共党员。1926 年秋加入中国共产党。1927 年 2 月入莫斯科东方大学学习。1930 年冬回国后，到中共无锡区委工作，其后历任共青团上海法南区委书记，团江苏省委青工部部长、组织部部长。1933 年 2 月在召集上海市团区委书记联席会议时，在上海法租界福煦路国民里 11 号被捕，解至南京，6 月牺牲。

胡南生

吴振鹏

吴振鹏（1906—1933），字季冰，化名吴静生，安徽怀宁人，中共党员。1923 年在安徽省立第一师范学校读书时加入中国社会主义青年团。1925 年夏转为中共党员。1927 年 4 月任共青团江西省委书记。1928 年 7 月在共青团第五次全国代表大会上，当选为团中央委员。1929 年任共青团江苏省（兼上海市）委书记、团中央宣传部部长。1930 年 7 月任江苏省总行动委员会委员、主席团成员，8 月任中央总行动委员会委员，10 月任中共中央苏维埃区域中央局委员。1933 年 5 月因叛徒告密，在上海家中被捕，解至南京，6 月牺牲。

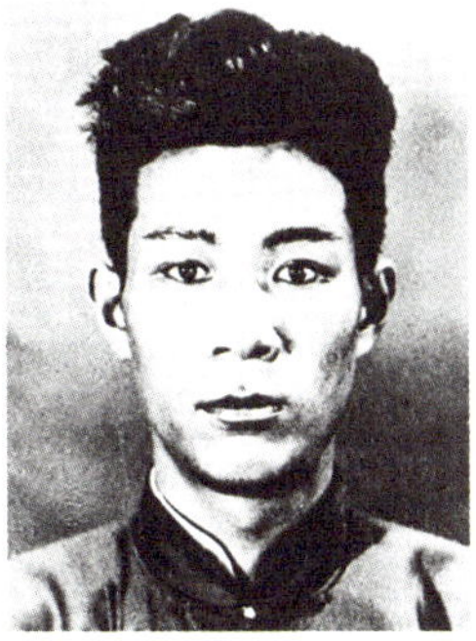
吴振鹏

黄　励

黄　励

黄励（1905—1933），女，化名张秀兰，湖南益阳人，中共党员。1925年加入中国共产党，10月赴莫斯科中山大学学习。1928年随瞿秋白到柏林出席世界反帝大同盟会议。1929年参加太平洋地区职工代表会议，并留会议书记处工作。1931年秋回国，任中国革命互济会主任兼党团书记。1932年冬任中共江苏省委组织部部长。1933年4月在上海营救被捕同志时被捕，解至南京，7月牺牲。

罗登贤

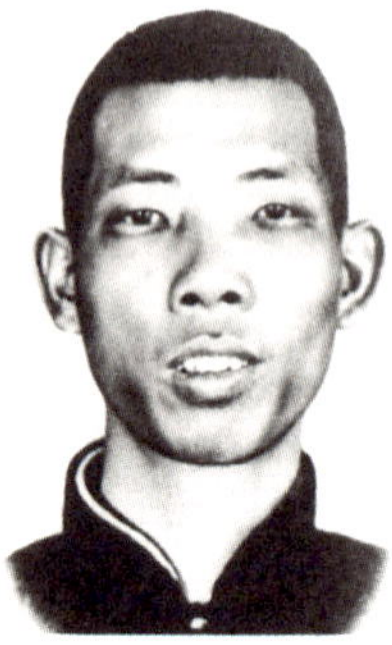
罗登贤

罗登贤(1905—1933)，原名罗举，化名达平等，广东南海人，中共党员。1925年加入中国共产党，参与组织领导省港大罢工。1928年5月任第五届中央临时政治局委员、常委，6月在党的六大上当选为中央委员、中央政治局候补委员，后递补为中央政治局委员。1929年1月任中共江苏省委书记，8月任中共中央组织部副部长。1930年任中共广东省委书记、中华全国总工会党团主任、中共中央南方局书记。1931年2月任中共中央驻满洲省委代表，12月任中共满洲省委书记兼组织部部长。1932年12月任中华全国总工会上海执行局党团书记。1933年3月在上海出席全国海员工人会议时被捕，4月解至南京，8月牺牲。

邓中夏

邓中夏

邓中夏（1894—1933），原名邓康，字仲澥，湖南宜章人。中国共产党创建时期的重要领导人，中国工人运动的杰出领袖，无产阶级革命家、理论家。1917年考入北京大学。1920年在北京加入共产党早期组织。1922年7月在党的二大上当选为中央执行委员，会后任中国劳动组合书记部主任。1923年8月在中国社会主义青年团二大上当选为团中央执行委员会委员长。1925年5月任中华全国总工会秘书长兼宣传部部长。1927年8月在八七会议上当选为临时中央政治局候补委员，同月任中共江苏省委书记。1928年3月赴莫斯科任中华全国总工会驻赤色职工国际代表。1930年9月任中共湘鄂西特委书记、红二军团政治委员。1932年任全国互济总会主任兼中共党团书记。1933年5月到上海法租界环龙路骏德里37号，与互济会总会救援部部长研究工作时被捕，被关押在法租界巡捕房，后因叛徒出卖，身份暴露，被引渡到国民党上海市公安局看守所。

郑天九

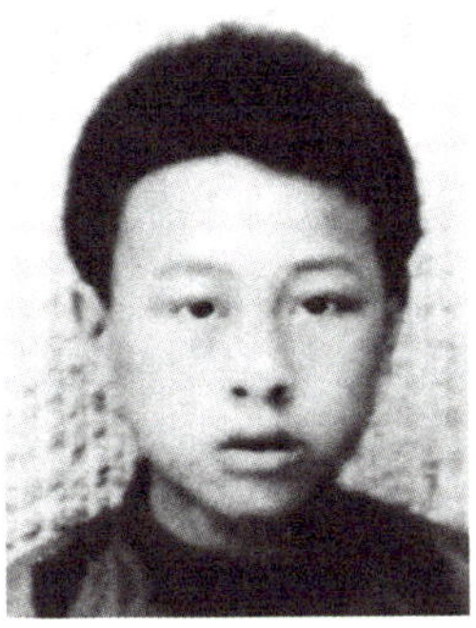
徐述尧

张文卿

林　萃

同年9月转押至南京宪兵司令部看守所，同月牺牲。2019年入选“100位为新中国成立作出突出贡献的英雄模范人物”。

郑天九

郑天九（1904—1933），山东日照人，中共党员。1926年加入中国共产党。曾任中共日照县委宣传部部长、中共日照中心县委宣传部部长。1933年在中共北平市委工作时被捕，解至南京，10月牺牲。

徐述尧

徐述尧（？—1933），四川云阳人，中共党员。1930年在上海中国公学大学部学习，曾任共青团上海法南区委宣传部部长。因参加革命活动在上海被捕，解至南京，1933年牺牲。

张文卿

张文卿（？—1933），湖南人，中共党员。大革命时期被党组织派赴莫斯科中山大学学习。曾任中共江苏省委巡视员。1932在上海被捕，解至南京，次年牺牲。

林　萃

林萃（1904—1933），安徽金寨人，中共党员。1925年加入中国共产党。1926年考入黄埔军校，曾在上海中共中央军委会工作，先后在北平、天津、济南、开封等地从事革命活动。1933年春在南京从事兵运工作时被捕，同年牺牲。

张化侬

徐全直

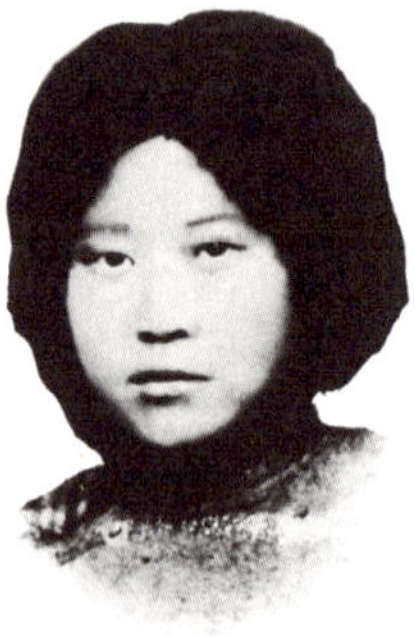

杜焕卿

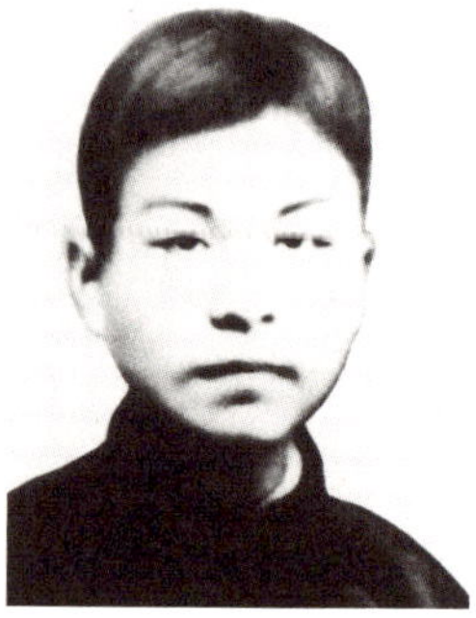

汪裕先

张化侬

张化侬（？—1933），安徽合肥人，中共党员。因对国民党统治不满，倾向革命，被南京宪兵系统中共地下特别支部秘密发展为中共党员。因秘密从事革命工作被捕，1933年牺牲。

徐全直

徐全直（1902—1934），女，又名徐虔知，湖北沔阳人，中共党员。1918年考入湖北省立女子师范学校。1922年加入中国社会主义青年团。1923年转为中共党员。1925年与陈潭秋结婚。1927年3月任湖北省妇女协会执行委员。大革命失败后，随陈潭秋辗转江西、上海、东北等地，从事党的地下工作。1933年6月因党的秘密联络点被破坏，在上海被捕，解至南京，次年2月牺牲。

杜焕卿

杜焕卿（1912—1934），女，陕西米脂人，中共党员。1929年加入中国共产主义青年团。1930年转为中共党员，在米脂和北平秘密从事革命工作。1933年5月为掩护同志，在北平被捕，解至南京，次年春牺牲。

汪裕先

汪裕先（1908—1934），化名陈石卿，上海南汇人，中共党员。1926年初加入中国共产党。1927年8月任中共南汇县周浦区委书记、南汇县委书记。1928年任中共川沙县委书记。1929年任中共淞浦特委委员。1930年4月赴太湖组织农民武装，在返回苏州途中被捕，解至南京，1934年5月牺牲。

芮兰生

何宝珍

顾　衡

刘超人

芮兰生

芮兰生（1896—1934），化名真吾，安徽潜山人，中共党员。1926 年加入中国共产党。1928 年考入黄埔军校第六期。1929 年任中共安徽省潜山县委书记。1934 年因中共南京地下组织遭到破坏被捕，同年 8 月牺牲。

何宝珍

何宝珍（1902—1934），女，又名何葆贞，化名王芬芳，湖南道县人，中共党员。1918 年考入湖南省立第三女子师范学校。1922 年加入中国社会主义青年团。1923 年转为中共党员。同年到安源路矿工人子弟学校教书，4 月与刘少奇结婚，后随刘少奇在广州、武汉、东北、上海等地从事革命工作。1933 年任中国革命互济会营救部部长。同年在上海营救被捕同志时被捕，解至南京，1934 年秋牺牲。

顾　衡

顾衡（1909—1934），化名翟大来，江苏无锡人，中共党员。1927 年考入第四中山大学（1928 年 5 月改称中央大学）。1929 年冬赴北平参加革命工作。1930 年加入中国共产党。1931 年任中共安徽省太和县委书记。1933 年 6 月任中共南京市特别支部书记。1934 年初任中共南京市委负责人。同年 8 月中共南京党组织遭破坏后，在中央大学附近的秘密住所被捕，12 月牺牲。顾衡是中共南京党组织第八次遭破坏时牺牲的主要负责人。

刘超人

刘超人（1910—1934），四川郫县人，中共党员。1931 年加入中国共产党。曾任中共上海法南区委干事，在上海秘密从事革命工作。后因身份暴露被捕，解至南京，1934 年牺牲。

柳志杰

洪灵菲

李文卿

蔡寿民

柳志杰

柳志杰（1902—1934），字展筹，化名之叶，安徽潜山人，中共党员。1927 年春考入黄埔军校长沙分校步兵科，同年加入中国共产党。1930 年任潜山县革命委员会军事委员兼军事训练班主任、红军独立师第二团团长。1933 年任抗日同盟军吉鸿昌部秘书、参谋长。1934 年因“潜山共产党人案”在南昌被捕，后解至南京，同年牺牲。

洪灵菲

洪灵菲（1902—1934），原名洪伦修，广东潮安人，中共党员。1922 年考入广东高等师范学校。1926 年加入中国共产党，在广州国民党中央海外部工作。1927 年“四一二”反革命政变后被通缉，流亡东南亚一带，从事革命活动和文学创作。后回国，在中共闸北区委工作。1930 年 3 月在上海与鲁迅等人组织中国左翼作家联盟，任常委。1931 年秋任上海反帝大同盟中共党团书记。1933 年春任中共中央驻北方代表秘书处处长。同年 7 月在北平参与恢复中共中央北方局工作时被捕，解至南京，次年牺牲。

李文卿

李文卿（1902—1934），湖北嘉鱼人，中共党员。1925 年加入中国共产党。曾任国民革命军第八师连党代表、共青团上海法南区委书记。1933 年因秘密从事革命工作，在徐州被捕，解至南京，次年牺牲。

蔡寿民

蔡寿民（1899—1934），湖南常德人，中共党员。1924 年加入中国共产党。1926 年任湖南省总工会组织部部长。1928 年在上海、南京等地从事革命工作。1933 年因秘密从事革命工作，在南

施 滉

许包野

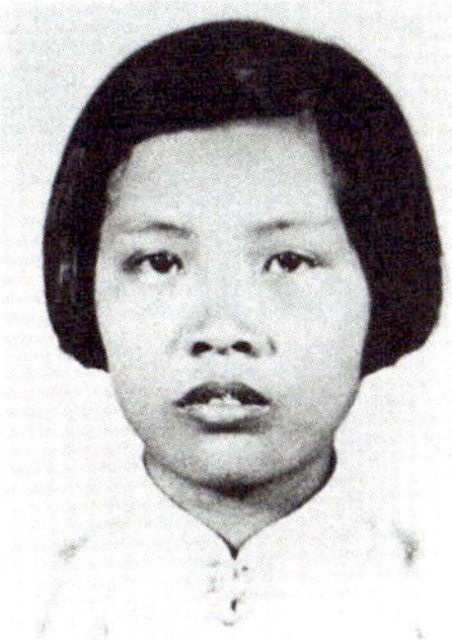

季月娥

胡廷俊

京被捕，次年牺牲。

施 滉

施滉（1900—1934），化名赵声，云南洱源人，中共党员。1917年考入清华学校（清华大学前身）。1924年赴美国斯坦福大学学习。1927年春加入美国共产党。1929年被派往莫斯科，任少年共产国际翻译。1930年回国，在中共中央从事翻译工作。1931年赴香港任海员工会秘书，11月任中共河北省委委员、代理书记兼宣传部部长。1933年3月任中共河北省委代理书记兼宣传部部长。同年7月在北平艺术专科学校召开会议时被捕，解至南京，次年牺牲。

许包野

许包野（1900—1935），又名许鸿藻，广东澄海人，出身于泰国华侨家庭，中共党员。1920年起先后赴法国、德国、奥地利留学，获哲学博士学位。1923年由朱德介绍加入中国共产党，参加中共旅欧支部。1926年到莫斯科东方大学任教。1931年九一八事变后回国，1932年5月任中共厦门中心市委巡视员，10月任中共厦门中心市委书记。1934年7月任中共江苏省委书记，11月任中共河南省委书记。1935年2月在河南开封主持河南省委工作时被捕，解至南京，不久牺牲。

季月娥

季月娥（1917—1935），女，江苏无锡人，共青团员。1934年春加入中国共产主义青年团，任团沪西区委地下交通员。1935年7月因领导上海荣阳袜厂工人罢工被捕，解至南京，不久牺牲。

胡廷俊

胡廷俊（1911—1935），陕西绥德人，中共党员。1927年加入中国共产主义青年团，次年转

于以振

陈仲亭

周执中

周国荣

为中共党员。曾任中国工农红军晋西游击队分队长。1934 年被调至上海中央局军委工作。1935 年在皖南执行任务时被捕，解至南京，8 月牺牲。

于以振

于以振（1904—1936），化名萧炳生，江苏常州人，中共党员。1924 年任黄埔学生军教导团连长。1925 年加入中国共产党。1927 年参加南昌起义。1929 年 1 月入莫斯科中山大学学习。1931 年回国后，先后任中共上海法南区、南市区委书记。1933 年 2 月在上海与革命同志外出工作时被捕，解至南京，1936 年 4 月牺牲。

陈仲亭

陈仲亭（1910—1936），安徽秋浦（今属东至）人，中共党员。1927 年加入中国共产主义青年团，任团秋浦县特别支部书记。1930 年 9 月转为中共党员。1934 年在上海从事地下工作。1935 年被组织派遣到南京铁路局工作，在下关火车站被捕，次年 4 月牺牲。

周执中

周执中（1902—1936），又名国正、平民，四川内江人。1926 年加入中国共产党。1931 年任辽吉黑民众后援会驻开鲁前方办事处参谋处秘书。1934 年在南京浦口从事革命工作时被捕，1936 年牺牲。

周国荣

周国荣（1909—1936），贵州仁怀人，中共党员。1931 年考入中国大学。1932 年加入中国共产党。曾任中共北平市委发行部部长。1933 年底因身份暴露，在北平被捕，解至南京，1936 年牺牲。

李得钊

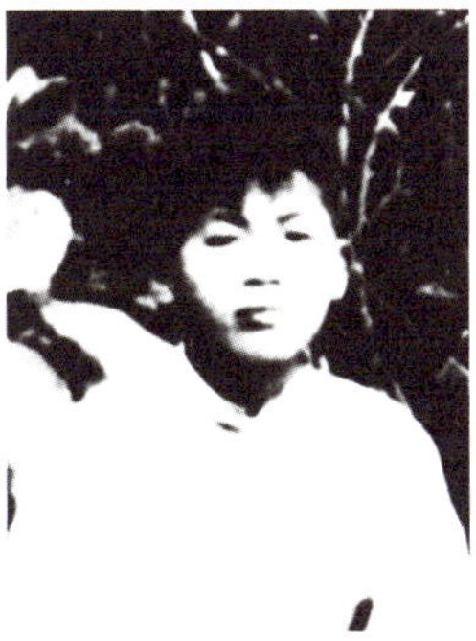

陈志正

郭纲琳

陈处泰

李得钊

李得钊（1906—1936），又名德照、德昭，化名林子明，浙江永嘉人，中共党员。1925 年 3 月加入中国社会主义青年团，同年 12 月被派往莫斯科东方大学学习，不久转为中共党员。1927 年 2 月回国，受共产国际和中共中央的委派，在广州、武汉、南昌等地为东方大学招收学员。1928 年在团中央工作，编辑《红旗》杂志。1930 年被调至中共中央特科秘书处工作。1933 年在中共中央特科总务部、上海中央局工作。1934 年 6 月因中共上海中央局机关遭破坏被捕，解至南京，1936 年牺牲于狱中。

陈志正

陈志正（1911—1937），化名陈福生，江苏武进人，中共党员。1927 年在上海劳动大学读书时加入中国共产党。1930 年在中共江苏省委宣传部工作，曾任共青团江苏省委秘书长。1932 年 7 月在上海因参加江苏反帝代表大会被捕，解至南京，1937 年 5 月牺牲。

郭纲琳

郭纲琳（1910—1937），女，又名郭英，江苏句容人，中共党员。1931 年考入上海中国公学大学部，同年加入中国共产主义青年团，年底转为中共党员。1932 年在共青团上海法南区委、沪西区委工作。1933 年春任共青团江苏省委内部交通员，8 月任共青团无锡中心县委书记。1934 年初任共青团上海闸北区委书记。同年 1 月为组织上海大昌德绸厂罢工，在前往海宁路祥麟里的秘密开会地点时被捕，解至南京，1937 年 7 月牺牲。

陈处泰

陈处泰（1910—1937），又名陈惘子，江苏宝应人，中共党员。1928 年考入安徽大学。1929

年考入上海法政学院。1934 年加入中国共产党。1935 年 2 月任左翼社会科学联盟中共党团书记，6 月任中国左翼文化总同盟书记，11 月因刺杀汪精卫案受牵连，在上海被捕。后解至南京，1937 年牺牲。

闵乐山

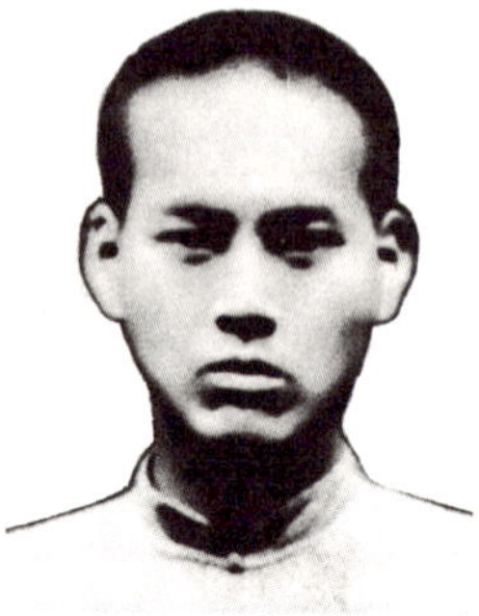
闵乐山

闵乐山（1909—1937），又名跃山，四川内江人，中共党员。1929 年加入中国共产党。1931 年九一八事变后去热河（今已撤销）前线，在辽吉黑民众后援会驻开鲁前方办事处工作。1934 年与周执中在南京浦口从事革命工作时被捕，1937 年牺牲。

袁国平

袁国平

袁国平（1906—1941），又名袁裕，湖南宝庆袁家台（今属邵东）人，中共党员。1925 年 10 月考入黄埔军校第四期政治科，12 月加入中国共产党。1926 年 7 月任国民革命军左翼宣传队第四队队长，参加北伐。1927 年参加南昌起义和广州起义。1930 年任红三军团政治部主任兼红八军政治委员，后任红一方面军政治部副主任、代主任，红军总政治部副主任。1934 年 1 月任中华苏维埃共和国中央执行委员会委员，10 月参加长征。1935 年任中国工农红军学校政委。1938 年 3 月任新四军政治部主任。1941 年 1 月在皖南事变中牺牲。2014 年入选第一批“著名抗日英烈和英雄群体名录”。

项　英

项　英

项英（1898—1941），原名项德隆，湖北武昌人，中共党员。1922 年 4 月加入中国共产党，系党的二大至六大代表，第三至第六届中央委员，第六届中央政治局委员、常务委员、书记处书记。1928 年 2 月任中共江苏省委书记。1929 年任中华全国总工会中共党团书记、执行委员会委员长。1931 年 1 月任中共苏区中央局代理书记、中华苏维埃中央革命军事委员会主席。1934 年 2 月任中华苏维埃共和国中央执行委员会副主席，10 月任苏区中央分局书记兼中央军区司令员和政治委员，领导南方红军和游击队的三年游击战争。1937 年 12 月任新四军副军长、中共中央东南分局书记、中央军委新四军分会书记。1941 年 1 月在皖南事变中突围，3 月被叛徒杀害。2014 年入选第一批“著名抗日英烈和英雄群体名录”。

周子昆

顾景华

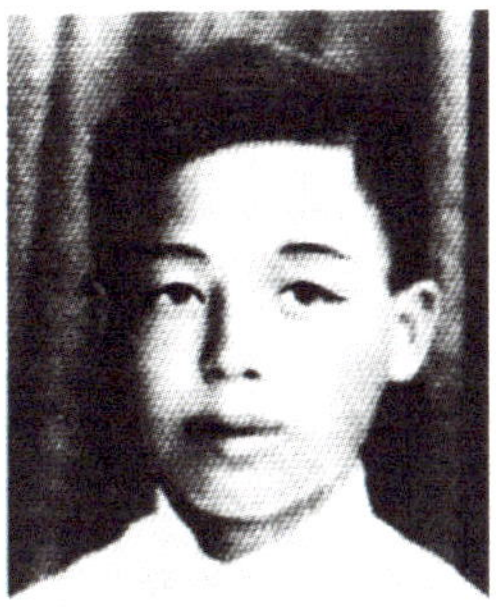
强　博

焦恭士

周子昆

周子昆（1901—1941），原名周维宽，广西桂林人，中共党员。1925 年 10 月加入中国共产党。1926 年参加北伐。1927 年参加南昌起义，后历任红三军军长、红五军团参谋长、福建军区司令员等职。1934 年 10 月参加长征，后任红军总司令部第一局局长。1937 年初任中国人民抗日军事政治大学训练部部长，后任红军代理总参谋长，1937 年 12 月任新四军副参谋长。1938 年 9 月兼新四军教导总队总队长。1941 年 1 月在皖南事变中突围，3 月被叛徒杀害。2014 年入选第一批“著名抗日英烈和英雄群体名录”。

顾景华

顾景华（1916—1941），江苏常熟人，中共党员。1938 年在民抗常备队从事民运宣传工作。1941 年 8 月在常熟被日军逮捕，先后移解浒浦、常熟、苏州等地，后解至南京，同年牺牲。

强　博

强博（1918—1942），原名蒋文林，江苏金坛人，中共党员。1938 年加入中国共产党。1940 年先后任中共丹阳县二区区委书记、丹南县县长。1942 年初任江宁县抗日民主政府县长。同年 3 月在南京郊县开会时被日伪军包围，突围时牺牲。

焦恭士

焦恭士（1918—1942），安徽当涂人，中共党员。1938 年 3 月入中国人民抗日军事政治大学学习，6 月加入中国共产党，年底在新四军第二支队第三团做民运工作。1940 年任新四军新四团民运股副股长。1941 年任新四军第四十六团民运股股长。1942 年初任抗日民主政府江宁县秘书。同年 3 月在南京郊县开会时被日伪军包围，突围时牺牲。

汤万益

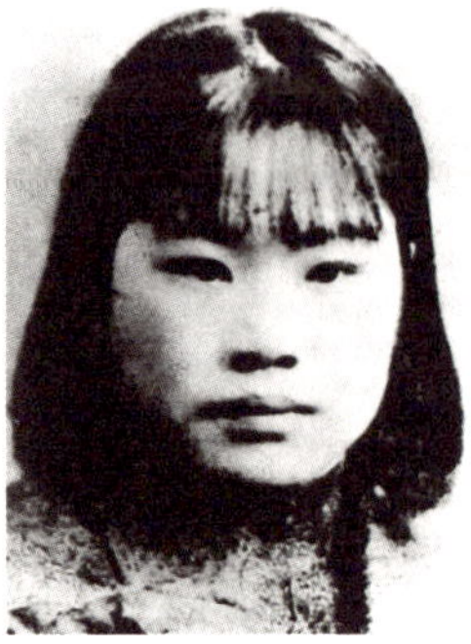
孙晓梅

邹　毅

任　重

汤万益

汤万益（1915—1943），福建周宁人，中共党员。1933 年加入红军游击队。1937 年加入中国共产党，历任新四军第三支队第六团排长、营长，中国人民抗日军事政治大学九分校第一大队大队长。1943 年 4 月在苏南两溧反顽战斗中牺牲。

孙晓梅

孙晓梅（1914—1943），女，又名萧曼，浙江富阳人，中共党员。1938 年参加新四军。1940 年 9 月加入中国共产党。1941 年 1 月任中共镇丹县委妇女部部长，7 月任中共武进县委妇女部部长。1943 年任中共长江工委政治交通员。1943 年在南京龙潭被日本宪兵队逮捕，不久牺牲。

邹　毅

邹毅（1918—1943），江西横峰人，中共党员。1931 年在江西苏维埃政府裁判部工作。1938 年加入中国共产党。1941 年任溧水县抗日民主政府韩湖区区长。1943 年 7 月在南京溧水戴家桥老虎庄遭日伪军包围，突围时牺牲。

任　重

任重（1918—1943），江苏宜兴人，中共党员。1938 年参加青年抗日救亡工作团。1940 年 11 月加入中国共产党。1942 年任溧水县抗日民主政府蒲塘区区长。1943 年 7 月在南京溧水戴家桥老虎庄遭日伪军包围，突围时牺牲。

邓振询

杨　希

陶家齐

吕惠生

邓振询

邓振询（1904—1943），又名邓仲铭，江西兴国人，中共党员。1928 年加入中国共产主义青年团。1929 年转为中共党员。1932 年任江西省职工联合会执行委员、组织部部长、委员长。1933 年任全国手工业工会委员长。1934 年 1 月任中华苏维埃共和国中央执行委员兼劳动人民委员，10 月参加长征。1936 年任中华全国总工会西北执行局委员长。1937 年任陕甘宁边区政府民政厅厅长兼工农厅厅长。1938 年任中共江西省委副书记。1939 年任中共皖南特委书记。1940 年任中共苏皖区委书记。1943 年 3 月任苏南行政委员会、苏南区行政公署副主任。同年 8 月在南京近郊反“扫荡”战斗中牺牲。2014 年入选第一批“著名抗日英烈和英雄群体名录”。

杨　希

杨希（1921—1943），又名杨忠财，江苏南京人，中共党员。1940 年加入中国共产党。1942 年任溧水县民运工作队队长、中共溧水县委委员、青年部部长等职。1943 年 8 月在与假装投诚的溧水日军特务队谈判过程中被杀害。

陶家齐

陶家齐（1890—1943），原名陶寄尘，江苏江宁人。1932 年参加第十九路军淞沪抗战。1933 年底任江宁湖熟燕丹乡代理乡长。1938 年 7 月参加新四军，任新四军湖熟地区情报站主任。1942 年 6 月任江宁县抗日民主政府赤山区区长。1943 年 9 月，在南京江宁家中与其夫人朱维珍被日军包围逮捕，11 月一同被害。

吕惠生

吕惠生（1903—1945），又名惟俑，安徽无为人，中共党员。1922 年考入北京农业大学，毕业后从事教育工作。1939 年任《无为日报》社长兼主编。1940 年任仪征县抗日民主政府县长。1941 年 5 月任无为县抗日民主政府县长。1942 年加入中国共产党，任皖中行政公署主任。1943 年 10 月任皖中人民抗日自卫军司令员。1945 年 9 月随新四军第七师北撤时在芜湖被捕，解至南京，11 月牺牲。

朱克靖

朱克靖（1895—1947），原名宏夏，字竹懿，号克靖，湖南醴陵人，中共党员。1919 年考入北京大学。1922 年加入中国共产党。1923 年赴莫斯科东方大学学习。1925 年任国民革命军第三军党代表兼政治部主任。1927 年参加南昌起义并任第九军党代表。1938 年 1 月任新四军政治部顾问兼直属战地服务团团长。1940 年任新四军联络部部长。1941 年任苏中第三分区专署专员。1944 年任苏浙行政公署主任。1945 年 12 月任新四军兼山东军区秘书长、联络部部长。1946 年 1 月任华中民主联军政委、驻郝鹏举部军代表。1947 年初因郝鹏举反水被捕，解至南京，10 月牺牲。

朱克靖

孙子坤

孙子坤（1905—1947），陕西西安人。1927 年随杨虎城部参加北伐，后历任队长、连长、营长等职。1934 年任第三十八军补充团团长。抗日战争时期，历任第三十八军第十七师第五十一旅第一〇二团团长、第三十八军新编第三十五师副师长等职。1946 年随孔从洲将军于河南巩县起义，激战中被捕，解至南京，次年 11 月牺牲。

孙子坤

杨　斌

杨斌（1911—1948），原名谢远源，化名陈月亭等，湖北石首人，中共党员。1936 年在北平大学法商学院读书时加入中国共产党。1938 年任中共中央东南分局青委委员、民先队负责人。1941 年任新四军驻上海办事处主任。1943 年任中共苏中区党委秘密工作部部长。1944 年 10 月任苏中五地委城市工作部部长。1945 年任中共中央华中分局二地委组织部部长。1947 年 4 月任中共中央华中分局十地委副书记兼城工部部长。同年 5 月因华中十地委遭破坏而暴露身份，在上海被捕。后解至南京，1948 年 4 月牺牲。

杨　斌

高　波

高　波

高波（1913—1948），原名高如化，别号连峰，陕西米脂人，中共党员。1937年入中国人民抗日军事政治大学学习，同年加入中国共产党。1938年任八路军留守兵团政治部烽火剧团团长。1942年任陕甘宁晋绥联防军警备第三旅政治部民运科科长。1945年任陕甘宁晋绥联防军警备第三旅敌工科科长、八路军新十一旅第一团政委。1947年因叛军出卖，在陕西被捕，自5月起至次年下半年，先后被关押在兰州、镇江、南京等地，1948年10月牺牲。

秦　明

秦　明

秦明（1916—1948），原名乔映淮，甘肃靖远人，中共党员。1937年加入中国共产党。1939年任中共靖远县委书记。1940年任教于陕甘宁边区行政学院、延安大学。1946年任中共环县委统战部部长。1947年3月在甘肃环县突围战斗中被捕，转押环县、中宁、平凉、兰州。1948年5月转押镇江国防部训导所，10月解至南京，不久牺牲。

徐楚光

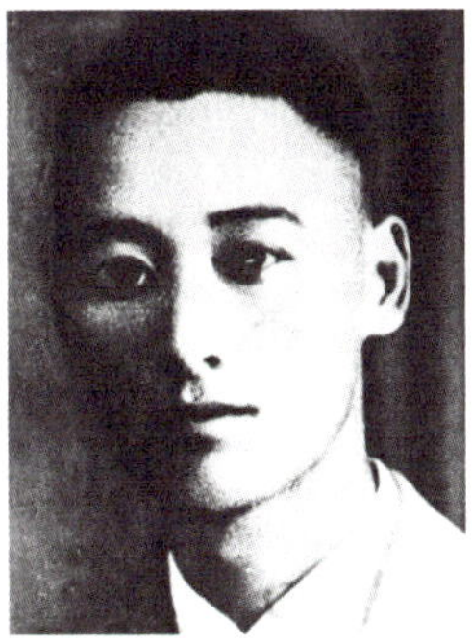
徐楚光

徐楚光（1909—1948），原名徐金安，曾用名徐祖芳、徐建豫等，湖北浠水人，中共党员。1926年考入黄埔军校武汉分校第五期。1927年4月加入中国共产党。1929年后从事国民党军的策反工作，在湖北、广西、河南、山西等地的国民党军中任职。1941年任中国人民抗日军事政治大学一分校参谋教官。1942年打入汪伪政府，任军委会政治部情报局上校秘书。1945年8月任华中独立第一军（后改为华中军区解放第一军）参谋长兼政委。1946年任中共中央华中分局第三工作委员会主任。1947年9月前往大别山革命根据地，途经武汉时被捕，解至南京，次年10月牺牲。

丁　行

丁　行

丁行（1908—1948），原名可庄，字行之，化名何鹏，山西夏县人，中共党员。1925年毕业于夏县师范学校。1927年加入中国共产党。1937年底组织战地服务团并任副团长。1945年任国民党保定绥靖公署军法处副处长、河北省政府机要秘书。1947 年 9 月因北平地下情报系统遭破坏被捕，解至南京，次年 10 月牺牲。

谢士炎

谢士炎

谢士炎（1910—1948），又名谢天纵，湖南衡山人，中共党员。1938 年毕业于国民党陆军大学。1940 年任国民党第八十六军第四十六团团长。1945 年任国民党北平第十一战区长官部作战处少将处长。1947 年 2 月加入中国共产党，秘密从事革命情报工作。同年 9 月因北平地下情报系统遭破坏被捕，解至南京，次年 10 月牺牲。

赵良璋

赵良璋

赵良璋（1921—1948），别号野雪，江苏六合人，中共党员。1939 年考入国民党空军军士学校。1941年任国民党空军第十一大队飞行员。1946年8月任北平国民党空军第二军区司令部总务科参谋，同年冬加入中国共产党。1947年10月因北平地下情报系统遭破坏，在南京被捕，次年10 月牺牲。

朱建国

朱建国

朱建国（1916—1948），又名朱镇国，江苏睢宁人，中共党员。1942 年考入国民党陆军大学。1943 年加入中国共产党。1946 年春打入国民党北平第十一战区长官部，任少校参谋。1947 年 9 月因北平地下情报系统遭破坏被捕，解至南京，次年 10 月牺牲。

孔繁蕤

孔繁蕤

孔繁蕤（1918—1948），又名石淳，河北沙河人，中共党员。1937 年考入中央陆军军官学校。抗战胜利后，任国民党北平第十一战区长官部少校参谋。不久，秘密加入中国共产党，从事革命情报工作。1947 年 11 月因北平地下情报系统遭破坏被捕，解至南京，次年 10 月牺牲。

晋　夫

晋　夫

晋夫（1917—1948），原名吕守成，又名吕晋印，河南洛阳人，中共党员。1937 年参加抗日游击队。1938 年 5 月加入中国共产党。1939 年 5 月入中国人民抗日军事政治大学学习。1940 年任太岳军区通讯参谋。1945 年任太岳军区作战科科长。1947 年任晋冀鲁豫野战军第八纵队参谋处处长。1948 年 11 月初受命联络国民党第三十军阵前起义时，在太原被捕，解至南京，不久牺牲。

黄樵松

黄樵松

黄樵松（1903—1948），原名黄德全，号怡墅，河南尉氏人。1922 年考入冯玉祥的西北军学兵团，历任排长、连长、营长、团长等职。抗日战争初期任国民革命军第二十六路军第二十七师第七十九旅旅长。1937 年 10 月因战功升任第二十七师师长。1948 年任国民党第三十军军长。1948 年 11 月在太原前线筹划阵前起义，因部下告密被捕，解至南京，不久牺牲。

陈子涛

陈子涛

陈子涛（1920—1948），原名家禧，广西玉林人，中共党员。1939 年先后任《广西日报》记者、采访主任、总编辑。1945 年任《华西晚报》编辑。1946 年 10 月任《文萃》杂志编辑、主编。1947 年 3 月加入中国共产党。同年 7 月因《文萃》杂志社遭破坏而暴露身份，在上海被捕，解至南京，次年 12 月牺牲。

骆何民

骆何民

骆何民（1913—1948），原名骆家骝，又名骆仲达，江苏江都人，中共党员。1930 年加入中国共产党。1932 年任共青团上海沪西区委宣传部部长、组织部部长。1938 年任湖南长沙《国民日报》编辑。1939 年任衡阳《开明日报》总编辑。1946 年在上海从事《文萃》杂志的印刷出版工作。1947 年 7 月因《文萃》杂志社遭破坏而暴露身份，在上海被捕，解至南京，次年 12 月牺牲。

卢志英

卢志英（1905—1948），原名卢志江，又名卢涛，号育生，山东昌邑人，中共党员。1925 年加入中国共产党。1929 年在上海中共中央军事部做情报工作。1931 年九一八事变后被中共中央军委派往杨虎城部，做统一战线工作。1932 年 11 月在南京从事统战工作和情报工作。1934 年 3 月打入国民党赣北第四区保安司令部，后担任中共中央军委军事特派员。1939 年底被派往上海搜集日军情报。1940 年 10 月任苏北联合抗日部队副司令员兼参谋长。1942 年 1 月被中共中央华中局、新四军派遣到上海，开展情报和采购军需物资等工作。解放战争时期在南京、上海等地从事情报工作。1947 年因叛徒出卖而暴露身份，在上海被捕，解至南京，次年 12 月牺牲。

卢志英

刘亚生

刘亚生（1910—1948），又名刘立贞，化名刘伟光，河北河间人，中共党员。1932 年考入北京大学。1935 年参加“一二·九”运动。1936 年加入中国共产党。1938 年任八路军第三五九旅旅长秘书。1942 年任第三五九旅政治部宣传科科长。1944 年任湖南人民抗日救国军宣传部部长。1945 年任第三五九旅政治部副主任。1946 年 8 月在中原突围后转战陕南的途中被捕，关押于西安集中营，后解至南京，1948 年底牺牲。

刘亚生

任天石

任天石（1913—1948），又名启生，化名赵济民，江苏常熟人，中共党员。1932 年 8 月考入上海中国医学院。全民族抗战爆发后弃医从戎，组建常熟人民抗日自卫队，先后任副大队长、大队长。1939 年加入中国共产党。1940 年任中共常熟县委书记。1941 年任江南行政委员会委员、江南第一行政督察专员公署专员兼常熟县县长。1943 年任中共苏中区党委巡视员、通海行署主任。1944 年 11 月任中共苏中第六地委委员兼苏中行政委员会委员、苏中第六行政区专员公署专员。1946 年 9 月任中共中央华中分局十地委常委兼社会部部长。1947 年 1 月因华中十地委遭破坏而暴露身份，在上海被捕，解至南京，次年牺牲。

任天石

黄叔雷

黄叔雷

黄叔雷（1907—1948），又名黄震，江苏常熟人，中共党员。1939年参加革命，任抗日民主政府安徽无为县县长。1941年任启海（启东、海门）新兵团参谋长。1946年在中共中央华中分局十地委社会部工作。1947年1月因华中十地委遭破坏而暴露身份，在上海被捕，解至南京，次年底牺牲。

周　镐

周　镐

周镐（1910—1949），又名周治平，湖北罗田人，中共党员。1927年考入黄埔军校武汉分校步兵科。1934年任国民政府军事委员会调查统计局武汉站站员。1938年任国民党军队少校谍报队长。1943年任军统局南京站少将站长（公开身份是汪伪军事委员会军事处第六科少将科长）。1946年加入中国共产党，任中共中央华中分局京沪徐杭特派员，负责国民党军队的策反及情报工作。1949年1月在淮海战役中策反刘汝明部起义时被捕，解至南京，不久牺牲。

谢庆云

谢庆云

谢庆云（1900—1949），山东巨野人，中共特别党员。1921年在冯玉祥部第十六旅第一团孙良诚营任职。1944年被吸收为中共特别党员。抗战胜利后，任中共中央华中分局第六工作委员会委员，公开身份为国民党第一〇七军副军长兼该军驻南京办事处少将处长。1949年1月在淮海战役中策反刘汝明部起义时被捕，解至南京，不久牺牲。

王清瀚

王清瀚

王清瀚（1898—1949），字镜波，河北交河人，中共特别党员。1927年任国民革命军第二集团军第一方面军参谋长。1938年4月任国民党第六十九军副军长，参加徐州会战。1946年任国民党暂编第二十五师副师长。1948年被吸收为中共特别党员，10月任国民党第一〇七军中将副军长兼第二六〇师师长。1949年1月在淮海战役中策反刘汝明部起义时被捕，解至南京，不久牺牲。

祝元福

孟琇焘

程履绎

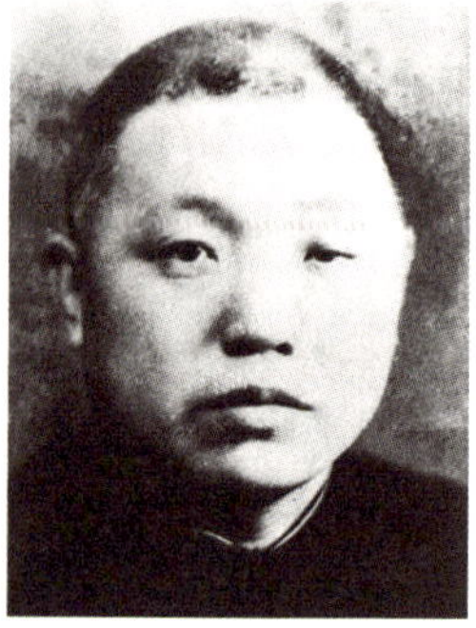

陈祝三

祝元福

祝元福（1921—1949），山东掖县人，中共候补党员。1943 年考入南京汪伪中央军官学校。1947 年被吸收为中共候补党员，历任中共中央华中分局第六工作委员会政治交通、通讯联络组组长等职。1949 年 1 月在淮海战役中策反刘汝明部起义时被捕，解至南京，不久牺牲。

孟琇焘

孟琇焘（1913—1949），又名孟起，福建福州人，中共党员。1938 年加入中国共产党，在南平开展地下斗争。1940 年任中共沙县工委书记。1944 年任中共福安县委书记。1945 年任中共闽江工委委员、宣传部部长兼调查研究委员会书记。1947 年春任中共闽浙赣边区委员会候补委员、社会部部长、城工部副部长。1947 年 8 月在福州出席闽浙赣区委会议时被捕，解至南京，1949 年 4 月牺牲。

程履绎

程履绎（1922—1949），湖北应城人。1943 年考入中央大学。1949 年 4 月 1 日参加学生游行示威时被特务殴打，身受重伤，次日牺牲。

陈祝三

陈祝三（1891—1949），江苏海门人，国立政治大学汽车司机。1949 年四一惨案发生时，驾驶汽车前往抢救受伤学生，遭特务殴打而牺牲。

成贻宾

成贻宾

成贻宾（1927—1949），江苏宝应人。1947 年考入中央大学。1949 年 4 月 1 日参加学生游行示威时被特务殴打，身受重伤，19 日牺牲。

第四节　南京保卫战阵亡将士

易安华

易安华（1900—1937），字福如，号济臣，江西宜春人。陆军第七十一军第八十七师第二五九旅旅长。曾入读黄埔军校第三期宪兵科，参加过北伐战争。1932年“一·二八”抗战时，随第八十七师在上海闸北一线阻击日军。1933年冬升任第八十七师第五二二团上校团长。1937年8月率部参加淞沪抗战，升任第八十七师第二五九旅少将旅长。身先士卒，指挥有方。上海失陷后，率部参加南京保卫战，在光华门、通济门一线布防。与日军第十八旅团血战三昼夜，迫使日军转攻雨花台方向。旋率部向雨花台阵地反攻，于12日晨“饮弹阵亡于雨花台畔”。1983年被中华人民共和国民政部追认为革命烈士。2014年入选第一批“著名抗日英烈和英雄群体名录”。

朱　赤

朱赤（1900—1937），字幼卿，号新民，江西修水人。陆军第七十二军第八十八师第二六二旅旅长。曾入读黄埔军校第三期步科，参加过北伐战争。1932 年“一·二八”抗战时，在江湾、庙行及蕰藻浜一带与日军苦战两昼夜，迫使日军停止进攻。1937 年 8 月淞沪抗战爆发时，率部在闸北、八字桥一带抗击日军，攻占驻沪日本海军司令部，因功升任第八十八师第二六二旅少将旅长。上海沦陷后奉命防守南京，扼守雨花台右翼阵地。12 月 9 日面对日军轮番轰炸、扫射和炮击，亲赴一线战壕，指挥官兵顽强抗击，并率敢死队杀入敌阵。12 日，日军以优势兵力向雨花台发起猛攻，朱部阵地全毁，弹尽力竭，全体官兵壮烈殉国。1984 年，朱赤被中华人民共和国民政部追认为革命烈士。2014 年入选第一批“著名抗日英烈和英雄群体名录”。

高致嵩

高致嵩（1899—1937），号子晋，广西岑溪人。陆军第七十二军第八十八师第二六四旅旅长。曾入读黄埔军校第三期步科，参加过北伐战争。1932年“一·二八”抗战时，任第八十八师中校参谋，战斗在江湾至庙行一带。1937年8月淞沪抗战爆发后，被编入第八十八师第二六四旅，在闸北持志大学、五州公墓、八字桥一带与日军展开激烈巷战，后升任第二六四旅少将旅长。上海沦陷后，率部参加南京保卫战，扼守雨花台左翼阵地，利用雨花台地形殊死抵抗。与第二六二旅朱赤部协同作战，数次击退日军的轮番进攻。12月12日晨，数千日军在大批飞机的支援下，再次猛攻雨花台守军阵地，我第二六四旅伤亡惨重。高致嵩身先士卒，率官兵杀向敌阵，当日下午因弹尽援绝，壮烈殉国。1986年3月被浙江省人民政府追认为革命烈士。2014年入选第一批“著名抗日英烈和英雄群体名录”。

李绍嘉

李绍嘉（1896—1937），又名少霞，广西贵县（今贵港）人。陆军第八十三军第一五六师第四六八旅副旅长。早年入粤军，隶国民革命军第四军，参加过北伐战争。1936年任第一五六师第四六八旅少将副旅长。1937年10月，国民政府将第一五四师和第一五六师合编为第八十三军，李随部赴江阴守备江防。11月下旬掩护主力西撤，在镇江、句容一带作战。12月初随部在南京郊区组织防御，参加守卫光华门战斗。12月12日在中华门掩护官兵突围时，因手枪弹尽，用手榴弹自杀殉国。2015年入选第二批“著名抗日英烈和英雄群体名录”。

程　智

程智（1907—1937），湖南醴陵人。陆军第七十四军第五十一师第一五一旅第三〇二团团长。早年读书时受进步思想影响，投笔从戎，入读黄埔军校第五期。1937年7月全民族抗战爆发后，任第七十四军第五十一师第一五一旅第三〇二团上校团长。后率部开赴上海参加淞沪抗战。上海沦陷后，率部撤至南京，驻守南郊及水西门外一带。12月5日起，所部与日军数次激战。12日拂晓，日军以坦克10余辆、飞机20余架掩护步兵，集中炮火轰击程部防守之赛虹桥。在战斗中，程智的右手三指被打断，弹穿其腹部，壮烈牺牲。2020年入选第三批“著名抗日英烈和英雄群体名录”。

华品章

华品章（1902—1937），字荣衮，四川西昌人。陆军第七十二军第八十八师补充旅第一团团长。曾入读黄埔军校第五期炮兵科，参加过北伐战争。1936年任第七十二军第八十八师第二六二旅副旅长兼野战补充团团长，驻南京外围。1937 年 8 月淞沪抗战爆发后，开赴上海前线抗击日军，11 月底撤至南京整补备战，驻守雨花台阵地。12 月 9—12 日率部连续击退大批日军进攻。12 日下午在弹尽援绝时，率军与日军进行肉搏战，与全团官兵壮烈殉国。2016 年 4 月被四川省人民政府追认为革命烈士。2015 年入选第二批“著名抗日英烈和英雄群体名录”。

韩宪元

韩宪元（1906—1937），字则垂，号如潮，广东文昌（今属海南）人。陆军第七十二军第八十八师第二六二旅第五二四团团长。曾入读黄埔军校第三期步兵科，参加过北伐战争。1937年8月淞沪抗战爆发时，任第八十八师第二六二旅第五二四团上校团长，防守闸北，与敌血战三月，所守阵地，寸土不失。《申报》曾以《英雄团长访问记》为题，报道其率领第五二四团官兵英勇杀敌的事迹，并刊登其题写的“抗战图存”四字。上海失陷后，他随部撤守南京，驻防雨花台阵地，苦战五昼夜，终因弹尽援绝，壮烈殉国。2015年入选第二批“著名抗日英烈和英雄群体名录”。

李　杰

李杰（1904—1937），别号盾吾，湖南东安人。陆军第七十二军第八十八师第二六四旅第五二七团团长。曾入读黄埔军校第五期步兵科。1937 年淞沪抗战中，率部设防于闸北八字桥，与日军在大场激战。11 月下旬，所部被编入南京卫戍部队序列，他任第七十二军第八十八师第二六四旅第五二七团上校团长，承担雨花台右翼阵地防守任务。自 12 月 9 日起，李部连日与攻击雨花台之日军第九、第一一四师团展开血战，多次击退日军进攻。12 日下午经反复肉搏、奋勇冲杀，雨花台阵地失守，李杰率一部官兵突围至大校场机场，旋于中弹受伤后，自杀殉国。

说明：本节部分烈士的生卒年份信息源自中华人民共和国民政部于 2014、2015 年公布的第一、第二批“著名抗日英烈和英雄群体名录”。其中，易安华、朱赤、华品章三位烈士的出生年份在 1936 年《陆海空军军官佐任官名簿》（军事委员会铨叙厅编制）中分别记为 1903、1903、1904 年。两者信息略有出入。

第五节　抗日外交九烈士[1]

杨光泩

杨光泩（1900—1942），浙江吴兴人。十五岁入清华学校（清华大学前身），毕业后考入美国科罗拉多大学，获学士学位。继入普林斯顿大学，先后获政治经济学硕士及国际公法哲学博士学位。随后署理中国驻美公使馆随员，任三等秘书，后受聘为乔治城大学中文教授，兼任华盛顿大学远东历史教授。1927 年回国，任清华学校教授。1928 年任职于国民政府外交部，后任中国驻伦敦总领事。1934 年任外交部皖赣湘鄂川五省视察专员。1935 年接办上海大陆报馆，任总经理兼主笔。1938 年任中国驻马尼拉总领事。1942 年日军侵占马尼拉后，被日军拘捕，于 4 月 17 日惨遭杀害。其遗骸于 1947 年 7 月 7 日被空运回国，安葬在南京中华门外菊花台。1989 年被中华人民共和国民政部追认为革命烈士。

莫介恩

莫介恩（1893—1942），广东宝安人。1929 年任中国驻马尼拉总领事馆随习领事，后升任副领事、领事。1942 年日军侵占马尼拉后，被日军拘捕，于 4 月 17 日惨遭杀害。其遗骸于 1947 年 7 月 7 日被空运回国，安葬在南京中华门外菊花台。1989 年被中华人民共和国民政部追认为革命烈士。

[1] 2015 年，抗日外交九烈士入选第二批“著名抗日英烈和英雄群体名录”。

朱少屏

朱少屏（1882—1942），上海人。早年赴日本留学并加入中国同盟会。回国后，创办健行公学并协助于右任创办《民呼报》《民吁报》《民立报》，又与柳亚子等人组织南社，曾参加辛亥革命。1912 年随孙中山到南京，任总统府秘书。后长期担任寰球中国学生会总干事。1940 年被派任中国驻马尼拉总领事馆副领事，后升任领事。1942 年日军侵占马尼拉后，被日军拘捕，于 4 月 17 日惨遭杀害。其遗骸于 1947 年 7 月 7 日被空运回国，安葬在南京中华门外菊花台。1989 年被中华人民共和国民政部追认为革命烈士。

姚竹修

姚竹修（1907—1942），江苏苏州人。毕业于万国函授大学，1933 年考入国民政府外交部情报司，任科员。1936 年任中国驻土耳其大使馆主事。1937 年被调任中国驻新加坡总领事随习领事。1939 年被调任中国驻马尼拉总领事馆随习领事。1942 年日军侵占马尼拉后，被日军拘捕，于 4 月 17 日惨遭杀害。其遗骸于 1947 年 7 月 7 日被空运回国，安葬在南京中华门外菊花台。1989 年被中华人民共和国民政部追认为革命烈士。

萧东明

萧东明（1906—1942），福建福州人。1932 年任国民政府外交部书记官。1936 年任外交部科员。1939 年任中国驻马尼拉总领事馆随习领事。1942 年日军侵占马尼拉后，被日军拘捕，于 4 月 17 日惨遭杀害。其遗骸于 1947 年 7 月 7 日被空运回国，安葬在南京中华门外菊花台。1989 年被中华人民共和国民政部追认为革命烈士。

杨庆寿

杨庆寿（1917—1942），福建厦门人。毕业于黄埔军校。1941 年任国民政府外交部科员，同年被派任中国驻马尼拉总领事馆随习领事。1942 年日军侵占马尼拉后，被日军拘捕，于 4 月 17 日惨遭杀害。其遗骸于 1947 年 7 月 7 日被空运回国，安葬在南京中华门外菊花台。1989 年被中华人民共和国民政部追认为革命烈士。

卢秉枢

卢秉枢（1902—1942），江苏东台人。毕业于南通中医专门学校，曾任江苏省政府保卫会总务主任、铁道部正太路局秘书。1934 年被派任中国驻马尼拉总领事馆主事。1942 年日军侵占马尼拉后，被日军拘捕，于 4 月 17 日惨遭杀害。其遗骸于 1947 年 7 月 7 日被空运回国，安葬在南京中华门外菊花台。1989 年被中华人民共和国民政部追认为革命烈士。

王恭玮

王恭玮（1920—1942），浙江奉化人。从上海圣约翰大学毕业后，任中国驻马尼拉总领事馆甲种学习员。1942 年日军侵占马尼拉后，被日军拘捕，于 4 月 17 日惨遭杀害。其遗骸于 1947 年 7 月 7 日被空运回国，安葬在南京中华门外菊花台。1989 年被中华人民共和国民政部追认为革命烈士。

卓还来

卓还来（1912—1945），福建福州人。早年毕业于燕京大学。留学巴黎大学，获法学博士学位后，又入伦敦大学研究国际关系。回国后任国民政府外交部一等科员。1937 年任中国驻西贡副领事，1940 年升任驻北婆罗洲（现沙巴）山打根领事。1942 年 1 月日军占领山打根后被拘禁。1945 年 7 月 6 日被日军杀害。其遗骸于 1947 年 2 月 26 日由中国驻山打根领事馆随习领事丁浩护送回国，安葬在南京中华门外菊花台。1989 年被中华人民共和国民政部追认为革命烈士。

第五章

重大战事

自从周元王四年（前472）越国大夫范蠡受命在长干里筑越城开始，雨花台地区就成了兵家必争的血战之地。雨花台位于南京中华门外，海拔约60米，历来为南京城南地区驻军设防的军事制高点。其西北与花露岗、冶城山、五台山、清凉山等小山相携，东北与钟山、青龙山、黄龙山等大山相望，互成犄角之势，是南京城的天然屏障，自古有“金陵南大门”之称。越国在雨花台西北秦淮南岸（今中华门外）筑越城，就是为了镇江险，图霸中原。战略要地，兵家必争。东晋温峤，南朝刘骏、萧懿、萧衍等，都曾在越城及雨花台周围发动或进行过激烈的争战。此后，历经隋、唐、宋、元、明、清、民国，这里先后发生的战事累计数十起之多，现仅录其重大者。

反映太平天国时期雨花台战役的《金陵各营屡捷解围图》

反映辛亥革命光复南京之役的山东平度年画《攻打南京》（画面最右侧为徐绍桢在雨花台指挥作战）

雨花台西炮垒（摄于辛亥革命光复南京后）

1927 年，江右军攻克南京后，大队过长干桥

1937 年 12 月 13 日，日军在坦克掩护下进攻中华门

抗日战争时期南京保卫战中的雨花台主阵地

抗日战争时期的雨花台炮台

第一节　顾荣、周玘讨伐陈敏

毛公渡桥今貌

西晋永嘉元年（307），广陵相陈敏率众渡江至建邺（今江苏南京），自称楚公，修吴故宫而据之。其部下顾荣、周玘怕祸及自身，向西晋征东大将军刘准告密，要求发兵前来讨伐，他们可做内应。顾、周先计斩陈敏弟陈昶，将其军队调到秦淮河南岸；继而，说服陈敏部将甘卓倒戈，断桥而收兵收船于秦淮河南岸，最后共战陈敏。刘准遣扬州刺史刘机等率军2万人出历阳（今安徽和县）前来同讨陈敏。

陈敏率万余人匆忙上阵，准备与甘卓交战，并指望顾荣随后接应，但为秦淮河所阻。甘卓部下隔岸对陈敏部下喊话策反，说顾荣、周玘已经起义反陈敏。陈敏部下听后将信将疑。此时，顾荣挥动羽毛扇出现在南岸军队阵前，声称陈敏反叛，朝廷大怒，刘机大军马上就到。言罢，陈军不战自溃。顾、周率军渡河出击，陈敏落荒而逃，后被俘，至建邺被杀。顾荣挥扇处因名“麾扇渡”，后俗称“毛公渡”。据明《洪武京城图志》，毛公渡“在聚宝门外瓦屑坝南。晋顾荣与陈敏战于此处，荣以白毛羽扇麾军，因名麾扇渡，后讹称毛翁渡。今名因之”。今南京市雨花台区赛虹桥街道凤台南路与兴隆大街交会处西南还有一座“毛公渡桥”。

第二节 司马绍平定王敦之乱

王敦设谋乱政

东晋永昌元年（322）春，荆州牧王敦以“清君侧”为名攻入建康（今江苏南京），诛杀晋元帝司马睿心腹，擅权专政。同年十一月，晋元帝忧愤病亡，晋明帝司马绍即位，但仍受制于王敦。翌年，王敦移镇姑孰（故址今安徽当涂），自领扬州牧。太宁二年（324），晋明帝见王敦病重，部署讨伐王敦事宜。王敦反，派元帅王含率水陆大军5万人进犯建康，进至秦淮河南岸。东晋大将温峤为避敌锋芒，将守军撤到秦淮河北岸，烧毁浮航，两军隔河对峙。

王含军长途劳师，急于求战，温峤坚守不出。数日后，叛军疲惫。温峤夜遣大将段秀率甲士千人偷渡秦淮河，来到石子冈（今雨花台）下，趁王含无备，于拂晓对叛军盘踞的越城突袭。叛军大败，四散逃亡。锋将何康在战乱中被杀。王敦闻讯大怒，愤惋而死。其乱遂平。

第三节　萧宝卷讨伐崔慧景

东昏侯萧宝卷游宴后庭

南齐永元二年（500），东昏侯萧宝卷遣崔慧景率水师进攻寿阳（今安徽寿县）。崔兵至广陵（今江苏扬州），突发兵变反齐。崔军自蒋山（今紫金山）西岩趁夜幕进入建康乐游苑（今小九华山附近），包围台城（宫城）。东府城、石头城、白石垒等要塞相继被崔占领，萧宝卷被困台城 12 日。此后，萧宝卷遣豫州刺史萧懿发兵讨伐崔慧景。萧懿渡江至采石，经石子冈（今雨花台）进抵越城，点火报信。台城守军见援军已到，士气大振。崔慧景派其子崔觉率兵 5000 人到达秦淮河南岸，进攻萧懿。两军在石子冈、越城、朱雀航（今镇淮桥东侧）一带展开激烈搏杀。崔觉大败，其部下 2000 余人在秦淮河被淹死，拆浮桥阻止萧懿追赶。萧懿乘胜追击，强渡秦淮河，在台城外展开血战。崔慧景迎战亦不敌，兵败身亡。

第四节　萧衍灭齐建梁

梁武帝

南齐中兴元年（501）九月，因尚书令萧懿受诬陷被东昏侯萧宝卷杀害，其弟雍州刺史萧衍兵发襄阳，东进反齐。至建康以南的新林（今板桥附近）后，他命将军王茂领兵出石子冈（今雨花台），进据越城，准备对建康城发起进攻。萧宝卷派征虏将军王珍国、军主胡虎牙率10万余人，在朱雀航（今镇淮桥东侧）南石子冈前摆开阵势，同时拆掉朱雀航，以冀背水一战。萧衍大军士气高昂，亦摆出决战态势。十月，守卫石头城的南齐主将朱僧勇率水军2000人降萧衍，守卫新亭垒、东府城等地的齐军也纷纷溃降。屯于秦淮河以南的齐军士气不振，一触即溃，败退中拥入秦淮河，形成罕见的"人体浮桥"，后者从其上踩踏而过，致其全军覆没。萧衍趁势越过秦淮河，将萧宝卷围困于台城。十二月，齐将王珍国等人倒戈，入台城宫中杀萧宝卷，迎萧衍入城。中兴二年（502）四月，萧衍称帝，建立萧梁王朝。

第五节 隋军攻占建康城

杨 广

韩擒虎

隋开皇九年（589）正月一日，隋文帝杨坚敕命晋王杨广率50万大军，分数路攻伐陈都建康（今江苏南京）。隋军贺若弼率部自广陵（今江苏扬州）渡江攻打京口（今江苏镇江）。韩擒虎部从庐江（今属安徽合肥）起兵，先后由瓜洲（今属江苏扬州）、横江（今安徽和县东南）渡江，与驻扎桃叶山（位于今南京六合区南）的杨广部合击建康。正月七日，贺部进抵钟山，韩部屯军新林（位于今南京雨花台区板桥街道），杨广部总管宇文述领兵3万人攻占石头城。当时，建康城内有守军10万人，陈后主陈叔宝昏庸无能，仓促应战，于二十日命鲁广达等在钟山以南布阵迎敌。激战之后，贺若弼俘虏了鲁广达等陈朝主将，韩擒虎率军进抵石子冈（今雨花台）。陈朝侍中、领军将军任忠率数骑出台城，奔石子冈，投降韩擒虎，引韩军进朱雀门直入台城，擒获藏于景阳井中的陈后主、张贵妃等。二十二日，杨广率大军入建康城，陈朝灭亡。

第六节　曹彬率军灭南唐

曹　彬

北宋开宝六年（973）四月，赵匡胤派翰林学士卢多逊至南唐，向南唐后主李煜索要江东十州地理图籍，借口是朝廷要“重修天下图籍”。南唐后主被迫同意。开宝七年（974）十月，赵匡胤又以李煜拒绝入朝为由，命大将曹彬、监军潘美统10万水陆大军，经汴水入长江，自江陵东下直取江宁（今江苏南京）。另命池、岳江路巡检兼战棹都部署王明于池州统兵控江，牵制九江湖口的南唐军，掩护曹彬主力东进。又命吴越军自浙江北进策应。闰十月，曹彬部攻占采石（今安徽马鞍山西南），李煜急遣水步军各1万迎战于白鹭洲、新林（位于南京雨花台区板桥街道），相继大败。十二月，江宁城戒严。开宝八年（975）正月十七日，曹彬督军百道围攻江宁城，南唐10万水军进行顽强抵抗，终告失败。李煜两次遣使恳请赵匡胤缓兵，皆遭峻拒。曹彬函劝李煜投降，李煜不从。十一月二十七日，城破，李煜奉表投降，南唐亡。

第七节　太平军攻占江宁府

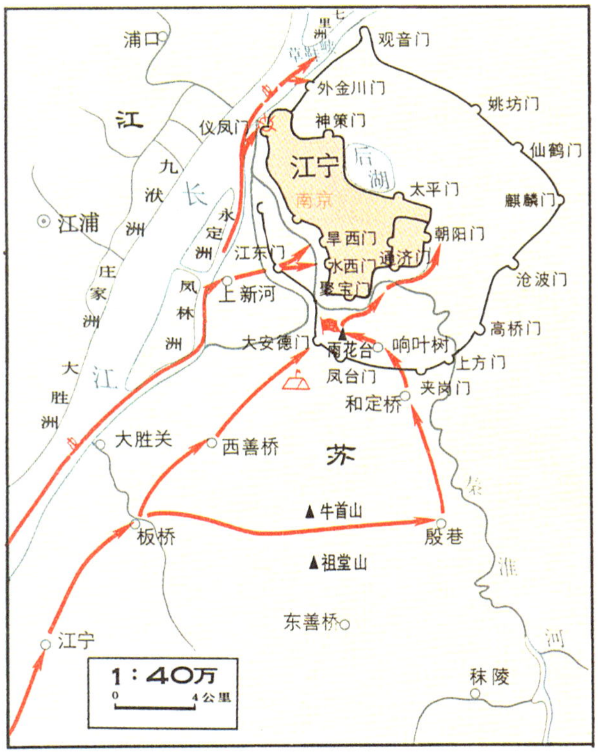

太平军攻克南京形势图（1853年3月19日）

清咸丰三年（1853）正月二十九日，太平军先头部队进抵江宁府城（今江苏南京）西南板桥一带，筑营垒24座。三十日拂晓，太平军地官正丞相李开芳率部进占雨花台高地，向城中开炮，攻打聚宝门（今中华门）。清钦差大臣、两江总督陆建瀛，江宁将军祥厚和江宁布政使祁宿藻率兵登城，令将士闭门坚守。次日，太平军分军占雨花台报恩寺，向城内施炮轰击，并乘势奔过吊桥攻打聚宝门。水路先头部队冲至太平门、仪凤门。太平军直逼城下不能攻入，遂将大炮移置报恩寺塔第三层，俯瞰城中开炮猛轰，清军也开炮还击。二月三日，太平军水师由大胜关移至下关七里营江面与陆军联营60余里，形成对江宁府城的合围之势。

二月五日，天官副丞相林凤祥督太平军于下关静海寺城墙开挖地道。十日，地道挖成后，内放地雷，炸开仪凤门（今兴中门）城墙，冲入城内，杀陆建瀛于黄家塘（今南京玄武区太平桥南）。午后，李开芳率部架云梯从聚宝门攻入城内，并绕至水西门、汉西门接应太平军入城。是役，太平军毙清军大小官吏及满营士卒4万余人。洪秀全于二十日入城，改江宁府为天京，将其定为太平天国都城。

第八节　湘军、太平军雨花台战役

湘军、太平军雨花台战役发生于清同治元年（1862）闰八月二十日至十月五日。当时，清江苏布政使曾国荃以3万湘军与忠王李秀成率领的号称60万太平军在雨花台激战46天，最终以太平军败走而结束。雨花台战役是天京保卫战中的重要一役，也是我国古代著名的防御战战例之一，曾国荃亦因此战被誉为“曾铁桶”。

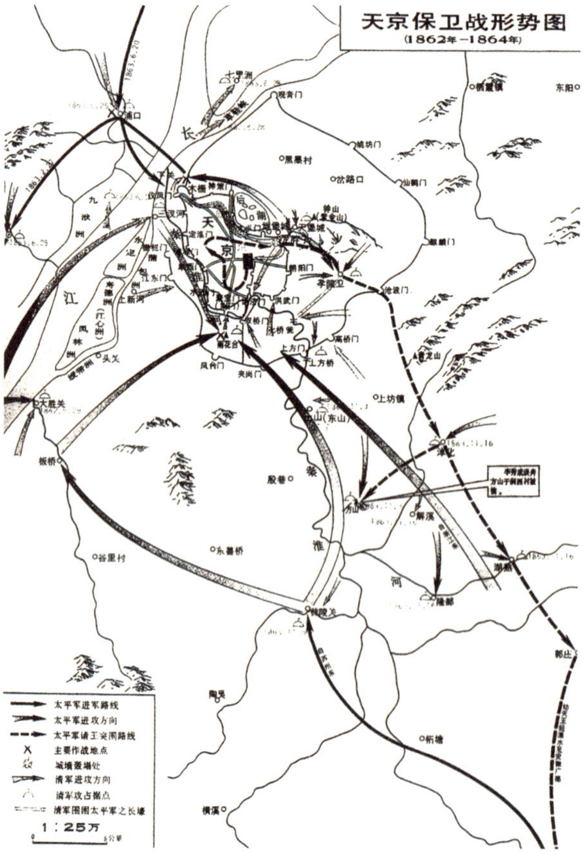

天京保卫战形势图（1862年—1864年）

同治元年四月二十八日，曾国荃奉钦差大臣、两江总督曾国藩之令，率湘军东下，进驻板桥镇，后占秣陵关、大胜关、三汊河。五月三日，清兵部侍郎彭玉麟等率8营水师支援陆师，连克头关（今南京建邺区双闸镇江南村）、江心洲。曾国荃自率军万余人直逼雨花台西南并安营扎寨。

洪秀全一日三诏，严令李秀成率师回援。李秀成之弟扬王李明成奉命自苏州赶来应援，于六月六日、十日两次攻击在雨花台附近的湘军营盘，使湘军悍将张胜禄受伤而死，但仍没能动摇已积3万之众的湘军水陆两师。六月十六日，对王洪春元率众自浙江投入李明成援军。天京城内也不时出兵，共约4万余人，分多路猛攻雨花台湘军大营。双方激战数日，均未得手。六月二十三日后，干王洪仁玕、辅王杨辅清自安徽宁国、广德率2万余众到达淳化镇，配合各部连夜袭击

太平军与清军激战的场面

湘军的雨花台大营。两军相持不下，在雨花台附近呈犬牙交错之势。

八月二十一日，李秀成亲率十三王号称60万（实际30余万）大军，携洋枪（2万杆）、洋炮自苏州经溧水、秣陵关进抵天京南郊，立营于方山、板桥间，连屯数十营，围攻湘军大营。闰八月二十日起，他们与天京守军对湘军进行连日猛攻，尤以东西两路最猛，并挖地道直达湘军营壕。洋炮流弹伤曾国荃面颊，毙湘军副将左传贵等，湘军危险异常。闰八月三十日，侍王李世贤自浙江率数万人来援，会同李秀成急攻。湘军闭垒不出，双方相持两昼夜。不久，李秀成西路遭湘军暗袭，营垒被毁13座，损兵折将近3000人。

九月十二日，太平军与湘军激战，使雨花台解围战达到高峰。是日，李秀成、李世贤集中优势兵力，将大军潜伏于湘军大营之后，挖明、暗地道5条。数千太平军冒死直上，排炮轰鸣，万弩齐发，利用地道轰塌营墙数丈。众兵拥入塌口，毙湘军将领陈得月等200多人，取得巨大胜利。但湘军已筑有内壕，防范极严，加之抛掷火球，顽强抵抗，太平军终未能攻下其内壕，伤亡较重。次日，太平军东路持继续进攻势头，西路则决长江水以断湘军粮道，同时对湘军大营转用地道战。曾国荃以火攻、水淹破地道战。西路太平军未能断湘军粮道，湘军增援部队2000人又于十月一日从芜湖赶到。十月五日，太平军营垒被毁。李秀成率东路军向南撤退，李世贤率西路军退秣陵关等地。太平军终未能在历时46天的解围战中取胜。同治二年（1863）六月十三日，曾国荃率军攻占了太平军的雨花台石城及南门外营垒。不久，湘军占领长干桥。此后，城南外部地区均被清军所占。同治三年（1864）一月底，天京被合围。六月十六日，清军占领天京。

第九节　辛亥革命雨花台之役

1911年11月8日，统制徐绍桢率领驻南京秣陵关的新军第九镇宣布起义，突袭雨花台炮台，遭到驻防南京城的清军张勋部的猛烈炮轰。由于第九镇弹药极度匮乏，官兵伤亡惨重，被迫连夜退避镇江。

第九镇起义官兵撤到镇江后，与苏军、浙军、镇军、沪军、淞军等于11月13日组成江浙联军，总计1万多人，徐绍桢任联军总司令。24日，联军下达总攻南京命令，浙军进攻幕府山，淞

新军第九镇炮队

军攻打乌龙山炮台，镇军攻击天堡城。苏军由刘之洁率领，先后攻占高桥门、上坊镇，逼近并继而攻击雨花台清军炮台。苏军面对雨花台上的隆隆炮声，前仆后继，奋勇冲击，与以尹维峻（女）为队长的敢死队协同作战，顽强拼杀。经数昼夜战斗，他们于 12 月 1 日攻占清军雨花台炮台。

雨花台炮台争夺战，史称“辛亥革命雨花台之役”。此战的胜利乃至南京的光复，对稳定辛亥革命的形势以及成立南京临时政府起了决定性的作用。

1912 年，孙中山在南京任临时大总统期间，专程到雨花台炮台视察，对雨花台之役给予很高的评价。民国初，雨花台之役的阵亡将士和战马合葬于雨花台东冈山坡上，以为纪念。墓地有土冢两座，两者南北相距 4.4 米，墓前中央有石碑一通，碑文上写着“辛亥革命雨花台之役阵亡将士人马冢”。

辛亥革命雨花台之役后雨花台状况

辛亥革命雨花台之役阵亡将士墓地（摄于辛亥革命南京光复后）

第十节　北伐军攻占雨花台

程　潜

1926年7月，国民革命军在广州誓师北伐，征讨北洋军阀各派系。次年（1927）春，总指挥兼第六军军长程潜率领的江右军，下辖第六军、第二军军长谭延闿，第四十军军长兼独立第二师师长贺耀祖，沿长江南岸分路进攻南京。此时，军阀孙传芳的五省联军大部已撤至江北，南京由直鲁联军副司令褚玉璞率军防守。同年3月20日，程潜发布向南京进攻的命令。北伐军由铜井、东善桥、禄口、湖熟一线，自南向北分路向南京进攻。22日，西线第六军左翼第十七师与独立第二师第三旅协同作战，攻破联军设在板桥附近的阵地后，又以主力在牛首山西部与联军激战。是日深夜，南京城东南、正南和西南的重要防御要点淳化镇、殷巷镇、江宁县、牛首山、将军山等地均被江右军占领，南京外围各重要据点的敌军基本被肃清。

3月23日，程潜命江右军兵分三路同时进攻南京城。其中，第一路攻南面，由江右军第十七、十九师及第二十七军调拨的3个团，共约3万人，在第二军第六师的配合下，主攻雨花台和聚宝门。联军于雨花台设置的炮台军事要塞成为固守南京南郊的屏障，且有重兵把守。江右军在攻打雨花台的战斗中士气高涨，一边高唱雄壮的国民革命军军歌，一边奋勇杀敌。经过两次集团冲锋，下午3时许攻克雨花台要塞。联军大乱，纷纷向南京城内溃退。江右军以雨花台为依托，乘胜猛攻聚宝门。下午6时，第六军第十九师率先冲入南京城。随后，第二路、第三路也攻破通济、武定、洪武、朝阳诸门。

3月24日，北伐军计6万人进入南京城，南京遂告光复。

北伐军第六军从陶吴镇进军雨花台

第十一节　抗日战争南京保卫战雨花台、赛虹桥战斗

1937年12月4日，侵华日军华中方面军上海派遣军第九、十六师团，第十军第六、一一四师团共约10万人向南京分路西进，其先遣部队出现在句容、湖熟附近，与中国守军交火。12月5日，句容沦陷。当日，日军轮番轰炸南京外围的主阵地、机场和市区重要设施。至9日，湖熟、秣陵、汤山、龙潭、方山、土山、淳化、栖霞等一线（外廓）阵地相继失陷，中国守军陆续撤至雨花台、光华门、中山门、尧化门等复廓阵地。

日军第六、一一四师团会合于南郊。在突破中国守军第五十八师的牛首山防线后，日军第一一四师团第一二七旅团于12月10日进攻并侵占了花神庙。11日拂晓，日军第一二七旅团向雨花台阵地发起猛攻。雨花台一带由中国第七十二军第八十八师（师长孙元良）防守，第二六二旅朱赤部为右翼，第二六四旅高致嵩部为左翼。尽管日军以压倒的优势兵力轮番进攻，先后出动7000多兵力于夜间冲锋30多次，但均被中国守军奋勇击退。12日晨，日军出动大编队机群，接连对中国守军进行轰炸，其步兵群在猛烈的炮火掩护下攻占了雨花台，迫使孙元良率警卫人员撤入城内，但中国守军左右两翼部队仍坚持抵抗，试图夺回主阵地，牵制日军对中华门、通济门和水西门的进攻。后高、朱两部终因内无弹药，外无援兵，皆为国捐躯。

日军第六师团在第一一四师团左翼作战，其一部于9日攻占大胜关。10日拂晓，其第三十六旅团第四十五联队步兵700余人，沿京芜铁路（今宁芜铁路）由小行进攻中国守军第七十四军第五十一师第一五三旅第三〇六团左翼，双方战斗激烈。傍晚，日军攻占雨花台西南高地，中国守军第一五三旅第三〇五团多次反击，毙伤日军80多人。驻棉花堤的宪兵部队也遭日军攻击。11日晨，日军增至2000余人，在飞机、炮火、坦克的支援下，企图突破毛公渡、华严寺一线，与中国守军第三〇五团展开拉锯战。华严寺数陷敌手。12日拂晓，日军第六师团在20余架飞机、10余辆坦克的支援下，数次突破赛虹桥阵地，与中国守军第五十一师第三〇二团和第三〇五团之一部展开激烈争夺。经反复冲杀，英勇抵抗3小时后，中国守军共毙伤日军500余人，击毁其坦克

中国守军的雨花台阵地

4 辆，缴获轻重机枪 10 余挺、步枪 40 余支，收复了赛虹桥阵地（后又被日军攻占）。第三〇二团团长程智在战斗中被打断右手三指，仍身先士卒，后因身中数弹而壮烈牺牲。是役，中国守军伤亡 1700 余人。

12 月 12 日，日军占领雨花台地区后，在菊花台高地设第六师团指挥部。13 日晨，日军攻破中华门、通济门、光华门等要隘，南京陷落。

第十二节 新四军进击雨花台日伪军

自1938年5月开始，新四军派东进敌后抗日的先遣支队（即第一支队第一团，第二支队第三、第四团）先后从皖南进入江宁县境，并在江宁、当涂、溧水三县交界处建立横山抗战游击区，开展南京及其附近地区抵御日军的袭扰活动。日军在南京外围京芜铁路（今宁芜铁路）沿线每距二三十千米设据点，驻兵少则三四人，多则20余人。故新四军在南京南郊进击日伪军的战斗，普遍规模较小。但新四军以速战速决的战略牵制、困扰敌人，断敌交通干线，使日伪维新政府不得安宁。

蘇浙戰況
我游擊隊進抵南京雨花台
空軍炸敵警備部斃寇甚多
松江屬張堰已被我軍克復
（中央社香港三十一日電）據南京外人方面消息，南京最近情勢頗爲緊張，南郊雨花台一帶發現我方游擊隊，其前哨曾不時進至南門，與城門口站崗之僞警交鋒，態度自若；現敵軍已不敢出城一步。我空軍不時飛往南京偵炸。上年十二月三十日黎明復有數機，向敵警備部投彈四枚，均行爆炸，敵軍死傷甚多。

1939年1月1日《新华日报》刊登的新四军游击队进抵南京雨花台的报道

1938年7月15日，新四军第一团部分兵力袭击西善桥守敌，经半小时战斗，毙伤日军20人，缴获步枪3支及部分军用物资。9月16日，新四军第一支队部分兵力捣毁京芜铁路板桥火车站，击毙日军30多人，缴枪10余支。11月26日夜，新四军第二支队侦察连进击雨花台日伪军，激战1小时后，毙伤敌25人，致使敌不支而向南京城内溃退。侦察连以猛烈火力向中华门城堡射击，使日军未敢出城，便在雨花台顶插上标明新四军的旗帜。

1940年10月后，新四军主力北撤，留下的第二支队整编为第六师第十六旅（辖3个团）。1943年4月，第十六旅据新四军军部指示，把注意力放在敌后"反扫荡、反清乡"上。是年12月，日伪军2000多人向横山游击区发起了"扫荡"。此时，第十六旅主力正南下郎溪、广德。该旅第四十六团第二营第六连配合地方武装先把日伪军引到石臼湖，后抽集精干兵力袭击板桥和江宁两镇的敌军。待敌回防时，我第六连又回师牛首山、秣陵分别狙击，致使敌"扫荡"以失败告终。

第六章

烈士陵园

雨花台烈士陵园位于中华门外1000米处，占地面积106.6公顷，是新中国成立后建立最早、规模最大的国家级烈士陵园。这里是新民主主义革命时期中国共产党人和爱国志士的集中殉难地。成千累万的先烈在雨花台及南京其他地区牺牲，包括中国共产党创建时期的重要领导人邓中夏、恽代英，东北抗联重要奠基人罗登贤，中共一大代表陈潭秋的妻子徐全直等。已知姓名的烈士有1519位，绝大部分为无名烈士。

1949年12月12日，为纪念革命先烈，教育后人，南京市第一届各界人民代表会议第二次会议决议在此兴建人民革命烈士陵。建陵初期，全国尚未完全解放，国家财政正处于困难时期，一切皆百废待兴，因此陵园建设只能逐步实施。1950年6月，南京市兴建人民革命烈士陵筹备委员会确定了“先绿化，后建设”的方针。陵园建设分为3个时期：1949至1979年，主要是保护革命遗址和进行大规模绿化造林；20世纪70年代末至90年代中期，主要是陆续兴建纪念建筑，确立陵园的宏伟规模；20世纪90年代中期至今，主要是弘扬雨花英烈事迹及精神，实现雨花台红色文化全面升华。如今，雨花台烈士陵园已成为展示南京厚重的革命文化、悠久的历史文化以及绿色之都的重要窗口。

雨花台烈士陵园中心纪念区鸟瞰

《南京》局部（陈大羽、金若水、谢海燕、罗赤子、诸如樵 1958 年绘，南京艺术学院美术馆藏）

雨花台烈士陵园中心纪念区建筑群（部分）

烈士就义群雕（北殉难处）

雨花台烈士纪念碑

倒影池、雨花台烈士纪念馆

雨花台烈士纪念碑、倒影池

雨花湖、纪念桥、雨花台烈士纪念馆、忠魂亭鸟瞰

雨花台烈士纪念馆（南侧）

忠魂亭

东殉难处

知名烈士墓

孙津川烈士之墓

西殉难处

红领巾广场

为纪念丁香烈士命名的“丁香路”

雨花台烈士陵园北门

雨花台烈士陵园南门

1988 年，国务院公布雨花台烈士陵园为全国重点文物保护单位

第一节　中心纪念建筑

一、烈士就义群雕

烈士就义群雕位于雨花台烈士陵园北大门，于 1979 年 9 月落成。其主体呈浅赭色，由 179 块花岗岩拼装而成，高 10.3 米，宽 14.2 米，厚 5.5 米，总质量为 1374 吨。群雕塑造了 9 位共产党人、革命志士的全身像，再现了戴着镣铐、蔑视敌人的工人、知识分子，怒目圆睁的农民，镇定自若的女干部，咬着牙齿的报童等革命群体英勇就义的光辉形象，着力刻画了人物的面部表情及坚毅的眼神，凸显了烈士们宁死不屈、气壮山河的气概。

烈士就义群雕

二、纪念碑

雨花台烈士纪念碑坐落在标高60米的雨花台主峰，于1989年落成。纪念碑主体部分与周围的碑前广场、纪念碑廊、碑前平台、青铜雕像、长明灯等建筑共同构建出“缅怀先烈，寄托哀思”的立体空间。

烈士纪念碑及周围建筑

（一）碑前广场

碑前广场占地面积3200平方米，呈正长方形，地面采用花岗岩铺设。碑前广场是雨花台纪念中轴线的交通中枢，沟通整个中心纪念区，北至纪念碑，南至纪念馆，东连东炮台、东殉难处、知名烈士墓，西通西炮台、西殉难处、红领巾广场。碑前广场可举行小型凭吊纪念活动。

（二）纪念碑廊

碑前广场向北拾级而上至46级处为占地面积4860平方米的纪念碑二层平台，两侧植有雪松，四壁设有纪念碑廊，纪念碑廊对称环合，由此可进入建筑面积1492平方米的建陵史展览馆。

纪念碑廊

纪念碑廊左右对称的廊墙上各嵌有黑色磨光花岗岩石碑90块。每块宽0.8米，高1.2米，镶贴在 2.2 米高的白色墙体上。石碑上共刻有文字 47043 个，由 36 位当代著名书法家书写。该碑廊全长 144 米，于 1992 年建成，是当时国内最长的碑廊。

东碑廊镌刻马克思、恩格斯的《共产党宣言》和列宁的《马克思主义的三个来源和三个组成部分》两篇文章。《共产党宣言》全文约 1.8 万字，被刻于 75 块碑上，由赵朴初、费新我、康殷、桑作楷、卫东晨、欧阳中石、万放、奚乃安、陈慎之、庄希祖、陈肯、洪炜、周慧珺、卢中南、孙晓云、李圣和书写；《马克思主义的三个来源和三个组成部分》全文约 3000 字，被刻于 15 块碑上，由武中奇书写。

《雨花台纪念碑廊墨迹》

西碑廊镌刻毛泽东《新民主主义论》，全文约 2.6 万字，被刻于 89 块碑上，由杜平、萧娴、尉天池、沙曼翁、李敦甫、陆家衡、张杰、张仲林、言恭达、胡一飞、刘炳森、陈大羽、陶铨、刘浚川、李宗海、魏之祯、戚庆隆、仲贞子、凌文铨书写。1993 年 6 月，江泽民为《雨花台纪念碑廊墨迹》一书题写书名。1996 年 9 月 30 日，《雨花台纪念碑廊墨迹》正式出版。

（三）碑前平台

从纪念碑廊所在的二层平台再上 54 级台阶，即可到达纪念碑所在的平台。平台中间由南往北依次设置 3 只直径 1.8 米的镂空石雕大花圈，可为建陵史展览馆提供自然光源。大花圈两侧各安放 5 块坡状纪念石，纪念石底端用花岗岩小花圈作雕饰，四周为悬挑式栏杆。该平台是举行各类凭吊祭扫活动的重要场所。

（四）碑体

雨花台烈士纪念碑高 42.3 米，寓意南京的解放日期——1949 年 4 月 23 日。碑体为钢筋混凝土结构，花岗岩石板贴面，由碑额、碑身、碑座组成，为中国传统的竖式造型。碑额为宫殿式盝顶，碑身宽 7 米，厚 5 米，正面镶嵌邓小平手书“雨花台烈士纪念碑”8 个镏金大字，每字长宽各 1.5 米；背面是由江苏省人民政府、南京市人民政府撰写，武中奇书写的碑文。碑文如下：

在伟大的中国人民解放事业中，革命先烈为了实现共产主义理想，为了国家独立、民族解放和民主自由英勇斗争，壮烈牺牲在南京雨花台，用鲜血和生命谱写了中国革命史上的英雄篇章。先烈们的革命精神，将永远激励人们为实现共产主义的崇高理想而奋斗！

革命烈士永垂不朽！

（五）青铜雕像

“宁死不屈”青铜雕像

雨花台烈士纪念碑的碑座高约7米。碑座前竖立一尊主题为“宁死不屈”的青铜雕像。雕像高5.5米，基座高2.5米，重达5.52吨，由上海油画雕塑院王大进等人集体创作，南京晨光机器厂铸造。该雕像展现了青年革命者形象，象征着共产党人、爱国志士宁死不屈的革命精神。

（六）长明灯

青铜雕像前设有象征烈士精神“薪火相传，代代不息”的纪念碑长明灯。长明灯基座采用浮雕设计、铸铜材料，浮雕图案为雨花台烈士纪念馆馆徽“日月同辉”，由南京逸泥雕塑工作室设计铸造。2009年9月28日，长明灯点火仪式正式举行。

长明灯

三、倒影池

倒影池位于纪念碑碑前广场南侧，于1986年建成。池长72米，宽26米，平面呈长方形。池水四周砌四级花岗岩石阶围护，石阶外沿栽种剑麻。倒影池水清澈轻盈，若立于池南，俯视水面，可见纪念碑倒影；若站在池北，回看水面，可见纪念馆影映其中。

《中华人民共和国国歌》照壁

倒影池北端为花岗岩《国际歌》照壁。照壁面积252平方米，上面有用汉、蒙、维、壮、藏5个民族的文字镌刻的《国际歌》。

《中华人民共和国国歌》照壁位于倒影池南端，与《国际歌》照壁隔水相呼。照壁两翼为花岗石门框，上面有用汉、蒙、维、壮、藏5个民族的文字镌刻的《中华人民共和国国歌》。

《国际歌》照壁

倒影池南端东西两侧各有一尊花岗岩纪念雕塑，为哀悼者立像，名为“缅怀”。雕像高 5.5 米，东侧男战士手握钢枪，西侧女青年单手置于胸前。两者各自立于花岗岩浅台之上，神情严肃，目光凝重，表达了“缅怀先烈，继承遗志”的主题。

“缅怀”雕像：男战士

“缅怀”雕像：女青年

四、纪念桥

纪念桥连接倒影池与纪念馆，为钢筋混凝土双曲不等跨拱桥，长 103 米，宽 12 米。桥中间有 4 米宽的花岗岩路面，两边各铺设斑斓的雨花石。纪念桥栏杆为 1 米宽的梯形卧式花岗岩石栏，栏杆坡面上镶嵌了 24 只直径 0.86 米的花岗岩石雕花圈。纪念桥横跨雨花湖，湖面积为 9800 平方米。雨花湖水位恒定，自然天成，原为冈丘之间的无名池塘，在雨花台烈士纪念馆建设时被整治成湖。

五、纪念馆

纪念馆位于纪念碑南面 450 米的任家山上，于 1987 年 12 月建成，由著名建筑大师杨廷宝设计。这座敞开式、四合院型的建筑由中心主堡、东西两侧小堡和近似环形的两层展览大厅楼房组成，体现出浓郁的古典园林建筑风格。又采用现代的建筑手法建造，是一座具有民族风格的现代建筑。整个建筑平面呈“凹”字形，东西长 90 米，南北侧翼宽 49 米，建筑面积 6339 平方米，主体部分高 26 米。纪念馆中心主堡为传统的重檐庑殿屋顶，东西两侧小堡为四角尖顶屋顶，屋顶面覆盖了特制的白色琉璃瓦。纪念馆外墙由 1250 多吨的白色马赛克饰面，配以花岗石墙面、白色大理石窗框。馆门庭南北两面均雕有馆徽“日月同辉”花岗石浮雕，象征着烈士精神同山河共存，与日月同辉。门庭南上方刻有邓小平手书的馆名。站在纪念馆开放式的门庭中央，北可望纪念碑、倒影池、纪念桥，南可见忠魂亭。纪念馆广场位于馆南面，占地面积 3300 平方米。广场连接了忠魂亭与纪念馆，也是贯通陵园东路和陵园西路之地。

六、忠魂亭

忠魂亭位于纪念馆以南的山冈上，是雨花台烈士陵园中心纪念区最后一组纪念性建筑，于 1996 年 7 月 1 日建成，由亭体、忠魂广场、《思源曲》水池、《忠魂颂》浮雕组成，由东南大学齐康教授设计。

《忠魂颂》浮雕

忠魂亭位于海拔43米的坡顶上，与地面有台阶相接。亭高8.35米，宽5.8米，为尖顶四门方型钢混结构。北面门头上是江泽民题写的“忠魂亭”三字，西面亭上刻有南京市30万共产党员捐资兴建的记识。亭体造型似纪念馆堡顶，两者一南一北，遥相呼应。忠魂亭左右皆有台阶，共82级，由4个平台5层组成。台阶踏步为花岗岩条石，左右对称，分层搭配。游人可逐级而下，至广场地坪。

忠魂广场位于忠魂亭和纪念馆之间，占地面积3300平方米。《思源曲》水池在忠魂亭北坡和忠魂广场南缘之间，为长20米、宽15米、深1.5米的人工水池，寓意着“不忘先烈，永志纪念；饮水思源，代代相传”。

《忠魂颂》浮雕位于《思源曲》水池东西两侧，于1997年5月塑成。两组浮雕分别长20米，高3米，对称放置，由江苏美术馆专业艺术家创作设计，江南雕塑厂制作安装。整体采用浮雕与圆雕相结合的雕刻方式，展示出“狱中斗争”和“刑场就义”的主题。正面看到的是英烈们怒视敌人、威武不屈、砸碎旧世界以及勇往直前的气魄；侧面看到的是英烈们高举双拳，虽衣衫褴褛但坚毅有力的铮铮形象。塑造的英烈形象或高举被缚的双手，或紧握坚实的双拳，或坚定顽强地砸碎铁链，或沉着坚毅地相互搀扶。他们把目光凝聚在党旗之上，忠诚党的事业，满怀革命豪情，在五星红旗的光辉中执着前行，以不可抗拒的力量夺取胜利，迎接和平。

忠魂亭的大坡草坪上有一个大型花钟，于2010年10月建成。花钟直径8.0米，每逢6：00、9：00、12：00、15：00、18：00整点时刻，以歌曲《我是一颗小小的石头》伴奏，准点报时。

忠魂亭及忠魂广场

第二节 主要纪念设施

一、北殉难处

北殉难处位于雨花台烈士陵园北大门（今烈士就义群雕处），是1927年至1937年间共产党人和爱国志士殉难的主要处所。1952年12月，此地建成纪念牌坊，牌坊上方为紫铜铸造的“革命烈士殉难处”7个大字。1979年9月，此处落成烈士就义群雕，牌坊随之被拆除。

北殉难处（20世纪50年代）

二、东殉难处

东殉难处位于陵园东路的东端北侧，靠近二忠祠。东殉难处原是雨花台东冈的一个土坡，是1945年至中华人民共和国成立前夕间共产党人和爱国志士殉难的主要处所。1952年，此地建成一座纪念碑坊。碑高3.8米，宽1.22米，厚0.7米，碑面上为紫铜铸造的“革命烈士殉难处”7个大字。1996年，陵园管理部门在碑体后建一弧形黑色花岗岩石贴面照壁。照壁长12米，高2.5米。

三、西殉难处

西殉难处位于陵园西路往纪念碑广场岔路口西侧，是烈士丛葬地。新民主主义革命时期，成千累万的共产党人和爱国志士殉难后被草草地掩埋于此。1952 年，此地建成纪念牌坊一座，牌坊上方为紫铜铸造的“革命烈士殉难处”7 个大字。

四、知名烈士墓

知名烈士墓位于陵园中心纪念区东南侧，于 1984 年 4 月建成。（详见本志第三章“古迹遗址”第二节“墓冢”）

五、红领巾广场

红领巾广场位于西殉难处以西、共青团路东侧，占地面积 3600 平方米，由著名建筑大师杨廷宝设计。1980 年，全省少先队员和少年儿童每人捐献一分钱，共计 7 万元，用于红领巾广场的建设。广场于 1982 年 5 月 31 日建成，主体建筑由少先台和两边花廊组成。少先台高 6.5 米，宽 5 米，为花岗岩建造的单檐三开面对称形结构的传统风格建筑。少先台碑身中心镌刻着少先队组织的标志“星星火炬”立体图案，背面刻有共青团江苏省委撰写的记述兴建红领巾广场经过的碑文。红领巾广场是少先队举行各类活动的重要场所。

红领巾广场（1982 年）

六、丁香路、丁香园、丁香纪念树

丁香路位于陵园东路中段，长约 300 米，是通往名胜古迹区的一条幽静的道路，也是连接陵园东路到木末亭的必经之路。丁香路是为纪念一位名叫白丁香的女革命烈士而命名的。

丁香园位于陵园东南、忠魂亭广场东侧，于 2013 年建成，是纪念白丁香烈士的专类植物主题园。整个丁香园由丁香树、汉白玉涌泉花盘及顺势而建的木栈道组成。园内栽植的 22 株丁香树象征 22 个岁月，因白丁香烈士是 1910 年出生，牺牲时仅 22 岁。丁香树按 1910 年至 1932 年的时

丁香园

丁香纪念树

间顺序，排列分布于绿色草坪中，以其春荣秋落，夏花冬谢的自然生长过程，寓意烈士精神生生不息，永久传承。

丁香纪念树位于烈士就义群雕西侧，是1982年白丁香牺牲50周年时，她的丈夫乐于泓在其就义的地方所种。

第三节　雨花台烈士纪念馆

一、文物征集

1950年6月16日，中央人民政府政务院颁布了《为征集革命文物》政务院令。南京市兴建人民革命烈士陵筹备委员会随即成立烈士史料调查组，开展革命文物征集工作。是月29日，南京市兴建人民革命烈士陵筹备委员会在《人民日报》《新华日报》上刊发了《征集“在宁牺牲之人民革命烈士的史迹”启事》，开始在全国范围内广泛征集革命烈士史料和文物。陵园陆续征集到大量革命烈士史料和遗物，包括后被鉴定为一级文物的1935年郭纲琳烈士在狱中刺绣的“起来”大雁枕套、晋夫烈士在延安整风运动期间的笔记本等。中央组织部在收到陵园史料调查组的征集函后，于1953年将郭纲琳、侯绍裘、何宝珍、马克昌等47位烈士的资料转至陵园。1950年7月至1957年底，陵园共征集到恽代英、史砚芬、陈原道等399位烈士的资料，郭凤韶等烈士的遗物113件，烈士遗像99张，国民党反动罪行照片37张。

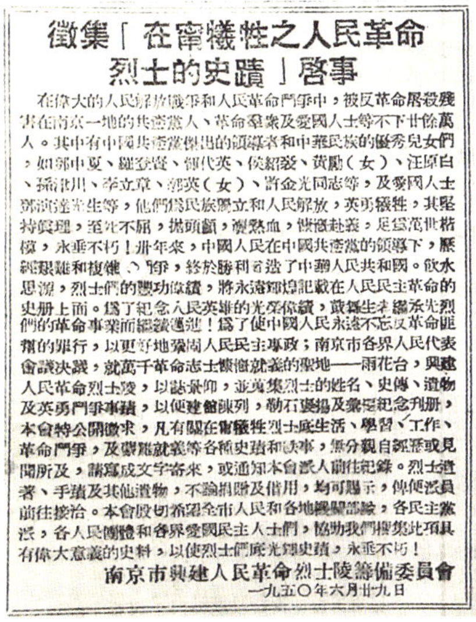
徵集「在甯犧牲之人民革命烈士的史蹟」啓事

在偉大的人民解放戰爭和人民革命鬥爭中，被反革命屠殺殘害在南京一地的共產黨人、革命群衆及愛國人士等不下廿餘萬人。其中有中國共產黨傑出的領導者和中華民族的優秀兒女們，如鄧中夏、羅登賢、惲代英、侯紹裘、黃勵（女）、汪原白、孫津川、李立章、郭英（女）、許金光同志等，及愛國人士鄧演達先生等，他們爲民族獨立和人民解放，英勇犧牲，其堅持眞理，至死不屈，拋頭顱，灑熱血，慷慨赴義，足爲萬世楷模，永垂不朽！卅年來，中國人民在中國共產黨的領導下，歷經艱難和複雜的鬥爭，終於勝利創造了中華人民共和國。飲水思源，烈士們的豐功偉績，將永遠輝煌記載在人民民主革命的史册上面。爲了紀念人民英雄的光榮偉績，鼓舞生者繼承先烈們的革命事業而繼續邁進！爲了使中國人民永遠不忘反革命匪幫的罪行，以更好地發揚人民民主專政；南京市各界人民代表會議決議，就萬千革命志士慷慨就義的聖地——雨花台，興建人民革命烈士陵，以誌景仰，並蒐集烈士的姓名、史傳、遺物及英勇鬥爭事蹟，以便建館陳列，勒石褒揚及彙編紀念刊册，本會特公開徵求，凡有關在甯犧牲烈士底生活、學習、工作、革命鬥爭，及殉難就義等各種史蹟和軼事，無分親自經歷或見聞所及，請寫成文字寄來，或通知本會派人前往紀錄。烈士遺著、手蹟及其他遺物，不論捐贈及借用，均可賜示，俾便派員前往接洽。本會殷切希望全市人民和各地機關部隊，各民主黨派，各人民團體和各界愛國民主人士們，協助我們搜集此項具有偉大意義的史料，以使烈士們底光輝史蹟，永垂不朽！

南京市興建人民革命烈士陵籌備委員會

一九五〇年六月廿九日

1950年6月29日《新华日报》第一版刊登的《征集“在宁牺牲之人民革命烈士的史迹”启事》

1958年，陵园重新研究了烈士史料的征集范围、征集内容和征集办法。征集范围被定为1921年中国共产党成立至1949年南京解放时，历次国内革命战争和抗日战争时期，全国各地在南京牺牲的革命先烈的史料和有关文物。在征集内容上，不仅包括烈士本身的史料和遗物，凡有关南京地区革命斗争的史料、反动派统治南京时期的反动罪行资料亦包括在内。征集方法为捐献、移交、价让、复制四种。开展征集工作时，采取重点专案征集与全面普查相结合，专业部门调查与发动群众普查相结合的办法，对有南京地下革命斗争时期文献、档案材料及敌伪档案和南京解放前报刊、图书等资料的单位进行普查。同时，派专员去外埠调查、收集资料。共征集到烈士遗物 51 件、烈士遗像 3 张、有关资料照片 119 张。

1959 年，为庆祝南京解放十周年和中华人民共和国成立十周年，陵园对重要的烈士资料进行编写整理，并有重点地扩大烈士史料的陈列规模。全年赴外埠调查 6 次，历时 78 天，分别到上海、北京、苏州、无锡等 9 个市县进行烈士史迹、遗物的调查收集。南京市内则安排人员赴省公安厅、市公安局、省博物馆、市文物保管委员会、南京图书馆、市委组织部等有关单位收集烈士史料。共征集到烈士遗物 103 件、烈士遗像 29 张、有关照片资料 112 张。

1960 年，陵园通过整理烈士档案，编写了被害烈士大事记和调查访问线索 1125 条，为日后进一步外调征集打下了较坚实的基础。1960 年以后，陵园又通过专人调查、发信了解、订阅报刊和查阅书籍等方法收集史料文物，1960 年至 1966 年上半年，共征集到烈士资料 127 篇、历史资料 112 篇、烈士遗物 44 件、烈士照片 41 张、资料照片 134 张。

1978 年，陵园先后赴 7 省 11 市外调，征集到烈士资料 247 份、照片资料 2441 张、遗物 1 件。1979 年，选派 10 人次，分 5 批，先后赴辽宁、湖南、广西等 9 省 11 市调查收集资料，共征集到文字资料 59 篇、照片资料 85 张、烈士遗物遗著 87 件。

1983 年 8 月，江苏省人民政府发布了《关于保护中山陵园、雨花台烈士陵园的布告》，雨花台烈士陵园中心纪念区的建设由此拉开了帷幕。围绕雨花台烈士纪念馆的建成布展，陵园自 1984 年起在全国范围内展开了一次较大规模的征集工作。通过到烈士出生地，革命斗争地的档案馆、图书馆、公安部门、科研部门查阅档案，以及访问烈士生前战友、难友和亲属的途径征集史料文物。至 1996 年，共征集烈士照片 417 张、烈士资料 290 篇、遗物（原件及复制件）186 件。

1989 年至 1997 年，陵园史料征集工作主要以函调为主，辅以外调征集，共征集到烈士资料 375 篇、烈士照片 215 张、遗物 90 件。1995 年以后，陵园在改善、提高文物史料的保管条件的基础上，制定了向捐赠者颁发“文物珍藏荣誉证”的捐赠制度，并征集到周镐、丁行等烈士的手迹、实物原件 51 件。

1998 年，围绕纪念馆陈列改造工程，陵园通过新闻媒体、网络，在全国范围内深入开展“人民不会忘记——雨花台烈士陵园再次征集烈士史料活动”。征集对象为 1927 年至 1949 年 4 月在雨花台（特殊情况扩展到全南京）牺牲的革命烈士，征集范围为烈士生平简介、烈士遗物、文物、线索以及有关资料。烈士生平简介及线索，主要通过填表、信函、电话（电报）、面谈等方式征集；烈士遗物、文物等，主要通过捐赠、寄存、收购交换等方式征集。对新征集文物的拥有者，发放纪念证书；对经济价值较大的文物，酌情给予捐献者适当的经济补偿。陵园当年先后派出 16 批共 34 人次赴北京、浙江、贵州等 15 省市征集烈士史料，共征集到烈士遗物 14 件，其中包括邓中夏烈士求学期间用过的手炉 1 个，李治邦烈士从事革命活动时用过的皮箱、马灯、油灯各 1 个，以及烈士手迹 22 件（原件 3 件、复印件 19 件）、照片 65 张。

2001 年 4 月，为庆祝建党八十周年，陵园开展了“红色追踪”史料征集活动，将史料征集的范围拓展至烈士子女的成长过程和人生经历，旨在通过两代人在革命与建设的不同历史时期的生命足迹，从侧面揭示党的八十年辉煌历程，显现无数共产党人为了民族振兴、国家富强、人民幸福前仆后继而忘我奋斗的历史。此次征集主要采取函调的方式进行，共收到烈士亲属反馈 21 份，其中含生活、工作照片 91 张，获奖证书 50 份，简历 16 份，其他资料 18 份。中央、省市众多新闻媒体对“红色追踪”活动给予了关注。《扬子晚报》进行了系列报道。另外，为配合此次征集活动，陵园与南京电视台《社会大广角》节目联合推出“红色寻踪”之旅活动，赴北京、上海、兰州、徐州等地，追踪与寻访烈士子女的成长历程，同时征集到烈士简历 2 份、照片 14 张、资料 3 份。

2008 年，陵园与《现代快报》合作，联合全国知名媒体共同开展“寻访雨花台烈士亲人”史料征集活动。《现代快报》从 3 月 13 日至 4 月 4 日连续对此次活动进行了系列追踪报道。《光明日报》《扬子晚报》《金陵晚报》《南京日报》《南京晨报》《解放军报》《成都晚报》《楚天都市报》等全国 20 多家主流媒体也陆续对该活动进行了专题报道。最终，共找到 48 位雨花英烈亲属，并征集到烈士遗物 15 件、相关资料 36 件。中央电视台新闻频道《共同关注》栏目为该活动制作了时长 25 分钟的专题节目，《新闻会客厅》栏目也制作了两期总长 60 分钟的专题节目。

2010 年，陵园进行了新一轮的陈列改造。为使展出的烈士事迹更加丰满，陵园组织了 6 组史料征集人员奔赴全国 17 个省市自治区征集史料，共征集到史料 515 件，其中烈士遗物 9 件。

2016 年，雨花英烈近亲属口述史征集活动正式启动。该项活动历时 3 年，完成了对陈原道烈士之子刘纪原、何宝珍烈士之女刘爱琴、施滉烈士之女施琦生、马克昌烈士之女马丽佳、罗登贤烈士之子罗伟民等 60 余位烈士亲属的采访，足迹遍布北京、山东、云南、广东等近 20 个省市，形成了约 40 万字的采访手记，收集了丰富的口述资料。这些手记和资料是对雨花英烈史料的一次重要补充和完善。

2019 年 10 月，陵园首次开展境外史料征集工作，组织专家团队前往俄罗斯和白俄罗斯，查找并挖掘出 11 位曾在当地工作、学习的雨花英烈的 5000 多页珍贵档案及相关文献。同年 11 月，正式启动综合性革命文物征集活动——“红星计划”，同时对外发布“红星计划”文物征集公告。截至 2021 年底，共征集到包括蔡寿民烈士的衬衣纽扣、晋夫烈士的照片、朱克靖烈士在抗战期间颁发的苏中第三分区行政专员公署命令，杨廷宝手绘的《雨花台烈士陵规划示意稿图》在内的烈士及建陵史相关文物史料 625 件。

雨花台烈士纪念馆馆藏一级文物一览表[1]

序号	文物名称
1	1928 年贺瑞麟烈士在狱中写的《死前日记》手稿
2	1928 年贺瑞麟烈士在狱中写的《九月日记》手稿
3	20 世纪初邓中夏烈士上小学时期的手抄本
4	1935 年郭纲琳烈士在狱中刺绣的“起来”大雁枕套
5	1935 年 8 月 26 日郭纲琳烈士写给大哥郭纲伦的回信
6	20 世纪 30 年代郭纲琳烈士在狱中刺绣的“long live”五角星手帕
7	20 世纪 30 年代郭纲琳烈士在狱中用铜元磨制的刻字“永是勇士”鸡心形铜片
8	1935 年郭纲琳烈士在狱中刺绣的“get up!”手帕
9	20 世纪 30 年代郭纲琳烈士在狱中用铜元磨制的刻字“健美”桃心形铜片
10	1935 年郭纲琳烈士在狱中刺绣的“To struggle for truth!”小猫枕套
11	中华民国时期晋夫烈士在延安整风运动期间的笔记本
12	1948 年 12 月 27 日骆何民烈士在狱中写给妻子的绝笔信
13	1948 年谢士炎烈士所作狱中诗手稿
14	1947 年卢志英烈士在上海被捕时特务撕破的上衣
15	1947 年卢志英烈士在上海工作时使用的怀表
16	1948 年 10 月 19 日赵良璋烈士在南京中央军人监狱写给朱铁华等同狱难友的绝笔信
17	中华民国时期赵良璋烈士穿过的皮夹克
18	1948 年周镐烈士的日记本
19	1983 年邓小平同志为雨花台烈士纪念馆、雨花台烈士纪念碑题词手迹及相关文件

[1] 按照文物相关烈士（人物）的牺牲（逝世）时间排序。

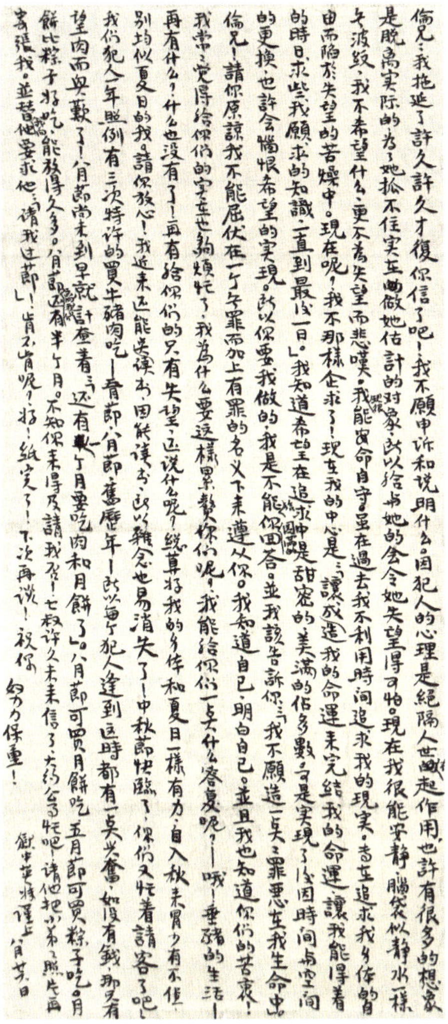

倫兄：我拖延了許久許久才復你信了吧！我不願申訴和說明什么。因犯人的心理是絕隔人世的，起作用，也許有很多的想象是脫離实际的，为了她捨不住实在幽微她估計的对象，所以给与她的会令她失望得可怕。現在我很能安静，腦袋似静水一樣无波紋，我不希望什么，更不為失望而悲嘆。我能安命自守，虽在過去我不利用時间追求我的現实，专在追求我的体會由而陷於失望的苦燥中。現在呢？我不那樣企求了！現在我的中心是：“讓、成、造我的命運，来完結我的命運，讓我能得着的時日，求些我願求的知識，一直到最後一日。”我知道希望在追求中是甜蜜的，美满的，但多數只是实現了後因時间与空间的更換，也許会懊恨希望的实現。所以你要我做的，我是不能你回答。並我該告訴你：“我不願造一點點罪惡在我生命史”

倫兄！請你原諒我不能屈伏在一个个罪而加上有罪的名义下来遵从你。我知道自己，明白自己。並且我也知道你们的苦衷！我常常覺得给你们的实在也夠煩忙了，我為什么要这樣累贅你们呢？我能给你们一点什么答复呢？——哦！乖豬的生活——再有什么？什么也没有了！再有给你们的只有失望，还说什么呢？總算將我的身体和夏日一樣有力，自入秋来胃口有不佳，别均似夏日的我，請你放心！我近来还能安讀书，因能讀书，所以雜念也易消失了！中秋節快臨了，你们又忙着請客了吧？我们犯人一年照例有三次特許的買牛豬肉吃——清節、八月節、舊歷年——所以每个犯人逢到这時都有一点兴奋，如没有錢，那只有望肉而與歎了！八月節尚未到，早就計畫着：“还有一个月要吃肉和月餅了。”八月節可買月餅吃，五月節可買粽子吃。五月餅比粽子好吃，能多。八月節还有半个月，不知你来得及請我不？七叔許久未来信了，大約公事忙吧，請他把小弟弟照片再寄張我。並替他要求他：“請我过節”！肯不肯呢？好！紙完了！下次再說！祝你

努力保重！

獄中[illegible]琳謹上 八月廿六日

1935 年 8 月 26 日郭纲琳烈士写给大哥郭纲伦的回信

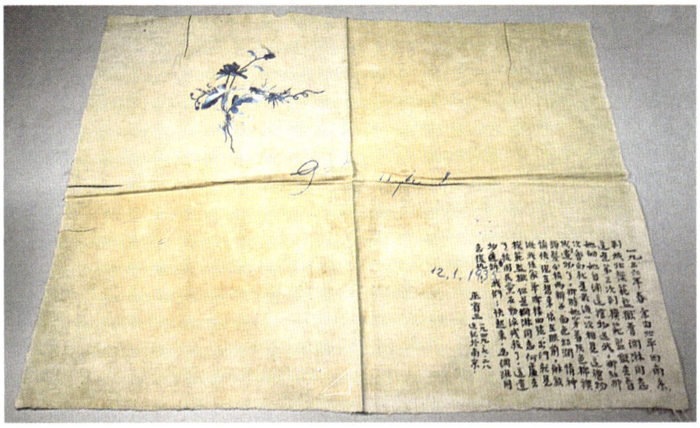

1935 年郭纲琳烈士在狱中刺绣的“get up!”手帕

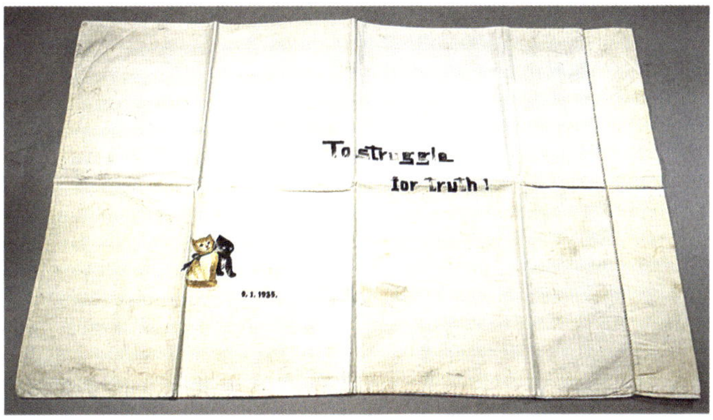

1935 年郭纲琳烈士在狱中刺绣的“To struggle for truth!”小猫枕套

20 世纪 30 年代郭纲琳烈士在狱中刺绣的“long live”五角星手帕

1935 年郭纲琳烈士在狱中刺绣的“起来”大雁枕套

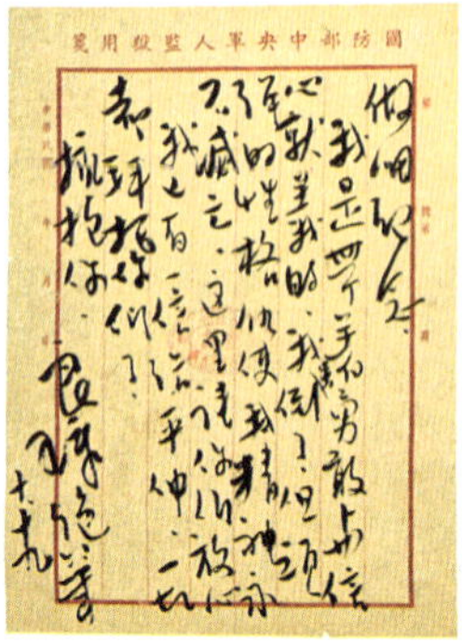

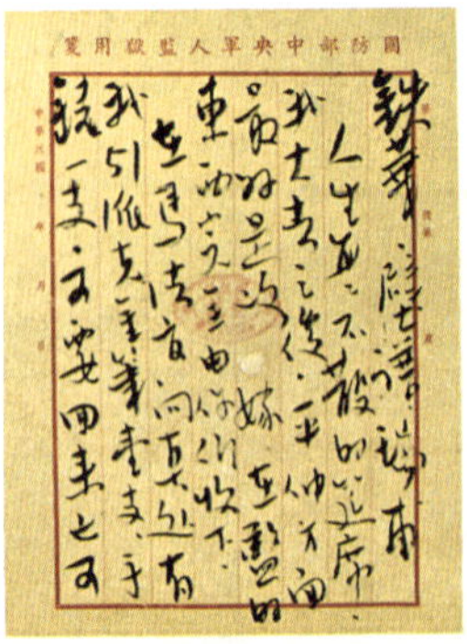

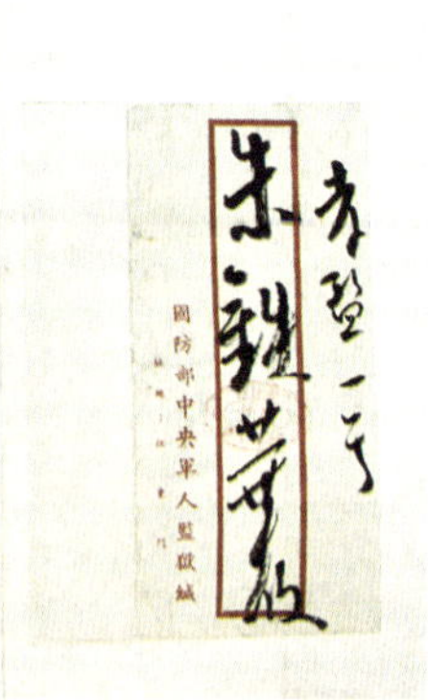

1948 年 10 月 19 日赵良璋烈士在南京中央军人监狱写给朱铁华等同狱难友的绝笔信

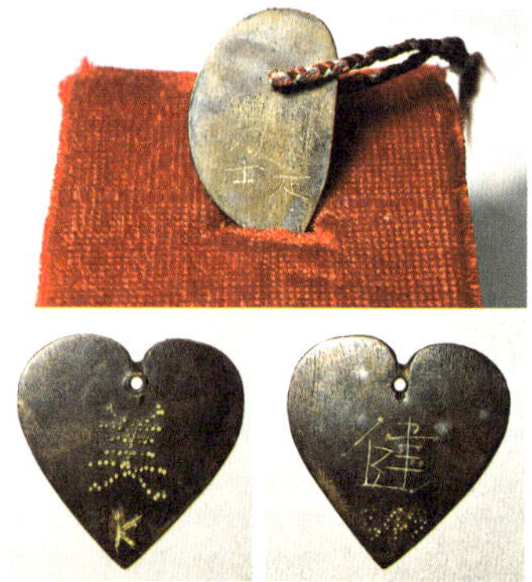

20 世纪 30 年代郭纲琳烈士在狱中用铜元磨制的刻字“永是勇士”和“健美”铜片

中华民国时期赵良璋烈士穿过的皮夹克

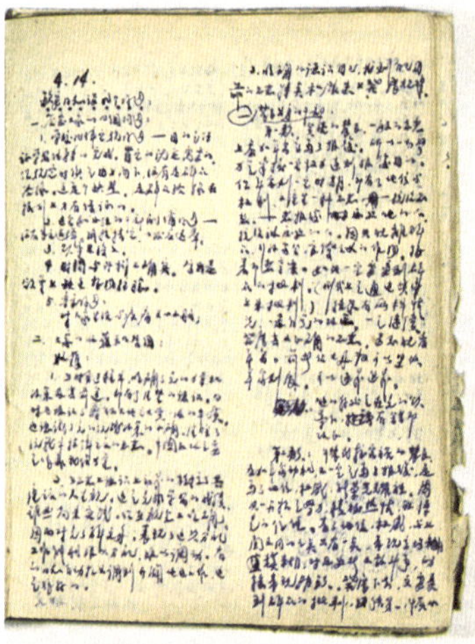

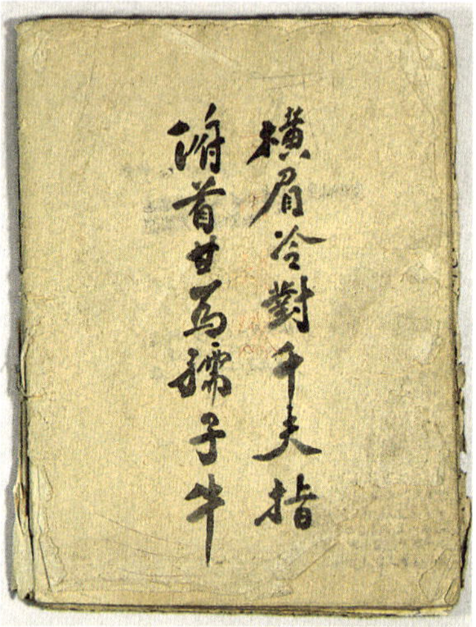

中华民国时期晋夫烈士在延安整风运动期间的笔记本

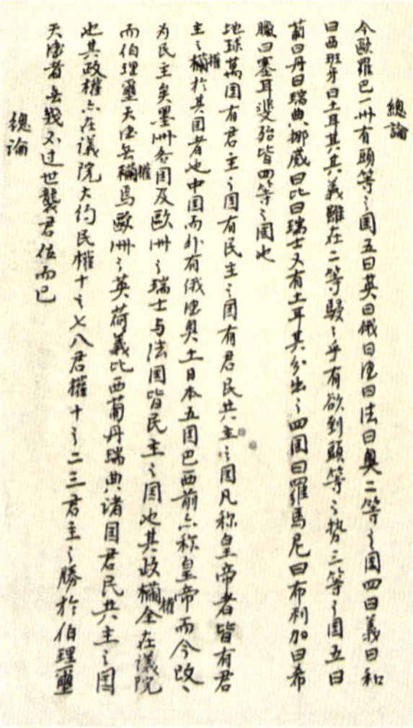

20 世纪初邓中夏烈士上小学时期的手抄本

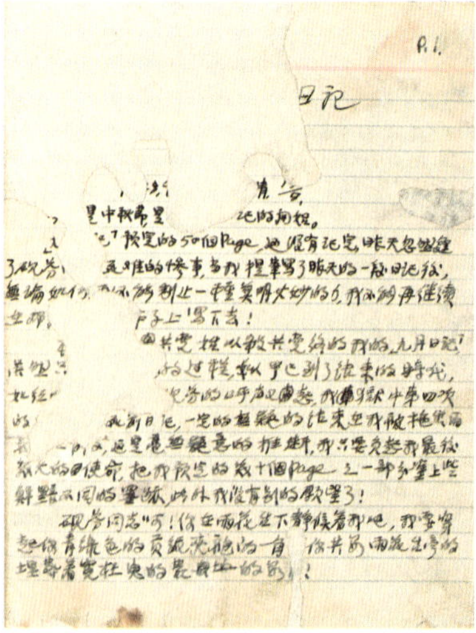

1928 年贺瑞麟烈士在狱中写的《死前日记》手稿

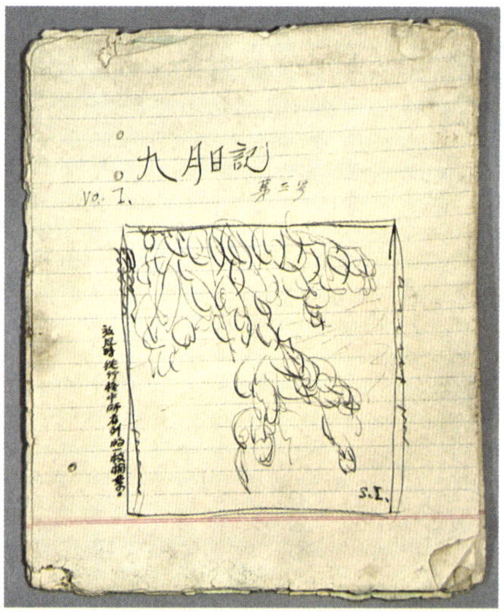

1928 年贺瑞麟烈士在狱中写的《九月日记》手稿

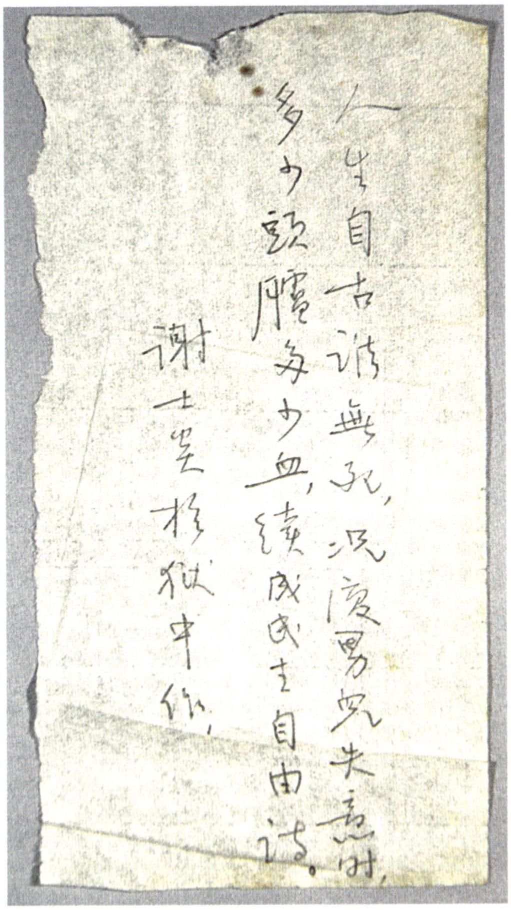

人生自古谁无死，况复男儿失意时，多少头颅多少血，续成民主自由诗。

谢士炎于狱中作，

1948 年谢士炎烈士所作狱中诗手稿

1947 年卢志英烈士在上海被捕时特务撕破的上衣

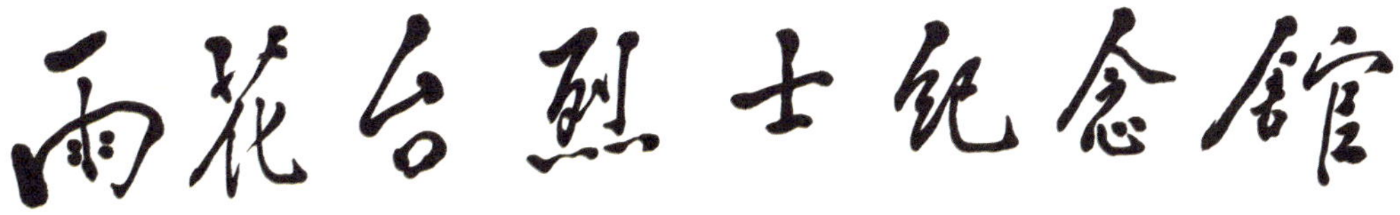

1983 年邓小平同志为雨花台烈士纪念馆题词手迹

1947 年卢志英烈士在上海工作时使用的怀表

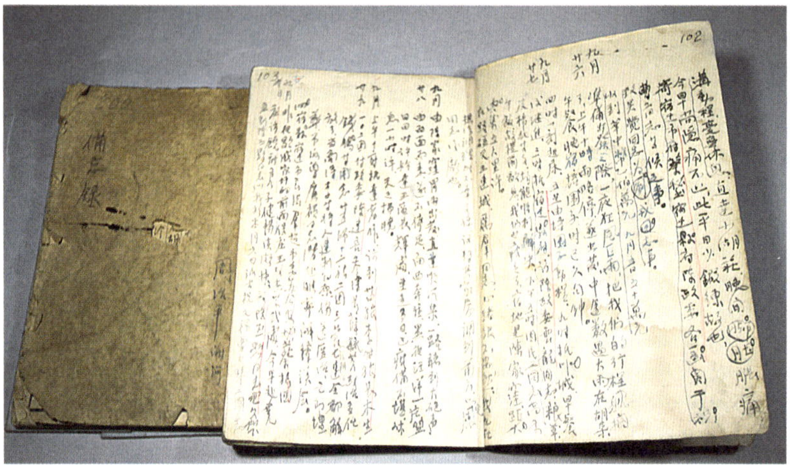

1948 年周镐烈士的日记本

1983 年邓小平同志为
雨花台烈士纪念碑题词手迹

二、陈列展览

（一）主体展陈

1988 年展陈

1988 年 7 月，雨花台烈士纪念馆建成并在完成布展后正式对外开放。展览以烈士牺牲时间为顺序，陈列了 127 位新民主主义革命时期在南京地区牺牲的革命烈士的英勇斗争事迹。采用活动组合版面，通过大立橱、小平橱等，展出了珍贵文物 620 件、照片 450 张；另有浮雕 8 幅、圆雕 4 尊、油画 18 幅、国画 2 幅、版画 3 幅，以及复原的牢房（部分）、刑讯室各 1 间。展厅面积 4960 平方米，展线长 340 米。

1988 年雨花台烈士纪念馆展厅

1999 年雨花台烈士纪念馆展厅

1999 年展陈

1998 年 4 月，纪念馆陈列改造工程正式启动。经过一年半高效有序的工作，纪念馆陈列改造工程胜利竣工。1999 年 9 月 29 日，革命烈士史料陈列展览隆重开展，展出了 1927 年至 1949 年期间在雨花台（南京）牺牲，或牺牲后埋葬在雨花台的 1519 位烈士的英勇斗争事迹，以及革命文物 1100 余件，其中包括新征集革命文物 120 余件。展厅共分“序言厅”“基本陈列”“春满人间”“时空隧道”和“深情缅怀”五大板块，其中配备的中央空调系统、电脑多媒体系统、随身听讲解系统、背景音乐系统，具有较强的艺术感染力和震撼力，使参观者身临其境。该展览打破了旧有的按烈士牺牲年代排列的布展方式，深深植根于雨花台作为新民主主义革命纪念地的历史底蕴之中，以时间为经，全国各个方向的斗争为纬，以历史背景与重大事件组合的框架结构，描绘出一幅“为有牺牲多壮志，敢教日月换新天”的中国革命斗争历史画卷，更加深刻地揭示出“没有共产党就没有新中国”的历史真谛，凸显了革命先烈彻底的爱国主义牺牲精神和崇高的理想主义人生追求，展现了共产党人顽强不屈的群体斗争形象。

2011 年展陈

2010 年，为迎接建党 90 周年，纪念馆进行了新一轮的改陈扩建。改陈工程于 2011 年“七一”前完成。该展览以“为中华民族之崛起”为主题，分为序厅、基本陈列区、光荣厅、专题厅、幸福厅五个部分，上版陈列了 170 位烈士的生平事迹。基本陈列区的展陈从轰轰烈烈的大革命开始，至南京解放结束，分为“投身大革命洪流”“在探索中国革命的道路上前仆后继”“石城周边的抗日烽火”“冲破黑暗迎接光明”四个板块，突出展现了恽代英、邓中夏、罗登贤、邓振询、黄励、何宝珍、许包野、

2011 年，雨花台烈士纪念馆序厅中的“雨立方”大型视频播放投影

2017 年，雨花台烈士纪念馆序厅

施滉等雨花英烈的光辉事迹，共展出了烈士照片 455 张、革命文物 428 件，并设置了 35 个故事板块和 26 个廉政专题。专题厅陈列了曾在南京工作和生活、后又在革命事业辗转奔波中英勇牺牲的 23 位烈士的英雄事迹。

整个展览将中国共产党领导的新民主主义革命置于中华民族伟大复兴的历史进程中，对陈列的烈士个体，特别是重点烈士的史料，进行了深入挖掘。在展示方式上，采用以人代事、以事映人的方式，突出表现了先烈们革命的英雄主义、崇高的理想主义和纯洁的浪漫主义；在形式上，更多地使用新材料、新理念，适当结合声、光、电等多媒体手段，通过有效互动，增强教育效果与感染力度。

2017 年展陈

2017 年 3 月，雨花台烈士纪念馆开启了新一轮的改陈升级。经过 9 个多月的紧张筹备及施工布展，展览于 2018 年 1 月 5 日正式向公众开放。该展览以“信仰的力量——雨花英烈生平事迹展”为主题，在增加新征集史料及最新研究成果、创新展陈手段的基础上，本着“见人见物见精神”的布展理念，上版展示了 179 位雨花英烈的生平事迹，突出展现了以“崇高理想信念、高尚道德情操、为民牺牲的大无畏精神”为内涵的雨花英烈的事迹与精神，生动诠释了中国共产党人的初心和使命，为缅怀先烈、激励后人提供了更好的场所空间和更多的鲜活资源。展览分布于馆内上下两层，总展线 938 米，面积 4550 平方米，以中国共产党领导的新民主主义革命的历史进程为主线，其展陈文字近 9 万字，集中展出了图片 522 张、文字版 92 块、文物及复制件 435 套 879 件。整个展厅由序厅、基本陈列区、缅怀厅、家书厅、弘扬厅组成。

序厅

2017 年，雨花台烈士纪念馆展厅内景

序厅的整个空间以十二座白色石材丰碑为主体造型，恢宏圣洁。其中，十座丰碑镌刻着已知姓名的烈士的名字，其余两座为无名烈士纪念碑。丰碑矗立，象征忠魂归息，精神永驻。在序厅入口正前方，巨大的金属艺术字“信仰的力量”从主题墙上方“直冲”而出，彰显出气势磅礴的精神力量。主题墙下方的前言文字，以传统的掐丝技艺制作而成，辅以灯光映照，仿佛红色记忆在笔画的屈曲转折间闪亮。在序厅与基本陈列的过渡空间，党的一大会址与嘉兴南湖红船的大幅图片映入眼帘，将观众带回 1921 年 7 月梦想起航的时刻，为整个基本陈列区揭幕。

基本陈列区

基本陈列区分大革命时期、土地革命战争时期、抗日战争时期、解放战争时期四个阶段来展现英烈事迹，并以英烈精神一以贯之，同时采取“典型 + 类型”和“个体 + 群体”的表述方式，将不同身份、类型、特点的烈士集中展示，更好地体现了雨花英烈群体在时间、数量、特质、精神等方面的整体性。

第一部分为“光荣北伐　革命先锋”，主要展示了大革命时期，与封建军阀斗争而牺牲的 6 位烈士的生平事迹。

第二部分为“力挽狂澜　前仆后继”，主要展示了在大革命失败至全民族抗战爆发前后，为挽救革命危局、与国民党反动派英勇斗争而牺牲的 128 位烈士的生平事迹，这也是本次陈列中内容最多、分量最重的部分。这部分共分 7 个单元：第一单元“时代先驱　铁肩道义”陈列了邓中夏、恽代英两位中国共产党创建时期重要领导人的生平事迹；第二单元“斗争中坚　理想胜天”陈列了 26 位党中央领导机构的重要骨干、各省市党组织的主要负责人的生平事迹；第三单元“八挫八起　擎旗不倒”陈列了 19 位在中共南京党组织 8 次破坏中被捕

2017 年，雨花台烈士纪念馆展厅内景

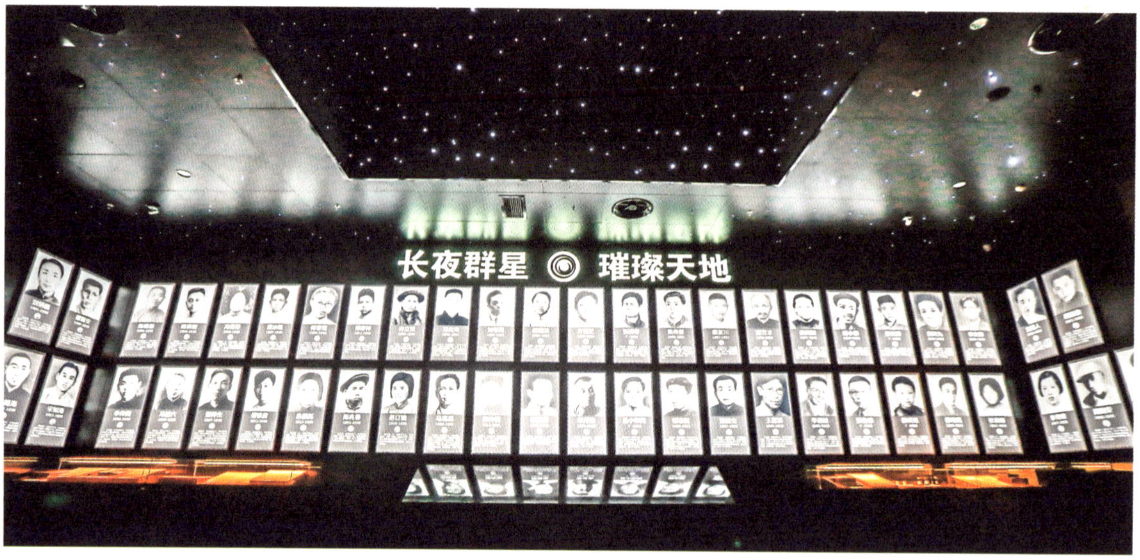

2017 年，雨花台烈士纪念馆展厅内景

牺牲的主要负责人的生平事迹；第四单元“风华少年　青春壮歌”陈列了 21 位牺牲时非常年轻、大部分还是在校学生的烈士的生平事迹；第五单元“黄埔英华　取义舍生”陈列了 9 位国共合作时期黄埔军校第 1 期到第 6 期毕业生的生平事迹；第六单元“亲密朋友　肝胆相照”陈列了国民党左派、中国农工民主党的创始人邓演达的生平事迹；第七单元“长夜群星　璀璨天地”设在展馆中堡，采用灯箱形式，于一整面墙上集中展示了 50 位烈士的生平事迹，寓意这时期牺牲的烈士之多。展厅由 LED 灯营造出的“漫天星光”效果，象征每位烈士所散发的信仰之光闪耀在漫漫长夜，照亮革命道路。中堡营造的苍穹顶上，用多媒体投影技术呈现出烈士英容，与星光交融，供人瞻仰。

第三部分为“奋起抗战　中流砥柱”，主要展示了 14 年抗战的烽火岁月里，在共产党领导下的抗日斗争中牺牲的 17 位烈士的生平事迹。这部分共分 3 个单元：第一单元“率先御侮　救亡勇士”陈列了“九一八”事变后领导东北抗联的罗登贤，华北危机时在热河参与抗战的周执中、闵乐山等英烈的生平事迹；第二单元“全面抗战　华中干城”陈列了全民族抗战爆发后在南京周边坚持抗战的新四军战士和抗日民主政府负责人的生平事迹；第三单元“血洒云岭　皖南三烈”陈列了在皖南事变中牺牲，遗骸迁葬于雨花台的项英、袁国平、周子昆三烈士的生平事迹。

第四部分为“迎接黎明　血沃新天”，由“军旅英杰　献身决战”“潜伏英雄　奇功殊勋”“文化尖兵　扛笔作枪”“最后斗争　破晓曙光”四个单元组成，分别展示了在战争前线、隐蔽战线、文化战线，以及学生运动中牺牲的 28 位烈士的生平事迹。

基本陈列区以毛泽东的《七律·人民解放军占领南京》诗文作为结束。这首诗的字里行间闪耀着红色梦想的胜利曙光，也承载了来路的无数苦难和辉煌。展线整体清晰流畅，引导观众近距离地感受风雨如晦的革命岁月，全景式了解雨花英烈为真理上下求索、为信仰一路前行的厚重足迹。

缅怀厅

缅怀厅以 9 位烈士的 9 件典型遗物雕塑为主体造型。其中，有郭纲琳在狱中磨制的“永是勇士”

2017 年，雨花台烈士纪念馆缅怀厅内景

2017 年，雨花台烈士纪念馆弘扬厅内景

鸡心形铜片、陈子涛主编革命刊物《文萃》杂志时使用的公文包等，每件遗物背后都有一段惊险跌宕的革命历程。雕塑底座配备的多媒体装置会感应人流而相应地燃起“熊熊火焰”，配合灯光等装置的多重效果，使文物内涵与视觉艺术达到有机统一。该空间的四面为镜面墙，在灯光的映衬下，营造起无限延展的视觉效果，呈现出静谧深沉的感觉，发人深省。雕塑底座上贴有二维码，可供观众通过扫码了解更多烈士及遗物相关的内容介绍，增强了与观众的互动性。

家书厅

家书厅以简静优雅为主格调。墙面上的一封封烈士家信，字迹或苍劲，或娟秀，文笔或平实，或蕴藉，饱含了英烈们深藏心底最为真实的悲欢喜乐和理想情怀。为响应全民阅读活动，家书厅还配备了“朗读亭”互动体验区。观众在此既可虔心诵读雨花英烈家书，亦可将其存储成音频文件，与历史人物展开穿越时空的对话，真切感知英烈们丰富的心路历程。

弘扬厅

弘扬厅作为整个展览的最后一个重点空间，承载了升华主题和催人奋进的重任。其整体格调明亮，简洁大气。墙面两侧的图文展板展现了雨花台烈士陵园建设发展历程及社会各界来陵缅怀、开展各类教育活动的情况，将观众由历史情境带回当今时代。弘扬厅的正前方有一大幅 LED 屏幕，上面播放着以“不忘初心，牢记使命”为主题的影像，以此回首来路，展望未来，振奋人心。弘扬厅还是纪念馆提供重温入党誓词的空间，最大标准尺幅的党旗被藏在大屏上方，需要时可电动控制其落下，对参展人员进行仪式教育。

（二）临时展陈

历年来，雨花台烈士纪念馆结合时代需求，通过独立办展、联合办展等方式举办了一系列临时展览；通过进社区、进学校、进文博场馆等途径走出南京、走出江苏，在全国各地举办各类巡回展览。丰富且优质的各类临时展览挖掘和传播了包括雨花英烈事迹与精神在内的红色文化价值，充分发挥了陵园作为全国爱国主义教育基地的功能。

1996—2022年临时展陈一览表（部分）

开展时间	名称	主办单位
1996.07	共和国英模展	南京市委宣传部 雨花台烈士陵园
1996.10	国家安全宣传展览	江苏省安全厅 雨花台烈士陵园
1997.04	纪念“四一〇”英烈牺牲七十周年展览	江苏省委党史工委 雨花台烈士陵园
1997.09	邓颖超生平光辉业绩展	天津邓颖超馆 雨花台烈士陵园
1998.03	召唤未来——纪念周恩来诞辰一百周年图片展	雨花台烈士陵园
1998.12	刘少奇生平业绩展	中国革命博物馆 雨花台烈士陵园
1999.04	南京解放50周年展	雨花台烈士陵园
1999.09	老一辈无产阶级视察江苏	雨花台烈士陵园
1999.12	建陵50周年成果展	雨花台烈士陵园
2000.01	梅花颂	雨花台烈士陵园
2000.03	永远的大姐	江苏省妇联 南京市妇联 雨花台烈士陵园
2000.06	立党之本——革命烈士、革命领袖言论荟萃	雨花台烈士陵园
2001.09	共和国的脚步——纪念共和国成立52周年图片展	雨花台烈士陵园
2002.02	周光裕烈士生平事迹展	南京市委宣传部 南京市见义勇为基金会 雨花台烈士陵园
2003.02	雷锋生平事迹展	南京市委宣传部 雨花台烈士陵园
2003.11	李元龙同志先进事迹展	江苏省委组织部、宣传部 南京市委组织部、宣传部 雨花台烈士陵园
2005.07	共产党员先进性事迹展	雨花台烈士陵园
2006	“万水千山只等闲”——纪念红军长征胜利70周年大型图片展	雨花台烈士陵园
2013.10	巾帼英雄——赵一曼烈士光辉业绩展	宜宾市赵一曼纪念馆 雨花台烈士陵园
2015	学习雨花英烈精神　做“三严三实”好干部专题展	南京市委组织部、宣传部 雨花台烈士陵园
2016.06	“弘扬雨花英烈精神　做合格共产党员”专题图文展	南京市委组织部、宣传部 雨花台烈士陵园

续表

开展时间	名称	主办单位
2017.07	纪念建军 90 周年“雨花碧血映军魂”专题展览	南京市委宣传部 南京市方志办
2018.06	水乳交融　生死与共——沂蒙精神图片展	山东沂蒙革命纪念馆 雨花台烈士纪念馆
2018.09	英雄壮歌——上海英烈纪念展	上海市龙华烈士陵园 雨花台烈士纪念馆
2018.09	革命战士别样风采——雨花英烈文学艺术作品展	雨花台烈士纪念馆
2019.04	胜利记忆——解放南京部分参战老战士口述史实展	雨花台烈士纪念馆
2019.09	“初心之光——中国共产党创建时期入党的雨花英烈”专题展	雨花台烈士纪念馆
2019.09	“在雨花英烈精神的激励下前进——东南大学一代青年的红色记忆”专题展	东南大学校史研究室 雨花台烈士纪念馆
2019.09	“青年的楷模——恽代英”专题图片展	雨花台烈士纪念馆
2020.04	“居安思危　大国长安——2020 年 4·15 全民国家安全教育日”主题展览	雨花台烈士纪念馆 江苏国家安全教育馆
2020.05	不忘初心　牢记使命——雨花英烈精神、周恩来精神、新四军铁军精神、淮海战役精神联展	雨花台烈士纪念馆 周恩来纪念馆 新四军纪念馆 淮海战役纪念馆
2020.07	信仰的旋律，时代的歌声——雨花英烈生前原创歌曲展	雨花台烈士纪念馆
2020.07	中国共产党主要创始人——李大钊生平文物史料图片展	雨花台烈士纪念馆 中共一大会址纪念馆
2020.10	“继承革命文化　喜迎百年华诞——革命文物的保护与利用”全国 33 家纪念馆联合展览	雨花台烈士纪念馆
2021.04	心迹——雨花英烈遗文展	雨花台烈士纪念馆
2021.07	铁窗犹见坚壮志——雨花英烈狱中斗争革命文物展	雨花台烈士纪念馆
2021.07	凝聚的历史，永恒的初心——庆祝中国共产党成立 100 周年红色雕塑展	雨花台烈士纪念馆
2021.07	“革命纪念馆高质量发展巡礼”专题展	雨花台烈士纪念馆
2021.09	罗登贤烈士生平事迹展	雨花台烈士纪念馆 广东佛山罗登贤故里
2021.11	“雨花英烈革命业绩报刊寻踪”专题展	雨花台烈士纪念馆
2021.11	红色记忆——“红星计划”文物史料征集成果展	雨花台烈士纪念馆
2022.01	信仰的光芒——雨花英烈主题红色文艺作品展	雨花台烈士纪念馆
2022.04	“青春壮歌——中国青年运动中的雨花英烈”专题展览	雨花台烈士纪念馆

1998 年 3 月，“召唤未来——纪念周恩来诞辰一百周年图片展”在纪念馆开展

2013 年 10 月，“巾帼英雄——赵一曼烈士光辉业绩展”在陵园开展

2017 年 7 月，“纪念建军 90 周年‘雨花碧血映军魂’专题展览”在烈士纪念碑廊开展

2018 年 9 月，“革命战士别样风采——雨花英烈文学艺术作品展”在陵园开展

2021 年 7 月，“凝聚的历史，永恒的初心——庆祝中国共产党成立 100 周年红色雕塑展”在陵园开展

2022 年 4 月，“青春壮歌——中国青年运动中的雨花英烈”专题展览在陵园开展

1991—2022 年巡回展览一览表（部分）

开展时间	名称	展览地点
1991.06	南京雨花台烈士史迹展	北京艺术博物馆
1991.09	南京雨花台烈士史迹展	河北省沧州市河间县
1991.09	南京雨花台革命烈士史迹展览	河北省沧州市
1991.11	南京雨花台革命烈士史迹展览	河北省石家庄市
1992.10	南京雨花台烈士史迹展览	山西省太原市
1993.05—06	南京雨花台烈士史迹展览	江苏省徐州市
1993.09	南京雨花台烈士史迹展览	江苏省邳州市
1997.04	碧血颂——纪念南京“四一〇”烈士殉难 70 周年展览	上海市松江区
1997.04	碧血颂——纪念南京“四一〇”烈士殉难 70 周年展览	驻宁部队 179 师
1997.05	碧血颂——纪念南京“四一〇”烈士殉难 70 周年展览	东南大学
1998.03—04	碧血颂——纪念南京“四一〇”烈士殉难 70 周年展览	常州新区展览馆
1998.03—10	晓庄英烈展览	南京六城区中小学巡回展出
1998.04	晓庄英烈展览	江苏省淮阴市
1999.09	晓庄英烈展览	江苏省连云港市
2000.04	“江淮赤子”——雨花台部分皖籍英烈史料展	安徽省合肥市逍遥津公园
2001.03—11	《青春无悔》雨花台烈士史料展	南京市江宁、高淳、溧水、江浦、六合多所乡镇中小学
2007	《青春如歌》——雨花台烈士青少年时期的故事	南京市江宁、溧水、雨花台区县多所中小学
2008.02—03	《青春如歌》——雨花台烈士青少年时期的故事	南京市浦口、六合二十所乡镇中小学
2008.09	《青春如歌》——雨花台烈士青少年时期的故事	南京市高淳二中、三中，古柏中学等五所乡镇中小学
2015.07	大型情景音舞诗画《雨花颂·信仰》	南京人民大会堂
2016	信仰的力量——雨花英烈事迹巡展	北京大学、清华大学、中国人民大学、北京师范大学、复旦大学、武汉大学、中山大学、南京大学等高校
2016.07	信仰的力量——雨花英烈事迹巡展	南京市人民大会堂

续表

开展时间	名称	展览地点
2016.11	信仰的力量——雨花英烈事迹巡展	江苏省第十三次党代会会址
2017	信仰的力量——雨花英烈事迹巡展	江苏建筑技术学院、淮阴师范学院、南通大学、盐城师范学院、苏州工艺美术职业技术学院、江南大学、南京审计大学、东南大学、南京航空航天大学等高校
2018.04—05	信仰的力量——雨花英烈事迹巡展	山东沂蒙革命纪念馆临展厅
2019.04	“革命战士别样风采”交流展	江宁博物馆
2019.07	信仰的力量——雨花英烈文学艺术作品展	广州起义纪念馆
2019.10	“信仰的光芒——雨花英烈主题红色文艺作品展”系列专题巡展	贵阳美术馆、南昌美术馆
2020.12	“初心之光——中国共产党创建时期入党的雨花英烈”专题展	南昌新四军军部旧址陈列馆
2021.04	“信仰的力量——雨花英烈·青年英烈”专题展	南京士官学院
2021.05	“初心之光——中国共产党创建时期入党的雨花英烈”专题展	南京外国语仙林分校
2021.05	缅怀英烈　对话青春——雨花英烈绘本展	北京大学百年讲堂
2021.06	信仰的力量——雨花台烈士纪念馆展区	南京市国际博览中心
2021.06	“初心之光——中国共产党创建时期入党的雨花英烈”专题展	江苏省南京监狱
2022.03	信仰的力量——雨花英烈狱中斗争事迹展	罗登贤故里
2022.07—08	“雨花英烈谱”篆刻展	六合区文化馆、区教育局
2022.08	“凝聚的历史　永恒的初心”红色雕塑展	古田会议纪念馆、中国人民抗日战争纪念馆、晋察冀边区革命纪念馆
2022.08	“初心之光——中国共产党创建时期入党的雨花英烈”专题展	连云港市革命纪念馆

1991 年 6 月，“南京雨花台烈士史迹展”在北京艺术博物馆开展

1997 年 5 月，“碧血颂——纪念南京‘四一〇’烈士殉难 70 周年展览”在东南大学开展

2016 年 4 月，“信仰的力量——雨花英烈事迹巡展”正式启动

2016 年 4 月，“信仰的力量——雨花英烈事迹巡展”在北京大学开展

2016 年 4 月，“信仰的力量——雨花英烈事迹巡展”在清华大学开展

2016 年 9 月，“信仰的力量——雨花英烈事迹展”在暨南大学开展

2016 年 9 月，“信仰的力量——雨花英烈事迹展”在中山大学开展

2020 年 12 月，“初心之光——中国共产党创建时期入党的雨花英烈”专题展在南昌新四军军部旧址陈列馆开展

2022 年 8 月，“凝聚的历史　永恒的初心”红色雕塑展在中国人民抗日战争纪念馆开展

三、宣传教育

（一）宣教活动

讲解服务是雨花台烈士纪念馆接待服务的重点工作。据不完全统计，从2000年起截至2022年8月底，纪念馆共提供讲解服务17245批次，受众人数315万余人次，接待全国各类重要团体5165批次。

2005年至2022年，纪念馆吸纳了几十名具有本科、研究生学历的高层次人才充实到讲解员队伍中，讲解员队伍综合素质显著提升。历年来讲解员队伍获得了多项集体荣誉，多名讲解员在南京市、江苏省乃至全国的讲解比赛中屡创佳绩。2010年，讲解接待科获江苏省住房和城乡建设厅、共青团江苏省委授予的"青年文明号"称号；2016年，荣获南京市城建工会联合会授予的"五一巾帼标兵岗"称号；2018年，获南京市妇联授予的"市巾帼文明岗"称号；2018年，获"南京市三八红旗集体"称号；2019年，获江苏省妇联授予的"省级巾帼文明岗"称号；2019年，获中华全国妇女联合会授予的"全国三八红旗集体"称号。2020年至2022年间，多名讲解员获得国家、省、市级红色旅游五好讲解员称号。2017年，陵园设立了专职部门负责开展青少年学生和社会团体人员教育活动，包括策划、组织及管理各类教育纪念活动；承接入党、入团、入队仪式的举行等。2018年至2022年举办了"信仰的种子""信仰之苗""信仰课堂"等红色主题系列青少年实践教育活动。

纪念馆红色主题系列青少年实践教育活动

陵园多年来不断拓展宣教服务领域，丰富宣教形式和内容，以讲解员为主力的"雨花英烈事迹宣讲团"先后通过"送展进校园""送展进社区"等方式，宣传雨花英烈事迹与精神，将单一的陵园内宣教模式发展成内外相结合的宣传模式，扩大社会教育辐射面和影响力。宣讲团自2019年3月成立以来，持续做好"六进"工作，在2019年度南京市社会主义核心价值观教育实践创新案例中荣获"十佳案例"，2022年，入选南京市"梧桐论语"理论宣讲团联盟，宣讲团成员1人入选南京市理论宣讲高端专家团。截至2022年8月，宣讲团累计举办线上线下宣讲150余场，线下受众人数超3万人，线上受众累计超70万人。受众范围遍及大中小学生群体、政府机关、部队官兵、港澳青年、社区居民等，在社会上引起了广泛的影响。

（二）志愿服务

雨花台烈士纪念馆"小雨滴"志愿服务队始建于2006年，是致力于弘扬雨花英烈事迹与精神的红色文化志愿团体。截至2022年8月，共有15家单位加入成为团体成员，同时成立了若干校

“小雨滴”志愿服务队标志

园分队（东南大学、南京农业大学、南京晓庄学院、江苏警官学院、中国药科大学、南京邮电大学、南京信息工程大学、南京审计大学、南京旅游职业学院、南京传媒学院、南京医科大学、南京工业大学、南京中医药大学、南京师范大学、南京外国语学校），累计吸纳 3000 余名大学生加入，服务 8000 余批观众。此外，结合“大思政课”教育常态化深入开展各类志愿服务活动。

2019 年，“小雨滴”志愿服务队被中宣部、中央文明办等 17 家单位评为全国最佳志愿服务组织。同年，获评全国宣传推选学雷锋志愿服务“四个 100”先进典型最佳志愿服务组织。2022 年，获评年度全国博物馆志愿服务典型案例。

（三）共建基地

自 20 世纪 80 年代起，雨花台烈士纪念馆便开始与驻宁部队、学校、企事业单位结成共建单位。1995 年以后，随着中共中央《爱国主义教育实施纲要》的颁布，雨花台的教育功能不断得到强化，雨花台烈士纪念馆作为社会主义精神文明建设的主阵地和爱国主义教育基地的影响力与吸引力不断增强，更加广泛、深入地开展与社会各界共建的活动。截至 2022 年 8 月，已有 163 家单位与纪念馆建立了共建关系，构成了以部队、学校、企事业为主体的社会化教育网络。

（四）雨花台干部学院

2016 年 10 月，中共南京市委批复同意雨花台干部学院成立。2017 年 6 月 28 日，雨花台干部学院正式挂牌成立。2019 年 3 月 1 日，雨花台干部学院新校区（与雨花台区委党校合署）正式启用。成立雨花台干部学院，是中共江苏省委组织部和南京市委贯彻落实习近平总书记关于雨花英烈重要论述和关于加强党性教育基地建设要求的实际举措。雨花台干部学院紧紧围绕弘扬“两高一大”雨花英烈事迹与精神，通过党性教育真正让干部党员走进雨花英烈的精神世界，帮助党员干部解决理想信念、道德情操、为民奉献等方面的现实问题。雨花台干部学院依托雨花台不可替代的独特资源和特色教学，是加强干部党性教育特别是理想信念教育的重要阵地和全国党员干部培训及各类各级干部培训的红色教育基地。

雨花台干部学院校徽

（五）媒体宣传

雨花台烈士纪念馆在建馆初期以纸质媒体为主要宣传媒介，随着网络媒体和自媒体的迅猛发展，2018 年，雨花台 V 雨融媒体工作室成立，重点打造陵园新的宣传体系，构建了包括微博、微信、网站、头条号、抖音的五位一体的自媒体平台，持续扩大宣传载体，联合央视、新华社、《人民日报》、《新华日报》、江苏广电、《南京日报》（紫金山）等中央及省市主流媒体，打造宣传矩阵。雨花台V雨融媒体工作室成立至今多次荣获中共中央组织部、中共江苏省委网信办、江苏省哲学社会科学界联合会、中共南京市委宣传部、中共南京市委网信办授予的新媒体传播相关奖项。

四、学术研究

（一）研究平台

1. 南京雨花英烈研究会

南京雨花英烈研究会是2015年成立的学术类社会团体，旨在更好地团结、凝聚和组织南京地区乃至全国热心研究雨花英烈的专家学者及各界人士，对雨花英烈展开全面、系统、深入的研究；开展系列学术活动，汇聚研究成果；加强与兄弟社团之间的学术交流；扩大宣传教育的覆盖面和影响力。

至2022年，研究会相继举办了“雨花英烈精神及其当代价值”学术研讨会暨雨花英烈研究会2016年学术年会、“雨花英烈精神与中国共产党人初心”研讨会、“纪念陈原道烈士牺牲85周年”学术座谈会、“雨花英烈精神与新时代新征程”学术研讨会暨雨花英烈研究会2018年学术年会、“弘扬雨花英烈精神　强化红色文化担当”学术研讨会、“雨花英烈精神与中国共产党为什么能”学术研讨会暨百年党史及革命精神融入学校思政教育创新论坛等学术活动，为大力弘扬雨花英烈事迹与精神提供了深厚的学术支撑。

2. 雨花台红色文化研究院

雨花台红色文化研究院（以下简称研究院）由南京市委宣传部2018年11月设立，雨花台烈士陵园管理局主办，是国内首家依托烈士纪念设施、革命纪念场馆设立的“红色智库”。自成立以来，研究院始终以“弘扬革命精神、赓续红色血脉”为宗旨，依托雨花台丰富的红色资源，聚焦全市、全省乃至全国红色文化领域的理论研究与决策咨询，努力打造价值引领型和行动导向型智库，即更强调主流价值引领与成果落地转化。

研究院建立“强核心、大外围”的运营模式，下设办公室、红色文化研究中心、革命纪念馆研究中心、红色文化传播中心、博士后工作站五个常设机构。截至2022年，有专职行政人员3人，专职研究人员11人，博士后工作站在站博士8人，兼职研究人员48人。

（二）研究成果

图书出版物

1.《雨花台革命烈士诗抄》，南京雨花台烈士陵园管理处史料室编，花山文艺出版社1982年5月出版。该书收录了15位烈士的27首诗词，在烈士诗的后面附有作者简介和诗的注释。为帮助读者更好地了解当年艰苦斗争的情况，还收录了怀念先烈的文章。

2.《雨花台革命烈士书信选》，南京雨花台烈士陵园管理处史料室编，江苏人民出版社1983年4月出版。该书共7万字，发行1.9万册，收录了牺牲在南京雨花台的21位烈士的47篇书信（包括血书、诀别信、绝笔）。书信均按原文录入，有的采用节录，附有每位烈士的遗照、手迹及生平简介。对于信中涉及的史实、人物和比较难解的词句，书中做了一些简要的注释。

3.《雨花台革命烈士斗争纪实》，南京雨花台烈士纪念馆编，江苏少年儿童出版社 1983 年 4 月出版。该书共 17 万字，发行 2 万册，共收录了有关恽代英、邓中夏、罗登贤、侯绍裘、卢志英等 15 位烈士的 35 篇回忆文章。

4.《南京英烈》第一辑，由中共南京市委党史资料征集编研委员会办公室与南京雨花台烈士陵园管理处合编，南京工学院出版社 1987 年 2 月出版。该书共 28.5 万字，发行 20000 册，收录了新民主主义革命时期的烈士传记。立传对象为：1915 年 5 月至 1949 年 4 月在南京（含江宁、江浦、六合、溧水、高淳五县）工作、战斗过的，并于 1949 年 4 月前为革命献身的共产党、青年团、工会、民主党派、革命政权、军队的主要领导人，以及斗争事迹突出的党员、团员、民主人士、革命群众。1937 年 7 月 6 日以前牺牲的烈士传记，编入第一辑，这一辑共收录传记 59 篇。

5.《雨花台革命烈士书信选（一）》，南京雨花台烈士纪念馆编，江苏少年儿童出版社 1988 年 4 月出版。

6.《南京英烈》第二辑，由中共南京市委党史资料征集编研委员会办公室与南京雨花台烈士陵园管理处合编，1989 年 3 月出版。该书共 28.5 万字，发行 9000 册，主要收录了抗日战争和解放战争时期在南京（含 5 县）牺牲和在南京从事过革命活动、牺牲在外地的烈士传记，其中有 4 篇因第一辑付印时未完稿，故收入本辑。该书共收录传记 62 篇，传记后附《南京革命烈士英名录》，收录从党的创建时期到解放战争时期牺牲的烈士 202 名（已列传的烈士不入英名录）。

7.《雨花台革命烈士书信选（二）》，南京雨花台烈士纪念馆编，江苏少年儿童出版社 1990 年 8 月出版。

8.《雨花台革命烈士诗抄》，南京雨花台烈士纪念馆编，江苏少年儿童出版社 1990 年 3 月出版。

9.《铁窗岁月——共产党人在南京狱中的斗争（1927—1937）》，由中共南京市委党史办公室与雨花台烈士纪念馆合编，东南大学出版社 1992 年 3 月出版。该书共分为概述、烈士传记、回忆录、诗歌・书信、文献资料和附录 6 个部分，通过大量鲜活的狱中斗争资料，展现革命同志对革命事业勇于献身的精神。

10.《谭寿林文集》，由中共广西区委党史研究室、中共广西贵港市委党史办公室与南京雨花台烈士纪念馆合编，广西人民出版社 1993 年 5 月出版。该书选编了已发现的谭寿林烈士从中学时期直到牺牲前留下的文稿共 42 篇，大体上按作文、政论、诗歌、小说四部分编排。还收录了部分烈士亲属、战友和有关同志所写的回忆文章，并附烈士传记和大事年表。

11.《雨花台纪念碑廊墨迹》，雨花台烈士陵园管理局编，江苏人民出版社 1996 年 9 月出版。时任中共中央总书记江泽民题写书名，时任中共江苏省委书记陈焕友作序。该书收录了我国当代颇有造诣的 36 位书法家为雨花台纪念碑廊所书写的全部内容，具有较高的艺术鉴赏价值。

12.“雨花神韵”丛书，由雨花台烈士陵园与南京出版社共同编辑，1997 年 6 月出版。该丛书 1 套 4 册，为《雨花风光》《雨花风云》《雨花风物》《雨花风华》，共 50 万字，发行 1 万套。

该丛书全面介绍以雨花台为龙头的南郊风景区的秀丽风光和名胜古迹，充分褒扬革命先烈和爱国志士的奉献精神及高尚情操，非常富有教益，既是一套介绍南京的旅游文化丛书，又是一部教育广大读者继承发扬革命传统的爱国主义教材。

《雨花风光》，主要介绍了以雨花台为龙头的南郊风景区之名胜景观和古今风貌，共编撰辑录了52篇文章和12幅彩色图片，按景点分布和旅游线路，将南郊风景区分为雨花台景区、菊花台景区、中华门景区、牛首山景区和祖堂山景区五个部分。大体描绘出雨花之风光，集中荟萃了南郊之精华，读来引人入胜，可作导游之用。

《雨花风云》，以发生在雨花台及南郊地区的历史事件和风云人物为经纬，以革命先烈事迹和领导纪念活动为重点，共编选收录了45篇文章和12幅彩色图片。全书分上、中、下篇三部分，分别叙述了古今重大事件和主要人物；革命先烈英勇斗争事迹；中央领导悼念缅怀情景，以此勾勒出雨花风云的主要脉络。具有较强的史料价值，是进行爱国主义教育的生动教材。

《雨花风物》，集中荟萃了以雨花台为核心的南郊风景区的文物古迹和风土物产，共编撰辑录了近90篇文章和12幅彩色图片。全册分为遗址古迹探幽、陵墓石刻览胜、寺庙塔宇寻踪、桥梁津渡觅古、古玩国宝掇英、革命文物撷珍、风情特产集萃七个部分，全方位、多角度地将雨花风物连缀起来，形成鲜明的南郊特色，全面展示其古今风貌。

《雨花风华》，从吟咏雨花、讴歌先烈的众多诗词中，选编收录了160余幅诗词，并配以12幅彩色图片。全册分为历代名人诗词集萃、革命烈士诗词汇珍、战士亲友悼念诗选三个部分，反映了以雨花台为中心的南郊风景区之历史轮廓，其中不少诗词系首次披露，具有较强的资料性和可读性。

13.《雨花忠魂》，雨花台烈士陵园管理局编辑，南京出版社1997年7月出版。该书系由南京市教委和南京出版社组织编纂的爱国主义教育基地丛书之一，共11万字，发行2.2万册。

14.《金陵泣血雨花魂》，雨花台烈士陵园管理局编辑，中国大百科全书出版社1998年8月出版。该书系中共中央宣传部主持编纂的爱国主义教育示范基地丛书之一。

15.《雨花台忠魂图集》，由雨花台烈士陵园管理局与江苏古籍出版社共同编写，1999年6月出版。该书分为曙光初现、碧血雨花（上、下）、民族忠魂、钟山风雨、建陵立碑、缅怀英烈、雨花新貌8章，共收入珍贵图片800幅。本书是有关雨花英烈事迹的第一本大型画册。该书被评为1999年度江苏省“五个一工程奖”图书出版类一等奖。

16.《雨花台烈士印谱》，南京市鼓楼区文化局、雨花台烈士陵园管理局主编，王本兴篆刻，南京出版社2002年6月出版。王本兴同志积30多年书法篆刻之经验，心怀对革命先烈的敬仰之情，历时3个月，刻成163方烈士姓名印，并钤印拓款，辑为一册。

17.《南京当代人物大典·英烈卷》，中共南京市委党史工作办公室、南京市民政局、南京市雨花台烈士陵园管理局、南京市档案局（馆）共同编辑，中共党史出版社2003年10月出版。该书是一部系统反映南京地区革命烈士生平业绩的大型典籍，时限上起1921年7月1日中国共产党成立，下迄2002年11月8日中国共产党第十六次全国代表大会召开之日。主要由烈士编、英名录和附录等部分构成。烈士编收录南京籍、在南京牺牲、为南京做出贡献且有一定知名度和影响的烈士生平简介和主要事迹；英名录收录列入所收范围的革命烈士基本简介；附录主要介绍纪念革命烈士的纪念场馆和设施。本书资料来源有历史档案、报纸期刊、权威著述、中共党史书籍以及文史资料等。

18.《雨花魂》，中共江苏省委党史工作办公室、中共南京市委党史工作办公室、雨花台烈士陵园管理局编，中共党史出版社 2015 年 2 月出版。该书是一部反映雨花台革命烈士崇高精神的综合性图书，收录了 116 位雨花台烈士的革命事迹，展现了烈士们的壮丽人生和精神世界。全书分为铁肩道义、青春壮歌、长夜星火、清操冰雪四章，介绍了革命烈士的英勇事迹和伟大精神；同时，收录了部分烈士遗物的照片。

19.《雨花英烈画传》，中共南京市委党史办公室、雨花台烈士陵园管理局与南京出版社共同编写，2015 年 12 月出版。该套书共 4 册，以深受读者喜爱的漫画形式描绘了雨花英烈的英勇事迹，展现了中国共产党人和仁人志士以改造中国为己任，为实现民族独立、人民解放和国家富强而进行的不懈努力和追求，体现了雨花英烈舍生为民、勇于担当的高贵品格。

20.“雨花英烈史料”丛书之《雨花英烈家书》，雨花台烈士陵园管理局编，南京出版社 2016 年 8 月出版。《雨花英烈家书》选取了张霁帆、成律等 32 位雨花英烈具有典型代表意义的 70 余封家书，从独特视角还原烈士们生活中的点点滴滴，展现了其超越普通人的理想信念和责任担当。

21.“雨花英烈史料”丛书之《雨花英烈文集》，雨花台烈士陵园管理局编，南京出版社 2016 年 9 月出版。该书选编了 17 位烈士 50 篇具有代表性的文章，展示了一代共产党人的信仰与追求、责任与担当、气质与情怀，揭示了他们思想发展的脉络，折射出他们壮丽的生命历程。

22.“雨花英烈史料”丛书之《雨花英烈家书・2》，雨花台烈士陵园管理局编，南京出版社 2017 年 12 月出版。该书收录了 28 位雨花英烈具有典型代表意义的家书，展现了新民主主义革命时期时代背景下每一位烈士个体的思想演变和心路历程，反映了烈士们不同人生阶段的不同经历。

23.“雨花英烈史料”丛书之《雨花英烈诗词》，雨花台烈士陵园管理局编，南京出版社 2017 年 12 月出版。该书选编了 28 位烈士 130 多首具有代表性的诗词，展现了在争取民族独立、人民解放的新民主主义革命历史进程中，雨花英烈们坚守信仰，在生死关头用热血写出一篇篇诗词，以此抒发自己的爱国情怀，表达对党的忠诚与信仰的高尚品德。

24.“雨花英烈史料”丛书之《雨花英烈日记》，雨花台烈士陵园管理局编，南京出版社 2017 年 12 月出版。该书编录了张应春、贺瑞麟、朱建国、晋夫和周镐 5 位雨花英烈的日记，其中贺瑞麟日记、晋夫日记和周镐日记分别入选江苏省珍贵档案文献。

25.《初心永恒——雨花英烈话语解读》，雨花台烈士陵园管理局编，南京出版社 2018 年 8 月出版。该书以 47 位雨花台烈士的遗言、遗书和历史文献资料为基本素材，分救国救民立初心、奋斗奉献为初心、流血牺牲殉初心、殷殷嘱托留初心四个篇章，逐一展示烈士为中国人民谋幸福、为中华民族谋复兴的经典话语，通过对烈士心声的解读，展示党的初心的渊源根由、深刻内涵、实践形式、重大作用和现实意义，引导人们深刻认识党的初心，永远不忘党的初心，忠实践行党的初心。

26.“雨花英烈史料”丛书之《雨花英烈狱中斗争》，雨花台烈士陵园管理局编，南京出版社2018年12月出版。该书收录了十余篇雨花英烈狱中难友、曾在南京国民党监狱中进行革命斗争的老同志的口述和自述回忆材料，节录、选编有关老同志公开出版的个人回忆录以及在刊物上发表的回忆文章，旨在以更全面、细腻的新维度展现雨花英烈在囹圄岁月中坚贞不屈、战斗不息的革命事迹。

27.“雨花英烈史料”丛书之《雨花英烈日记·2》，雨花台烈士陵园管理局编，南京出版社2019年3月出版。该书编录的是吕惠生烈士的日记。日记记述的内容和当时革命斗争的进展、政治思潮的起伏以及社会背景的变迁都有紧密的联系。很多细节不仅是烈士生平的实录，也是复现烈士履历极为重要的依据，而涉及的一些时代印记，也可以作为重大历史事件的佐证或补充。

28.《雨花台烈士传丛书》，由中共江苏省委党史工作办公室、中共南京市委宣传部、中共南京市委党史工作办公室和雨花台烈士陵园管理局联合编撰，江苏人民出版社正式出版。该丛书编撰以实事求是为原则，追寻烈士足迹，还原烈士们战斗一生的经历。自2016年至2021年，已出版66册，详见《雨花台烈士传丛书》目录。

29.《雨花台》，2021年4月由雨花台烈士陵园管理局联合南京出版社共同策划出版，是国内首部集中展现雨花英烈革命精神的大型纪实文学作品。该书由中国作家协会副主席、著名作家何建明先生精心创作，入选江苏省“礼赞全面小康致敬建党百年”主题出版重点出版物、江苏省主题出版重点出版物、江苏省新闻出版政府奖提名奖、“十四五”时期国家重点出版物出版专项规划项目。

30.“雨花英烈史料”丛书之《雨花英烈文集·2》，雨花台烈士陵园管理局编，南京出版社2022年6月出版。该书将邓中夏、恽代英、顾衡等18位烈士的48篇文章进行梳理结集出版，展示了早期中国共产党人的信仰和追求、责任与担当、气质与情怀，为进一步传承弘扬雨花英烈事迹与精神提供生动教材。

31.“雨花英烈”系列绘本，由雨花台烈士陵园管理局与北京大学文化产业研究院主编，译林出版社统筹出版，第一册《燎原之火：1914—1925》2021年7月出版，第二册《希望之光：1921—1935》与第三册《信仰之石：1931—1949》2022年7月出版。

32.“信仰的力量”丛书之《在信仰的旗帜下——雨花英烈中的黄埔共产党人》，雨花台烈士陵园管理局、雨花台红色文化研究院编著，南京出版社2022年9月出版。该书是雨花台“信仰的力量”丛书的第一本力作，字数达16.9万字。该书聚焦恽代英、金佛庄、胡秉铎等12位曾在黄埔军校学习或工作过的雨花英烈，充分展示他们为中国革命所立下的丰功伟绩，真切地彰显了雨花英烈的崇高理想信念、高尚道德情操，以及为民牺牲的大无畏精神。

音像作品

1.《碧血千秋雨花台》，电视纪录片，1996年，由中共南京市委宣传部、雨花台陵园管理局、南京电视台联合摄制。该片介绍了新中国成立40多年，特别是改革开放以来，雨花台烈士陵园场馆的建设情况，同时也介绍了雨花台悠久的历史人文景观。

2.《金陵盛景雨花台》，电视纪录片，1998 年，由雨花台烈士陵园管理局摄制。该片用优美的画面全方位地介绍了雨花台几十年来的建设发展历程，展现了雨花台作为革命纪念圣地与风景名胜区的独特风姿和隽永神韵。

3.《碧血雨花》，多媒体 CD，1998 年，由雨花台烈士陵园管理局与江苏省出版总社共同编制。该片有中、英文两种版本，分为雨花访古、雨花忠魂、雨花文萃、雨花风物、雨花新貌五大栏目，包含若干子条目，共收录 1200 多幅珍贵照片，近 30 万文字资料，30 分钟影视资料，80 分钟配音解说；设有人物检索、专题检索、地图检索、图片放大、图片浏览等多种电脑交互功能，全方位、多角度地展示了雨花台的文化、历史、人物和掌故。

4.《雨花魂》，8 集电视纪录片。1999 年，由中共南京市委宣传部、南京市雨花台烈士陵园管理局、南京军区电视艺术中心、南京电视台联合摄制。该片首次采用电视艺术手段，用大量珍贵的历史，全面地回顾了雨花台革命烈士的英勇事迹。本片在雨花台牺牲的革命烈士的事迹中，精心筛选出 50 余位烈士的事迹，进行分类编排，并通过对 200 余名雨花台烈士的亲人、战友的采访及各位烈士的实物、照片、日记、历史资料的展现，将许多革命烈士鲜为人知的动人事迹制作成《碧血雨花》《青年楷模》《群星灿烂》《巾帼英豪》《桃李争春》《剑胆悲歌》《血沃春华》《浩气长存》8 集电视纪录片，叙述了烈士们的革命经历和他们献身革命的思想形成及发展过程。2000 年，在江苏省首届电视“飞天奖”的评选中，《雨花魂》被评为电视纪录片类一等奖。

5.《雨花台风景区》，VCD，由雨花台烈士陵园与南京中录音像公司联合摄制，中国录音录像出版总社 2001 年出版，南京中录音像公司发行。该片全面展现了雨花台风景区内大自然的美景，历史文化的神韵，气势恢宏的纪念建筑，独树一帜的石文化、茶文化。

6.《雨花魂》，VCD，由中共南京市委宣传部、雨花台烈士陵园管理局、南京军区电视艺术中心、南京电视台联合摄制，南京音像出版社 2001 年 6 月出版发行。

7.《雨花台》，5 集电视纪录片，2011 年，由中共中央党史研究室、中共江苏省委联合摄制，江苏省委党史工办、江苏省广播电视总台、雨花台烈士陵园管理局联合承拍。该片选取了 33 名雨花台烈士的故事，从不同侧面揭示了中国共产党人为民族独立、人民解放、国家富强、人民幸福而舍生忘死、前赴后继的崇高精神，共分为《青春之歌》《红色恋情》《长夜星空》《清廉本色》《致未来书》5 集。该片获得中国广播电视协会纪念建党 90 周年全国优秀纪录片评选委员会一等节目奖、中国电视艺术家协会“红旗飘飘九十年红色经典纪录片盛典系列活动”经典作品奖。

8.《雨花档案》，12 集微电影，2013 年，由雨花台烈士陵园管理局员工创作完成。

9.《那一年，我们正年轻》，5 集纪录片，2021 年，由雨花台烈士陵园管理局、南京广播电视集团联合出品，入选“2021 江苏百人纪录片扶持计划”选题、江苏省“十四五”文化发展改革规划的重大工程项目，入选国家广电总局“庆祝建党 100 周年重点纪录片目录”。

10.《初心永恒》，百集系列片，2021 年，由雨花台烈士陵园管理局和南京广电集团联合出品，以短视频的方式系统性、全景式、大规模地介绍雨花台历史，讲述雨花英烈故事，是一档庆祝中国共产党成立100周年，展现百年光辉历程，传承雨花英烈精神的创新节目。

11.《南京红色100》，系列微视频，2021年，由中共南京市委党史工作办公室、南京市雨花台烈士陵园管理局、中国南京红色在线联合出品，旨在全面贯彻落实习近平总书记关于用好用活红色资源的重要指示精神，积极跟进党史学习教育，展示好南京光荣的革命传统和厚重的“红色家底”。该片分钟山风雨、石城巨变、金陵春潮、南京扬帆4个篇章共100集微视频，重温回顾了党同南京人民风雨同舟、生死与共，从胜利走向胜利的伟大历程。

12.《丁香花》，10集动画电视剧，2022年，由雨花台烈士陵园管理局与南京广播电视集团、南京第七区文化科技有限公司等共同制作，获国家广电总局推荐入选2022年第二季度优秀国产电视动画片。

《雨花台烈士传丛书》目录

序号	书名	作者	出版社及出版时间
1	《雨花台烈士传丛书——谢文锦传》	胡卓然	江苏人民出版社2016年6月出版
2	《雨花台烈士传丛书——侯绍裘传》	张国强	江苏人民出版社2016年6月出版
3	《雨花台烈士传丛书——陈君起传》	赵瑱	江苏人民出版社2016年6月出版
4	《雨花台烈士传丛书——贺瑞麟传》	梁成琛　王庆猛	江苏人民出版社2016年6月出版
5	《雨花台烈士传丛书——晓庄十烈士传》	王延光　闻慧斌	江苏人民出版社2016年6月出版
6	《雨花台烈士传丛书——夏雨初传》	顾永俊　夏家霖	江苏人民出版社2016年6月出版
7	《雨花台烈士传丛书——恽代英传》	虞建安　李兆娟 汪旭东	江苏人民出版社2016年6月出版
8	《雨花台烈士传丛书——高文华传》	张辉	江苏人民出版社2016年6月出版
9	《雨花台烈士传丛书——邓演达传》	张鹏斗	江苏人民出版社2016年6月出版
10	《雨花台烈士传丛书——李耘生传》	洪欣	江苏人民出版社2016年6月出版
11	《雨花台烈士传丛书——冷少农传》	谢崇禄　范祖贵	江苏人民出版社2016年6月出版
12	《雨花台烈士传丛书——朱务平传》	钱海峰　郑于光	江苏人民出版社2016年6月出版
13	《雨花台烈士传丛书——邓中夏传》	刘功成	江苏人民出版社2016年6月出版
14	《雨花台烈士传丛书——何宝珍传》	李琳琳	江苏人民出版社2016年6月出版
15	《雨花台烈士传丛书——顾衡传》	吴志斌　许祖云	江苏人民出版社2016年6月出版
16	《雨花台烈士传丛书——洪灵菲传》	张晓阳　孔繁勋	江苏人民出版社2016年6月出版
17	《雨花台烈士传丛书——许包野传》	王伟　官小娜 吕永明	江苏人民出版社2016年6月出版

续表

序号	书名	作者	出版社及出版时间
18	《雨花台烈士传丛书——项英传》	曹荣	江苏人民出版社 2016 年 6 月出版
19	《雨花台烈士传丛书——袁国平传》	董恒峰	江苏人民出版社 2016 年 6 月出版
20	《雨花台烈士传丛书——邓振询传》	张新贵	江苏人民出版社 2016 年 6 月出版
21	《雨花台烈士传丛书——陶家齐传》	濮潇	江苏人民出版社 2016 年 6 月出版
22	《雨花台烈士传丛书——孙晓梅传》	鲍志华	江苏人民出版社 2016 年 6 月出版
23	《雨花台烈士传丛书——朱克靖传》	赵勤轩　康青星	江苏人民出版社 2016 年 6 月出版
24	《雨花台烈士传丛书——任天石传》	周燕　刘品玉　杨洪	江苏人民出版社 2016 年 6 月出版
25	《雨花台烈士传丛书——徐楚光传》	王平	江苏人民出版社 2016 年 6 月出版
26	《雨花台烈士传丛书——刘亚生传》	翟玉琢	江苏人民出版社 2016 年 6 月出版
27	《雨花台烈士传丛书——卢志英传》	吕胜梅	江苏人民出版社 2016 年 6 月出版
28	《雨花台烈士传丛书——张应春传》	周敏	江苏人民出版社 2017 年 12 月出版
29	《雨花台烈士传丛书——刘重民传》	陆亚	江苏人民出版社 2017 年 12 月出版
30	《雨花台烈士传丛书——许金元传》	问增飞	江苏人民出版社 2017 年 12 月出版
31	《雨花台烈士传丛书——陈履真传》	郭照东	江苏人民出版社 2017 年 12 月出版
32	《雨花台烈士传丛书——蒋云传》	本书编写组	江苏人民出版社 2017 年 12 月出版
33	《雨花台烈士传丛书——李得钊传》	刘江波	江苏人民出版社 2017 年 12 月出版
34	《雨花台烈士传丛书——骆何民传》	周冠军	江苏人民出版社 2017 年 12 月出版
35	《雨花台烈士传丛书——程履绎传》	胡卓然	江苏人民出版社 2017 年 12 月出版
36	《雨花台烈士传丛书——文化震传》	郭淑文	江苏人民出版社 2018 年 12 月出版
37	《雨花台烈士传丛书——孙津川传》	肖振才	江苏人民出版社 2018 年 12 月出版
38	《雨花台烈士传丛书——朱杏南传》	本书编写组	江苏人民出版社 2018 年 12 月出版
39	《雨花台烈士传丛书——徐全直传》	让东清　李晓云	江苏人民出版社 2018 年 12 月出版
40	《雨花台烈士传丛书——陈处泰传》	韩厉观	江苏人民出版社 2018 年 12 月出版
41	《雨花台烈士传丛书——周子昆传》	王辅一　张学亮	江苏人民出版社 2018 年 12 月出版
42	《雨花台烈士传丛书——吕惠生传》	施昌旺　王敏林	江苏人民出版社 2018 年 12 月出版
43	《雨花台烈士传丛书——孟琇椿传》	闻慧斌　王延光 高萍萍	江苏人民出版社 2018 年 12 月出版
44	《雨花台烈士传丛书——晋夫传》	胡卓然	江苏人民出版社 2019 年 12 月出版

续表

序号	书名	作者	出版社及出版时间
45	《雨花台烈士传丛书——罗登贤传》	杜秀娟	江苏人民出版社 2019 年 12 月出版
46	《雨花台烈士传丛书——史砚芬传》	陈惠萍	江苏人民出版社 2019 年 12 月出版
47	《雨花台烈士传丛书——谭寿林传》	阳毅　黄莺 金本毅	江苏人民出版社 2019 年 12 月出版
48	《雨花台烈士传丛书——李济平、邓定海传》	李勖晟　苗芳艳 张新华	江苏人民出版社 2019 年 12 月出版
49	《雨花台烈士传丛书——冯硕仁、冯菊芬传》	樊振	江苏人民出版社 2019 年 12 月出版
50	《雨花台烈士传丛书——共舞台案烈士传》	闻慧斌	江苏人民出版社 2019 年 12 月出版
51	《雨花台烈士传丛书——高波传》	陈旺	江苏人民出版社 2021 年 9 月出版
52	《雨花台烈士传丛书——施滉传》	李勇	江苏人民出版社 2021 年 9 月出版
53	《雨花台烈士传丛书——陈子涛传》	胡卓然	江苏人民出版社 2021 年 9 月出版
54	《雨花台烈士传丛书——北平五烈士传》	胡卓然	江苏人民出版社 2021 年 9 月出版
55	《雨花台烈士传丛书——陈继昌、丁香传》	汤雄	江苏人民出版社 2021 年 9 月出版
56	《雨花台烈士传丛书——杨斌传》	张俊梅	江苏人民出版社 2021 年 9 月出版
57	《雨花台烈士传丛书——柳志杰、成贻宾传》	章慕荣　杨长喜	江苏人民出版社 2021 年 9 月出版
58	《雨花台烈士传丛书——金佛庄传》	朱梅燕	江苏人民出版社 2021 年 9 月出版
59	《雨花台烈士传丛书——马克昌、倪朝龙传》	贾茹	江苏人民出版社 2021 年 10 月出版
60	《雨花台烈士传丛书——张炽传》	方晓燕	江苏人民出版社 2021 年 10 月出版
61	《雨花台烈士传丛书——毛福轩、蔡寿民传》	徐文奇	江苏人民出版社 2021 年 10 月出版
62	《雨花台烈士传丛书——师集贤传》	时攀	江苏人民出版社 2021 年 10 月出版
63	《雨花台烈士传丛书——黄励、郭纲琳传》	侍晓莎　陈春鸣	江苏人民出版社 2021 年 12 月出版
64	《雨花台烈士传丛书——姜辉麟、汪裕先传》	韩晶　董弋芬 汪愉涵	江苏人民出版社 2021 年 12 月出版
65	《雨花台烈士传丛书——杨峻德传》	周小川	江苏人民出版社 2021 年 12 月出版
66	《雨花台烈士传丛书——秦明传》	张磊	江苏人民出版社 2021 年 12 月出版

第七章

艺文

艺文一章是由诗、词、游记三节内容组成，其中第一节收录诗近千首，第二节收录词70余首，第三节收录游记20余篇。这些文学作品反映了各个历史时期雨花台地域的社会状况与人文景观，凸显出该地区文学艺术的繁荣面貌及发展走向。

第一节　诗

东　晋

晋安帝元兴中童谣

佚　名

《宋书·五行志》曰："晋安帝元兴中，桓玄既得志，而有童谣，及玄败走，而诸桓悉诛焉。郎君。司马元显也。"

长干巷，巷长干。今年杀郎君，明[1]年斩诸桓。

南　朝

华山畿二十五首（其十九）

佚　名

相送劳劳渚，长江不应满，是侬泪成许。

杨叛儿八曲（其六）

佚　名

《唐书·乐志》曰："《杨叛儿》，本童谣歌也。齐隆昌时，女巫之子曰杨旻，少时随母入内，及长，为何后宠。童谣云：'杨婆儿，共戏来所欢。'语讹，遂成杨叛儿。"《古今乐录》曰："《杨叛儿》送声云：'叛儿教侬不复相思。'"

[1] 此歌亦见《晋书·桓玄传》，"明"字作"后"。

闻欢远行去，送欢至新亭。津逻无依名。

之零陵郡次新亭

范　云

江干远树浮，天末孤烟起。江天自如合，烟树还相似。沧流未可源，高飘去何已。

新亭渚别范零陵云

谢　朓

洞庭张乐地，潇湘帝子游。云去苍梧野，水还江汉流。停骖我怅望，辍棹子夷犹。广平听方籍，茂陵将见求。心事俱已矣，江上徒离忧。

之宣城郡出新林浦向板桥

谢　朓

江路西南永，归流东北骛。天际识归舟，云中辨江树。旅思倦摇摇，孤游昔已屡。既欢怀禄情，复协沧洲趣。嚣尘自兹隔，赏心于此遇。虽无玄豹姿，终隐南山雾。

和徐都曹出新亭渚

谢　朓

宛洛佳遨游，春色满皇州。结轸青郊路，回瞰沧江流。日华川上动，风光草际浮。桃李成蹊径，桑榆荫道周。东都已俶载，言归望绿畴。

昧旦出新亭渚

徐　勉

驱车凌早术，山华映初日。揽辔且徘徊，复值清江谧。杳霭枫树林，参差黄鸟匹。气物宛如斯，重以心期逸。春堤一游衍，终朝意殊悉。

春日从驾新亭应制

刘孝绰

旭日舆轮动，言追河曲游。纡余出紫陌，迤逦度青楼。前驱掩兰径，后乘历芳洲。春色江中满，日华岩上留。江风传葆吹，岩华映采斿。临涡起睿作，驷马暂停辀。侍从荣前阮，雍容惭昔刘。空然等弹翰，非徒嗟未遒。

侍游新亭应令

萧　纲

神襟慜行迈，歧路怆徘徊。遥瞻十里陌，傍望九城台。风管流虚谷，龙骑藉春荄。晓光浮野映，朝烟承日回。沙文浪中积，春阴江上来。柳叶带风转，桃花含雨开。圣情蕴珠绮，札命表英才。顾怜碔砆质，何以俪琼瑰。

新亭送别应令

徐　陵

风吹临伊水，时驾出河梁。野燎村田黑，江秋岸荻黄。隔城闻上鼓，回舟隐去樯。神襟爱远别，流睇极清漳。

晚出新亭

阴　铿

大江一浩荡，离悲足几重。潮落犹如盖，云昏不作峰。远戍惟闻鼓，寒山但见松。九十方称半，归途讵有踪。

唐

江南曲

宋之问

妾住越城南，离居不自堪。采花惊曙鸟，摘叶喂春蚕。懒结茱萸带，愁安玳瑁簪。待君消瘦尽，日暮碧江潭。

登梅岗望金陵赠族侄高座寺僧中孚

李　白

钟山抱金陵，霸气昔腾发。天开帝王居，海色照宫阙。群峰如逐鹿，奔走相驰突。江水九道来，云端遥明没。时迁大运去，龙虎势休歇。我来属天清，登览穷楚越。吾宗挺禅伯，特秀鸾凤骨。众星罗青天，明者独有月。冥居顺生理，草木不剪伐。烟窗引蔷薇，石壁老野蕨。吴风谢安屐，白足傲履袜。几宿一下山，萧然忘干谒。谈经演金偈，降鹤舞海雪。时闻天香来，了与世事绝。佳游不可得，春风惜远别。赋诗留岩屏，千载庶不灭。

金陵新亭

李　白

金陵风景好，豪士集新亭。举目山河异，偏伤周颛情。四坐楚囚悲，不忧社稷倾。王公何慷慨，千载仰雄名。

劳劳亭歌

李　白

金陵劳劳送客堂，蔓草离离生道旁。古情不尽东流水，此地悲风愁白杨。我乘素舸同康乐，朗咏清川飞夜霜。昔闻牛渚吟五章，今来何谢袁家郎。苦竹寒声动秋月，独宿空帘归梦长。

劳劳亭

李　白

天下伤心处，劳劳送客亭。春风知别苦，不遣柳条青。

长干行

李　白

妾发初覆额，折花门前剧。郎骑竹马来，绕床弄青梅。同居长干里，两小无嫌猜。十四为君妇，羞颜未尝开。低头向暗壁，千唤不一回。十五始展眉，愿同尘与灰。常存抱柱信，岂上望夫台。十六君远行，瞿塘滟滪堆。五月不可触，猿声天上哀。门前迟行迹，一一生绿苔。苔深不能扫，落叶秋风早。八月蝴蝶黄，双飞西园草。感此伤妾心，坐愁红颜老。早晚下三巴，预将书报家。相迎不道远，直至长风沙。

长干行

李　益[1]

忆妾深闺里，烟尘不曾识。嫁与长干人，沙头候风色。五月南风兴，思君下巴陵。八月西风起，想君发扬子。去来悲如何，见少离别多。湘潭几日到，妾梦越风波。昨夜狂风度，吹折江头树。渺渺暗无边，行人在何处？好乘浮云骢，佳期兰渚东。鸳鸯绿浦上，翡翠锦屏中。自怜十五余，颜色桃花红。那作商人妇，愁水复愁风。

长干曲四首

崔　颢

君家何处住？妾住在横塘。停船暂借问，或恐是同乡。

---

[1] 一作李白。

家临九江水，来去九江侧。同是长干人，自小不相识。

下渚多风浪，莲舟渐觉稀。那能不相待，独自逆潮归。

三江潮水急，五湖风浪涌。由来花性轻，莫畏莲舟重。

李二侍御丹阳东去新亭

皇甫冉

姑苏东望海陵间，几度裁书信未还。长在府中持白简，岂知天畔有青山。人归极浦寒流广，雁下平芜秋野闲。旧日新亭更携手，他乡风景亦相关。

送丹阳刘太真

韩　翃

长干道上落花朝，羡尔当年赏事饶。下箸已怜鹅炙美，开笼不奈鸭媒娇。春衣晚入青杨巷，细马初过皂荚桥。相访不辞千里远，西风好借木兰桡。

春江曲

张　籍

春江无云潮水平，蒲心出水凫雏鸣。长干夫婿爱远行，自染春衣缝已成。妾身生长金陵侧，去年随夫住江北。春来未到父母家，舟小风多渡不得。欲辞舅姑先问人，私向江头祭水神。

江南行

张　籍

江南人家多橘树，吴姬舟上织白苎。土地卑湿饶虫蛇，连木为牌入江住。江村亥日长为市，落帆度桥来浦里。清莎覆城竹为屋，无井家家饮潮水。长干午日沽春酒，高高酒旗悬江口。娼楼两岸临水栅，夜唱竹枝留北客。江南风土欢乐多，悠悠处处尽经过。

江南春绝句

杜　牧

千里莺啼绿映红，水村山郭酒旗风。南朝四百八十寺，多少楼台烟雨中。

金陵九日

唐彦谦

野菊西风满路香，雨花台上集壶觞。九重天近瞻钟阜，五色云中望建章。绿酒莫辞今日醉，黄金难买少年狂。清歌惊起南飞雁，散作秋声送夕阳。

六朝咏史诗[1]

孙元晏

新亭

容易乘虚逼帝畿，满江艨橹与旌旗。卢循若解新亭上，胜负还应未可知。

五　代

和王庶子寄题兄长建州廉使新亭

徐　铉

谢守高斋结构新，一方风景万家情。群贤讵减山阴会，远俗初闻正始声。水槛片云长不去，讼庭纤草转应生。阿连诗句偏多思，遥想池塘昼梦成。

金陵览古

朱　存

其五

新　亭

满目江山异洛阳，昔人何必重悲伤。倘能戮力扶王室，当自新亭复故乡。

其九

阿育王塔

窣堵凝然镇梵宫，举头层级在云中。金棺舍利藏何处，铎绕危檐声撼风。

宋

劳劳亭

杨　备

柳风飞絮扑征袍，望远楼中望眼高。几许江南名利客，灰尘满面日劳劳。

---

[1] 诗名据《南京文献》本。

新　亭

杨　备

满目江山异洛阳，北人怀土泪千行。不如亡国中书令，归老新亭是故乡。

陆机宅

杨　备

陆家兄弟颇能文，入洛仍将笔砚焚。旧宅荆榛狐兔窟，机云无复有昆云。

登长干塔

槐　京

江南管当幸事毕，尽凭庙算非臣专。眷言此地本军垒，乞与招提安佛子。

次韵和丘秘校登长干寺塔

苏　颂

九劫半依山，经营昔甚艰。周遭严佛宇，直上俯天关。登陟缘梯险，淹留布坐悭。椽楹亦涂附，棂槛遍朱殷。白日分明到，青云咫尺攀。龙潭斜影落，鸟翼怯飞还。基构从吴晋，声名动朔蛮。灯然时照耀，梵唱每循环。往事稠重问，前朝指顾间。谁知息心处，香火老僧间。

次韵约诸君游长干寺

苏　颂

寺按郡东南，僧尝为我谈。初因晋大士，来获古灵龛。历世名空在，重兴德乃堪。先朝赐新额，此地建精蓝。亿载扶皇统，生民息战函。刹仍存故里，龙复止深潭。九级惟涂甓，千梁尽架楠。亭台各轩豁，岩谷更空谽。殿角芝成玉，松梢露坠甘。穴栖多礼鼲，池怪集神鱙。可爱临冈曲，何人结草庵。欲来寻隐逸，谁与共欢酣。念往须勤到，登高已旧谙。低头小城市，举目遍村岚。静境由兹达，尘容却自惭。常思真趣响，可抑俗饕贪。宇宙开怀适，江山极望涵。相邀幸多暇，命驾即追参。

长干寺

王安石

梵馆清闲侧布金，小塘回曲翠文深。柳条不动千丝直，荷叶相依万盖阴。漠漠岑云相上下，翩翩沙鸟自浮沉。羁人乐此忘归思，忍向西风学越吟。

南　涧

王安石

小涧何年跃马蹄，白沙翠竹净无泥。石桥流水行人过，野路斜阳倦鸟啼。

南涧楼

王安石

扑扑烟岚绕四阿，物华终恨未能多。故应陡起三千丈，始奈重山复岭何。

再题南涧楼

王安石

北山云漠漠，南涧水悠悠。去此非吾愿，临分更上楼。

长干释普济坐化

王安石

投老唯公最故人，相寻长恨隔城闉。百年俯仰随薪尽，画手空传净戒身。

雨花台

王安石

盘互长干有绝陉，并包佳丽入江亭。新霜浦溆绵绵净，薄晚林峦往往青。南上欲穷牛渚怪，北寻难忘草堂灵。篮舆却走垂杨陌，已戴寒云一两星。

二十七日登长干塔

黄　履

龙盘虎踞争岧峣，长干窣堵当中标。几年遐想入清梦，秋杪登攀英气飘。因思此塔屡成坏，相传起自阿育朝。宿缘土面获今报，八万四千成一朝。列在中华十有九，惟兹末后名方昭。自从五凤例遭毁，下逮咸和才可条。牛停金像既希有，水泛铜趺如默要。太元末年刘慧达，四顾异气山之椒。三函中出三舍利，圆正光洁如琼瑶。数层宝势仅增立，梁诏方且铺根苗。陈亡火烈复堙坠，兴废岂亦随所招。伟哉天命集真主，汤霓武旆澄氛妖。六幽葵藿向尧日，千仞凤凰仪舜韶。太宗继志符节合，章圣游文金石调。诗书仁义溢庠序，佛老余教通逍遥。祥符庚戌感光瑞，累岁九成凌紫霄。迄今八十有二载，香火瞻奉倾觇髫。群公偕我蹑危级，放身物外情何超。心闲不逐去帆动，量廓那知空界辽。奇峰万点逼冬瘦，江水九道来迢迢。共欣华旦此缘胜，大千永峙为津桥。兴余更就竹闲饮，妙音盈耳成长谣。

丙寅九月二十日
同蒋颖叔从长干雨中登高座寺诗

王安礼

弭节萧帝寺，驱车成子冈。莽卉翳涂泥，霖雨沾衣裳。跻攀踰百寻，险滑步寸量。生公不可见，雨花空此堂。当时听说法，神鬼久已藏。烟云渺无穷，凄风来我旁。山川万邑屋，所见未毫芒。驾言吾将归，重劳徒御将。迟明羲与和，宇宙观暄旸。安行凌太虚，旷朗观八荒。

安中尚书见招同诸公登雨华台

郭祥正

城南五里近，驱车稍停休。层台临古刹，欣陪清净游。凭高送远目，考古思名流。更读琳琅篇，叙事何其周。尸黎与法云，接迹居岩幽。趣将金仙谐，行匪邪径由。至今手植松，千丈腾龙虬。悟发特异众，妙龄已依刘。天华无根蒂，应讲来飞浮。帝释昔举手，此理谁可侔。迩来表前踪，新亭压鳌头。空渚栖古月，大江浴清秋。旷怀出十地，壮气横九州。三山连天门，水府卧金牛。故国罗绮灭，深宫榛莽留。兴亡千岁间，愁绪如缲抽。惟余北岭云，无心自悠悠。高鸿正飞冥，网罗安得收。公等真丈夫，问学皆渊丘。不应持使能，归合登瀛洲。桓桓鼎鼐司，落落金马俦。君臣若尧舜，明良互赓酬。胡为慕瞿聃，玄微解而优。愿舒三日霖，慰此旱岁求。乾坤涵润泽，使我醉雨眸。咄嗟勿重陈，玉树后庭讴。

题雨华台

郭祥正

云公说法时，诸天雨名花。此事古老传，岂为虚语夸。至今数亩地，长松肖龙蛇。下不生蔓草，上不存栖鸦。夜或散瑞光，烂若赤城霞。沿崖仅可到，狭径宁容车。严严渤海公，好古心无涯。携筇徐步至，极眺频吁嗟。不唯古佛迹，绝景来幽遐。城郭如钩环，井庐杂禾麻。青山断绿野，白水连平沙。翔帆出天镜，叠鼓传掺挝。又复听归橹，大泽鸣雁驾。云烟失浦溆，霜雪摧蒹葭。顾瞻指掌间，千里无毫差。中天二龙飞，此邦恃犬牙。纳土业已缓，何殊井中蛙。神兵半夜集，城裂如剖瓜。唯仁乃无敌，四海同一家。我公乘闲来，式宴宾亦嘉。作亭当旧址，海月浮窗纱。举杯莫辞酒，越女弹琵琶。为我谢云公，亦有三春葩。真法忌拣择，岂校静与哗。酩酊上马归，鬓发从纱纱。

奉和安中尚书同漕宪登长干塔

郭祥正

揽衣登塔窥泬寥，黄金篆牌神所摽。层梯转道二千赤，铃索交响风常飘。天厨晓送阿育供，海月夜领飞仙朝。南溟安在心欲化，九万一举期今朝。我宋真人启阊阖，尧舜之运重昭昭。佛老并儒鼎足盛，理归一善无烦条。净缘胜赏固莫逆，足力强健朋侪要。昌黎首唱城南句，东野继作芬兰椒。诸公笔力斗颖发，七言纸上铿琨瑶。聚沙叠甓付童子，秀实始自春之苗。凌空得路未足恃，遇险惊魂安可招。龙虎低沉凤鸟散，借此弹压无祲妖。四郊松柏列兵卫，万家弦管均咸韶。广庄黔乌类蠛蠓，岁望已觉元鼎调。晴川疏树历阳近，浮云蔽日长安遥。贯轮巨木彻十地，斜飞八角穿重霄。扶持故国肖父老，综领诸刹如孩髫。循栏作礼共悲仰，绝顶进步谁腾超。迹虽有为志颇壮，报且不尽功何辽。挥毫题识未云毕，城头鲁角声迢迢。兜绵铺舒换尘境，宝灯照耀银为桥。乃知此会世稀有，请君审听长干谣。

长干寺同刘宫苑浴

张舜民

人看浴出如枯木，我自无心类死灰。在处秋风吹鬓发，不堪更上雨花台。

未知何处是吾庐，南北悠悠意所如。不爱渭川千亩竹，与君江上卜新居。

雨花台

杨　杰

空书来震旦，康乐造渊微。贝叶深山译，曼花半夜飞。香清虽透笔，蕊散不沾衣。旧社白莲老，远公应望归。

长干圣感塔

杨　偕

释迦八万四千塔，一在江南古道场。无碍展开青髻发，最初分得白毫光。

题长干塔

释道生

舍利无端应念来，浮图平地拥崔嵬。当年不假金锤力，争得光明耀九垓。

次韵子椿游雨花台同长老德正

李之仪

胜游自有经年约，佳客难同信步来。无复风烟翳寒日，渐催花柳映高台。云光故事空陈迹，玉树遗音失旧哀。今昔循环等相视，欲寻归路更迟回。

范倅置酒雨花台

李之仪

流传胜致有无间，投老方能一倚栏。千里江山来极目，万家烟雨锁初寒。奸雄几许埋蓁莽，笑语何妨拥蕙兰。便觉寸阴真可惜，须将酒户为君宽。

游金陵雨花台

贺　铸

迢迢朱雀航，飞盖共凌越。东风石子冈，芳草微径绝。生公法堂在，清夜贮明月。回认城郭游，春华烂晴雪。长烟动江隩，微云泊山胁。连樯去迟回，白鸟屡明灭。江山信清丽，人物久销歇。戍堡定荒凉，投身计何拙。尘衫与汗马，端为老生设。李侯朱门俊，许与尽时哲。俛首就微班，刚肠颇摧折。人生特眠饭，似是此身切。岁晚赋归田，非君复谁结。

又明日复同惇立总领吴德素运使章思台过天禧寺登雨花台再用前韵

叶梦得

言经朱雀桁，复度白鸡年。谢公不可见，废垒蔓草缠。三日瞰垌牧，所怀多昔贤。陂陀北城墩，谁可作九泉。石头控峥嵘，目尽西南天。定都记孔明，赤壁方凯旋。惟初鼎足计，用意良已虔。更作长干行，秦淮乱清涟。残春扫余花，密叶未有蝉。高台略四远，绿野浮芊眠。午阴久未移，幽景为我延。使君固不凡，况有嘉客先。老大百念息，爨余岂遗烟。了知尘外心，本自无间然。

登南城

叶梦得

大江南渡是长干，北望清淮岁已寒。废垒至今闻鹤唳，苍山从古自龙蟠。鬓毛白尽空看镜，髀肉销来尚据鞍。折箠不能笞黠虏，遗民犹有汉衣冠。

长干曲

周紫芝

黄昏明月上朱楼，帘旌射月香雾浮。画栏垂手楼中女，对月低眉不举头。人似长干桥下水，一去悠悠几千里。谩道嫁鸡逐鸡飞，长干夫婿那得知。

长干行

陈与义

妾家长干里，春慵晏未起。花香袭梦回，略略事梳洗。妆台罢窥镜，盛色照江水。郎帆十幅轻，浑不闻橹声。曲岸转掀篷，一见兮目成。羞闻媒致辞，心许郎深情。一床两年少，相看悔不早。酒欢娱藏阄，园嬉索斗草。含笑盟春风，同心以偕老。郎行有程期，郎知妾未知。鹢首生羽翼，蛾眉无光辉。寄来纸上字，不尽心中事。问遍相逢人，不如自见真。心苦泪更苦，滴烂闺中土。寄语里中儿，莫作商人妇。

游雨花台

史　浩

试扶鸠策上烟霞，尚想当年天雨花。潮熟野航归别浦，雪干宿鹭点晴沙。高连西竺三千界，俯眺南阳十万家。更欲云开穷远目，郁葱起处认中华。

长干行

陆　游

裙腰绿如草，衫色石榴花。十二学弹筝，十三学琵琶。宁嫁与商人，夫妇各天涯，朝朝问水神，夜夜梦三巴。聘金虽如山，不愿入侯家。郭袖庭花下，东风吹鬓斜。

次韵徽州胡推官旅中遇雪且约同登雨花台三首

周必大

岁晚相逢古帝乡，长松百尺傲冰霜。青鞋踏遍江南岸，更赋名花似漫郎。

传道诗仙折简来，破寒雪屋为君开。要将好句夸张籍，故放歌谣吏部才。

天女来参彼上人，逆知君动雨花心。故令六出缤纷下，免使荒台更重临。

三月三日上忠襄坟因之行散得十绝句

杨万里

暖轿行春底见春，遮拦春色不教亲。急呼青伞小凉轿，又被春光著莫人。

草藉轮蹄翠织成，花围巷陌锦帷屏。早来指点游人处，今在游人行处行。

淮山脚下大江横，御柳梢头绛阙明。览尽山川更城郭，雨花台上太奇生。

天公也自喜良辰，上巳风光忽斩新。点检一春好天色，更无两日似今晨。

游人不是上坟回，便是清湍禊事来。最苦相逢无处避，天禧寺及雨花台。

女唱儿歌去踏青，阿婆笑语伴渠行。只亏郎罢优轻杀，槅子双担挈酒瓶。

粉捏孩儿活逼真，象生果子更时新。输赢一掷浑闲事，空手入城羞杀人。

长干桥外即乌衣，今著屠沽卖菜儿。晋殿吴宫犹碧草，王亭谢馆尽黄鹂。

除却钟山与石城，六朝遗迹问难真。里名只道新名好，不道新名误后人。

切忌寻春预作谋，教君行乐定成愁。老夫乘兴翩然出，不遣风知雨觉休。

寒食前一日行部过牛首山七首（其四）

杨万里

出了长干过了桥，纸钱风里树萧骚。若无六代英雄骨，牛首诸山肯尔高。

新亭送客

杨万里

六朝岂是乏勋贤，为底京师不晏然。柏壁置人添一笑，楚囚对泣后千年。钟山唤客长南望，江水留人懒北还。强管兴亡谈不尽，枉教吟杀夕阳蝉。

儿侄新亭相迎

杨万里

送客新亭恰放灯，儿曹迎我复新亭。百年事业何为者，送往迎来过一生。

新亭二首

史正志

龙盘虎踞阻江流，割据由来起仲谋。从此但夸佳丽地，不知西北有神州。

忽枉王人六辔驰，新亭有酒便同持。坐中不作南冠叹，江左夷吾是素期。

新　亭

张　栻

风景自今古，斯亭今是非。绝怜江水去，还有故山围。得失同千虑，成亏共一机。所思惟谢傅，不但胜淮淝。

雨花台

王　质

乱草踏秋碧，斜阳立晚红。天低昏海雾，江阔渡帷风。台有余基壮，碑无旧观丰。愁人惜倦眼，不敢送归鸿。

和陈阜卿

王　质

雨花台下晚江秋，曾对斜阳倒玉舟。自断我当归吊屈，不应君亦未封留。异时兵里同悲喜，今日樽前再劝酬。怅望佳人云暮合，空遗别恨与汤休。

吊法空

王　质

鹤不胜癯汝更癯，平沙独立未为孤。雨花台上方知有，明月堂中竟省无。此夜吟风凭北固，何时乘月叩西湖。出头已解挑包走，试路西江问老夫。

雨花台三首

唐仲友

竟夕飞花一尺围，今朝晴色荷神禧。共寻萧寺因乘兴，直上高台是爱奇。鸩鹊余寒通北极，凤凰斜照落西垂。诗成似得江山助，莫遣金陵胜侣知。

促膝红炉拥肉围，浅斟竹叶介繁禧。明年雪里人应健，醉客诗成语益奇。戏掬巧争肌玉莹，快飧不省鬓丝垂。归来鼻息春雷动，晴日三竿总未知。

因时兴灭易成空，更向层台觅旧踪。江渚余寒栖白鹭，山岗晴色转青龙。风烟暖入千林景，丝管春生万井容。堪笑冷官诗思苦，绝尘高韵以难从。

梅岭冈

黄　度

梅冈丘垄已难寻，堪恨吴儿太忍心。闻道土山标擘处，原头丛薄不成阴。

雨花台

张　汤

不谓仁义只谓空，一着参差在个中。台上缤纷花正雨，城边一阵已西风。

君王自有君王业，何事区区翻贝叶。雨花名台非识奇，要使后人知覆辙。

雨花台

卢寿老

辎车行晓快新游，更上雨花台上头。看不厌人浑是景，清无极处奈何秋。地完龙虎堂堂立，江泊鲸鲵滚滚流。一带黄山是淮土，依然望弗见神州。

金陵百咏（录十首）

马之纯

古越城

府城西北瓦棺东，尚有遗基在此中。旋折才方二里许，规模不得小邦同。正当进取争强霸，聊作屯营备敌冲。老范智谋曾不识，却云争似建康宫。

麾扇渡

此扇拈来一羽轻，如何退得十千兵。百年雨露蒙君赐，一日衣冠系贼营。正欲倒戈为向背，远观挥手极分明。而今但得旌旗白，便可中原取次行。

劳劳亭

谁把劳劳目此亭，从来于此送人行。三杯别酒倾桑落，一曲离歌唱渭城。此到伊边还几日，不知何日是归程。分携更复凭高望，满目青山万叠横。

陆机宅

只闻二陆住华亭，却有书堂在秣陵。如此弟兄无比拟，翕然京洛有声称。辩亡著论真难及，受命专征若易能。十万河桥俱溃散，儒生虚语不堪凭。

谢安墓

中兴江左百余年，人物谁如太傅贤。桓贼寻常思问鼎，苻秦百万已临边。笑谈解折奸雄锐，指顾能摧敌阵坚。平昔经纶才试此，依然赍恨向重泉。

新亭三首

相对何庸作楚囚，一时凛凛气横秋。定知决意谁能止，何事空言竟亦休。敢谓扶持非尔力，要须恢复有奇谋。壶浆满路无人至，空使遗民叹白头。

新亭见说在山头，看见江河衮衮流。何事后人轻变改，不教遗址且存留。怜他一代称贤相，说此诸人似楚囚。若使有人来访旧，一番人见一番羞。

忆昔诸贤扶晋室，冠盖多于此云集。坐中翻作儿女悲，世换人非但陈迹。我来正值三月春，花落鸟啼春寂寂。江河虽异事略同，同景不殊今视昔。磨灭英雄得丧多，山重水复无终极。安能郁郁老江左，克复神州当戮力。未论重见管夷吾，只今谁为楚囚泣。徒倚令人三叹息，徒倚令人泪横臆。狄夷相残春又春，时乎时乎难再得。

雨花台

居士室中天女现，生公台上雨华悬。只因妙语倾人听，非有真花堕我前。却似文章称锦丽，亦如咳唾说珠圆。不知谁向痴人道，令望虚空眼欲穿。

天禧寺阿育王塔

两山回处是为干，有塔亭亭高似山。不但装严增梵刹，可能形胜助城关。灯明星斗挂林木，铃动天风吹佩环。陌上行人遥见此，有时东往又西还。

金陵雨花台感僧云光事自警

项安世

横经处处客诸侯，一上高台愧不休。讲罢直饶花自雨，未妨辕下作官牛。

同刘监丞步观长干寺后诸园

项安世

游人塞道不容车，千古金陵少妇居。朱雀大桁春雨后，乌衣深巷晓风初。红红白白花无数，下下高高意有余。此景只应闲客管，瓔黎轻盖日徐徐。

五月八日离金陵

项安世

舟移石头岸，路转马鞍矶。惟有长干塔，相看未忍违。

雨华台次胡仲芳韵

刘　过

寒意湿芳草，浮生吹浪花，绕台皆峻岭，陈迹一飞霞。子醉辞吐凤，吾狂字落鸦。儿童应笑客，风飐角巾斜。

游长干留寄聪公

张　弋

僧去寻芳草，客来看落花。就斋檠乞米，借水鼎煎茶。日炙春无色，风吹天有沙。欲回成再住，此意问林鸦。

雨花台

刘端之

六朝宫苑帝王州，何事兴衰若置邮。可是战争收拾得，却将歌舞破除休。千门尽锁梧桐雨，万堞深笼薜荔秋。试向雨花台上望，夕阳烟火替人愁。

雨花台

罗必元

萧帝倾心向佛家，谩言天女坠天花。芦僧一叶横江去，回首梁园日脚斜。

长干里

罗必元

山垅中间号曰干，此干长里盛衣冠。想应王谢朝回后，日日行人看绣鞍。

新　亭

罗必元

五马来时集宴游，江山风景勿关愁。合思戮力中原语，对泣何须作楚囚。

新　亭

周师成

昔日新亭今则旧，百年名义只如新。高谈坐上无安石，洒泪尊前有伯仁。对面飞来帆影少，传音吹过羽书频。青天重唤当时月，放下清光照坐人。

新　亭

刘克庄

此是晋人游集处，当时风景与今同。不干铁锁楼船力，似是蒲葵尘柄功。几簇旌旗秋色里，百年陵阙泪痕中。兴亡毕竟缘何事，专罪清谈恐未公。

雨华台

刘克庄

昔日讲师何处在，高台犹以雨华名。有时宝向泥寻得，一片山无草敢生。落日磬残邻寺闭，晴天牛上废陵耕。登临不用深怀古，君看钟山几个争。

雨华台

释元肇

高立讲经台，浮云四面开。地中遗石子，天上雨华来。塔老香灯冷，夜深神鬼哀。回看六朝事，只有冢成堆。

雨花台

李　龏

不见梁时说法僧，一台芳草自青青。满山玛瑙殷红子，空验天花旧点灵。

雨花台

周　弼

细薛柔莎锁旧堆，昔年曾见异僧回。如何天上飞灵雨，不为人间洗劫灰。江接潮头诸脉应，地连岗势一支来。只今不假虚无事，别是春风歌舞台。

乌衣园

方　岳

吴宫晋苑半桑麻，路入长干野草花。秋晚夕阳空巷陌，蓄时燕子几人家。不携妓与东山醉，曾赌棋输别墅哗。已近重阳风雨少，菊花篱落酒旗斜。

长干送别

孙　锐

君子于行东渡头，江村烟雨看眠鸥。秋风不借游山屐，客梦长呼问酒楼。八斗才怜新鹤发，十千囊尽敝貂裘。不须刎颈酬知己，一曲琵琶在远舟。

金陵百咏（录四首）

曾　极

新　亭

在城南十五里。《金陵览古》：在江宁县十里。洛阳四山围，伊、洛、瀍涧在中，建康亦四山围，秦淮、直渎在中，故云：风景不殊，举目有山河之异。李白云“山似洛阳多”，许浑云“只有青山似洛中”，谓此也。蔡嶷作天津桥，亦以此。

青山四合绕天津，风景依然似洛滨。江左于今成乐土，新亭垂泪亦无人。

高座寺

名永宁寺，在城南门外。或云晋朝法师竺道生所居，因号“高座寺”。盖用刘禹锡诗中语。

石子冈前高座寺，犊车曾向此徘徊。清谈未解倾人国，更引胡僧度海来。

长干塔

事见《僧史》。

十丈祥光起相轮，铁浮屠镇法王坟。只愁西域神僧至，夜捧长干刹入云。

没字碑

漫漫荒池浸绿芜，残碑一丈载龟趺。当年刻画书勋阀，雨打风吹字已无。

雨华台

曾　极

昼可骑虹夜摘星，山根万瓦碧磷磷。雨台不为云光老，一洗南朝战伐尘。

金陵杂兴（录八首）

苏　泂

朱雀街头观阙红，角门东畔好春风。人家一样垂杨柳，种入宫墙自不同。

江风吹面雪漫漫，二月东风特地寒。四十病身谁役汝，小车摇兀过长干。

去年十二里新亭，克复当时事未成。爽气不随秋露尽，犹闻神鬼夜论兵。

谢公遗冢尚坡陁，丝竹中年好若何。亦到旧时携妓处，野人行馌妇行歌。

白沙翠竹长干寺，绿水朱楼白下城。燕子飞来春又晚，去年曾此看清明。

雨花台下百花香，驻马坡前百草长。若还谷熟人民乐，依旧风流好建康。

乌衣巷侧长干寺，暇日闲来看一回。未觉六朝兴废迹，凄凉先傍眼边来。

孙陵冈上丛生草，太傅坟前没字碑。人世百年元有限，何须功业更巍巍。

题《金陵杂兴》诗后九首（其三）

李　琏

长干小妇学吹箫，楼外闲风弄翠条。近得广陵消息未，暮潮已过赤栏桥。

初至长干寺

周文璞

云杪荧荧一塔灯，觉皇舍利宝烟凝。山门推上三更月，似照前朝礼拜僧。

新　亭

周文璞

诸君收泪已无言，烟外中原草色昏。老子归来坐廊庙，短辕车上欲消魂。

金陵作

施文熇

紫盖东南久寂寥，石城烟雾压岧峣。登台倦客怀千古，宿内闲人梦六朝。御苑云浮曾拾翠，旧桥月落尚吹箫。诸公不说新亭事，目断空江半日潮。

雨花台

张　榘

莫说南朝胜概繁，祗今近郭已江村。台荒浪纪曼花坠，事往空余古意存。瓯缺正缘轻纳景，鼎分谁谓不如孙。滔滔千载兴亡恨，尽付凭栏对月樽。

登长干寺塔

吴龙翰

金陵王气已销沉，几度凭阑愁满襟。往事仅存南北史，伤情空费短长吟。龙蟠故国山河壮，凤去荒台草木深。旧物尚余吴塔在，夕阳移影照江心。

怀忠襄

文天祥

平生王佐心，世运蹈衰末。齐虏谁复封，楚囚讵当脱。金陵虽怀古，尚友在风烈。褒忠侈遗庙，夫子我先达。

金陵两首（其二）

胡仲弓

掩目新亭路，人言似洛阳。山河多改变，今古几兴亡。有观空鳷鹊，无台栖凤凰。当年足歌舞，不拟是偏方。

题劳劳亭

胡仲弓

流水无情去不还，白杨青草满前山。古今多少兴亡事，人自劳劳亭自闲。

题王导像

汪元量

秦淮浪白蒋山青，西望神州草木腥。江左夷吾甘半壁，只缘无泪洒新亭。

新　亭

黎廷瑞

不复新亭泪，其如感慨何。北风吹草木，西照满山河。王谢闻孙少，萧陈短梦多。庭芳摇落尽，江上有渔歌。

长干寺

佚　名

帝王万世余磐石，宫派五家多旋涡。独立城南经六代，问君心事竟如何？

新　亭

佚　名

眼前风景异中州，莫笑新亭一段愁。得似祖生真有志，也曾击楫到中流。

新亭遗迹已榛芜，风景于今尚不殊。三百余年分王始，江东自有管夷吾。

雨花台

梁　栋

孤云落日倚西风，历历兴亡望眼中。山入六朝青未了，江浮五马恨无穷。客愁已付蒲萄绿，迳雨空余玛瑙红。我亦欲谈当世事，无人唤醒紫髯翁。

春中景物尚凄然，小立崇台古树边。潮信不嫌城寂莫，山光似与客留连。英雄马鬣无余地，气势龙蟠得几年。眼底兴亡总闲事，不如有酒醉花前。

元

雨华台

陈孚

巍台千仞梵王家，云淡秦淮月映沙。天雨宝华今不见，空闻人唱后庭花。

金陵雨花台遂至故人刘叔亮墓

赵孟頫

雨花台上看晴空，万里风烟入望中。人物车书南北混，山川襟带古今同。昆虫未蛰霜先陨，凤鸟不鸣江自东。绿发刘伶缘醉死，往寻荒冢酹西风。

雨花台独步

曹伯启

燕蓟走江浙，洋洋夸此台。金仙入幽梦，真能易凡胎。徒步良自苦，行行益纡回。前人重出处，纳履心悠哉。

登雨花台

马祖常

积翠生层巘，凝光浴巨涛。吴城花覆井，楚舸竹裁篙。地近鱼龙逼，天空鹤鹳高。野桥皆蝃蝀，溪水尽蒲萄。雨石逢芝箭，风林得凤毛。胭脂儿女小，罨画鬼神饕。六代都衔璧，三山尚戴鳌。故宫犹荏苒，古树漫周遭。仙洞歌瑶草，人家宴碧桃。饭香非接淅，酒好不篘糟。绿雾春连阁，丹霞晓映袍。攀跻欢境胜，跋涉惮人劳。老我才还劣，清资愧重叨。采诗今有使，问俗似无曹。佳丽千年最，声名一世豪。岁时休浣日，携手可游遨。

次韵送寥天与

释大忻

楚江送客暮帆开，眼底何人识异材。后夜月明潮又满，青山空绕雨华台。

长干行

李孝光

秋风从西来，吹我庭前树。闻欢在扬州，却向姑苏住。估客离长干，教侬寄书去。

送萨郎中赋得新亭

李孝光

登高望吴楚，芳草满汀洲。离别安足念，英雄翻百忧。山河吞故国，江汉入秦州。今日新亭饮，因君感滞留。

赋得秦淮夜月送友人往茶陵两首（其一）

钱　宰

秦淮一水合神州，凉月当空照素秋。风露气清双阙近，星河影落大江流。放船白下门西路，买酒长干桥上楼。送客湖湘渺千里，好怀回首忆清游。

金陵怀古

王　冕

坏墙幽径草青青，何处园林是旧京？海气或生山背雨，江潮不到石头城。英雄消歇无人语，形势周遭夕照明。回首长干思无限，水风杨柳作秋声。

雨华台

达德越士

漠漠平芜碧，萧萧乱叶红。褰衣上危石，欹帽立西风。日月奔驰外，江山感慨中。他乡对零落，那放酒杯空。

雨华台

许　谦

大江断后谁绝前，右踞苍虎龙左蟠。英雄角逐三百载，庭花玉树歌声残。王气消磨城郭改，荒村古木栖寒烟。我来两月不出户，登台始觉天宇宽。城中楼观在井底，环视百里皆峰峦。烈风拔树云蔽野，飞电霹雳驱蜿蜒。虚亭坐视河海涌，平地立见波涛翻。天开翳扫群响息，空翠削出滁和山。阴阳云雨反覆手，向来喜惧诚无端。兴亡世事亦如此，俯仰千岁须臾间。

游长干寺

萨都剌

秦淮河上长干寺，松栢萧萧云日鲜。故堞尚存铜雀瓦，断碑犹载晋朝年。石坛幡影风吹动，辇路砖花雨滴穿。惟有长廊旧时月，几回缺后几回圆。

金陵怀古呈吴山西宫讲

汪　鑫

虎战龙争古石头，山河历历似中州。六朝遗恨千年在，诸老清谈万事休。落日藤萝梁寺晚，寒烟蔓草晋陵秋。东南歌舞英雄倦，无复新亭泣楚囚。

晋

侯克中

典午机深祸亦深，马头牛尾日相寻。托身建业虽天限，回首神州已陆沉。元海不臣为乱首，寄奴有国是甘心。建兴已后皆非晋，何事新亭泪满襟。

次韵江南三首（其三）

丁　复

长干城南越王台，长干桥下客船来。桥边有人问书信，罗裙小步踏青苔。

次韵黄云翼登雨华台（其三）

丁　复

城郭江山秖旧时，野园村巷总新诗。衣冠昔日繁华地，锦绣春风婀娜枝。忼慨莫歌周室黍，升平方报汉房芝。愿闻圣主贤臣颂，最是王褒鬓未丝。

题东山西眺新亭

刘仁本

两眺东山迹未陈，西头重结小亭新。谢安李白登临旧，支遁许询来往频。江水岭云还不尽，风帆沙鸟自相亲。便当了却公家事，高卧林泉寄此身。

冈头深翠竹交加，西眺登临望眼赊。隔岸远山开罨画，两江流水学琵琶。夕阳返照尤多景，渔火炊烟更几家。为爱新亭成久坐，梅花疏影月横斜。

明

杨柳枝词九首（其五）

刘伯温

长干桥边杨柳枝，千条万缕郁金丝。人来人去争攀折，无复青青映酒旗。

春日杂兴八首（其一）

刘伯温

采石矶头春水平，长干桥下暮潮生。谁能载酒寻芳草，杨柳堤边信马行。

咏史二十一首（录一首）

刘伯温

永嘉昔溃乱，南渡驰五马。长江画天堑，九庙扇灰灺。岂无运甓人，亦有誓江者。胷池不扬波，灵物栖旷野。哀哀黍离泪，空向新亭洒。

游天禧寺

胡　奎

梵王宫在帝城南，一锡秋飞入翠岚。出寺已过潮十八，到京还近月初三。祇园地布金沙满，香积厨分玉露甘。若见黄花潭般若，凭归传语老瞿昙。

次韵张师广助教登雨花台二首

贝　琼

行行出城南，登高望三丘。雉堞壮天居，宫殿若云浮。星分斗牛野，水合江汉流。苍然淮上山，聚米当马头。气已无朔漠，人今冠中州。慷慨忆当时，远近开朱楼。仙人翠羽帐，王母珊瑚钩。貂蝉谒七贵，车马从五侯。光辉互照耀，气意何绸缪。

皇威复禹迹，风气移荒陬。千屯夹虎士，万斛回龙舟。将军卫霍功，相国房杜谋。我来览奇观，发兴属清秋。已将函谷并，遂与洛阳侔。所悲迫衰谢，蒙汜安可留。目送桃叶远，水深凫雁洲。清谈哂诸老，匡时忘远猷。庶穷八极旷，慰此千里游。

送一初讲经还京师奉诏住天禧寺

释宗泐

风城夜来雨，南风生绿槐。良友舍我去，老怀谁与开。晨鸡戒蓐食，使者行相催。空余淮甸月，长照讲经台。中都寡名缁，有此万人特。问法常满堂，白日无虚席。去留系重轻，山川为改色。风雨旧房前，萧条芳草积。相知二十年，相见辄倾倒。平生江海游，如此眼中少。白首送归情，何以写怀抱。晓日幽林中，和鸣有黄鸟。

雨花台送客

释宗泐

梁朝雨花台，近在城南陌。不见讲经人，空林澹秋色。登高俯大江，目送千里客。白鸟下沧波，孤帆远山碧。

杨褒忠公墓

叶子奇

步出城南门，来吊褒忠墓。墓高三四尺，棠梨已无树。昔人重忠节，尸祝闭祟宇。自从兵甲兴，万物散风雨。碑为攻城炮，屋作临冲柱。凄凉今日事，岂异金源苦。冢傍新骨多，狼籍相撑拄。饥乌啄人肠，飞过淮河去。

褒忠诗

朱元璋

天地正气，古今一人。生而抗节，死不易心。折辱夷虏，扶植人伦。宜加汝封，庙食万春。

赐碧峰诗

朱元璋

沙门号碧峰，五台山愈崇。固知业已白，本来石壁空。能不为禅缚，区区几劫功。处处食常住，善世语庞鸿。禅出诸灵鹫，浩瀚佛家风。虽已成正觉，未入天台丛。一朝脱壳去，人言金碧翁。从此新佛号，钵水溢蛟龙。飞锡长空吼，只履挂高松。年逾七十几，玄关尽悟终。果然忽立去，飘然凌苍穹。寄语碧峰翁，是必留禅宗。

天界寺

姚广孝

香刹依天极，彤云拥地维。龙蟠新赐额，龟负旧刊碑。金铎鸣风殿，珠幢影月墀。遥瞻晨祝罢，处处蔼春熙。

登金陵雨花台望大江

高　启

大江来从万山中，山势尽与江流东。钟山如龙独西上，欲破巨浪乘长风。江山相雄不相让，形胜争夸天下壮。秦皇空此瘗黄金，佳气葱葱至今王。我怀郁塞何由开，酒酣走上城南台。坐觉苍茫万古意，远自荒烟落日之中来。石头城下涛声怒，武骑千群谁敢渡？黄旗入洛竟何祥，铁锁横江未为固。前三国，后六朝，草生宫阙何萧萧！英雄来时务割据，几度战血流寒潮。我生幸逢圣人起南国，祸乱初平事休息。从今四海永为家，不用长江限南北。

天界寺

李延兴

诸山绕天界，千古镇皇维。螭护阶头石，龙蟠殿角碑。慈云笼宝树，佛日转瑶墀。六合资冥福，春风万物熙。

驾游天界寺

孙 蕡

车书浑文轨，海岳献嘉祥。皇风载清穆，王度日隆昌。开岁时丰庆，九域会冠裳。璇文星再纪，五色日重光。顺令下宸游，招摇随西行。灵雨浥驰道，条风清太常。万骑罗长云，千官沸鸣珰。翠华旋地轴，黄道辟天阊。绀殿开祇林，金莲灿上方。百灵俨扈跸，龙象肃周行。于时春始和，淑气播青阳。卿云笼羽盖，瑞旭炫虹梁。多士溢词林，侍从参翱翔。玉音闻謦欬，御翰洒琳琅。赓歌详舜训，文思粲尧章。天颜穆以愉，清宴乐未央。愿言敷圣泽，仁风被八荒。

登聚宝山分韵得春字

张孟兼

踪迹怜身拙，登临纵目频。江山如好客，花鸟故余春。落落行藏异，悠悠岁月新。数茎初白发，朝夕为思亲。

送胡郎中

王 燧

长干道上含情别，明月楼前入梦频。同是老年仍在客，如今莫说故乡人。

寄略道权上人

王 燧

长干寺里访清游，花落花开几度秋。望断碧云人不见，夜深飞梦到扬州。

鲁王登长干塔

释溥洽

凉秋飞盖过长干，宝塔登临霄汉端。天近彩云连紫极，日高红雾拥雕栏。龟蒙气接三山远，淮泗光分二水寒。清兴未阑闻鼓吹，香风城阙谩回銮。

九月十一日天禧寺访卢月桐观画壁回口占二绝句以寄

唐之淳

秋路沙晴不起风，长干寺里访卢鸿。瓦棺已失维摩样，画壁他年看月桐。

月桐不似虎头痴，颇学王维爱作诗。烦君满壁沧洲画，画我萍居听雨诗。

送月沧海之天界寺

史　谨

手策筇枝出故乡，宝花随处落天香。老夫未奉征贤诏，开士先登选佛场。两岸蝉声红叶树，半盂山果赤松粮。悬知到日还思我，吟倚层楼送夕阳。

游天界寺

史　谨

行随山色向招提，林壑清幽待赋诗。地暖渐生眠鹿草，松枯欲折挂猨枝。学飞乳燕还巢速，趺坐高僧出定迟。笑我白头车马客，座中无酒却攒眉。

绝命词[1]

方孝孺

天将乱离兮孰知其由？三纲易位兮四维不修。骨肉相残兮至亲为仇，奸臣得计兮谋国用猷。忠臣发愤兮血泪交流，以此殉君兮抑又何求？呜乎哀哉兮庶不我尤。

临刑绝命诗

方孝义

阿兄何必泪潸潸，取义成仁在此间。华表柱头千载后，旅魂依旧到家山。

陪驸马沐公襄城伯李公礼部尚书张公等九日同登雨花台

陈　琏

京城城北雨花台[2]，岁岁登高此处来。松下烹茶烧石鼎，竹边呼酒泻琼杯。塞鸿应候同秋至，篱菊逢时带露开。喜对紫金山咫尺，五云缭绕护蓬莱。

九日独登雨花台追用杜牧韵

李昌祺

客里登高思欲飞，乾坤但觉此生微。关河迢递亲垂老，松菊荒凉人未归。六代空台余古塔，几家新冢对斜晖。寒烟蔓草西风外，惟有秋荷好制衣。

---

[1] 选自宋端仪《立斋闲录》卷二，《明史》及康熙《宁海县志》《方孝孺先生年谱》等所载《绝命词》皆少二、三两句。
[2] 原文如此，应为笔误，雨花台在城南。

秋日登雨花台

李昌祺

兹台创何代，遗址对远川。雨花不复见，蔓草空翳然。今晨逐徒侣，偶尔凌其巅。一眄周四顾，梵宇相蝉联。黄金佛铸像，玉麈僧谈禅。侧闻身毒教，本自哀颠连。谁哉继虞愿，浩叹秋风前。

碧峰寺慎公房

李昌祺

碧嶂屏风秀，清流束带圜。烟霞醒醉梦，钟梵寤僧禅。乱叶当人落，孤云引鹤还。声闻如可契，应此息尘缘。

长干行

畲　翔

莫愁貌如花，生长长干里。嫁与远游郎，愁风复愁水。

怀长干恩公

畲　翔

六朝梵刹半金陵，谁得头陀最上乘。雪里摊经花不著，文殊原是五台僧。

九日登雨花台晚归

蒋主孝

山童先放鹤，同约野人登。树密藏花窖，江空露石棱。赏心徒有酒，系日却无绳。兴尽归来晚，柴门唤不应。

同王忘机林子丘登雨花台过吊亡姬杨烟墓荐酒赋诗

商家梅

雨花台下树为烟，抔土于今已一年。亦有催妆旧时客，同来酹酒晚风前。

长干行

沈　周

与郎同在长干住，自小相逢不相忌。郎骑竹马到侬家，当着爹娘与郎戏。不道如今却嫁郎，葡萄锦被合欢床。处郎不久郎作客，去年五月下三湘。三湘一去无消息，蛱蝶双飞烟草碧。春梦依稀兰渚东，觉来愁杀石尤风。

游天界寺

史　鉴

联骑春游入化城，松风涧水自泠泠。山门迎日诸方仰，劫火何年此地经。故事放参僧不语，遗基犹在草长青。西庵看竹流连久，归路冥冥暮雨零。

和汝行敏登雨花台韵

倪　岳

醉游同步雨花台，笑口何妨对酒开。天地无穷人易老，江山如此我须来。闻经不疗维摩病，得句终惭杜甫才。红日满山归路晚，文星早已烛三台。

登雨花台

倪　岳

千山暮色渐熹微，台草如茵尚可依。落日下从江水浴，断霞真共塞鸿飞。登高望远且为乐，弄月吟风甘息机。北望严城无十步，殷勤幽鸟莫催归。

雨花台与汪庶子平江伯司马侍御联句

程敏政

肩舆直上妙高台（司马），极目秋空亦壮哉（程）。山势重重云里出（陈），江流滚滚雾中来（程）。兴王一代夸形胜（汪），霈泽千年被草莱（司马）。登览平生最奇绝，不辞倾倒菊花杯（程）。

登报恩寺塔

程敏政

宝坊南近雨花台，入眼丹青面面开。清夜香灯千印度，红云宫阙两蓬莱。游人渐及登高节，倚马惭非作赋才。斜日长干重回首，横江一鹗正飞来。

登雨花台

李东阳

层楼望尽复高台，画里金陵面面开。山色远从城上见，江流如在雾中来。将归渐近登高节，欲赋惭非对客才。却倚南山看北斗，汉槎天上几时回。

登雨花台

李东阳

台高欲上雨濛濛，虎踞龙蟠在眼中。万古青山还路下，一丘黄壤自江东。谢公着屐何曾到，梁武谈经亦已空。好是五陵歌酒地，年年芳草坐春风。

登报恩寺塔

李东阳

古磴穿云到石窗，楼台四面隐旌幢。北临广路斜通郭，西隔平原俯见江。万里乾坤踪迹半，百年风雨鬓毛双。向来作赋躯全瘦，独有凌云意未降。

金陵眺古

祝允明

绿谢平芜野烧干，西风吹雨打长干。盘龙去后金钗饷，擒虎来时玉树残。结绮阁中香灺歇，景阳楼下水花寒。秦人岂识千年后，终古神州奠石磐。

登雨花台

王 缜

雨花夫何为，舍利亦虚耳。不见旧时台，空见台基址。

登报恩寺塔

周 伦

长干禅塔逼苍冥，偶共登临似玉京。竹叶酒杯光禄宴，杏花潭水曲江情。上方象纬相摩荡，下劫楼台几废兴。为问前朝僧细说，迢迢西望倚虚楹。

雨花台

乔 宇

经台高起帝城边，说法神僧去几年。宝塔穿云迎十地，琪花含露绕诸天。松杉远近苍烟合，宫阙参差白日悬。娇鸟似知欢赏意，故翻清韵到宾筵。

金陵八咏（其四）

湛若水

白下一台留雨花，天花吹散万人家。长江不洗台城恨，纵有清修亦乱华。

过崇因寺简古昙上人

陈 沂

仙丘何处觅，梵刹此中藏。卓地穿龙井，开山起雁堂。昙花无伏腊，衹树有齐梁。相对炉烟下，前因未尽香。

与元瑞饮高座寺晚登雨花台

陈　沂

梁皇台畔气萧森，古寺纡回众壑深。霜叶漫伤离客思，云山多负故人心。行添短褐寒初动，坐促飞觞日易沉。不尽豪吟滞归去，更乘烟色上高岑。

雨花台感昔

唐　寅

雨花烟月此时逢，台殿虚无古寺中。莫问六朝何事业，万家砧杵弄秋风。

九日与彦明登雨花台

文徵明

雨花台上雨初干，野色江光落坐间。岂谓旅游逢九日，共来把酒看三山。老年节物偏生感，到处云林不负闲。落木满空秋万里，暝禽遥带夕阳还。

寄鲁南陈子两首（其一）

文徵明

江入秦淮八月寒，长干只在断云间。闭门自觅惊人句，细雨秋风忆后山。

天界寺

文徵明

城南宝刹旧称雄，晋代妆严在眼中。绝壁星辰连阁道，上方龙象涌珠宫。翠围岚岫层层雨，凉入松杉院院风。身世茫茫尘土满，欲依莲社住江东。

与林志道兵部宿碧峰寺

文徵明

帝京何处少氛埃，古寺幽深背郭开。有约敲门看修竹，还怜系马破苍苔。清斋我自便僧供，云卧君能襆被来。最是多情双白鹤，夜凉飞下勘经台。

重阳后三日登雨花台

边　贡

一片金陵月，荒台对酒看。水云霏冉冉，江日隐团团。雁早那堪听，花迟未可餐。凭轩望乡国，西北近长安。

登雨花台

边　贡

春日登台览旧邦，东南形胜果无双。川从楚蜀斜趋海，山起燕云直跨江。回首望乡歌屡奏，侧身怀古思难降。风花散落真如雨，不见高僧拥法幢。

牛头山和湛宗伯金陵八韵（其四）

顾　璘

雨花台

古台开士说金经，传道天花落紫冥。广舌不来尘海变，春风唯见草青青。

同刘子登雨花台

顾　璘

登台秋色远，对酒暮云生。海气浮金阙，人烟接锦城。伫谈王霸迹，转见古今情。江水东流急，滔滔无尽声。

祝禧寺群公游集二首

顾　璘

桐馆延高驾，霞门集绣裳。山深寒隐日，松老翠含霜。共洽壶觞兴，仍探翰墨场。临风意披豁，飞镝试穿杨。

旧国开今代，新亭异昔游。江山衔日转，宫阙抱云浮。胜赏群公得，高情百世留。蹇余丘壑陋，觞咏托名流。

陈鲁南学士自山东寄遁志十绝和之（其六）

顾　璘

新亭高处望，今代异风云。紫殿开京观，龙成五采文。

松坞草堂新成杂兴十二首（其四）

顾　璘

何代新亭动客悲，皇都高拱控华夷。梁陈割据今谁数，王谢风流空尔为。王气接连天北极，江流襟带海东涯。平冈极目烟霄迥，鸿鹄冥冥信所之。

永宁寺春游和殷文济二首

顾　璘

胜侣皆灵运，名僧有道林。行歌穿竹迳，醉舞占花阴。寺好偏宜古，山幽不厌深。春城无限酒，爱向野间斟。

有怀思痛饮，无病爱春游。地主全双美，禅心破百忧。鸟啼连树响，花落照溪流。莫怪城闉隔，山中醉可留。

同陈鲁南雨饮永宁寺

顾　璘

南山飞雨滴残卮，野寺鸣钟客散迟。醉眼耐薰红杏色，韶华催换绿杨丝。衰年感旧重重恨，故苑寻春步步宜。拟上花台观淑景，湿云横路正低垂。

同诸君游碧峰寺

顾　璘

净域秋如昔，佳宾胜在兹。壶觞牵野兴，歌咏发岩姿。殿古高云积，林深落照迟。莫留残醉去，他日怨暌离。

永兴寺结夏

顾　璘

濯发莲花水，清风满面吹。松高迎日早，僧老下床迟。施食鸟频至，翻经鹤静窥。物情浑不远，幽兴自相宜。

祝禧寺望积雪

顾　璘

岩谷素华积，禅房朝倚阑。为怜珠树丽，宛坐雪山寒。白以空为色，冰因冻作干。太阳休见恐，生灭本同观。

春日游高座寺二首

顾　璘

佳辰聘望给孤园，白祫初成气候暄。春日渐添风物美，空山真隔市朝暄。歌催酒盏当筵急，坐爱花枝满目繁。眼底同君聊一醉，吴台梁苑底须论。

花发其如逸兴翔，春山釃酒惜年芳。台高忽见江流近，寺古惟闻松柏香。并游骄马花边去，独啭新莺竹里藏。寻壑经秋共忘返，还怜白日转添长。

能仁寺

顾　璘

竹树烟生暮景沉，西岩高阁迥难寻。幽溪锦石垂花丽，古殿寒云接海阴。荒径散分灯火乱，春山数劝酒杯深。经过胜地浑难并，不负幽人十载心。

雨花台

敖　英

雨花台上无花雨，此日登临踏古苔。清梵不闻重说法，乱山依旧对衔杯。六朝蔓草天边去，万里江流席下来。回首长干笳鼓动，城南灯火映楼台。

过永宁高座二寺

严　嵩

永宁峰寺僻，高座亦为邻。曲径无人到，云松自可亲。异花飘法界，幽草发新春。安得遗尘事，林中结净因。

高座寺小憩

汤　珍

天风拂袖下岧峣，度竹穿松兴未消。磴石青苔扶短策，寺门黄叶认前朝。坐依佛榻闻清磬，渴饮僧厨借午瓢。爱杀长干秋色好，客游宁待菊花招。

游崇因寺

许　穀

秀壁垂苍柏，琱台映紫霞。林虚含万象，室静演三车。宝地金为粟，祇园玉作花。直须同结社，应恨未辞家。

雨花台次顾东桥司空韵

黄　佐

高座寺前千仞冈，西风低草见禅场。化人已去石台古，旅客偶来山径荒。地接秦淮波脉脉，天围吴楚野茫茫。凭高不见花如雨，惟有霜枫飘夕阳。

游梅冈和石亭韵

王　韦

将军埋甲处，登望一凄然。江映杯光动，岚消剑气悬。郊垧摧草树，时序变风烟。惟有翻经阁，还开落照边。

白下春游曲七首

金大舆

其三

白马金鞍游冶郎，醉携红袖上梅冈。银钿金雁春风里，指点江山坐夕阳。

其五

长干寺前花不稀，浅红深白映山扉。楼头载酒看花坐，堤上行吟踏月归。

金陵春日雨后同盛姚诸君子出游城南诸寺遂登雨花台

李　英

梅冈新霁后，犹似雨花年。说法空山顶，斋心绣佛前。江边六代寺，城上五云天。欲赋长干柳，苍茫起夕烟。

雨花台观月

金大车

高台上与碧云齐，坐看冰轮出海西。吴苑参差双阙迥，楚天高阔万峰低。灯悬村落昏初见，帆出江烟远欲迷。疑向广寒归路晚，满身风露夜凄凄。

游能仁寺

金大车

落叶迷幽径，垂藤锁断垣。溪深晴浴鹭，树老昼啼猿。海气庭前障，天花雨外翻。坐来清梵永，尽日不闻喧。

游能仁寺

金大车

驱车南国破朝烟，醉扫苍苔石上眠。九月霜清猿啸苦，诸天风静磬声传。不堪摇落逢秋日，况复蹉跎入暮年。问水寻山聊尔尔，拟将穷达任皇天。

丽情词二首（其一）

谢　榛

郎住长干南，妾住长干北。醉骑白马来，帘下初相识。

雨花台

冯　恩

徙倚高台对寂寥，尊前飞叶带霜飘。秋霞映水明双阙，暮霭连山锁六朝。

游牛首山归与寮友宿天界寺

王　问

看山遥在万峰西，归路亭亭江日低。散吏自堪携伴侣，闲心犹得住招提。经坛露净天花落，塔院风清谷鸟啼。长习蹁跹入禅寂，亦知虚幻此生迷。

金陵绝句

皇甫涍

长干已过落花辰，满地杨花不见春。强折垂杨送归客，劳劳亭畔共沾巾。

安隐寺

皇甫汸

人天即此路，花雨见空台。刹尽南朝建，经多西土来。碑荒残藓合，僧定野棠开。了悟身如幻，何须访劫灰。

又赋雨花台

皇甫汸

多少南朝寺，长干觉路分。天花飞昼雨，江树隔重云。礼塔镫难灭，临台日易曛。莫因逢净侣，开社欲留君。

宝光寺

皇甫汸

四山栖梵处，一径杳然深。岁久惟看树，台荒半宿禽。远江横落日，寒殿下秋阴。独坐观冥理，宁知静者心。

长干寺除夕

皇甫汸

客岁囚僧腊，人天感物华。繙经迷贝叶，颂酒愧椒花。裘敝长干里，心飞故国涯。随缘聊住世，岂是乐无家。

报恩寺浮图

皇甫汸

明光九级尽琉璃，为答玄功讵惜赀。地异赤乌寂教后，基同白马碣名时。鹫峰直与诸天接，凤阙翻从下界窥。登罢欲书多宝事，奈无江总善题碑。

木末亭送谈二秀才还吴

皇甫汸

驱马怜同役，乘舟念独归。孤亭一眺望，千里思翻飞。萤火车生帐，秋声乐子机。坐来双树下，那得系残晖。

永宁寺登木末亭

皇甫汸

香刹侵丹汉，禅亭结翠微。芙蓉悬宝塔，鵁鹊影金扉。祇树千云覆，灵花万雨飞。绿深全隐驭，红密半遮衣。籁引秋声入，镫传夜梵归。凭高览虚寂，真乘在芳菲。

雨过高座寺

皇甫汸

积雨黯花丘，缘云入香界。修篁振林间，疏钟落峰外。康乐诵阿含，陈思演清呗。欲除常恋牵，惟是逃虚快。

普德寺

皇甫汸

古寺城南访六朝，高台一望几萧条。门前黄叶催年暮，林外青山觉路遥。塔影常圆沙苑月，钟声静带楚江潮。老僧宴坐耽禅定，送客何曾过虎桥。

登雨花台

康太和

鹫岭岧峣上，龙宫路转斜。山河饶四望，城阙俯千家。松暝偏藏鹤，台空尚雨花。凭高无限思，风物满京华。

王敬美入京补选过金陵言别同袁鲁仲高座寺饯之

文　彭

仗剑辞家及暮春，相逢白下柳条新。拟从北阙沾新命，先向南都别故人。细雨暂停僧寺酒，暖风轻拂马头尘。古来名士多年少，看尔飞腾切禁宸。

金陵杂歌十绝（其六）

文　彭

南朝诸寺石南门，四百八十今谁存。可怜惟有长干殿，金碧参差势独尊。

王绳武同游长干寺

文　彭

宝刹长干外，登登紫蔓长。曲池县玉涧，幽迳落天香。旭日摇金塔，纤云拥画廊。偶同王子敬，看竹到山房。

金　陵

文　彭

此日帝城游，风烟入望愁。青山映黄屋，绿水浸红楼。高树宫墙绕，新波太液流。雨花台上望，无处不宜秋。

雨花台

文　彭

岧峣双阙隐蓬莱，更有长江天际来。无限江山无限好，就中尤爱雨花台。

石子冈望江

文　彭

长江望不极，划然射双眸。风帆迅飞鸟，却逐东逝流。落霞照寒影，爽气生清秋。羁怀三十日，何如此日游。

诸友次高座寺

蔡　羽[1]

城南诸佛宇，各自占烟霞。十步一金磬，高台自雨花。帝城云物瑞，江表士风嘉。醉爱枫林暮，停车傍狭斜。

---

[1] 一作黄省曾。

天界寺

蔡　羽[1]

秋晨慕虚览，梵宇谢埃郁。前垅未及逾，中林庶欵述。入门蹑飕飗，循隩多扃鐍。紫院阴霞兴，瑶阶锦苔出。问柏知僧年，藉花荫佛日。昼憩夕忘返，神恬形寡役。忏往坐独冥，玩空尘徐拂。终寓岂不欢，旋舆未能释。

雨花台

孟　洋

初夏登临花未稀，一春多恨赏心违。群峰细雨江流转，万户垂杨燕子归。谢傅风流今不忝，秣陵云物旧全非。空台草长谈经处，风起游丝罥客衣。

春日怀金陵旧游六首（录二首）

王懋明

雨花台

长干风景地，台上每淹留。云树空濛色，烟江缥缈流。席前芳草暮，钟外雨花收。梦寐城南路，何年寻旧游。

报恩寺

禅宫雄帝里，传是报恩开。慧鸟闻钟聚，香霞望树来。塔中观世界，画里识轮回。远别维摩室，尘心未尽灰。

长干晓发

钦　义

幽事忻自抱，幽寻每独行。曙钟凌晓气，人迹动鸡声。树老三秋色，江深六代情。村烟饶野饭，洗钵浣溪清。

宿天界寺留半峰上人

卢　宁

深巷虚斋草露溥，高僧净戒夜忘寒。编篱拟畜白麋鹿，种竹尽长青琅玕。山谷七言云里和，楞伽四卷月中看。闲来梦觉游禅去，愧尔弥天释道安。

[1] 一作黄省曾。

金陵古意八首（录三首）

黄姬水

其四

聚宝城门平旦开，倾都士女眺香台。夕阳官路游人散，竞折花枝插鬓回。

其五

杏子雨晴天气寒，追寻桃李畏花残。朱雀航头南去路，酒旗悬处是长干。

其六

金陵百斛蒲萄浓，丝骑香车横复纵。昨日蒋祠歌舞散，今朝梅庙又相逢。

高座寺

蔡汝楠

云公台榭至今留，休暇追随访古游。秋色总归红叶寺，楚江还见白苹洲。松林月上言弥静，阁道钟残思转幽。莫讶为郎贪佛日，官闲禅定两悠悠。

中秋长干曲三首

周天球

内桥南走是长干，十里平铺白玉寒。踏尽马蹄尘不动，半窗明月此中看。

花灯百队走儿童，尽道仙娥降月中。纵是霓裳看不见，白毫光里度香风。

玉笙低引紫箫长，不许商音断客肠。听到月斜才入破，飞来七十二鸳鸯。

同黄淳父登雨花台

黎民表

高座翻经处，扪萝试一登。群峰当暮敛，万象入秋澄。树色分萧寺，松风起汉陵。伤心烽火日，楼橹在西兴。

同黄淳甫盛仲交余伯祥过天界寺苇航竹馆

黎民表

东林曾有翠华游，别院风驱万竹秋。经品旧从天竺至，禅栖应待许询酬。山开气色皇居近，潮转寒声大地流。依止空门犹未得，干戈遥动故乡愁。

九日长干寺别友人

陈　芹

精舍长干绕，清池曲路通。双桥云影上，疏雨梵声中。晚岫沉孤翠，秋英吐艳红。嘉辰聊一醉，世路漫西东。

秋日登雨花台

陈　凤

落叶山中寺，秋风江上台。凤城双阙迴，牛渚片帆来。繁吹暮仍急，清樽醉复开。东篱菊尚晚，留取尽余杯。

登雨花台

欧大任

天花何日雨，台下见长干。山色卢龙古，江声白鹭寒。双林云更落，六代柳俱残。只有谈经石，苍苍绕法坛。

何仲雅访予普德寺

欧大任

逢君邂逅日，山里律僧家。名士归平叔，征君识若耶。窗萝悬似带，岩桂郁将花。净土宁劳约，恒河一聚沙。

中元夜钟给事道复招同陆文学伯生李孝廉季宣雨花台玩月得香字

欧大任

高台一上散苍茫，歌吹何期其夕郎。冰净竞传希逸赋，风流新挹令公香。夜疑海上开龙藏，凉入江头涌雁堂。坐久天花还欲落，万山秋色照持觞。

木末亭送孙叔达还吴门

欧大任

秋兴吴中去，津人暂系舲。菊花园客酒，贝叶竹僧亭。问路江浮碧，看山海涌青。未论丘壑胜，清世且沉冥。

雨后同姚元白杨惟五游城南诸寺四首（录二首）

欧大任

其二

石子冈前霞满天，千枝杏花更可怜。江南觅得同游侣，不是诗禅即酒禅。

其三

木末亭西背郭斜，宝林庵是律僧家。春阴几日不出户，犹得闲行听暮鸦。

登报恩寺塔

欧大任

塔倚长干寺，经传白下僧。六朝城市尽，江涌佛前灯。

大天界寺

欧大任

长干路转宝林西，古寺犹看御敕题。自昔翠华临玉殿，至今黄鹤下丹梯。松边石蕴烟霞秀，阁上峰连日月低。一入修门云卧久，细萝芳杜忆深栖。

金陵山寺诗八首（录三首）

张元凯

报恩寺

燕邸龙飞答上玄，鼎新宁数赤乌年。凤城宝气云俱瑞，雁塔珠光月并圆。不尽烟花连万井，俨然宫阙丽诸天。真如岂易同灰劫，佛日皇图共永绵。

雨花台

佛宇禅扉映晚霞，青山回合大堤斜。似将高座台边雨，散作长干市上花。绮绣道傍公子骑，歌钟云外列侯家。繁华岂是今犹昔，月露前朝几劫沙。

天界寺

春明门外梵王家，香室经台护绛纱。礼罢金仙新铸像，供将鹿女乍衔花。孤云寂寂窥禅定，驯鸽栖栖听法华。方丈自能容卓锡，何须世外有恒沙。

三月晦日同庐陵尹教父南闽林贞实游雨花台过高座寺谶洁上人竹林

梁辰鱼

出郭历长薄，逼仄随蹇驴。盘纡花台路，始及青莲居。入门转房廊，高垣荫扶疏。芳晨履初夏，佳宾满庭除。开轩对前岗，青林旭日初。连山隐复殿，修篁夹精庐。微云当昼来，薄阴蔼郊墟。山窗映新绿，潇潇凉雨余。樽酒谐素心，顿令尘虑祛。摩挲梵王字，探讨释氏书。降魔见空寂，澄心得真如。兹游良不易，沉怀一以舒。颓阳台上没，严城肃回车。

同诸公游高坐寺登雨花台

王世贞

此地昔高坐，诸天尽雨花。我来当落日，万壑竞蒸霞。小供维摩饭，时呼阳羡茶。不须频竖义，睥睨有归鸦。

余以己巳正月渡江访会家弟于天界寺雪阻五宿今年腊月寺僧访余昙阳庵留宿雪复大作因成一律寄之

王世贞

昔年五宿天界寺，今日重逢天界僧。傍看无发胜有发，此事吾能汝不能。听讲雨花还更否，闻钟乞食记谁曾。雪鸿指爪何劳苔，且共庞公坐一灯。

长干行

王世贞

上客酒莫倾，请听长干行。长干十二高楼，夭矫若飞虹。回飙却檐楣，赤日眩雕甍。楼中何所有，娇女字倾城。五尺明珊瑚，睹者无不惊。姊妹不得骄，父母不敢高声。流盼灼朝霞，缓齿兰芳生。头上金雀钗，一一衔珠珰。腰间琼瑶珮，行步中宫商。鸳鸯生不识，绣出便成双。十五嫁小吏，小吏焦仲卿。三朝上府牍，四夕践府更，府公拮据不得宁。十五休浣期，中厨刺刺宰猪羊。不见小吏还，乃过邯郸倡。邯郸倡，善为蛊，不可方。长干女，守空房。峨峨凤凰桥，焉见飞且鸣。淼淼天河水，指影竟无形。女身既已非，为妇空得名。恒恐容华变，薄命委秋霜。温衾不甘暖，涕泪沾衣裳。

子夜吴歌（其一）

王世贞

采桑长干陌，绿叶正毵毵。远驻青骢马，相遗玳瑁簪。不愁无语对，归恐误春蚕。

子夜变歌

王世贞

长干月烂漫，是郎初变时。莫谓无情黠，耐作有情痴。

再同二公登雨花台仍用花字

王世贞

高坐同支许，清言胜永嘉。忽秾平野色，犹似讲坛花。岸帻和风狎，移床返照斜。将何消酩酊，乞得老僧茶。

八月十六日携酒高坐寺同郭道人次父王山人承父孙山人齐之徐司理茂吴邹学宪彦吉梅茂才禹金凡七人分韵余得南字

王世贞

鹫宫高踞凤城南，半入杉松暝色酣。杯底应徐无俗韵，坐中殷许有清谈。新蟾似尼严谯漏，倦鸟疑催俗客骖。莲社故应饶野服，竹林吾总愧朝簪。

报恩寺塔歌

王世贞

壮哉窣堵波，直上三百尺。金轮撑高空，欲斗晓日赤。浮云遏不度，穿泉下无极。钟山颉颃一片紫，余岭参差万重碧。高帝定鼎东南垂，文孙憯启燕王师。燕师百万斩关入，庙社不改天枢移。六军大酺万姓悲，欲向罔极酬恩私。阿育王家佛舍利，散入支那有深意。中夜牟尼吐光怪，清昼琉璃映纤碎。帝令摄之置塔中，宝瓶严供蜀锦蒙。诸天悉凭龙象拥，千佛趺坐莲花同。匠师琢石细于缕，自云得法忉利宫。亦知秋毫尽民力，谬谓斤斧皆神工。波旬气雄佛缘尽，绀宇雕阑销一瞬。乌刍额烂走不得，韦驮心折甘同烬。海东贾客莫浪传，此塔至今犹岿然。老僧尚夸护法力，永宁同泰能几年。

同金子坤陪群公登雨花台

盛时泰

绀殿珠宫结驷行，登台共豁远游情。林花雨霁双峰出，云木凉生一鸟鸣。禁苑晡烟开树色，秦淮春水长潮声。却因楚使夸云梦，愧作诸生赋帝京。

报恩寺登琉璃塔绝顶

邱云霄

文皇开胜倚天都，揔入江山作画图。古殿丹青传色相，上方日月护浮屠。老僧解说前朝事，指客遥看六代湖。同泰寺荒春草遍，雨花台畔莫云孤。

雨花台宴集

李　蓘

休衙松日高，出郭溪风送。兰棹漾晴波，花林暖香梦。轻云荡我胸，万象可抚弄。绿竹摇崇丘，青烟发岩洞。踞险把金樽，悦此山鸟哢。翩翩远帆回，稍稍疏钟动。良会不可常，归鞍且迟控。

长干曲

王伯稠

月出江头白鹭飞，江花采罢湿罗衣。侬家住在长干里，自唱莲歌伴月归。

雨花台眺望

龚秉德

崇台缥缈出云孤，春日凭虚览壮图。江绕浔阳遥辨楚，山连京口半吞吴。秦淮风土怜今昔，王谢豪华问有无。回首长干伤往事，六朝烟雨半蘼芜。

纪游二首（其二）

张献翼

萍聚长干兴未穷，劳劳亭外起寒风。只今海内称兄弟，半在当筵气概中。

方正学祠

曾朝节

祠堂开木末，宛在阙庭前。缞绖旧君服，离骚绝命篇。已知心匪石，肯污笔如椽。瓜蔓抄虽毒，遗文百世传。

游崇因寺

姚汝循

复岭藏金界，幽探历翠微。屡迷黄叶境，始到绿萝扉。谷静松声合，秋高林影稀。坐来尘世隔，花雨满空飞。

越　台

姚汝循

霸迹何年寄此邦，遗丘俯瞰水淙淙。当时拟拓畿千里，今日耕为地几双。东望珠光摇楚塔，西来练影拽空江。早知终作牛羊野，何事雄心苦未降。

和苏子仁暮春雨中登木末亭之作

姚光虞

木末何年此构亭，长林春雨昼冥冥。洲边二水兼天白，城上三山尽日青。古寺荒凉空落叶，游人聚散只浮萍。残碑衰草凭阑外，感慨尊前酒易醒。

长干里

余孟麟

聚宝门外古长干寺，今报恩寺其地也。左思《吴都赋》曰：“长干延属，飞甍舛互。”今大道直接山冈。冈之外林木蔽亏，楼台掩映，依稀南朝旧迹。岁时游人肩摩趾错，往来不绝。江左繁华，此为最胜。

浦口乌衣巷，航头白板扉。野花迎日放，江燕掠芹飞。潮起双虹饮，城严百雉围。春风吹绮陌，游侠醉忘归。

雨花台

余孟麟

都城南一里，聚宝山之冈。志云：梁武帝时，云光法师讲经于此，感天雨花，因以名台。台侧有高座寺，晋竺道生所居。江山城阙、宫殿陵园、宫寺市楼、禅关道宇，凡景物壮丽，无一不在望中，真南都一大观也。

倚杖看朝霭，焚香坐夕曛。花飞长作雨，岫出不归云。天远低于幕，江围窄似裙。一峰台殿外，梵呗隔氤氲。

长干行

郑学醇

同是长干人，相逢语娴娅。何用比欢情，芙蓉吐清夜。

春日木末亭延眺

顾大典

帝里春偏丽，招寻兴未阑。一樽携木末，双吹出云端。谷静禽言细，林深花影寒。归途有明月，醉向马头看。

和余学士金陵登览诗二十首（录二首）

焦　竑

雨花台

南郭高台迥，乘春数散愁。雨余千嶂立，树杪一江流。地拥莺花胜，情兼水石幽。角巾差自得，端合老林丘。

长干里

长干古阡陌，佳丽擅名都。花月三春暮，衣冠六代余。桥星随宝马，檀雾杂巾车。丝管淹良夜，严城钟漏徂。

雨花台歌赠陈荩卿

焦　竑

行游城南今几回，丹枫欲老菊半开。高座道人有精舍，相与推挽升崔嵬。往事风流如可掬，况复陈君起空谷。共推谢朓解吟诗，又道周郎能顾曲。茅斋门巷接乌衣，六代繁华有是非。寻真吊古情何剧，载酒弹棋乐未稀。高台一望纷烟树，笑指城中读书处。故篋长怀霹雳春，振衣莫厌风云暮。君不见明堂大厦须良材，一丘突兀何为哉！

宝光寺访庚克明

焦　竑

一从裘马向飘零，多少江淹恨别情。明月自怜长按剑，香台何意共班荆。青林罨画悲歌动，彩笔凭陵顾盼生。乘此登临须尽兴，南朝诸寺待题名。

帆　影

张　回

劳劳亭次别，无计共君归。一叶随风去，孤帆挟浪飞。目穷河鸟乱，望断浦云非。只在天涯畔，伤心隔翠微。

憩天界寺之万松庵

王弘诲

何处寻春最可怜，万松深处敞诸天。昙花琪树云烟丽，绣拱雕栏日月悬。法界自超人境外，好山多在夕阳前。词人更有唐音妙，未道阳春寡和偏。

长干春游

杜士全

兰若参差半六朝，纵横歧径走山椒。花殷柳碧都堪赏，玉宇珠宫每见邀。争炫新衣纨共绮，骄嘶宝马夜还朝。关门纵有葳蕤钥，不觉寻春去踟遥。

报恩灯塔

杜士全

雁塔长明照远垓，垒层九转合尖嵬。乍看火树凌霄汉，忽讶繁星散碧台。震旦传灯宁待旦，如来舍利忽飞来。迷途自此成真觉，总赖皇慈大愿开。

长干曲

于慎行

妾住在长干，离居岁欲阑。洞庭归客少，浦口去人难。雨落吴天暮，云横楚岫寒。含情何所待，憔悴碧江湍。

长干

于慎行

白门通市里，传是古长干。陌柳藏鸦曙，秋潮带雨寒。横塘归客断，子夜旧歌阑。别是繁华地，休将六代看。

南都诸公邀宴高座寺对雨

于慎行

天畔虚堂倚碧岑，坐来烟雨动萧森。白云暮结莲花座，阴壑寒生桂树林。三楚江山游子兴，两都词赋主人心。南朝旧寺应无几，寂寞高台自古今。

寄雪浪上人

于慎行

别来人欲老，尺素不曾逢。每望长干月，疑闻内院钟。雨花飘座尘，雪浪起林峰。此际能相忆，江云隔几重。

登报恩寺浮屠览眺十韵

于慎行

宝域横三界，璇标镇八溟。盘空依日月，飞磴蹑辰星。乍似攀仙掌，旋疑陟紫庭。五城秋雨霁，九市晚烟冥。远树层层白，连山面面青。昙花挥尘落，仙梵倚棂听。弥觉皇居丽，因知佛土灵。前朝流水尽，初地劫灰经。销歇悲人代，疏狂混醉醒。不愁天路近，风御自泠泠。

长干曲

孙继皋

妾本长干女，爱在长干住。何事嫁商人，愁风复愁雾。与君返长干，妾安君亦安。十指百不难，莫愁饥与寒。

雨花台所见

汤显祖

冉冉春云阴，郁郁晴光莹。取次踏青行，发越怀春兴。拚知天女后，如逢雨花剩。宜笑入香台，含颦出幽径。徙倚极烟霄，徘徊整花胜。态随惊蝶起，思逐流莺凝。美目乍延盼，弱腰安可凭。朝日望犹鲜，春风语难定。拾翠岂无期，芳华殊有赠。持向慧香前，为许心期证。如何违玉缨，沈情击金磬。

谒方正学先生祠

丁　宾

花雨台前石子冈，孤坟松柏自苍苍。从来洒泪成新土，何必游魂返故乡。山色一林俱积翠，江流千古半斜阳。欲知直道人心在，祠庙于今信有光。

雨花台

秦　秋

袖拂青霞一上台，金陵王气自东来。天边细雨空花落，江口浮云叠嶂回。石卧荒亭苍藓地，酒倾仙梵白莲杯。千秋龙虎相蟠踞，大抵宏图自圣开。

初归跃马涧招长干忠公

陈　昂

万事不如意，方知无事闲。傍墙分暖日，移榻就春山。黄鸟飞初下，清泉汲正还。题书寄开士，带月扣柴关。

题方正学先生祠堂

叶向高

燕歌一夜满都城，大内罘罳火彻明。无复看书延侍讲，仍传天语劳先生。两朝事往君恩在，十族烟销诏草成。为问精灵何处是，雨花台畔子规声。

葛震父招游雨花台同张康侯姚佩卿诸子

徐　熥

高台千尺俯烟霞，却望当年旧帝家。百雉都城仍踞虎，六朝宫树半栖鸦。云边淮水连天远，林际钟山带郭斜。独有空门不销歇，至今犹落讲坛花。

天界寺宴集

卢龙云

近郊多宝地，兹地景偏饶。诸天开净域，上界出僧寮。阴森翳草树，乔木且干霄。万松间修竹，绿荫垂丰条。值我同心友，折简相招邀。夙驾西南隅，弭盖陟山椒。历览穷幽胜，徙倚任逍遥。置酒长檐下，远俗隔尘嚣。鸟哢声声巧，林响复翛翛。举杯能勿醉，耳热一长谣。日晚促归骑，始觉路迢迢。秉烛兴未尽，入户已深宵。

长干里

顾起元

长干曲曲抱江流，上日城南忆胜游。陌旷金羁迷叱拨，楼高玉树倚箜篌。官桥水抱云帆净，野寺峰衔石镜幽。总为探春情未极，不妨鸣柝更淹留。

雨花台

顾起元

高台斜枕帝城边，登眺无如此地偏。塔影挂江晴荡日，城阴笼树晚含烟。高吟共喜扪萝上，长醉尤宜藉草眠。风过生香林外发，只疑花雨散诸天。

拜方正学先生祠堂（二首）

顾起元

白马魂空结，朱蛇谶岂真。九重原叔侄，一死自君臣。鼎镬当年事，蒸尝异代人。西山一抔土，寂寞闭冬春。

匿孤闻县幕，收骨有将军。禁密趣烹客，心枯绝命文。泪痕台北土，魂梦海东云。劝进同时士，麒麟自纪勋。

雨花台

童　宽

阿师何术陨天花，台迥登临望眼赊。百里晴山围帝宅，六朝芳草入僧家。层层树色寒烟合，历历车声古道斜。铁锁销沉龙战后，落潮处处咽红沙。

拜方孝孺先生墓

郑明选

隔世祠初建，荒山冢仅存。荐苹惟我辈，收骨岂儿孙。祇觉丹心苦，宁辞赤族冤。精灵江月里，长到孝陵园。

雨花台

曹　随

法雨何年散，江云此日开。花明子石出，涧滴乳泉来。拨溜珠挑杖，归樵翠拂台。翻经人去后，讲坐久尘埃。

长干里看迎腊月春

柳应芳

东郊南陌动游尘，路入长干百戏新。玄龠已吹开岁律，青旂将引隔年春。林藏残雪先销柳，河带流澌欲上苹。初胜风光常胜地，今朝都占看来人。

正月十五日同盛太古集雨花台

柳应芳

郭外香台胜日登，天花曾现六朝僧。宜春犹载屠苏酒，不夜先观太乙灯。柳上轻烟吹作雨，梅前残雪积成冰。旧游更向新年感，草色青青似杜陵。

劳劳亭送客

柳应芳

劳劳亭下路东西，翻遣行人到此迷。山鸟似经离别过，至今不敢尽情啼。

越卓凡招饮高座寺登看竹轩松风阁同席者钟伯敬马瑶草贺斗虚李新宇乘月而归

丁肇亨

高座隐山岑，千层楼阁深。衔杯同览胜，说剑复成吟。竹影连苔色，松声和鸟音。乱花迎面舞，飞蝶趁风侵。屈曲通幽径，逶迤入茂林。沉酣犹未已，萝月满衣襟。

仲春程仲秩要泛赤石矶

钟　惺

城中今可泛，君爱出城闲。春物沿洄外，烟光动止间。逢花频步岸，返棹亦看山。共计阴晴日，各怜游事艰。

三月三日再泛赤石矶勒诗于石

钟　惺

又乘佳日泛余清，昨夜犹闻风雨声。一水恰周城内外，三春半付节阴晴。舟经花鸟兼山趣，岸寡亭台称野情。珍重矶头千古石，今年上巳始题名。

方正学先生墓

王思任

西风何处吊英雄？万死先生觉未冤。一个心坚留是字，千秋口实遂难言。追陪叩马终多事，成就龙逢亦至恩。此语尊前知曲折，低头空自拜黄昏。

当年大节未能称，此日荒堆价岂增？十族有魂依暗月，九原无愧付青灯。江流过墓俱成泪，野鸟攀松尽作藤。浩气万年应不散，朝朝暮暮对钟陵。

金陵咏怀古迹（录二首）

费元禄

劳劳亭

八月金陵天气凉，劳劳亭畔雨花香。谁家别泪沾红粉，几处秋风起白杨。沽酒城边频系马，闻歌道上总思乡。古今无恙东流水，多少行人为断肠。

新　亭

过江形胜感宗臣，暇日登临似洛滨。风景凄凉空举目，神州凋敝属何人。棠花自发青芜杳，燕子初归白屋贫。况是经过王谢宅，不堪衰草更沾巾。

金陵四十景图像诗咏（录四首）

朱之蕃

雨花闲眺

在府南三里聚宝门外，据冈阜最高处。梁武帝时，有云光法师讲经于此，感天雨赐花，天厨献食，故以名其台。台上浅草如茵，无一杂树。登其巅，则江光日彩与四眺林峦烟火交相映带，游人车骑骈集，终岁殆无虚日。

座上高僧演鹿车，缤纷天女散昙华。山含宝气无乔木，地擅灵区逗彩霞。一片江光悬树近，万家烟火绕城斜。青樽未罄舒游目，遥见前林集暮鸦。

长干春游

在城南聚宝门外，江东人谓山陇之间曰干。一出城闉，山冈绵衍，往安德、凤台二门，径道回环，寺宇错置。其间平地民庶杂居，故相传有大长干、小长干之名。今春日游观骈聚，每至漏下，尚自启钥，以待归人。

星罗萧寺自南朝，衢路交通被麓椒。霁日楼台宜啸咏，春风花柳助招邀。骈阗仕女纷车马，杂遝笙歌接暮朝。不用寻仙蓬阆远，喧中取寂任逍遥。

报恩灯塔

在聚宝门外。吴赤乌间，有康居国异僧来长干里结茅行道，能致如来舍利。孙权为建塔奉焉。寺名建初，实江南塔寺之始。梁名长干寺，宋改天禧，至永乐时鼎新恢拓之，赐以今名。其塔最高，金碧琉璃，灯光炫燿。中夜烛天，极称状观。

阿育威光遍九垓，浮图惟此独崔嵬。千灯接焰明京国，七级凌空傍斗台。耀日法轮宏圣代，含灵舍利锡如来。中宵映彻中天月，好共瞻依瑞相开。

天界经鱼

寺本晋建，元文宗改名龙翔，在会同桥北。洪武中徙建聚宝门外，额题善世法门，与碧峰、能仁两寺鼎列。内有三十六庵，延致海内高僧各主一庵。地既广阔深邃，僧律精严，禅诵之声，交发互应。迄今无改于旧云。

选胜弘施布地金，高僧云集启丛林。香花缭绕庄严接，竹树萦纡院宇深。贝梵同传空色界，鲸鱼齐振海潮音。借将半榻眠云稳，灵鹫何须费远寻。

长干里

朱之蕃

长衢十里带河流，甲第连云忆列侯。花草春风山色在，夕阳岚彩暮钟收。踏歌红雨香尘缓，独访青帘野径幽。倚醉入城门尚启，天街明月映灯篝。

雨花台

朱之蕃

跏趺僧宝演三车，片片青莲坠齿牙。陵谷依然存幻迹，尊罍常自送年华。江流木杪遥悬练，烟火城隅拟聚沙。落日西沉钟磬发，林香疑更散天花。

与侯司马陈民部游木末亭

李孙宸

春色俄将暮，春游爱夕阴。雨中花似沐，烟外树如沉。共有怀贤恨，兼悲歧路心。酒阑多慷慨，吟眺一沾襟。

披云遥策杖，木末小亭幽。松柏萧森处，前贤遗庙留。忠魂伤十族，苹藻肃千秋。瞻拜休增感，云山起暮愁。

谒方正学先生衣冠

刘宗周

凉风起亭柯，木末摇山脊。翳然松楸开，万古忠臣色。游魂飞故宫，恸哭秦川侧。杨公解公死，公死立人极。正学久荒芜，读书字宜识。怜予十族流，琐尾怀国恤。峰烟直北来，起看江天白。

六月雨凉忆去年避暑高座寺介立上人院因以寄怀

邢　昉

季夏盛炎节，多雨变凉候。繁柯滞层阴，衣夹卫形瘦。隔岁南朝寺，竹林敝晴昼。虚窗度涧羽，元偈咨神秀。别来运忽周，念注迹如觏。石上闲清飔，烟中翳遥岫。远怀清净子，篱扉复谁扣。

和祖心上人游城南谒方正学先生祠

邢　昉

寂寂荒祠野霭昏，萧萧残碣倚松根。金川门又成亡国，石子冈偏欲断魂。昔日麻衣惭叔父，于今青草失王孙。废兴自古须臾事，独有先生恋主恩。

余濒行金陵诸词客分赋都下名胜兼傅之丹青壮我行色舟中无事披册展读忽然技痒赋寄酬之共得二十八景诗如其数（录三首）

邓云霄

新　亭

晋代衣冠已草莱，新亭遗事总堪哀。羯胡鼓角连云起，龙马銮舆渡水来。挥麈谁云无壮士，围棋真信有奇才。当时怪杀王夷甫，我辈谈锋莫浪开。

雨花台

萦回石磴紫苔残，吴楚凭栏入望宽。僧去不传真偈秘，客来徒把野花看。云深竹坞晴还湿，风满松关夏亦寒。曾倚台边居两月，至今清梦绕长干。

劳劳亭

劳劳世路嗟行役，立马荒亭忆往时。笑语临风惊乍断，壶觞分手岂重持。大江常泻离人泪，垂柳应无旧日枝。借问道旁来往者，骊歌几度听新词。

木末亭看新绿

邓云霄

微茫新绿遍金陵，不是东君染不成。蔼蔼翠烟浮处浅，迢迢白鸟去边明。伤离南浦三春晚，去国王孙万里情。况近长干冶游地，踏青环珮杂歌声。

文学孙燕诒招同卜董王三孝廉集木末亭酒酣吊古俄而雨至分得豪字十八韵

邓云霄

胜地成文会，张筵集酒豪。虚亭悬木末，峻槛隔尘嚣。云浥芳尊冷，风缠法曲高。官闲堪蹑屐，性懒惯持螯。天阔江如带，郊平树似毛。山川相映发，城郭自周遭。锁断三山浪，宫残六代蒿。

荒台曾下凤，古渡尚名桃。钟阜园陵迴，秦淮王气韬。龙髯留玉剑，殿角现金鳌。往事同流水，微名笑一毫。鲍江嗟寂寞，王谢亦萧骚。作手看前辈，词坛属我曹。登坛严部伍，贾勇负鞬櫜。人啸奔雷吼，挥杯急雨号。楼台疑结蜃，几席忽翻涛。且挟丹虹饮，还骑黑蝾翱。回头问尘世，何事日劳劳？

长干行

邓云霄

飞絮乱春心，落花侵履迹。步出大长干，香车密如织。油幢翠羽扇，珠箔镂金床。争驰红尘里，环珮声琅锵。相逢谁最好，王谢两家郎。

无　题

朱正初

长干车马少年同，此夕翻疑似梦中。杨柳有声吹作笛，梅花无数落随风。春山尚斗颦间翠，夜月都消枕上红。惆怅当时歌舞处，夕阳犹照小桥东。

登雨花台作时偶闻警

范景文

香台环旧刹，踏翠上逶迤。烟草六朝意，春风三月时。城规开甸服，江线划天维。极目烟尘起，临高漫赋诗。

吊方先生墓

范景文

夷齐叩马谏，原不为武王。心忧篡弑者，借口于伐商。武烈当时变，二子念天常。各自具深心，并行岂相妨。顽民迁洛邑，义士死首阳。死名与死节，武俱不忍伤。一时两知己，千载有臣纲。忆昔方正学，将无同肝肠。气不激不烈，节不烈不扬。悲风寒木末，至今有余怆。

高座寺

范景文

绿云遮断寺边扉，如寄闲身向此归。山月每窥竹影瘦，松风忽泻茶声微。入来如共云分座，话久偏怜翠上衣。坐破蒲团无是处，眼前烂漫逗禅机。

春日集雨花台

梁崇廷

芳台春色吐奇葩，载酒登临引望赊。磴阁香风霏瑞露，□堂清梵落天花。窥帘素女看骑射，折柳游郎斗丽华。日暮移樽僧舍冷，石炉敲火自煎茶。

饮雨花台赋得落叶

马如玉

登眺台千尺，论心酒一尊。青霜侵树杪，丹叶舞江村。逐浪同浮梗，随风欲断魂。荣枯何足叹，此日幸归根。

重过雨花台望江有感

王　微

春姿静东岑，云影结遥粲。坐觉高台空，不知翠微半。落花自古今，啼鸟变昏旦。抚化良易迁，即事聊成玩。况乃晴江开，渌波正拍岸。

高座寺送春（其二）

顾梦游

门掩飞花后，春魂不可招。如何方以外，亦共黯然销。老树兴亡代，长干朝暮潮。驰光无系处，合付最长条。

送管诚斋少宗伯同年归里

史可法

长干秋老落潮初，一棹秦淮碧玉蕖。独向新亭挥泪别，江南惟有管夷吾。

雨花台

申佳允

梅冈春雨霁，游屐满嶕峣。烟柳矜三月，风华澹六朝。霏微禅经湿，醒醉粉香销。漳水南园绿，相思客梦遥。

方正学先生墓

于　颖

赤凤巢焚尚覆雏，一抔翻荷主恩殊。冶城无铁铸肝胆，石甃何人藏发肤。信史直须求草野，鸱皮幸不殉江湖。空怜粉壁多生气，难绘当年负扆图。

登报恩寺浮屠

纪映钟

摩荡刚风鸟度艰，云雷只在半中间。前王丕烈方神鼎，古佛幽灯照铁山。门户洞开秋铎晓，晶灵游戏夜珠还。流沙万里车书绝，独有神光舞百蛮。

金陵即事

钱秉镫

秋山无树故崚嶒，几度支筇未忍登。荒路行愁逢牧马，旧交老渐变高僧。钟楼自吼南朝寺，佛塔还然半夜灯。莫向雨花台北望，寒云黯淡是钟陵。

九日雨花台

侯方域

雨花台上接清秋，万壑风烟眇故俦。古木自饶龙虎气，六朝旧是帝王州。不因狂客曾吹帽，晚卧沧江独倚楼。却忆新亭多感慨。近传荆府出江流。

重阳秋色正萧森，耽胜还来到碧岑。曲水遥从松涧落，栖云总向石林深。熊罴夜守翠微湿，鸩鹊霜残春殿除。最念京尘成往事，时时风雨一长吟。

一秋常过志公龛，高坐何年更结庵？虚榭交风延野翠，垂萝低子结朝簪。心疑虚壁藏烟雾，坐近危峰看雨岚。岂有新诗惊谢朓，不妨清语傲刘惔。

荒台遗迹最高清，秋气孤飙射石城。紫蟹东来通海国，黄花细落逐人情。陶潜彭泽皆宜黍，杜甫蓝田未解酲。言念往贤俱萧瑟，茱萸斜插满尘缨。

金茎玉露俯巉岩，对瞰平江涌去帆。日冷芙蓉虚紫气，霜深薜荔满苍岩。高秋野阔常回雁，近岫天寒更着衫。搔首逸情应不尽，龙山夕照正相衔。

追往八首（其二）

张煌言

六朝遗迹雨花台，旧识先皇草昧开。南渡尚留龙种在，东迁祗避犬戎来。却悲羯鼓荒原动，不见羊车复道回！国破何人犹抱膝，当年应有管、萧才。

秣陵杂诗十五首（录二首）

杨 焯

其九

城南临眺处，传是雨花台。野旷层阴合，山空积翠开。吴云连海动，朔雁暗江来。坐觉烟霄外，风声战角哀。

其十五

正学祠边路，沉吟木末亭。雨飞垂薜荔，台古落丹青。夜火归游骑，寒城没晓星。苍苍空雾里，应见哭青冥。

九日登高座寺

释今无

已知秋色满江关，此意凭高益莫删。世乱恰当为客苦，山空愈觉背人闲。秦淮万户晴烟里，高坐孤亭落照间。事事顿令华鬓改，菊花应亦笑衰颜。

秋日与杜子过高座寺登雨花台

黄周星

被发何时下大荒，河山举目共凄凉。客来古寺谈秋雨，天为幽人驻夕阳。去国屈原终婞直，无家李白只佯狂。百年多少凭高泪，每到西风洒几行。

清

塞虹桥看水中塔影

钱澄之

长干塔火矗城隈，影落桥东波倒回。点点曙星银海灿，层层宝树渚宫开。直疑蚌吐千珠见，忽讶龙衔万烛来。不是燃犀通夜照，江神水族漫惊猜。

汤圣弘招同嘉树有怀饮雨花台共用秋字

钱澄之

每眺荒台动客愁，白头况是此时游。山因树涤奇才见，江以潮撑定不流。楼阁迥添双阙恨，丹青空染六朝秋。登高赋属诸君事，笑我逢场强唱酬。

冬夜雨花台步月小饮

钱澄之

早卧天寒梦不成，清辉起我踏霜行。酒因偶酌忽然醉，月为穷愁特地明。塔火荧随市气隐，城烟白与暮潮平。冰轮遍界无人见，独上峰头啸一声。

长干塔歌

钱澄之

长干古寺矗浮图，庄严妙丽天下无。番僧望见遥作礼，鼓舞赞叹相欢娱。塔上灯火终年点，塔下梵诵千人俱。僧徒屡见塔光放，亦有佛像现须臾。我闻夜半金轮叫，风吹银铛声呜呜。戊戌正月雷火击，似有怪物为雷驱。起自殿脚至塔顶，爪痕直上西一隅。明朝比丘募修造，树旗开簿请乐输。工师科费居士敛，约略万金恐不敷。层梯累架甫相直，此架亦须木千株。旁有五人顾之笑，笑此工师才皆奴。比丘失色工师怒，大众亦怪言矫诬。五人言罢缘塔上，便捷不异猿与狙。更肩长木横绝顶，撒手其上往来趋。木头着斧谕工取，工能取者吾为徒。工师见之咬指退，斧旋入手万众呼。下来随受大众请，但索饱饭无所需。琉璃窑上砖五色，掘出未有尺寸殊。先修一级至九级，攀跻上下如坦途。九级去地将百丈，高鸟奋飞或难逾。倒挂檐际补檐霤，观者恍惚神色徂。半空遥闻人语笑，士女瞻仰倾通都。县官恶之谓惑众，捉来堂上皆至愚。城中大户素所习，未闻胆气如此粗。塔工十日亦已竣，通算所费何区区。塔庙废兴有天意，虚空应仗神明扶。君不见铁塔寺里老髡来，煎汤上洗金葫芦。

望长干寺

钱澄之

南冈回望长干寺，宝塔红楼碧瓦亭。恰似将军浓蘸笔，层层颜色写丹青。

金陵杂咏（录二首）

钱澄之

长干寺

寺严游女禁，今见往来频。入院车偏熟，穿林马亦驯。茶汤前内监，星卜老遗民。柏树枝多死，南廊僧渐贫。信心惟道媪，护法仗时人。大殿工将起，梨园卖戏新。

雨花台

荒台游不改，迥异廿年前。路口牛车塞，山头毳帐连。歌难按旧拍，囊少带闲钱。酒店经时剪，茶棚逐处迁。势官矜顾盼，词客斗诗篇。独羡舆人醉，齁齁草上眠。

长干即事（录二首）

钱澄之

长干天下塔，壮丽鬼神惊。舍利光频放，金轮顶夜鸣。碑留番客赞，有番客作赞留碑而去。瓦怪震雷轰。匠石腾空补，欢声动一城。戊戌春，雷碎塔瓦，有五匠人蹑空运甓，不日成之。

院较当年闹，松间小店增。卜多高士卖，工待宰官兴。功德输修藏，方有社修藏。人情让点灯。塔灯挨点，无一夜空。席棚为薙发，养活几千僧。

天界纪事

钱澄之

百丈毗庐阁，庄严压十州。殿供躯像伟，碑纪国恩优。铃铎通宵语，竹松满院秋。冥心钟磬里，端坐老堂头。

三门来往歇，半是带伤兵。翠竹官监伐，苍松鼠乱行。路阑疲马倒，井羃渴驼鸣。铁骑无时入，频令合寺惊。

导师辞世日，悲泣动天龙。南国尊三宝，江南以藏经、长干塔及杖人为“三宝”，城南赖以不毁。诸方正五宗。杖人有《五灯正宗》，一清诸方之讹。偈于临去说，龛欲待谁封。曲盝端然坐，倾都礼梵容。

雨花台

钱澄之

京国春游盛，登临只此台。酒完人故醉，歌慢客先回。山月防将起，城门趁半开。夕阳峰最好，独有老僧来。

杂忆九首（录五首）

钱澄之

其二

高座寺

高座台荒野色侵，游人只在雨花阴。路才转过喧随隔，客自来稀境岂深。黄叶堆边方士醉，梅花窗下老僧吟。一从寺闭兵搜后，无复扶筇得得寻。

其三

长干寺

南朝诸寺首长干，百戏丛丛院落宽。黄口喧称新国手，寺有弈手，才十余龄。白头闲话旧中官。御碑额许游人坐，辇道钱凭赌竖摊。近日松园频试马，可怜老树半凋残。

其四

普照寺

溪流脉脉绕颓墙，曾客荒林旧道场。竹影筛残深夜月，梅花冻白一庭霜。弹琴僧见经时化，说剑人传蹈海亡。今日山门新壮丽，为看丹垩益凄凉。

其五

朱雀桥南尘最喧，才离市口绿阴繁。青苔巷扫家家路，白槿篱编处处村。王气已销松树尽，军书忽下竹林髡。比来烟雨萧条甚，空有楼台望里存。

其六

玻璃窑上一村偏，小巷疏篱尽可怜。僧舍门当清昼闭，人家路向乱畦穿。打柴妇过空樊圃，放马儿来各敛钱。数里琅玕官伐尽，即今几个转萧然。

长干感旧

钱澄之

不到长干又八年，到来风物益凄然。南廊行遍无僧识，久在人间越可怜。

南朝古木旧松园，千树今无一树存。却忆垂帘松下店，更谁买醉过黄昏。

松影手开修藏社，石溪挂钵并称师。堂前草塞游僧住，说与诗名总不知。

枯木堂前漫叩扉，禅床如旧坐禅稀。老髡窃据嫌人到，自占窗明补衲衣。

古院荒凉石径斜，争传院里盛秋花。竹篱倒尽松棚拄，合著邻人共卖茶。

夏五月夜泊聚宝门

钱澄之

欲投南郭宿，稍趁晚风凉。入港催收柁，穿桥早仆樯。树阴联岸合，灯影挂波长。不见长干塔，眊昏只自伤。

六年不到此，风物益凋残。隘缆添渔网，侵河置鸭阑。税严舟楫少，米贱客商难。老友复谁在，清宵独坐叹。

雨中登雨花台

彭孙贻

春游望不极，携屐上长干。众鸟忽飞去，青山独自看。草肥三月雨，云湿万峰寒。怀古荒台畔，烟花六代残。

木末亭吊方正学先生墓和董陆诸君作二首

彭孙贻

逊国当年事，千秋有是非。臣今甘赤族，王岂遂黄衣。月落金川冷，春从望帝归。骚人搴木末，再拜奠山薇。

清川流不尽，惆怅独思君。定论收遗骨，诸贤愧建文。山空鸲鹆怨，香酷麝麇群。今日长陵道，哀猿不可闻。

天界寺毗卢阁

彭孙贻

杰阁凌群有，凭虚万象生。宗门数花落，法界众山明。霁色浮淮树，江流入旧京。羁心伤远目，烟卉自纵横。

忆江南

释函可

江南高座寺，前对雨花台。台上春风拂面来，参差杨柳花竞开。黄莺百啭我心哀，忽忆故山村底梅。今年绝漠冰雪堆，发白面皱骨欲摧。村底无梅不归去，却忆高座听莺语。

春兴八首（其三）

侯方域

秦淮春水阻江隈，六季芳州更不开。燕子归时仍旧巷，雨花落处是荒台。千帆断锁愁曾到，三殿鸣珂忆许陪。一自诸公延访后，新亭风景逐人来。

至日作家书题二绝句（其二）

钱谦益

松火柴门红豆庄，稚孙娇女共扶床。金陵无物堪将寄，分与长干宝塔光。

金陵杂题绝句二十五首继乙未春留题之作（录二首）

钱谦益

其九

金陵惜别感秋萤，执手前期鬓易星。君去我归分赠处，劳劳亭是短长亭。

其二十四

长干塔绕万枝灯，白玉毫光涌玉绳。铃铎分明传好语，道人谁是佛图澄。

怀金陵旧游寄儿正谊（录三首）

黄宗羲

雨花台

记得城南路，登高木末亭。清风瞻画像，余初至，见方正学先生画像，面目孤峭。再至，已易塑像，画像不可复问。旧景挂岩屏。太白有“赋诗留岩屏”句。藉地皆芳草，清歌指妙伶。因怀松柏下，苦雨出荒萤。

报恩寺

金碧琉璃塔，曾登至九重。诗人同蹀躞，吴人林若抚，开士亦从容。春树旗亭雨，孤鸿江上钟。至今犹梦寐，诗草落寒茸。

高座寺

当年举社会，高座问精蓝。有晋风流在，聊容制义参。名流十五国，夏课一千函。投老牵前事，祗堪作笑谈。

吴超士见访同至雨花台小饮而别

方　文

愁杀新正雨，忻逢晦日晴。故人何忍别，携手一同行。出郭沽春酒，登台望帝京。河山增百感，岂直为离情。

咏怀古迹（录五首）

余　怀

新　亭

吴城西南十五里。晋元帝时，过江诸人，暇日出新亭会饮。周顗中坐叹曰：“风景不殊，举目有河山之异！”相视流涕。丞相王导愀然变色，曰：“当戮力中原，共奖王室，何至楚囚对泣耶！”宋孝武入讨元凶劭，柳元景筑垒新亭。今石子冈是其处。

江南江北总烽烟，泪洒新亭亦惘然。石子冈头一回首，子规叫杀金城柳。桓温钟柳金城。

麾扇渡

渡在朱雀航之左。晋太安二年，陈敏据建康。顾荣密报，刘准率兵临江。敏令甘卓屯横江。荣与周玘因卓兵断桥，尽北船于淮水南。敏自出军临大航岸。荣以白羽扇麾之，其军自溃。因以得名。

秋草茫茫渡口烟，何人麾扇大航边。琅琊五马江南走，泪洒新亭亦何有。

木末亭

在雨花台东最高处。上有方正学先生祠，祠祀先生及景公清像，下有宋忠襄杨公墓。游人往来，必酹祠拜墓，春秋无虚日也。

江云遥对此孤亭，落日依山墓草青。蛱蝶满天杏花白，泪泉滴滴啼红血。

雨花台

在城南一里。据冈阜最高处，俯瞰城闉，江山[1]极，无不在目。梁武时，有灵光法师讲经于此，天雨奇花，故名。今为游人春秋踏赏之地。

雨花台上草青青，落日犹衔木末亭。一线长江三里寺，千年鹤唳九秋萤。

劳劳亭

在城南十五里，新亭陇上。古人送别，皆在此亭。李白云：“天下伤心处，劳劳送客亭。”

蔓草离离朝送客，骊驹愁唱新亭陌。夜深苦竹啼鹧鸪，空帘独宿头皆白。

戊申看花诗一百首（录二首）

余　怀

其二十九

驯象门边草木香，芙蓉山下柳枝长。勾当花事何时毕，南北东西日夜忙。

---

[1] 原文如此，似漏一“四”字。

其五十一

千古江山白日斜，城南烟火万人家。高台一上一回首，六代伤心是雨花。

长干秋兴

余　怀

夕嶂偏增翠，残阳送远行。砧声随落叶，笳吹满归城。野水今年阔，邻鸡昨夜鸣。踌躇征战地，重见古人情。

江上访新亭旧迹

吴　绮

金气苍茫接大荒，新亭无处吊兴亡。中原旧事云千叠，南渡群贤酒一觞。山路乍回秋草白，江流不断晚云黄。停舟欲尽登临兴，今古难堪几夕阳。

雨花台

施闰章

古台微雨歇，九日适登临。地小江城尽，天寒云雾深。乱峰回鸟道，清磬遍松林。正学荒祠在，哀歌泪满襟。

金陵先贤祠堂歌

施闰章

崇祠杰阁南山前，问谁祀者维先贤。在宋开庆实肇始，旧基结构青溪边。泰伯以还人四十，封爵姓氏人题镌。欲延血食垂香火，供祭土田维七千。重典何时遂湮废，南郊再祀神宗年。议复维焦及李叶，祠祭经营分俸钱。朱堂冠山下俯寺，长干塔影檐端悬。书屋茅亭次罗列，灿然气象联星躔。丹雘非徒耀耳目，荐苹酹酒皆留连。廉顽立懦此风好，百年芜秽成荒烟。狐狸所家蛇豕溷，颓墙败棘相钩缠。存者遗墟半侵没，父老吞声多涕涟。倔强魏生与张子，吊古抗言相后先。佛老精庐塞天下，忍没先贤无数椽。陈侯磊落能好事，刮磨位置重薰湔。踵旧增新五十四，曰采舆论无颇偏。神呵鬼护此正直，孤松独立龙蜿蜒。百年废绪一朝举，丰碑伟咏千秋传。于乎前贤诞河岳，上者骑箕魂在天。缥缈岂应争俎豆，尚德崇功古所虔。丈夫慨慷追往烈，后有来者其比肩。不然盛事委草莽，恐使白日昏虞渊。

木末亭旧址

施闰章

得剩荒台在，游人还杖藜。钟山残烧里，江郭夕阳西。古木何年尽，幽禽向客啼。废兴嗟万事，看取旧招提。

登雨花台恭望

魏　禧

生平四十老柴荆，此日麻鞋拜故京。谁使山河全破碎？可堪翦伐到园陵！牛羊践履多新草，冠盖雍容半旧卿。歌泣不成天已莫，悲风日夜起江声。

过正学先生祠有感

马　銮

秋风吹泪堕梅冈，郭外依稀古战场。野史不烦悲逊国，公心宁复怨文皇。青山上辟牛羊径，坏土中含日月光。正气长存天地在，雨花相对正飞香。

报恩寺塔灯歌

陈维崧

青溪四百八十寺，最著往往说报恩。其中九级窣堵波，金碧璀璨愁攀援。花灯供养龙象地，错以八宝迷朝暾。皎如翠缬锁子骨，莹若月落黄金盆。莲花鸡踏光细碎，桂树兔走烟腾翻。我来报恩寺，醉作《塔灯歌》。不知长干谁大小，但见星桥银汉相嵯峨。老眼模糊记还错，回头误认《临春阁》。阁上妆成张丽华，铜乌不转龙膏沦。百子金荷宛转舒，九华宝穗霏微落。忽然疑作鸣珂游，绛纱红蜡高于丘。压角幡分龙子样，临风幔卷露华柔。二十四枝金麦炬，一一照彻安东侯。悄然不语头为白，又疑烛到诸王宅。车骑朝回火似云，名倡酒后笙堪炙。层层幻作不夜城，片片飞来胡地帛。以心问口口不应，须臾千门万户寒澄澄。乃知向来所料真大谬，此是优昙花上光明灯。此灯不照华堂鼓，此灯不照前溪舞。照来碧海尽红尘，照罢朱颜悉黄土。君不见舍身同泰竟茫然，太子乃坐名僧筵。事急但拜蒋侯庙，贼至巧学卢循仙。沙门每咏碧云句，道人阑走朱门前。君王笑看学士黛，狎客醉答宫娥笺。一朝猎火满天至，金床玉几不得眠。岂惟宫殿无颜色，如来十载香灯黑。半夜金鳌泣向人，累朝玉烛悲何极。几年江左又升平，几度摩尼耀水晶。梵王不管兴亡事，重见珠幡涌化城。

木末亭拜方正学先生像

屈大均

宗臣遗像在，对越孝陵云。《周礼》难为国，姬公竟负君。龙蛇迷旷野，日月在孤坟。莫问三杨事，忠良道各分。

春日雨花台眺望有感

屈大均

烟雨霏霏碧草齐，断肠春在孝陵西。松楸折尽寒山露，无处堪容杜宇啼。

高台一上一含悲，况复清明上巳时。多谢朝烟兼暮雨，不令人见蒋山姿。

二陵寒食雨连天，禾黍荒凉复几年。愁绝江南空骋望，君臣犹隔九疑烟。

春去风花飞更狂，马蹄无主踏残香。丝丝最恨河边柳，日夕牵愁短复长。

朱雀门前花草空，明驼尽载景阳宫。六朝春色龙沙去，一片江南雁塞同。

春日雨花台杂咏

屈大均

杨柳青青万井烟，游人隔袖揖金鞭。桃花不解王孙恨，开遍卢姬酒肆边。

旧京感怀两首（其二）

屈大均

内桥东去是长干，马上春人拥薄寒。三月风光愁里度，六朝花柳梦中看。江南哀后无词赋，塞北归来有羽翰。形势只余抔土在，钟山何必更龙蟠。

木末亭

屈大均

木末亭临万井中，遥遥正对孝陵宫。九原未肯成黄土，十族犹然吐白虹。自古以来无此死，教人不忍作愚忠。雨花台畔啼鹃满，血染蘼芜一片红。

想像忠魂在旧京，君臣自此益深情。佯狂岂是三仁志，哀痛犹传一代声。往日衣冠留木末，只今俎豆失江城。无多书种难留汝，恨绝兴王不爱名。

登雨花台

刘文炤

黄叶萧萧眼倦开，北风吹客上高台。千秋王气朝云散，万里边声塞雁来。旧苑荒榛多牧马，青山落日独衔杯。不须更下新亭泪，晋代园陵已劫灰。

木末亭作

王士祯

晓登木末亭，南望新林浦。烟岚纷四围，三山渺何许。旭日丽飞甍，云物媚晴溆。风景在江山，离宫半禾黍。顾瞻金川门，悲来不能语。惟余博士祠，正气留终古。

登木末亭拜方正学先生墓

王士祯

石子冈头木末亭，振衣千仞揽青冥。遥看江色萦新练，回眺山光列翠屏。古墓松杉悲靖难，高台花雨罢谈经。未须凭吊伤今古，且系长干双玉瓶。

长干寺

王士祯

门外长干道，林端钟阜云。浮图插霄汉，临眺绝人群。宫阙秋声合，沧江晓势分。高台元咫尺，花雨日氤氲。

金陵留题逆旅主人壁兼咏怀古迹十首（其一）

陈廷敬

终古行人梦未醒，劳劳亭外短长亭。白门柳色依然在，一种离魂草更青。

金陵览古（选录）

余宾硕

新　亭

板桥浦与白鹭洲相衔处有崇因寺，云是新亭故址。晋过江诸人，暇日相邀出新亭饮宴。周伯仁中座而叹曰："风景不殊，举目有江山之异。"皆相视流涕。王丞相导愀然变色曰："当共勠力中原，克复神州，何至作楚囚相对泣耶。"

木落新亭烟景愁，昔人亭下凿萧沟。潮声直到临沧观，山势遥连望远楼。此日中原犹板荡，当时名士自风流。运移晋祚知谁复，空令江东泣楚囚。

巅　客

蔓草离离满目愁，绕塍野水绿盈沟。亭荒础废迷遗址，寺古钟残剩破楼。烟树苍茫遮夕照，山川葱郁付东流。悲歌慷慨终同尽，何必临风泣楚囚。

和　斋

王气潜移寓宇愁，神州弃掷等鸿沟。过江自谓成磐石，定策谁堪建节楼。花鸟闲情耽逸豫，衣冠深巷尽风流。夷吾望重功如此，何事楸然类楚囚。

雨花台

东北径凤岭寺，逾中石子冈，又北入凤台门，缘傍稍进，烟寺相望，一里登雨花台。梁天监中，云光法师讲经于此，感天雨花，因是得名。台上浅草如茵，无一杂树。登其巅，则江光日采，城郭烟火，交相映带。游人车骑骈集，岁无虚日。台西普德寺后有先贤祠，岿然高出于松巢之上。宋理宗时，马光祖知建康府，于青溪作先贤祠，祠泰伯以下有功德文章于金陵者四十一人，岁久颓废。

明万历中，大学士李廷机、叶向高、修撰焦竑移于普德寺后山，增订为五十四人。

万壑千岩接素秋，荒台落日大江流。寒云散尽孤城出，清磬遥闻野寺幽。吴楚风烟初入望，齐梁宫殿正堪愁。凭高欲送登临目，沧海茫茫一钓舟。

巅　客

万井风烟接素秋，高台俯视白云流。环山古刹钟声乱，插汉浮图铎韵幽。花雨不霏空怅望，夕阳虽驻易生愁。遥看江水明如镜，几点风帆送客舟。

和　斋

林静山空万木秋，登台晴日望江流。缤纷不见天花落，断续时闻清磬幽。一片烟连村舍晚，数声雁带古今愁。夕阳影里樯帆集，伫立遥看到客舟。

梅　冈

下台至梅冈，晋豫章太守梅颐屯兵于此。今冈上有梅将军庙，冈旧名“东石子冈”。金陵有三石子冈：中石子冈，诸葛元逊芦苇裹尸处；西石子冈在安德门外，近白杨路，陈萧摩诃禽始兴王叔陵处；东石子冈即此。冈前有谢太傅墓，当时谓难述其功德，但立一白石耳。

石子冈头夜气澄，将军遗庙几人登。弹棋自爱东山客，说法曾来西域僧。寂寞断碑无一字，凄凉古寺有孤灯。风霜满目空回首，我欲逃名尚未能。

巅　客

冈头遥望大江澄，为谒将军拾级登。虎帐昔年屯甲士，荒祠今日住山僧。阶横冷落碑无字，门对辉煌塔有灯。尽道英灵多感应，扫除疮痏属专能。

和　斋

雾敛烟销玉宇澄，冈平无事摄衣登。惊风疾起投林鹊。踏月闲归叩户僧。几许荒凉村畔寺，一茎明灭佛前灯。英灵显赫瞻遗庙，欲赋迎神愧未能。

木末亭

又北登木末亭，亭在木末之上也。亭东有方正学祠，祠中门牖皆北向孝陵，今毁而更作，非复古制。亭下有景忠烈祠，忠烈逊国后，其死尤烈。自古忠臣得祸之酷，未有如两公者。嗟乎！河山已故，祠祀依然。忠孝发于方寸，芳名垂于永久，斯言自古，今匪谬矣。祠南有正学墓，门人廖镛所收葬也。墓旁有土一丘，树石碣，书“方氏十族瘗骨处”七字。亭高以旷，远近云峰相乱。登亭而望，西有天界、能仁、碧峰三寺，鼎足分峙，其南高座寺、高座道人塔在焉，而永宁、安隐、宝光、永兴、普照、惠应，高下错落，星布棋置。东望庄严寺，在隐见有无间，是谢镇西之所宅也。北顾三忠祠，祠杨忠襄、文忠烈、李忠愍三公，皆吉产也。华宇连荫，茨甍交柯，风烟披薄，触目怡情，登临者不言疲，咏歌者自相和，于时行旅过瞩，亦有慰于羁望矣。

悲风夜夜起孤亭，亭下祠堂昼不扃。春色有情芳草绿，夕阳无主乱山青。孝陵云气窗中见，古寺钟声月里听。凭吊只今多少恨，长歌吾亦羡鸿冥。

颠　客

当年木末建孤亭，云牖霞扉寂不扃。塔傍城隅晴焕彩，峰排天际晚衔青。野花竞艳闲堪赏，山鸟争啼静可听。最是景方祠寺峙，巍然正气达苍冥。

和　斋

荒凉木末久无亭，方景祠堂独叩扃。耿耿忠心千古赤，萋萋卉草满阶青。诗题旧壁吹尘读，雀噪虚庭入暮听。惭愧赋才非贾傅，苹蘩恭荐达幽冥。

阿育王塔即今报恩寺

下木末亭，北径杨忠襄公墓。忠襄名邦乂，吉水人，通判建康府。金人入犯，被执不屈，剖心而死。今墓前有小碑石，镌“剖心处”三字。又北下南城冈，出长干里，抵聚宝门，入大报恩寺。寺中殿宇一准大内，有浮图一百四十丈，九层，五色琉璃合成，冠以黄金宝顶。其上栏槛四周，周身镌佛像，皆合成青石为之，加以金银火齐五采之上，炜炜有清光。日夜篝灯，百二十有八，数十里风铎相闻。升其顶者，回视游人，上下出入，凫没鸾举矣。塔重建自永乐十年，其先不知始自何代。按：吴赤乌中，有尼居其地，作小精舍。孙綝寻毁除之，塔亦同泯。晋孝武太元九年，西河离石县人刘萨诃暴亡，七日更苏，云有两吏见录至地狱，受诸苦毒，见观音大士，语以缘未尽，若得活，当作沙门。洛下、齐城、丹阳、会稽，并有阿育王塔，可往礼拜，则不复堕地狱，因此出家游行礼塔。次至丹阳，登越城，望见长干里有异气，因就礼拜，果是阿育王塔所放光明。乃集众掘之，入地一丈，得三石碑。中一碑有铁函，铁函中有银函，银函中有金函，盛三舍利遗爪发各一枚，即迁舍利近北造一层塔。十六年，沙门僧尚加为三层。梁武帝大同三年改造，发塔下舍利遗爪发，发青绀色，人以手伸之，随手长短，放之则屈为螺形。南唐时，寺废为营庐，久之，舍利数见感应。宋真宗祥符中，沙门释可政表其状，复建寺，赐塔号“圣感舍利宝塔”。当其在梁，名长干寺；在宋，名天禧寺；在今，乃名报恩寺也。

面面琉璃五色文，长干古塔势摩云。大门夜夜香华涌，九级时时风雨闻。绝顶倒看飞鸟下，回头直见众山分。松杉夹道楼台静，佳气氤氲绕夕曛。

颠　客

顶藏西域梵经文，五色琉璃斗彩云。百盏灯常中夜灿，八风门自半天闻。平看钟阜双峰矗，俯视秦淮一水分。羡煞晚来金碧现，辉煌空际映斜曛。

和　斋

九级荣邀御赐文，宸书挥洒烂卿云。中天日丽琉璃灿，午夜风生铃铎闻。顶逼重霄苍昊近，门开八面大千分。香灯不断庄严备，游客应多恋夕曛。

越王城

出大报恩寺，复由长干里。金陵有大长干、小长干、东长干。《方言》曰：江东谓山陇之间曰“干”。从此西行可三百步，至越王城。城中有台，土人亦呼为越王台。《金陵世纪》云：古越王城在秣陵县长干里，广轮二里八十步。《越绝书》云：周元王四年，范蠡筑城，城中有范蠡宅。《金陵琐事》云：范蠡佐越灭吴，欲图羁中国，立城于金陵。汉吴王濞败保此，晋王含以水陆兵五万逼淮，温峤潜师渡水，大破含军于越城南，即此。《宫苑记》云：即吴牙将军陆机宅，在三里冈东南，瓦官寺阁在冈东偏也。然机《怀旧居赋》云：望东城之纡徐，邈吾庐之瞻伫。今秦淮上有二陆读书堂，则陆机旧宅当在秦淮为是。

当年勾践破夫差，筑就高台接绛霞。美女计成还去国，谋臣功就不归家。至今石室传吴会，自古金陵胜若耶。犀甲三千同一尽，五湖烟树晚栖鸦。

巅　客

谋臣一战灭夫差，台筑长干接落霞。解组识时旋去国，泛舟到处便为家。芳名百世传吴越，佳语千秋著若耶。城废惟余遗址在，月明古树乱栖鸦。

和　斋

沼吴霸越算无差，竹帛功勋绚彩霞。上国冀图夸并驾，故乡何必更为家。严城在昔雄江左，胜迹而今说若耶。独惜扁舟帆挂急，荒凉废址乱啼鸦。

赤石矶

东南由重译桥径西天寺三里，至赤石矶。长河东来，绕城而过。有石枕流，可坐十许人。矶上人家种石榴花数千株，每盛夏开时，凭流回瞰，有若锦焉。都人鼓楫嬉游，欢情自接。

夕阳明灭晚峰寒，秋水楼台镜里看。夜夜彩云生碧落，时时白鸟弄清澜。城头鼓角催人老，世上风波行路难。高士近来多市隐，矶边闲煞钓鱼竿。

巅　客

野烟笼水弄轻寒。矶上榴花向晚看。一片烘霞明夕照，千林火树映清澜。傍城且喜游观易，近市何愁宴饮难。他日偷闲来学钓，绿阴深处好垂竿。

和　斋

露浥榴花晓色寒，朝来矶上趁凉看。临流赤石雄堪踞，绕址清波激作澜。片片绛英零落易，枝枝艳质画图难。雨蓑烟笠时相见，最是城堧好执竿。

登长干塔绝顶

孔尚任

建业龙蟠旧紫宸，九层高处望才真。周遭挂树江如练，向背开楼瓦似鳞。市里人忙看渐小，窗中日大坐相亲。泠然四面天风过，不带凡间半点尘。

木末亭

孔尚任

古亭废址有秋烟，过客凭秋吊古贤。多少新诗吟罢去，江城寂寂托谁传。

行石子冈

孔尚任

岭云溪水荡凡胸，停却篮舆试短筇。古路向山皆甃石，午炊何处不烧松。连天江气明还灭，回首城烟澹又浓。眼底欲凭龙虎势，直须身到最高峰。

雨花台晚眺

孔尚任

荒台残照古今留，一望平收万里秋。久客浑忘船下水，却来此处认江流。

拜方正学先生祠

孔尚任

游屐祠前过，祠门闭何早？入门多网尘，拜起袖为扫。失声哭先生，无处觅肝脑。当彼尽命辰，满胸气浩浩。域中谁是君，为谁起诏草？祖灵不凭孙，臣骂即天讨。一死十族夷，万古伦不倒。秋原草树黄，宫寝夕阳道。靖难北还燕，已失明大宝。何待甲申年，眼泪滴遗老。

梅冈诸寺看秋色

孔尚任

出郭步新晴，山翠浓欲滴。逐彼寻秋人，诸寺景历历。到门必抚松，木樨盈把摘。秋叶与秋花，红紫色相敌。每见扫院僧，映日闲剥剔。楚楚窗阑间，各种趣皆适。其色总名秋，孰能细分析。日夕色更佳，人去僧房寂。乞种兼乞方，归家编花历。

报恩塔

廖腾煃

琳宫创自报恩年，突兀浮屠势插天。万井莺花随地见，九层金碧半空悬。远波帆影秋风里，绝顶人行晓日边。最好三更铃铎静，镫光遥接大江烟。

木末亭谒方文正景忠烈两公祠

查慎行

一姓兴亡际，忠臣尚力争。百年公论定，两字易名成。山雨晴蒸气，江雷怒作声。君看南渡后，降表出书生。

雨花台

爱新觉罗·玄烨

何地飞花雨，晴空无片云。江山恣遐瞩，草树出清芬。城郭参差见，楼台远近分。人家百万户，烟火尽氤氲。

幸报恩寺

爱新觉罗·玄烨

风刹高悬上界灯，珠缸璧带一层层。平临下见诸天小，晴日江山万里澄。

登报恩寺浮图

爱新觉罗·玄烨

涌地千寻起，摩霄九级悬。琉璃垂法相，翡翠结香烟。缔造人功巧，流传世代迁。旷然弥远望，万象拱诸天。

修报恩寺塔初毕登之

爱新觉罗·玄烨

塔势摇晨旭，凭陵上九霄。琉璃庄净域，金碧启香寮。地俯三山近，江环匹练遥。隔窗云雾起，户户瑞烟飘。

驻跸江宁雨后幸雨花台

爱新觉罗·玄烨

膏澍一夜雨，初晓喜晴辉。警跸长千里，鸣銮不阖扉。人勤并物盛，官守莫心违。出京迟日久，怯暑便思归。

游天界寺

许　旭

法宇巍峨耸碧躔，珠宫宝刹故依然。平分白下山川胜，暗忆金陵创建年。名德到今传儿辈，藏经犹自护诸天。江山尺寸归新主，尚有穹碑记赐田。

高座寺

储国钧

四百南朝寺，犹余高座名。桫椤花落处，满院碧苔生。石径分茶社，云峰闭磬声。上方无客到，趺坐豁羁情。

登报恩寺塔绝顶

黄之隽

到眼无埃壒，苍茫入素秋。万家斜照外，千古大江流。金碧翔霄表，虬龙压石头。长安称雁塔，此亦旧皇州。

拜方正学祠

朱厚章

秋气凛毛发，祠门吊落晖。何人加白帽，大节在麻衣。草乱疑瓜蔓，庭空绝燕飞。景公遗庙近，化鹤并来归。

劳劳亭

李华国

衰柳秋风第一亭，送人山色向人青。长堤车马终年事，落叶萧萧独自听。

游雨花台

符　曾

云公说法处，斜日指前朝。台冷花犹落，禅空雨尚飘。劫灰龙子护，山鬼女萝招。不省萧梁事，销沈付暮潮。

方正学先生祠

李必恒

烽烟一夕逼南畿，痛绝孤臣泪血挥。十族可堪同蔓草，时戮建文诸臣，谓之瓜蔓抄。九重亦自愧麻衣。金川燕子飞还出，玉垒龙孙去不归。祠宇高皇幸邻近，一抔钟阜共斜晖。

长干女儿

郑　燮

长干女儿年十四，春游偶过南朝寺。鬓发纤松拜佛迟，低头堕下金钗翠。寺里游人最少年，闲行拾得翠花钿。送还不识谁家物，几嗅香风立怅然。

长干里

郑　燮

墙里花开墙外见，篱门半覆垂杨线。门外春流一派清，青山立在门当面。老子栽花百种多，清晨担卖下前坡。三间古屋无儿女，换得鲜鱼供阿婆。缫丝织绣家家事，金凤银龙贡天子。花样新添一线云，旧机不用西湖水。机上男儿百巧民，单衫布褐不遮身。中原百岁无争战，免荷干戈敢怨贫！

和正学先生兄弟临刑原韵以吊

齐周华

痛访荒茔涕欲潸，同乡先哲绿阴间。忠魂八百俱藏碧，始识人称聚宝山。

金陵景物图诗（录二首）

吴敬梓

雨花台

聚宝山之巅为雨花台，世传梁武帝时云光法师讲经于此，感天雨花。其说甚诞。盖山产细石如玛瑙，故名为“聚宝”。山麓为梅冈，晋豫章内史梅颐家于冈上，或云营于冈下。出聚宝门二里外，直造其巅，上有方正学、景忠介二先生祠。近台则永宁泉，泉极清冽。茶社酒村皆近泉之左右，游人于此小憩。近年冈下建仓颉庙，郡中士大夫春日以牲牷酒醴致祭庙中，奏古乐，用佾舞，每倾城往观。此殊有三代报赛风，不似笃信浮屠者，梵呗喧天，香花匝地已也。

香风吹萎华，烟云笼嶙峣。缓步上平岗，怀古寻断碣。其旁冢累累，其下藏碧血。柳阴酒旗飏，柳色茶烟结。开冰操棘矢，逐疫持桃茢。都人修礼乐，用以祀仓颉。

琉璃塔

长干寺旧有阿育王塔，历代皆言其中有舍利□爪发各一枚。明永乐中建塔高九级，纯用琉璃为之，凡十六年始毕工，此郡志所载。寺盖自东晋以来名长干，刘宋以后改为天禧，洪武时灾，上命毋救火，俟其焚尽，因建今寺。壮丽甲天下。永乐建塔时，改名报恩。康熙中南巡，御书匾额一级至九级，各因数起义，辉煌天语，至今士民瞻仰焉。

舍利何年置，凌虚到碧霄。春日光晶莹，秋月影动摇。但悟真空相，何虑劫灰烧。香灯仗佛力，庄严托圣朝。

报恩寺

全祖望

为报高皇罔极恩，漫言当璧眷先殷。育王岂有除奸助，道衍终成佐命勋。十族固应勤忏礼，三征终莫解尘氛。硕妃别抱无穷恨，尊号曾无配享文。

步城南入天界寺循方丈行至普德寺小憩僧舍遂沿雨花台之麓寻永宁泉饮山店

王又曾

行逢破衲僧，导我入破寺。午钟方寂然，空院益清閟。古佛半尘苔，尚现金色臂。琢炼余荒堆，焉闻第一义。霜后林叶黄，摵摵乱飘坠。清眺展北冈，饥鹰翻两翅。乔松八九株，离立相轩轾。得非齐梁余，年深郁老翠。一峰立秀耸，万竹翳娟媚。逦迤辨背向，脚力忘骫骳。度涧践忍草，埼岸转幽邃。僧雏渴供茗，食蜜妙罕譬。回头宗泐门，振策灵光地。天花邈无影，泉上泠同跂。路叉樵径伏，行歌逢荷蒉。感彼世外适，悟此区中累。遗荣道匪艰，仰事情则愧。浮沉颜信强，诟病迹终寄。肯效释氏言，一切屏身意。妙理凭浊醪，千忧姑拨弃。

能仁寺老梅次玉李韵

王又曾

晴鸟喜窥涧，暖云低护房。萧然倚寒竹，澹尔得孤芳。空里香为界，横来影在廊。回风将数点，静与绣幢飏。

天界寺

王又曾

翠合潜宫地，云荒讲法台。阁曾天女贮，龛为佛牙开。碧玉销空涧，苍松蚀古苔。好诗须琢炼，一问泐师来。

同张玉李登雨花台作

王又曾

手把浮丘袖，飘然占一台。人烟依塔上，龙气挟江来。地险余兵垒，时清笑霸才。天花零落尽，不必首频回。

登报恩寺浮图

王又曾

人天八万四千塔，谁其造者阿育王。江南经始康僧会，赤乌建立名堂堂。萨诃重建自典午，舍利爪发传萧梁。前朝永乐制九级，龙宫海藏同辉光。天风扶我一登眺，长干万户连千樯。蹭蹬力穷九天际，直驱六合收两眶。岷峨之脉气葱郁，四面屏障森堵墙。大江一线逝东北，前淮后湖环阴阳。虎龙蟠踞虽得地，英雄割裂无完疆。岂若隋唐大一统，直以弹丸当荆扬。呜呼，胜国之社亦丘垄，安用六代论兴亡。如来涅槃剡千劫，灵物埋瘗诚荒唐。东南佳丽饰娱戏，雕阑玉碣攒蜂房。琉璃瓦映紫玛瑙，薤叶字照金琳琅。黄旗紫盖俱已矣，空余金地供翱翔。安得神僧捧刹入云去，无令承平士女悲沧桑！

题文伯仁金陵十八景（选录）[1]

爱新觉罗·弘历

雨花台

无语维摩绝妙谈，天花落弗著天男。云光梁武曾何谓，越是重儓越不堪。

犹传梁武信毗耶，法涉有为祗肆奢。当面失之初祖去，定知天不雨其花。

聚宝山经六度巡，每因咏古托怀频。可怜同泰曾三舍，竟未台城赎得身。

新　亭

饯客迎宾列榼醪，虚亭恒是阅劳劳。桓温兵卫纷陈日，安石方知度量高。

新亭晏饮会嘉宾，文献正言斥伯仁。三问无言见前表，涕流负友又何因。

安石从容坦之惧，慢将往事论前朝。劳劳客况阅千古，祗有新亭名不消。

长干里

延属长干最古区，兴亡曾几阅吴都。祗今惟有春前柳，依旧青青入画图。

百年休养南京地，按辔胜朝遗迹观。九轨遥通报恩寺，依稀犹说大长干。

故国长干千百春，春来柳色镇如新。曹彬北望金陵处，不事杀伤受训仁。

新林浦

港出牛头江水通，谢家江树辨滃濛。连朝近揽兼遐眺，总在德承几帧中。

民风吏治总廑心，宁在明山秀水寻。十六年重烟景阅，新林今果是新林。

家学规模近可寻，得无粉本手摹临。将三百载饶生韵，却见新林作旧林。

[1] 乾隆帝先后三次题文伯仁金陵十八景图，故每景均有三首。

金陵咏古（录二首）

爱新觉罗・弘历

长干里

江表名都里巷稠，六朝想见最风流。前明体恤犹称美，官妓沿唐宋之旧，而明代为尤甚，时人目为客妻。至《蓉塘诗话》则以明初盛行为美，而后之申禁为非，真败裂名教之语。闻有轻烟翠柳楼。

古新亭

劳劳当日古新亭，山色江声画里停。啜泣坐中叹周顗，何如王导正言謦。

雨花台

爱新觉罗・弘历

崇冈跋马晚春晴，凭览遗台触慨情。便果云光致花雨，可能末路救台城。

戏题雨花台

爱新觉罗・弘历

闻道文殊问病由，雨花摩诘座无留。法师便果诚能致，已落人间第二筹。

题雨花台

爱新觉罗・弘历

梅冈东麓雨花台，闻道谈经曾致来。岂识维摩不着座，争如太白只衔杯。李白诗：朝沽金陵酒，即此处。六朝坊市谁兴废，九道江流自漩洄。未审苑城偶南望，可应追悔此为哉。

题雨花台

爱新觉罗・弘历

据阜高台俯井闾，讲经因以得名诸？维摩已是为糟粕，梁武真成拾唾余。

雨花台口号

爱新觉罗・弘历

崔巍雨花台，迹传梁武帝。云光讲经致雨花，台城不救嗟何济。文殊问讯维摩处，乃有天花散天女。一之为甚可再乎，著者空揎涂毒鼓。

报恩寺六韵

爱新觉罗・弘历

路问长干里，声传古寺钟。城头瞻塔风，溪口渡桥龙。宛识清凉近，真看瑞霭浓。金轮三国始，雁堵九霄重。祝嘏香花列，南省绅士于此建坛恭祝皇太后万寿。摅诚绅佩从。慈宁无量寿，长愿过乔松。

登报恩塔作歌

爱新觉罗・弘历

登塔有会心，成句从塔下。借问登时何不书，攀跻应接真无暇。我怀杜老登慈恩，仰穿始出步步真。当年笔砚谁供奉，英雄未免还欺人。七星北户江西流，天风入耳声飕飗。金陵自昔帝王州，至今遗迹归浮休。怪底禅宫标窣堵，应令心空万古愁。

雨中礼报恩寺作

爱新觉罗・弘历

夜雨晓略止，城南礼梵宫。往来限日里，雯霙复途中。一例龙和象，谁参旛与风。寺名曾取义，泚视此相同。

大报恩寺

爱新觉罗・弘历

南朝四百八十寺，惟有建初真最初。步长干巷寻觉路，想赤乌年创佛庐。放烛天光镇如彼，登凌云顶记曾予。拾级耸眸姑且置，千秋兴废慨凭余。

大报恩寺

爱新觉罗・弘历

城南最古寺，跋马试重寻。亦藉观民便，曾无学佛心。禅枝千载茂，梵呗四天吟。穹塔千云表，神游当步临。

大报恩寺

爱新觉罗・弘历

城南耆域化人居，古迹金陵莫此如。石鼎然香超六度，柏台闻呗辨三车。铃音替戾飘洪汉，塔影穹窿接碧虚。小坐旋教清跸返，观民展义务殷予。

题陆机宅

爱新觉罗·弘历

书堂见说昔临淮，遗迹难寻柱础埋。萧艾如兰结神缔，用陆机赋语。审然何必旧居怀。

方正学先生祠

周　煌

一纸徵书降紫泥，奉天门下奏华芝。齐贤名噪才难老，贾谊年轻策已奇。高庙有灵储用日，微臣无命际危时。飞云落月皆成谶，千古春心望帝悲。

诸公名姓榜朝堂，赏格初行事可伤。紫气黄旗行已矣，绣裳丹扆转荒唐。空多劝表传三让，只少颁书草十行。捋虎批龙等闲事，倚天剑气老铘将。

登雨花台高处亭子

吴　进

高上石子冈，雨霁草犹湿。孤亭在山巅，半为樵牧集。有风云不留，无人鸟自入。人烟纷目前，远山近城堞。风气此独殊，秋深未黄叶。

过高座寺

吴　进

石子冈边路，崎岖绕碧湾。树高秋寺静，僧老雨窗闲。身世都如梦，齐梁只剩山。云烟霭苍翠，积久是禅关。

抵金陵两首（其二）

袁　枚

登临不尽古今情，无数青山入郡城。才子合从三楚谪，美人愁向六朝生。身非氏族难为客，地有皇都易得名。八尺阑干多少恨，新亭秋老月空明。

雨花台怀古

袁　枚

大梁皇帝讲经坐，三十六天雨花堕。无遮大会万万场，断发焚身举国狂。群臣弥月亡所天，迎銮三到蒲团边。皇帝赎身身价贵，一百万亿青铜钱。面作牺牲供寝庙，衣裳不剪飞禽貌。可惜慈航度跛奴，满殿血流僧不扫。一声钟打六朝空，青盖黄旗尽卷风。单于宫与昭阳殿，同在寒流灭没中。

雨花台

袁　枚

三十六重天，天花堕可怜。飘来石城雨，散作寿阳烟。衰草蒲团影，斜阳羯磨禅。梁皇偏有价，百万赎身钱。

雨花台

钱大昕

说法雨曼陀，高风宛如昨。坐久寂无人，惟有松花落。

方正学祠

钱大昕

噀尽常山舌血红，读书种子果推公。一门都入《全归录》，五尺羞称靖难功。煮海久知刘濞志，劳军难得亚夫忠。长陵金碗今零落，尸祝何如老秃翁。

登雨花台遂谒方景诸公祠

王元勋

秣陵城南秋雨来，西风吹上雨花台。台高俯瞰白下尽，渡江云断斜阳开。江声如雷走吴楚，木叶翻飞塔铃语。龙盘虎踞难久居，吴宫晋苑知何处。梅冈东下谒丛祠，野草垂花覆断碑。拾得祠前五色石，犹疑碧血染当时。六朝文物终沦丧，燕邸少师亦虚妄。重怀忠节独迟留，归看暮霭横秋嶂。

报恩寺

姚　鼐

江上来兴甲，宫中失委裘。升朝君难靖，建刹母恩酬。风物长千古，云山短发秋。浮图三百尺，陟级望沧洲。

癸丑重九无樽酒之会往问袁香亭同年亦独居寂然乃邀登雨花台临眺至暮香亭有诗和之二首

姚　鼐

六朝建国犹形胜，九日登台思悄然。故垒萧疏黄菊节，旅怀摇落白头年。秋声城郭千家树，返照云霞万里天。若对江关悲作赋，不如山石解谈禅。

君解铜符五六年，逢余黄发白门前。弹冠旧侣真无几，策杖清郊尚有缘。俯踞小亭衰草地，仰思高座雨花天。两翁自爱寻荒迹，岂必龙山会众贤。

高座寺

罗　聘

东晋留名刹，秋晴共客寻。桫椤当户老，吉利护阶深。听法人何在？披缁事未沉。雨花同一戏，秋草散高岑。

汪阿涛招同古渔游城南天界普德诸寺

罗　聘

如此清秋肯负闲，故人招我出尘寰。丛丛霜树寺连寺，叠叠晴空山接山。老衲重期诗客过，寒鸦已带夕阳还。雨花台上骋游目，无数江帆缥缈间。

高座寺

吴云岫

清秋入古寺，苍翠染人衣。老木动寒色，危楼澹夕晖。山空迦叶静，苔满雨花稀。欲问前朝事，高僧归未归。

木末亭谒方正学祠

薛宁廷

恨杀年年燕子来，春风不放野棠开。董狐笔是苌弘血，碧渗堂阴绣作苔。

方正学祠

管世铭

千秋臣鹄后人看，木末亭高俎豆安。今日可平瓜蔓恨，长陵久已罢祠官。

登雨花冈访长干高座诸寺

管世铭

长干南去接名兰，粥鼓钟鱼日往还。每过雨花冈畔路，残阳眺遍六朝山。

方正学祠二首

缪征甲

大书燕篡表臣忠，如雪麻衣染血红。高煦后来家法肖，九原含笑问周公。

景隆误国千秋臭，正学旌闾十族香。万子万孙天已定，那容公再辅成王。

独游雨花台兼久憩永宁泉作

洪亮吉

兹台名雨花，未厌百回上。感我身世浮，闲云共飘荡。昨年登未及，归里营薄葬。此度倘不来，云孤定惆怅。泠泠涧钟水，亦欲结幽贶。因缘谒前修，惨淡识遗像。荒祠丛瓦砾，古壁绘仪仗。沈沈斜照影，已向屋头漾。八月芋栗肥，田家肯相饷。

五月廿九日欲至能仁寺访赵舍人良霦迷道不得达回途已大雨矣却寄

洪亮吉

风声初密雨声疏，三里来寻静者居。松翠到门零欲尽，电光入壁走偏徐。然藜正忆刘中垒，飞瀑先惊李左车。一尺水深归未得，欲从山店买疲驴。

新亭泪

洪亮吉

慎勿学，楚囚对。慎勿洒，新亭泪。天茫茫，天方醉。人茫茫，人方睡。

雨花台待同人不至

洪亮吉

凌晨发清兴，瘦马入绝壁。沿山石理黝，雨点亦深黑。马力忽已微，斜行憩危石。风雷莽成障，花雨渺无迹。却启西北扉，高台望孤客。

自雨花冈北携酒至台上痛饮复憩永宁泉二首

洪亮吉

冈北冈南路，萧萧雨黯晨。大都饶落木，不复有居人。寒意欲侵骨，酒香思入唇。明朝骑马去，无分乞闲身。

荒冈千百转，知有永宁泉。屋底乱流响，原头野火然。村童供茗具，行客卧苔砖。到晚逢僧语，怜余未解禅。

金陵杂咏（录三十一首）

王友亮

聚宝山

南门外，山石多如玛瑙，故名。雨花台在其上，南门即杨吴故城，明改名聚宝门。

爱此陂陀路，铿然曳杖声。石多含宝色，山亦获佳名。烟树四时景，雨花千古情。只嫌群屐杂，半里接南城。

石子冈

在城南，六朝丛葬处也。

一道石如鹅卵积，两行松作猬毛纷。冈头客恋几家酒，冈脚人耕六代坟。

赤石矶

在南门外。

掩映高城更曲碕，游人中夏总忘归。火云满地海榴发，不枉名呼赤石矶。

栅洪桥

驯象门外，俗呼赛工桥，明初造。

吴栅名犹绍，淮航制已迁。截流烦鬼斧，驱石想神鞭。春浪分声厉，晴虹落影妍。参差排雁齿，兀突压蛟涎。平坦如冈脊，孤横作水键。无阑烟易合，有洞月南穿。荡荡三千尺，迢迢四百年。双堤仍曲抱，特柱自高悬。估客朝停舵，渔翁夜列筌。追凉人尽爱，篷底曲肱眠。

麾扇渡

即今毛公渡。《志》谓在秦淮者，非。晋顾荣以羽扇挥散陈敏兵处。顾荣与二陆号吴中三俊，荣后封嘉兴伯。

不见麾扇人，空来麾扇渡。日夕风萧萧，秋莲摇白羽。莫笑书生怯，三军听一麾。后来江左客，只办捉蒲葵。羽扇无多子，驱贼如驱蝇。迢遥诸葛后，吾爱顾嘉兴。白帢败河北，白羽胜江东。卓哉三俊里，独树彦先雄。

新林浦

江宁西南二十里，晋张硕遇神女萼绿华处。宋开宝中，曹彬破南唐兵于新林浦，即此。

雪霁空林一径斜，吟鞭渺渺逐昏鸦。老梅独笑无人赏，愁倚东风萼绿华。

跃马涧次王介甫韵

在南门外小市，一名南涧，即善世桥所跨者。宋孝武讨元凶劭，劭军败，人马坠涧中，故名。

南涧桥头信马蹄，东风吹雨不成泥。半山诗境当前得，花自无言鸟自啼。

越王城

勾践筑此，谋伐楚，在今报恩寺西，遗址犹存。俗呼为越台，一名范蠡城，周元王四年，范蠡筑。

岁星在越不可图，转祸为福才须臾。美人一入麋鹿俱，席吞三江襟五湖。更思耀武潇湘区，崇墉屹屹余规模。鸱夷去矣文种诛，谋楚那得如谋吴。

长干里

在城南聚宝门外，相传有大长干、小长干之称。

灯悬佛塔晓星乱，笛弄酒楼春雨残。十里肩舆如画里，大长干接小长干。

戚家山

在报恩寺后，韩熙载故居，今为寺。

曾闻小筑占林峦，怪底山灵不姓韩。作相志荒缘好色，复雠气馁只偷安。门前裙屐春风杂，堂上笙歌夜月残。此日佛前香一炷，可能消尽业漫漫。

劳劳亭

在城南劳劳山上，古人送别处。

何须更读江淹赋，千古销魂传此处。杨柳春回次第攀，骊驹唱彻城南路。水远山重更夕阳，人生有泪合沾裳。我来不为伤离别，到得亭前亦断肠。

雨花台

城南聚宝山上，晋豫章内史梅赜家于此。

料理筇枝为底忙，又随片月到南冈。台空不见天花影，春尽但闻江草香。佛塔千灯连碧落，渔舟一笛起苍茫。钿车珂马都归去，合让阑干著酒狂。

木末亭

在永庆寺后，方、景二祠之间。

尽揽江城胜，危阑木末横。霜红千烧合，暮碧一烟平。地迥钟交落，天遥塔自撑。悲秋非我事，且爱酒杯倾。

梅内史祠

赜。在梅冈。

书传孔壁已难云，更向航头摭断文。不得儒林参一座，庙巫惟说晋将军。

景公祠

清。在永宁寺后。

当年殉国难，最烈莫如公。萌念即星变，粉身犹鬼雄。齐黄谋不与，方铁志还同。过客椒浆奠，争传御史忠。

海忠介祠

瑞。在聚宝山方、景二祠之间。

南海声名重，西台位望严。谏词殊过激，宦迹总能廉。兹土留遗爱，游人得具瞻。清辉如可接，新月正当檐。

报恩浮屠

在聚宝门外长干里。吴大帝建建初寺及阿育王塔，为江南塔寺之始。晋太康复建为长干寺，宋改名为天禧寺，明永乐大建，赐额“大报恩寺”。

吾闻阿育塔有四，齐城洛下兼会稽。长干寺亦相伯仲，其名乃与钟阜、秦淮齐。异僧西来赤乌岁，始创浮屠供舍利。人间兵燹不能侵，历劫岿然三宝地。规模大拓永乐年，突过唐宋元之前。八门洞白日，九级阶青天。势凌阊阖迥，阴覆招提圆。积玉缭其趾，镕金冠其巅。浮鸳叠瓦外缝合，雕龙曲楯中钩连。最宜逢骤雨，牟尼当顶一珠悬，曼陀落手千葩舞。更好是初晴，霞标直濯碧汉水，露掌高矗清秋茎。风檐无尽铎仿佛，鸣璈欲跨鸾参差。飞锡常惊鹤，夜牖长明灯。彩虹下垂坤轴动，繁星乱绕天梯升。岁时佳景看不足，旧游追忆今难续。穹窿鳌背高，窈窕羊肠曲。烟云到上头，山水不盈掬。流观眩眼花，俯视惊肤粟。就中佛像工雕镌，穷神尽态胥自然。修罗守户猛于虎，摩登夹座颜如莲。白足踏狻猊，赤手拏蜿蜒。或如乞食舍卫城，或如说法兜率筵。或如妙相现满月，或如定力澄深渊。老僧夸指客笑颔，恒河沙数知难全。高邻上界那敢驻，归来浃日神犹怖。口枯舌燥诗不成，纵令诗成无杰句。江楼遥对窣堵波，仿像健笔层霄摩。安得杜韩二公今复起，为制瑰奇钜丽之长歌。

碧峰寺

晋瑞相院，唐改翠灵，宋改妙果，元改铁索。明洪武敕建，居金碧峰，故名。今仍称瑞相云。

晋代遗精舍，明时驻异僧。嘉名虽屡易，瑞相至今仍。曲涧分斋钵，疏林出佛镫。荒凉难久恋，题壁记吾曾。

能仁寺

宋文帝建，旧在城西，明洪武间，改今地。能仁、碧峰俱在南门外，相近。寺有古红梅一株。

游兴先于蝶，南冈此探春。寺名仍率旧，梅意已争新。野径多穿竹，僧房半作榛。对花浇茗碗，一笑亦前因。

崇因寺

在城南石马山之阴，即古新亭，有王谢遗址。明《南畿志》谓新亭在石子冈者，非。

王谢曾游处，凄凉客少经。乱山衔古寺，特地指新亭。午钵泉声净，秋龛石气青。萧萧群木脱，犹似感飘零。

报恩寺

在长干。

绀宇森森七宝装，赤乌年事纪苍茫。传灵已说康居国，历劫还称阿育王。座绕飞花春雨落，塔悬满月夜珠光。南朝诸寺多萧瑟，剩得长干古道场。元至顺间，赐金修塔，告成之日，天花如雨。

天界寺

旧在城中，明初寺灾，徙建南门外善世桥南，今荒废。《金刚经》塔，明钟伯敬书。

旧闻钟鼓彻云霄，路入诸天转寂寥。瓦甯惊鼯窥过客，碑横落叶认前朝。金经塔已全身卧，珠字幡犹半角飘。剩有残僧三五辈，依然佛火点疏寮。

高座寺

晋吉友，师子国人，居此，所谓高座道人也。李白族子中孚在寺为僧，白尝依之，今中孚井尚存。高座、永宁本一寺，今分为二。

径绕琅玕碧四围，来游恰值雨涳濛。道人高座昔安在，仙客品泉今已非。幽鸟尚能传梵语，落花应是悟禅机。淹留好乞香厨饭，山蕨如拳笋正肥。

谢太傅墓

在梅赜冈，今亡。相传晋末其子孙迁葬于会稽，今《绍兴府志》亦有谢太傅墓，事或然欤？墓前有无字碑。

东山风流倏已尽，突兀梅冈置墓田。白鸡梦断十六里，玄鹤归语三千年。更无华表矗夜月，但有素碣横秋烟。衣冠回首几尘土，吁嗟公冢安能全。

韩熙载墓

在梅赜冈。

几年江左客，诗酒冠名流。夜月白团扇，春风紫绮裘。生惭李谷语，死傍谢安游。试问梅冈路，空余蔓草秋。

杨忠襄墓

邦义。土门冈，公殉节处。

悲风振寒松，古冢樵人护。残碣表忠襄，时维宋南渡。驱车判建康，为国捍门户。敌兵千万临，留守先迎附。惟公独奋然，矢死明吾素。身当大厦倾，气作长城固。题襟二语留，凛凛有余怒。遥望土门冈，云旗日来去。

方正学墓

在聚宝山侧，与杨忠襄墓相近。

森森瘦柏绕山唇，碧血成堆草不春。十族同时无姓字，一言终古有君臣。学宗韩子趋惟正，文似苏公禁愈伸。莫把愚忠相訾议，聪明何限唤猪人。唤猪胡广，事见《明史·王艮传》。

黄夫人墓

明侍中黄观妻翁氏及二女并溺栅洪桥下，遂葬于岸侧。

栅洪桥下涛声怒，玉碎珠沉传此处。一点灵光驾暮潮，远寻罗刹矶头去。国破家亡痛若何，秦淮庙貌自嵬峨。可怜片石留贞影，翻博人间唤普陀。夫人呕血石上，遂成小影，有僧认为大士像。夫人示梦，始知石今在祠中，呼为翁夫人血影石，俗犹谓之大士云。

浡泥国王墓

石子冈畔。明永乐六年，王来朝，病卒，赐葬，谥恭顺。

迢递经重译，苍茫赋大招。归魂仍海滋，托体此山椒。秘器东园给，崇祠上国邀。行人频伫望，宰木已成乔。

五谷树

明太监郑和自西洋归所植，一天界寺，一报恩寺。

虚名赢得老僧夸，双树移来自海涯。结实几番占岁稼，盘根万里逐星槎。流芳绝胜蒲桃种，分荫还依檐卜花。惆怅琳宫经劫后，更无春雨长新芽。

两没字碑

谢傅墓文无敢作者，秦桧碑文无肯作者，今碑皆不存。桧墓宋末为盗发，翁仲犹存，今在江宁镇南。

东迁南渡事略同，大牙长脚皆上公，判然勋罪难相蒙。碑在人心奚用字，墓门素石空横地，石无好恶因人异。我今著句为持平，获依贤侧固大荣，弗为桧污亦保贞。君不见，牧牛亭前翁仲哭，替桧千年受鞭扑，翻羡作碑能远辱。

长干寺

洪　銮

法鼓虚堂夜寂寥，石头城枕海门潮。江山好处浑如梦，一塔秋灯影六朝。

樊大舅客金陵有诗吊方正学先生墓予次其韵

倪瑞璿

金川门入北平军，叔父周公逐嗣君。碧血一区埋十族，青山千古护孤坟。祠依忠烈缘同志，藓蚀碑铭认旧文。樵牧那知青史事，经过也复吊斜曛。

谒方景二公祠

徐　恪

苍松吼灵雨，白日摇孤光。宗臣俨像设，肃拜趋祠堂。成王周公辨，大义声雷硠。精诚动星象，袍笏飞秋霜。当时弃朽骨，匿迹埋山冈。后来公是非，何曾恕文皇。年号削建文，瓜蔓屠忠良。一死明大义，万古扶纲常。钟山石马蹲，孝陵寝殿荒。云旓肃奔扈，千载遥相望。

雨花台

黄景仁

行尽长干道，崇台得壮观。秋天多雨势，江水更风寒。王气全消歇，山形尚郁盘。松楸弥望处，寂寞葬千官。

登报恩寺塔

林澍蕃

杖策寻初地，来攀第一层。帆樯三楚色，烟寺六朝僧。塔涌江光动，台连雨气蒸。纷纷阅年代，唯有佛前镫。

过劳劳亭

陈　寅

一望斜阳起暮烟，荒亭余址草连天。骊歌久已消官道，断碣空存纪晋年。入眼江花伤过客，怀人春酒满离筵。依依尚有长堤柳，几处临风倍黯然。

题方正学祠堂壁

王　昙

七国诛晁错，为公十族愁。六经生注脚，三木死囊头。僧绰南朝事，元凶一诏休。王僧绰为元凶草诏，元凶即灭。朝衣死东市，毕竟不安刘。

登雨花台

蔡家琬

谁道昙花别有春，我来高处拂征尘。若教真遇天花雨，台下谁能不著身？

登雨花台

蔡家琬

云光花雨总虚谈，且喜崇冈得纵探。连亘楼台当槛矗，阴森竹树似烟含。大江今古催惊浪，钟阜朝昏变翠岚。归去纵迟犹徙倚，旷观山水未妨贪。

舟中望长干塔

蔡家琬

几度登高忆昔时，凭虚一览大江湄。而今不作攀跻想，直上云霄一任伊。

雨花遇雨

张　宝

雨花台上正留连，忽遇霏霏细雨天。春树远含千嶂雾，禁城深锁万家烟。银蛇伏地江光现，彩柱擎空塔彰悬。扶杖下山山径滑，乘舆远费杖头钱。

长干里

焦　循

门巷无苔夕照斜，红楼扃处笑声哗。可知落叶秋风里，个个良人尽恋家。

天界寺

焦　循

昔年展诵青丘诗，天界佛寺名乃知。洪武创业造此寺，征辟名士时居之。我游金陵十一次，今年始获到此地。壁破犹存龙凤文，门扃疑匿狐狸魅。草深觅路问村娃，老僧赤脚迎供茶。小树扶疏出檐宇，满阶不见辛夷花。

金陵四十八景（录六首）

汤　濂

天界访僧

寺在聚宝门外，元为龙翔寺，至明初改。

天界不可寻，龙翔亦安在。我方入云中，僧已出云外。

赤石片矶

在南门外东二里，枕卧江流，与周处台相连。

片石亦何赤，疑是朱霞灿。我欲寻丹砂，不歌白石烂。

雨花说法

台在南门外，云光法师说法，天雨宝花处，至今出石。

云光示慈悲，雨花如雨粟。噎者不能餐，反讶法空说。

报恩寺塔

明永乐时建，五色琉璃瓦，金顶接云，高百尺，灯一百二十八盏。

欲报昊天高，千宵一塔立。昼夜琉璃灯，万古光明佛。

木末风高

亭在聚宝门外雨花台，正学先生祠堂。

频过正学祠，有泪不敢堕。浩气挽江流，空亭人独坐。

长干即事

长干里在聚宝门外，远望报恩寺塔。

朝见雨花台，暮见报恩塔。长干小儿女，闺中学拜佛。

金陵百咏（录十四首）

汤　濂

景公祠

在雨花台侧，公讳清真，宁人，洪武中官御史。

赤星犯帝座，衣绯怀利刀。一死甘如饴，伤心瓜蔓抄。

铁公祠

在雨花台，祀建文帝靖难臣铁公铉。公守山东，奉兵击燕，后屯兵淮上，被执不屈，遂磔于市。

山东守何坚，淮上气犹怒。铁汉真铁心，死终不回顾。

剖心里

在长干里，宋时金人入建康，杨忠襄公邦乂不屈，金人剖腹，取其心。

杨公剖心处，心赤血同赤。至今墓上草，红心无断绝。

海忠介公祠

在雨花台，公讳瑞，为南右都御史。

刚者真难得，如公介节全。在山与出山，泠泠鸣清泉。

高座寺

在雨花台西，竺尸黎密僧说法处。

雨花台寂寂，登眺极荒凉。说法人何在，无言下夕阳。

先贤祠

祀吴太伯以下有功德于金陵者，在普德寺后。

诸贤何巍巍，太伯安可仰。青溪与梅冈，山水发清响。

梅将军庙

祀东晋豫章刺史梅公，讳赜，曾筑垒于此。

空有将军庙，而无白雪香。愿栽三万树，围住古梅冈。

宝光寺

在雨花台梅冈。

南唐奉三贤，寺亦名宝光。欲寻昙师塔，云中莲花香。

碧峰寺

在南门外普瑞相院。唐贞观中，敕褚遂良重建，改翠灵寺；明洪武中敕建，居异僧碧峰。

古寺累更名，碧峰自千古。木落四山空，佛光隐何处。

能仁寺

在聚宝门天竺山。

云山不自荐，象窟凿石室。我欲荷锄去，采芝上天竺。

卫国忠肃公庙

在凤台门，即今城隍庙也。

环卫多奇勋，慷慨有大志。城陷据胡床，从容见英气。

新　亭

在安德门外。

沧桑悲代谢，一笑古今空。不特新亭泪，河山感慨中。

劳劳亭

在江宁西南五十里劳劳山，俯临江渚，为古送别之所。

夕阳淡空亭，劳人此送别。何不上劳山，云中揖仙客。

麈扇渡

在赛公桥，即今之毛公渡，晋顾荣以羽扇麾败陈敏兵处。

破敌指挥中，云霄一羽空。尚余渡头水，摇荡白莲风。

登雨花台因至永兴寺看梅花

王文治

东风吹屐齿，随意得幽行。士女喧郊甸，孤怀逐云轻。林峦带万井，烟岚相与并。高台送远目，指顾春光生。忽闻古寺钟，因赴梅花盟。萼绿有仙骨，红绡淑且贞。宾客纷满堂，与余忽目成。趣同情弥洽，何疑宋广平。归来有余兴，空庭坐月明。

雨花台

朱为弼

振衣独上雨花台，衰草斜阳野望开。一塔琉璃平槛立，四山苍翠抱江来。临风怀古频搔首，此地何人数举杯。久凭阑干和樵唱，严城画角唤将回。

秣陵集（选录）

陈文述

越城是范蠡为越王勾筑

越城一名范蠡城。相传蠡佐越王勾践谋楚，周元王四年所筑，在江宁县南。刘渊林《吴都赋》注：建业南五里，有大长干、小长干。大长干在越城东，小长干在越城西。或谓今报恩寺前江宁县丞廨即其址，俗呼为越台。六朝交兵在南者每据此为要地。故卢循之来众军修治越台也。

一样兴亡更可嗟，长干枯树噪啼鸦。越台争似苏台好，杨柳年年扫落花。

如何谋楚计全非，战士还家空锦衣。太息会稽山下路，春来唯有鹧鸪飞。

石室阴谋慨霸才，杜圻山色隐崔巍。扁舟已泛烟波去，未必当年此筑台。

劳劳亭是孙吴时送别之所

《一统志》云：劳劳亭在应天府治西南，吴时置。《太平御览》《舆地志》云：丹阳郡秣陵县新亭陇上有望远楼，又名劳劳亭，宋改为临沧观，行人分别之所。

黯然销魂者，惟别而已矣。行行重行行，千里复万里。骊驹南迈雁北征，送别自古难为情。柳绾旗亭花满路，此地犹传送别处。送别何劳劳，落日浮云骄。罗裙红粉燕赵妾，宝剑白马幽并豪。古来送别凡几辈，此地犹留一亭在。花残月缺水东流，空有春山碧于黛。我欲山铲林峦亭去桷，唤取石尤回舶趠。不然车轮生四角。

晋平原内史陆机宅

陆机字士衡，吴郡人。祖逊，吴丞相；父抗，大司马。机少有异才，文章冠世。抗卒，领父兵，为牙门将。年二十而吴灭，退居旧里，作《辨亡论》。太康末，与弟云俱入洛，造太常张华，如旧相识。吴王宴出镇淮南，以机为郎中令。赵王伦辅政，引为相国参军。豫诛贾谧功，赐爵关内侯。伦将篡位，以为中郎将。伦之诛也，齐王冏以机职在中书，九锡文及禅诏，疑机与焉，收付廷尉。成都王颖、吴王宴救之，得减死徙边。时中国多难，顾荣、戴若思咸劝还吴，不听。成都王颖以机参大将军军事，表为平原内史。太安初，颖与河间王起兵讨长沙王乂，假机后将军、河北大都督，督北中郎将王粹、冠军将军牵秀等诸军。机自以羁旅入官，顿居群士之右，辞都督，颖不许。遂行自朝歌至河桥，鼓声闻数百里。汉魏以来，出师之盛，未尝有也。长沙王乂奉天子与机战于鹿苑，机军大败，赴七里涧死者如积。为宦人孟玖所谗，言其有异志，牵秀等共证之，颖怒，使秀收机，机叹曰："华亭鹤唳，岂可复闻乎！"遂遇害于军中，年四十三。子蔚夏，同被害。弟云字士龙，与兄齐名，号曰"二陆"。入洛，荐至中书侍郎，成都王颖表为清河内史。张昌为乱，颖表云为使持节、大都督、前峰将军，以讨昌。会伐长沙王，乃止。机之败也，并收云。江统、蔡克等救之不得，并遇害。机、云之死也，莫不归咎于成都王之愦、孟玖之谮、牵秀等之证成，似已独不思祖、父皆吴世臣，与国同休戚，既领父兵为将，晋师南下，先张悌诸人致命遂志者，宜莫如陆氏。诚能效节疆场，则吴之机、云，岂不媲美蜀之瞻、尚哉！亦既退居旧里矣，果使蒲轮之征、元纁束帛之贲亦当婉辞，以谢高段干不见之节也。乃兄先弟后相率入洛，又暗于贤愚是非，昧昧与人家国事，亦既屡蹈危险矣，曾不知难而退，谬膺重寄。长沙王奉天子，既不辨顺逆而抗之，又毫无设施，以二十余万之众败绩于一战。孟超，宦者之弟耳，而违犯节度，夺人麾下，曾不能效穰苴之于庄贾，按法行诛。此而为将，其免于败者几何？后世徒以文章之美，叹息于若人之不得其死，不知其出处大节早谬于入洛之初。即使侥幸成功，全身保位，亦无足称重，而况持身处世曾无一端之可取耶！士先器识而后文艺，故叙其颠末，以为后世负才躁进者戒，且俾知人论世者有所宗焉。宅在越城西，有二陆读书堂。旧说以入洛后《怀旧居赋》即此地也。

冥冥高唳鹤孤飞，三泖湖波隐翠微。太息华亭山下宅，当年何事不同归。

不归或者为君亲，韬晦何妨作逸民。才略未成三世将，文章先署两朝人。

即论文章亦未工，辨亡诸论说多穷。三张声价何劳减，更有三都左太冲。

从君折节读书来，慷慨观戎好将才。不死东吴死西晋，城南可惜孝侯台。

麾扇渡是晋丹阳内史顾荣挥散陈敏兵处

顾荣字彦先，吴丞相雍之孙。神机朗悟，弱冠仕吴，为黄门侍郎、太子辅义都尉。吴平，与陆机兄弟同时入洛，号为“三俊”。为尚书郎、廷尉正、赵王伦子虔长史、齐王冏大司马主簿。惧祸及，终日昏酣，不亲府事，以为中书侍郎。冏诛，封嘉兴伯。长沙王乂为骠骑将军，复以荣为长史。乂败，转成都王丞相中郎。惠帝幸临漳，以荣兼侍中，西迁长安，征为散骑常侍，以世乱不应，还吴。东海王越聚兵徐州，以荣为军咨祭酒，属广陵相陈敏反，假荣右将军、丹阳内史。敏欲诛诸士人，荣说之，免。仍遣甘卓出横江。荣说卓，与周玘、纪瞻潜谋起兵攻敏。荣发桥敛舟于南岸，敏出不获济。荣麾以羽扇，其众溃散。事平，还吴。永嘉中，征拜侍中，行至彭城见祸乱方作，遂轻舟而还。元帝镇江东，以荣为司马，加散骑常侍。六年卒，官赠侍中、骠骑将军，开府仪同三司，谥曰元。按：荣与陆机兄弟皆东吴著姓，弱冠登朝，吴之亡也，既不能以身殉国，而相率入洛，均谬出处之义。荣麾扇之役，幸而获济，揆之君子之道，不能无愧焉。麾扇渡即今毛公渡。

当年入洛称三俊，白袷曾为二陆哀。试问出师诸将退，何如破敌一麾来。指挥如意真名士，慷慨成功大将才。今日晚凉湖上过，秋莲叶叶背风开。

晋太子洗马卫玠墓

玠字叔宝，晋司空瓘之孙。风神秀异，总角乘羊车入市，见者以为玉人。及长，好言元理。妻父乐广有重名，议者以为“妇公冰清，女婿玉润”。文太傅、西阁祭酒，拜太子洗马。以天下大乱，扶舆母转致江夏。玠妻先亡，征南将军山简以女妻之，遂进豫章。时王敦镇豫章，玠以敦好居物上，非忠臣，求向建业。京师人士闻其姿容，观者如堵。玠劳疾遂甚，永嘉六年卒，时年二十七。人谓之玠被看杀，葬于南昌。咸和中，改茔于江宁。丞相王导教曰：“卫洗马明当改葬。此君风流名士，海内所瞻，可修薄祭，以敦旧好。”玠尝以人有不及，可以情恕，非意相干，可以理遣，故终身不见喜愠之容，盖君子也。墓在新亭东。

当年卫洗马，寂寞此山阿。埋骨人长往，言愁尔奈何。妇翁空水镜，家国总铜驼。东望长江水，滔滔感逝波。

晋豫章太守梅赜祠

赜尝得《古文尚书》于大航头。自宋以来，诸儒多疑其伪。吴才老曰：古文皆文从字顺，非若伏生书之诘曲聱牙。朱子曰：凡书易读者皆古文，岂有数百年壁中之物不讹损一字者？伏生所传皆难读，如何伏生偏记其所难，而易者偏不能记？又孔安国《书传》是魏晋间人作托，安国为名耳。又曰：孔传并序，皆不类西京文字，似与《孔丛子》同出一手。吴草庐以梅赜所增二十五篇，体制如出一手，采辑补缀，虽无一字无所本，而平缓卑弱，殊不类先汉以前之文，此皆疑古文为伪者。自此三说行，而后人附和纷纷。大概不越“古文何以皆易读，今文何以皆难读”二语。不知古文所以易读之故，本在《史记·儒林传》及安国《书序》中，学者初不深求耳。《儒林传》曰：孔壁有《古文尚书》，安国以今文读之。安国《书序》曰：科斗书废已久，时人无能知者。以所闻伏生之书，考论文义，定其可知者为隶古定，以竹简写之，增多伏生二十五篇。由此以观，是安国本不识古文，以伏生之今文对读，始以意揣而识其字。既识古文，则今文无所者，即以今文与古文相同之字读之，间有不识者，则以文义贯穿之。略如鸠摩罗什及房融等之译经，其义则原本，其词则有出于翻译时之润色者，故与诸书所引《尚书》转有参差不尽符之处。且所译之二十五篇，体制如出一手，职是故也。盖安国所传古文，原从科斗字译出，非字字皆科斗原文毫无改换也。后人不于科斗转为隶字之处反复推求，但谓古文即科斗原文，因致疑于二十五篇文从字顺，谬矣。阎百诗谓萧何以六体试学童，一曰古文，即科斗，是汉初已使人习之，何以孔壁中古文无人能识？然卫恒《书势》谓古文绝于秦，汉兴，人不识，故逸在秘府，不立学官。恒，晋人，去汉未远，其说必有所自。当秦焚书，书之科斗字者已尽在所焚中，否则藏之壁莫敢习读。其所行者，惟斯篆、邈隶。是汉初科斗之学已绝。迨后壁书渐出，如安国辈以今文读之，解识传播，始有识者。至哀、平间，刘歆好之，欲立博士，然窥非人人皆晓，故诸儒皆畏难而不肯立。况安国时去秦未久，而谓人人皆识乎？至《今文尚书》以出于伏生口授，罕有疑之。抑思《盘庚》等篇，所以告谕愚民，使之家喻户晓，岂转作此艰涩不可解之语？若谓当时语言本是如此，则《左传》《国语》所引《夏书》《商书》何以又多文从字顺耶？盖伏生以九十余岁老翁，追忆少所记诵，岂无遗忘？加以齿豁口呿之年，语音未免淆混，又以土音授异乡之人，兼令女子传述字句，亦不免讹谬。然则《今文尚书》亦未必皆孔门原本，正不必易读而致疑、难读而深信也。祠在梅冈。《六朝事迹》：梅岭冈，因梅赜家于冈下得名，在石子冈东，近雨花台。旧志云：赜为豫章内史，当营屯焉。

诸儒莫怪讼纷纷，又向航头得古文。故里尚传梅内史，丛祠惟说晋将军。金丝窅窅恭王壁，竹简戎戎汲郡坟。一样遗书同寿世，二千年后护灵芸。

新　亭

一曰中兴亭，在城南石马山之阴，六朝时近江渚，乃南来取台城要道。齐武帝所谓新亭，既是兵冲者，是也。《新志》以为大约在大胜关。《世说》："过江诸人，暇日辄至新亭。周顗曰：'风景不殊，举目有河山之异。'王导曰：'当共戮力王室，何至作楚囚对泣耶？'"即此。

一洒新亭泪，登高望石头。琅琊新帝子，河朔旧神州。慷慨资齐相，凄凉吊楚囚。于今风景好，极目总悲秋。

晋太傅谢文靖公安墓

谢安字安石，尚从弟也。父裒，太常卿。安年四岁时，桓彝见之，谓曰："此儿风神秀彻，后当不减王东海。"及总角，神识沈敏，风宇条畅。善行书，少有重名。寄居会稽，与王羲之、许询、支遁游处，无处世意。公府交辟并不至，有司奏禁锢终身，遂栖迟东土。及弟万废黜，始有仕进志，年已四十余矣。为桓温司马，除吴兴太守，征拜侍中，迁吏部尚书、中护军，受简文帝顾命。孝武帝时，桓温威振内外，人情噂喈，安与王坦之尽忠匡翼。寻为尚书仆射，领吏部，加后将军及中书令。时强敌寇境，边书续至，安镇以和靖，德政既行，威怀外著，人皆比之王导，谓文雅过之。又领扬州刺史，进中书监、骠骑将军、录尚书事，加司徒，复加侍中、都督扬、豫、徐、兖、青五州、幽州之燕国诸军事。时苻坚强盛，率众百万，次于淮淝，京师震恐。加安征讨大都督，遣兄子元破之。驿书至，安方对客围棋，看书既竟，棋如故。客问之，徐答曰："小儿辈遂已破贼。"其矫情镇物如此。进太保。欲混一文轨，上疏求北征，进都督十五州诸军事。时会稽王道子专权而奸谄，安出镇广陵以避之。安虽受朝寄，东山之志，始末不渝。及镇新城，尽室而行，造泛海之装，欲须经略粗定，自江道还东。雅志未就，遂遇疾笃。诏遣中使慰劳，遂还都。闻当舆入西州门，自以本志不遂，深自慨失。薨，年六十六。赠太傅，谥曰文靖。墓在梅赜冈。陈始兴王叔陵发安墓，弃去安柩以葬其母彭氏，后以作乱诛，毁彭氏坟庙以还谢世之茔。今上虞亦有谢墓，相传晋末其子孙迁葬会稽。

桓温竟死苻坚破，社稷功高志一邱。少日风神并东海，有人恸哭过西州。梅冈旧冢残碑失，兰渚遗坟古墅秋。太息白鸡催梦醒，更谁江左继风流。

附录

钱塘女史 汪端 小韫

梅冈花落古苔平，遗冢犹传太傅名。坐弈果能摧劲敌，清谈原不误苍生。十年别墅无丝竹，弟万死，安十年不听丝竹。一语新亭罢甲兵。闻道始宁迁葬去，青山依旧暮云横。

新林浦向板桥是谢朓吟诗处

谢朓字元晖，左卫将军述之孙，正员郎纬之子。少好学，有美名，文章清丽。为齐随王子隆镇西功曹，转文学。因事求还，除新安王中军记室，兼尚书殿中郎。明帝辅政，以为骠骑谘议，领记室，掌霸府文笔，转中书郎，出为南东海太守，行南徐州事。启王敬则反谋，帝甚嘉焉，迁尚书吏部郎。上表三让，优答不许。善草颖[1]，长五言诗，沈约常云"二百年来无此诗也"。东昏失德，江祏欲立始安王遥光。朓自以受恩明帝，不肯答。为祏所构，下狱死。好奖人才，自折简写孔颉为孔珪让表，谓珪曰："士子声名未立，应共奖成，无惜牙余论。"素与梁武帝以文章相得，帝以第二女永世公主适朓子谟，意薄谟，以更适张宏子策。策卒，又以与王志子諲。谟不堪叹恨，为书状如诗赠主。主以呈帝，甚蒙矜叹，而妇终不得还。新林浦，《文选·谢朓诗》注引《水经注》曰：江水经三山又幽浦出焉。水上南北结浮桥渡水，故曰板桥浦。江又北进新林浦。按今三山东有一小溪可通板桥镇者，当即古板桥浦。而新林浦者，盖即今大胜关也。《建康志》：板桥在西南三十里许，新林在城西南二十里，所言里数正合。又云：新林源出牛头山西七里。今单桥水正出牛头旁观子山下，通大关，其为新林，益可信矣。

[1]"颖"应为"隶"。

天际识归舟，云中辨江树。指点新林向板桥，分明小谢题诗处。旅思孤游疑是非，归流东北几时归。极目金陵城下路，长教太白忆元晖。

雨花台

在南门外梅冈上。高座寺，晋永嘉中名甘露寺。西竺僧尸黎密来中国，为王导所敬，因号所居为高座。既卒，于冢侧立刹，谢鲲仍名为高座寺。梁时宝志主其寺，有云光法师坐山巅说法，感天雨宝华，唐卢襄名之曰雨花台，有志公手植松、中孚塔、甘露井。又，梁武帝同夏里三桥旧宅舍为寺，名光宅，云光禅师讲法华经于此，有天花如雨。沈约、简文、元帝皆有碑铭及诗。宋治平间，移建牛首山东北，赐“古光宅寺”额。明洪武间重修，赐额慧光寺。则云光之讲经雨花，非一处也矣。

示疾曾闻散花室，谈经复有雨花台。法从七宝座间说，香自九重天上来。慧业因缘三竺问，禅机微妙六朝开。净居不救台城祸，白马青丝枉自哀。

石子冈是六朝人丛葬处

冈在聚宝门外，今名聚宝山。《建康志》：在城南雨花台侧，土多细玛瑙石。

白杨萧萧红草暮，石子冈前六朝路。我来不见六朝人，惟见六朝丛葬处。六朝自古多才人，旧家裙屐江南春。赤乌以来不胜纪，下逮晋宋齐梁陈。六朝逝矣繁华歇，黄土深深埋白骨。寒食何人酹一樽，夜深犹上六朝月。我来吊古天苍茫，鸺鹠惨淡啼斜阳。君不见二十四陵泣风雨，何况冈前一坯土。

《长干行》效李太白

长干在今城南聚宝门外，详见前“越城”注。有大长干、小长干，名甚古，白诗最著，故系诸此。

君家住何处，妾家在长干。长干好相识，渌水明朱阑。朱阑十二曲，曲曲莓苔绿。比翼双鸳鸯，微波淡秋玉。君昔下扬州，扬州好画楼。娥娥红粉女，双桨木兰舟。君今去巴陵，巴陵接洞庭。洞庭秋水阔，楚雨梦飘零。雨丝吹白露，君向何方渡。妾梦在高楼，明镜当窗曙。梧桐金井阑，梦醒啼乌处。西风昨夜来，红却檐前树。落叶不知愁，吹满长干路。

高座寺李白赋诗赠中孚处

李太白《上裴长史书》云：白家居金陵，世为右族，遭沮渠蒙逊之乱，奔流咸秦，因官寓家，观此白亦金陵人。后为供奉，求还山，乘舟至金陵，有从子僧中孚止高座寺，白依焉。尝著宫锦袍坐舟中，浮江而下，旁若无人。又尝脱紫绮裘换酒，饮落星矶上。寺在雨花台梅冈上。晋永嘉中，名甘露寺，西竺僧尸黎密据高座说法，世称高座道人。既卒，于冢侧立刹，因名高座寺。或云晋法师竺道生所居，梁宝志曾主其地。中孚，高座寺僧，太白族侄也。《太白集》中有《登梅冈望金陵赠族侄高座寺僧中孚》诗。寺有中孚塔及井。

当年来说法，西域有名僧。古寺仍高座，禅宗朗一灯。天曾甘露降，地以雨花称。我亦听经者，思参最上乘。

禅伯有高致，襟怀支道林。青天一明月，万古此禅心。龙虎地形壮，凤凰天籁吟。谪仙奇句在，镌入碧峰阴。“时迁大运去，龙虎势休歇。吾宗挺禅伯，特秀凤鸾骨。众星罗青天，明者独有月。”皆太白诗中语。

梅冈吊南唐中书侍郎韩熙载墓

熙载字叔言，潍州北海人。少隐嵩山，后唐同光中进士。父光嗣，平庐节度副使，因军推留后。明宗讨乱，坐死。熙载南奔，荐擢制诰，诏命典雅，有元和之风。屡上疏论事，不见用。熙载才气逸发，为当时风流之冠。性高简，江左称为韩夫子。尤忽细谨，老而益甚。蓄伎四十辈，自污以避入相。开宝三年，卧疾，卒于城南戚家山，赠右仆射、同平章事，谥文靖，葬梅岭冈谢安墓侧。

避难军门杖策干，嵩山旧隐路漫漫。早年北伐雄心在，老去南朝相业难。夫子文章原典雅，才人酒色亦辛酸。分明棋墅东山意，埋骨端应傍谢安。

宋妃祠

高宗南渡，妃留建业，善治目疾，没而祀之。在牛首山，俗称眼香娘娘庙。

潇潇暮雨暗灵旗，天水苍凉又一时。车驾仓皇人去远，湖山金碧梦归迟。暮潮沧海梅妃冢，明月扬州绣女祠。娄东梅妃冢，扬州绣女祠，皆宋高宗妃也。都是生平凭吊处，南朝遗事不胜悲。

土门冈吊杨忠襄公

公名邦乂，建康通判。金人入寇，陷建康，留守杜充迎附，公不屈，金人剖腹取其心。土门冈，在聚宝山梅岭南，公墓在焉。

翠华远向临安去，铁骑翻从建业来。大帅已甘囚首缚，孤忠竟受剖心哀。苍茫云树环遗墓，惨淡风烟护将台。闲向土门冈上望，精灵应共怒潮回。

卫国忠肃公庙吊元殉难江南行台御史大夫福寿

元顺帝至正十六年，太平兵取集庆路，御史大夫福寿坐凤凰台下，督兵拒战。百司奔溃，左右或劝之去，叱曰：“吾为重臣，城存则存，城破则死，尚安往哉！”遂死于兵。祠旧在城南土门冈，洪武中，改建于钦天山阳。至贡院，乃永乐中锦衣卫指挥纪纲宅，坐不法诛，阖门受歼，亦有生瘗其下者。至今乡试时，举子入院辄有声自地中起，历诸号而止。明施显卿《奇闻类巳·庚巳编》所载甚明。新志以纲为元忠臣、行省丞相，抗御明师，兵败全家被戮，葬处与御史大夫福寿同。时殉节事无所本，郢书燕说，不足据也。

一代兴亡日，封疆最可哀。敌军天堑渡，残卒板桥回。慷慨明臣节，艰难惜将才。当年有祠庙，长傍凤凰台。

天界寺是明初修元史处

在城南凤台山，距聚宝门二里。洪武初，移元龙翔集庆寺于此，更名天界寺，征高僧宗泐主之，诏高启等十六人于此修《元史》。启诗“万履随钟集，千灯入镜流”，可想见其盛矣。明祖以马上取天下，本不知书而好谈制作。《元史》总裁宋濂、王祎皆一代名儒，纂修诸人亦均有学识，使得从容讨论，未必不与迁、固并美。而勒限紧促，六月而成，致繁芜重复，难称良史。《洪武正韵》出自独断，不师古韵，当时且罕有遵行之者，贻讥后世，复何足怪，皆明祖不学、威胁群下之过也。

未曾偃武已修文，草草簪毫集缙绅。千载华裔征信史，一时班马命儒臣。偶来万履随钟地，惜尔三长秉笔人。何事深宫偏远虑，忌才更比爱才真。明祖忌才，甚于汉高。汉高忌武臣之威权过重者。明祖则兼忌文臣，宋濂、刘基均不得其死。魏观，贤者，高启亦修史旧臣，偶以文字小过，置之极刑，不仅杨基、袁凯诸人矣。永乐之杀戮忠臣不少降意，皆明祖有以启之。

越国武庄公胡大海墓

大海字通甫。从太祖起滁阳，破宁国，拔徽州，克建德，取婺州，下诸暨，定处州，克广信，镇金华，为降人蒋英、刘震、李福所害，追封越国公，谥武庄，肖像功臣庙，配享太庙。大海善用兵，每自诵曰：“吾武人，不知书，惟知三事：不杀人，不掠妇女，不焚庐舍而已。”以是军行远近，争先附。及死，闻者无不流涕。所至辄访求豪隽，刘基、宋濂、叶琛、章溢所称“金华四先生”，其所荐也。设天假之年，建立当不在中山下。功业未半而中道告殂，惜哉！墓在江宁城南十五里。

开国人才贵，将军首荐贤。伊周王佐出，英卫战功偏。来歙抽刀日，岑彭应谶年。神灵趋石马，来往孝陵前。

宁河武顺王邓愈

愈，虹人。继父、兄领军事，年甫十六。战必先登陷阵，军中咸服其勇。太祖起滁阳，愈自盱眙来归，从渡江，下集庆，取镇江，皆有功。与朱文正守抚州，陈友谅众六十万来攻，楼船高与城等，乘涨直抵城下，围数百重。愈分守抚州门，当冲要。友谅亲督众来攻，城坏且三十余丈，愈且筑且战，昼夜不解甲者三月。太祖自将来援，围始解。论功与克敌同，徇江西，取吉安，克赣州，进江西行省右丞，时年二十八。兵兴诸将，早贵未有如愈与李文忠者。为人简重慎密，不惮危险，将军严，善抚降附。常遇春克襄阳，以愈为湖广行省平章，地邻扩廓，拊循招徕，威惠盛著。从大将军出定西，走扩廓，进克河州，招谕吐蕃诸酋长，皆纳印，朵甘、乌斯藏诸部悉归附。封卫国公。征诸蛮，克四十八洞。征吐番、川、藏，穷追至昆仑。归还道卒，追封宁河王，谥武顺。

菩萨线落群雄起，父兄转战俱前死。坐拥余众据临濠，领军年始十六耳。一旅早向滁阳归，渡江以后功益奇。破长枪帅克完者，手提天戈伸天威。洪都地险逼伪汉，强寇如云六十万。楼船百道高于城，辛苦艰难支百战。抚州门近当其冲，激动忠义气倍雄。死守三月不解甲，全城功与克敌同。军中号令严且明，抚降戮逆民不惊。襄阳作镇玺书赐，国家赖尔如长城。分兵定西启戎幕，车道岘高势峣削。威名不数大将军，壁垒精严走扩廓。吐蕃望风纷投戈，穷追直至西黄河。

练军辰沣定蛮察，四十八洞功尤多。呜呼，王之早贵同岐阳，早死亦似开平常，功名既成身应亡。君不见胡蓝狱成宿将尽，飞鸟既尽良弓藏。

木末亭拜方正学墓

方孝孺，字希直，一字希古，宁海人。循吏克勤子。幼警敏，读书日盈寸，乡人目为“小韩子”。从宋濂受业，以明王道致太平为己任。以吴沉、揭枢荐，召见。太祖谓皇太子曰：“此壮士，当老其才。”礼遣还。后除汉中教授，日与诸生讲学。蜀献王聘为世子师，尊以殊礼，名其读书之庐曰“正学”。惠帝即位，召为翰林侍讲，国家大事辄以咨之。更定官制，改文学博士。燕兵起，廷议讨之，诏檄皆出其手，军事多所参决。京师破，被执。召使草诏，悲恸声彻殿陛，投笔于地，且哭且詈。成祖怒，命磔诸市，作绝命词就死。门人廖镛与其弟铭拾遗骸，瘗聚宝门外山上。兄孝闻前死，弟孝友同戮，妻郑及二子中宪、中愈先自经死，二女投秦淮河死，宗族亲戚前后坐孝孺诛者数百人。门下士有以身殉者，余坐谪戍者甚众。神宗初，褒录建文忠臣，建表忠祠于南京，首徐辉祖，次孝孺云。成祖既杀孝孺，以草诏属楼琏。琏不敢辞，归谓妻子曰：“我固甘死，正恐累汝辈耳。”遂自经。或曰草诏乃括苍王景，或曰无锡王达云。

高皇孽子兵威盛，少主贤臣气节端。何意兵戎生骨肉，为扶伦纪剖心肝。西京诏下千行易，南史书逃一字难。世传孝孺草书一“篡”字，《明史》本传不载。刘基子璟谓成祖曰：“殿下百（岁）后逃不得一‘篡’字。”下狱，自经死。想避忠魂北迁去，长陵蔓草不胜寒。

景公祠

在正学祠左，祀明御史大夫景清。清本耿姓，真宁人。初为北平参议，再迁御史大夫。燕师入，诣阙自归。一日早朝，衣绯怀刃，欲刺燕王，不克。先是，日者奏异星赤色犯帝坐，甚急，成祖故疑清。及朝，清独著绯，搜得所藏刃，诘之，不屈，磔死。籍其乡，转相攀染，谓之“瓜蔓抄”。村里为墟。祠亦万历中建。初，金川门之启，御史连楹叩马欲刺成祖，不克被杀，事亦相类。

立孙当日知非计，况有强藩匹国储。慷慨捐生方正学，艰难报国铁尚书。谁扶日月回丹极，能动星辰撼太虚。今日景公祠下过，绯衣仿佛飏琼琚。

登报恩寺浮图

报恩寺，一名建初寺，一曰长干寺，一曰阿育王寺，在聚宝门外。吴赤乌间，天竺国人康僧会东游至建业，言阿育王役鬼神、起塔事，礼请三，七日得舍利，吴大帝为建阿育王塔，号建初寺，言江南建塔之始也。自后代有兴废，宋改天禧寺，元改慈恩旌忠寺。永乐十年，敕工部重建大报恩寺，造九级琉璃塔。至宣德六年，凡二十九年始成。法轮金碧，照耀人天，诚为钜观。永乐之为此，殆自知杀戮过重，藉佛力以忏除恶业耶。

靖难师来孰闭门，孝陵云树黯消魂。忠臣已尽神孙死，却建浮图说报恩。儿女英雄各有人，旧都遗事说纷纷。六朝只在斜阳里，半是青山半白云。

浡泥国王墓

在石子冈。浡泥，国名，永乐中来朝，病卒，赐葬于此，谥恭顺。

石头城畔名王墓，赐葬当年礼秩优。万里故都沧海远，六朝残月白门秋。遗坟莫误前三国，归梦应寻大九州。何幸中华得陪葬，孝陵云气接松楸。

重过长干里有感

黄　标

两经霜露动深哀，况听秋声木末来。江上重寻鸥鹭侣，雨中复上凤凰台。千家古里连青陌，六代遗宫长碧苔。此日登临多感处，百年怀抱一时开。

越　城

周宝偀

禅院风清古迹埋，长干西畔小徘徊。一堆土石迷烟草，人踏斜阳问越台。

戚家山

周宝偀

疏林隐寺路欹斜，地住南唐宰相家。玉管金箫都换却，而今唯听噪栖鸦。

赛公桥

周宝偀

桥边深竹野鸦飞，桥上沿村散社归。斜日入河人影乱，野田经雨豆花肥。近江山色连城绿，绕郭人家半水围。玉碎珠沉传此处，不禁垂泪吊斜晖。

聚宝山

周宝偀

高立峰头望眼奢，名山埋老旧烟霞。石生五色都成玉，枫好全身总作花。有兴登临频着屐，无钱买醉不妨赊。四时佳日休相负，名利场中鬓易华。

木末亭西一径斜，当年曾此雨天花。楼台层叠标孤塔，云树苍茫隐万家。往事已随流水逝，豪情偏趁早秋加。夕阳晚景看无限，红衬青山有落霞。

落马涧

周宝偀

南涧桥边涧水长，难将往事问斜阳。残碑剩有荆公句，曾去摩挲读旧章。

永宁泉

周宝偀

半夜起吹邀月笛，一春不惜买花钱。午余小步梅冈上，来评江南第二泉。

惠应寺

周宝偀

地僻成香界，前朝创建初。寺虽埋蔓草，僧不废钟鱼。古磴留云住，空潭受月虚。寻幽经此过，兴败独愁予。

天隆寺

周宝偀

信步寻秋去，秋容杳霭中。寒禽啼古木，霜草瘦西风。地僻来人少，溪回有路通。遥看深树里，微露寺墙红。

长干里

周宝偀

越王筑邑长干起，二里八十步有许。南环白鹭东赤矶，而今一半压城里。长干长干有大小，干名剩一他无晓。两旁列肆杂居民，当年女儿生来巧。朱唇玉腕何处寻，寺钟一声音渐杳。

清源观

周宝偀

清源仙院距岩巅，面北窗开塔影悬。助我清谈茶正熟，道人新汲永宁泉。

方正学先生孝孺祠

周宝偀

先生忠烈亢文皇，登殿终难草诏章。舌断依然呼篡字，心伤安在问成王。千秋祠迥苍松古，十族魂归夜月凉。唯有雨花台畔草，年年青傍墓门芳。

二忠祠

周宝偀

阁踞南冈上，来游腊屐停。江光浮素练，山色列重屏。忠烈双贤匹，香烟百代馨。凛然遗像在，瞻拜仰芳型。

雨花亭

周宝偀

谈经曾此说兜罗，感慨萧梁往事多。一自云光宣梵呗，遂教天女证维摩。那知翠竹黄花地，忽唱青丝白马歌。日暮炊烟齐绕郭，台城不见望如何。

新林浦

周宝偀

昔有人逢绝代姝，溪山风景不曾殊。而今无复来神女，香月寒梅冷绿珠。

雨花台

周宝偀

云光说法南山冈，经台高筑南斗傍。士女千人环听讲，山云山鸟争翱翔。妙谛上感玉皇听，左右天女仙霞妆。大开阊阖云五色，天花云外来芬芳。知师结习除已尽，花飞未许粘衣裳。转眼师去几千载，荒台寂寂留斜阳。栏边远水一线白，阶前低岭千寻苍。渡江吴猛空羽扇，献花懒融遗祖堂。仙佛一去皆不返，我来何用悲萧梁。高咏振衣千仞句，鼻观仿佛天花香。

雨花山庄外景八咏（录四首）

叶凤藻

长干即事

大小长干里，乃在庄之东。生小长干人，未老见不同。昔见闾阎密，今见瓦砾丛。对此不行乐，孤负干南峰。

雨花说法

梅冈昔雨花，乃在庄之南。梁时有法师，说法阐优昙。天女宝花散，幻景何由探。但看六朝山，依旧来青岚。

木末风高

雨花庄东南，风高木末亭。峰巅缘树杪，矗入青天青。青山庄外拱，环向如张屏。亭旁祠正学，举月瞻遗型。

天界访僧

雨花庄西南，天界访僧关。冈峦遥起伏，径入西南山。山中何所有，疏钟云外闲。安得碧峰师，卓锡来此间。

谒方正学祠遂至寿池山房

潘與德

建康郭外方山台，木末一亭依太清。老子闲游多古意，大忠余愤作江声。春秋事不问家国，师友伦原共死生。草草六朝同传舍，词章几辈是时英。

含泪高歌授命辞，下山草木有余悲。复登杰阁一凭眺，谁似长江无尽时。万壑秋声尽萧瑟，孤峰日色未迷离。长干赋别销魂地，独有兹游慰我思。

雨花石

徐　荣

天雨诸香下帝台，大同天子讲经来。尚留子石临江活，恰似房花向日开。妙道无心存瓦砾，遗民有泪艳惊瑰。拳峰乳钵菖蒲供，律我禅扉不用开。

金陵杂述四十绝句（其二十四）

何绍基

向帅迟回孝陵卫，曾公径逼雨花台。从知胆略殊高下，坐看坚城力战开。沅圃中丞直逼雨花台，人人危之，卒成大功，岂不伟哉。

金陵纪事律诗十三首（其一）

阙　名

登塔凭高作望楼，雨花营垒又坚筹。一旬竟把南京破，千里来从西粤流。白胖无人皆黑瘦，红头封职换黄绸。自矜十日天行道，昼夜排搜匿满洲。

雨花台

江汝式

同泰金钱赎帝子，江南好佛生欢喜。云光说法天雨花，缤纷四面飞红紫。吁嗟雨花不雨粟，空使台城鬼夜哭。登台不见讲经人，西风吹澹秋山绿。

浡泥国王墓

朱绪曾

阇婆西去岛门通，臣妾来王礼会同。上国龙蟠兼虎踞，下方犀角暨龟筒。一抔骨恋长干土，万里魂归大海风。生葬中原真足幸，孝陵咫尺觐穹窿。

报恩寺塔

张　穆

江光一线回秋原，萦络城郭西南偏。天风峭峭拂衣立，铃语巍巍泥我前。我挟酒怀并诗抱，选胜例必跻其颠。金陵币月苦幽窘，当楼夜夜佛花鬘。拥护吉祥杖阿育，报谢敢遴脚力悭。盘纡岧嶤历层级，砉然透荡天宇轩。高云一片掠眼过，寒窭嘘嘘上晚烟。独有晴霞拂不落，蜺标倒注鸡鸣山。同行为我溯建寘，基根胚胎赤乌年。亦越齐梁迤宋元，经营振刷相新鲜。增高直欲青云千，可怜太祖黄金钱。金钱抛掷成远眺，草树人家入望圆。岂惟匹练亘吴门，绚以昙珠红欲然。却顾已消龙虎气，摩空剩有雕鹫盘。风声愈急铃语厉，登登筑步穷追攀。寄语诸天贳我顽，南来相窥缘亦艰。回翔惜同飞鸟下，半余红日衔厓边。

雨花台

金武祥

乍出长干里，难寻木末亭。斯台独高峙，战血尚余腥。一代论人杰，千秋据地形。中原氛未靖，哀雁不堪听。

重九日偕同人登雨花台

金武祥

难得重阳称意晴，雨花台上畅游情。品泉曾共煎茶到，出郭聊为访菊行。对景不堪惊物候，登高还欲志澄清。可怜六代都陈迹，俯仰兴衰百感生。

过雨花山偶占

金　和

新村桃柳未成阴，金粉楼台何处寻？不是野花红满地，江南谁信已春深。

登木末亭怀太白

金　和

碧萝祠宇袅茶烟，曾此行吟有谪仙。自着锦袍上天去，鸟啼花落一千年。

秣陵杂咏（其二）

沈中栋

长干古寺塔峻嶒，乘兴抠衣一再登。不管人间兴废事，孤僧自礼佛前灯。

金陵游览诗十三首（其五）

张之洞

雨花台泉

不见报恩塔，犹见雨花台。信知象教力，帝王不能摧。洒此一清凉，救彼群昏霾。一漱肺肝平，再咽神识开。此邦苦羹汲，流恶孰决排？安有脂粉腻，时见粪草偕。疹疠固由此，坐使风俗卑。汲汲安吴翁，陈义通江淮。符调忍独清，见泥志勿衰。

游雨花台过武南冈处士别业留赠

朱福田

空台寂寞久，日日满残阳。不见雨花迹，时闻丛桂香。冈头望深竹，幽处有茅堂。长揖就处士，别来颜鬓苍。

长干里刘氏园与于民官廨甚近冲泥往游

叶大庄

补官得近雨花台，无主山多对阁开。光绪江宁丞壁记，放衙刘氏小园来。

雨花台登山

陈三立

霁郭开吾意，孤寻瘗血岗。放春茸短短，翻野吹茫茫。石颗蛇遗卵，濠围鼠养疮。难忘随牧竖，飞雨在残阳。

南城外刘氏废园

陈三立

度阡穿乱冢，倒眼旧过园。斥废留枯树，追攀倚断垣。池鱼吞石气，篱犬吠诗魂。满抱纤儿恨，依稀故国痕。

江宁怀古二十四首（录二首）

张　謇

雨花台

花雨落诸天，讲台经未毕。如何大神通，不具台城蜜。

劳劳亭

何事此间来，低头省诸已[1]。却怜月与风，亦复劳劳尔。

---

[1] “已”疑应为“己”。

访方正学先生祠墓

王舟瑶

吾台邹鲁邦，缑城为之冠。紫阳得真传，昌黎惊再见。早受高皇知，预为神孙选。征中下汉中，弭笔侍讲殿。论治抗伊周，致君轶唐汉。议礼改六官，微嫌近武断。志大惜才疏，未能防祸乱。孝陵土未干，北平师已变。谁启金川门，空望神乐观。先生铁石人，安肯从逆叛。斧钺严春秋，大书一字篡。不为三杨生，而甘十族窜。浩气塞乾坤，忠魂动雷电。我来木末亭，瞻拜泪如霰。荒祠秋草芜，遗墓残碑断。寂寂春与秋，无复藻苹荐。纲维今已颓，忠节谁复羡。惟有故宫前，贞石存残片。当年恨血留，长共赤心溅。

怀　古

袁世凯

我今独上雨花台，万古英雄付劫灰。谓是孙策破刘处，相传梅锅屯兵来。大江滚滚向东去，寸心郁郁何时开。只等毛羽一丰满，飞下九天拯鸿哀。

登雨花台

洪　繻

西望杳杳天阙山，东望大江去不还。金陵故宫自何处，石头钟阜如长干。兹冈锁钥城南关，遥撑半壁成重磐。采石军声撼建业，古今争夺此弹丸。梁武讲经于此间，天花法雨散华鬘。青丝白马来侯景，朱雀乌鸢出大圜。此台旧事不堪忆，高座寺边余暮色。吊古何须感废兴，即今且复埋荆棘。梅岭已荒内史亭，石冈已铲谢公迹。孤垒犹留战后氛，二泉空话茶时客。嗟乎，绝好江山可游观，兵燹一动无翠峦。于今寰海再鼎沸，岂得江淮一水安。我从高处望中原，南北山门白日残。岷江万里来秋色，缥缈海东生暮寒。

雨花台

刘师培

落叶萧萧点碧苔，西风回首又登台。无边衰草连天暗，万里悲沙卷地来。故垒空余芦荻影，他乡羞见菊花开。江南亦是消魂地，阅尽齐梁六代才。

新　亭

刘源深

名士过江多比鲫，中原何日沸消螗。登临莫话沧桑感，如此河山忍弃将。

散步过雨花台

刘源深

半阴晴日清明近，不暖寒时薄醉才。红遍桃花青遍草，引人看过雨花台。

五色石歌

步其诂

娲皇炼石勤补天，石以五色神其传。今胡见者犹是物，百枚论价不百钱。投好偶依人为重，非时孰信生之难。质有其文中通理，章而非的色相宣。偶与提挈二三子，是谁钟毓五百年。块也砾也见所见，盆之池之仙乎仙。自夺人好多赝鼎，珍奇乃逾埋苍烟。风尘而外偶真赏，得之亦足多一拳。我抚此石重叹息，良材大用今古悬。天开于子地辟丑，东南西北缺不全。地有其宝出不爱，天乃借才得斡旋。当年使竟无此石，风云叱咤嗟徒然。璀璨晶莹未改旧，几时零落归人间。苍苍者色圆其体，近来天已无缺残。石兮石兮安所用，抑胡不秘穷山巅。椟可韫，璞犹完，填海冤衔精卫鸟，成桥辱著始皇鞭。嗷嗷者汙峣峣缺，今世已非盘古前。圯桥长跽吁可怪，襄阳下拜狂非颠。石兮石兮无自弃，壶中九华水清涟。

二月廿六日雨中诣雨花台安隐寺奠顾五子朋

郑孝胥

清明俄已过，云气暗建业。欲寻野哭地，度此风雨劫。顾五未入土，扣棺奈长阖。素帷手自褰，吞泪久于邑。当时分手易，岂意遂难合。回思前世事，迷罔魂旋接。病僧讶吾状，累问曾不答。我曹时既逝，待死等荷锸。沉吟起酹酒，何用恋一霎。肩舆下高冈，苦雾泳城堞。照眼小桃红，泫然更承睫。

拜方正学祠

高　燮

十族甘劓尽，忠诚绝可怜。杀身能报国，粉骨不臣燕。红蓼荒祠外，丹枫夕照边。至今残石在，血迹尚殷然。

民　国

陆涧鹤年伯以和卢彬士金陵绝句见示因次其韵六首（录一首）

曹家达

雨花台

山到城南总比连，石潭终古照寒泉。于今花雨无人会，老木萧萧生古烟。

金陵四十八景题咏（选录六首）

张通之

赤石片矶

俯看猪血红泥地，仰见羊脂白玉天。志异聊斋曾载此，不期到我眼帘前。

木末风高

木末亭连正学祠，地灵人杰两相宜。高风已足同千古，又有山神乐护持。

天界钟声

古寺当年戒律严，贪夫到此也知廉。钟声一杵闻人耳，寡欲清心二者兼。

长干晓市

唐人喜咏此间诗，民庶攒居盛一时。大小长干名未改，南城一出问都知。

雨花香迹

天际飞花□不奇，我来正值暮春期。山风吹起白桃舞，又是何人说法时。

报恩塔灯

出城不复见灯塔，有寺仍然称报恩。灿烂烛花原易落，千秋难灭此心存。

新亭题壁

张通之

平时不运陶公甓，临难谁先祖逖鞭。设宴新亭究何事，挥干双泪总徒然。

春日游雨花台

张通之

昔日乘舟过虎邱，峰峦起伏未曾休。今来山又随车转，岂止区区石点头。天际飞花事不奇，我来正值暮春期。山风吹起白桃舞，又是何人说法时。

游第二泉

张通之

夙有烹茶癖，还忻绿树深。水清常见底，日午更添阴。野叟传神话，山禽送好音。名泉虽第二，一碗已清心。

再过南京杂诗四首（录二首）

于右任

大好江山作战场，几经水火几玄黄。雨花台下添新冢，远近高低尽国殇。

山围故国人安在，泪湿新亭客更多。再造神州吾未老，是非历历指山河。

雨花台

于右任

铁血旗翻扫虏尘，神州如晦一时新。雨花台下添新泪，白骨青磷旧党人。

金粉泪五十六首（其三十一）

陈独秀

贪夫济济盈朝右，英俊雕残国脉衰。孕妇婴儿甘并命，血腥吹满雨花台。

无题二首（其二）

鲁　迅

雨花台边埋断戟，莫愁湖里余微波。所思美人不可见，归忆江天发浩歌。

就义诗

臧在新

石城风雨天地昏，不辨啼痕与血痕。飞絮落花谁是我，雨花台畔赋招魂。

白门怀古三十二首（录三首）

吴　梅

雨花台

缤纷天雨花，高僧此说法。化作石子冈，不忏众生业。

报恩寺塔顶

塔毁留铁镬，庞大无所用。用之烹民贼，可救万万众。

长　干

步出长干里，来往长干桥。横塘人不见，秋水风萧萧。

寒食节放歌

卢　前

君不见雨花台上年少狂奴，踏青去，拍手高呼："多少年来！多少囚徒！血花溅处，只墓草青青无数。从今为新中华开辟光明路，发愿：入地狱，舍身地狱！"呼不尽中心情热！荡不净人们污浊！哦，狂奴！日暮穷途，山头独哭！

金陵凯歌（其一）

蒋同超

幕府山头夕照殷，雨花台下血花斑。如今不用新亭泣，杨仆楼船出下关。

金陵杂咏

程晋泰

金川门外燕飞来，往事株连亦可哀。只有大儒方正学，长留碧血染青苔。

清明登雨花台

陆维钊

橐笔京门意兴豪，危台犹对石城高，两朝已见成相斫，十族谁怜等一毛。

洗眼劫花红壁垒，上襟山气长蓬蒿，年年寒食添封鬣，成败无端涌怒涛。

金陵杂诗十二首（录一首）

陆维钊

春风吹客雨花台，台畔桃花万树开，多少儿郎齐打扮，一时携酒上坟来。

城南路六朝人丛葬处

朱　偰

城南路，白杨萧萧天欲暮。石子冈前冢垒垒，行人叹息为驻步。闻道六朝多才人，旧家裙屐江南春。黄土深深埋白骨，千秋万岁同山垠。寒食何人酹一樽，斜风细柳泣黄昏。杜宇啼魂猿啸雨，几经沧桑几沉沦。但见陌上飞纸钱，飘过陇头看不真。

题雨花台第二泉

范蕴章

雨花台畔晚凉天，扫叶同煮第二泉。品茗清谈忘俗虑，新诗高唱入云边。

题雨花台第二泉

宁墨公

云连秋水水连天，泽国行吟试品泉。茅舍一烟穿户出，客来茶量兴无边。

碧血亭方孝孺墓侧

宁墨公

春草锦芊花石岗，鹃声当日断忠肠。不因十族诛方尽，焉得千秋名独芳。明社式微伤燕子，新都王气毓龙蟠。孤亭卓立光华表，难得扶轮树纪常。

过雨花台八十七师淞沪抗日阵亡将士纪念塔怆然感赋

鲍先德

一塔岿然矗夕阳，千秋勋绩著淞防。生溅碧血心无愧，死傍青山骨亦香。烟冷石城犹踞虎，烽遮玉塞未驱狼。纵教泉下嗟雄鬼，化作飞磷恨未忘。

至南京之翌日登雨花台吊太平天王诗以侑之（四首选二）

连　横

龙虎相持地，风云变态中。江山归故主，冠剑会群雄。民族精神在，兴王事业空。荒台今立马，来拜大王风。

玉垒云难收，金陵气未消。江声喧北固，山影绘南朝。吊古沙沉戟，狂歌夜按萧。神灵终不閟，化作往来潮。

当　代

登雨花台有作

李济深

白下雨花台，由来争战地，人民崇功德，用以纪烈士，花木烂山陵，风景殊胜美，从兹定太平，无复战争矣！

谒南京雨花台死难烈士遗物陈列馆

董必武

英雄血洒雨花台，暴露奸权尽蠢才。毕竟人民得胜利，斗争规律史安排。遗容遗物见遗风，先烈精神永世崇。踏着血痕仍迈进，红旗高举气如虹。

游雨花台

谢觉哉

看烈士遗像及文物展览。

容颜如画气如雷，战斗轰然起草莱。千里长江珠一颗，春风绿上雨花台。

访南京

郭沫若

天上飞来自沈辽，冬阳杲杲水滔滔。中山陵下群儿舞，灵谷寺周万木高。马上墙头闻古调，铁犁铜斧认前朝。雨花有石凝鲜血，养以清泉岂惮劳？

无　题

刘海粟

虬角龙鳞气屈蟠，雨花忠魂贯千秋。是谁借得韦偃笔，劲质贞心纸上看。

重访南京有感

田　汉

几处车间赤帜飘，风流真个数今朝。楼台玄武添雄丽，歌舞秦淮转寂寥。天国兴衰人可鉴，蒋家罪恶铁难销。雨花廿万收雄骨，热血滔滔卷怒涛。

吊雨花台烈士墓

应野平

森森翠柏遍平冈，冈上碑高暮色苍。遥想落花埋急雨，临风还洒泪千行。长留典范诏儿孙，傲骨丹心万世尊。欲寄衷怀无限意，狂歌俚句奠忠魂。

第二节 词

宋

水调歌头（其六）

雨花台

韩元吉

泽国又秋晚，天际有飞鸿。中原何在，极目千里暮云重。今古长干桥下，遗恨都随流水，西去几时东？斜日动歌管，萸菊舞西风。

江南岸，淮南渡，草连空。石城潮落，寂寞烟树锁离宫。且斗尊前酒美，莫问楼头佳丽，往事有无中。却笑东山老，拥鼻与谁同？

诉衷情

登雨华台

王千秋

二分浓绿一分红。春事若为穷。醉袖胃香沾粉，公挽我，我扶公。

欹短帽，吐长虹，拟凌风。布金堆里，叠翠屏中，云月轻笼。

八声甘州（其四）

读谢安石传

王 质

气佳哉、烟紫石头城，云碧雨花台。想东山前后，望春树绿，看晚潮回。自古英雄豪杰，无不待时来。拥鼻微吟处，山静花开。

商皓亦尝如此，羡苍生皆有，瞻望之怀。但漋河洛涧，此事偶然谐。疑是彼、八公草木，得神明、相亮不相猜。西州泪、千年犹湿，回望兴哀。

念奴娇

沈 瀛

郊原浩荡，正夺目花光，动人春色。白下长干佳丽最，寒食嬉游人物。雾卷香轮，风嘶宝骑，云表歌声遏。归来灯火，不知斗柄西揭。

六代当日繁华，幕天席地，醉拍江流窄。游女人人争唱道，缓缓踏青阡陌。乐事何穷，赏心无限，惟惜年光迫。须臾聚散，人生真信如客。

乌夜啼

李从周

径藓痕沿碧甃，檐花影压红阑。今年春事浑无几，游冶懒情悭。旧梦莺莺沁水，新愁燕燕长干。重门十二帘休卷，三月尚春寒。

永遇乐

次韵辛克清先生

姜 夔

我与先生，夙期已久，人间无此。不学杨郎，南山种豆，十一征微利。云霄直上，诸公衮衮，乃作道边苦李。五千言，老来受用，肯教造物儿戏。

东冈记得，同来胥宇，岁月几何难计。柳老悲桓，松高对阮。未办为邻地。长干白下，青楼朱阁，往往梦中槐蚁。却不如、洼尊放满，老夫未醉。

满江红（其一）

雨花台再用弟履齐乌衣园韵

吴 渊

秋后钟山，苍翠色、可供餐食。登临处、怨桃旧曲，催梅新笛。江近苹风随汛落，峰高松露和云滴。叹头童、齿豁已成翁，犹为客。

老怀抱，非畴昔。欢意思，须寻觅。人间世、假饶百岁，苦无多日。已没风云豪志气，只思烟水闲踪迹。问何年、同老转溪滨，渔钩掷。

满江红（其二）

雨花台用前韵

吴　潜

玛瑙冈头，左酾酒、右持螯食。怀旧处，磨东冶剑，弄清溪笛。望里尚嫌山是障，醉中要卷江无滴。这一堆、心事总成灰，苍波客。

叹俯仰，成今昔。愁易揽，欢难觅。正平芜远树，落霞残日。自笑频招猿鹤怨，相期早混渔樵迹。把是非、得失与荣枯，虚空掷。

满江红

金陵乌衣园

吴　潜

柳带榆钱，又还过、清明寒食。天一笑、满园罗绮，满城箫笛。花树得晴红欲染，远山过雨青如滴。问江南、池馆有谁来，江南客。

乌衣巷，今犹昔。乌衣事，今难觅。但年年燕子，晚烟斜日。抖擞一春尘土债，悲凉万古英雄迹。且芳尊、随分趁芳时，休虚掷。

念奴娇（其四）

避地溢江书于新亭

王　澜

凭高远望，见家乡、只在白云深处。镇日思归归未得，孤负殷勤杜宇。故国伤心，新亭泪眼，更洒潇潇雨。长江万里，难将此恨流去。

遥想江口依然，鸟啼花谢，今日谁为主。燕子归来，雕梁何处，底事呢喃语。最苦金沙，十万户尽，作血流漂杵。横空剑气，要当一洗残虏。

浪淘沙

邓　剡

疏雨洗天晴。枕簟凉生。井梧一叶做秋声。谁念客身轻似叶，千里飘零。

梦断古台城。月淡潮平。便须携酒访新亭。不见当时王谢宅，烟草青青。

水龙吟

次韵虚斋先生雨花宴

张　榘

暮云低锁荒台，凭阑四望天垂地。曼花半夜，蜚香缭绕，昔人曾记。往事悠悠，物华非旧，江山仍丽。怅斜阳芳草，长安不见，谁共洒、新亭泪？

开放青峦旧址。动骚人、一番词意。青油幕里，相忘鱼鸟，水边云际。却恨清游，未能追逐，区区僚底。问何时，脱了尘埃墨绶，为虚斋醉？

南乡子

乌衣园

黎廷瑞

醉罢黑瑶池。渺渺春云海峤归。画栋珠帘成昨梦，谁知。百姓人家几度非。

相对语斜晖。肠断江城柳絮飞。再见玉郎应不认，堪悲。也被缁尘染素衣。

西　河

和周美成金陵怀古

王　奕

江左地。兴亡旧恨谁记。腥风不搅洛山云，怒涛怎起。泪眶历落泫新亭，碑趺犹卧江际。

古今事，天莫倚。废兴元有时系。女墙月色自荒荒，尽平寸垒。舞台歌榭草痕深，青溪弥望烟水。

马蹄杂遝锦绣市。认乌衣六朝，东巷西里。景物已非人世。但长干铁塔，岿然相对。檐铃嘈囋薰风里。

木兰花慢

和赵莲澳金陵怀古

王　奕

翠微亭上醉，搔短发、舞缤纷。问六朝五姓，王姬帝胄，今有谁存？何似乌衣故垒，尚年年、生长儿孙。今古兴亡无据，好将往史俱焚。

招魂，何处觅东山？筝泪落清樽。怅石城暗浪，秦淮旧月，东去西奔。休说清谈误国，有清谈，还有斯文。遥睇新亭一笑，漫漫天际江痕。

莺啼序

重过金陵

汪元量

金陵故都最好，有朱楼迢递。嗟倦客、又此凭高，槛外已少佳致。更落尽梨花，飞尽杨花，春也成憔悴。问青山、三国英雄，六朝奇伟。

麦甸葵丘，荒台败垒。鹿豕衔枯荠。正朝打孤城，寂寞斜阳影里。听楼头、哀笳怨角，未把酒、愁心先醉。渐夜深，月满秦淮，烟笼寒水。

凄凄惨惨，冷冷清清，灯火渡头市。慨商女不知兴废。隔江犹唱庭花，余音亹亹。伤心千古，泪痕如洗。乌衣巷口青芜路，认依稀、王谢旧邻里。临春结绮。可怜红粉成灰，萧索白杨风起。

因思畴昔，铁索千寻，谩沉江底。挥羽扇、障西尘，便好角巾私第。清谈到底成何事。回首新亭，风景今如此。楚囚对泣何时已。叹人间、今古真儿戏。东风岁岁还来，吹入钟山，几重苍翠。

元

水调歌头

白　朴

初至金陵，诸公会饮，因用北州集咸阳怀古韵。

苍烟拥乔木，粉雉倚寒空。行人日暮回首，指点旧离宫。好在龙蟠虎踞，试问石城钟阜，形势为谁雄。慷慨一尊酒，南北几衰翁。

赋朝云，歌夜月，醉春风。新亭何苦流涕，兴废古今同。朱雀桥边野草，白鹭洲边江水，遗恨几时终。唤起六朝梦，山色有无中。

浪淘沙令

白　朴

行路古来难。似得还山。山间终是胜人间。风月琴樽应不羡，尘土征鞍。

何处老来闲。白下长干。一番春事又兰阑珊。流水桃花天地外，老我渔竿。

明

渔父词五首（其一）

刘　基

采石矶头煮酒香，长干桥畔柳阴凉。歌欸乃，濯沧浪，来往烟波送夕阳。

菩萨蛮

春　游

王世贞

长干陌上无相识，一尊偏领春山色。黄鸟转青枝，衔花堕接䍦。

不须愁远道，醉即眠芳草。何处酒家胡，文君正倚垆。

南柯子

雨花台上远望

王　铎

山色何人扫，十分淡不流。眼中无复景阳楼。几叶孤帆东下、蓼花洲。

说法今何在，闲花满地秋。游人还惹古今愁。飞去白云依旧、古松留。

踏莎行

九日登雨花台

钱　棻

碎石依苔，危沙养树。雨花却也如风絮。萧家天子听经来，而今牧竖登高处。

古涧寻声，遥钟引步。幽人杖入天花路。孤情延望接荆吴，白门自昔多烽戍。

清

念奴娇

长干秋夜

曹　溶

僧楼听雨，厌花侧虫鸣，好秋过半。记得微醺上画桥，十五雏姬回看。柳掩筝床，风吹舞帐，的是秦淮岸。归来闲叹，凉杀也无人伴。

荡子青衫失意，转眼江山，便把三春换。药圃糟丘计未成，何况罗襦粉汗。月落城乌，露沾宫草，旧事君须算。且留残梦，莫被邻鸡催断。

风入松

访张瑶星于松风阁不遇

宋　琬

雨花台畔访柴荆。匹练大江横。钟山紫翠斜阳外，虬龙影、几阵松声。曾共庐山高衲，小楼明月吹笙。

短筇重过石头城。怀旧不胜情。征君结制栖霞寺，梧桐老、白鹤相迎。为道二乡居士，来寻三影先生。

八声甘州

雨花台

陆求可

长干南去，复岭平冈，似霞蔚云蒸。正繁花撩乱，雏莺睍睆，天气新晴。处处旗亭歌扇，游屐尽堪停。醉倒荒坡下，微月高升。

记得南朝遗事，有云公说法，梵语风清。看天边、片片花落石床平。今日山空烟暝，问禅心、但草色鸦声。举头望、天花不见，醉眼花生。

离亭燕

木末亭

李　蒍

落叶萧萧秋暮，极目万家烟户。木末北山云冉冉，相伴闲亭终古。金粉六朝人，化作断烟疏雨。

燕子飞来何处？空惹旧愁几许。天堑长江看一线，江外乱山无数。王气黯然收，一片斜阳西去。

踏莎行

雨花台

吴　绮

百尺高台，六朝芳草。直到而今青未了。谈经无复旧袈裟，天花零落知多少。

往事空怀，故人俱杳。重来忘却梅冈道。欲呼浊酒向秋山，啼乌似识参军老。

江南树

木末亭

吴　绮

秋冷长干，几夜风吹黄叶。残土不成堆，下有苌弘如血。荒亭人独倚，望见苍龙阙。杜宇一双飞，夜叫钟陵月。

念奴娇（其十三）

秣陵留别方邵村侍御

梁清标

海天归棹，近长干紫气、遥看山色。骢马来从桃叶渡，执手唏嘘今昔。诗酒人豪，江湖孤艇，老去称狂客。七年重过，沧浪头鬓双白。

闻尔六诏风烟，五羊珠月，尽入临川屐。我亦越王台畔过，恨少罗浮片石。世事如萍，旧游难再，且听桓伊笛。劳劳亭上，暮云顿阻南北。

满庭芳（其二）

毛奇龄

海燕争春，城乌啼曙，丛丛花满阑干。虹梁日照，碧叶露初干。昨夜新衣裁就，薰笼暖、翠簇红攒。频提视，羞人难著，只说晓妆寒。

长干。西去路，春江鸭绿，新水漫漫。蚤青牛朱毂，骝马金鞍。江畔垂杨万树，风吹绕、贝带斑斓。妆楼望，翩跹水底，疑向镜中看。

卖花声

雨花台

朱彝尊

衰柳白门湾，潮打城还。小长干接大长干。歌板酒旗零落尽，剩有渔竿。

秋草六朝寒，花雨空坛。更无人处一凭阑。燕子斜阳来又去，如此江山！

满庭芳

席上送客归武林时演春灯谜剧

朱彝尊

渡小长干，访中山第，大功坊口依然。身随社燕，处处绕兰椽。转入西堂深径，看还是、卉木平泉。香风起，赤栏桥下，犹放半池莲。

樽前有行客，劳劳亭畔，已缆归船。且莫辜良夜，相劝芳筵。急剪铜盘官烛，须听取、促柱繁弦。江南好，承平旧事，曲子相公填。

踏莎行

雨花台有感

佟国器

锦石云封，丹台沙聚，游人指点南朝路。而今侠客打围场，当年萧帝听经处。

草没铜驼，窗寒玉女，秋声一片伤心雨。惟余远寺佛楼灯，夜深半照宫门树。

南乡子（其二）

金陵道中

徐石麒

霜叶冷江湄。何处秋山嵌落晖。行遍雨花台下路，追随。我马玄黄唤不肥。

借问酒家谁。十五当垆解画眉。买得松醪休浪醉，葳蕤。听唱金钗两臂垂。

念奴娇

题山语雨花台看云小幅

陈世祥

山中住久，有栗留枝上，时时来伴。洁日疏风天气好，坐向绿阴娇唤。午后微凉，一帘幽梦，清迥无拘管。起来闲步，泉花恰注茶碗。

雨花台上看云，丹黄青碧，万里奇光满。非色非空无定相，未可作云霞观。我把虚空，摄归丸墨，贮向山公腕。冥然静坐，长天明月如盥。

品　令

雨花台

龚翔麟

纸鸢初剪。渐挑菜、城南遍。废台疏雨，锦靴泥污，茜裙风卷。樯燕樯乌天外，江平似练。

偏提香满。有小小、吴童挽。新抽细草，坐来真比，贴裀还软。待付一尊怀古，泻时休浅。

金浮图

同独醉先生谢青登长干浮图

龚翔麟

城南寺。长干旧里。百尺浮图，金琅珰启。乍凭栏、指点江城里。绝顶攀跻，渐觉众山低翠。渺渺水光天际。斜阳影向，燕子矶头坠。

最喜是。东风乍起。积雪半消，一番新霁。酒瓶悔不携来此。官舍归时，午夜君须记。试坐小山石磴，林梢塔火，一望消残醉。

金缕曲

送鲍子韶入江西尚将军幕

龚翔麟

客计真无定。乍重逢、劳劳亭下，片帆思逞。且尽临分杯中物，小住长干烟艇。猛记得、春深三径。朱沈风流双点笔，井桐花、嫩拂斜阳暝。吟别曲，又秋冷。

平戎上策今谁并。看书生、援枹草檄，笑谈俄顷。潭影闲云西山暮，不浅登楼清兴。更远渡、章江如镜。懊恼泽家南禽语，想听残、瘴雨船窗凭。盼消息，早梅赠。

念奴娇

雨花台晚眺

秦　篆

弥天秋色，正空山一片，斜阳留客。台上登高吹铁笛，约友频沽欢伯。木末亭荒，松涛怒卷，古寺飘黄雪。澄江如练，波光隐隐明灭。

极望烟锁钟山，牛羊衰草，王气都消歇。忽听孤鸿声叫断，似诉六朝陵阙。满眼兴亡，钟残僧老，烂尽横江铁。醉题诗句，金风飘上圆月。

望江南

叶宏缃

人别后，锦字倩谁传。心逐雨花台上客，情牵桃叶渡头船。终日闷恹恹。

春夏两相期

寄怀蒋山老人

丁之翘

自春江、折芦南渡。携家我亦东去。两两分头，隔绝烟波无数。六朝古寺老僧来，十亩荒园狂奴住。飘泊风尘，支离天地，人生何苦。

别来多少风雨。想住山清课，米颠颜鲁。寄与封书，细把清词填谱。袈裟晴上雨花台，蒲团月冷啼莺处。树下临池，郭外看花，几时重聚？

金缕曲

同友人雨花台访张南村不值路过报恩寺看菊

薛　斑

相约城南步。望苍茫、雨花台畔，迷烟锁雾。行到山前刚数里，绕遍水村渔浦。问昔日、诗翁何处？茅舍竹篱知在否，怕西风、吹如青冥去。人不见，眼空注。

凭高远眺天涯路。最关情、离鸿声彻，白云红树。铁瓮城边沙滚滚，隐约龙蟠虎踞。更塔影、横空倒竖。且向招提寻往迹，渡危桥、手挽疏藤缕。黄菊好，暂延伫。

小重山

丙戌元旦

徐　籀

还忆春回花信前。今年梅早发、闹春先。东风踱跹暗山烟。轻霡霂，新雨润新年。

烽火尚连天。新亭前日泪、又长干。偶拈新历泪潸然。中山酒，醉醒日三千。

念奴娇

馆金陵驯象门今廿有二年孙道宣以词见示赋此

宋　琬

长干西畔，记鸦藏新柳，朱楼之下。问是卢家年十五，娇小莫愁未嫁。鹦鹉笼边，侍儿教演，曾把髯奴骂。秋千时节，玉箫声在帘罅。

惆怅司马清狂，横琴三弄，却风求凰也。鼙鼓揭来人世换，都付水流花谢。修竹依然，画栏何在，俯仰余悲咤。唾壶敲缺，不禁清泪如泻。

莺啼序

金　陵

周祖同

王家谢家燕子，话闲愁万绪。指形胜，白下雄城，蒋山依旧终古。听云外、东流滚滚，分明诉出伤心语。只秦淮仍荡春波，绝无残树。

太息神州，望里浩渺，认西边幕府。想当日，流涕新亭，过江名士何处？叹繁华、从来似梦，金粉坠、销沉歌舞。翠华空、凭吊兴亡，故宫禾黍。

东南半壁，慷慨悲歌，又十年战鼓。有列阵大旗飘出，画角呜咽，骨化青磷，血飞红缕。金戈铁马，长江天堑。垂虹惨惨无颜色，莽烽烟、遍起秋陵路。铙歌唱罢，横吹四野腥风，午余鬼啸阴雨。

孤篷倦旅，对此茫茫，说艳游顿阻。黯剩迹、鸦啼壕断，凤去台空，一炬华林，乱芜桃渡。凄凉欲问，人间何世，萧萧芦荻寒故垒，尽挑灯、重续兰成赋。筝船纵拍红牙，怨曲难终，暮潮更苦。

金明池

秣陵怀古

殳丹生

断雁西风，瘦驴黄叶，又是关门日暮。仙梵度、清凉山寺，对凤阙绛云留处。见长干、宝塔翚飞，总阅尽、天界茫茫尘土。任沽酒南冈，垆头人老，莫问少年归去。

裙屐风流叹如许。便画面薰衣，隐囊挥麈。倚司马、长城却敌，空剩春灯燕语。再休言、六代繁华，与半壁乾坤，残棋孤注。想虎踞龙蟠，江山形势，都付冷烟疏雨。

醉太平

江口醉后作

陈维崧

钟山后湖，长干夜乌。齐台宋苑模糊，剩连天绿芜。

估船运租，江楼醉呼。西风流落丹徒，想刘家寄奴。

朝中措

客中杂忆十首（其二）

陈维崧

家乡绿雪蓊南山，采摘不曾难。三径风垆瓦铫，半廊竹濑松湍。

昨朝悔未，携将茶董，同上长干。却忆苏门四友，曾经日给龙团。

琐窗寒

雪（金陵作）

陈维崧

瑟瑟泠泠，漫天搅地，洒窗淋户。旅情难妥，理煞也无头绪。拚和他、琼瑶乱抛，风前都学梨花舞。算侯门戚里，酡酥兽炭，几家笑语。

知否。此间路。是金粉关河，最消魂处。几多旧事，总被六花飘去。想外边、白遍长干，依然玉做南朝树。惹江船、商妇琵琶，水上诉愁苦。

念奴娇

赠雪笠上人

陈维崧

小长干里，记岩花岭鸟，六朝僧窟。一自秣陵凋敝后，难稳故山瓶拂。蹙踏天龙，抨弹狮象，人境俱双夺。衲衣手绽，曾经几载飞雪。

可惜梁孝园荒，侯嬴馆废，往迹多磨灭。谁耐枯禅耽澹漠，隐隐眉间侠骨。古寺城根，破篱湖面，饿伴残碑碣。秋行至矣，茅堂相对疏豁。

踏莎行（其二）

秦淮清明

王士祯

烟雨清明，烟花上巳。楼台四百南朝寺。水边多少丽人行，秦淮帘幕长干市。

蓦地愁来，干卿何事。梁陈故迹销魂死。禁烟时节落花朝，东风芳草含情思。

金缕曲

秋暮登雨花台

顾贞观

此恨君知否。问何年、香消南国，美人黄土。结绮新妆看未竟，莫报诸军飞渡。待领略、倾城一顾。若使金瓯常怕缺，纵繁华、千载成虚负。琼树曲，倩谁谱。

重来庾信哀难诉。是耶非、乌衣朱雀，旧时门户。如此江山刚换得，才子几篇词赋。吊不尽、人间今古。试上雨花台上望，但寒烟、衰草秋无数。听嘹唳，雁行度。

离亭宴

寒食别蓝谢青

李　符

最恨劳劳亭柳。不绾玉骢嘶骤。第十九番风信早，奈向花时分手。湖畔采香莼，输尔晚春消受。

燕子定巢依旧。应讶归来吟瘦。锦篋新携长短句，付与小红歌袖。倘忆送行人，更赋望江南否。

三姝媚

报恩寺塔用史梅溪韵

王　策

青红鳞绣瓦。遍珠宫花雨，六时飘洒。龙鬼毰毸，挟金盘千尺，舞空而下。绝顶凭虚，应望见、钟陵石马。只恐阑边，一派罡风，裂人衣衩。

足底江流日夜。听商船玉树，几时歌罢。如此江山，被纤儿贱卖，不曾论价。断岸斜阳，何处梦、当年王谢。多少齐梁旧恨，对伊吟写。

满江红

方正学先生祠用岳鄂王韵

王　策

燕子飞来，当公世、五伦销歇。掷诏纸、麻衣抗辩，义声霆烈。秘殿烟红龙失水，金川箭黑蟆吞月。竟拚他、十族报君王，孤忠切。

生死事，如鸿雪。君臣义，难磨灭。把纲常手挽，补完天缺。运去鸱夷空抉目，魂归精卫犹衔血。况而今、江左又谁家，新陵阙。

念奴娇

长干里

郑 燮

透迤曲巷，在春城斜角，绿杨荫里。赭白青黄墙砌石，门映碧溪流水。细雨饧箫，斜阳牧笛，一径穿桃李。风吹花落，落花风又吹起。

更兼处处缫车，家家社燕，江介风光美。四月樱桃红满市，雪片鲥鱼刀鮆。淮水秋清，钟山暮紫，老马耕闲地。一丘一壑，吾将终老于此。

念奴娇

方景两先生庙

郑 燮

乾坤欹侧，藉豪英几辈，半空撑住。千古龙逄源不死，七窍比干肺腑。竹杖麻衣，朱袍白刃，朴拙为艰苦。信心而出，自家不解何故。

也知稷契皋夔，闳颠散适，岳降维申甫。彼自承平吾破裂，题目原非一路。十族全诛，皮囊万段，魂魄雄而武。世间鼠辈，如何妆得老虎！

念奴娇

劳劳亭

郑 燮

劳劳亭畔，被西风一夜，逼成衰柳。如线如丝无限恨，和雨和烟僝僽。江上征帆，尊前别泪，眼底多情友。寸言不尽，斜阳脉脉凄瘦。

半生图利图名，闲中细算，十件常输九。跳尽胡孙妆尽戏，总被他家哄诱。马上旌笳，街头乞叫，一样归乌有。达将何乐？穷更不若株守。

念奴娇

高座寺

郑 燮

暮云明灭，望破楼隐隐，卧钟残院。院外青山千万叠，阶下流泉清浅。鸦噪松廊，鼠翻经匣，僧与孤云远。空梁蛇脱，旧巢无复归燕。

可怜六代兴亡，生公宝志，绝不关恩怨。手种菩提心剑戟，先堕释迦轮转。青史讥弹，传灯笑柄，枉作骑墙汉。恒沙无量，人间劫数自短。

高阳台

金陵酒楼

顾光旭

纵酒赊春，催花助月，金陵如此江山。是处清游，南朝有客凭阑。当时只恨重帘远，剩空帘、燕子飞还。几追攀，过大长干，又小长干。

风流那更追王谢，便谪仙人在，孙楚楼寒。一醉陶然，明朝且卧渔湾。尊前起舞东风急，怕飞满、店春残。雨潺湲，猿鹤山林，诗赋江关。

南柯子

雨花台

改　琦

雪映山眉紫，烟消树顶圆。扪萝欲上翠峰颠。忽堕半空铃语，石坛寒。

径仄双崖并，泉枯落叶填。一绳雁底小江天。只在夕阳影里，倚阑看。

红林檎近

清明日游南郊

夏仁沂

尘陌车如雾，近郊春尚寒。路柳袅金缕，饧箫振琅玕。多少楼台变灭，点滴晓雨初残。马蹄香踏泥翻，游丝漾情阑。

胜日逢禁火，鬓白且追欢。江城纵览，山光遥接龙盘。对梅冈树，风筝线索，太平时节常醉看。

醉花间（其一）

项鸿祚

愁君去，看君去，君去谁留住。明日一帆风，不见长干树。

曲廊携手处，后会知能否。除了莫相思，那有闲言语。

念奴娇

过劳劳亭故址

储福宗

断碑遗址，是离尊别泪、曾浇之处。瘦损青山天亦老，底事怀人延伫。寸草心肠，柔丝鬓发，歌哭今犹古。短长亭下，牵车送客良苦。

还念十载飘零，销魂此际，徒咏青莲句。说向柳条都不管，那便春风知汝。野店孤蓬，断桥流水，梦觉浑无据。不如归也，滔滔天下谁与。

卖花声

舟过白门有纪

龚自珍

帆饱秣陵烟。回首依然。红墙西去小长干。好个当炉人十五，春满炉边。

如此六朝山。消此鸦鬟。雨花云叶太阑珊。百里江声流梦去，重到何年。

百字令

题秦淮秋泛图

冯　煦

雨行倦柳，带湿烟摇暝、牵人羁绪。小簟重帘斜月里，阅尽兴亡无数。自笑疏慵，莺初燕晚，未问萧娘渡。江南秋色，断肠空在纨素。

还记坠叶轻潮，嫩凉时候，与客携尊俎。无奈劳劳亭下笛，又唤扁舟西去。水驿灯昏，愁长梦窄，总是分携处。甚时重到，酒人零落如雨。

江南好

冯　煦

三月莫，何事更干卿。草长莺飞春水皱，劳劳亭下五清明。东望不胜情。

迈陂塘

雨花台吊古用黄仲则白纻山元韵

易顺鼎

满金陵，谁相识者，出城聊伴梁武。马头飞起残山雪，似学天花乱舞。杯独举。笑王气，成烟冷到龙和虎。空花无据。算一样南朝，何处行乐，此老计真误。

才知道，为着兰成一赋。不然写向何处。几间萧寺零星在，犹算伊家片土。斜照苦。又送得，侬家笠影鞭丝去。归途趁取。怕暝色昏黄，西州门外，容易打更鼓。

台城路

骑登雨花台

易顺鼎

六朝秋在台城路，鞭丝十年重到。废苑离宫，残云剩水，禁得几回凭吊。天风浩浩。吹酒店青旗，戍楼红纛。鸦外无人，一僧负手看斜照。

星星劫灰未扫。雨花零落尽，惟剩秋草。海市楼船，江关战鼓，只恐青山愁老。英雄去了。谁念我登临，承平年少。暝色催归，寺门钟动早。

民 国

安平乐慢

清明登雨花台用万俟雅言韵

周岸登

步出南郊，曲尘飏暖，阳春白日风香。湔裙是处，祭扫谁家，近路粉黛相望。柳发桃鬟，衬弓弯云袂，竞斗时妆。戏语曲池旁。虫虫也爱韶光。

问石子冈头，散花天女，沉醉知在何乡。僧俗同欢喜，志公帽朽只园场。絮舞花迷，胡觑得、唇干眼忙。又争知、红尘紫陌，年来消减清狂。

齐天乐

重九游雨花台

吕惠如

连呼酒上荒台去，诗心欲飞岩岫。一抹斜阳，满城烟霭，万柳垂垂低首。鞠花开否。正剪出金英，雁风吹透。十亩霜腴，看来花不似人瘦。

世间多少荣辱，任西风马耳，于我何有。此日秋清，去年人健，难得好怀依旧。一杯在手。看转烛光阴，俊游休负。几个重阳，几回开笑口。

凤衔杯

登雨花台

陈匪石

高城不碍登临眼。烟树外、大江如线。坐对周遭，山色斜阳变。应皱了，观河面。

野风长，市声远。寒碧照、劫尘无算。往日诸天，法雨花千瓣。色相真耶幻。

菩萨蛮

五都咏五首（录一首）

建 业

吴 梅

凤凰台畔王侯籍，秦淮渡口莺花墨。弹指六朝空，只余明故宫。

江南风月丽，齐筑长干第。此地惯偏安，黄旗北伐难。

换巢鸾凤

偕匪石过丁家水榭

吴 梅

花发雕阑，任闲中醉醒，梦里双单。卷帘飞社雨，岸帻念家山。樱桃红过大长干，上林苑都金销粉残。行吟想，恨好事半生虚幻。

人散，容我懒。春去板桥，莺燕何曾惯。败壁当风，破楼支雨，偏又沧江天晚。尘世繁华劫灰多，伎堂烟月芳辰短。邀君来，共临流一镜愁满。

小重山

二月二十五日寒食游高座寺

黄 侃

马脑冈头石径微。寂寥高座寺，掩柴扉。种松几度旋成围。人何在，春物镇芳菲。

青史事多违。梅陵留庙祀，也崔巍。野棠如雪落还飞。南朝梦，一例付斜晖。

忆江南

张恨水

归来燕，何处觅秦淮。画舫笙歌桃叶渡，西风残照雨花台。今古一低回。

望江南

金陵口号

黄咏雩

乌衣巷，裙屐几曾经。丝竹中年归别墅，山河今日望新亭。野草为谁青。

一痕沙

初返南京

卢 前

去日还如昨日。吴蜀原来咫尺。一战八年多。你知么。旧是空军航路。也让先生来去。遥指雨花台。我归来。

第三节　游　记

晋

吴都赋（摘录）

左　思

高闱有闶，洞门方轨。朱阙双立，驰道如砥。树以青槐，亘以绿水。玄荫耽耽，清流亹亹。列寺七里，侠栋阳路。屯营栉比，解署棋布。横塘查下，邑屋隆夸。长干延属，飞甍舛互。（出自《昭明文选》

宋

重修雨花台记

马光祖

雨华台，胜甲江南，事详郡乘。余公余一往，则台屹其崇，万象环集，山川城郭，江淮吞吐，如拱如赴。而顾瞻吾台，藩拔级夷，反若欿然，有不足当者，乃度材更缮。不两月，告成。既成，率宾佐落之。余抚栏作而言曰："嗟乎，地以山川胜，山川以人胜。而人之所以胜者，何哉？今吾与二三子登斯台也，仰而观，行阙奂如，赵元镇、张德远之所建请，犹凛有生气；俯而观，长江渺如，韩蕲国、虞雍公战胜之迹，尚可一二数也，予以是而观之，其亦有概于心否欤！向皆如晋元奕辈，把酒清谭，脱落世事，则虽茂宏新亭，士行石城遗迹之丘墟久矣，而况所谓雨华台者。然则吾与若从容无事，相与游于此也，而可不知其所自耶？知其所自，则当监其所为矣。吾老矣，何能为。惟闻诵北山移，说东庐山故事，则跃然有所契。金盆石室，谅不终寒我盟。然前所谓元镇诸贤之事，其卒付之登临一概而已乎？诗曰：高山仰止，景行行止。又曰：以似以续，续古之人。吾敢以是为二三子勉，二三子有不勉者耶？”乃相与离席而谢曰：“敢不勉！”因笔以为之记。时咸淳改元八月望日。观文殿学士、金紫光禄大夫、沿江制置大使、兼知建康军府事、兼管内劝农营田使、兼江南东路安抚大使、马步军都总管、兼行宫留守、节制和州无为军安庆府三郡屯田使、兼权淮西总领、金华郡开国公、食邑四千一百户、食实封捌伯户马光祖记并书，朝请郎、集英殿修撰汪立信篆盖。（出自《景定建康志》卷二十二）

明

东游记（选录）

袁中道

记二十

金陵从上清河过江东门，绕城而往，两岸时有人家，朱栏翠袖嫣然。杨柳茂郁，间以芦苇。过长桥二，泊于南门，望见大报恩寺塔，金碧陆离，直插天外。独步往，至长干里寺内，杉柏阴森，碧瓦朱垣，鳞接正殿，俱烬之火。缅想遗制真规，祈年未央，后来物力已衰，不能复也，所存者浮图耳。此浮图为诸塔之祖，乃孙权赤乌初，康僧会入中国，以精诚感舍利，遂建此塔，原名长干寺塔；至国朝，改为报恩。后塔顶欹斜，万历庚子、辛丑间，僧雪浪正之，费颇不赀，今岿然俨立尊严矣。

登塔可三级许，尽金陵之胜。城内黄屋鳞次，钟陵、牛首、栖霞可数，以踵疲遂下。过濠上亭，其前即旧放生池也，没于中贵，今祠部复之。刹虽以回禄废，然其旁楹及库房尚存。他境视之，俱可作殿堂者。昔宣律师静坐，有天人至曰：“弟子姓王名璠，大吴之兰台臣也。”会师初至江南，世主未能深信。后感希有之瑞，立此塔庙。阚泽、张昱，亦是天人，入其身中，令其答对。诸允今业在天弘护佛法。按此则阚张实，是此中金汤，安可无一瓣香也。俟与好事商之。

记二十一（摘）

日未下舂，舍舟而步，出城外纵观，兰若天界寺。门内古柏老桧，沉寒逼人，殿阁拟于皇居。其余青豆之舍，三十六所，文楠为柱，白石为墙，明窗洁案，净不容唾。竹色腾绿，佳果骈列。僧虽文弱，多解点茶焚香，读《肇论》，临《黄庭》，间晓音律，碧云红楼之藻，时亦有之，不及遍至。偶至一庵，中有玉兰二株，可五六围。有定窑大士一躯，乃嘉靖初年寺中锄地所得，细腰梵像，清慈不俗。碧峰寺石头庵，正与天界对，中有一园，皆修竹，涧汩汩穿竹中。过桥依涧行，可百步，始入法堂。时新篁作嫩绿色，照曜几案。主僧旧知也，为予收拾一室，以待闲来清坐。盖予家园，亦有竹万部，夏来如沁雪，无阮宣之隐操，故舍之而出。至此，触目琳琅，乃不啻故园。则予于此君，亦大有缘矣。今江南竹多葤，瓦棺诸处，皆萧然无一竿存者。此地独苍翠如故，亦殊异。

记二十三

天微雨，长干道如拭。乃与游侣步至高座寺、雨花台，觅石子。至梅子冈，寻安石墓，不得。

或云晋时葬于此，后移之宜兴九鸦口矣。客有话安石作土山，拟东山事者。予曰："安石，烟霞骨也。当其栖隐东山，与王右军、支遁游处，辞吏部郎，作书绝范尚书，为叔夜之后一人。朝廷严以禁锢，已得遂其隐情，自谓当于兹焉老矣。及出秉机轴，从容而杜移鼎之奸，宴衎而清断流之寇。功愈高而陵霞之韵愈切。至于筑土以像故隐，营墅列馆，栽花种竹，盖未常一日忘东山也。昔孙仲益记湖山，谓王公贵人，思振缨上之尘，于泉石而不得，则画寒林雪竹、黄芦睡鸭，于团扇曲屏，以供耳目之玩，土山之拟，几于效愚公故事，益又甚矣。其后避道子、国宝之谗，出镇广陵，筑新城，造泛海之装，欲经略粗定，取道还东，盖亦未常一日忘东山也。孰知白鸡兆梦，金鼓罢鸣，而东山之卧，竟赍志没矣。"

嗟乎！居不赏之地，挟震主之威，而狐儿鼠子，从中髒之不置。若非望重气平，心迹明白，则上蔡之犬，华亭之鹤，其事且不可知。欲求如陶元亮之优游晚节，乘谑而去也，安可得哉！信乎，出易处难，而隐福之未易享也。予谓安石别有绝人之量，故不显其刚骨；而情之腻，则与白苏诸公等。乃其用世之妙，决非白、苏诸公所能及。盖古今事业，有从才出者，有从气出者。惟安石从韵来，至简至轻，若山光水色，可见而不可揽。自汾水丧尧以来，别有一种玄澹脉络，春风沂水，即其流派。无事之事，不治之治，不言而综。所谓藏出世于经世者也。至于诗文之技，不多见，若有逊白苏者。然作简文，谥议桓大将军，比之碎金见虎，一毛已知其斑。数日来，见金陵秀壁如林，忆江左名士如沙，而所玄对者钟山，神交者谢安石也，是亦一快也！（出自《珂雪斋集》）

游城南杂记

文翔凤

地之精妙在山川，天之精妙在风月，物之精妙在花竹，即就其所值兼之，无佳客鉴赏其妍，与麋鹿禽鸟之出入林卉何异？人之精妙在诗酒，以当于六者，非三才之雅契良姻与？金陵佳丽在十里外者，即不暇撰藜讯访，惟聚宝长干陌上，近城易就，特屡挟桃簟以往。二月积雨兼旬，三月朔，忽化为晴昊，阳日向人，如新披之绣。清晓为清明桐华之候，予既分祭黄侍中祠于桃叶渡，遂分祭先贤祠于普德寺之后冈，凡曾至金陵之名人咸与，如吴太伯、诸葛武侯、王逸少、李太白、白沙、阳明之流。祠当报恩丹碧之塔，而远揖钟山，亦干气象之彩翠。礼竟，而会祀方正学于梅冈之上，与诸君子偕饮木末亭至日昳。是时，赵生并两郎已自高座寺登雨花台反，坐于永宁庵之东亭。挟醪榼而借草雨花者，如蚁增附，笔渐涂也，客称佛头青，良肖。而梅冈所入，阴坂曲道，并方垄后冈亦遍集靡隙地。予既别诸君子，遂就儿辈于永宁东亭行数觞，即再携入高座，坐其花积堂之后亭。僧献千叶绛桃以佐筹卮，红灼夺睛，视夹道垂阶之夭桃，已涉减艳。已，又觞看竹轩琅玕之杪。予所去，即有挟觞具而占胜者。逾日将为灵谷之游，诸君子之邀剪除使臣莱人张比部饮者，欲我偕，则偕禊饮于黄祠之青溪阁。既申兰亭之雅，虽乏诗赋，姑有肉竹之娱，足迹不逾郊市，而烟碧柳金，调笑狂呼，视往春之束带走热尘，谒上官于铜市芝廛间者，果孰为真洛阳春也。（出自《文太清先生文集》）

报恩寺塔赋

盛时泰

出都门以游衍兮，经长干之故墟。瞻浮图之崒崒兮，心四顾而踟蹰。始十筑于孙吴，既再兴于晋马，获石内之三珠，得函中之半发，光煜霅而乱辉，色青绀而腾发。惟金粟之自炯，出玉毫而普现，乃宝气之烛幽，故慈光之上燀。历尘劫而独存，超人天以自展。惟圣祖之龙兴兮，振大法于将隳。既离明之继照兮，拓弘基而建之。念栉沐之久劬兮，哀罔极之难报。证宝地以舒虔兮，仰提慈而洞照。发睿念于渊衷兮，沛纶音于天诏，遂乃近征几甸，远募荒陲，尽甄工之意巧，极目匠之伎奇，准宫阙以立极，拟路寝而筑基，备百制之储萃，焕五色之葳蕤。饰随材而殊质，彩呈体而异施，盘垕土以奠方兮，浚重泉而作镇。拥莲趺以旋规兮，列朱楹而作蹬。映绀殿以孤骞兮，超攊廊而直踬。出木末以高标兮，踰台颠而独峻。故远而视之，则嶒崆嵣嵘，一何高也，峥嵘巀嶭，又何丽也，巉峗嶕峣，诚可骇也，嶙峋巑灿，亦何异也。玲珑珖瑯，炫燀烣烣，若海藏之涌生焉。巍巍嵯嵯，纷葩烂熳，若空界之幻成焉。竦露盘于云中兮，峙金相于天阙，开八户以翕施兮，盘九曲而巀嶪。刚风寥寥，拂其上兮，灏气汩汩，旋其根，势巄嵸而直矗，俾乔岳以失尊。掩映云表，若隐若彰，凭陵旻昊，辉辉煌煌。心仰瞻而内悸兮，目摇摇以丧精。魂淫淫以自失兮，睫闪闪而若惊。于是详其制度，观乎窈冥，崇基诡制，巨构殊形，高逾三八，数迈径三，非寻丈也。钓斗檐牙，坐计甲乙，非斫削也。辟以八维，虚实其四，顺阴阳也。列牖设篝，宛转洞彻，通明暗也。甃甋瓴以为固兮，盘铅错以为坚。悬铃铎以为振兮，罥蚌蛎以为缘。列巨灵以显化兮，饬诸像以感缘。冠缨锁胄悉其饬兮，耳目眉发暨其全。虎豹犀兕蹲其下兮，莲昙蔓钵嵌其巅。外侈极于弘丽，内缜致于精微，上标极于峻迥，下标固于无倪。雕栏婉转而逶迤兮，琐闼轩翥而弘张。棼橑缤纷以相啮兮，斗栱奋起而翱翔。螭头岉崛以交结兮，豹尾夤缘而横当。悬栋峆岈而撑拄兮，绮阿露珮以飘扬。镂镂炜煌而炫煊兮，布置络绎以纵横。飞梁偃蹇以翕翼兮，层栌嵺岌而昂藏。金除燀烛而赫起兮，皓壁萤液以韬光。于是极目而瞩，则长江渺渺其带束兮，群山隐隐而如垤。阛阓远其稠依兮，城闉耸其密叠。廛市回其千围兮，冲衢委其四列。阡陌交其塍偃兮，原隰互其明灭。趋视若烛龙之下翔，伫瞻恍火齐之上腾，昕暮互其变态兮，风霾郁其聿蒸。倏现彩于罔测兮，忽幻质于虚无。既作镇于神京兮，又翘准于皇都。极寰海之净土兮，孰兹塔之可知。诚法界之伟观兮，拟冥工之所镂。匪近知所有可诠兮，恍神鬼之自符。愿照迷方于十地兮，续慧性于八区，庶普大智于罔极兮，注洪泽以沾濡。（出自《康熙江宁府志》卷三十一）

游报恩寺塔记略（《游牛首山记》内摘出）

王世贞

寺之二山门、前后殿、周庑，久委劫火，独一塔在。塔，故文皇下京师，纂大宝，倾天下之财力，为高帝及后营福者也，其雄丽冠于浮图。金轮耸出云表，与日竞丽。余剧欲一登之，而僧颇尼以不任。余乃易便服行縢，凭小吏肩而上。甫三级，则已下视万雉矣。级益高，阶益峻，两股踸踔者久之。强自奋，尽九级，宫殿樛郁，万栋栉历，与平畴相映。长江如白龙，蜿蜒而来。惟钟山紫气，与天阙、方山不相伏，余无所不靡。塔四周，镌四天王、金刚护法神，中镌如来像，俱用白石，精细巧致若鬼工，余摩娑久之。（出自《金陵梵刹志》卷三十一）

琉璃塔记

陈　沂

南都城之南，有大佛宇，孙吴时云神僧所居。南朝始有寺，因地长干，曰长干寺。赵宋改名天禧寺。国朝永乐初，大建之，准宫阙规制，名大报恩寺。故有舍利塔，文皇诏天下尽甄工之能者，造五色玻璃，备五材百制，随质呈色；而陶埏为象，品第甲乙。钩心斗角，合而甃之，为大浮图。下周广四十余寻，重屋九级，高百丈。外旋八面，内绳四方。外之门牖，实虚其四，不施寸木，皆埏埴而成。连大官后，叠玉砌数级。上为五色莲台座，高拥寻丈。乃列朱楹八面，辟为四门，悬十有六牖于八隅。门绕以曼陀优钵昙花，壁刻以天王金刚四部大神。具头目手足异相，冠簪缨胄；衣带琐甲异制，戈戟轮铎。器饰异执，种种不类。载以狮象，承以棼橑。井拱翔起，光彩璀璨。覆以碧瓦鳞次，螭头豹尾，交结上下。又蔽以镂槛雕楹，青琐绣闼于外。二级至九级，不设琐闼，惟楹槛皆朱，壁皆黝。至榱栱则间以玄朱。其花萼旋绕，牖户悬辟之制，皆如初级焉。尽九级之上，为铁轮盘。盘上轮相叠起数仞，冠以黄金宝珠顶，维以铁𦈌，坠以金铃。每级飞檐，皆悬鸣铎，明牖以蚌蛎薄叶障之，罥出楹外，凡百四十有四。昼则金碧照耀云际，夜则百四十有四篝灯，如火龙自天而降，腾焰数十里。风铎相闻数里，响振雨夜。舍利如火珠数颗，次第出入轮相间有声。浮图之内，悬梯百蹬，旋转而上。每层布地以金，四壁皆方尺小释像，各具诸佛如来因缘。凡百种，极致精巧，眉发悉具，布砌周遍。井栱叠起，皆青碧穹覆如华盖。列牖设篝灯处，若蜗壳宛转，一窍穿出。门至绝级，亦洞敞，首不低缩。出檐槛外，则心神惶怖，不能久伫。四顾群山、大江，关阻旁达，无远不在；近观宫城、廨舍、陆衢、水道、民居、巷市、人物，往来动息，罔不毕见。飞鸟流云，常俯视在下矣。（出自《金陵梵刹志》卷三十一）

半峰亭记略

陈文烛

半峰者，果斌尚人之别号也。半峰有诗名在嘉靖间，先大夫按察公常诵所云“天台雁宕天下奇，有生不往将焉之”。不佞少而爱焉。顷宦金陵，半峰久化去。其徒孙文秀雅好诗翰，请余一言记亭事。陈子曰：金陵自秦始皇以来，凿钟阜，断长陇，汉秣陵为建业。其后，孙吴、东晋、南朝建都其间。至高皇帝定鼎，山川佳丽，盖自天地剖判以来一奇遘也。其间王侯将相所遗宫殿、坟墓，俱已颓落埋没，往往童子樵采嬉游于其上，而不复禁，奈何有于兹亭哉？即天界寺，在洪武初年称为善世法门，永乐、天顺间，往往遭火灾者二。即兹亭，安能保其常好乎？或云，唐升州土宇泯灭殆尽，而皎然、灵彻之诗名，千载如新。夫半峰高咏，不减清昼澄源，则后之视今，亦犹今之视昔也。半峰之名常在，而亭且不朽。况吾侪树立，有出于言语文字之外者乎？古人等光阴为过客，叹俯仰为陈迹，良有以也。若夫环亭皆山，环山皆竹、树，日出而晖，云归而暝，此朝暮之景也；

花开而草荣，木落而石出，此四时之景也。游人称快焉，又有目者所睹记矣。因操笔书之，俾后之登斯亭者，将有感于余言。万历庚寅冬日。（出自《金陵梵刹志》卷十六）

濠上亭记

葛寅亮

夫牵一发而头为之动，拔一毛而身为之变。毛、发之于吾身微矣，而痛痒辄关，何者？血气所荣卫故也。凡有血气，独异是哉？苏子瞻平生嗜蟹蛤，因禁狱，后遂一切断杀。其诗有“魂飞汤火命如鸡”之句，最为凄切。乃古圣人莫之禁者，自茹毛饮血，既开其端；贪饕欲食，适投其嗜。相习成风，恬不为怪。圣人知必不能夺举世之共趋，而强以所不乐。故宁因时制礼，与物推移，猎较犹可。自是权教，而不虞为恣情口腹者之嚆矢也。夫儒者，天地万物为一体，推己及物为恕施。蚊蚋噆肤，犹自动色；腥肥膏腹，不惧伤生，于心忍乎哉！此第谓人生嗜欲在是，而试想万物当前，见夫鱼游鸟翔，飞跃得所，必畅然而快心；见夫呼号挺刃，宛转刀几，必惨然蹙额。而不欲其闻且见于吾侧，则好生固自本性，所欲食者，第此三寸馋唇，其将取凭于口腹乎？抑取凭于性乎？呜呼！成汤开三面之网，尼父禁绝流之渔；孟孙以纵麑征仁，子舆以易牛许王。圣贤用意，未始不耿耿见其一班。而放生之说，后世所由昉也。报恩寺内，旧有放生池，建自成祖，是即成汤解网意云尔。日久事湮，没于中贵，近始檄还，而中贵亦慨然无难色，因为建亭临之，题曰：“濠上”，志鱼乐也。夫鱼乐亦即我乐，彼方困于涸辄，相呴以湿，相濡以沫，骈首待烹，忽焉而投之清冷，鼓鬣扬鬐，摇深舞阔，悠悠洋洋。入吾几案，觉鸟兽禽鱼，自来亲人。会心处，端不远矣。（出自《金陵梵刹志》卷三十一）

清

游雨花台记

林云铭

癸卯夏五朔，余方客报恩兰若。偶与二友缓步雨花台，谒方公、景公二忠烈祠毕，箕踞长啸，见地上小石青碧绀赭，取玩而掷之，既而二友登木末亭，余从其后，远望长江一带回绕天际，舟小如叶，相错往来，明灭异态，众山环侍其下，风摇树巅，声飕飕然疑从地起。因辩李青莲所谓三山故迹，凭吊千古，余心乐甚，倚树而歌曰：“白云冉冉袭人衣。万里长空兮鹤孤飞。古人既往兮山亦老。一笑峰头兮拂袖归。”二友怅然曰：“何言归之易也，宗少文平生所履，皆图于室以示不忘，况名胜当前，遽忍去此？”余曰：“子知名胜无定在乎，名胜不能自语，必待人之见而称焉。彼游于山者，以水为胜，则水面之方舟，纵横出没皆胜也。而游于水者，又以山为胜，仰观悬崖绝壁之上，行人绣错，如蛇盘，如蚁聚，当必有流连惊叹以为奇观者。若然，则吾与子皆胜中之一物，胜中言胜，犹梦中占梦，无非妄也。山林朝市，一有系焉，相去几何？试于子夜清斋，独自无赖，返而思之，其无尽藏不可思议之，况其胜在彼乎，在此乎，果明乎，此归已后矣。”

二友相视而笑，连袂下亭，遂退而为之记。（出自《挹奎楼选稿》）

雨登木末亭记

王士祯

廿四日，为家兄西樵礼佛长干，薄暮入寺，然灯九级塔。塔皆五色琉璃陶埴成之，表里莹彻，篝灯百四十有四，放大光明，不可思议。礼佛毕，饭休上人方丈。夜宿北轩，窗外鸭脚参天，下荫十亩。中夜风起，闻雨声洒叶上，与檐角琅珰相应，觉枕簟间萧然有秋意。晨起盥栉，僧院中梧桐得雨，青覆檐溜。盆山石菖蒲数丛，勺水渟泓，苍然可爱。南入高座寺，访山雨上人，时晨雨方零，空山寂历，宿鸟闻剥啄声，扑刺惊起。坐僧楼泛览壁间衲子诗，有"鸟鸣山寺晓"之句，赏其幽绝。冒雨登木末亭，四顾烟岚蓊郁，萦青缭白，城阙、峰峦、江渚、林木，皆入空蒙。惟长干塔百仞，耸立亭左。东南望钟山，仿佛天外，蜿蜒而已。山头松柏数十株，疏密皆有画意。近俯长干诸刹，楼台丹碧，明灭烟雨中。他日得一笻一钵，足迹遍南朝四百寺，足了此生矣。尝观南宫笔墨，辄悠然远想，今乃恨不携米颠来泼墨数斗，尽收烟云入奚囊耳。雨泞甚，舆人数促迫，遂由景公祠而西，观无碍居士碑。抵青溪水榭，犹觉烟云荡胸。急索笔墨追记之。（出自《带经堂集》卷四十二）

游金陵城南诸刹记

王士祯

廿二日，自乌衣巷出聚宝门，遂造报恩寺，寺即古长干寺，明金陵八大寺之一也。龙象巨丽，甲诸刹。登九级塔，俯视金陵城阙，旭日飞甍，参差可见。西瞰大江，南望牛首，东面蒋山。紫云丹巘，出没烟雾，郁作龙蟠。近眺秦淮、青溪，三十六曲，才若一线，云逢逢起腋下，鸟俯其背。忽忆唐诸公诗"塔势如涌出，连山若波涛"，所谓"眼前有景道不得"也。僧言顺治戊戌，龙起塔中，塔震坏。有田姓兄弟四人，不用一纤一木，数日而工成。于最高栏楯上，步立捷如飞鸟。殆蒙庄所称伯昏无人，临百仞之渊，背逡巡，足二分垂在外，能外生死，至人者耶？

天界寺在报恩东南，人家沿溪居，多以略彴通出入，松栝疏古，篁竹幽邃。后为凤山碧峰寺，即唐翠灵寺，以碧峰师易今名。洪武中，师出使西洋，今十八沉香罗汉，犹是西域物。万历中，崇川顾氏窃其一以祈嗣，数见怪异，还之乃已。寺僧出正统十年赐藏经，敕谕墨泽如新。迤逦登高座寺，秋草满庭，阒无人迹，遐想王、谢、庾、卞之风，为之慨然。

过梅将军庙，庙祀晋豫章内史梅颐。颐字仲真，尝进孔传《尚书》者。拜方、景二公祠。方祠旧在冈上古木末亭侧，乔木数百章。国初邵某者来作令，尽剪伐之。亭与祠并圮，今亭、祠皆徙而北。雏松数株，殊失古意。景公，陕之真宁人，靖难时十二族并死，事最烈。壁上阳羡朱君一诗颇奇，今记于此："慷慨誓死心不移，欲死不死将何为？欲挥豫让桥下剑，欲操博浪沙中椎。衣绯如火如衣衰，怀刃如雪甘如饴。疾行犯驾气何壮，千秋万世当如斯！"诵之勃勃有生气，可以廉顽立懦也。考革除之际以身殉国者，自勋戚、大臣下至樵夫、门卒之流，凡数百人，人才之盛，

古今无与比，虽功名如三杨，不免射钩之耻，得与诸公朽骨争千秋万岁之名哉？（出自《带经堂集》卷四十二）

荷兰东印度公司使团两访南京（摘选）

约翰·尼霍夫

在南京城南边城濠外的山坡上，有一著名的寺庙——报恩寺，该寺由几座漂亮的房舍组成。这些建筑造型奇特古朴，可列为中国最著名的工程之一。那些异教的和尚们为我们打开庙门，并让我们看一个约有一万尊塑像的大殿。该寺的正中央建有一座瓷塔，是在鞑靼人到来的七百多年以前建造的，历经多次战乱，迄今安然无恙。它的光辉业绩证明了那句关于“不朽”的古谚。若站在塔的最高层，可以俯瞰全部城区和市郊，一直看到长江对岸，如此稀世奇观真叫人赏心悦目。特别是若注意到该城的幅员之广和城的两翼从城墙外一直延伸到长江边时，就更觉得这个城市壮观无比。上面说的那个塔有九层共一百八十四个阶梯，里外都有漂亮的塔廊，所上的釉在黄色和红色中透着绿色。在楼台上有通气孔和铁栅窗，各个塔檐的檐角都挂着铜铃，随风飘动，铃声不断。塔尖顶着一个沉重的松果，据说是用纯金造成。和尚们非常大方地款待二位使臣，这些和尚依照毕达哥拉斯的方式，以吃青菜为生。（出自《金陵物语》，南京出版社 2014 年 8 月版，［荷］约翰·尼霍夫原著，1665 年）

雨花山庄前记

叶凤藻

光绪己卯冬，予与端木子廋生订交于沪上，皆郁郁不得志，尝相与临流而叹，慨然有把臂入林之想。及端木子归白下，与寓书与予曰：“吾友刘子舒亭于雨花山下有地十余亩，桑桃数百株既已成林，有屋数椽面山临水，可以栖迟，行将营以待子之归也。”予闻之窃喜，端木子有志乎是，而又得刘子之有同志也。夫刘子虽未尝识面，然闻端木子称其风流儒雅，好学工诗，尝从合淝相国立功海上，洊保县令。今吴抚卫中丞深器之，时藩于浙殷殷招致其乡用，方未可量，乃以亲老遽归，归而终其养，谓禄不逮亲，益不欲仕，而寄情于诗酒山水之间者，宜其与端木子有同志，而能相与有成，可知已。越明年，予始归，因端木子而获交于刘子，益信端木子之言不为妄。问其地，则为刘公墩，元时刘叔亮先生之墓在焉，载诸邑乘，盖刘氏之旧址也。又明年壬午春，端木子忽走相告，曰“刘氏之址向之埋没于荒芜，而为农圃樵牧之所嬉游者，今一旦辟蒿莱、芟榛莽，嘉木露而清流显，茂朴疏而远山见，初未意其天作地生之状有如此者。且其间多桃，时方盛开，刘子感之，因筑又来草堂其中，而待子暇日一游，将以尽宾主之欢而谋卜筑之宜焉”。余曰：“诺。”乃与端木子诣其地以贺刘子。则见其南屏梅冈，北枕钟阜，西望三山宛落天外，而隔江之九里山亦复隐隐遥青可数。登台极目，则长江如线，风帆若苇，时或出没于杳霭之中。东越跃马涧，近古长干里，时闻野寺疏钟与渔歌樵唱相间，其中则涧壑交通，潆洄纡屈，直绕东南两山之麓。而渡水循北而西，迤西而南，则竹木幽深，桑柘浓密，桃柳成阴。刘子既为垣为篱，以莳花木，为堤为桥，以通幽曲，且为花坞以藏春，为竹亭以避暑，为草堂以赏雪，为山馆以听秋，为峻台可以俯江光，为高阁可以看山色。又皆截树为栏，结茅为屋，不假雕饰而野趣天成。嘻，是地也，得刘子经始之，其妙趣乃已，若是将他日之经之营之者，其于林壑之美，不可胜揽，又何待予之赞助于其间哉？然予思叔亮氏而后其地之落寞于荒烟蔓草中者盖已五百年于兹矣，今一旦又得刘子主之，则孟子所谓五百年必有名世者，谓非兹山之幸耶？虽然山之遇主于人者固山之幸矣，而人之得主于名山者不更幸耶？且予与端木子得不时过从其间，挹山水之清光，息风尘之劳役，而与刘子作为文章，发为诗歌，以相欣赏，又未始端木子与予之幸也，于是为之记。又从而为之歌曰：

彼雨花之山兮，亘千古而长留。有刘公之墩兮，遗一时之风流。逮刘子之又来兮，旷五百年而重游。念天地之悠悠兮，彼来者不可见犹往者不可以求。聊宾主以尽欢兮，贺兹山之惯依刘。（出自《雨花山庄题咏集》）

雨花山庄后记

叶凤藻

雨花山自天阙而来，与钟山石城虎踞龙蟠，萃为六朝都会。山产玛瑙石，故名聚宝山，古称石子冈，盖亦金陵王气之所钟也。自梁时云光法师坐山巅说法，感天雨宝花，又称雨花山。山阴西麓溪水回环，向有名园如寒山伴郭之属，载诸志乘者度皆近其地而其迹已不可考。惟地名刘公墩者，为宋末元初刘叔亮先生高隐处，乡之人犹至今名之。然亦鲜知其所由。予友刘子书亭景仰宗徽，虑其湮没，乃即其地以祠先生，并建刘氏宗祠其中，而修其遗迹，相其林泉，扩为亭榭楼馆，目营心画，朝损夕益者，迄十余年，且与骚人墨士，往往觞咏啸歌于其间，又名之曰雨花山庄。庄之广可十余亩，而溪流之曲潴于环堵中者盖踞其三之一焉，庄固以溪胜也。溪之东有碑亭岿然于东皋之巅，曰刘公墩。自墩麓渡山涧入梅林，曰访林桥。溪之西有堤横亘，界溪为双，于其曲曰罢钓湾，相传皆叔亮先生之遗迹也。其溪南敞以又来堂三楹面雨花，西山如屏，而木末樵夫，溪边牧竖，呼之可应，若不知其犹隔外溪也者。堂之后拓水榭出溪间，环以湖石，缭以文槛，曰凌波仙馆。俯视游鱼，喻喁水石间，浮沉可数。仰观北郭，陴倪如案。案上钟山横露，岚光青紫，风雨晦明，日常数十变，尤足旷目怡心。其溪北则云起楼，啮波割云，望衡对宇，而不可声闻也。及登楼而眺，觉岚翠溪光扑人眉睫，而峰峦前拱，雉堞后环，东郭山横，西江岫列，与夫阛阓炊烟，圃畦野水，胥高低掩映几舄间，亦胜观哉。若夫缘溪自南而西，循荼蘼廊，浓郁芬馥，以游目藏春之坞，开樽拥翠之堂，则于春宜；自西而北，篠簜亩许，曲径通幽，师竹之轩居其左，倚竹之亭翼其右，则于夏宜；自北而东，入水月虚明之室，澄潭似镜，印月生辉，则于秋宜；自东而南，越山涧，巡回廊，登萦青阁，俯瞰梅花数百本，烂漫水边雪后，则于冬宜。斯又阅四时而擅胜于庄之隅者也。夫金陵南郊之胜在雨花诸山，而雨花山庄之胜则在依山之水，其源出于南山之东，凡三折而入于东山之北。其自东而西之横于庄外也。缘南山之麓广数十尺，长可数百步，其折而北入于庄内也，亦广二丈许。乃沿堤过板桥，折而东则广且数亩，循东皋西堤演漾而北趋，及束而折，出于卧波桥者，乃潴于东山，之北广亦数丈焉。其支者南入访林桥，而东北滢倚竹亭，而西亦纡曲而沦漪。且环溪夹岸垂柳纷披，与桃林相间，春时红树青山，望之疑若武陵源，故向有小桃源之目。入夏溪莲尤盛，落日放船，迎风送馥，不啻荷花世界。而东南滨溪，太湖之石棋布星罗，溯洄从之，亦远者、近者、高者、下者、浮且沉者，如峰峦之兀峙，如岛屿之滐洄，极峭崪嵯峨之状。及启闸而櫂出于庄垣之外也，则高山流水豁然开朗，又别有地天矣。噫，柳子谓美不自美，因人而彰，兰亭也，不遭右军，则清湍修竹芜没于空山矣。余以为是墩也，僻在山隅，不遭刘子，则岩壑萧条，农夫渔父乃过而陋之矣。其高踪隐迹之远距数百年者，更孰从而知哉。顾今乃游屐肩摩，冠盖接迹，称为胜区者，其地之美，非待人而彰欤！先是刘子之经始于兹也，余尝记其山川林麓之胜，而亭射楼馆水石之经营犹未备也。迄今十有余年，其收揽结构之美完，更非复当时之草创，故因刘子之请，再为之记，而于山川林麓之见于前记者不复详。（出自《雨花山庄题咏集》）

又来草堂记

刘文陶

无来不往，无往不复者，天之道也。故夫天之高也，日往而月来；地之厚也，寒往而暑来；水之深也，潮往而汐来；人事之寓乎其中者，则古往而今来。求其天之所覆，地之所载，物之大且久莫往而莫来者，则莫山若也。然而不移者山，不定者人，或往而或来，山之阅乎人者多矣，人能常依乎山者几何哉？南郭外刘公墩者，固南宋时吾家叔亮先生之遗迹也，考之邑乘，称其墓在焉，且引赵氏子昂有登雨花山吊叔亮诗以为证，今其墓虽不可考，而其墩之名有由来矣。吾既得其地，惜其荒芜，光绪壬午春乃从而修葺之，芟榛莽，通沟壑，然后佳木出而清流汇，远山近水一旦豁然毕显于吾前。友人叶子随庵、端木子瘦生有同志，皆大喜，以为非意所及，于是相与经始相度之，而为堤为桥以通其幽，为楼阁亭榭台沼以揽其胜。又以限于力而一安于茅茨土阶之陋，于其畚筑粗毕，乃置酒邀二子而言曰："吾园方始，知与不知闻而来游者亦多矣，岂不欲雕且饰以应四方之莅止，岂不欲坚且厚以为子孙之世守，而胡乃竹篱茅舍不足以为游观之美，而吾以安吾陋。然而前吾而来于兹山者叔亮先生也，前先生而来者吾不知其几何人，而先生独留姓氏于其墩，吾于是始知先生之尝来。后先生而又来于兹山者，吾也；后吾而来者吾不知其繄何人，而亦未必知吾之又来。其或后吾而又来者，一如吾之知有先生之尝来，而吾于先生之堂已不可得而见矣，则后之又来者山固如是也，又安知吾又来之堂何如哉？然则有此山，斯有此来。吾将以山贻来者，山固非吾有也；吾将以堂贻来者，堂亦不可久也。后之视今，亦犹今之视昔，惟此又来之名将与山同，此千古而不可移也。名吾堂曰'又来'，所以公诸后之来者也。"二子怃然为间曰："有是哉。"熙来而攘往者人不如山，古往而今来者山，且阅人读书而藏诸山，以告后之又来者，吾于是乎记。（出自《雨花山庄题咏集》）

民　国

雨花台之游

刘钟孚

雨花台为首都四十八景之一，夙称名胜，与莫愁湖、清凉山相媲美。客有游于首都者，罔不涉足其间，以饱览美景与凭吊古迹以为快。予家居首都中华门内，离雨花台只隔六里许，以予生性孤僻，暇辄以为宇宙间之良友，莫名胜若，流连其间，既可赏玩自然美景，增添诗囊中之材料，复可呼吸清新空气，以清神志而裨体躯，怀古之情，亦每因置身胜地，往往油然而生，可谓兼数长而俱有之矣。

出中华门才二里，遥观山阜隆然，突起于前，而蜿蜒盘折，自成一气脉者，即雨花台也。抵同善堂，即为该山之麓。山行约数十武，则见荒冢累累，青草凄凄，生则徒作名利之争，死乃同为枯骨之朽，亦可慨已。山中又有一偌大之冢，即癸丑年讨袁之役，革命健儿葬身之所也。时过景迁，谁复凭吊？未几，抵一砖砌圆门，上镌“雨花台”三字，颇挺秀，古石苍碧，犹可辨识。越石门，左旁有明儒方正学孝孺先生之祠。拾级而登，瞻拜方公之遗像，高风亮节，忠义凛然，不禁有感于年来世风不古，人心日偷，拟诸昔贤，能不汗颜。拜别后，复前行，即见第二泉茶舍，中有一泉，水颇清冽。其地筑有雅室，可以啜茗。休憩之余，则见红花数朵，掩映于山壁绿叶间，似含笑而迎人者。而夏日之古藤映窗，野蝉鸣树，亦复弥增佳趣，时则凉风习习，解人烦闷，诚人生偷闲之幽境也。茶毕，偕友陟雨花高岗，遥瞩锺阜如虎踞，巍然屹立。山半有屋宇巍然，宛若方城拱抱其间者，即孙中山先生之陵墓也；背陵有赭赤之屋，状类古堡，树木蓊郁，隐蔽其中者，即明孝陵也。以明太祖之为人如何，史有专纪，姑不赘述，惟追忆中山先生致力国民革命凡四十年，毕生主张废除不平等条约与打倒帝国主义，以救我四万万同胞于水深火热之中，使其能解倒悬之苦。若而人者，在廿四史中，孰与为俦。北望长江，风帆点点，浮悬于一匹白练似的江水之上，洵美观也。回顾南京城之蜿蜒曲折，城中之屋宇比栉，粉壁连鳞，可见其人烟之稠密，市廛之繁盛，益之以山川壮丽，气象崇宏，举国首都，奠定于斯。孙总理之卓识远见，信非常人所能望其项背者也。而况交通转输之便，于铁路则有津浦沪宁，于航行则有长江轮舶之往来。水陆方面，了无阻滞，又附以虎踞龙蟠之形胜，文物典章之故京，为首都生色，岂浅鲜哉。至若南望，则田畴纵横，阡陌交错，远山含黛，桑麻遍野，诗情画意，美不胜收，兴趣盎然，直令人有不忍遽舍之概矣。

环山之中，有一古墓，短垣缭绕，碑碣犹存，上镌“明儒方公孝孺之墓”等字者，即方正学先生遗骸埋葬处也。每届夕阳西下，暮色苍茫，凭吊方公之忠魂，抚断碣，摩古松，徘徊其间，倍觉凄然。

上述登雨花台所见者，不过风景中之梗概而已。作者生于首都，当偕亲友作雨花台之游，或可幸免走马看花之诮欤。则今兹所述者，实乃其游览该地四时之心得耳，姑书其个中经验于后，以作未登斯台者之卧游焉。

时祭阳春，风和日丽，山草吐青，杨柳嫩绿，杂以红白相间之野花，顿呈一种美艳天真活泼自然之情态，洵足陶醉一般骚人墨客也。矧惠风和畅，日暖宜人，仰视天空，则见雨花台上，纸鸢竞舞于云霄，为状各殊，花篮也，纸蝉也，蜈蚣也，苍鹰也，纸灯也，绢制美人也，形形色色，莫不争奇斗艳，炫耀于空际。此外则见游春士女，三五成群，喜作郊外之踏青；又有凿土穿岩，寻觅雨花宝石，归以供其案上之清玩者；亦有煮茗于第二泉，纵谈上下古今，幽然而动遐思，致生其怀古之情者；兴会淋漓，则又题诗于壁，以抒情寄意，视为快事，更陟雨花高岗，举目山河，慨然有揽辔澄清天下之志者，是皆登斯台者，所发生之乐趣也。

夏日暑氛甚厉，骄阳逼人。斯时游客为逭暑计，往往携酒肴，设筵于古刹，以飨宾客；或择幽静之地，饱啖鲜果，实行其沉李浮瓜之乐事者；且又有闲眺野景，静聆蝉鸣枝头，藉以诉其胸中之不平者。要知炎夏之际，游览雨花胜地，虽不及登牯岭以视五老峰之飞瀑，陟莫干山赏玩竹篁之幽邃，游北戴河远瞩沙鸥之翱翔，及海波之激荡，与夫置身西子湖中，驾画舫，近泊三潭印月，以寄其逸兴，然而雨花台畔之一觞一咏，固亦不失人生之雅事也。洎乎夕阳衔山，晚鸦噪林，斯时偕友登雨花高岗，远眺长江，宛若一银白之长练，而悲壮落日，其色鲜红，掩映浮行空际之淡云，优游自得，了无机心。即此一副天然图画，亦足陶醉人生而有余。

溽暑渐退，凉秋倏来，天高气爽，山色似妆。登雨花台上，则见落叶萧疏，秋光烂然。斯时游人，虽无春夏之踊跃，第节届重阳，首都士女，又喜往雨花而登高。姑不论其是否拘于习俗与迷信，试一念及秋风微凉，景色萧条之际，偕良朋，携野味，择雨花高处，极目大地，赏玩秋景，襟怀高澹，物我皆忘。把酒临风，倚岩高歌，寓豪雄于闲逸，亦人生之乐事也。

时届隆冬，气候严寒。斯时往游雨花台者，又较平常为稀罕。惟予则每值严冬风雪之候，辄喜持杖独往，见夫满山沃雪，皓洁似银，而台畔之老树差参，枯枝槎杌，几尽为积雪所封蔽。而老干之横斜而突出，不畏寒侵，似有马伏波老当益壮之气概。幽独静观，至耐人寻味。乡间之横塘方沼，触目尽见。雪甫霁，阳光直射其上，互相反映，明镜闪耀，庶几似之。犹忆前年大雪霏霏，道途为塞，予则冒雪独往，携巨杖，佩望远镜，并偕“柯达”情侣，以摄取郊野之雪景，以归作纪念，或值登山临水之顷，诗兴勃发，则藉吟咏以取乐。

予每阅泰西轶事，述及西方人士，惯喜作雪中旅行，甚至冒大雪而探险，亦复视为常事，则渠等之心健而体壮，有由来矣。即以彼邦之稚子幼童，亦恒喜于风劲气寒之候，散步海滨，踯躅沙滩，以为乐事。其体格自幼即获得相当之锻炼，及其长成，故亦能耐苦劳而不辞，国又安得而不强乎？反观我国士女，每逢风寒气冽，便以围炉谈话为乐事，或举行消寒会以遣兴者，其不为西人所窃笑者几希。

上述雨花台之游览，胥得之与予个人经验之中，拉杂书成，聊供一般游人之采择。俾知雨花胜迹之安在，并瞭然于每岁何时往游其地，始确能领略该名胜之真趣也。作者来沪，已有年余，每值抑郁烦闷之际，追忆雨花遨游之时，狂啸高歌，畅饮纵谈，唾壶几为之碎，流连忘返，直若不知人间有愁苦事者。此景此情，仍萦回脑际而不能自已。顾复以事务羁身，未克偕友重登斯台，啸傲烟霞，赏玩景物，徒唤奈何。是则此篇之作，亦聊以首都鄙俗之土人，书其多年游雨花台之经过，

以志鸿爪，且藉以供后之游者之参考云尔。（出自 1929 年《旅行杂志》第 3 卷第 11 期）

首都胜览（摘选）

钟兴正

雨花台之名，因梁武帝时，云光法师讲经于此，忽见雨花异彩，故名。其地产五色宝石。山不甚高，惟形势险要，遂为首都要塞之一。历次兴兵，必剧战于此，至今犹有遗迹可寻。雨花台在中华门（俗称南门）外，为首都四十八景之一。游首都者，罔不一至其间，饱览风景，兴凭吊古迹以为快。出中华门约二里，山阜隆然，即雨花台也。山行不数百武，抵一石砌圆门，上镌“雨花台”三字。石门右旁，为方孝孺先生之祠，方公之遗像在焉。再前行即至第二泉茅社。泉水颇清甘，可以啜茗。茶毕，登雨花台高冈，遥瞩钟山，中山陵隐约在望。北眺长江，几与天接，风帆点点，殊饶诗意。回顾城中，则屋宇栉比。南望则牛首（山名）（按：牛首为首都名胜之一，惜以地方不靖，匪徒出没其间，游者裹足为叹）等山，历历在目。环山之中，有明孝孺之墓，古碑残碣，大足凭吊。

每当阳春之际，风和日暖，野花杂陈，杨柳依依，随风飘荡，状殊悦目。或寻雨花宝石，以为案头清供；或采集标本，以供植物学之探讨；或呼吸新鲜空气，锻炼身体。大自然之嘉惠吾人者，诚非浅鲜。（出自 1930 年《旅行杂志》第 4 卷第 10 期）

南京（摘选）

倪锡英

提起雨花台，在南京人的脑里便会发生两种印象：一是押在警备车上临刑的犯人，一是供在书桌上的五彩石卵子。因为雨花台现在是辟为枪决死囚的刑场，而雨花台的彩色石卵子，也是全国闻名的。

雨花台在南京中华门外（旧名聚宝门），俗称聚宝山，相传梁武帝时，有一个云光法师坐在山顶上说法，他的一片诚心感动了佛天，有一次，天空中忽然落下许多宝花来，后来因此就取名为雨花台。出中华门三里，便到雨花台山麓，循着石级上去，有一重西向的门墙，墙上有块小石额，额上镌“雨花台”三字。进门路北有方公祠、节孝祠和卓公祠。祠前是第二泉茶社。第二泉又名永宁泉，泉水很甘冽。泉东有一座小阁，可以凭窗远眺；小阁对面，便是永宁寺，路南是高座寺的旧址，寺的东南有一座隆起的山岗，便是雨花台炮台，原来雨花台是南京城南的屏障，正和紫金山的天堡城是同样的重要。地势很高，在顶上可以俯视南京全城，历次南京遭兵乱的时候，雨花台是一个兵家所必争之地。

从永宁泉背面向北，陟过山冈，那一带全是大小的石卵所积成，这便是著名的雨花台石子产地。游人们到雨花台去，大半的目的，都是去拾石子的，因为在雨花台，风景是够不上称幽胜的，只有几座童山、几所古寺而已。

雨花台石子的美点，在乎它的花纹及彩色的艳丽，没有一块是相同的，如果把石子漾在水里，颜色格外鲜妍，好像天然的锦绣。石子的价值也很贵，好的石子，都要论着大洋钱出买。因此有许多人便专靠拾石子过活，用铁铲等向山冈里面开掘。因为雨花台表面上的石子，都只是些粗糙不堪的。（出自《南京》，中华书局 1936 年 8 月版）

首都风景线（摘选）

丁挹文

雨花台买石子

到天下第二泉以后，坐在茅屋中啜茗，卖石子的人便向你包围。每一人提着两篮，篮内放着五六只小碗，晶莹透澈的石子，浸在水中，显出色彩的美丽，花纹的别致，使得你油然而生赞赏之心。

这般卖石子为生的妇人多贫苦不堪，最初要二十万元一篮。我们试以“杀半价”的方法：

“十万元不行么？”

“十五万罢！”一个老妇人的意思有点摇动了。

“十四万元”，另外一个喊着。

“十五万元，就是十五万，两篮一齐卖给你。”又是一个人。

结果，我们以十万元的价值，向第一个妇人先买了一篮，其后以十五万元购进两篮，最后，给了六万元，也就肯卖两篮了。

在雨花台满载而归，装得两蒲包石子，我们不知道是买石子还是救济，心里有点怅惘。

可是在第二泉的旁边，有一位中年男子，摆了一个摊头，用大碗小碗盛着很多的石子，其中确实有最最好的精品，花纹好，形态好，颜色更好，一问价，则顶好的十粒，索价一百万元。

我们踏上土阜，遍地都是石子，简直取之不尽，用之不竭，据说在下雨的时候，美好的石子，便出现了，我想雨花台的命名，或许因此而起。同游的人曾为雨花台发愁，他说，像这样搜求，雨花台的石子，终会有消灭的一天。其实他是太过虑了，记得我的祖父就藏有雨花台石子，父亲也在此地买过，现在轮到我了，说不定子子孙孙，每一代都有人到此徘徊。

当我们提两蒲包石子上火车时，倒化了不少力气。（出自 1948 年《旅行杂志》第 22 卷第 5 期）

当 代

南京的名胜古迹（摘选）

朱 偰

雨花台人民革命烈士墓

中国近三十年来的伟大的新民主主义革命，在南京也留下了光荣的史迹。其中最重要的，便是雨花台人民革命烈士墓。

雨花台本是南京附郭的名胜之一，可是在国民党反动派统治时期，不但名胜古迹零落不堪，而且沦为屠杀革命志士的场所。国民党统治的二十二年中，祖国大批优秀的革命儿女，都被埋葬在这里。雨花台上到处洒遍了先烈们的热血。

一九二七年蒋介石背叛革命，实行了“四·一二”大屠杀。当时有许多优秀的中国共产党员及革命志士，被害于雨花台。随后，在一九三〇年红军攻克长沙及国民党反动派围攻江西红军期间，更有不少革命志士，牺牲于此。一九三六年西安事变之后，又有不少革命志士被国民党秘密杀害。总计在二十二年间先后共有十余万革命工作者被害于此。其中有：中国共产党最优秀的领导者之一——恽代英同志，中国工人运动的创始者邓中夏同志，东北抗日联军的创始者罗登贤同志，青年学生领袖郭英[1]同志，二十多年前的中共南京市委书记孙津川同志（他的旧墓现在还保存着），《文萃》杂志编辑及印刷人陈子涛、骆何民同志以及其他爱国民主人士。根据目前调查烈士遗迹及搜集所得的材料，其中知名烈士约四百余人，姓名无可考者不计其数（现尚在继续征集资料之中）。雨花台上，寸草块石，均染有烈士的血迹。

南京解放以后，南京的人民，缅怀烈士们慷慨就义为国牺牲的英勇事迹，在南京市第二届各界人民代表会议上，遂有在雨花台兴建人民革命烈士墓的决议，以纪念在人民解放斗争事业中壮烈牺牲的革命先烈。南京市人民政府执行了这个决议，并聘请各界人士、各机关代表，组织了南京市兴建人民革命烈士陵筹备委员会，负责陵园设计，掌握工程进行。数年以来，陵园的规模已经相当宏伟了。

雨花台四周，有环陵大道，系利用宁溧公路及宁花公路（由南京至花神庙）一部分，再筑新路经任家山南麓环绕而成，现已大部分完成。此路关系烈士陵建设，极为重要，因雨花台北麓比较逼仄，虽亦辟有广场（在高座寺旁），但场地太小；若由环陵大道绕至雨花台东南，便可到东峰前面的大广场，这里可以容纳好几万人，将来在清明扫墓时节，才能适应需要。

从宁溧公路北口向东南行，逐渐走上雨花台高坡。路南的一个山凹里面，便是革命烈士殉难之处。现在依据地形，布置成一个三角形的花园，种植冬青、黄杨等一些常绿植物。进口处有一牌坊，大书“革命烈士殉难处”。

再往前行，便是山北的小广场。广场的西边，有一条支路上山，直达中峰。中峰高一〇八公尺；前面左右各有一峰：左为东峰，高一〇七公尺；右为西峰，高一〇六公尺，俨然双阙。两山中间为一深谷，旧有池塘，经深浚后，筑成长方形的清水池塘。登上中峰正面一望，前面是宽广美丽的原野，牛首、方山，参差屏列；后面是千堞万户的南京，远处幕府、钟山，左右环抱；西边长江一线，来自天外；东边良田万顷，极目无际。真是气象阔大，形势雄壮。

再走上去，是两台平整宽广的石阶，各高数十级。上面有一平台，中为甬道，道尽，中树丰碑，绕以石栏，正面大书“死难烈士万岁”，系毛主席亲笔。碑后遍植松柏。凭吊者至此，面对着死难烈士的纪念碑，缅怀过去革命的艰苦，遥望幸福美好的社会主义的未来，无不肃然起敬。

在雨花台上，有许多美丽的红色玛瑙石，这便是地质学上有名的“雨花台层”。来游者大抵

---

[1] 即郭纲琳。

喜欢捡一些石子带回去，以水盂盛之，作为案头清赏。一九五一年锡兰工会代表魏克玛沁格来此凭吊时说得对："锡兰以产宝石著名，但染满中国革命烈士血迹的雨花石，比锡兰宝石更可宝贵。这是全世界工人阶级最宝贵的宝石！"

南京市人民委员会，近年来正在有计划地建设雨花台人民革命烈士墓，预计全部工程完成以后，气象一定比现在更加壮伟！（出自《南京的名胜古迹》，江苏人民出版社 1955 年版）

大事记

商　周

距今约 3100 年前

据 2017—2023 年的考古发现，今中华门外西街一带在商周时期已有先民聚居，留有中心台地及环壕、墙基、水井、猪祭祀坑等遗迹。

战　国

东周元王四年（公元前 472）

越王勾践灭吴后，命范蠡于长干筑城，史称“越城”，亦称“范蠡城”。

三国·东吴

东吴时期（222—280）

长干里已成为繁华商业区和居民聚居区。

赤乌十年（247），西域僧康僧会在长干里弘扬佛法，孙权为其建寺，名“建初寺”。同时期，在长干里建有阿育王塔，塔基地宫藏有舍利。此塔与建初寺同为江南佛教塔寺之始。塔侧有尼人所建精舍。东吴末年，孙綝乱法，精舍被毁，塔亦同灭。

有古亭（史称“吴旧亭”，东晋时期改为“新亭”），地近江渚。

有陆机宅，亦称“二陆读书堂”，建于越城西北。

石子冈（今雨花台）已成墓葬之地。建兴二年（253）十月，孙峻联合吴主孙亮密谋杀害诸葛恪，抛尸于石子冈。五凤二年（255），“小公主”孙鲁育遭孙峻杀害，亦草葬于石子冈。

晋

西晋永嘉元年（307）

顾荣、周玘在秦淮河南岸断桥聚舟，击败陈敏叛军。顾荣挥扇退敌处，因名“麾扇渡”，俗称“毛公渡”。

晋怀帝司马炽命安东将军在瑞相院（始建于东吴的僧室）建寺，仍名瑞相院。

西晋永嘉至东晋咸康年间（307—342）

西域僧帛尸黎密多罗到建康弘扬佛法，为王导等人敬重，常在高冈处行头陀、说法，时称“高座道人”。圆寂后葬于石子冈东。晋成帝司马衍在墓地处建小刹，后有沙门在墓地处起寺，称高座寺。

东晋建武元年（317）

琅琊王司马睿在建康称帝，建立东晋王朝。

王导将“吴旧亭”更名“新亭”，常与士人在此聚会。

东晋大兴年间（318—321）

豫章太守梅颐（一作梅赜）百岁无疾而终，官民在其生前扎营、居住的石子冈之东建庙，称“梅将军庙”。其山冈初称“梅岭”，后亦称“梅岭岗”“梅颐岗”“梅颐营”等。

东晋太宁元年（323—324）

十一月二十八日，谢鲲病逝于任上，获赠太常，谥号“康”，葬于石子冈。

东晋太宁二年（324）

王敦派兵进犯建康，至秦淮河南岸。温峤遣大将段秀突袭越城，于石子冈下大败叛军。王敦闻讯愤惋而死，其乱遂平。

东晋太宁年间（323—325）

司空谢石建造道场寺（斗场寺），该寺又称谢司空寺。

东晋咸安年间（371—372）

晋简文帝司马昱敕长干寺造三级塔。

东晋宁康元年（373）

二月，晋孝武帝司马曜下诏征桓温辅政。桓温不满，在新亭周边山陵立帐驻军。谢安、王坦之赴新亭，挫败其篡位意图。

东晋宁康年间（373—375）

僧人慧达在长干里掘得金函，中有三舍利及爪发各一枚，发长数尺，遂于简文帝所造塔西专建一塔供奉舍利。

东晋太元五年（380）

高僧竺法义圆寂。孝武帝在新亭冈买地塔葬竺法义，弟子昙爽于墓旁立寺，名“新亭精舍”，即新亭寺。

东晋太元十年（385）

谢安逝世。孝武帝下诏追赠其太傅，谥号“文靖”，在石子冈东冈（梅岗）择地安葬。

东晋隆安年间（397—401）

因原址“新亭”坍塌，丹阳尹司马恢之在其东南之鹅顶冈重建一亭，仍称“新亭”。

东晋隆安二年（398）

殷仲堪举兵江陵，前锋杨佺期至石头城。刘牢之率北府兵驻于新亭。杨佺期怯战，回泊蔡洲。

东晋义熙九年（413）

高僧法显西行求法归来，在道场寺（斗场寺）同佛陀跋陀罗、宝云等学僧译出《大般泥洹经》《摩诃僧祇律》《方等泥洹经》《摩诃僧祇比丘尼戒本》等经律诸书，垂有百万余言。

东晋义熙十四年（418）

法显于道场寺撰写完成记述其西行天竺的求法经历《佛国记》。

南北朝

刘宋时期（420—479）

在新亭附近建旷野寺。

始建天王寺（宝光寺前身）。

石子冈已有“雨华”之名，为江南三大登览地之一。

刘宋元嘉十一年（434）

狮子国比丘尼铁索罗（一说西域铁索罗国尼）至建康，所居尼寺（始建于东晋）称铁索罗寺。

刘宋元嘉十三年（436）

何尚之任丹阳尹，在丹阳外城南（南涧寺侧）建宅，设置玄学，聚集学生，称“南学”。

刘宋元嘉三十年（453）

宋文帝刘义隆为高祖刘裕建报恩寺（能仁寺前身）。

三月，武陵王刘骏起兵讨伐弑父夺位的刘劭。四月，刘骏部将柳元景与刘劭军战于新亭。刘劭军败退，人马坠于南涧中，后此涧又名“落马涧”。

四月，刘骏在新亭即位称帝，为孝武帝。后扩建新亭寺，改寺名为中兴寺。

刘宋大明四年（460）

中兴寺改名为天安寺。

南齐永明十年（492）

范云迁零陵内史途经新亭，谢朓为之送行。范云作《之零陵郡次新亭》，谢朓作《新亭渚别范零陵云》。

南齐永元二年（500）

东昏侯萧宝卷被崔慧景困于台城。豫州刺史萧懿发兵讨崔，在石子冈、越城、朱雀航一带激战，崔慧景兵败身亡。

南齐中兴元年（501）

萧懿受诬被东昏侯萧宝卷所杀，其弟萧衍东进反齐。两军对峙于石子冈前，齐军溃败，萧宝卷被杀，齐灭。中兴二年（502）四月，萧衍称帝，建立萧梁王朝。

南齐年间（479—502）

旷野寺废。

梁武帝时期（502—549）

相传高僧云光（又称法云）在高座寺宣讲《法华经》，感动天降花雨，遂有“雨花台”之名。

长干寺改称阿育王寺。

萧梁天监二年（503）

雨花台西麓建有普德寺，寺有井，名“雨花泉”。井栏刻有隶书“雨”“花”“泉”“天监二年”。此为现存最早带有“雨花”字样的文物。

萧梁天监七年（508）

二月，在越城东南设国门，亦称望国门。

萧梁天监十三年（514）

冬，高僧宝志圆寂。史载宝志曾任雨花台高座寺住持。

萧梁天监年间（502—519）

昭明太子萧统在雨花山天王寺（刘宋大明中建）旧址建果园，在此会友、为学、吟咏。

萧梁大同三年（537）

八月，梁武帝萧衍改造阿育王寺塔，发掘旧塔下舍利及佛爪发。次年（538）九月十五日，竖二刹，重置舍利。

萧梁大同年间（535—546）

复建旷野寺。

隋　唐

隋开皇九年（589）

隋将韩擒虎自新林至石子冈入南掖门，南陈后主陈叔宝投井为隋军所擒。陈亡。

唐贞观十七年（643）

高僧法融在牛首山幽栖寺北岩下别立茅茨修禅，始创“牛头禅”。法融曾居于旷野寺。

唐贞观二十一年（647）

唐太宗李世民命御史大夫褚遂良重建瑞相院，改名翠灵寺。

唐开元年间（713—741）

旷野寺改名禅居院。

唐开元十三年（725）

诗人李白第一次来到金陵，曾游长干里，作《长干行》。

唐天宝六年（747）前后

诗人李白游金陵，曾登梅岗，作诗二首赠予出家于高座寺的宗侄僧中孚。

李白一生多次游历金陵，其与雨花台地区相关诗作还有《新林浦阻风寄友人》《秋夜板桥浦泛月独酌怀谢朓》《金陵新亭》《劳劳亭》等多首。

唐长庆四年（824）

长干寺久荒废，阿育王塔舍利移置建初寺及润州（今镇江）甘露寺。

唐会昌年间（841—846）

报恩寺废。

杨吴天祐十一年（914）

升州刺史徐知诰始筑金陵城，并凿城濠。大和四年（932），扩建城垣，建南门及长干桥。

杨吴大和二年（930）

禅居院改名崇果院。

杨吴大和六年（934）

徐景运为纪念其祖父徐温重建报恩寺，改名报先院。

南唐升元年间（937—943）

报先院改名兴慈院。

南唐保大四年（946）

在天王寺旧址改建奉先禅院，后名宝光塔院。

南唐年间（937—975）

长干寺废为营庐。

宋

北宋乾德二年（964）

南唐重臣韩熙载遭贬谪。画家顾闳中奉南唐后主李煜诏，夜探雨花台下戚家山韩府，绘《韩熙载夜宴图》。

北宋开宝三年（970）

韩熙载病逝，葬于梅颐岗谢安墓侧。

北宋开宝七年（974）

闰十月，宋将曹彬率师攻占采石，于白鹭洲、新林港大败南唐军。开宝八年（975）正月十七日，曹彬督军围攻江宁城。十一月二十七日，城破，后主李煜奉表投降，南唐亡。

北宋端拱元年（988）

释可政往陕西终南山紫阁寺迎请玄奘顶骨，携归建康。

北宋淳化二年（991）

重修翠灵寺，改名妙果寺。

北宋至道年间（995—997）

宋太宗召见兴慈院中圆觉律师，赐“御容及罗汉像”。

北宋真宗时期（997—1022）

在雨花台北侧建道教清源观。

北宋大中祥符初年（1008—1011）

可政奏请朝廷，重建长干寺。大中祥符四年（1011），建成九层宝塔，获赐名“圣感舍利塔”。

北宋天禧二年（1018）

长干寺改名天禧寺。

北宋天圣五年（1027）

二月，在天禧寺内建白塔安奉玄奘顶骨。

北宋熙宁七年（1074）

王安石罢相，首知江宁府。王安石曾作《雨花台》诗。

北宋元符二年（1099）

释慧严扩建天禧寺，寺院焕然一新，为一方丛林之冠。

北宋崇宁年间（1102—1106）

兴慈院改称承天寺。

北宋政和年间（1111—1118）

崇果院改名崇因寺。崇因寺宗袭长老自以衣钵造观世音像，非常精美，苏轼为之作《观音颂》。

北宋政和七年（1117）

承天寺改称能仁寺。

南宋建炎三年（1129）

十一月，金兵渡江，建康留守杜充等或逃或降，建康通判杨邦乂被俘，坚贞不屈，在雨花台北土门冈被金兵剖心而死，葬于雨花台东麓。

南宋建炎四年（1130）

岳飞在牛首山击败金兀术，又邀击金兵于新亭，收复建康。

新亭毁废。

南宋建炎年间（1127—1130）

能仁寺毁于兵祸。

雨花台毁于战火，台址仅存。绍兴初年，迁建均庆院至雨花台，沿用旧额“均庆院”。

南宋绍兴二年（1132）

正月初四，宋高宗加赠杨邦乂朝奉大夫，谥号“忠襄”，赐庙额曰“褒忠”。三月十三日（清明节），资政殿大学士、江东安抚史叶梦得依诏率举行隆重的葬礼，将杨邦乂尸骨重新安葬在土门冈。

南宋绍兴三年（1133）

杜绾撰成《云林石谱》，此为最早记录南京雨花石的石谱。其时，雨花石的收藏、交流已在民间广泛流行。

南宋绍兴三十一年（1161）

新修高座、永宁二寺，户部侍郎刘岑撰《新修高座永宁寺记》，建康帅卢襄题匾额。

宋军将领姚兴独以一军与金兵接战，鏖战数十合，因援兵不至战死。后在雨花台铁索寺东南为其立庙，宋高宗赐额“旌忠庙”。

南宋隆兴元年（1163）

建康留守陈之茂重筑雨花台，创总秀堂，迁均庆院至雨花台下。

南宋乾道五年（1169）

左朝散郎兼行宫留守司公事史正志在故基重建新亭。

南宋绍熙元年至三年（1190—1192）

杨万里任江东转运使，权领淮西、江东军马钱粮，署驻建康。在建康期间，游长干里、雨花台等处，撰《三月三日上忠襄坟因之行散得十绝句》等诗。

南宋庆元年间（1195—1200）

重建能仁禅寺。

南宋淳祐年间（1241—1252）

吴渊重修总秀堂。

南宋宝祐元年（1253）

端明殿学士、签书枢密院事王野再次修葺总秀堂。

南宋咸淳元年（1265）

五月，建康知府马光祖修缮乌衣园，并重修雨花台，撰《重修雨花台记》。

马光祖重建长干桥，更名长安桥，为五孔石拱桥。

南宋德祐元年（1275）

二月，元兵占雨花台，进入建康城，建康归元。

元

元至元十六年（1279）

文天祥被俘北上途中羁留建康，撰有《怀忠襄》诗。

元至元十八年（1281）

重建妙果寺，改名铁索寺。

元至元二十五年（1288）

改天禧寺为元兴天禧慈恩旌忠教寺。

元至元二十六年（1289）

道士潘云窗在雨花台侧建道教上清院。

元天历二年（1329）

元文宗图帖睦尔登基，诏令改建康路为集庆路。在闪驾桥北（今朝天宫以东大香炉一带）以其潜邸所在地改建大龙翔集庆寺。

元至顺元年（1330）

元文宗送观音像入天禧慈恩旌忠寺供奉，并赐款重修舍利塔。

元至正三年（1343）

开浚阴山道，上至官庄铺，下接毛公渡。

元至正十六年（1356）

三月，朱元璋大军围攻集庆。元江南行台御史大夫福寿战死。朱元璋占领集庆，改集庆为应天府。

元至正二十七年（1367）

朱元璋大将俞通海重伤，归应天府休养，四月卒。赠光禄大夫，追封豫国公，葬于聚宝山。

元朝末年

天禧慈恩旌忠寺及塔均毁于兵火。

明

明洪武元年（1368）

大龙翔集庆寺改名为天界寺，为明朝京师三大寺之一。

洪武初年，在雨花台山麓设立观象台“回回司天监”，后改名“回回钦天监”。

明初建极乐庵（天隆寺前身）。

明洪武二年（1369）

二月，在天界寺设“元史局”，修《元史》。

十二月，开国将领李杰战死。后灵柩运回应天府，葬于聚宝山之阳。

诗人高启登雨花台眺望长江，有感而作诗《登金陵雨花台望大江》。

明洪武四年（1371）

修筑南京城垣，至洪武十九年（1386）完成。

明洪武五年（1372）

朱元璋应高僧金碧峰（宝金）之请，重建铁索寺，改名为碧峰寺。

明洪武十年（1377）

十一月，开国名将邓愈病逝，追封宁河王，谥号“武顺”，葬于聚宝山西南邓府山。

明洪武十四年（1381）

在天界寺设僧录司，掌理全国佛教。

印度高僧班的答禅师圆寂。弟子为之在雨花台下筑塔建庙，朱元璋赐名西天寺。

明洪武十七年（1384）

十一月，开国将领郭子兴（郭兴）病逝，追封陕国公，谥号“宣武”。次年（1385）十二月葬于聚宝山之原。

明洪武十九年（1386）

重瘗玄奘法师顶骨于天禧寺三藏殿侧。

明洪武二十一年（1388）

龙翔集庆寺因火灾寺毁。朱元璋命在城东南郊外凤山重建新寺，并赐额“天界善世寺”。

重建天禧寺，历时三年，至本年完工。

能仁禅寺重建于天竺山，在聚宝门东二里。

敕建城南回回营清真寺。[1]

明洪武二十三年（1390）

四月，朱元璋命在京城外围建造外郭城墙，辟外郭城门，其中雨花台地区的外郭城门有双桥门、凤台门和大、小安德门。

明洪武年间（1368—1398）

高座寺重新修葺寺宇诸殿。

---

[1] 回回营清真寺敕建年代有洪武元年、洪武七年、洪武二十一年、洪武二十五年等多种说法。

能仁禅寺毁于大火。

明建文四年（1402）

七月，燕王朱棣即位，是为明成祖。燕王朱棣发动靖难之役后，屠杀齐泰、方孝孺、铁铉、练子宁、黄子澄等一批不畏强暴的建文朝廷重臣，并以“瓜蔓抄”的手段制造了血腥惨案。方孝孺因拒绝草拟新皇登基诏书，被诛杀十族，后葬于雨花台东冈。雨花台之北成为抗争者的殉难地。

明永乐元年（1403）

二月，郭英卒，赠营国公，谥号“威襄”，葬于聚宝山之原。

明永乐四年（1406）

明成祖诏右善世溥洽修天禧寺塔。

明永乐五年（1407）

七月，开国将领宋晟病逝于肃州。次年归葬南京聚宝门外其父宋朝用墓旁。

明永乐六年（1408）

十月，浡泥国（今文莱）国王麻那惹加那乃访华期间病逝于南京。明成祖按中国礼仪葬其于安德门石子冈，谥号“恭顺王”，诏令立祠。

天禧寺、塔皆毁于火。

明永乐十年（1412）

六月，明成祖命工部在天禧寺旧址建大报恩寺及九级琉璃塔，赐额“大报恩寺”。

明永乐十五年（1417）

二月，朱元璋第八女、福清公主去世。四月，葬于安德山之原。

明永乐二十一年（1423）

天界寺复遭火灾，仅存大殿。

明永乐年间（1403—1424）

天界寺内增建旃檀林、毗卢阁、三十六庵。

碧峰禅寺住持释佛妙重建华严寺，盖造佛殿、廊庑、石塔，后葬于塔中。

明洪熙元年（1425）

二月，郑和任南京守备，参与督造大报恩寺。

明宣德年间（1426—1435）

重修极乐庵，为天然和尚塔院，赐额“天隆极乐寺”。

明宣德三年（1428）

大报恩寺建成[1]。寺中所建琉璃塔极为宏丽，被称为“天下第一塔”。

明正统年间（1436—1449）

敕文重修普德寺。时该寺“苍翠环绕，松林茂深，时堕秀色，旁接雨花之胜”。

重修安隐院，赐名安隐寺。

明天顺年间（1457—1464）

重建天界寺观音、轮藏、天王等大殿。

明天顺六年（1462）

九月，朱元璋第十四女、含山大长公主去世。葬于雨花台之南。

明成化十年（1474）

六月，中军都督府右都督、阜国公王镇病卒，追封瑞安侯。葬于雨花台邓府山。

明成化年间（1465—1487）

天界寺又建廊庑百余楹，是时，斯寺已是“规制弘敞，严靓甲诸寺，僧庐幽邃，松竹深通”，有“西庵曲径”“苍翠乔松”“半峰烟雨”“双桂返照”“南庵碧玉”“古拙品梅”六景，得城南幽胜。

高座寺一分为二，南部为高座寺，北部为永宁寺。

明弘治元年（1488）

重建高座寺。

明弘治六年（1493）

文徵明在南京科考期间，广交文坛名人，游览金陵名胜。登高雨花台时作《九日与彦明登雨

[1] 建成年代一说为宣德六年。

花台》《雨花台上》等诗。

明弘治九年（1496）

十月，重建高座寺工程完工，先后恢复了药师、净业两大殿及东室、西堂、钟鼓楼等。

明弘治十一年（1498）

唐寅参加应天乡试一举夺魁。唐寅有《雨花台感昔》诗。

明正德年间（1506—1521）

在城南郊外安德乡创祝禧寺。

明嘉靖三年（1524）

五月，瑞安侯王源卒，赠太师，谥“荣靖”，葬于聚宝门外凤台街。

明嘉靖四十五年（1566）

大报恩寺内因雷失火，大殿、天王殿、观音殿、法堂皆毁，唯存琉璃塔及少量建筑。

崇因寺重修。

明嘉靖年间（1522—1566）

能仁禅寺再毁于火灾。

明隆庆六年（1572）

画家文伯仁将长干里、雨花台、新亭、新林浦绘入《金陵十八景图》。

明万历初年（约1573）

明神宗下诏令褒奖建文时的忠臣，在南京建立“表忠祠”，方孝孺位列第二。

明万历十六年（1588）

八月十六日，王世贞等七人游雨花台高座寺，王世贞作《同诸公游高座寺登雨花台》诗。

明万历十七年（1589）

焦竑状元及第，官至翰林院修撰。焦竑游雨花台有《雨花台》诗。

五月，南京礼部主客司郎中汪应蛟、祠祭司主事汤显祖等为方孝孺墓立碑。

明万历十九年（1591）

南京礼部尚书王弘海等辟方孝孺墓道，竖坊建祠，曰“方忠文公祠”，亦称“方正学先生祠”。

明万历二十四年（1596）

重修大报恩寺毗卢阁。

明万历三十三年（1605 年）

处士徐鲸（安徽歙县路口商人）捐资重修方孝孺墓。

明万历三十五年（1607）

葛寅亮撰《金陵梵刹志》五十三卷发南京僧录司刊行，书中收录大量明代雨花台地区寺院资料。

天界寺修葺金刚殿及左右画廊百间，兴复公塾、禅堂，同时增建华严阁。是时，天界寺统次鸡鸣寺、静海寺二座次大刹，清凉寺、永庆寺、瓦官寺、鹫峰寺、承恩寺、普缘寺、吉祥寺、金陵寺、嘉善寺、普惠寺、弘济寺、接待寺十二座中刹。

焦竑倡议重建先贤祠，迁至普德寺后山。

明万历四十三年（1615）

古心律师圆寂，在天隆寺后玉环山立塔。后古心律师之徒隐微理律师、印含璞律师、莲宗相律师圆寂后也于此建塔，天隆寺历代祖师也多立塔于此。

明万历年间（1573—1620）

能仁寺重修山门、金刚殿及大雄宝殿。

明天启三年（1623）

朱之蕃自刊《金陵图咏》一卷，收入其金陵四十景诗，又称《金陵四十景图像诗咏》，有“雨花闲眺”“长干春游”“报恩灯塔”“天界经鱼”。

明天启年间（1621—1627）

布衣何光显在雨花台梅岗建“海忠介祠”，祀清官海瑞。

明崇祯六年（1633）

南京礼部侍郎孔贞运在聚宝门外土门冈杨邦乂“褒忠庙”合祀文天祥，改称“二忠祠”。

明崇祯十七年（1644）

三月十九日，李自成攻陷北京，崇祯皇帝朱由检自缢于煤山。方孝孺十一世孙方树节闻讯后绝食而亡，葬于雨花台方孝孺墓侧。

同日，李邦华在北京文天祥祠自尽殉节。后南京百姓将其附祀于雨花台“二忠祠”内，“二忠祠”改名“三忠祠”。

清

清顺治二年（1645）

四月，明武德道兵备佥事雷寅祚自尽，遗命勿葬，置棺雨花台侧。

清顺治三年（1646）

四月，明安宗命礼臣追复建文年号，立忠臣方孝孺祠，设姚广孝像，跪于阶前。

明苏松总兵王之仁被清军杀害，殡之雨花台僧舍中。

清顺治十一年（1654）

僧人髡残至金陵，住大报恩寺，代理主持校刊《大藏经》。

清顺治十二年（1655）

钱谦益游雨花台作诗《游东山雨花台次许起文韵》，游普德寺撰《普德寺募修禅堂》文。

清顺治十三年（1656）

户部主事洪若皋重建方正学祠。

清顺治十六年（1659）

九月，高僧觉浪病逝于天界寺，髡残自祖堂山赴丧。

清康熙十九年（1680）

秋，屈大均避祸江宁，瞻仰方孝孺祠，登木末亭，并在木末亭之南为自己筑衣冠冢，自题为“南海屈大均衣冠之冢”，撰诗《春日雨花台眺望有感》《木末亭》。

清康熙二十三年（1684）

十一月，康熙帝第一次南巡江南抵达江宁，登临雨花台，观大报恩寺塔。

清康熙三十年（1691）

二月，第一个中国籍天主教主教罗文藻病逝，葬于雨花台任家花园天主教圣地。

清康熙三十四年（1695）

在雨花台梅岗建于公祠，祀两江总督、清端公于成龙。数年后，又在祠中合祀河道总督、襄勤公于成龙。

清康熙四十四年（1705）

四月，康熙帝第五次南巡驻跸江宁，雨后游雨花台。

清雍正九年（1731）

郑燮在江宁乡试中举后游历金陵名胜，撰《长干里》《长干女儿》《念奴娇·金陵怀古·长干里》《念奴娇·高座寺》《念奴娇·方景两先生庙》等诗词。

清乾隆四年（1739）

伊斯兰教学者刘智去世，葬于花神庙毛家巷回民公墓内。

清乾隆六年（1741）

樊圣谟倡议重修先贤祠，祀泰伯以下二百三十人。因工费甚巨，吴敬梓鬻全椒老屋成之。

清乾隆七年（1742）

袁枚赴溧水任知县途经秦淮，游莫愁湖，登雨花台，感慨良多。著《随园诗话》中载："凡称金陵之胜者，南曰雨花台，西南曰莫愁湖。"

清乾隆十六年（1751）

三月，乾隆帝首次南巡，驻跸江宁，游大报恩寺、雨花台，赐敕"御碑"，并御题方孝孺祠额"浩气同扶"。

清乾隆二十二年（1757）

三月，乾隆帝第二次南巡期间游雨花台。

清乾隆二十七年（1762）

三月，乾隆帝第三次南巡期间游雨花台。

清乾隆三十年（1765）

三月，乾隆帝第四次南巡期间游雨花台。

清乾隆三十八年（1773）

顺天府通判方道永移建先贤祠至雨花台永宁庵左。

清乾隆五十八年（1793）

袁枚从弟袁树与姚鼐同登雨花台并作诗唱和。

清嘉庆二年（1797）

南京盐巡道方昂重修方孝孺祠。

清道光十五年（1835）

九月，江苏巡抚林则徐出南门，登报恩寺塔，游雨花台。

清咸丰三年（1853）

太平军至江宁镇，李开芳率部破夹岗门，占领雨花台，攻入聚宝门扎营。春，洪秀全入城，定江宁府为天京。

太平天国战争期间，天界寺、能仁寺、普德寺等寺庙均被毁，天界寺唯存殿宇一座，普德寺仅存大铁佛与五百铁罗汉。

清咸丰四年（1854）

十月，大报恩寺琉璃塔在“天京之变”中被毁。

清同治元年（1862）

五月，曾国荃率湘军进逼天京，扎营雨花台。

八月，忠王李秀成率兵回援天京，自闰八月二十日起，昼夜环攻雨花台清营，激战 46 日，后分路撤军，史称“雨花台大战”。

清同治二年（1863）

二月，曾国藩视察雨花台湘军大营。

夏，清军占领天京南郊外城及雨花台，城南外部地区全部被清军占领。翌年，天京失陷，太平天国灭亡。

清同治四年（1865）

两江总督李鸿章在雨花台北原西天寺废墟上建“金陵制造局”，次年建成投产，为当时国内最大的军工厂。

清同治五年（1866）

八月，重修雨花台方孝孺墓。

清同治九年（1870）

京江（今江苏镇江）同人重修刘智墓，题“先贤介廉刘公之墓”。

清同治十一年（1872）

修复雨花台方公祠及木末轩。

清同治十二年（1873）

建社稷坛于南门外三里店，修雨花台北麓三忠祠。

清同治年间（1862—1874）

重建天界寺大殿。

清光绪二年（1876）

重修长干桥。

清光绪八年（1882）

春，刘文陶在宋末元初高士刘叔亮墓（刘公墩）处购地建别墅，时人俗呼“刘园”，又名“又来园”“再来园”“刘家花园”，亦称“雨花山庄”。

清光绪十四年（1888）

金陵机器制造局制造出中国第一门带车轮移动的架退克鲁森式膛炮。

清光绪二十一年（1895）

二月十四日（3月10日），金陵机器制造局工人举行了南京近代史上的第一次产业工人罢工。

十二月，雨花台建西式炮台，装备西式四十磅子快炮四门，建子药房四间，炮亭四座。次年三月竣工。

清宣统三年（1911）

辛亥革命爆发。九月十八日（11月8日），徐绍桢率新军第九镇起义，进攻雨花台，失败后撤往镇江。

十月十一日（12月1日），革命军江浙联军之苏军攻占雨花台。翌日，革命军入城，南京光复。

中华民国

1912年

1月1日，孙中山在南京宣誓就任中华民国临时大总统。其任临时大总统期间，曾专程视察雨花台炮台。

重建天界毗卢宝殿。

于右任游雨花台，作诗《雨花台》。

1913年

二次革命爆发。9月2日，讨袁军与北洋军决战雨花台，伤亡殆尽。张勋、冯国璋等部攻占南京。

1924年

方孝孺第二十世孙方秉彝等重修方孝孺墓、祠及木末亭。

地质学家刘季辰、赵汝钧在世界地质大会上提出，将分布于南京、六合等地的雨花石产出地层称为“雨花台砾石层”。

1925年

张通之游雨花台及南郊名胜，作诗多首，其中有《春日游雨花台》《游第二泉》《新亭题壁》《长干晓市》《木末风高》等。

1926年

12月，金佛庄在南京下关码头被军阀孙传芳部逮捕，在雨花台牺牲。金佛庄是中国共产党人中最早的军人身份的党员，也是最早牺牲于雨花台的革命烈士。

1927年

3月24日，国民革命军江右军光复南京城。为了纪念该战役阵亡的将士，在雨花台建立“国民革命军第四十军阵亡将士公墓”。

4月10日，南京发生“四·一〇”反革命事件，中共南京地方组织遭到第一次重大破坏。此后至1949年4月南京解放的22年间，雨花台成为共产党人和爱国志士的集中殉难地，在此牺牲的烈士成千累万，绝大部分为无名烈士。

1928 年

夏，国民政府将聚宝门改名为中华门，取民国定都南京之意。

1931 年

6 月 14 日，鲁迅游雨花台，作诗《无题》二首。

1932 年

8 月，因修建雨花路，杨邦乂剖心处向东迁移约百尺，南京市长石瑛重立“宋杨忠襄公剖心碑”，并作碑记。

1933 年

本年，为纪念以身殉国的抗日将士，在雨花台东北山冈上建立“陆军第八十七师淞沪抗日阵亡将士纪念塔”。

1934 年

4 月，雨花台举行首届“首都风筝比赛”。此后至 1937 年，每年三四月间都在雨花台举行风筝比赛，共举办了四届。

1935 年

3 月，江南铁路在五贵里建南京临时车站。5 月 15 日，江南铁路宁芜段通车。

4 月，江南铁路公司征收土地建中华门车站，与当地居民发生纠纷。

10 月，刘园、三忠祠被拆。

1936 年

3 月，江南铁路中华门车站建成并投入使用。

4 月，京市铁路延展工程开工，增辟雨花门，与江南铁路接轨。12 月，正式载客通车。

1937 年

12 月 11 日，侵华日军对南京城区发起总攻，12 日占领南京南郊雨花台地区，日军第六师团在菊花台高地设指挥部。13 日晨，日军攻破中华门、通济门、光华门等要隘，南京陷落。此后，侵华日军进行长达 6 周的烧杀淫掠，屠杀 30 多万人，制造举世震惊、惨绝人寰的南京大屠杀惨案。

南京保卫战期间，雨花台方孝孺祠、木末亭、陆军第八十七师淞沪抗日阵亡烈士纪念塔等建筑毁于战火。

1938年

5月起，新四军从茅山根据地派出侦察人员到中华门及雨花台等地侦察日伪军布防情况。9月至11月间，新四军侦察队多次在雨花台地区展开袭扰活动，一度攻占雨花台。

年底，侵华日军在菊花台建“表忠碑”，历时约1年建成。

1942年

12月23日，侵华日军高森部队在原大报恩寺三藏殿后挖掘出唐代玄奘法师顶骨石函。

1943年

2月23日，侵华日军迫于舆论压力，将一部分玄奘顶骨及附葬文物移交给汪伪政府。

1945年

8月15日，日本宣布无条件投降。9月5日，中国军队在南京举行入城式，新六军先在雨花台集结，后由中华东门进入市区。9月9日，中国战区在南京陆军总部举行受降式，侵华日军最高指挥官冈村宁次在投降书上签字。

秋，市府还治，增设安德门区，雨花台在列，称南京市第十一区。

1946年

5月3日，周恩来率中共代表团抵宁进驻梅园新村，同时设立中共中央南京局，与国民政府进行和谈，历时10个月。期间，邓颖超等曾数次前往雨花台凭吊革命烈士。

拆毁菊花台侵华日军“表忠碑”。

1947年

1月下旬，国民政府国防部审判战犯军事法庭在中华门外雨花路第十一区公所（原同善堂）设立检举南京大屠杀案主犯谷寿夫罪行的调查庭，到1月28日，180余人到庭检举。

1月29日，审判战犯军事法庭庭长率领有关人员前往普德寺前山头等南京大屠杀遇难者丛葬处检验尸骨，现场白骨累累。

4月26日，在雨花台枪决南京大屠杀首恶、侵华日军第六师团长、第二次世界大战中的乙级战犯谷寿夫。

9月3日，南京各界举行公祭安葬仪式，安葬被日军杀害的9位中国外交使节于菊花台，并将菊花台改名为“忠烈公园”。

1948 年

1 月 28 日，侵华日军战犯向井敏明、野田岩、田中军吉在雨花台被执行枪决。

1949 年

4 月 23 日，南京解放。

5 月 1 日，南京市军管会在雨花路同善堂接管国民党南京市第十一、十二区公所。

中华人民共和国

1949 年

12 月 12 日，为了追念先烈的不朽业绩，号召人民纪念死者、鼓舞生者，南京市第一届各界人民代表会议第二次会议决议在雨花台兴建人民革命烈士陵。

1950 年

1 月 24 日，南京市组建“南京市兴建人民革命烈士陵筹备委员会”。

4 月 1 日，南京市人民政府及各界人士在雨花台为 1949 年南京解放前夕牺牲的“四·一”三烈士举行公祭，并将成贻宾、程履绎安葬于雨花台二泉后的辛亥革命雨花台之役阵亡将士人马合冢附近。

7 月 2 日，南京市兴建人民革命烈士陵筹备委员会在《新华日报》刊布《征集在宁牺牲之人民革命烈士史迹启事》。南京市各界人士代表在雨花台主峰隆重举行为兴建人民革命烈士墓奠基典礼。

8 月 5 日，“南京市兴建人民革命烈士陵筹备委员会办事处”正式成立，隶属南京市人民政府。

10 月 13 日，世界民主青年联盟代表团来雨花台凭吊革命先烈。

1951 年

1 月，重建长干桥，为钢筋水泥梁桥。7 月，刘伯承为长干桥题字。

4 月，中国人民志愿军归国代表团来雨花台凭吊革命先烈。

11 月 20 日，“南京市兴建人民革命烈士陵筹备委员会办事处”更名为“南京市雨花台公园建设委员会办事处”，由南京市建设局领导。

12 月 3 日，中央人民政府副主席刘少奇偕夫人王光美到雨花台凭吊何宝珍等革命烈士。

1952 年

5 月 1 日，在雨花台主峰建成奠基纪念碑，碑身正面是用紫铜铸造的毛泽东手书“死难烈士万岁”6 个大字，碑高 6.8 米。

7 月 13 日，《雨花台公园五年建筑计划初步方案》制定完成。雨花台公园范围拟勘定以雨花台为中心，东北至淞沪抗日阵亡将士纪念塔，南至任家山南麓，西至宁花公路，北至宁芜公路起点为范围，面积约为2000亩。

在雨花台烈士北殉难处、东殉难处和西殉难处分别建成纪念标志。

1953年

4月，雨花台首次展出革命烈士照片。

5月4日，“南京市雨花台公园筹建委员会办事处”更名为“南京市人民政府园林管理处雨花台办事处”，隶属南京市人民政府园林管理处。

9月，梅岗之梅将军庙因年久失修被拆除。

1954年

4月4日，雨花台对外首次展出40位革命烈士遗像及简历。

完成高座寺残存院墙等处拆除及安隐寺现存房屋院墙的维修工程。

1955年

6月30日，“南京市人民政府园林管理处雨花台办事处”更名为“南京市雨花台烈士陵园管理处”，归南京市人民政府园林管理处领导。

位于望江矶的皖南事变三烈士墓建成。

1956年

4月4日，雨花台革命史料陈列室正式对外开放，展览面积为460平方米，陈列58位烈士生平介绍。

10月18日，江苏省人民委员会“苏府字第30号”文件公布雨花台人民革命烈士墓、宋忠臣庐陵杨忠襄公剖心处为省级文物保护单位。

1957年

11月，南京市园林管理处并入南京市城市建设局，雨花台烈士陵园管理处归市城市建设局领导。

12月25日，二泉茶社划归雨花台烈士陵园管理。

李杰墓、中华门城堡被列为江苏省文物保护单位。

1958年

5月12日，位于雨花台区铁心桥乡东向花村乌龟山的浡泥国王墓被发现。

9月，全国人大常委会委员长刘少奇与夫人王光美，由中共南京市委书记彭冲陪同到雨花台烈士陵园凭吊革命烈士。

南京小铁路（宁市线）停运，后被拆除。雨花门及东西两侧城墙亦被拆除。

眼香庙、芙蓉山、窑岗村一带发现琉璃窑残窑遗迹60余处，发掘、清理出包括大报恩寺塔构件在内的一批琉璃构件。

1959年

4月，中共中央副主席陈云到雨花台凭吊烈士、视察陵园建设工作。

9月，雨花台烈士陵园编撰完成《英雄雨花台》一书。

12月，全国人大常委会副委员长班禅额尔德尼·确吉坚赞到雨花台烈士陵园凭吊烈士。

雨花台烈士陵园管理处征集革命烈士遗物、照片等史料、文物606件。

雨花台烈士陵园茶场与中山陵园茶场等单位共同成功研制新型雨花绿茶“雨花茶”。

在第一届全国地层会议上，将雨花石产出地层正式命名为“雨花台组砂砾层”。

1961年

5月20日，越南民主共和国主席胡志明到雨花台烈士陵园参观凭吊并题词“碧血千秋”。

1964年

春，国务院副总理陈毅来雨花台烈士陵园凭吊烈士、视察陵园建设。

春，刘伯承元帅来雨花台烈士陵园凭吊烈士、视察陵园建设。

4月，中华人民共和国副主席董必武来雨花台烈士陵园凭吊烈士并为陵园题词。

初夏，全国人大常委会委员长朱德到雨花台烈士陵园凭吊烈士、视察陵园建设。著名书法家萧娴为江南第二泉景点题词“江南第二泉”。

7月，雨花茶被评为全国十大名茶之一。

1965年

9月10日，参加南京中日友好青年大联欢活动的日本青年代表团到雨花台烈士陵园凭吊烈士。

1966年

5月，著名爱国人士李宗仁、程思远到雨花台烈士陵园凭吊革命烈士。

1967年

1月，雨花台烈士陵园为修建孙津川、蔡寿民、黄樵松三烈士墓，征地9.8亩。秋季，墓区建成。

4月，雨花台烈士陵园建成卢志英、陈子涛、骆何民三烈士墓。

12月，雨花台革命烈士史料陈列室暂行闭馆。

1971 年

雨花台革命烈士史料陈列室调整展览内容后重新对外开放。

1972 年

9 月 9 日，全国妇联副主席邓颖超到雨花台烈士陵园凭吊革命烈士、视察陵园建设。

前驻外使节九烈士墓被毁。

1973 年

6 月 13 日，雨花台烈士陵园北大门、北殉难处设计方案完成。

1974 年

雨花台烈士陵园管理处编撰完成《烈士事迹简介》一书。

1975 年

6 月，扩建长干桥。

全国妇联主席康克清到雨花台烈士陵园凭吊革命烈士、视察陵园建设。

雨花台烈士陵园管理处编撰完成《雨花台烈士事迹汇编》一书。

1976 年

3 月 24 日，南京市各界群众在雨花台烈士陵园凭吊革命烈士，隆重哀悼周恩来总理。

11 月 24 日，雨花台革命烈士史料陈列馆、纪念雕塑像方案展在江苏省美术馆展出并征集社会各界人士意见。

雨花台烈士陵园修建北大门，大门门柱高 11.7 米，寓意纪念俄国十月革命胜利。

1977 年

万里、宋任穷、谭震林、杨秀峰、阿沛·阿旺晋美、荣毅仁、季方、沙汀等领导同志到雨花台烈士陵园凭吊革命烈士、视察陵园建设工作。

1978 年

全国人大常委会副委员长谭震林、全国政协副主席季方先后到雨花台烈士陵园凭吊革命烈士、视察陵园建设工作。

1979 年

3 月 12 日，全市军民在雨花台烈士陵园义务栽种各类树木近 45 万株。

9 月 24 日，大型花岗岩石雕“烈士就义群雕”在雨花台烈士陵园北殉难处落成。

全国政协副主席陆定一、全国政协副主席刘澜涛、全国政协常委周扬先后到雨花台凭吊革命烈士、视察陵园建设。

1980 年

2 月，南京市雨花台小学和工农小学联合向全市少先队员发出倡议：每人捐献一分钱，兴建雨花台红领巾广场。该倡议得到全国十几个省、市少年儿童的响应。

4 月 1 日，雨花台烈士史料陈列室新的烈士史料对外开展，展出恽代英、邓中夏、孙津川等 71 位烈士的史料和文物。

4 月 4 日，南京市 3500 名少先队员代表全省 1000 万少先队员和少年儿童在雨花台烈士陵园参加了由江苏省委组织举办的为筹建雨花台红领巾广场献款仪式。

6 月，全国人大常委会委员长叶剑英到雨花台烈士陵园凭吊革命烈士、视察陵园建设工作。

11 月，雨花台烈士陵园管理处发出邀请书向全国建筑设计部门和专家、学者征集雨花台革命纪念碑（塔）建筑设计方案，后共征集到 578 个设计方案。

1981 年

3 月 23 日，国务院副总理薄一波到雨花台烈士陵园凭吊革命烈士、视察陵园建设。

清明前夕，政协全国委员会常务委员刘顺元来雨花台烈士陵园凭吊革命烈士、视察陵园建设。

4 月 13 日—18 日，雨花台革命烈士纪念碑设计方案评选委员会成立，并在 578 个雨花台革命纪念碑（塔）设计方案中评选出一等奖 2 名，二等奖 3 名，三等奖 6 名，优秀奖 50 名。

4 月，全国政协副主席李维汉来到雨花台烈士陵园凭吊革命烈士、视察陵园建设。

5 月 19 日，辛亥革命雨花台之役阵亡将士人马合冢纪念工程修葺竣工。

6 月 1 日，雨花台红领巾广场开工建设。

雨花台烈士陵园管理处编辑了《雨花台烈士诗歌选》《雨花台烈士书信选》《雨花台烈士回忆录》等书籍。

雨花茶被商业部评为全国名茶。

开始修整中华门城堡。

1982 年

3月25日，江苏省人民政府《关于重新公布江苏省文物保护单位的通知》（苏政发〔1982〕51号）再一次公布雨花台死难烈士陵、邓愈墓为省级文物保护单位，同时公布渟泥国王墓、刘智墓为江苏省第三批文物保护单位。

5 月 19 日，中央军委总参谋部顾问孔原来雨花台烈士陵园视察、凭吊先烈并题词。

5 月 31 日，红领巾广场建成，设计者杨廷宝教授为主体建筑“少年台”揭幕。

5月，雨花台烈士陵园管理处编辑出版《雨花台革命烈士诗抄》。

6月18日，全国人大常委会副委员长姬鹏飞夫妇来雨花台烈士陵园凭吊革命烈士、视察陵园建设。

7月30日，江苏省人民政府发布《关于保护中山陵·雨花台烈士陵的布告》。

8月5日，南京市规划局发出《关于中山陵园和雨花台烈士陵园管理范围的通知》。

8月7日，雨花台烈士陵园管理处从南京市城建局划出，为市属局级单位。

8月13日，辛亥革命雨花台之役人马合冢、杨邦乂剖心处、李杰墓、宋晟墓、俞通海墓、方孝孺墓、顾璘墓、普德寺被列为南京市文物保护单位。

11月7日，全国人大常委会副委员长韦国清来雨花台烈士陵园凭吊视察。

11月9日，中共中央总书记胡耀邦来到雨花台烈士陵园凭吊革命烈士、视察陵园建设工作。

在前驻外使节殉国40周年之际，江苏省暨南京市人民政府修复九烈士墓，雨花台区人民政府拨款扩建菊花台公园。

雨花茶被商业部评为全国名茶。

南京市伊斯兰教协会重修刘智墓，有碑记。

南京文物普查时，在古华严寺遗址发现了“敕赐华严禅寺碑”龟趺、石莲花须弥座、石柱础、石柱、石井与“官断华严寺庙产不准典卖碑”残碑一通等文物，以及建造该寺用的部分明代砖块。

1983年

6月9日，雨花台烈士陵园规划建设座谈会召开，江渭清、惠浴宇、柳林、刘峰、张跃华等参会。明确了以“纪念先烈庄严肃穆，继承遗志，振兴中华”作为陵园新的建设方针。

6月，邓小平为“雨花台烈士纪念碑”“雨花台烈士纪念馆”书写的亲笔题名由中共中央办公厅寄至雨花台烈士陵园。

6月，中共中央政治局委员宋任穷来雨花台烈士陵园凭吊先烈、视察陵园建设。

7月22日，国家经委主任袁宝华来到雨花台烈士陵园凭吊先烈、视察陵园建设。

7月28日，全国人大常委会副委员长彭冲来雨花台烈士陵园视察陵园建设。

8月20日，南京评出金陵“新四十景”，中华古堡（中华门瓮城）、血沃雨花（雨花台烈士陵园）、花神竞艳（花神庙）位列其中。

9月9日，经江苏省人民政府批准，南京市人民政府下发《关于成立雨花台烈士陵园建设委员会的通知》。

11月18日，江苏省计划经济委员会正式批准《雨花台烈士陵园总体建设计划任务书》。

12月10日，国务院副总理李鹏来到雨花台烈士陵园凭吊先烈、视察陵园建设。

雨花茶被江苏省经委评为优质食品。

雨花台区人民政府公布天界寺为雨花台区文物保护单位。

1984 年

4 月 6 日，坐落在雨花台烈士陵园内的知名烈士墓区建成，孙津川等 17 位烈士集中迁葬于此。

4 月 14 日，中央顾问委员会委员江渭清来雨花台烈士陵园视察、凭吊，并为李耘生烈士题词。

4 月 16 日，全国政协副主席黄鼎臣来雨花台烈士陵园视察凭吊，并为陵园题词。

4 月 22 日，雨花台烈士纪念馆开工建设。

5 月，中央军委副主席徐向前来雨花台烈士陵园凭吊视察。

11 月 26 日，中央顾问委员会常委王首道来雨花台烈士陵园凭吊视察并题词。

1985 年

4 月 1 日，南京市人民政府“宁政发〔85〕112 号”通知，雨花台烈士陵园管理处的行政、业务归市园林局领导。

8 月，为纪念世界反法西斯战争胜利 40 周年，南京市人民政府在“侵华日军南京大屠杀遇难同胞普德寺丛葬地”立碑纪念。

9 月 2 日，南京市雨花台区人民政府在菊花台举行前驻外使节九烈士公祭仪式。

10 月 11 日，雨花台烈士纪念碑正式破土动工。

11 月 13 日，全国人大常委会副委员长彭冲来雨花台烈士陵园视察建设工程。

全国妇联主席康克清来雨花台烈士陵园凭吊革命先烈、视察陵园建设。

1986 年

2 月 19 日，全国人大常委会副委员长姬鹏飞到雨花台凭吊革命烈士、视察陵园建设。

4 月 15 日，中华门城堡整修工程完工并通过验收。

7 月 21 日，全国人大常委会副委员长彭冲到雨花台烈士陵园凭吊革命烈士、视察陵园建设。

7 月，商务部主办全国名茶评比，雨花茶荣获总分第一。这是雨花茶第四次被评为全国名茶。

12 月 28 日，南京五大工程建成庆祝典礼在中央门立交桥举行。雨花新村为五大工程之一。

12 月，雨花茶机制工艺技术研制通过鉴定。雨花茶成为首个实现全程机制的全国名茶。

雨花茶获江苏省先进适用科技成果新产品银质奖。

雨花台区文管会修复天隆寺遗址“古心馨公”“印含璞公”“安龙锡公”三位祖师的墓塔。

1987 年

8 月 13 日，雨花台区文管会、区图书馆在中山大厦联合召开了抗日外交九烈士忠骸公葬 40 周年纪念会和《异域忠魂》史料专辑内部发行座谈会。

11 月 17 日，南京市各界人士及烈士亲属在菊花台隆重纪念前驻外使节九烈士公葬 40 周年。

12 月 28 日，原政协全国委员会常务委员刘顺元来雨花台烈士陵园凭吊革命烈士、视察陵园建设，并为李得钊烈士题词。

12月，雨花台烈士纪念馆建筑工程竣工。

1987—1988年

在雨花台区邓府山公交四公司内，南京市博物馆发掘了8座墓葬，确认为明成化、弘治年间的王镇家族墓。

1988年

1月13日，国务院文件《关于公布第三批全国重点文物保护单位的通知》（国发〔88〕5号）公布雨花台死难烈士陵、南京城墙为全国重点文物保护单位。

4月，中共中央政治局委员江泽民到雨花台凭吊革命烈士、视察陵园建设。

4月，全国人大常委会副委员长陈丕显到雨花台凭吊革命烈士、视察陵园建设。

7月1日，雨花台烈士纪念馆完成陈列布展正式对外开放，设"雨花台革命烈士史料陈列"大型展览。

雨花茶荣获首届全国食品博览会银奖。

1989年

1月，民政部向前驻外使节杨光泩、卓还来等9位烈士亲属颁发了《革命烈士证明书》。

4月1日，雨花台烈士纪念碑建成，碑高42.3米，寓意纪念南京在1949年4月23日解放。

4月9日，全国人大常委会副委员长荣毅仁来雨花台烈士陵园凭吊视察。

4月21日，全国人大常委会副委员长彭冲来雨花台烈士纪念馆凭吊视察并题词。

雨花茶被农业部评为优质茶。

1990年

1月15日，雨花台烈士纪念馆、纪念碑工程被评为1979—1989年南京十大明星工程。

1月23日，国务院总理李鹏来雨花台烈士陵园凭吊革命烈士并题词。

4月，由原高座寺、安隐寺旧址改建的南京雨花石博物馆整修完成并对外开放。

4月16日，前驻外使节九烈士墓碑在菊花台落成。

7月2日，中共中央政治局常委乔石来雨花台烈士陵园凭吊视察。

9月3日，为纪念反法西斯战争胜利45周年，南京市雨花台区人民政府在菊花台前驻外使节九烈士墓前举行凭吊纪念活动。

9月10日，中共中央顾问委员会副主任薄一波来雨花台烈士陵园凭吊视察并为陵园题词。

11月22日，中共中央顾问委员会常委姬鹏飞来雨花台烈士陵园凭吊视察并为陵园题词。

11月26日，雨花台烈士纪念碑前落成一座以"宁死不屈"为主题的青铜雕像。

雨花台烈士纪念馆、雨花台烈士纪念碑等核心纪念景区绿化景观工程竣工。

雨花茶被商业部评为全国名茶。

1991 年

4 月 29 日，中共中央政治局常委李瑞环来宁视察，到雨花台烈士陵园凭吊革命先烈、视察陵园建设。

5 月 30 日，市政府调整园林系统现行管理体制，雨花台烈士陵园管理处归市园林局管理。

6 月 28 日，南京雨花台烈士史迹巡展首次在北京展出。

11 月，南京雨花石博物馆与南京博物院、南京民俗博物馆等 5 家单位联合举办了南京市首届雨花石文化交流会，弘扬雨花石文化。

12 月 18 日，由国家旅游局举办的“中国旅游胜地 40 佳”评选揭晓，雨花台烈士陵园入选。

1992 年

3 月，皖南事变三烈士墓、琉璃窑遗址、驻外使节九烈士墓、天隆寺塔林、侵华日军南京大屠杀死难同胞遇难处及丛葬地（普德寺、花神庙）被列为南京市文物保护单位。

4 月，南京各界人士和来自国内外的部分烈士家属 100 余人在菊花台举行前驻外使节九烈士遇难 50 周年纪念活动。

6 月 19 日，中共中央政治局常委乔石来宁视察，到雨花台烈士陵园凭吊革命先烈、视察陵园建设。

9 月 23 日，国务院总理李鹏到雨花台烈士陵园凭吊革命先烈、视察陵园建设。

11 月 26 日，国务院副总理姚依林到雨花台烈士陵园凭吊革命先烈、视察陵园建设。

12 月 26 日，雨花台烈士纪念碑廊竣工。

雨花茶获首届中国农业博览会优质产品奖。

南京市文管会和雨花台区政府对浡泥国王墓、神道和通往墓地的道路等进行了维修，并加以绿化和环境清理。

1993 年

2 月 12 日，全国政协副主席赵朴初到雨花台烈士陵园凭吊革命先烈、题词并视察陵园建设。

3 月 12 日，南京军区官兵 600 人与省、市领导在“杨邦乂剖心处”参加义务植树劳动。

6 月，中共中央总书记江泽民为《雨花台纪念碑廊墨迹》一书题写书名。

1994 年

4 月 5 日，中共中央总书记江泽民为雨花台烈士陵园题词“弘扬先烈精神，献身四化大业”。

6 月，最高人民法院院长任建新到雨花台烈士陵园凭吊革命烈士、视察陵园建设。

雨花茶在中俄蒙三国举办的“蒙古国际商品博览会”上荣获国际金奖。

1995 年

1 月 12 日，中共中央总书记江泽民为雨花台烈士陵园题词“全国青少年教育基地”。

4 月 17 日，前驻外使节九烈士史料陈列馆在菊花台公园建成开放。

4 月，江苏省人民政府公布前驻外使节九烈士墓为江苏省文物保护单位。

6 月 30 日，江苏省暨南京市在雨花台烈士陵园举行“忠魂亭工程开工暨雨花台烈士陵园建陵 45 周年庆典仪式”。

12 月 13 日，原国家主席杨尚昆一行到雨花台烈士陵园凭吊革命烈士、参观陵园建设。

12 月，雨花台烈士陵园被批准为风景名胜区。

1996 年

5 月 10 日，南京市政府批准了《雨花台风景区总体规划》。

6 月 20 日，中共南京市委“宁委发〔1996〕19 号”文件明确将雨花台烈士陵园管理处更名为雨花台烈士陵园管理局，为市政府直属正局级事业单位。

7 月 1 日，由南京市 30 万中共党员献资捐建的“忠魂亭”在雨花台烈士陵园落成。

9 月 11 日，华国锋到雨花台烈士陵园凭吊革命先烈。

9 月，雨花台烈士陵园被教育部、共青团中央委员会等 6 个国家部委命名为“全国中小学爱国主义教育基地”。

11 月 2 日，中共中央政治局常委胡锦涛到雨花台烈士陵园凭吊革命先烈、视察陵园建设。

1997 年

4 月 1 日，雨花台烈士陵园隆重举行“雨花阁”建筑工程竣工典礼。

6 月 23 日，江苏省人民政府“苏政复〔1997〕77 号”文件正式批准雨花台烈士陵园为省级风景名胜区。

6 月，中共中央宣传部公布雨花台烈士陵园为全国爱国主义教育基地。

9 月 2 日，“邓颖超生平光辉业绩展”在雨花台烈士纪念馆举行。

古林寺第二十一任祖师融通的骨灰葬入天隆寺祖师塔林。

1998 年

3 月 1 日，雨花台烈士纪念馆举办“召唤未来——纪念周恩来诞辰 100 周年图片展”。

4 月 5 日，“江苏省成人林基地”揭牌仪式在雨花台烈士陵园举行。

4 月 9 日，雨花台烈士陵园举办了“二忠祠”“知名烈士墓涌泉广场”“雨花石之歌”景观竣工典礼。

4 月 12 日，全国人大常委会委员长李鹏到雨花台烈士陵园凭吊革命烈士、视察陵园建设工作。

4 月，雨花台烈士纪念馆陈列改造工程启动。

雨花台烈士陵园管理局修复方孝孺墓。该墓由东南大学教授丁宏伟设计，建筑总面积为 178 平方米。

1999 年

4 月 18 日，雨花台区人民政府和雨花台烈士陵园管理局在雨花台烈士陵园广场举办庆祝南京解放 50 周年大型广场文艺演出。

5 月 8 日，首届中国南京雨花石艺术节在雨花台烈士陵园隆重开幕。南京雨花石博物馆配合举办雨花石精品展销及评选活动。

7 月 8 日，雨花台烈士纪念馆、雨花台烈士纪念碑中轴线建筑在国际建筑师协会第二十届大会上荣获“艺术创作成就奖”。

9 月 29 日，雨花台烈士纪念馆完成陈列改造对外开放。

9 月 30 日，南京城建十项标志性工程评选揭晓，雨花台烈士陵园入选。

9 月，《南京市雨花台风景区管理条例》正式发布。

12 月 11 日，雨花台烈士陵园举行建陵 50 周年纪念活动。

雨花台烈士陵园完成对辛亥革命雨花台之役人马合冢、杨邦乂剖心处、方孝孺墓的修复工程。

2000 年

4 月 24 日，中央电视台《新闻联播》播出雨花台烈士纪念馆及展厅内“与烈士对话”“狱中斗争”等高科技红色教育题材场景。

6 月 23 日，雨花台烈士陵园内的清代“金陵四十八景”中的雨花台名胜“木末风高”之“木末亭”复建工程竣工。

7 月 8 日，投资 2700 万元的雨花台街拆迁改造工程启动。改造范围东北至雨花台烈士陵园北大门，西南至共青团路，改造面积约 2.9 万平方米。

9 月 8 日，第二届中国南京雨花石艺术节开幕。南京雨花石博物馆配合举办了“雨花石精品展”及“雨花石科普展”。

11 月 18 日，信息产业巨头中兴通讯落户宁南新区，其开工兴建的南京科研生产基地投资近 2 亿元，占地面积为 77000 平方米，总建筑面积为 64300 平方米。

12 月 15 日，国家旅游局公布全国首批 AAAA 级景区，雨花台风景名胜区名列其中。

2001 年

2 月，雨花台梅岗北麓出土一通古碑，碑身刻有“南京司礼监等衙门太监等官义会碑”。雨花台烈士陵园管理局随即在梅岗北麓辟地予以保护。2006 年，南京市人民政府公布该太监义会碑为南京市文物保护单位。

2 月至 3 月，作为第六届中国南京国际梅花节专题活动之一的“花之韵”雨花石精品展在南京雨花石博物馆举办，展出 194 枚“梅花韵”雨花石。

4 月 1 日，中央电视台在雨花台烈士陵园拍摄制作纪念建党 80 周年的电视文献片《雨花忠魂曲》。

5 月，在明代南京城墙维修过程中，于武定门至雨花门之间的明代城墙东南转角内侧土岗上发现一处大型古代建筑遗迹。后期经过发掘表明该处为南唐都城城垣附属建筑伏龟楼基址。

5 月，为迎接新世纪，南京市人民政府在卡子门广场建成“世纪塔”以示纪念。

6 月 25 日，浡泥国王墓被列为全国重点文物保护单位。

8 月 27 日，中国南京第三届雨花石艺术节新闻发布会在雨花台烈士陵园举行，南京雨花石博物馆配合举办了“‘世纪之光’雨花石精品展”“中华奇石文化展”。

2002 年

6 月 24 日，南京市文物局、南京市社科联、南京市政协文史委和南京市雨花台烈士陵园管理局联合召开“明代著名思想家方孝孺学术研讨会”，纪念方孝孺殉难 600 周年。

7 月 27 日，雨花台烈士陵园管理局荣获埃尔维质量认证中心颁布的 IS0 9001 质量认证和中国环境科学研究院环境管理体系认证中心颁发的 IS0 14001 环境管理认证证书。

9 月 28 日，“2002 年中国南京雨花石艺术节”在雨花台烈士陵园举行。

雨花台风景区对方孝孺墓进行修整，竖立了方孝孺铜像。该铜像为方孝孺后裔捐资新建，由中央美术学院刘焕章教授创作完成。另新辟方孝孺故事绘画石碑刻 12 方，历代对方孝孺的褒奖及方孝孺语录 12 方。

皖南事变三烈士墓、窑岗村琉璃窑窑址被列为江苏省文物保护单位。

2003 年

1 月，《雨花台省级风景名胜区总体规划》获江苏省人民政府正式批准。

2 月 26 日，由中共南京市委宣传部、市委教育工委、团市委、市级机关工委、雨花台烈士陵园管理局联合举办的“雷锋生平事迹展”在雨花台烈士纪念碑地下展厅开展。

5 月 14 日，原中央军委副主席迟浩田参观雨花台烈士纪念馆并题词。

9 月 27 日，“2003 年中国南京雨花石艺术节”开幕式暨中央电视台《激情广场》南京雨花台歌会在雨花台风景名胜区举行。

11 月 17 日，由中共南京市委宣传部和雨花台陵园管理局联合举办的“李元龙同志先进事迹展”在雨花台烈士纪念碑地下展厅开展。

赛虹桥立交建成，北起水西门高架，南接凤台南路，东起中山南路，西连应天西路。

雨花茶获“中茶杯”全国名茶特等奖。

2004 年

3 月 2 日至 12 日，雨花台烈士纪念馆烈士事迹展送展至栖霞区和六合区共计 15 所中小学。

4 月 2 日，由省公安厅、雨花台烈士陵园管理局联合举办的全省公安系统英模事迹展开展。

7 月 15 日，南京市雨花台烈士陵园管理局被中共中央宣传部，民政部、文化部授予“全国爱国主义教育示范基地先进单位”称号。

9 月 21 日，“2004 年中国南京雨花石艺术节”开幕，雨花台风景名胜区为主会场。南京雨花石博物馆配合举办了“雨花石精品鉴赏会”“雨花之韵”系列雨花石展。

12 月 7 日，国家文物局局长单霁翔来到雨花台烈士陵园参观。

2005 年

2 月 1 日，雨花台烈士陵园开始对全社会未成年人免费开放。

4 月 3 日，由共青团江苏省委、江苏省少工委、南京市教育局和雨花台烈士陵园管理局共同举办的“树立光荣感，坚定跟党走”清明主题活动在雨花台烈士纪念碑前举行。

4 月 5 日，“恽代英烈士铜像、烈士遗物捐赠仪式”在雨花台烈士纪念馆举行。恽代英烈士之子恽希仲向雨花台烈士纪念馆捐赠了 6 集电视剧光盘——《恽代英》；恽代英烈士的堂弟、广州美术学院教授恽圻苍捐赠了自己花费多年心血，以恽代英《狱中诗》为题材创作的恽代英烈士铜像，铜像总高 3.6 米，重 327 千克；蓝文胜烈士之孙蓝国汝、蓝国田捐赠了蓝文胜烈士用过的马鞭、书柜、大刀；黄叔雷烈士之女黄荷捐赠了自己珍藏多年、惜爱的黄叔雷烈士用过的怀表。

4 月，坐落在雨花台烈士陵园内的江苏国家安全教育馆竣工，占地面积 2300 平方米。

8 月，雨花台区信息（软件）产业基地成立，该基地是以“信息产业主导、适当人居、适当商业”的新型高科技基地。

9 月 23 日，“2005 年中国南京雨花石艺术节”开幕，本届雨花石艺术节的主题为“绿色雨花、和谐发展”，以迎接第十次全国运动会在南京举办为主线，打造文化旅游品牌。期间，南京雨花石博物馆举办了以迎接十运会为题材的象形雨花石精品展。

雨花台烈士陵园入选“全国红色经典景区名录”。

深圳华为技术公司在雨花台南麓投资新建华为软件技术公司，作为其全球软件供应中心，位于共青团路与纬九路交会处，总投资 29 亿元，注册资本 5 亿元。一期占地面积 87.3 万平方米，建筑面积 35 万平方米。

2006 年

9 月 29 日至 10 月 8 日，“2006 年中国南京雨花石艺术节”举行，本届雨花石艺术节以“生态雨花，和谐发展”为主题。9 月 30 日，开幕式文艺演出在雨花台风景区雨花石文化区“登台问天广场”举行，南京雨花石博物馆配合举办了雨花石精品展。

10 月 18 日，原中央军委副主席迟浩田来陵园凭吊参观。

侵华日军南京大屠杀死难同胞丛葬地（普德寺、花神庙）、明孝陵明功臣墓·李杰墓被国务院公布为全国重点文物保护单位；明代瓮堂、伏龟楼遗址被列为江苏省文物保护单位；太监义会碑、乾隆御碑被列为南京市文物保护单位。

2007 年

4 月，雨花台烈士纪念馆馆藏的郭纲琳致伦兄的信、贺瑞麟日记、晋夫的笔记本、赵良璋狱中绝笔信和王震为刘亚生烈士的题词入选江苏省珍贵档案文献。

8 月 31 日，陈原道烈士之子、中共十五届中央委员会委员刘纪原来雨花台烈士纪念馆凭吊先烈，并在陈原道烈士事迹展区前敬献花篮。

9 月 9 日，《雨花台风景名胜区总体规划局部调整》获江苏省人民政府批准。

9 月 20 日，南京雨花石博物馆新馆正式建成并对外开放。

“2007 年中国南京雨花石艺术节”开幕式在南京雨花石博物馆举行。南京雨花石博物馆举办馆藏珍品雨花石及民间藏家雨花石精品联合展。

晨光集团北部厂区改建为 1865 创意产业园。

2008 年

1 月，“雨花茶炒制工艺”被列入南京市首批非物质文化遗产名录。“雨花石鉴赏习俗”被列为南京市首批非物质文化遗产名录。

1 月，位于雨花台区玉兰路 98 号的高铁南京南站开工建设。

4 月 1 日，江苏省公安英烈纪念墙揭幕仪式在雨花台烈士陵园举行。

4 月 4 日，雨花台烈士陵园开始向全社会免费开放。

8 月，雨花软件园管委会成立。软件园核心区规划面积为 7.8 平方千米，主要在绕城公路以内，以纬九路为中心，分通信软件区、服务外包区、国际软件区。辐射区规划面积约为 40 平方千米，从核心区整体向南推进。

从大报恩寺前身的长干寺地宫考古发掘出土了佛顶骨、感应舍利、诸圣舍利及七宝阿育王塔等一大批世界级文物。

2009 年

1 月 24 日，南京雨花茶博物馆建成并对外开放。

2 月 26 日，南京雨花石博物馆举办“梦幻桃源　梅香雪海”雨花石精品展。

4 月 1 日，江苏省祭奠公安英烈暨全省青少年教育基地揭牌仪式在雨花台公安英烈纪念墙广场举行。公安英烈家属代表、民警代表、公安现役部队官兵代表、江苏警官学院师生代表、共青团路中学师生代表，共 450 人参加了仪式。

4 月 4 日，雨花台烈士陵园举行雨花台烈士亲属暨社会各界凭吊祭扫革命先烈活动，共有 80

多位烈士的亲属代表 180 余人参加了祭扫活动。

4 月 13 日，位于雨花台烈士陵园内的江苏国家安全教育馆正式开馆。

4 月 25 日，航天英雄，“神七”航天员翟志刚、刘伯明、景海鹏一行来到雨花台烈士陵园参观凭吊并向烈士纪念碑敬献花篮。

9 月 28 日，雨花台烈士纪念碑广场举办雨花台烈士纪念碑长明灯点火仪式。

10 月 1 日，为庆祝中华人民共和国成立 60 周年，南京市政府在雨花台烈士陵园举办焰火燃放晚会。

12 月 22 日，纪念雨花台烈士陵园建陵 60 周年专题晚会——大型音诗画《雨花烂漫》在南京人民大会堂上演。

南京市人民政府利用老城墙砖修缮雨花门段城墙，复建雨花门城门，其主拱门东西两侧各有一个宽约 5.5 米、高约 6.35 米的副拱门。

2010 年

4 月 3 日，由雨花台烈士陵园管理局主办的“寻访励志的足迹，十年愿望即将开启”主题活动在雨花台烈士纪念碑广场举行。

4 月 5 日，徐楚光、周镐、王清瀚、谢庆云、祝元福烈士的亲属和战友，以及他们的子女近 30 人，齐聚雨花台烈士陵园，共同祭扫凭吊。

5 月 17 日，中纪委、监察部公布 50 个第一批全国廉政教育基地名单，雨花台烈士陵园“正气乾坤”廉政教育馆名列其中，中央电视台《新闻联播》作了报道；5 月 19 日，《人民日报》《中国纪检监察报》也刊登了相关内容。

10 月 3 日，雨花台烈士陵园管理局与南京广电集团联合组织《雨花烂漫红歌会》大型广场文艺演出在雨花台烈士陵园上演。

10 月 19 日，张炽烈士手迹和周镐日记两件馆藏文物顺利通过江苏省档案局评审委员会评审，入选江苏省珍贵档案文献。

12 月 18 日，陈原道烈士之子、中共十五届中央委员会委员刘纪原来雨花台烈士陵园凭吊其父。

雨花台烈士纪念馆启动陈列改造工程。

位于雨花台区玉兰路 98 号的高铁南京南站正式运行。其北靠雨花台风景区、南临秦淮新河、西接牛首山，占地近 70 万平方米，总建筑面积为 73 万平方米，总投资超过 300 亿元人民币，是华东地区最大的交通枢纽、国家铁道枢纽站，被誉为“亚洲第一大高铁站”。

2011 年

4 月 4 日，原中央军委副主席迟浩田来雨花台烈士陵园凭吊参观。

5 月 11 日，南京市越剧团打造的现代越剧《丁香》在雨花台烈士群雕广场举行开排仪式。

5 月 16 日，雨花台烈士陵园举行陈原道烈士铜像捐赠仪式。

7月1日，南京雨花石博物馆举办“石花绽放献给党——大型雨花石精品展”。

7月，雨花台烈士纪念馆完成陈列改造，该展陈以“为中华民族之崛起”为主题。

9月29日，高座寺重新对外开放。

11月28日，雨花台烈士纪念馆与陕西省榆林市绥德县共同举办“纪念胡廷俊烈士百年诞辰”活动。

大报恩寺遗址被评为“2010年中国十大考古发现”之一。

天隆寺塔林被列为江苏省文物保护单位。

中国（南京）软件谷正式揭牌，软件谷先后被确定为全国首批、江苏唯一的国家新型工业化（软件和信息服务业）示范基地、国家级产业集群区域品牌建设试点地区。

南京考古部门在大报恩寺遗址附近发现一块云龙纹饰的石碑，其中有“大明敕赐陕国公神道碑”，初步确认是郭兴墓碑。

2012年

1月24日，全国政协副主席廖晖来到雨花台凭吊先烈，参观烈士纪念馆。

3月28日，南京雨花石博物馆举办的“先锋创意　华夏盛宴”象形雨花石展开展。

4月16日，谢士炎烈士侄女谢佩琼向雨花台烈士纪念馆捐赠谢氏家族资料。

4月，雨花台烈士陵园管理局举办以“亲人们，我们向您汇报”为主题的清明凭吊祭扫活动，共接待40余位烈士亲属近200人次。

5月17日，雨花台烈士陵园举行李耘生牺牲80周年悼念活动。

6月，“雨花茶制作技艺”被列入南京市第二批非物质文化遗产名录。

9月28日，南京雨花石博物馆举办“文栋书南”四友精品雨花石联展。

9月29日，位于应天大街619号的南京德盈国际广场虹悦城试营业。该商城由香港德盈集团投资建设，投资总额为18亿元，项目总建筑面积为35万平方米，商业设施总建筑面积约20.8万平方米。

10月14日，雨花台烈士纪念馆举行郭纲琳牺牲75周年纪念活动。

为保护大报恩寺遗址、传承历史文化，南京市将大报恩寺遗址命名为“大报恩寺遗址公园”。

2013年

4月1日，雨花台烈士陵园举办“遥寄·思念”主题的清明系列活动。

4月29日，在恽代英烈士殉难82周年纪念日，烈士家乡的领导，包括常州市委党史工委、政府研究室、社科联等多家单位共20余人，来雨花台凭吊祭扫恽代英烈士。

大报恩寺遗址（含大报恩碑）、金陵兵工厂旧址被列为全国重点文物保护单位。

2014 年

9 月 30 日，是我国首个烈士纪念日。南京军区、江苏省暨南京市各界隆重举行向雨花台烈士纪念碑敬献花篮活动。此后，该活动持续在每年的烈士纪念日举行。

10 月 10 日，雨花台烈士陵园组织举办“纪念何宝珍烈士牺牲 80 周年座谈会”。

10 月 14 日，中华门火车站停止客运服务。

雨花台区政府对雨花台东麓的卡子门广场进行改造。整个广场道路铺砖 7100 平方米，铺设草坪 3.1 万平方米，栽植草花 1.8 万盆，移栽香樟、朴树等 217 株，栽植广玉兰、桂花等 136 株。

2015 年

3 月 19 日，古巴共和国总检察长德尔加多一行来纪念馆凭吊参观。

3 月 26 日，中央军委原副主席迟浩田来到雨花台烈士陵园瞻仰凭吊革命先烈。

6 月 12 日，“学习雨花英烈，做‘三严三实’好干部”专题展在雨花台烈士纪念碑碑廊举行开展仪式。

9 月 29 日，南京雨花英烈研究会成立。

9 月 30 日，江苏省暨南京市新婚夫妇向革命烈士献花活动在雨花台烈士陵园举行。此后，该活动持续在每年的烈士纪念日举行。

12 月 16 日，大报恩寺遗址公园建成并对外开放。

天界寺重修大殿，山门及僧房，焕然一新。

2016 年

1 月 14 日，“雨花石鉴赏习俗”被列入省级非物质文化遗产代表性项目名录，绿茶制作技艺（雨花茶制作技艺）被列入省级非物质文化遗产代表性项目名录。

4 月 1 日，江苏省暨南京市青少年凭吊革命先烈活动在雨花台烈士纪念碑广场举行，此后，该活动持续在每年的清明节期间举行。

4 月 2 日，“红色文化看传承　世纪追寻家国史”雨花英烈近亲属口述史征集活动启动。

4 月 29 日，美籍华人姚大奎先生“古韵天成”雨花石主题展在南京雨花石博物馆开展。

4 月，大型话剧《雨花台》启动全国巡演，雨花台烈士陵园管理局配合巡演举办“信仰的力量——雨花英烈事迹巡展”。

6 月 12 日，由中共南京市委主办、雨花台烈士陵园管理局承办的“弘扬雨花英烈精神　做合格共产党员”专题图文展在雨花台烈士纪念碑广场开展。

6 月 18 日，南苏丹人民解放运动干部考察团来雨花台烈士陵园凭吊烈士、参观考察。

6 月 25 日，坦桑尼亚革命党中央干部考察团来雨花台烈士陵园凭吊参观。

7 月 1 日，雨花台烈士陵园管理局编辑出版《雨花英烈家书》《雨花英烈文集》。

7 月 17 日，中共中央国家机关工作委员会授予雨花台烈士陵园“中央国家机关爱国主义教育基地”称号。

9月20日，雨花台烈士陵园被民政部公布为第六批国家级烈士纪念设施。

9月29日，张国义先生“人与自然”雨花石主题展在南京雨花石博物馆开展。

12月24日，长篇小说《苍茫大地》首发式、“雨花英烈精神及其当代价值”学术研讨会暨雨花英烈研究会2016年学术年会在雨花台烈士纪念馆举行。

2017年

3月19日，马来西亚巫统一行来雨花台烈士陵园凭吊参观。

3月26日，雨花台烈士陵园管理局举办“茶香雨花——相约2017·春景春茶品赏会”。

3月31日，雨花台烈士陵园管理局举办“纪念何宝珍115周年诞辰书法展暨座谈会”。

3月，雨花台烈士纪念馆开启新一轮陈列改造。

4月2日，雨花台烈士陵园管理局举办“红色文化看传承　不忘初心大道行”雨花台清明主题活动。

4月28日，朱言荣先生“红红的雨花石”系列展在南京雨花石博物馆开展。

6月1日，雨花台烈士纪念馆闭馆进行展陈改造。

6月25日，南京市机构编制委员会“宁编字〔2017〕30号”文件，正式批准南京市雨花台烈士陵园管理局挂南京市雨花台风景名胜区管理局、雨花台干部学院、雨花台烈士纪念馆牌子，为市政府直属事业单位，相当于正局级，为全额拨款的公益一类单位，归口中共南京市委宣传部管理。

6月28日，雨花台干部学院正式成立。

7月26日，由中共南京市委宣传部、雨花台烈士陵园管理局、市地方志编纂委员会办公室联合举办的纪念建军90周年“雨花碧血映军魂”专题展在雨花台烈士陵园开展。

8月10日，雨花台烈士陵园核心景区景观改造提升工程开工建设，共投资约3570万元。

9月28日，南京雨花石博物馆举办“石上飞虹2017庆国庆迎盛会雨花蛋白石展”。

10月，南京市考古研究院对位于中华门外雨花路西侧的越城遗址进行考古勘探和发掘，发现商周至六朝再至宋元明清时期留下的开凿城池的壕沟、烧砖造瓦的窑场、掘井取水的市井巷弄等大量遗迹遗物。

2018年

1月5日，雨花台烈士纪念馆完成展陈改造后正式对外开放，主题为“信仰的力量——雨花英烈生平事迹展”。“雨花英烈精神与中国共产党人初心”暨全国文艺工作者雨花台红色文艺创作规划研讨会在雨花台烈士纪念馆举行。

3月13日，“信仰的力量——雨花英烈事迹展”在中央党校开展。

3月27日，中国人民解放军原总参谋长陈炳德上将来雨花台烈士陵园凭吊参观。

4月2日，“雨花英烈纪念地联席会议”第一次会议在雨花台烈士纪念馆举行，来自上海、浙江、广东、湖南等地 10 多家雨花英烈纪念地的代表参加会议。

4 月 5 日，180 位雨花英烈亲属在雨花台烈士纪念碑广场开展清明凭吊先烈，祭扫烈士墓活动。

4 月 25 日，“信仰的力量——雨花英烈生平事迹展”在山东临沂革命纪念馆开展。

4 月 28 日，“玉石同源”赏石艺术展在南京雨花石博物馆开展。

5 月 13 日，“南京市雨花茶手工炒制技能竞赛”在雨花台烈士陵园南门广场举行，70 名制茶专家参加。

8 月 29 日，雨花台烈士陵园入选“南京十大文化地标”。

8 月，由雨花台烈士陵园管理局编著的“雨花英烈史料”丛书之一《初心永恒——雨花英烈话语解读》正式出版。

9 月 18 日，“英雄壮歌——上海英烈纪念展”在雨花台烈士陵园展出。尼泊尔共产党联合主席、前政府总理普拉昌达一行来雨花台烈士陵园凭吊参观。

9 月 20 日，纪念陈原道烈士牺牲 85 周年学术座谈会在雨花台烈士纪念馆举行。

9 月 27 日，雨花台烈士纪念馆举办“革命战士　别样风采——雨花英烈文学艺术作品展”，该展入选全国革命文物保护利用优秀案例。

10 月 20 日，南京雨花石博物馆举办“日月同辉”雨花石展。

12 月 1 日，“雨花英烈精神与新时代新征程”学术研讨会暨雨花英烈研究会 2018 年学术年会在雨花台烈士纪念馆举行。

12 月 22 日，南京市首批重点新型智库——雨花台红色文化研究院揭牌仪式暨弘扬雨花英烈精神座谈会在南京钟山宾馆举行。

“雨花台的传说”“杨邦乂的传说”“新亭对泣故事”被列入南京市第四批非物质文化遗产名录。

2019 年

1 月 1 日，由南京大学文化与自然遗产研究所和雨花台烈士陵园管理局合作编著的《雨花英烈精神解读》正式出版。

3 月 1 日，位于南京市雨花台区观山路 22 号的雨花台干部学院新校区正式启用并举行挂牌仪式。

4 月 3 日，“雨花魂·清明祭”烈士亲属祭扫活动在雨花台烈士陵园举行，190 余位烈士亲属前来凭吊亲人，缅怀先辈。由中共南京市雨花台区委宣传部、雨花台烈士陵园管理局共同发起的“心愿之盒”互动活动在雨花台烈士陵园举行，雨花英烈“心愿墙”同时揭幕。

4 月 9 日，由雨花台烈士陵园管理局举办的“胜利记忆——解放南京部分参战老战士口述史实展”在雨花台烈士陵园开展。该展览获江苏省十大传承社会主义核心价值观，弘扬优秀传统文化展览推介项目荣誉称号。

4 月 21 日，南京雨花石博物馆举办“红红的雨花石”2019 春纪展。

5 月 14 日，2019 年“5·18 国际博物馆日”江苏系列宣传活动在雨花台烈士纪念馆举行。

6 月 13 日，“新时代雨花英烈精神传承与发展战略研讨会”在北京大学举行。

9 月 26 日，“初心之光——中国共产党创建时期入党的雨花英烈”专题展在雨花台烈士陵园纪念碑广场开展。“在雨花英烈精神的激励下前进——东南大学一代青年的红色记忆”专题展在雨花台烈士陵园开展。纪念蔡寿民烈士诞辰 120 周年活动在雨花台烈士陵园举行。

9 月 27 日，“青年的楷模——恽代英”专题图片展在雨花台烈士陵园开展。

9 月，由雨花台红色文化研究院、雨花台烈士陵园管理局编著的《雨花英烈近亲属口述史》正式出版。由雨花台烈士陵园管理局编著的《雨花台烈士陵园志》正式出版。

10 月 13 日至 20 日，雨花台烈士纪念馆组织人员赴白俄罗斯、俄罗斯进行首次雨花英烈境外史料征集及场馆交流。

10 月 16 日至 19 日，“信仰的光芒——雨花英烈主题红色文艺作品展”在贵阳美术馆举办。当月 22 日至 25 日，该展在南昌美术馆举办。

11 月 13 日，雨花台烈士纪念馆启动革命文物征集活动——“红星计划”，面向全社会发布文物征集公告。

12 月 22 日，“弘扬雨花英烈精神　强化红色文化担当”学术研讨会在南京举办。

2020 年

4 月 4 日，清明“云祭扫”活动在雨花台烈士纪念碑广场举行，200 万网友在线参加了该活动。

5 月 17 日，由雨花台烈士纪念馆、周恩来纪念馆、新四军纪念馆、淮海战役纪念馆主办的“不忘初心　牢记使命”展在雨花台烈士陵园开展。第 44 届国际博物馆日中国主会场配套活动——“革命文物的活化与传承”在雨花台烈士陵园举行。“南京大学——雨花台红色文化研究院博士后工作站”签约及揭牌仪式在雨花台烈士纪念馆举行。

5 月，由中国博物馆协会纪念馆专业委员会、雨花台红色文化研究院、南京大学中国智库研究与评价中心共同发布的《中国纪念馆发展报告 2019》正式出版。

7 月 1 日，雨花台烈士纪念馆举办“信仰的旋律　时代的歌声——雨花英烈原创歌曲展”。

10 月 31 日，“继承革命文化　喜迎百年华诞——革命文物的保护与利用”全国 33 家纪念馆联合展览在雨花台烈士陵园开展。

10 月 30 日—11 月 1 日，在国家文物局指导下，雨花台烈士纪念馆联合省市有关部门承办“革命纪念馆高质量发展峰会・2020”。

10 月，在国家发展和改革委员会社会发展司会同文化和旅游部资源开发司组织开展的红色旅游发展典型案例征集活动中，南京雨花台烈士陵园红色旅游发展典型案例——“大力弘扬雨花英烈精神　推动红色文旅创新发展”成功入选。

11 月 20 日，南京市雨花台烈士陵园管理局获“全国文明单位”荣誉称号。

12 月 21 日，中国博物馆协会发布《关于第四批国家一、二、三级博物馆名单的公告》，雨花台烈士纪念馆获评国家一级博物馆。

雨花台烈士纪念馆共征集到包括杨廷宝手迹在内的文物藏品650余件（套）及龚昌荣烈士亲属口述史1份。

2021年

3月，雨花台烈士陵园管理局与《金陵瞭望》杂志社等单位联合举办的“寻英烈足迹、探初心之源——百年传承·百地寻访·百媒联动”雨花英烈全国寻访活动正式启动。

4月1日，由雨花台烈士纪念馆主办的“心迹——雨花英烈遗文展”在雨花台烈士陵园开展。

4月3日，2021“百年风华　盛世如愿”清明云祭扫特别活动在雨花台烈士纪念碑广场举行。

清明期间，央视特别节目《人民不会忘记》8次报道雨花台，《新闻联播》讲述雨花英烈吴振鹏红色家书故事。

4月14日，越南驻沪总领馆党支部书记、总领事宁成功来雨花台烈士陵园凭吊参观。

4月24日，雨花英烈精神与“中国共产党为什么能”学术研讨会暨百年党史及革命精神融入学校思政教育创新论坛在雨花台烈士纪念馆召开。

4月，由雨花台烈士陵园管理局联合南京出版传媒集团共同推出的大型纪实文学图书《雨花台》正式出版。

6月10日，南京绿茶制作技艺（雨花茶制作技艺）被列入国家级非物质文化遗产名录。

6月，由雨花台烈士陵园管理局出品、南京广播电视集团紫麓戏剧制作的话剧《长明》在紫麓雨花梦想剧场首演。

7月5日，雨花台烈士纪念馆举办“铁窗犹见坚壮志——雨花英烈狱中斗争革命文物展”，该展览入选中共中央宣传部、国家文物局庆祝中国共产党成立100周年精品展览推介名单。

7月18日，雨花台烈士纪念馆举办的“凝聚的历史，永恒的初心——庆祝中国共产党成立100周年红色雕塑展”开展，该展览入选国家文物局2021年度“弘扬中华优秀传统文化、培育社会主义核心价值观”主题展览推介项目。

7月，由雨花台烈士陵园管理局联合北京大学文化产业研究院共同策划完成的“雨花英烈”系列绘本第一册《雨花英烈·燎原之火：1914—1925》正式出版。

9月29日，雨花台烈士纪念馆联合相关新闻媒体共同开展“丹心寄未来——书信为证　强国有我”全国征集活动。

11月29日，雨花台烈士纪念馆举办“雨花英烈革命业绩报刊寻踪”专题展及“红色记忆——‘红星计划’文物史料征集成果展”。

雨花台烈士纪念馆征集到由赵良璋（野雪）作曲、薛介民（海燕）作词的曲谱《盟》、《陶家齐日记》、吕其明《红旗颂》定稿签名版、《中国国民党与劳动运动》《中国国民党农民运动》等文物藏品，另入藏16位留学苏联的雨花英烈档案资料共3000余件、4900余页。

雨花台烈士陵园核心景区景观提升改造二期工程基本完成。

2022年

1月13日，“信仰的光芒——雨花英烈主题红色文艺作品展”在雨花台烈士陵园开展。

1月14日，《南京市雨花台烈士陵园保护条例》在江苏省十三届人大常委会第二十八次会议获得批准。4月5日正式实施。

4月23日，由雨花台烈士陵园管理局、南京市教育局共同编写的《传承——雨花英烈精神小学生读物》《传承——雨花英烈精神中学生读物》正式发行。

4月26日，“青春壮歌——中国青年运动中的雨花英烈”专题展在雨花台烈士陵园开展。

6月，由雨花台烈士陵园管理局编纂的《风雨百年雨花魂——雨花英烈斗争剪影》《雨花英烈文集2》正式出版。

7月28日，方孝孺殉道620周年纪念仪式在雨花台风景名胜区举行。

8月底，教育部等八部门联合公布全国首批“大思政课”实践教育基地。雨花台烈士纪念馆入选教育部、国家文物局联合设立的“中华优秀传统文化、革命文化、社会主义先进文化专题实践教学基地”。

附录

雨花台重要历史文献

一、史志文录

唐·许嵩《建康实录》

卷第二《吴中·太祖下》云："《丹阳记》：大长干寺道西有张子布宅，在淮水南，对瓦官寺门，张侯桥所也。桥近宅，因以为名。其长干是里巷名，江东谓山陇之间曰干。建康南五里有山冈，其间平地，民庶杂居，有大长干、小长干、东长干，并是地里名。小长干在瓦官南，巷西头出江也。"

宋·张敦颐《六朝事迹编类》

卷三《城阙门·越城》云："春秋时，越既灭吴，尽有江南之地。于是筑城江上，以镇江险。《图经》云：周回二里八十步，在秣陵县长干里。后崔慧景寇建业，萧懿入援，自采石济岸，顿越城举火，台上鼓噪相庆。兹建业之南也。今南门外有越台，与天禧寺相对。见作军寨处是也。"

卷四《楼台门亭馆附·雨花台》云："梁武帝时，有云光法师讲经于此，感得天雨赐花，天厨献食。"

卷四《楼台门亭馆附·新亭》云："晋初元帝渡江，仆射周颢与群臣游宴。坐中叹云：'虽风土不殊，举目有山河之异。'因而流涕。王导曰：'诸公当须戮力中原，以壮王室。何为作楚囚悲邪！'众皆肃然整容。宋孝武即位于新亭，仆射王僧达改为中兴亭。去城西南十五里，俯近江渚。"

宋·周应合《景定建康志》

卷十六《疆域志》二《镇市》云："东口市，在城南长干桥下东，今乌衣巷口是。""西口市，在城南长干桥下，今西街口是。"

卷十六《疆域志》二《桥梁》云："长干桥，在城南门外，五代杨溥城金陵，凿濠引秦淮绕城，西入大江，遂立此桥。”

卷十六《疆域志》二《街巷》云：“长干里，在秦淮南。考证：越范蠡筑城长干。《丹阳记》：‘大长干寺道西有张子布宅，在淮水南。’《吴都赋》曰：‘长干延属，飞甍舛互。’李善注：‘江东谓山间为干，建业之南，其间平地，吏民居之，故号为干。’《实录》云：‘长干是里巷名，江东谓山陇之间曰干。建康南五里有山岗，其间平地，民庶杂居。有大长干、小长干、东长干，并是地里名。小长干，在瓦棺南，巷西头出江。’”

卷十七《山川志》一《山阜》云：“聚宝山，在城南雨花台侧，上多细玛瑙石，俗呼为‘聚宝山’。”

卷十七《山川志》一《冈岭垅、岘、坡、墩、墅》云：“石子冈，一名石子墩，在城南一十五里，长二十里，高一十八丈。《吴志》云：‘诸葛恪为孙峻所害，投之于此冈。’先是童谣云：‘诸葛恪，何弱弱，芦单衣，篾钩络，于何相求成子阁。成子阁，反语石子冈也。’《舆地志》：‘宋大明中，起迎风观于其上。’旧经云：‘俗说此冈多细花石，故名石子冈。’”

卷十七《山川志》一《冈岭垅、岘、坡、墩、墅》云：“梅岭冈，在城南九里，长六里，高二丈。旧经云：‘东豫章太守梅颐家于冈下，因名之。’上有亭，为士庶游春所。”

卷二十二《城阙志》三《亭轩》云：“新亭，亦曰‘中兴亭’，去城西南十五里，近江渚。考证：《丹阳记》曰：‘京师三亭，吴旧立，先基既坏，隆安中，丹阳尹司马恢徙创今地。’《世说》：‘过江诸人，每至暇日，辄相邀出新亭，藉卉饮宴。周侯顗在坐，叹曰：‘风景不殊，举目有江河之异。’皆相视流泪，惟丞相导愀然变色曰：‘当共戮力王室，克复神州，何至作楚囚相对泣耶！’”

卷二十二《城阙志》三《亭轩》云：“劳劳亭，在城南十五里，古送别之所。考证：吴置，亭在劳劳山上，今顾家寨大路东即其所。《舆地志》：‘新亭陇上有望远亭，宋元嘉中改名临沧观，又改名劳劳亭。’”

卷二十二《城阙志》三《台观》云：“越台，旧基在城南江宁尉廨后。考证：越范蠡筑城长干里，此即古越城内所筑台也。详见越城及诸辨。齐崔慧景寇建业，萧懿入援，顿越城举火，台上鼓噪相庆。”

卷二十二《城阙志》三《台观》云：“雨花台，在城南三里，据冈阜最高处，俯瞰城闉。考证：旧传梁武帝时，有云光法师讲经于此，感天雨赐花，故名。……山谦之《丹阳记》云：‘江南登览之地三：曰甘露、曰雨华、曰凌歊。’建炎之后，台址仅存。后人乃请‘均庆院’旧额，即此基建寺，又坏于火。隆兴元年，留守陈公之茂重筑此台，创一堂名总秀，而徙均庆院于台之下。

“淳祐中，吴公渊重修。宝祐初，王公埜又加修饰，自书其扁。

“咸淳元年夏五，马公光祖既新‘乌衣园’，或谓台与园相颉颃，亦不可以不治，乃并撤而新之，高广视旧加倍，缭以修垣，旁建披屋，又累石数百级，以便登陟，作门通衢，以严启闭。江山观览之胜，为金陵第一矣。”

卷四十四《祠祀志一·诸庙》云：“旌忠庙，在城南铁索寺之东南。绍兴三十一年，虏兵犯淮西，御前策选锋军统制姚兴独以一军与贼接战于尉子桥，鏖战数十合，援兵不至，竟殁于阵，将死，犹手杀数十人。知枢密院叶公义问以事奏闻，特赠正任观察使，仍命立庙，赐今额。”

卷四十六《祠祀志三·寺院》云："高座寺，一名永宁寺，在城南门外。晋咸康中造，又名甘露寺。尝有云光法师讲《法华经》于寺，天花散落。今讲经台遗址犹存。或云：晋朝法师竺道生所居，因号高座寺。"

元·张铉《至正金陵新志》

卷五《山川志·山阜》云："戚家山　在城南天禧寺东。郑文宝《南唐遗事》云：'韩熙载居戚家山。'"

卷五《山川志·山阜》云："聚宝山　在城南雨华台侧，上多细玛瑙石，俗呼为聚宝山。"

卷五《山川志·冈岭》云："石子冈　一名石子墩，在城南一十五里，长二十里，高十八丈。《吴志》云：诸葛恪为孙峻所害，投此冈。先是童谣云：'诸葛恪，何弱弱，芦丹衣，篾钩络，于何相求成子阁。'成子阁，反语石子冈也。《舆地志》：宋大明中，起迎风观于其上。旧经云：俗说此冈，多细花石，故名石子冈。"

卷五《山川志·冈岭》云："梅岭冈　在城南九里，长六里，高二丈。旧经云：东晋豫章太守梅颐家于冈下，因名。上有亭，为士庶游春之所。"

卷五《山川志·井泉》云："义井　在城南天禧寺侧。天圣五年，郡人唐文遇出家帑，令寺僧可政请于丞相李公迪所凿。"

卷十一《祠祀志·祠庙》云："晋梅将军庙　在城南门外雨华台东，地名东石子冈，晋梅赜尝屯营于此，又名梅岭冈，或名梅赜营，后人即此立庙。"

卷十一《祠祀志·祠庙》云："灵泽夫人祠　在长干寺后龙池侧。事见曾文昭公《曲阜集》云。"

卷十一《祠祀志·寺院》云："天禧寺　即古长干寺，在府城南门外。宋天禧二年改今额。寺有阿育王舍利塔，祥符中，赐号圣感。其晋高悝所施金像，隋文帝移置长安。"

卷十一《祠祀志·寺院》云："能仁寺　在台治东南，刘宋元嘉二年，文帝为高祖建，名报恩。唐会昌中废。吴大和六年，毗陵郡公徐景运为其亲重建，曰报先院。南唐升元中，改为兴慈院。至开宝中又废。后有里人舍宅，复为兴慈院。太平兴国二年，以院地卑湿，徙置于此，以乾明节日建院，额后改为承天寺。政和中，又改今额。"

卷十一《祠祀志·寺院》云："高座寺　一名永宁寺，在城南门外，晋咸康中造，又名甘露寺。尝有云光法师讲《法华经》于寺，天花散落，今讲经台遗址犹存。或云：晋朝法师竺道生所居，因号高座寺。乾道三年刘岑《记略》云：考图志此山得名于晋，永嘉中名甘露寺。尸黎密多罗为王茂洪所敬，故留竺道生法师，继号所居为高座。梁初，宝公主其寺，与五百大士俱，有云光法师坐山巅说妙法，天花坠焉。今号雨花台，则故唐卢给事中名襄字赞元者所命也。寺易今名，且百年矣。故藏古今诗刻皆废，可考者唐李翰林、宋吕侍讲、王中丞三篇而已。《高僧传》云：尸黎密多既卒，冢处立寺，谢鲲仍以为高座寺。陈轩《金陵集》载蒋颖叔和王和甫雨中登高座寺，诗注云：寺即云光讲经雨花之地，有梁时志公二印，志公手植松犹存。郭祥正诗云：'至今手植松，千丈腾龙虬。'"

卷十一《祠祀志·寺院》云："殊胜寺　在城南门外，本宋福兴寺，南唐后主葬照禅师于此，因名塔院。"

卷十一《祠祀志·寺院》云："安隐院　在雨华台后，向南百余步。《乾道志》：旧在蒋山后，久废。绍兴四年，郡人请额置。"

卷十二《古迹志城阙·官署》云："古越城　一名范蠡城。案《宫苑记》：周元王四年，越相范蠡所筑。在今瓦棺寺东南，望国门桥西北。《图经》云：城周回二里八十步，在秣陵县长干里。今江宁县廨后遗址犹存，俗呼为越台。"

卷十二《古迹志城阙·官署》云："新亭垒　宋孝武入讨元凶，柳元景至新亭依山筑垒，东西据险，察贼衰竭，乃开垒鼓噪以奔之，贼众大溃。亭今在城西南十二里，垒不存。考证：元徽二年，桂阳王休范举兵浔阳，萧道成屯兵新亭，以当其锋，筑新亭城垒，未毕，贼前军已至，道成登西垣，使陈显达等与贼水战，大破之。江淹有《新亭垒》诗。"

卷十二《古迹志城阙·官署》云："新亭　亦曰中兴亭，去城西南十五里，近江渚。《丹阳记》曰：京师三亭，吴旧立，先基既坏，隆安中，丹阳尹司马恢徙创今地。"

卷十二《古迹志城阙·官署》云："劳劳亭　古送别之所，吴置，亭在劳劳山上。今顾家寨大路东即其所。"

卷十二《古迹志城阙·官署》云："越台　旧基在城南，江宁县廨后。考证：越范蠡筑城长干里，此即古越城内所筑台也。"

卷十二《古迹志城阙·官署》云："雨花台　在城南三里，据冈阜最高处，俯瞰城闉。考证：旧梁武帝时，有云光法师讲经于此，感天雨赐花，故名。《丹阳记》云：江南登览之地三：曰甘露、曰雨花、曰凌歊。建炎兵后，台址仅存，后人乃请均庆院旧额，即基建寺，又坏于火。隆兴元年，留守陈之茂重筑此台，创一堂名总秀，而徙均庆院台下。"

卷十二《古迹志城阙·第宅》云："南唐韩熙载宅　宅在城南戚家山。"

卷十二《古迹志城阙·第宅》云："孙晟宅　凤台山西，冈垄之间。韩熙载见门巷卑陋，谓曰：'湫隘若此，岂为相第耶！'明年果拜相。"

卷十二《古迹志·陵墓》云："谢安墓　城南九里梅岭冈。"

卷十二《古迹志·陵墓》云："韩熙载墓　在梅赜冈。"

卷十二《古迹志·陵墓》云："杨忠襄公墓　名邦乂，墓在南门外，即其死所。"

卷十二《古迹志·碑碣》云："李顺公碑　高越书，在西门外石子冈下，名金全。"

卷十二《古迹志·陵墓》云："戚方墓　高宗时武将，葬城南高座寺后。"

卷十二《古迹志·碑碣》云："忠襄杨公祠堂记　魏了翁作。"

卷十二《古迹志·碑碣》云："高座寺铜钟碑　刘岑作寺记。"

卷十二《古迹志·碑碣》云："新亭记　史正志作。"

卷十三《人物志·节义》云："杨邦乂，字希稷，吉州吉水人。宋政和中，以上舍生赐第。建炎元年，为溧阳县令。时江宁府禁卒周德叛，囚其帅宇文粹中，县卒有欲应之者，邦乂谕止之，不听，乃设方略，围捕杀之，贼以故不得逞，卒就擒。事闻于朝，差通判军府事。三年，兀术入寇，渡淮薄江，师于东采石。时宰相杜充总诸道兵，留江上，左显谟阁待制陈邦光守建康，李棁以前执政为户部尚书，供馈饷。充闻虏至，出其军六万人列戍江南岸。居数日，虏知充无斗志，遂渡江。江上之军皆溃，充与戏下降，北兵入建康，棁先降，邦光欲弃城去不果，亦降。独邦乂力拒不从，大书其衣裙曰：'宁作赵氏鬼，不为他邦臣。'以授其仆曰：'持此以见吾志，吾必死矣。'棁、邦光愧谢，犹强拥邦乂上马与郊迎，兀术见，则使拜。邦乂叱曰：'我不降何拜！亟遁归，卧于家。明日，金将张太师谕邦乂授以旧官，邦乂以首触阶陛曰：'我已志死，何多诱我为？'金将惊止之，徐曰：'公所守固高，奈势不可何，第归审思之。'邦乂退，移书其将曰：'世岂有不畏死而可以利动者，幸速杀我，无久留我。'又明日，金人设宴，棁、邦光坐堂上，乐作，召邦乂立庭下。邦乂瞠视棁、邦光叱曰：'天子以汝拒贼，不能抗，乃俛首求活，已不若犬豕，复与共燕乐，尚有面目见我乎？'金将有起取纸书死活二字，佯胁邦乂曰：'无多言，即欲死，趣书死字下，我乃信。'邦乂跃起，夺吏所簪笔掣纸书字曰'死'，敌相顾色动，又使引去。明日再以见兀术，邦乂不胜愤，遥望见大骂。兀术怒，使人疾击，挺杖交下，骂不绝口，遂杀之，剖腹取其心。明年，州以事上闻，诏赠直秘阁，官其子二人，即死所立庙，赐额'褒忠'。"

卷十二《列传·仙释》云："帛尸黎密　西域师子国王子，以国让弟，为沙门。晋永嘉中，到中土，止于太市。王丞相导一见奇之，以为吾之徒也。《塔寺记》云：尸黎密寺，宋曰'高座'，在石子冈。尸黎密常行头陀，卒于梅冈，晋元帝于冢边立寺，因号'高座'。高座道人，不作汉语，或问此意简文，曰：'以简应对之繁。'"

明·刘雨等《正德江宁县志》

卷二《山阜·冈垅附》云："聚宝山在县南京城聚宝门外，山有玛瑙石，故名。其东颠为雨华台。高座寺在台侧。寺前为梅赜冈，有梅将军庙。……冈上旧多亭榭，自六朝讫赵宋相继废，唯诸寺环列，春秋游人亦盛。山南有丹阳男孙炎墓。"

卷二《山阜·冈垅附》云："戚家山在县南聚宝门外。按《景定志》在天禧寺东。天禧寺即今大报恩寺。郑文宝《南唐遗事》云：韩熙载旧居在戚家山。"

卷六《寺观》云："清源观在县南聚宝门外梅冈，俗呼为二郎观，元至正初重建。"

卷六《楼阁（亭台园池）》云："来宾楼在聚宝门外西南驯象街北，洪武间建，即宋丰裕楼旧基。"

卷六《楼阁（亭台园池）》云："重译楼在驯象街南，与来宾楼相对。"

卷七《冢墓》云："刘叔亮墓在雨花台侧。"

卷七《冢墓》云："宁河武顺王墓在安德门里。王姓邓讳愈，虹县人，开国元勋，封卫国公，年四十一，薨于寿春。讣闻上哭之哀，辍朝三日，封宁河王，谥'武顺'，柩至三山门，车驾临奠，且亲视其葬地择于城南西山之原，敕有司营墓，朱炎撰神道碑。"

卷七《冢墓》云："虢国忠烈公墓在县南聚宝山。公姓俞名通海，字碧泉，濠州蒲塘人，薨年三十八。车驾临，哭之恸，亲为文致奠，追封孙国公，洪武三年改封虢国公，谥‘忠烈’。”

卷七《冢墓》云：“越国武庄公墓在县南一十五里。公姓胡名大海，字通甫，泗之虹县人，以江南等处行中书参知政事，守金华，苗军元帅蒋英等叛，遂被害。上闻之痛悼弗置，亲迎丧于聚宝门外，命有司塑像，配享晋卞壸庙。”

卷七《冢墓》云：“陕国宣武公墓在聚宝山东北。公姓郭名子兴，一名兴，濠州人。大学士刘三吾传神道碑。”

卷七《冢墓》云：“营国武襄公墓在聚宝山，与陕国公墓并列。公姓郭名英，濠州，以功封武定侯，及薨，追封国公，谥‘武襄’。”

卷七《冢墓》云：“郢国公墓在凤西乡宽阜之原。公姓冯名国用，濠州定远人。”

卷七《冢墓》云：“丹阳男孙公炎墓在聚宝山阳。公字伯融，句容人，学士宋濂撰墓铭。”

卷七《冢墓》云：“西宁侯宋公晟墓在聚宝门陵外雷家庄。大学士杨士奇撰神道碑。”

卷七《冢墓》云：“蔡国忠烈公墓在安德乡长冈之原。公姓徐名忠，字仲达，以靖难功封永康侯，追封蔡国公，谥‘忠烈大学士’，杨士奇撰神道碑。”

卷七《冢墓》云：“浡泥国王墓在县南石子冈。王永乐中来朝，卒于金陵，赐葬于此，时祭著于太常祀典。”

卷七《冢墓》云：“恭襄平江侯陈公瑄墓在县南大山之原。公字彦纯，合肥人，以功封平江伯，追封平江侯，谥‘恭襄’，大学士杨士奇撰神道碑。”

卷七《冢墓》云：“戚畹瑞安侯王公凤墓在聚宝门外凤台街。公乃孝慈仁寿太皇太后父也，成化间卒，赐葬于此。弘治中赠瑞安侯。”

卷七《冢墓》云：“镇远侯顾公墓在安德门外普化寺北。”

卷七《冢墓》云：“武靖伯赵公墓在雨华台侧。”

卷七《冢墓》云：“户部尚书吴公文度墓在石子冈。”

卷七《古迹》云：“越城在古秣陵县长干里，宋江宁县尉廨处，周二里八十步。今聚宝门外报恩寺西遗址，仅一亩许。俗传其土甃灶绝蚁，故为居民取之殆尽。《金陵故事》云：‘周元王四年，范蠡相越，灭吴，欲伯中国，乃城金陵，曰越城。金陵始城。’”

明・葛寅亮《金陵梵刹志》

卷十六《凤山天界寺》云：“大刹凤山天界寺古刹、敕建 在都城外，南城凤山。离聚宝门二里。旧名龙翔集庆寺，在城中闪驾桥北。元文宗即位，诏以金陵潜宫改建。国朝洪武二十一年，寺灾，敕徙城南阒寂处，与民居不相接，出内帑，大建刹宇，更名天界，榜寺曰善世法门。复赐田、地、芦洲若干顷。永乐间，增建旃檀林、毗卢阁、三十六庵，并设僧录司于内。癸卯，寺复灾，止存大殿。天顺间，觉义道香募缘，重建观音、轮藏、天王等殿。其徒戒谦继之，成化间，益廊庑百余楹，规制弘敞严靓甲诸寺。僧庐幽邃，松竹深通，有‘西庵曲径’‘苍翠乔松’‘半峰烟雨’‘双桂返照’‘南庵碧玉’‘古拙品梅’为六景，得城南幽胜。岁久颓敝。万历丙申，觉义定椿等复募修毗卢阁。壬寅，部檄诸山修僧录司。丁未，征寺租粮，修金刚殿、左右画廊百间，兴复公塾，禅堂中增建华严阁。额设右觉义一员。统次大刹二，城内曰鸡鸣，郭内曰静海；中刹十二，城内曰清凉、曰永庆、曰瓦官、曰鹫峰、曰承恩、曰普缘、曰吉祥、曰金陵，郭内曰嘉善、曰普惠，郭外曰弘济、曰接待，皆中、西、北三城地。”

卷三十二《天竺山能仁寺》云：“次大刹天竺山能仁寺古刹、敕建　在都城外，南城地。东去所统报恩寺二里，聚宝门二里。旧在古城西门，刘宋元嘉中，文帝建，名能仁寺。唐会昌中，废。杨吴太和中，改报先院。南唐升元中，改兴慈院。开宝中，又废。太平兴国间，更建，改承天寺。宋政和中，改能仁禅寺。建炎中，兵毁。庆元间，重修。又县志谓，能仁寺即升元寺旧址。国初，寺灾。洪武戊辰，改建今地。嘉靖初，复灾。万历间，重修山门、金刚殿暨大雄殿，亦增丹彩，然终不能复初制。赐有洲田，岁赡如旧。所领小刹，曰华严寺、外鹫峰寺、圆通庵。”

卷三十四《雨花台高座寺》云：“中刹雨花台高座寺古刹　在都门外，南城。离聚宝门一里半，所统报恩寺相望。晋永嘉中，名甘露寺。西竺僧尸梨蜜据高座说法，因名高座。旧志：僧号高座道人，葬此，元帝树刹于冢，因名。又竺道生所居，曰高座。皆不可辨。洪武中，僧瑄重修。毁于火。弘治间，僧照堂复加恢拓。寺后即雨花台，梁云光法师讲经，天雨宝花处。游人籍地，岁时不绝。所领小刹，曰安隐寺、宝光寺、均庆院、月印庵。”

卷三十四《雨花台高座寺》云：“小刹安隐寺古刹、敕赐　在都门外，南城，雨花台。北去所领高座寺相邻，南去聚宝门一里半。即古安隐院，旧在蒋山后，久废。宋绍兴间，徙建今地。永乐初，姚少师荐僧开俊住院。正统间，重创，奏赐今额。兹寺北接高座，南连宝光，东对永宁，皆冈陇之间，林木森郁，楼宇掩映。南朝旧迹，依稀可见。”

卷三十四《雨花台高座寺》云：“小刹宝光寺古刹、敕赐　在都门外，南城，梅冈。北去所领高座寺半里，聚宝门二里。刘宋时名天王寺。梁废为昭明太子果园。杨吴时，又为徐景通园。南唐保大间，更建奉先禅院。后葬昙师，起塔，名宝光塔院。元为普光寺。国初，赐今额。成化初，寺灾，惟后殿仅存。僧舍寥鲜，境亦幽致。”

卷三十四《雨花台高座寺》云：“小刹均庆院古刹　在都门外，南城。西北去所领高座寺一里，北去聚宝门二里。按志，旧在金陵坊。晋天宝寺。唐开元，改天保。宋绍兴初，移其额于雨花台下，有《宋故三藏法师塔铭》。正德间，重创。嘉靖间，寺僧呈请如今额。”

卷三十四《雨花台高座寺》云：“小刹月印庵古刹　在城南雨花台趾。西北去所领高座寺半里，北去聚宝门二里。系先朝旧基，岁久荒颓。弘治间，僧净俊重建。”

卷三十五《梅冈永宁寺》云：“中刹梅冈永宁寺古刹、敕赐　在都门外，南城地。南去所统报恩寺一里，聚宝门二里。原古名刹。按志，高座亦名永宁，今折为二。僧古渊重建，寺后有方正学祠。其地高敞，下瞰数仞，群峰平临。有亭在木末，曰木末亭。又出亭之后，曰啸风亭。南对雨花，江山竞爽；北眺钟陵，城阙在望，据南冈之胜。所领小刹，曰永宁院、宝林庵、瑞相院。

卷三十五《梅冈永宁寺》云：“小刹永宁院　在郭城外，南城。东去所领永宁寺相对，北去聚宝门二里。”

卷三十五《梅冈永宁寺》云："小刹宝林庵　在都门外，南城。北去所领永宁寺一里，去聚宝门三里。徐魏国创。郊原野望，满目珠林。覆地松阴，古苔新径。雨花欲尽，忽复得此。"

卷三十五《梅冈永宁寺》云："小刹瑞相院古刹　在都门外，南城地。西北去所领永宁寺二里，去聚宝门三里。羽林二郎冈。晋尼刹。至宋，改为铁罗寺，又改铁索罗寺。齐为翠灵寺，又妙果寺。宋改瑞相院。国朝因之。按志，瑞相有二，此为太平兴国二年僧请其地重建。又碧峰寺，亦系瑞相，不知孰为旧基。"

卷三十六《永兴寺》云："中刹永兴寺敕赐　在都门外，南城地。北去所统报恩寺三里，聚宝门三里。下梅冈西南。成化初年，赐额。林壑幽阒，规制甚丽。今已近圮。所领小刹，曰普照寺、惠应寺、安隐院。"

卷三十六《永兴寺》云："小刹普照寺古刹、敕赐　在都门外，南城。西去所领永兴寺半里，北去聚宝门二里。旧名庵，元至大间，僧无尽建。成化间，僧定璃重建，赐额。"

卷三十六《永兴寺》云："小刹惠应寺　在都门外，南城，梅冈。北去所领永兴寺半里，聚宝门三里正德年建。今渐倾塌不支。"

卷三十六《永兴寺》云："小刹安隐院　在都门外，南城，聚宝山之阳。东去所领永兴寺半里，西北去聚宝门三里。正德间创。"

卷三十八《普德寺》云："中刹普德寺敕赐　在都门外，南城地。东去所统报恩寺一里，东北去聚宝门一里半。正统间创。前后山苍翠环逼，松林茂深，时堕秀色，旁接雨花之胜。"

明·吴应箕《留都见闻录》

上卷《山川·雨花台》云："山不甚高，蹑蹬而上，可以藉草为裀。又距南城甚近，故春秋之间，游人最众。布幔茶炉，不移而具，翠袖红妆，亦时掩映其间。而山麓有甘露阁，故李太白游处也，张氏祠堂在焉。长松弥于冈阜，每栖息其间，觉天风海涛近生几席。昔兀朮登雨花台，城中秋毫皆见。予尝谓，弃此山于城外，亦为失策。木末亭在城南梅冈之右，方正学祠堂之后亭也。从山脚至祠前，引眺不减雨花，而报恩寺浮图金顶，如日影之荡于趾下耳。至亭，则俯视万松，亦如寒江之涌翠浪。"

下卷《寺观》云："天界寺毗卢阁及大佛顶廊，可忘其为暑也。西庵之邃窅，南庵之幽静，入其中如在万山深处。而小万松庵后园可以坐啸，大万松门额三字为王仲山题者，杰笔也。竹居庵为王百谷八分书，亦佳。大、小半峰庵则有古定窑观音，高三尺者，真奇物也。寺僧索价三千金，今不知属之何处。又庭前玉兰二株，大合抱，花时甚盛，僧亦苦贵官游赏，遂伐之。失此二物，竟举寺寂寥矣。此中名庵三十余处，今半圮废，竹园僧舍，多为外人赁典也。碧峰寺右竹园有石头庵，僧人韫璞旧居也。板桥曲栏，可以相见其风致。又寺中有沉香罗汉像，甚奇古，相传是郑和从西番来者，与今梵宫所塑不同。报恩寺浮图甲于天下，登三级而览尽城中矣，至顶而苍茫窅冥，如与云气相接。寺中僧舍惟南廊颇盛，比屋接檐，高其墙宇，亦如人家居，排牌贸易，而清修远寄之意都尽。"

清·陈开虞《康熙江宁府志》

卷二十八《陵墓》云："安王妃墓，在石子冈南。"

卷二十八《陵墓》云："临安公主墓，在祝禧寺西南。明太祖长女。驸马李祺合葬。祺永乐初不朝赐死于江浦。"

卷二十八《陵墓》云："福清公主驸马张麟墓，在七里铺东。"

卷二十八《陵墓》云："含山公主驸马尹清墓，在雨花台南。"

卷二十八《陵墓》云："文学博士方孝孺墓，在聚宝山侧。"

卷三十《祠祀》云："梅将军庙，晋梅赜尝屯营于雨花台东冈后，即其地立庙。"

卷三十《祠祀》云："褒忠庙，祀宋建康府通判杨邦乂，在城南门外报恩寺南，宋建炎三年，尝即邦乂死所立庙，以褒其忠。绍兴七年，诏守臣修之，知府事叶梦得为之记，端平初，更建祠于学，魏了翁记之，寻废。明万历四年，复建于墓前。"

卷三十《祠祀》云："旌忠庙，南城铁索寺之东南，祀宋统制姚兴，绍兴中，与金人战死。枢密叶义问立祠赐额。"

卷三十《祠祀》云："方正学先生祠，在聚宝山之南。先是，祠面东北，堂与钟山相对，垣不盈丈。先生幞头朝服，秉笏端坐，常向孝陵，示不忘也。祠以南，公墓在焉。祠以西，木末亭也。相传门人王稌辈拾遗骸葬此，万历己丑始，于其地祠之。甲申，祠毁，其十七代孙方树节死于墓侧。今顺治十三年，民部洪若皋、学博朱谟、后学白梦鼎谋复其旧守者，以山巅不可久，乃建今祠。易堂而西，易亭而南，易幞服而冠裳，先生之祀则存，而先生北向之志则失矣。庚子祠成，民部洪若皋、后学白梦鼎为之碑记，其题柱有"起懦廉顽，一夕秋风生木末；成仁取义，千年春草在长干"之句。先是，宗伯王公弘诲、邓公以赞、汤公显祖、葛公寅亮俱有记。"

卷三十《祠祀》云："御史大夫景公祠，在聚宝山方公祠左。明靖难兵至，一时元勋、国老、大夫、士庶以暨樵牧、缁羽、匠作愤发敢死者数十百人，御史大夫景公清特著。景公后方公、黄公、练公死尤奇。至今想象中丞公，忠魂义魄，着绯衣行殿上，尸断铁索，走午门犯驾，凛凛如生。瓜蔓之诛，古今未有也。万历中，方公建祠梅冈，景公祠与方公邻。明季祠毁。顺治庚子，解公几贞来莅民部，学博朱谟、后学白梦鼎请于解，复旧祠，仍与方公邻。解几贞、白梦鼎各有记。先是，太常李公维桢、文公翔凤、惠公世扬皆有碑记。"

卷三十《祠祀》云："三忠祠，在聚宝门外南冈，祀宋杨忠襄公邦乂、文忠烈公文天祥，最后祀南大司马李公邦华。三公皆吉产。而以靖难死事诸臣，吉水王公艮、王公省，永丰邹公谨、魏公冕、邹公朴，庐陵曾公凤韶、颜公环，泰和周公是修，龙泉张公彦方九公配之。忠襄公死事，建康父老百世祝之。忠烈公过金陵，怀忠襄，死燕市，祀之。南大司马李公死京师贼难，江东父老思之不忘，合祀之。南礼部侍郎孔贞运为之序，巡抚应天宋仪望为忠襄公墓碑。忠襄二十七世孙杨嘉祚为《重修忠襄公祠堂记》，御史郭维经为《忠烈祠引》，侍读学士忠烈公孙文震孟为《新建文丞相祠记》，兵部尚书李光邦为《忠襄、忠烈合祠碑记》。顺治十年，吉安后学康范生、文佩倡议重修，为《三忠合祠碑记》。"

卷三十《祠祀》云："群公惠泽祠，在善世桥。隆庆元年邑人赵善继等建，祀巡抚都御史方公廉、巡按御史黄公、宋公爊、户科给事中郭公、巡江御史府艾公、府尹吕公光询、通判陶公守训、上元知县房公韫玉、丞程公民孚、江宁丞李公愨，苑马寺卿卢璧记。"

卷三十《祠祀》云："王公祠，在雨花台侧，祀应天府尹王公爌。公为尹有德政，民立祠祀之。"

卷三十《祠祀》云："汪公祠，在梅冈下，祀府尹汪宗伊。"

卷三十《祠祀》云："郑公祠，与汪公祠并祀兵部武选司郎中郑一麟。"

卷三十《祠祀》云："张庄节公祠，祀太子少保左都督张公可大，在雨花台松风阁。"

卷三十一《寺观》云："高座寺，在雨花台梅冈。晋永嘉中建，名甘露寺。西竺僧尸梨蜜据高座说法，因名高座。《旧志》有僧号高座道人葬此，故名。或曰竺道生所居，曰高座，皆不可辨明。明洪武中，重修。弘治间，复加恢拓。"

卷三十一《寺观》云："永宁寺，在梅冈，古名刹。按志：高座，亦名永宁。今为二僧古渊重建。寺后有方正学祠，景大夫祠。其地高敞，下瞰数仞，群峰环绕。有木末亭，亭后有啸风亭，南对雨花，北眺钟陵，据南冈之胜，永宁泉出于其间。"

卷三十一《寺观》云："宝光寺，在梅冈东南，旧名天王寺。刘宋时大明中建。梁废，为昭明太子果园。杨吴时，又为徐景通园。南唐保大间，更建奉先禅院，后葬昙师起塔，遂名宝光塔院。元改为寺，曰普光。明初赐今额。"

卷三十一《寺观》云："安隐寺，在雨花台，即古安隐院。明永乐初，重建，奏赐今额。北接高座寺，南连宝光，东对永宁，冈陇之间，林木森郁。南朝旧迹。"

卷三十一《寺观》云："普德寺，在聚宝门外。明正统间创建。前后山苍翠环绕，松林深茂，旁接雨花之胜。太史焦竑有《建华严楼记》。"

卷三十一《寺观》云："天隆寺，在凤台门内。重冈邃岭，有古林律师塔在焉。"

清·吕燕昭修、姚鼐纂《嘉庆江宁府志》

卷十三《祠庙》云："清端、襄勤两于公祠在府治聚宝门外。"

卷十三《祠庙》云："陈公祠在府治聚宝门外，祀国朝总督河道前江宁府知勤恪公陈鹏年（三学致祀）。"

清·甘熙《白下琐言》

卷六云："聚宝门外诸祠：曰二忠祠，祀宋丞相文公天祥、建康府通判杨公邦乂。曰傅公祠，祀国朝总督清端公傅腊塔。曰曹公祠，祀国朝织造曹公寅。曰海公祠，祀明南京都御史海忠介公瑞。曰王公祠，祀明应天府尹王公爌。曰陈公祠，祀国朝江河道总督陈恪勤公鹏年。曰方公祠，祀明文学博士方忠文公孝孺；国朝南盐巡道方公昂，祀于后堂。曰景公祠，祀明御史大夫景壮公清。曰先贤祠，祀吴泰伯以下诸人。曰于公祠，祀国朝总督于清端公成龙；其右又有于公祠，祀国朝总督于襄勤公成龙。合而为十三祠，初有修理祭祀公费，存典生息，为蠹胥侵蚀，几至无征。道光间，因景公祠倾圮，伍孚尹封公光瑜重为清厘，禀诸官，归城内绅士，径支轮流承办，请江宁学官主祭，永以为常。予亦与焉。尝拟祝文十三道，载值祭簿内。按《府志·祠祀》所载：'汪公祠在梅冈下，祀明应尹府汪宗伊；郑公祠，祀明兵部武选司郎中郑一麟，与汪公祠并；张庄节公祠在雨花台，祀明左都督张可大；南轩先生祠在天禧寺，即今报恩寺。'此又在十三祠外者，皆湮没不可考。先贤祠一联云：'或安行或利行或勉行其成则一；曰立德曰立功曰立言不朽者三。'语最浑括。"

卷六云："康熙间，制军麻勒吉，满洲人，莅任数年，兴利除弊，纲纪毕张，凡藩臬、郡县、学校、营卫、驿递、场局、市井一切要政，各定章程，以除苛滥，士民感动。聚宝门外曹公祠之左，旧有碑一座，上刻'两江总督麻大老爷德政碑'，予及见之，近年已为僧人砌墙失去。国初，总督犹称大老爷，今司道以上皆大人矣。又按：满洲人自顺治壬辰科始，准乡会试分满人、汉人为二榜，至康熙庚戌科以后，始同列一榜，皆试汉文。麻公乃顺治壬辰满状元也，见王渔洋《分甘余话》。"

清·金鳌《金陵待征录》

卷一《志地·越城》云："即越台。《元和郡县志》：东瓯越王所筑，可辨越女之诬。《实录》云：在三井冈故望国门西北，瓦官寺西偏。《宫苑记》云：在瓦官寺南。杨吴未拓郡城，瓦官、越台固相衔接也。城二百八十步。明周天球诗：'内桥南走是长干，十里平铺白玉盘。'古长干本不仅报恩寺前半里许。"

卷一《志地·石子冈》云："《雁门集注》：金陵三石子冈。西冈在安德门外，与白杨路近；东冈即梅冈；中冈则凤台冈也。"

卷一《志地·永宁泉》云："今之列榜启肆，侈为第二泉。秋试必担致以供主司茗饮者，非真泉也。真泉弃于草莽，在永宁寺后。本高座寺讲院，后截为道，乃分为二禅堂，壁上有宋僧新公塔铭可证。"

卷二《志地·方正学先生祠》云："有啸风亭，多乔木。县令邵甲尽伐之，亭与祠俱圮。顺治庚子，洪若皋重建。康熙四十二年，钱钰董修，戴瀚作记，则改而南向矣。其后叠次修缮，乾隆间赐谥'忠文'与额，嘉庆间方坳堂观察并换华表。"

卷二《志地·杨忠襄公祠》云："宋杨诚斋碑有'忠义陈都义、山寨贾隅官皆从死，仍宜祔祀'。后裔杨元鼎。见章攀桂记。"

卷二《志地·三忠祠》云："祀宋杨忠襄、文忠烈、明李忠肃。后圮。医士吴钟奇募修，乃改二忠。按李公讳邦华，字孟暗，为南司马，大有造于吾乡，甲申殉国，顺治十二年赐谥，与二忠皆吉水人，宜复其旧。"

卷二《志地·皇姑庵》云："在雨花山后，祀徐妙锦，不肯为燕王后者也。嘉庆中，北城徐氏重修。"

卷三《志地·止园》云："在雨花山杨巷，园额方望溪书。翁征士荃之宅。翁氏在明为武世家，祖信官南京都督，赐居铁作坊。至荃已十世矣，以经学被荐，不赴。其子梦旂著《雪鸿三爪诗文集》。"

卷三《志地·松风阁》云："在高座寺，白云之居也。陈大亨诗：'竹榻月明当独卧，柴扉雪满复何求。’”

民国·周念行、徐芳田《新都胜迹考》

十一《雨花台》云：“雨花台，为梁武帝时云广[1]法师谈道处，见雨花之异而名。台久倾，遗址亦不能寻。其所座之山，俗呼聚宝山，在南门外大道东，一小阜耳，高不过数十丈。登临四顾，大江如带，千顷微茫；俯瞰城闉，烟火万家。东北紫金山，西北石头城，龙蟠虎踞，形势甚胜。有炮台据其巅，高屋建瓴，洵长江之要塞也。民元、民十六二役，革命军均先夺此塞，而后领城，可见一斑。山上有石子冈，产五色石子。游者恒恒[2]之，以供玩好。冈侧，有墓三：曰马回回，曰俞通海，一乃大书‘燕贼篡位’之方正学先生墓也。正学尝为《深虑论》，而祸卒发于所虑。后人景崇之，为建专祠于山上，复于最高之小阜，筑一方亭。呜呼！彼固忠于其所事矣。冈下有泉一泓，纤淫缕浸，色味俱绝。居民构肆于其上，泉光反照，一室洞然。明赵谦题‘第二泉’匾额，今废，云即水宁泉[3]也。春秋佳赏，游屐杂遝，倾杯解渴，咸称乐焉。诸廷槐《登雨花台》诗：昔日谈道处，高台空古今。峰回斜照冷，江入乱云深。佛火沈萧寺，松花啄暮禽。景方遗庙在，洒泪一沾襟。”

十七《刘园》云：“刘园，一名又来园，在南门外雨花台侧，山水清幽，林木掩映，刘舒亭明府之别墅也。相其林泉，扩为亭榭栖[4]馆，皆就天然之势而构造之。地当南郭里，近长干。有刘公墩，系刘叔亮先生之墓，水色湾还，山形起伏，一望俨若图画。由刘公墩渡山涧入梅林，曰访桥，桥之西有堤横亘，界溪为双。其曲曰罢钓湾，相传皆叔亮先生之遗迹。其溪南则为又来堂，堂之后拓水榭出溪间，环以湖石，掩以文槛，曰凌波仙馆。溪北为云起楼，缘溪自南而西，曰荼蘼廊。自西而北，曲径通幽曰师竹轩、依[5]竹亭。凡一亭一榭，皆得自然之意。其中器具，又皆以竹为之，陈设古朴，雅而不俗，诚名园也。”

民国·陈迺勋、杜福堃《新京备乘》

卷上《城治·越城》云：“金陵之有城，自越城始。《建康志·宫苑记》：周元王四年，越相范蠡筑，一名范蠡城。《郡国志》云：东瓯越王所立。《六朝事迹图经》云：在秣陵县长干里，今聚宝门外江宁县丞署后，即其遗址，俗呼为越台。六朝交兵，在南者每据此为要地（《南史》：卢循率众军修治越城）。”

卷上《古迹·新亭》云：“新亭城，即新亭垒，在府城西南十五里，六朝时近江渚处，乃南来取台城要道。案：六朝江在石头城下，形势与今悬渺，约在今大胜关处。《世说》：东晋过江之诸人，暇日辄至新亭（一曰中兴亭）游宴，周颉当座叹曰：‘风景不殊，举目有山河之异。’即此地也。”

---

[1]“云广”当为“云光”。
[2]“恒”疑为“拾”。
[3]“水宁泉”当为“永宁泉”。
[4]“栖”当为“楼”。
[5]“依”当为“倚”。

卷上《古迹·剖心处》云:“宋杨忠襄公,名邦乂,吉水人,为溧阳尹。江宁府禁卒与溧阳县卒叛,公悉擒治进本府通判。寇犯建康,城降。公不屈,大骂就缚,剖心而死。今墓在聚宝门外土门冈,墓道有坊,表‘剖心处’三字。墓前有石碣,刻‘愿为赵氏鬼,不作他邦臣’二语。”

卷上《名胜·雨花台》:“在聚宝门外石子冈上,多细石,如玛瑙,俗呼为聚宝山。梁云光法师坐山巅说法,天花飞坠,因名其处为雨花台,旧有总秀堂、松风阁诸胜,并废。升其巅,远挹江峰,近俯城堞,烟霏雾霭,万景毕纳。《丹阳记》云:江南登览之地三,雨花其一也。每当重阳佳节,都人士辄于此为龙山会云。”

卷上《园第·刘园》云:“园在南门外,为邑人刘舒亭明府之别墅。同治甲子,乱定重归,园林无恙,故一名再来园。地当南郭,里近长干,水石清幽,林木掩映。园内有刘公墩,墩西有云起楼。西南为又来堂,堂后为凌波仙馆。又西南为拥翠堂、荼蘼廊、萦青阁、师竹轩诸胜,环溪垂柳与桃林相间,春时疑武陵源,故向有小桃源之目。”

卷上《祠宇·二忠祠》云:“在聚宝门外,旧为三忠祠,祀杨邦乂、文天祥、明李邦华,咸丰间毁,同治十二年重建,改今名,惟祀杨、文二公。”

卷上《祠宇·方正学祠》云:“在雨花台,明万历时,南京士大夫建祠,有啸风亭,多乔木,县令邵甲尽伐之。亭与祠俱圮。清顺治庚子,洪若皋重建。康熙四十二年,钱鈺董修,戴安作记,则改而南向矣,其后迭经修缮,乾隆间赐谥‘忠文’与额,嘉庆二年,江宁巡道历城方昂,其先金华人,正学之族子,来谒,因重修治,姚鼐有记。咸丰间毁。同治十一年,就旧址重建。民国十三年重修。(东培山民王孝煃《谒方正学祠堂》诗:‘先生如可起,请看是何世,河山固未殊,人事抑多戾。倏尔毁血亭,忽又新祠制。岂不以借资,聊作人心系。咄咄我敢言,其奈天地闭。’)”

上卷《祠宇·五显庙》云:“聚宝门外五显庙,清乾隆间,赛会烧香,士女云集。制军尹文端公禁止之,以其庙改祀关帝,然其中犹有别殿供五显神,像皆泥塐。又明初于钦天山建五显灵顺庙,祭酒宋讷记云:神发祥婺源,曰显聪、显明、显正、显直、显德,统谓之五显。相传起于唐而显于宋,迄明则庙貌更盛。江南各市乡多祠之,盖由来久矣。祠各塑像,状极狞狰,手持足蹈、背负腋挟者,皆为小儿,未知何所取义。”

卷上《寺观·报恩寺》云:“在聚宝门内,古大长干里也。旧有塔,相传为阿育王所造,即以名寺。吴时寺塔并废。晋宁康中,掘得舍利,太元中即其地西建塔。南唐时复废。宋祥符中重建,天禧中改名天禧寺。明永乐间,成祖北迁,因欲报高皇帝后深恩,十年敕工部重建,至宣德六年始成,赐额大报恩寺。规模宏敞,增塔为九级八面,金碧琉璃,千奇万丽(依大内式造九级五色琉璃塔,高三十二丈九尺四寸九分,顶以黄金风波铜镀之,铁索八条,垂铃七十二个,上下八角,垂铃八十个。每晚九层外面燃灯计一百二十八盏,下八方殿内及塔心有琉璃灯十二盏。顶上天盘一个,重九百斤,铁锅二口,重四千五百斤,寺周围占地九里十三步,名曰大报恩寺,额曰第一塔)。嘉靖中大殿毁。清康熙三年重建,塔则圣祖亲洒宸翰,每层各赐一额,五色琉璃,照耀云日(篝灯百二十有八,佛火宵燃,光彻远近),又复旧观。嘉庆五年,被雷击毁三方九层,中朝发帑修复。咸丰兵燹,寺塔悉毁,无复存焉。后虽稍葺门殿,比于曩时,不过百分之一。今内设学校,佛殿已作课堂矣。”

卷上《寺观·高座寺（附永宁寺）》云："在聚宝山冈，本名尸黎密寺，以地有甘露井（当即今永宁泉），故亦名甘露寺。永嘉末，西竺僧尸黎密据高座说法，世称高座道人，遂以名寺。梁宝志公主其寺，与五百大士俱，云光法师坐山巅说法，感天雨宝花，因名其处为雨花台。唐李白族子中孚披缁止此，造塔名中孚塔。宋改为永宁寺，泉即以永宁名。明分寺为二，西曰高座，东曰永宁。清代两寺并峙，而高座尤宏敞，廊列五百铁罗汉像（案志公时五百大士化身即此）。庭有五谷树、婆罗树，皆海外异种。咸丰中尽毁，同光间粗加修葺，难复旧观。而雨花一泓，土人仅构屋置铛，以为茶寮云。"

卷上《陵墓·明方正学孝孺墓》云："墓在聚宝山麓。公宁海人，燕师之入，文皇帝命草诏不屈，磔死，夷其族。门人王稌收遗骸，葬聚宝山。或曰土人以盎窃葬。万历间汤显祖为文立石表其墓（郑晓《吾学编》收孝孺骸骨者为都督廖镛）。清同治五年李文忠为修墓树碑。民初韩止叟长苏，重修祠墓。"

卷上《街坊·长干里》云："在聚宝门外，《吴都赋》注：建业南五里，山冈间平地，有大长干、小长干，大长干在越城东，小长干在越城西。或谓今报恩寺、江宁县丞廨，即其地，俗呼为越台。案：江东人谓山陇之间曰干，故有大小长干之称，唐人诗多咏之。"

卷上《井泉·永宁泉》云："泉在聚宝门外雨花山麓，曰永宁，以寺名也，陆放翁品为第二泉。深六七尺，清水一泓，大旱不涸，其味清洌，沁人心脾，明赵谦书'第二泉'匾额，今亡。清许振祎方伯题联：独携天上团圆月，来试人间第二泉。据《待征录》云：真泉在永宁寺后（本高座寺讲院），已久沦于草莽矣。"

卷下《金石·报恩寺碑》云："报恩寺大殿左廊有碑云：'云栖大师东铭，一瓦一椽，一粥一饭，檀樾脂膏，行人血汗，尔戒不持，尔事不办，可怕可怜，可嗟可叹。长干学人大时凌世韶敬书。'语句警策，可为缁流当头棒喝。"

卷下《物产·雨花石》云："聚宝门外石子冈上雨花台，为梁云光法师讲经天女散花处，所产石多五色。雨后寻拾，多得佳者，图画天成，传神惟妙，浸于水中，可为几席之清供。次者可以壅培水仙花，再次者以敷园亭夹道，亦别饶野趣焉。若六合之灵岩石，与雨花石绝类，说者谓惟雨花石历久不腐为可宝，然市上售者，则多为灵岩赝鼎云。又葬家结圹顶时，以雨花石粒数斗，杂入三合土加铺一层于上，筑为顶盖，所以防伐掘也。"

二、祠庙碑刻

褒忠庙记

［宋］叶梦得

上即位三年，金人再入寇，渡淮薄江，师于东采石。先是，车驾幸越，宰相杜充总诸道兵，留镇江，左显谟阁待制陈邦光守建康，李棁以前执政为户部尚书，供馈饷。充闻虏至，出其军六万人，列戍江南岸，而闭门莫敢出，师无统一。居数日，虏知充无斗志，遂渡江。江上之军皆不战尽溃，充与其戏下数千人北去，遂降虏。虏入建康，棁与邦光不能守，棁先降，邦光欲弃城去，后亦降。独通判军府事杨君力拒不从，大书其衣裾曰：“宁作赵氏鬼，不为他邦臣！”以授其仆，曰：“持此以见吾志，吾即死矣！”棁、邦光愧谢，犹强拥君上马，即郊次，与俱见伪四太子，命使拜。君叱曰：“我不降何拜！”亟遁归，卧其家。虏虽暴，犹未敢辱君也。明日，遣其酋张太师好谕君授以旧官。君以首触阶陛，曰：“我以志死，何多以诱我为！”虏大惊，卒止之，徐曰：“公所守固高，奈势不可何？第归审思之，吾明日复见公。”君退，亟移书其酋曰：“世岂有不畏死，而可利动者？幸速杀我，无久留我。”至明日，其酋燕，棁、邦光坐堂上。乐方作，召君立庭下，君瞠视棁、邦光，叱曰：“天子以若拒贼，不能抗，俯首求活，犬豕已不若，复与共燕乐，尚有面目见我乎？”贼将有起取幅纸书“死”“活”二字，佯胁君曰：“公无多言，即欲死，趣书‘死’字下，我乃信。”君视吏有簪笔持文书侧立，即跃起，夺其笔，引手掣纸，书字曰“死”。虏相顾色动，又使引去。明日，再以见伪四太子。君不胜愤，遥望见，大骂曰：“若夷狄，而图中原邪？天宁久假汝，行磔汝万段，尚安得污我！”虏怒，使人疾击君，梃交下，君骂不绝口。遂杀之，剖腹取其心。明年虏去，州以事上闻。天子为太息，诏赠君直秘阁，官其子二人，即死所立庙。绍兴三年，资政殿大学士叶梦得为江东安抚使，得其旧吏徐起、知溧阳县事张知则，皆君死时在旁知状，言君甚详，而前有司奏不尽备，乃复列上，请下太史书于策，太常议谥。时君家在远，君尸犹藁葬城西门外，诏加赠君朝奉大夫，谥曰“忠襄”，赐其庙额曰“褒忠”。官为之改葬。乃以是岁三月甲辰，葬君城之东南隅二里。既启殡，君尸犹不尽腐，胸腹轻虚如芝菌。即其墓前为庙，环以周庑，禁四旁无得樵牧。率其僚，以天子之命告君，祭以少牢，而椟藏之。君讳邦乂，字希稷，吉州庐陵人。举进士入官，先以奉议郎知溧阳县。州兵叛，囚其帅宇文粹中。君部曲有起应贼者，谕止之，不听，尽围捕灭之。檄邻邑，共入讨贼。贼以故不得逞，卒就擒。其忠决果敢皆天性。云君既列庙祀，宜有歌诗，岁时荐献，乃具着其事，而系之辞曰：天生裔夷，以限四极。有不能然，乃啸上国。既殄我民，尔则逆天，恶稔而诛，天胡舍旃。在昔肃氏，厥贡砮矢。不我来庭，敢干我纪。揭揭杨侯，梗其喉牙。万夫一躯，莫我敢加。谁谓尔狂，我凭我抑。谁谓尔残，我唑我斥。天子曰嘻，惟我有臣。曷不赎之，人百其身。屹屹崇冈，侯安于域。桷梃旅楹，侯有庙食。惟皇上帝，命侯来归。顾瞻山川，申我王威。侯食百世，旗纛旖旖。百灵齐趋，从侯北指。侯车轰轰，于彼故疆。覆其穴巢，何有虎狼。告功帝阍，帝笑为喜。四方既平，侯祀百世。曷慕匪忠，曷畏匪死。简于帝衷，惟忠弗畏。明明天子，与帝一心。是播是崇，是显自今。有流滔滔，贯于南邦。我诗孔昭，配此大江。资政殿大学士、左太中大夫、江南东路安抚大使、马步军都总管、兼知建康军府事、管内劝农使、行宫留守叶梦得撰，端明殿学士、太中大夫、知建康军府事、兼管内劝农使、充江南东路安抚使、马步军都总管、兼营田使、兼行宫留守范成大重立石。

高座寺记略

［宋］刘　岑

考图志，此山得名于晋，永嘉中名甘露寺。尸黎蜜多罗为王茂洪所敬，故留竺生法师，继号所居为高座。梁初，宝公主之，与五百年大士俱。有云光师坐山巅说妙法，天花坠焉。今号雨花台，则故唐卢给事中名襄，字赞元者所命也。寺易今名，且百年矣。故藏古今诗刻皆废，可考者唐李翰林、本朝吕侍讲、王中父三篇而已。吾师遗言：“必求纪于耆艾，舍公而谁宜？”余虽病，勉强捉笔。惟此父子能苦行自立于瓦砾场中，作大佛事，无毫发扰，可称也哉。乾道三年闰七月望，徽猷阁直学士、左朝散大夫、吴兴郡开国侯、食邑一千户、赐紫金鱼袋致仕刘岑记并书，左朝奉郎、充荆湖南路安抚使、马步军都总管、赐紫金鱼袋张孝祥篆额。

新亭记

［宋］史正志

西南去城十二里，有冈突然起于丘墟垄亩间。其势回环险阻，意古之为壁垒者。或曰，此六朝所谓新亭是也。予考之地志，信然。方六朝时，上流奔冲，用兵战争，无不扼此相拒，先据者胜。亭之名，始见于东晋。至宋王僧达，更为中兴亭。其后，干戈相寻，鞠为榛莽，不知几年矣！予因送客过之，裴回顾视，怆然有感。乃即其地稍南为亭，榜以旧名。其制崇高广袤，虽未必及于旧，而山川形势，登览之胜，焕然如新。则世之相后，累数百岁，未尝有改也。初元帝过江，人士暇日相邀出新亭。周顗中坐兴叹，谓‘风景不殊，举目有江河之异’，因相与流涕。独王导变色，以‘楚囚对泣’责之，且有‘勠力王室，克复神州’之言。导可谓有其志矣。当一马化龙之后，导首任相柄，非不立志恢复，而元戎屡动，不出江圻，经略区区，仅全吴楚，以至中更敦、峻之叛，下陵上辱，纪纲不振。导于是时，浮沉俯仰，终其身，自开学校一事，略不能有所建立。平居暇日，非清谈自命，则有短辕犊车、长柄麈尾之讥。验以前日之言，徒虚语耳。所谓江左夷吾，功烈如是其卑乎。盖人之情，多锐于新，而怠于久。自古规模之作于新者不苟，则勋业之传于久者必大。天下万物，无不始于新也。新之以为用，则精神运动之妙，鼓舞天下，虽百世作兴而不穷。不能者日就因循苟且，而不知所以振起。故自其新者观之，则物无不故。自其善用者观之，则物无有故，而皆可以曰新矣。中原者，东晋故物也。南渡之初，庶事草创，故以江左为新造，而亭之名亦因以为新。导不能日用其新以酬其素志，宴安有以败之也。然则今日新亭之复，岂特为将迎游燕之地，凭高眺远，动游子之悲，而发北客之叹也哉。尝试与客登亭四望，其西，定山一带清旷，龙洞绵亘数百里，实与长江为唇齿之势；其东，牛首方山缘延周匝，意斗牛间王气宛然自若也；其南，则新林板桥控扼屯守之所，历历可考；其北，幕府诸山连接石头，蹲踞如虎，想孙权城筑之气，尚凛凛如生也。南北敻隔，中原如故。要当哭泣于欢笑之际，药石于强壮之时，不敢怠于新，以图其故。功名之士，患无志耳。苟有其志，又患无其才。今天下豪杰辈出，安敢厚诬以为无人。异时击楫渡江，扫清中原，以日新之志，收日新之功，使王导一时空言，乃验于百世之下者，庶几是亭有以发之。

乾道五年□月望日，左朝散郎、充敷文阁待制、知建康军府事提举学事、兼管内劝农营田使、充江南东路安抚使、马步军都总管、兼行宫留守司公事史正志记，左朝奉郎、权通判楚州军州主管学事、赐绯鱼袋杜易书并题额。

忠襄杨公祠记

［宋］魏了翁

予自督师，召还凡六，上乞骸之请，寓建康待命。府学教授陶君过余，言曰："昔者明道先生程纯公以正学为诸儒倡，郡国祠事之惟谨。是邦，先生之常簿正于上元也，学故有祠。炽也不佞，尝闻忠襄杨公通守是州日，会虏酋大入，杜充以宰相总诸道兵，望风迎降，自余或辱或遁，惟公自矢一死，累与虏抗，唾骂不绝口，卒遭剖心之酷。公朝义之，易名忠襄，赐庙褒忠，今百余年。记于丽牲之碑，书于下塴之石，赫赫乎其与日星俪明也。炽也生长大江之东，习闻其事。今又稽诸志乘，则公又尝典校官，宰溧阳，有德于民士，而学未有祠也，不谓阙典欤！于是即纯公之祠之右，绘杨公以致敬焉。子为我识其事。"或以谂予曰："二子匪其伦乎！"予曰："拟人者，以其道相似也。禹、稷、颜回、曾子、子思穷达不相侔也，去就不相似也，而孟子同之。此岂世俗所拟伦者乎！"夫学何为者也？所以志乎仁者也。乾道变化各正性命，根于理者为仁义礼智之性，禀于气者为血肉口体之躯。而心焉者，理之会而气之帅。贯通古今，错综人物，莫不由之。学焉则求以不失其本心，使进退在我，而富贵不可淫也；使死生在我，而威武不可屈也。自夫学之不讲，非囿乎气质之偏，则夺于利害之私。口欲味，目欲色，耳欲声，鼻欲臭，此性也。而不知命之有制，居则求安矣，食则求饱矣。是心之体，肫肫其仁，充实流贯，可以参天地，可以为尧舜。而安与饱之是求，则小人之事末之为。丈夫也以之为学，则志于苟得，安于小成矣。以之居官，则见得忘义，见危幸免矣。彼庸夫贱隶，不足责也。往往犹以一至之勇，蹈仁义如康庄。学士大夫，学为何事？顾以口耳之读，给取利禄为足，所谓成己成物，则无与吾事焉，斯不甚可耻乎！迹二公之所遇虽异，而其志于学，归于仁，能不失其本心，则后先一揆。此尚可优劣乎！俗流世坏，狄祸方殷，余嘉陶君之为是举也，足以兴衰立懦，不失圣贤为己之意，为识岁月。公讳邦乂，字希稷，吉州吉水人。以政和上舍生赐第云。公之曾孙天麟，今为提领建康户部酒库所主管文字，执奉尝事惟谨，公之泽深长矣。端平三年十二月癸巳，资政殿学士、通议大夫、提举临安府洞霄宫、临邛郡开国侯、食邑一千五百户、食实封三百户魏了翁记。

重建清源庙碑

［元］李　桓

蜀三神皆在祀典，皆以有德与功，为民所敬仰。虽皆肇迹西土，威灵之煊赫，无远弗届。东南去蜀万里，三神之祀，遍于郡国之间。其先后异世，而清源为之首称。按史，神姓李氏，蜀守讳冰之子，殁而始祠于灌口。繇汉迄唐、宋，历千有五百载，初侯，终王爵，命相继。我国家用监于前代，增号于延祐，改封于天历，以神之灵，凡再致隆极。圣天子嗣位，又诏加护国于旧号之上。

惟神佐辅，宣力于秦世，辟涸崖之险，成溉田之利。至于罔象之诛，萌庶以安，惠泽所施，被于亡穷，可谓德乎于民矣。在国之初时，则阃帅专征，董于边，以讨弗庭。爰及往岁，宪臣定谋，堰石捍江，大役是兴，咸祷于神，显获嘉应，可谓功著于国矣。方天下一统，无间远迩，夫其所宜祀，则承上之命报事，唯一于义为协，不得以山川之祭，限于封境，以为此行。庙所在，治葺以时，固有不可废。此金陵自宋季，既并祠三神，而清源君独有专庙于城南。庙之故榜署宋年，曰嘉熙，盖尝一葺其坏。推所由建，则郡志无所考，而遗老既尽，莫有能知之者。

地据层阜，陛级以登，面城而频之，亢爽特，宜为神栖。然其因山以基，隘弗加辟，度址而构以求称，不足以严事大神。况积日之久，腐桡隳夷，恬习以常，而瞻敬益衰。粤戴氏荣祖，实维邑人，尝致改作崇殿，以暨庑，而弗果。后卒之二年，嗣子元吉思成其父志，乃以缗分二万，庀工与材，举而新之。栋宇以隆，像设以华，复拓地为前庭为重门，甃途以达于外，将以至元年六月十五日落成。

天界寺毗卢阁碑

［明］姚广孝

天界善世禅寺，旧在京城阛阓中。洪武二十一年戊辰二十一日，寺灾。翌日，前住持宗泐率寺众奏闻，太祖圣神文武钦明启运俊德成功统天大孝高皇帝御奉天门，谕泐等曰："佛氏以清净寂灭为教，建立佛刹，不宜于城市阛阓中，与民居混。秽浊喧嚣，佛灵虽无有碍，僧徒禅诵有妨。宜徙于虚旷阒寂之地，僧得安于禅诵，而无延燎之患，庶乎称其教也。"泐再拜稽首，对曰："陛下圣意，与佛意合。聚宝门外，西行不四、三里，有山地，旷绝幽邃，林麓茂密，与民居不相接，可建立佛刹。"上亟命泐引某官相视地方，为图进呈。上曰："可。"遂徙于此，而兴建焉。锦衣卫指挥尹某奉敕督役。凡寺之方向、规制，泐与谋画。所用一切材料、工佣之费，尽出公帑。不三年，而门庑、殿堂、库庾、庖湢，于教所宜有者皆具，惟毗卢阁、旃檀林缺然。寺成，其额依旧所赐，曰天界善世。寺宇之清洒开廓，比旧倍焉。又命泐复主之，以完寺事。未几，泐示寂。后三易住持，而不见有作也。青州府僧纲司都纲禅师道成，二十八年十一月宣至京，三十年丁丑秋八月朔日，奉旨住持。甫及期，太祖高皇帝宾天。皇上继登大宝，屡沐宠恩。永乐元年癸未，钦选使日本。回朝，六年戊子夏四月，首建旃檀林屋计若干楹间，为众僧习诵休息之所。八年庚寅，募缘创造毗卢阁若干楹间。其崇若干尺，广如崇若干尺，修去广若干尺。一一梁柱，一一门阔，一一窗牖，一一阑楯，皆以刻画髹彩，金壁丹垩为饰。阶阤庭霤，甃以瓴石，其平如掌。至于罗网铃铎，出微妙音，振动林木，闻者莫不忻忭。阁之雄杰瑰伟，如冈如陵。搴霞凌云，倚天照日。广博无碍，同于虚空。十年壬辰冬，始乐成。上供法、报、化三佛，及设万佛之像，左右庋以大藏诸经。法匦后延观音大士，示十普门。下奉毗卢遮那如来，中坐千叶摩尼宝莲华座，一一叶上有一如来，周匝围绕。旁列十八应真罗汉，二十威德诸天，珠璎宝幢，旛盖帷帐，香灯瓜华之供，靡不毕备。俾一切人登陟礼敬，睹此不可思议大解脱境界，无有不发无上菩提之心。十四年丙申，又建方丈二所，基于阁之两傍，相对翔峙。山林增其亢爽，神物益其英灵。非惟绮严梵刹，亦足壮观天都。然其所用梓材、陶甓、彩绘、工佣之赀，计若干万缗，悉出于众檀度也。以此希有胜妙功德，上资太祖高皇帝圣灵，庄严报土。钦惟皇上圣寿亿万斯年，永为天下苍生之主。秋九月，禅师具状来请余文为记刻石，以告夫来者，谓佛法利济有情，岂不博而大哉？必也依人而后行，所以释尊于灵山会上，付嘱国王、大臣，护持象季之教法也。兹寺始蒙太祖赐额，移徙兴复，仰惟神功与天同大。逮我皇上继承大统，平治万邦。兆民乐业，天下大康。岁谷之丰登，资生之蕃息，无有一物不被其仁风德泽者也。今禅师虽乘愿轮来董是刹，成兹妙宝楼阁，开大施门，皆出于帝之力也。一宜书！易三住持而不有作者，而禅师作之，俄然成此大业，略不见其艰苦之心、劳悴之态，如幻如化，孰不羡之？二宜书！以此不可思议大解脱境界，示一切人，俾其皆发无上菩提之心，三宜书也！广孝虽谫才陋学，故弗敢辞，乃以寺之前后兴复，备悉为记。禅师字就[1]峰，道成其讳也。容貌魁伟，身欣然出人一头地。才能度量，又人所不能及。前为僧录司右阐教，政平僧安。上喜，恩升左善世云。颂曰：毗卢法界无有边，无边法界一尘摄。法界不广尘不狭，自在解脱难思议。有大长老曰道成，宿修普贤之妙行。乘斯愿力应于世，来董天界大禅刹。广开法施度诸有，能以土木为佛事。鼎建毗卢宝楼阁，广博严净世希有。藻棁璇题日月明，朱甍碧瓦烟霞灿。梁柱门闼与窗牖，髹彩丹垩为严饰。阶陀庭除甃碱石，莹洁无染平如掌。佛子游行践其上，如鸟飞空不见迹。阑楯宝网悬铃铎，出微妙音振林木。尽谈苦空无我法，闻者靡不生净信。上延法报化身佛，下奉毗卢大教主。中坐千叶莲花台，一叶一佛众围绕。旁列十八大声闻，诸天龙侍常拱卫。幢旙璎珞及宝盖，香灯瓜华微妙供。有来登陟瞻礼者，皆发无上菩提心。如上种种诸胜缘，皆蒙帝力所成就。无着无染常清净，无漏无为不断灭。以此无量功德海，上资太祖严报土。伏愿天子寿无疆，金轮永与法轮转。普天率土扬化风，勒文苍岩诏来古。永乐二十二年八月。

华严寺碑略

［明］胡 濙

京城安德门外华严禅寺，乃碧峰禅寺住持佛妙建塔之所。佛妙，云南昆明县人。出家于太华寺。洪武十六年，赴京朝太祖高皇帝，赐钵盂、锡杖、僧衣、道具，并赐敕谕，俾游两浙名山。十八年，回京，特旨送天界寺。永乐十六年，奉太宗文皇帝旨，住持碧峰寺。十九年，访寻江宁县安德乡有古迹华严禅寺，年深废弛，遂倾已橐，并化众缘，盖造佛殿、廊庑、石塔。宣德四年十二月十五日，沐浴更衣，书偈云："去年七十九，今年满八十。万里为参方，世缘今已毕。"掷笔端坐而逝。其徒葬入前所自造石塔内。正统三年，僧果开奏乞额名，奉圣旨："还与他做华严寺。"十一年，住持祖祥等，复恢廓其规制而一新之，又于殿左、右创建菩萨殿、阁二所。藻绘涂塈，侈于前矣。正统十二年丁卯正月。

［1］就，应为"鹫"。

清源观碑

［明］钱　溥

金陵聚宝门外一里许，有高阜曰长干，清源祠在焉。其地亢爽夷旷，风气靓深，凤台龙江映带远近，层峦秀岭联络左右。而京师之人，奔走祈谒而至者，四时属路不绝。其神载在旧碑，谓秦有蜀守李冰之子，尝辟涸崖之险，成溉田之利，至诛罔象以安民，没则民祠于灌口。《搜神记》又谓：隋有赵昱，守嘉州，州左有冷源二江蛟害民，甚神。乃设舟船，率甲士，鼓噪而往。持刃入水，斩蛟以出，而江患遂息。民感其德，立庙灌江口祀焉。然皆谓之灌口二郎神也，犹汉有两伏波欤？

虽然神莫质其孰是，而祠亦莫究其所始，然民因其祠，不曰长干，而概曰二郎冈，则有年矣。神惟有功于时者，民乃祀之而不忘。若二郎之神，历代锡爵加号，并致隆极。宋真宗时，赐号清源妙道真君。而清源之号始此。以有功于蜀也，岷源导江入海，而沿江之恐蛟龙、罔象之为害者，咸慕神功。金陵盖居江流都会，而祀之尤宜也。然则金陵有庙，既莫究其始。旧碑载，葺坏于宋之嘉熙，增饰于元之至正。国朝洪武初，道士汤静渊复募而新之。李本诚相继如一。天顺之初，锡祚受釐，怀柔间神。本诚乃自金陵，具神灵迹，请于上，得改祠为清源观。乃偕予乡宣城伯卫公颖请记岁月，以镵诸石。

重开山碑记略

［明］黄　谦

永宁禅寺，城南古名刹也。据聚宝山之麓，自宋暨今，主之者皆名世之士。石幢记识，时见于荒烟野莽间。缘以时异世迁，漫为污宅。诸禅耆宿，仰企遗踪，志隆拓复，顾力弗能逮焉。古渊清公主其事，一时道化所孚，缁白向敬。抡材输力，运智协谋，人不告劳。而台殿廊宇，金碧黝垩，焕然郁然，翱翔突兀。诸佛菩萨，法相森布，香花幡幢，庄严供养，无不备具。而经藏之庋，藏修之室，庖湢之舍，左右环卫，郁郁乎撑云驾豁，幻出世外矣。经始于成化乙巳之秋，继而疏于朝。天子赐敕以护之，名仍其旧，且授师以左觉义，以尸祝釐。又买田三十亩，以充食观，学徒处会下者百余人，鱼鼓铿锵，晨昏无不给之。虑城南诸精蓝，整暇完美者，未之或能先也。清公以清苦自励，亲执劳务，寒暑无厌倦心。一室萧然，朝夕称佛名号拜礼，求速超脱，心甚哀恳。所事大士像，放白毫光，萦萦如丝缕，盘旋于室，至夜如秉烛。复梦大士谓曰：“尔以精心恳祷，向慕宗乘，宜即参访了心为上。”师拜受之，即掩关于弘济寺，参无字公案，心念相依，肋不沾席者三载。忽一念不生，断未来际。经三日夜，见大千世界，光若琉璃。闻远鸡唱，乃起而说偈曰：“喔喔金鸡报晓时，不因它响讵能知？三千世界浑如雪，井底泥蛇舞柘枝。”它日，以偈呈于善世，古林香公喝之曰：“多嘴汉！”明日，古林上室云：“我许多年张个大网，意欲寻龙罗凤，竟无一虾一蟹可得。今见蟭螟小虫，撞入中来。看它二、三十年后，向孤峰绝顶，放声大叫，且道叫个甚么？”古林举拂子云：“三千世界浑如雪，井底泥蛇舞柘枝。”师夺古林拂子，为众举扬，呵励同学。师眼如崖电，见人吉凶贵贱，言皆悬应，缙绅诸老皆乐就之。自奉极淡薄，每有金帛之供，视之漠然，悉付常住。一心悬悬为众，惟恐不及。凡于法门无益之事，毫发不经念虑。如师者，岂易得耶？书此以示后人，使知师之积累缔造，为众倾赴，皆自道行中来，非缘报偶然也。弘治丁巳岁冬十月日。

重修高座寺纪略

［明］陈　寿

帝城之南出俭二里许，有精蓝曰高座，晋之古刹也。永嘉中，有尸黎密多罗自天竺来，游建康，止于是。每据高座说法，时人因以是名寺焉。洪武初，瑄白石奉檄来住，起废其旧业。后悉毁于火。景泰癸酉，礼部尚书晋陵胡公濙特荐前香岩古溪澄公往主其席。是时，规模草具，四方参请之士，接席而至，卑隘不足以居。古溪气节简远，厌于改作，故终身不为加饰。其高弟继席炬照堂，尝欲踪迹旧址，募缘改作之。成化丁未，具疏以请。会先帝上宾，遂寝。既归，痛自奋策，倡鸣宗教，修习净业。道化所敷，缁白向敬，云拥川会，势莫可禁。于是，合相时度地，广而更新之。据中两殿，前曰药师，后曰净业。翻教相于东室，颜曰天花；演宗旨于西堂，颜曰直指。钟鼓有楼，庖廪有厨，澡浴有池。经始于弘治戊申之腊月，落成于丙辰之十月。

重修天界寺记略

［明］林　瀚

大天界善世禅寺，旧名龙翔，始建城中会同桥之北。我太祖高皇帝徙建于兹，乃赐今额。连冈回抱，据高向明，环秀拱碧，诚一出尘之境。复赐圩田、芦洲，以充香积之具。永乐癸卯，廊僧不谨于火，遂荡然一空，所存者惟大雄殿耳。后三十余年，为天顺戊寅，觉义道香奏请募缘，重造天王、观音、轮藏等殿，法堂及僧录司亦有体焉，志未毕而逝。其徒戒谦，成化壬辰继主是寺，阅理各庄田租及芦洲课赋，斋供之余，随适丰俭，悉充修葺。复缘募十方，鸠工命材，建廊庑百有余间，沟渠阶道凡四百余丈，月台、甬道、台基、浪坡靡不周整，幻成西方三圣、应真诸像，迥出常伦。庭墀阶除，植以松桧，郁然空翠，莹净无尘，履之如出人世外者。其毗卢阁，永乐中所建，迨今弘治甲子，久而将颓，复撤新之。其高七丈有六，深如之，加六尺焉，广十有一丈六尺，大藏经置于其中。概将大雄、三圣、观音、轮藏、伽蓝、祖师等殿，缀葺珠林，规制悉易观焉。弘治十八年岁乙丑中秋日。

群公惠泽祠记

［明］卢　璧

留都南门之外，善世桥之西北，有祠翼然，其额曰“群公惠泽祠”。惠泽而祠，德报德也。群公为谁？臣抚院双江方公也，代巡少岩黄公也，粟庵宋公也，户科麓池郭公也，巡江恒所艾公也，京兆尹沃洲吕公也，通府望沙陶公也，上元丞待轩房公也，丞龙山程公也，江宁丞者山李公也。祠，生祠也，神明之也。作之者谁？上元、江宁之人也。

夫召公流甘棠之咏，何武兴去后之思，何今人相报之速也，而又如此其周邪？拯溺救焚，非一手足之力，出水火而登衽席，则报之宜无不尽者矣。盖二县于应天府附郭，诸司辖焉，其赋役之繁、坊厢之困，固非一朝。迩年以来，征派百出、逃亡日众，存者凛凛然，愁苦呻吟，殆不知有生人之乐矣。此何等时邪？天启群公，后先济美，上下同德，一闻民瘼，靡不心蠹。是故导之而使言，倾耳而垂听，委曲而为之处，由乎我者不移时而报罢，势相牵掣者移文以酌议。乃郭公以考绩入京，则亲为题请，悉获俞旨；宋公驻节于兹，又虚心博访，详定条约，俾即县亭勒石，其详具于惠政录中。语其概，则光禄之柴薪、九库之夫役，岁免赔纳者，各不啻千金矣。各衙门之修理与燕会，以及额外之应付、新增之工食与诸杂办，其所省又不知其几矣。坊长总坊当头，革而为顾役，而取之者阻，作奸者消矣。征派有数，盈缩有权，力差有等，什物有纪，益之流移，当铺三百，则两利而俱存矣。府有号簿，县有循环，部院有稽查，户科有奏缴，其防检可谓密矣。是故昔之费也五六，今之费也二三；昔之劳也八九，今之劳也一二；昔之愁苦呻吟者，今欣欣然有喜色而相告矣。民之感之，岂待既去之后哉！祠之所以作也，报之所以周也。

祠在衢路之冲，外为大门。门内为大堂，堂有三楹。堂之上、堂之左、堂之右，设塑像及木主焉。堂之旁为小厅，如堂之数。厅之后复为二楹，守者居之，朝天宫道士也。祠垣皆以砖。祠之后有隙地亩余，种以竹，竹且成林矣。

夫是事也，始而建白者，乡之大夫士与耆民，凡百五十人焉，而赵生善继为之倡。既而立之祠也，有金和等若干人焉，而赵生为最力。今之谒予为记也，有诸友焉，亦赵生为之先，赵生亦有劳哉。可书也已。

隆庆元年夏六月吉旦

方正学先生祠堂碑

［明］王弘诲

我成祖文皇帝靖难师入金陵，一时抗节死义之臣，则正学方先生为尤烈云。始，门人王稌辈收遗骸葬聚宝山，其事秘不传。越二十年，奸党禁除，而先生之事骎以章显。迨今上改元，初下褒祠之诏，天下言者益以不讳，而先生之名遂炳烺寰宇间矣。

万历己丑冬，客部新安汪君、祠部临川汤君间过聚宝山吊古，访先生墓而封志之。于是，余与少宗伯常熟赵公为辟墓道，建祠山上，一时南中大小九卿及诸缙绅捐俸相工，不谋而合。祠部蒋君为之润饰有加焉。於戏，是不可以观人心哉？

夫以先生天挺之才，醇儒之学，高皇帝常称为异人，欲老其才须后用，稍擢汉中教授。建文中召入翰林，进文学博士，日侍宸扆备顾问，其遭时遇主为何如也！文皇帝靖难师入，所至响应，乃即位一诏非得先生草定不可，其倚任托重又何如也！藉令与时委蛇，垂勋竹帛，天命人心之际，先生岂不筹之熟哉？乃衰绖哀号，峻词拒命，至赤族不顾，鼎镬如饴，先生之心何心也？余读其绝命之辞至“忠臣狥君兮，抑又何求”，感慨嘘嚱，有足伤心流涕者。间尝律之夷齐叩马之事，则易姓受命视家事慰谕之日，其所处孰难？首阳全身，视万死不磨之秋，其为情孰苦？要以取义成仁，可为后世人臣怀二心者之愧，则所谓易地皆然，百世以俟圣人而不惑者也。乃若夷齐得武王而臣节益彰，武王得夷齐而王度益显。

今天下知与不知，皆谓先生之节，文皇帝成之矣。至文皇帝他日有言，彼食其禄，自尽其心。然则文皇帝之度，谓自先生启之，奚不可乎？余故表而出之，俾后之知先生者，因以知文皇帝。而尚论千古君臣之际，我明与成周实异代比隆云。

适致仕通判程君心得同其子儒士近光董祠堂之役，来告成事，聊叙数语，系之碑阴。其死事始末详本传。祠堂建置别有纪，兹不复载云。

明方先生墓碑记

［明］汪应蛟

呜呼！先生精忠大节，可谓得死所矣。以先生才志，遭时秉政，经纶三四载，竟不能止靖难之戈，岂杜萌防溃固有遗画与？抑天授圣人匪人力所能支也？肃皇帝既恢大公，鉴诸臣之烈，迨今上且从京兆请得祠表忠，庶几幽魂以慰。乃先生死南门外，其葬所竟无识者，余甚慨焉，因遍询诸土人，数月，得二三黄发为言先生死，戚友多蒙难，无为主者，土人或以鼗收遗骨，窃葬于聚宝山之侧，在今永宁寺后。余惧其久且湮没无传也，因为立石其上，并志岁月于碑阴，俾后有考古君子得览镜焉。

呜呼！汤武革命，夷齐叩马，圣人盖两贤之后。世为人臣怀二心，稍临利害辄变节，易面以从之者，闻先生之风，其能无惕然愧哉！先生故浙宁海人，或云邑有先生墓，夫先生浩气塞宇宙，何论首丘？且度当日时势，以征诸故老所传，必藏魄兹山无疑。今北邙、雷首及孤山皆有夷齐墓，忠义神灵所在，惟人钦祀，亦无足深辨也已。皇明万历己丑一阳月既望，南京礼部主客司郎中新安汪应蛟谨识。祠祭司主事临川汤显祖、前判抚州事新安程心德同立石。

重修宝光寺记略

［明］何思登

宝光寺在雨花台之东麓，肇自有唐，旧名石字，相传西域僧持贝叶经栖止于此。我国朝正统间，改额宝光云。历岁滋久，殿宇倾颓。时士人姜觉真等捐金修葺，而薛永昌辈各施田有差。成化初，寺遭回禄，住持通辨又募士人袁庆等重修。嘉靖辛丑间，住持妙玺引无藉唐景升折[1]毁钟楼，盗卖祠宇田亩等类事觉，祠部以法遣之。而寺则愈废矣，仅存后殿，亦日就倾圮。万历十有一年秋，住持宗洪辈欲图改建，议将后山空地变价，以资厥费。请于祠部，部可其请。于是立券置簿。建昌饶君孟岩受僧后山地券，以三十金畀寺僧。又念功费浩繁，是奚足济也？语洪等曰：“吾闻先任水部大夫廖明河公雅志好善，而其子为今比部大夫廖梦衡公，曷往告之？”宗洪等如其言。

［1］折，应为“拆”。

于是水部大夫捐金五十，为赎田四十亩，以资供馈。其他一切工料之费，则比部公悉心区画焉。经始于癸未仲冬，毕工于甲申秋日。虽大雄、天王诸殿所费不赀，尚有待未举，而辉金映碧，则后殿新也；选吉定力，则山门峙也；高其垣，环其流，则风气凝也，亦焕乎其改观矣。寺僧思图所以报比部公，而不可得也。适饶君将归建昌，欲以前所受后山地券，强比部公受之。比部公辞之弗获，因以原值偿饶君。今建一亭于其上，题曰太乙亭。外造以数椽，备游息。宗洪辈以其事之颠末告余，欲得一言勒诸石。余姑述其略，以识岁月，且俾寺僧读其废兴之由，亦可示儆焉尔。万历甲申仲秋。

天界寺佛牙碑略

［明］姚汝循

今上御极之十有八年，浙僧真淳得佛牙于天台山中，异之，不敢留，因献于长洲佥宪管公。管公验之良然，又念太宰平湖陆公现宰官身，说法于南曹，于内外教典尤所该博，复命僧转献于公。公一见，惊叹不已，乃择所宜置。以今天界寺，留都丛林之胜也。于是捐赀，命工雕紫檀小浮图一具贮之，外加文龛崇护。卜吉斋沐，导以幡幢鼓乐，躬自送于寺之毗卢阁中安奉。是日，天清气融，风恬日丽，士庶观者，填溢衢路，无不赞叹顶礼，若崩厥角者。呜呼！方今正法陵夷，邪说炽盛，振颓起弊，其兆于是乎？自昔儒者，如韩退之谏佛骨有表，欧阳永叔排佛法有论，以至程、朱诸子，皆亦有异议，然竟不能废肆。我太祖高皇帝初平宇内，即建五大寺于留都。今天界，其一也。嗣后一郡一邑悉有之，至与儒宫鼎列，而设僧纲、正、会，以董其事。迨乎列圣相承，有隆无替。于是宝坊棋布于寰区，精舍星罗于闾里矣，在今日尤为特盛焉。夫岂不闻若说乎？要其理有必不可废者。故尔孔子尝曰："西方之人有圣者焉，不治而不乱，不言而自信，不化而自行。"盖指佛言也。呜呼！是虽三皇五帝之化，何以过此？而诸儒固欲诋之，何哉？寺官住定椿等谓兹胜事，不可不勒之琰琬，乃以属予，次其说如左。万历壬辰季春。

方祠义举碑记

［明］朱国祯

正学先生既殁二百三十余年，学士大夫慕义者习遗骸故事，即聚宝山树之、祠之、碑之，吊且录之。大司寇赵公建议每岁首祭而馂之，勒慕义姓名于碑石以益鼓其后。司成氏为之记曰：此文皇帝之意也。

当夫金川启钥，皇祚顿移，固曰此家事，曰周公辅成王。成王而既逸矣，新主旧臣，先生不得不死，文皇不得不杀。先生以一死自誓，衰麻号哭，计不返顾。文皇帝以必杀之心协以必留之势，先生即欲自死快死，亦何可得？是八百七十三人者，断肢交首于前，愈杀愈劲，愈劲愈杀，譬如陨山之丸，势不得中止。盖至血肉已尽，形影都消，死者浩然，死死者岔然桀然，怒不少杀，而其计其威固已穷矣。穷则悔，悔则思，亦宁不怛焉。若丧曰：奈何以家事累若曹，而特不可以告人？万机之暇，进而孝陵，又转而东，又四顾天下，踖踖蠢蠢，敢诽而不敢书，敢书而不敢出，终无以释然于天下。于是修文竞武，灭虏迁都，终其身不敢自逸。甚至殉渝川之役，曰吾本无利于天下，诸君子何自苦为？盖二百年来恬熙无事，狩而还，断而续，追唐虞三代之盛，则文皇帝之功，而先生及诸死节者愤激之力也。

夫忠臣孝子所以糜烂不回者，岂惟千秋日月之名？其必谓不如是，天轴绝，地维折，人类灭，故决然以一丝为系，期于安天下而止，今文皇帝之功可以谢太祖，即可以谢成王与先生。遗诏特祠，正是善继之大，而先生以一死安天下，其魂魄所之，太虚来往，任夫自逃自续，与后之人自怜自歌自碑自记，而终无怨于杀者。夫张、许不能昌唐，文、陆诸公终不能留宋，而先生独以聚宝一片地，固有明万世之业，岂非亘古亘今忠臣之第一乎？

先生，浙人，浙之宦于南者，协然倡助。其遗胤在台者，台人感怆，悉还其故址。固知后之衮衮市义者，直穷终古，而数君子其嚆矢也。万历丙午岁秋七月，南京国子监司业后学西吴朱国祯顿首撰。

重修方正学先生祠堂碑记

［明］葛寅亮

聚宝山之阴，有方正学先生冢焉，郑端简称廖镛、廖铭拾先生遗骸葬聚宝门外山上。蒲圻廖公亦云门人王稌辈收遗骸殡之聚宝山，此其征也。当时禁网严密，即有为瘗骼计，必荆棘不剪，坟土未封，其谁能过而问焉？而百年荒翳，追慕一朝，余窃疑之。然玉匣珠襦，北邙累累，贞珉林立，松槚成行，过者掉臂不顾，而独于荒蓁野蔓若灭若没之间，凭墟垄而吊之，则岂非悲缠教义？痛切衣冠，不瞑忠魂，天实为启其会哉！当时十族湛夷，九死不避，亦宁计及有骨可埋而知有今日也？周之顽民犹不失为殷之义士，我明堂搆，克承钟簴如故，安见忠圣祖、忠建文之非忠成祖也者？

今上建极，首下诏褒嘉武周达孝，斯其旨矣。嗣是大宗伯琼台王公及其僚汪登源氏、汤义仍氏为竖石表墓，庀材创祠，而制未严饰也。拓以亭庑，翼以僧寮，周以栏楯，则南台幕余元初氏实拮据焉。余惟先生之神，挥斥八极，旁礴两间，似不眷眷身后一抔土，然祠踞雨花木末之巅，为都人士修禊之所。而北眺孝陵，俨然咫尺。盖山之泉，闻弦赴节；东平之树，西望倾枝。先生倘亦有北面之思欤？荐绅大夫之联驷结骑，而游者徘徊墟墓，俯仰乎榱桷几筵，抚迹怀人，永叹实深，则廉顽立懦之风，又将在百世矣。先生宁独无意乎哉？

是役也，余公为先生里人，业首倡义。而协助则少宰福清叶公、大司马余姚孙公、大中丞麻城耿公、大京兆长洲徐公、侍御沁水孙公、内乡李公、前民部郎华宇张公、比部郎寅所潘公；竖坊则上海徐生鲸；平道则华亭蔡生高；筑台则嘉兴吴生显科；置祀田则别驾休宁程君募其宗人子焜。事具余寅汪公祀田记中。请易名之典，则余疏之朝而未得报，不无望于后之君子者也。皇明万历丙午岁孟春穀旦，赐进士出身南京礼部祠祭清吏司中钱塘葛寅亮撰文。上元县知县历城刘伯绶、江宁县知县盩厔刘仪凤立石。

同乡公助方公祠记

［明］余养蒙

方公祠堂诸修理，如竖坊、平道、盖亭、砌坛、收复祠田，具载汪、葛两祠部传记中，不啻详矣。乃大司寇四明赵公暨少司成乌程朱公以吾乡实产异人，而岀岀以蒸尝属祠部，则宦是邦者怅然悲缺典焉。因为题以岁首之上元大会同乡，并飨馂于公祠，如江右故事，仍为诗章，归恩列圣，次及公一门忠孝，师生道义之故，复书大字门帘，捐俸立石碑。过公祠者人人望而兴起。时大鸿胪嘉善丁公欣然出俸资若干助公为举，且以俎豆未饬，为铸器象鼎前，神主更以琼石以表公质。又为复祠侧僧舍，别立小僧守忠给牒，颛理公香火，日洒扫堂庑亭宇，以宁公神。惟是大司马余姚孙公、光禄嘉兴徐公、职方郎海宁徐公、比部郎四明周公、前车驾郎恕铭朱公辈及宦游南中诸名公各侈为歌谣讽咏。虽言人人殊，要以感愤激扬，摅写忠烈。旋命剞劂，分为上下二卷，用识不朽。其公费之余留以俟公裔孙之归宗象贤者为灯火费，俾公书种日益滋茂。传所称明德若不当世，必有达人意在斯乎？计前后诸役，督课章程具属上海乐野徐君鲸；而首事捐资赞诸公成，则歙邑吴生琨，琨系前祠部汪公门人，踵唱义举，盖亦奇遘云。万历三十四年中秋榖旦，临海余养蒙书于木末之云树轩。

修正学堂小记

［明］朱启九

吾浙赤城正学方先生藏碧聚宝山，因崇祠焉。祠侧建正学堂，志景行也。昔年卿绅仕于南者，举岁祀于祠，以铁作坊若干廛，授民居收僦资赡之，稍羡则贮为修堂之费，凡在仕以次司其出纳，是为方公祠。会予承乏秋官，适叨掌记，先生之后孝廉、茂才二方君向自云间归赤城，嗣续先业。兹来瞻松楸，过，予言：堂楹且圮，绸缪为急。遂闻诸在事客卿五芝茅公、谏垣咸池陈公、抱冲钱公、司成鸿宝倪公、司马昭华陈公、象谷陆公、竹孙玉林两徐公、起部季常王公、广霞李公、敏山周公、澹然黄公乃以岁贮所余鸠工葺治，而二方亦捐箧丹艧之。时崇祯己巳孟秋之吉，二方则孝廉名忠奕、茂才名树节也。

重建三忠祠之碑记

［清］梅启照

祠昉于宋，绍兴元年，诏即杨忠襄公剖心处立庙祀之，赐额曰“襄忠”。明时附祀文信国公，为杨文二公祠，亦曰“二忠祠”。其后又附祀李忠肃公，至我朝咸丰元年，始改为‘三忠祠’。三忠皆江右吉水人也。杨忠襄公于建炎三年通判建康殉。金人南侵之后百五十年，宋亡，而信国公燕市就义，大节彪炳人间，盖信国幼见忠襄遗像，即慨然愿俎豆其旁，后过金陵，屡赋诗怀之，其志同道合。如此又三百年，而忠肃公遭甲申之变，尽节“二忠祠”内。四百余年中，伟人继起，后先辉映，皎然与日月争光，异代而同心，异时而同里，皆舍一身以植纲常于天下万世。其合祀也固宜。旧祠宏敞，三忠各有肖像，左右前后，分设享堂。近毁于粤匪之乱，荡然无存。今年春，署制府张公始筹款，议重建。予及同乡桂宦游于斯者，各捐廉以助之，并溧阳忠襄公后裔集资，共得千金。鸠工庀材，悉赖吾乡挂芗亭现观察经理，夏间创建，至八月告成。新祠为室十五楹，门房、享堂、内室、书厅、厨房各三楹。享堂中设龛，奉三公神主合祀焉。予既与同乡诸君敬谨至奠，遂略述原委，俾勒诸石，以垂永久。时同治十二年八月之吉。

赐进士出身翰林院庶吉士诰奉大夫江宁布政使赏戴花翎疆勇巴图梅启照撰文并篆额书丹

碑阴记

三忠祠基东至大街，横阔十一丈，西至土墙基；横阔九丈五尺，南北直长二十一丈四尺。东南隅内有民基三间。

忠襄公老祠基三间，在剖心坊侧，东至路，南至茶坊屋，西至大街，北至千总衙署。

忠襄公墓在雨花台东北小茅山，东至小茅山，南至旧清源观墙基，北至路。墓前有碑记一座，墓道有高山岗，自海公祠前一直向西到剖心坊，计二百余丈，横阔计二丈五尺。

忠襄公祭田坐落上元县长宁乡兴一图，地名辛家边，计田二十六区，共计六十亩；又地五亩四分；又山一号，计五亩八分；又塘一口，计七亩一分。此由师程公所署，系光裕堂独业。

忠襄公光裕堂、世清堂后裔暨姜集庆堂有事来此，道士一体应给。

此祠系忠襄公后裔禀请建造，向归忠裔管业。与他祠宇不同，一应仕宦客商及地方绅士会集，不得借用。

江宁重建于清端公祠碑

［清］彭定求

故两江总制于清端公之薨于位也，一时金陵士民悲哀思慕，若失怙恃。既建公祠于天妃宫内，用协公之梦兆。岁时佑享，罔有不虔。越十年所后，总制傅公亦薨于位，时有为之立祠者，因追思清端公之旧泽也尤深，相率言曰："向者祀公于天妃宫内，地犹弗专，未足以伸昭报之诚。维聚宝门外长干里之雨花台，枕崇冈，临广陌，拱列峰之明秀，带巨渎之澄泓，古名臣庙宇耸立于兹者甚著。今为公建专祠，莫如斯土为宜。"于是士民踊跃趋事，不移时而溃于成。轩楹之丽壮，仪像之辉煌，堂哉皇哉！此以见公感人之诚，及人之久，有出于自然而不可强致者矣。今夫崇坊奥室，土木繁兴，率皆上焉干誉、下焉贡谀之所为，适足以供指斥者之口，生而侈然，殁而寂然。且欲其速毁为快也，安望其成之一而再耶？又安望其年往风微，而思益未艾耶？若公之独得民心也，盖自我朝之督抚大臣，其廉节表著固莫有先焉者也。廉者，臣道之根柢也。《周官》六计弊郡吏，统善、能、敬、正、法、辨，而皆冠之以廉。非廉，则六者无从出焉。而大臣能廉，其功自百倍于小臣之廉，以其风厉者多，感孚者速，故能统驭封疆而致颂德怀恩之盛视夫置冢配社、树碑立庙于一乡一邑之间者，其规模之广狭、制度之详简，有不可等量而齐观者矣！恭惟皇上巡幸金陵，临轩清问，亲见民间颂公廉节，家尸户祝，近今罕有，于是锡宠纶、畀上谥，晋以孤卿之爵，延以胄子之官，炳炳麟麟，遐迩中外，喁喁悦服，曰："圣天子旌廉令典，度越前代万万也。宜乎是祠复兴，日新月盛，而致四方和会之众也。"古大臣之殁，而见思风流最深且长者，莫如诸葛武侯之于蜀，所在各求立庙；羊太傅之于襄阳，人见岘山之碑而为之堕泪。今公较之，曾无少异，虽百世以下，犹将过其地述其遗事，而感动兴起于不能自已。官常于是乎则效，邦本于是乎维持，岂浅眇哉？公之冢孙今中丞君时方任监司于省城，适觏是祠之成，会即迁擢去，未及征文以勒诸石，兹乃并属定求识之，用以昭示来者永永无极义，故不得复辞。铭曰：

于铄我皇，眷顾南疆。荩臣应运，挈领维纲。滔滔狂澜，树诸堤防。清以表德，端以型方。公仪是絜，叔敖是埒。靡室靡家，民乃胥悦。挽浇维淳，救文维质。跻世唐虞，风轨可阅。谁嗣闻歌，伤如之何？罢春辍耒，盈江之沱。青丘郁郁，丹楹峩峩。弘模再立，砺山带河。绵绵奕世，禋祀匪懈。非私于公，乐只是戴。来瞻来依，神其如在。凡厥有官，视斯遗爱。

方正学祠重修建记

［清］姚　鼐

天地无终穷也，人生其间，视之犹须臾耳。虽国家存亡，终始数百年，其逾于须臾无几也。而道德仁义忠孝名节，凡人所以为人者，则贯天地而无终敝，故不得以彼暂夺此之常。

昔明惠宗之为君，成祖为臣，自下逆上，篡取其位。当时忠义之士，抗死不顾，而方正学先生之事尤烈，此贯天地不敝之道也。天道是非之理，间不与祸福相附（注：一本作对附），楚商臣、匈奴冒顿，皆身享大逆之所取，而传之子孙。当其造逆之日，亦安知无仗节死难之臣于其间？而古记或略而不传。要之忠义之气自合乎天地，士固不必以名传也。而靖难之事，于今为近，正学先生本儒者之统，成杀身之仁，虽其心不必后世之我知，而后人每读其传，尤为慷慨悲泣而不能自已。成祖天子之富贵，随乎飘风；正学一家之忠孝，光乎日月，此岂非人心之上通乎天地者哉？

明万历时，南京士大夫始建正学祠于其墓前。至国朝，数经修饬，今祠宇又以久敝矣。江宁巡道历城方公昂，其先金华人，正学之族子也。来谒祠下，因亟修治其漏坏，又增建前后之屋各四楹，旁屋三楹，以便守者之居，而壮祠之观。岁月久远，或更有视其敝，感正学之谊而来修者，公乃请余为记以待之。嘉庆二年秋七月，桐城姚鼐记。

重建方正学先生祠小引

［清］陈丹衷

崇往烈无使湮泯，所以劝后教忠也。事不可立，教不举也。古今死国有惨于正学方先生者乎？阴霜沍结，高山为平原，有惧于天，有虞于地，以十族之死塞之，我知十族九原不怀怨先生也。古有及十族者乎？先生盖曰：若晋里凫须之言：“罪至十族，未足塞责。”先生之灵，如有伤，伤不能存君捄亡，故无怼，犹引罪也。《归藏》之杀藏墓也。曰：圣人以穴丘之故有墓。古皇曰：无废祀事，国祀弗废，野祀弗废，野祀佐国，祀之不及也。今夫愤不畏死，死矣；死十族，死止矣。死又何求？岂计后有祀者？虞邻洪公、霜劬朱公与孟新白子图再创往祠于木末，亦云惟食丧祭以典明，教娶则詈予者，天下乃知詈之功。故忠在家为孝，在友为义，在民为顺。民何向非私？私生抗。见古节烈，忠愤生哀，哀生礼，礼生义。或云先生忠矣，语过暴激乎？

嗟乎！嘻，诋日星之宜暗，责风雷以当痞，不可哉！忠烈之事，天有同性，性有同心，知图佐助，听斯言如听变徵之音，眼尾掀竖，掷金足工，不遑安席者矣。

清端襄勤两于公祠记

［清］吕燕昭

康熙三十四年，江宁府居民建祠于聚宝山之麓，肖像祀故两江总督于清端公。公讳成龙，山西永宁人，起家广西罗城令，累迁至福建布政使，举清官第一，遂膺节钺，晋督两江，薨于位，赠太子太保。江宁既以感慕遗德立祠。其后圣祖仁皇帝、高宗纯皇帝巡幸江宁，并有御书匾额悬于祠内，以褒旧勋焉。先是公巡抚直隶时，有属吏与公同姓名者，汉军镶红旗人也，公雅知其廉，且才可大任。及移节吴中，即专疏荐守江宁。自郡守不十年，历直隶巡抚河道总督，是为于襄勤公。襄勤之薨也，郡人追思其德，一如追思清端者，且以清操伟绩后先相继而显，用实由清端荐，礼宜从祀，遂设襄勤木主，于清端祠一堂，配享百由余年于兹矣。余承乏守郡，以时修谒祠宇，躬亲俎豆，乃见清端像前列襄勤主，而清端之主已不复存，亟为厘正而后行三献礼。因思清端像存而主缺，襄勤主存而像未设，其姓名又同混合，为一势所必至也。今造清端主，以依像补其坠失，则可，若因主而塑襄勤像，失之诬罔，则不可。况清端公有天章炳焕，万古斯昭，固不虞据襄勤之主以疑像，安能保后人之不以从祀无征，而议撤襄勤主乎？计惟别室以祀，庶几襄勤之附于公祠者，不至有时而废绝，此守土者之责也。爰捐俸鸠工，修葺圮坏，重造清端公主于像前，复筑旁舍，移奉襄勤木主于中。讫事，书兹石勒置祠壁，俾修祀典者有所考且识。余景仰两公之为人，不啻郡人之爱戴不能忘也。至两公之世系官位勋绩之详具在国史，兹不著。嘉庆十四年岁次己巳秋九月，诰授朝议大夫江宁知府新安吕燕昭撰。

重修刘公墩碑记

［清］刘文陶

按《江宁府志》志，元刘叔向墓于聚宝山，注谓赵孟頫有《登雨花台吊刘叔向》诗，及考《松雪斋集》，诗题则为《金陵登雨花台遂至故人刘叔亮墓》。其“向”与“亮”异，岂以音近而讹耶？顾其诗曰：“雨花台上看晴空，万里风烟入望中。人物车书南北混，山川襟带古今同。昆虫未蛰霜先陨，凤鸟不鸣江自东。绿发刘伶缘醉死，往寻荒冢酹西风。”意盖叹其怀宝不仕而甘于绿发醉死也。先生既为松雪故交，亦必知名当世，时方奉诏搜访遗逸于江南，故松雪已辞尚书之举，不免行台之荐，先生毋亦有鉴于此，乃以醇酒自戕欤。惜其韬光遁迹，别无文献足征，然即此诗而先生之风可慨见矣。相传明诚意伯尝建“山高水长”石坊表其墓，并勒“刘公墩”石碣于此，以志其隐居。迨咸丰癸丑，粤寇扰金陵，乃毁为营垣，乱定后犹有见其断石者，惜坊毁遂迷其墓，而墩之名人犹至今称之。文陶既忝宗裔，虑其久而并此湮没不彰也，乃重为建亭刻石纪之，并考志其略，以诏来者。江宁刘文陶谨识。

宋杨忠襄公剖心碑记

［民国］石　瑛

公讳邦乂，吉水人，建炎初倅建康。金师至，留守杜充战败降，公独不屈，大骂金人，剖其心而死。今中华门外雨花台下有碑可识也。时代递迁，芳馨若歇。

壬申春，余来长京市，辟雨花路，碑为前梗，命工移置台阳，距南址东向百尺，绕以砖栏，俾曜忠灵于乎。国步艰难，外侮日亟，国人其亦瞻慕而兴起乎。

中华民国二十一年八月□日阳新石瑛敬记。

“杨邦乂剖心处迁移记”碑记

杨邦乂，南宋人，死前为溧阳县知县[1]。建炎三年（1129）金兵打下南京时被俘，在威胁利诱面前宁死不屈，被金帅完颜宗弼剖心而死。后人在他剖心的地方树碑以志纪念。一九五六年江苏省人民委员会公布为省级文物保护单位。

该剖心处原在雨花台下宁莞公路北，百货商店南面。一九二三年[2]开辟雨花路时向东[3]迁移至今宁溧公路上；一九五二年因新建宁溧公路又向南迁到宁溧公路南面土山上。现因雨花台烈士陵园扩建工程的需要向南迁至现址。

南京市文物管理委员会

南京市雨花台烈士陵园管理处

一九七五年二月

雨花阁记

自古金陵帝王州，十代故都多悲情。城南聚宝山玛瑙冈，上溯元前十世纪，揽胜佳地三分天下有其一。佛教自汉初传入，至南朝鼎盛，此山此冈最负名。其时寺逾七百，僧尼十万，谈玄说法，研经习典，设斋礼佛，远播天下。多少俊彦英贤雨打风吹去，唯有名刹圣经高僧留其名。东吴时天竺康僧会开先河，东晋际西域国尸黎密踵其后，译经弘法，此为重镇。东晋法显游历异域三十余国，求取梵本戒律，还著《佛国记》。个中最为传奇是云光，大师端严，口吐莲花，萧梁天子僧俗士女来听经。天人一，众痴迷，上达天听。天道相酬花飞坠，碧云天曼陀罗化作绚丽七彩石，高台遂以雨花名。丽石名雨花，乾坤传美誉。

云光说法虽已矣，赵宋建国阁传轶事。般若禅机，菩提妙境；圣器灵迹，梵呗新声；圆满自在，和谐空灵。阁颓复建历百年，故台重光丙子春。登临极目，楼林树影，古往今来收眼底；还览斯阁，书画文物，寻渊怀古兴遄飞。

---

［1］应为建康府通判。

［2］应为1932年。

［3］应为东南。

一阁烟雨，千年雨花台，称秀南郊，光耀金陵城！

雨花台风景名胜区管理局

二〇〇七年立

三、墓碑墓志

杨忠襄墓碑

所贵乎大丈夫者，为其有耻心也。孰不好生而畏死，宁死弗顾者，为其无以自立于天地间，有重于生故也。如其不耻，则大丈夫不足为难，而名义不重矣！建炎己酉，金虏寇江，驻东采石。先是车驾幸越，杜充以宰相总诸道兵镇江左，前执政李棁供饷事，显谟阁待制陈邦光守建康。充懦不能战，以军六万人列江岸，乃闭壁，莫敢出。虏谍知，遂渡江。我师自溃，充与麾下数千降虏北去。虏入建康，棁先降。邦光欲弃城，度不能遁，亦降。通判杨公邦乂独不从，大书其衣裾曰："宁作赵氏鬼，不为它邦臣！"授其仆曰："持此以见志，吾死矣！"棁、邦光惭谢，犹强拥公上马，即野次俱见虏酋四太子者。命之拜。公叱曰："我不降，何拜？"虏莫敢迫，纵归。明日，遣其将张太师谕公授以旧官。公以首触阶陛求死。虏大惊，止之，徐曰："公所守固高，然势去矣！第归审思之。"明日复来，公亟移书其酋，曰："世岂有不畏死而可利动者？幸速杀我！"又明日，四太子觞二降人于堂上。乐作，召公立庭下。公注视棁、邦光曰："天子以若扞城，贼至不能抗，又不守节，更与共燕乐，尚有面见我乎？"虏取幅纸，书"死""活"二字，谓曰："无多言，即欲死，书'死'字下。"则顾旁吏有簪笔者，跃起夺而书曰"死"。于是虏皆动色，又使引去。明日，再以见公。遥望四太子，遂大骂："若夷狄而图中原，天宁久假汝，行磔万段，尚安得污我？"虏怒，使人疾击梃交下。公骂不绝口，见杀，剖腹取其心。明年，虏去。州以事上闻，诏赠直秘阁，官其子二人。即死旁为墓立庙，赐谥"忠襄"。九言尝谓："节义者，国家之元气也。人无元气则死，国无节义则亡。朝廷有伉直之风，则遇变多伏节之士。大丈夫临难不可免，遂以身死之。所以立君臣之义，明逆顺之理，使任人之事者晓然知废义背理，决不可以立乎天地之间，其有功于名教也大矣。"呜呼！我国家涵养二百年，自熙丰一坏蔓延，以至政宣，变起仓猝。当时京师不屈仅得数人，而继之者，公也。使靖康之难，一时有位人人如数公，戎虏安得谈笑而移城阙？又使靖康之难，无公等数人南渡，何以中兴？然则有国家者，平时奖崇正直，扶持人心，其可忽乎！以建康论之，杜充辈皆宰执、侍从，相倡降贼。公以州佐贰，乃挺然若此，则官职又可轻予乎？使朝廷以充之柄授公之手，城未必遽陷。今既败事，在公报国之义固已无负，而朝廷所失，何如哉？此又为古今忠义之士所深叹也。公吉州人，政和乙未进士。后六十九年，建州游九言为吏金陵，再拜墓道，嗟叹而为辞曰："山云起兮阴阴，木啸风兮萧森。骨荒榛兮颓隧，野鸟怨兮清音。噫丙午兮燕安，蔼荐绅兮多盘。系苞桑兮弗戒，渝旧好兮开边。衅生兮召戎，澒大地兮尘蒙。粲承干兮百载，莽夷门兮庙宫。我逾郊兮梁山，蛇洊食兮江干。拥貔貅兮首鼠，纷雅拜兮后先。独立兮慨陈，人自靖兮此身。宁为鬼兮赵氏，肯涅缁兮虏庭。肴酣饲兮苟哺，弗自知兮貌赪。握玉麟兮拜犬豕，曾莫嗅兮羶腥。岂曰余兮独死，汝尸坐兮偷生。振英声兮阶下，气烈动兮清宁。凛名义兮身世，九鼎重兮一羽。轻翳翳兮幽藏，颓阳照兮山荒。发毛爪齿兮一世同腐，庙貌圭衮兮千古之光。春秋兮代谢，勿替兮烝尝。”庆元戊午春，修职郎、建康司户参军赵师晨立石。

浡泥国恭顺王神道碑

［明］胡　广

永乐六年秋八月乙未，浡泥国王麻那惹加那乃来朝，率其妻子、弟妹、亲戚、陪臣凡百五十余人至阙下，上表贡方物。上御奉天殿受其献，退即奉天门召与语，象通其言曰：“僻壤臣妾，诞被圣化，思睹清光，靡知忌畏，辄敢尘渎。”又曰：“天以覆我，地以载我，天子以乂宁我。我长我幼，处有安居，食有和味，衣有宜服，利用备器以资其生，强不敢凌弱，众不敢欺寡，非天子孰使之然也！天子功德暨于我者，同乎天地；然天地仰而见，局而履；惟天子邈而难见，是故诚有所不通，僻陋臣妾不惮险远，浮诣阙下，以达其诚。”上曰：嘻！惟天、惟皇考付予以天下子养民，天与皇考视民同仁，予其承天与皇考付畀之重，惟恐弗堪，弗若汝言。”则又顿首曰：“自天子改元之初载，臣国屡丰和，山川之蕴珍宝者雪然而呈，草木之不华者藿然而实，异禽跄鸣而走兽率舞也。臣国之老曰‘中国圣人，德教流溢于兹’，臣土虽远京师，然为天子氓故，矜奋而来觐。”上嘉其诚，优待礼隆，锡予甚厚。初赐宴于华盖殿，既连宴于奉天门；每宴则命公夫人宴其妻于内馆；罢宴，敕大官厚具献食，日命大臣一人待于所舍，中贵人专接伴，盛其共张，丰其廪饩，入朝班次上公，宠渥至矣。踰月，王忽感疾，上命医赐善药调治，遣中贵人劳问，旦暮相继；又命大臣视王疾差剧，闻小瘳，喜见颜色。王疾笃，语其妻以下曰：“我疾贻天子忧念，脱有大故，命也。我僻处荒徼，幸入朝睹天子声光，即死无憾，死又体魄托葬中华，不为夷鬼；所憾者，受天子深恩，生不能报，死诚有负。”指其子曰：“我即不起，其以儿入拜谢天子，誓世世毋忘天子恩。若等克如我志，瞑目无憾矣。”十月乙亥朔，王卒，得年二十有八。上甚悼之，辍正朝三日，敕有司治丧具、厚恤典，赐谥曰“恭顺”，遣使谕祭，又遣使抚慰其妻子。王之妻拜使者曰：“乃下臣祚薄，弗克负荷天子深恩，不能终事，且殁有遗命‘以世世毋忘天子恩，克守其言，则死犹不死矣。’王之妻之言，亦可谓贤也已。是月庚寅，以礼葬王于安德门外之石子冈，敕为文，志其圹。王父曰麻那惹沙那旺沙，母曰剌失八的，妻曰他系邪；子一人曰遐旺，甫四岁；女二人。以遐旺袭王爵，赐以冠服、玉带、仪仗、鞍马、服物、器皿及金银、锦绮、钱币甚厚；赐王妻以命服、珠冠、白金、锦绮、钱币诸物；其余赐各有差。官王之弟施里难那惹、施里微喏那沙那、那万喏邪三人，俾辅遐旺，诏有司立祠于王墓，置守坟者三户，敕建碑祠下，命臣广制刻文。臣广仰惟皇上绥宁宇内，茂扬天德，溥博周遍。凡日月照临之地，皆心悦诚归，惟恐或后；奉琛秉贽之国，缀集于庭，岁以万数。浡泥王去中国累数万里，一旦举妻孥、弟妹、亲戚、陪臣浮巨海来朝，不以为难，叩陛陈辞，忠诚溢发，其心坚确有如金石，至其临终之言，尤惓惓属其下以不忘天子恩，圣德渐渍，感动于人心，其深如此。于乎盛哉！惟王贤达聪明，忠顺之节始终一致，宜其身被宠荣，泽延后嗣，用纪其实，声为铭诗，昭示无极，以彰王之所以受恩深厚者，由其诚也。铭曰：

大明御天，臣妾万方。孰不来享，孰不来王！倚欤浡泥，邈处炎徼。感化来归，风腾云趡。曰妇曰子，弟妹陪臣。秩秩稽颡，趋抃甡甡。跽曰天子，作我父母。我生我乐，天子之祜。戴天覆地，畴比幪帡。翘首大明，适来献诚。天子曰吁，予统宇内。绥尔于宁，惟德罔逮。王拜稽首，万岁欢呼。服德怀仁，春育海濡。国有山川，匿其宝物。灵发其藏，不爱而出。荏苒草木，惟叶蓁蓁。煌煌者华，有实其蒉。异禽和音，鸣拂其羽。走兽麌麌，亦跄以舞。国黄耇曰，圣化所渐。臣国虽遂，臣心仰瞻。天子嘉悦，待以异礼。宴劳锡赉，有厚而旨。云胡期月，疾忽及之。奄然而丧，复悼而悲。临终之言，谓其遘瘠。死有弗忘，天子深恩。于乎贤王，卓特超逸。西南诸蕃，靡堪王匹。生者诚欸，殁有谥铭。爵于王嗣，世世其承。有坟如堂，有祠翼翼。以妥王灵，其永无斁。王虽不归，王闻孔彰。天子恩隆，万世有光。

翰林修撰、承务郎臣　沈粲奉敕书

方正学先生石墓记

［明］李维桢

方正学先生殉节遘祸，于建文诸臣中最烈，而近日所以恤录章显者亦最盛，其后人得自云间最奇。于是云间、金陵各有祠，以其后为诸生典祠事。相传，廖氏子拾先生遗骸瘗聚宝山，新安汪公访求故老得其处，封而识之，在今祠傍，祠以墓故建。而云间处士徐鲸用石甃之，为之华表，为之除道，为之画界，诸谒祠展墓者不施哀而哀，不施敬而敬矣。先生九世孙诸生道行受台檄主金陵祠墓，造余言曰：先人没二百余年而忠义寖着，有合祠，有特祠。列圣所褒叙，学士大夫所扬诩，休有烈光矣。维此一片肝脑涂地，其谁不伤心流涕者？徐君计久远，使先人九京之魄若加肉于白骨，东北顾而大内，东南顾而孝陵，高帝与文子文孙陟降在天，先人忠魂俨然侍从其间，寝庙陵园上食奉酎，如将悯先人，而分卮酒杯羹之飨也，方氏万子孙其何敢忘徐君之赐！所以墓谓之墲，予幸为记之。

余尝稽古死谏死事之臣，若周于比干、齐于颜蠋、楚于巴蔓子、汉于温序，皆修其墓为臣鹄。其他若信陵、文翁、召父、卢植之属，往往出上人吊古崇笃，非下意也。若苍颉投刺，董江都下马，延陵季子，南州高士，征虏度辽，扫除畔域，有举无废，名德遗爱，众心所属，非一人手也。若择葬而袝于蘧瑗、要离、西门豹，以古人取重，非为古人地也。若侯巴、曹敞、赵晔、王忳、范式、缪彤为师友故旧营墓，非异代人也。若李翰请招魂葬，张巡、卢志、黄桥、刘昌旌义怀忠，大抵将士锋镝丧亡且上下同心为之，非有讳禁也。若何点家园有卞忠贞冢，植花于侧，每饮必举酒酹之，非于冢有功也。

徐处士以货殖起家，而慷慨好义，加隆方先生墓不遗余力。上以补朝章德意之所未备，而下以启风雨霜露、怵惕凄怆之思，树高山景行、先民大猷之望，岂恶其声而内交要誉？则忠义之所感深耳。夫墓有卜兆而厝之者，章台之东，孤櫕之西，化鹤眠牛之类是矣。有游乐而安之者，习郁鱼池、曹植鱼山、秦颉、邓芝、范顺、柳世隆之类是矣。有富贵而侈之者，丘虎池鲤、五丁翁仲、武担、祁连、葛岐、南京兆阡、丹阳郭之类是矣。有任达而薄之者，成子高地不食庄生万物，赍送杨王孙嬴葬之类是矣。有好名而传者，龟筮繇辞、遗谶悬记、题襞勒铭，杜邺赵嘉之类是矣。有鬼神而凭之者，许子将鲁，子敬、苏韶、王濬托于梦寐，武里不举火，石室闻异香，鼓角管弦、讲习咏诵声隐隐可听之类是矣。有诈托而逃之者，曹瞒疑冢，桓温缪处、石虎伪陵之类是矣。然而时移势替，兵灾焚掠，樵牧蹂躏，狐兔窟穴，荆榛蒙翳，其免于孟尝雍门之悲者，谁与方先生墓刀锯菹醢、乌鸢蝼蚁之余也。

昔曾不得蓬颗被尺土，至于今久而愈彰，遏而弥伸，是宁有异故哉！忠义者天常地纪，民彝物则，永贞坚固不劫不朽之物也。先生往矣，精忠大义塞两间，并三光，即石有时以泐，陵谷有时以迁，而正气英声能使百世之下匹夫闻风兴起，因是以见忠义为人心同然。国家政教翔洽，虽草野中有行直道、扶清议，如徐处士其人者，良可纪也。先生事国史野史、竹素碑板，不一书而足，与其立孤复姓，置祠与田之详，别有纪录，不具论。

大明敕赐故开国辅运推诚宣力武臣特进荣禄大夫右柱国卫国公追封宁河王谥武顺邓公神道碑铭

资善大夫礼部尚书臣朱梦炎奉敕撰

洪武十年冬十有一月初九日，开国辅运推诚宣力武臣、特进荣禄大夫、右柱国、卫国公邓愈自河州召还，行至寿春，以疾薨。讣闻，上哭之哀，为辍朝三日，诏追封宁河王，谥“武顺”。其月十九日柩车至三山门，车驾临奠，且亲视其葬地，而旧茔在凤台乡者狭隘弗称。上乃遍览傍近冈阜，择于城南西山之原，宽平爽垲，敕有司营建墓兆。仍命迁王母、夫人及弟啤之丧同葬焉，凡丧事所须皆官给之，恩至渥也。上犹念其功不已，召臣梦炎等于廷谕之曰：“愈事朕二十二年，东征西讨，勤劳至甚。历镇八州，有功无过，尔其撰文刻之石，以昭不朽。”臣谨按公牍所载之实，序而铭之：王姓邓，先讳友德，后赐名愈，泗州虹县人。三世弗仕，以王贵，曾祖父大公赠资善大夫、中书右丞，追封临淮伯；曾祖母孟氏追封临淮伯夫人；祖父大公赠荣禄大夫、中书平章政事、柱国、追封南阳侯；祖母戚氏追封南阳侯夫人；父讳顺兴，赠特进荣禄大夫、大都督府右都督、右柱国、追封卫国公；母张氏追封卫国公夫人。王生而魁伟，幼有大志，勇力过人。元季壬辰，天下云扰，王父卫国公起兵于乡，遂戍临濠，与元兵战，死之；王兄友隆代领其众，未几，友隆病卒，众推王领军事，年方十六。王出战必挺身破敌，军中咸服其勇。岁乙未，上驻师滁阳，王自盱眙率所部来附，充管军总管。其年夏六月，从渡大江，克采石、取太平，继而元将蛮子海牙以舟师扼采石，陈也先合兵数万逼城下，上亲督兵御之，调王与魏国公以奇兵出其后，大破之，生擒陈也先。丙申三月，定金陵，拔溧阳、溧水，破镇江，王皆与有功，升元帅，出守广德；冬十有一月，长枪谢元帅率众来寇，王出城奋击，（俘其总管）武世荣及军士一千余人。丁酉三月，转行枢密院判，移戍宣州；七月，领兵取休宁、绩溪，乘胜克徽州，元将八元帅败走；十月，浙江苗阳元帅率众十余万来攻城，时徽州新附，城郭未完，守御之器未备，王激励将士，明立赏罚，与越国公胡大海（等分）门并出，奋兵力战，大败其众，生擒部将胡辛等一百五十八人，贼众奔溃，婺源元汪同佥领兵来降。戊戌正月，击破铁木儿不花元帅寨，斩首五百余级，追至婺源东门擒杀铁木儿不花，获士卒三千余人，遂克婺源；三月取严州；四月攻淳安县，贼帅金子珍败走，获马一百余匹，降其头目、军士三千余人，迁同佥枢密院事；五月，浙江苗阳复率众屯徽州乌龙岭，拒却之；九月，转佥书行枢密院事。己亥正月，领兵略浙江临安，大败张寇于闲林寨。庚子七月，鄱阳院判于光、右丞余椿击走伪汉部将辛同知，取饶州，遂以其城来附，有旨命王往镇之；饶城滨彭蠡湖而伪汉主陈友谅尚据江州，数遣舟师来攻城，王敛兵东门外与于光、余椿等连营以拒之，屡歼其众，贼兵遂退。辛丑正月，除江南行省参政仍兼佥书行枢密院事，总制各翼军马；饶之境内弄兵者尚怀疑阻，王推诚结纳，抚以恩信，于是左丞吴宏等皆请降；八月，领兵袭浮梁，伪参政侯邦佐弃城遁；八月取乐平，击败萧总管五千余众，擒万户彭寿等六十八人，饶境悉定，进取江西；十月，驻兵临川之平塘，时邓克明据抚州，遣使通款而实无献城之志，王知其情，卷甲夜趋，比旦入城，克明单骑遁，翌日遣人以分省印来献。王号令严肃，秋毫无犯，江右之民室家相庆，争持牛酒迎劳，王悉却而不受。是时，上亲讨伪汉主陈友谅于江州，友谅败走，遂下江西，命王以步兵来会，车驾至南昌，有旨授王江西行省参知政事，留镇之，时壬寅正月四日也。癸卯夏四月，陈友谅悉国内之兵围江西，江水暴涨，寇舟直抵城下，王与诸将协谋固守，屡挫其锋，贼势大沮，相持者凡三月，会上亲率援兵至湖口，友谅惧而退，大战康郎山，友谅竟败死。甲辰三月，新淦土豪邓清叛，以卒二万人据永丰，王为调兵破之，擒首贼胡理问、刘右丞五十一人；八月，从开平王平临江之沙阬、麻岭、十洞诸山寨，合兵围赣州，降之；南安、南雄、韶州皆送款。乙巳正月，进江西右丞；四月，加湖广行省平章，出镇襄阳；襄阳西抵巴蜀，北控河洛，烽火相望，新附之民未有定志，王抚绥之，民怀其惠，军忘其劳，遐迩悦服。吴元年十月，擢拜御史大夫。洪武元年，命大将军经略中原，而以王为征戍将军，征取江淮未附州郡；三月，攻唐州，克之，又取南阳，生擒蔡国公、史克新等二十七员、军士一千五百人、马一百五十匹；七月，克随州，右丞王诚降；九月进取洪山老马刘寨，夜四鼓斩关而入，擒杀甚众；冬十有一月，率兵讨蜀河莽张，获之，金、商、均、房之境悉定。三年，命王为征北左副将军，从大将军平陇右，大败王保保于定西，招谕河州土蕃诸酋，元帅何锁南、普朵儿只汪来等皆纳印请降，于是河州以西朵甘、乌斯藏等部来归者甚众；冬十有二月定功行赏，特封卫国公，食禄三千石，赐以铁券。五年，命王为征南将军，讨沣州等处溪洞蛮夷，平之。九年，吐蕃所部川藏邀阻乌斯藏使者，掠其辎重，有旨命王为征西将军，往讨之。十年四月，王与副将分所将兵为三，并力齐入，覆其巢穴，穷追至昆仑山，斩首不可胜计，获马、牛、羊一十余万，上嘉其功，遣使召还，未至，薨。王以元后至元丁丑二月十五日生，享年四十有一。兄弟三人：长兄即友隆；弟喤，仕至羽林卫指挥佥事，先王五年卒。夫人曹氏，侧室王氏、徐氏，子男七人：长镇，初授羽林卫镇抚，今袭封申国公；次铭，西安右护卫指挥佥事；次镛、次钦、次铎、次铨、次鉴、次太平奴，皆庶出。女四人：长女，夫人曹氏出也，为秦宫妃；次适河南护卫指挥周岩；余尚幼。孙女一人。王之葬也，以是年十有二月二日丙午。惟王器量宏伟而沉毅简重，谦恭慎密而奉公守法，临大敌而不惧，有大功而不矜，又能礼贤下士宽惠爱人；广德、宣州、徽、严、饶、抚、南昌、襄阳八州之民至今犹怀其德。事母夫人能致其孝，抚弟幼孤能致其爱，盖不独将略之雄，兼有君子之行宜乎！为国元勋、光辅帝业，而膺上眷之隆者也。谨再拜稽首而为之铭，铭曰：

圣皇受命，地辟天开。扫清六合，鼓舞群材。惟武顺王，云龙风虎。仗策来从，誓以身许。飞渡大江，奋戈前驱。斧坚摧锋，何敌不除。一举姑熟，再举建业。飙驰电掣，百战百捷。玉节飞云，金戈凛霜。有赫其威，往征群方。乃辑浙东，乃抚江右。大阃煌煌，厉我城守。孰谓狂竖，而敢冯陵。自速厥辜，江汉底平。帝用有嘉，（平章）湖广。驻节荆南，爰资开荡。化仇而恩，循暴而柔。以德辅刑，泽及八州。武功告成，四海一统。爵以上公，受天之宠。烈烈征西，极讨穷追。歼彼犬戎，张我皇威。召还有期，中道而逝。九重痛悼，三军陨涕。念王之忠，开拓建功。念王之德，无忝始终。何以报之？王封是锡。衮衣绣裳，光贲泉宅。西山之原，墓门有石。视此刻铭，永锡无极。

洪武十三年岁次庚申十二月十七日建。将仕郎、铸印局副使、臣詹（希原）奉敕书。

注：原碑部分缺字参照徐紘《明名臣琬琰录》卷二收录的朱梦炎撰《卫国邓公宁河武顺王神道碑》补齐，并以括号框出。

故推诚辅运宣忠效力武臣特进荣禄大夫柱国后军都督府左都督西宁侯宋公神道碑铭

荣禄大夫少傅兵部尚书兼华盖殿大学士庐陵杨士奇撰

资善大夫刑部尚书古汴赵羾书丹

文林郎监察御史毗陵陈耘篆额

永乐五年七月初二日，推诚辅运宣忠效力武臣、特进荣禄大夫、柱国、后军都督府左都督、西宁侯宋公终于肃州任。讣闻，天子悼叹，遣官赐祭，敕有司给传还其丧。明年夏，至京师，葬聚宝门外其考之茔之次。公讳晟，洪武中所赐名，其字景旸，（宋世）家凤阳之定远。元季，我太祖皇帝龙兴；岁壬辰，公随父朝用、兄国兴来归；明年从克濠州，又从战败贾鲁，父兄并以功授万户；甲午，从张天祐克五河、泗州、盱眙，又并进总管；乙未，从上克和州，渡江下采石、太平，总管邵荣等潜有异谋，国兴察知，以闻，荣等伏诛；从克溧阳，进攻南台，国兴战没，命公袭兄职。丙申，从攻陈野先水寨，克之；遂从克南台，公父升广德元帅。丁酉，公随广德公克宣州，还，改广德公天宁翼元帅，以老留建康。公从邓愈克徽州，受功赏。戊戌，召入侍卫；己亥，袭天宁翼元帅；庚子，调征饶州及江西诸郡，以次平，赐袭衣文绮，命充总兵官，征诸山寨。洪武元年，克建宁，遂留守御，实授武德将军、建宁卫正千户；四年，升怀远将军、建宁卫指挥使司都指挥同知；冬，召还，升江西都指挥使。九年，调大同都指挥使，授龙虎将军；十一年，调陕西都指挥使，所至治兵抚民，不严而肃；十二年，掌凉州卫；十三年，逐北虏至白城，获其人马甚众；十五年，父病，诏公还侍；又三年，父殁，既襄事，复往镇凉州。虏时数为边患，公率兵讨之，追至亦集乃之地，斩其凶渠也速儿监等及其众（无算），余悉生絷送京师，又招降（敌伪国公）吴把都（等万八千人）而送其酋长工不答儿等百五十人诣京师，简其壮者傅卒伍，余悉处之善地，俾耕牧自便；驿召公还京，奖谕再四，赐赉甚厚，复镇凉州。十九年，复召还，升骠骑将军、右军都督府都督佥事，赐钞、文绮，以其官赠其三代，仍往镇凉州；二十三年夏，遣中使就赐白金及钞；至秋，复三遣赐钞文绮，授制谕，充总兵官，征哈密里，破之；哈密里者，去肃州千余里，虏所城也，诛其伪王子别列怯等三十余人，获虏众千三百人及金印一、银印二，（悉送京师，所获马牛羊咸给将士，二十五年复）充总兵官，征罕东西番叛寇，诛擒七千五百余人，获马二千五百，牛羊十万，遂还京师。二十七年，调中军都督府，是岁虏寇辽东，命充副总兵率兵讨之，遇诸脑温江，获虏众千余，马倍之。明年，广西（蛘蠓诸寨，连结为乱，命充右副总兵往征之，诛擒七千）余人，贼平，还京。又明年，复总羽林等八卫兵往平五开龙里十三洞之寇。三十一年，率师城万全诸卫，归。二年，出镇甘肃。太宗皇帝初临御，公朝京师，升后军都督府左都督。永乐元年，授平羌将军，充总兵官，仍镇甘肃。二年，虏日益聚近边，公遣人谕以朝廷德意，其酋长把都帖木儿伦笃儿灰率部众五千，马驼万六千来归，边境底宁。事闻，赐敕奖谕，命都督徐膺绪、尚书赵羾持节即军中封西宁侯，赐推诚辅运宣忠效力武臣、特进荣禄大夫、柱国，仍后军都督府左都督，食禄千一百石，加赐田若干顷。又二年，以疾终，享年六十有五。子男七人：茂、瑄、瑜、琥、玘、瑛、瑾。瑄，府军右卫指挥使；琥，驸马都尉，尚安成公主；瑛，驸马都尉，尚咸宁长公主。永乐中，琥袭西宁侯；仁宗皇帝嗣位，琥坐事，改命瑛袭西宁侯，署宗人府事；仍给原禄，子孙世袭。今上即位，改元宣德，始加赠祖考一公、考朝用皆为西宁侯；祖妣朱氏、妣陈氏皆为西宁侯夫人。公之配丁氏、叶氏、许氏皆赠西宁侯夫人。茂、瑄、瑜、玘、瑾皆先卒。女五人：钱祯、张镇、彭铉、徐昕、张益，其婿也。孙男十人：福寿、杰、智坚、伟、智满、俊、俨、佑、佐、吉祥，蒙赐名除授。杰，金吾左卫指挥使；伟，羽林右卫指挥同知；俊，天策卫指挥佥事；俨，旗手卫正千户；佑，龙骧卫正千户。孙女八人：陈□□、瞿熊其孙婿也。曾孙二人：□□、敬之。呜呼！公勋著国家，贵联戚里，庆泽被于后嗣，名声施于无穷，固本于际遇圣明，千载之幸会，亦必其忠义之行、闳远之材、克勤始终，有以迓承之矣。故既述其事于碑，又为之铭曰：

天建皇明，龙兴淮土。魁智杰能，如云从附。定远密迩，犹汉沛丰。父兄偕来，有伟宋公。义旗所向，仗剑先从。神武（不杀），迎降（欢）呼。大江飞渡，金陵定鼎。分命股肱，（出绥）四境。于宣及歙，于番及闽。公从总戎，声威日震。既宁既靖，公留奠之。进奠藩垣，大江之西。云中（在）左，分陕（在）右。公来填抚，煌煌旌棨。虏窥（西陲，公往遏）之。爰整其军，招怀其余。击胡辽阳，（稚孽）岭表。如（燎灭）枯，如铁摧朽。马迹所历，几周四遐。桓桓之志，无康于家。文皇临御，亲任旧老。自西来朝，苍颜白首。天子曰：嘻！卿宜在廷，纾（予）西顾；孰乎愈卿！公曰臣职，及臣未衰。西人欣欣，迓公复来。鞠躬尽瘁，遑敢怠（予）？道人恃（公，屹然）长城。（宣）上德恩，治平遐外。西人毕归，如川赴海，天子曰：嘻！维时茂勋，崇爵丰禄；予慰乃勤，维公遭际。（实多父兄），伟（续）贤称，（脱而盖闳，存殁荣哀。归从先兆，来世莫京。繇公所肇，墓道有石。其崇九尺），太史述铭，永（耀无极）。

宣德元年岁次丙午月日，孝男驸马都尉西宁侯瑛立石，四明胡闾镌。

注：原碑部分缺字参照杨士奇《东里文集》卷十二《故推诚辅运宣忠效力武臣柱国后军都督府左都督西宁侯宋公神道碑铭》补齐，并以括号框出。

追封西宁侯宋公墓碑铭

资善大夫太子少傅工部尚书兼谨身殿大学士知制诰国史总裁建安杨荣撰文

资善大夫行在礼部尚书兰陵胡篆额

自昔帝王之兴，必有英贤为之辅翼，然后戡定祸乱以成大业。我太祖高皇帝膺受天命，龙兴濠泗；于是虎贲鹰扬之士乘时而出，云合景从，不数年间，芟夷群雄，荡平宇内，遂正大统，何其盛哉！方其时，凤阳之定远宋公，隐约田里，抱负才器，慨然欲自见于当世。适元政不纲，四方骚动，因窃叹曰："世事如此，将必有真主受命而兴乎？"及闻太祖举兵，远近咸附，即偕其子国兴及晟拜谒，时得参预谋议。是岁壬辰，随军克濠州，复征贾鲁，败之，即授总管万户。甲午，从克五河、泗州、盱眙等处，并子国兴俱授总管。乙未，又从征战取和州，渡江采石、太平，从攻溧阳。丙申秋，破蛮子海牙水寨、破陈野先营，克复建康，授广德元帅。丁酉，克宣州，遂留守御，改授天宁翼元帅；以年老还建康。晟累从征伐有功，先以兄国兴殁于王事，命袭兄职。己亥，始得代公为元帅，公既以耄疾闲居，每奋曰："吾（父）子幸际圣明，以开万世太平之业；惜吾老，不能効尺寸，然犹有望于吾儿竭尽忠荩耳。"厥后晟积功授（升至）龙虎将军、山西大同都指挥使。洪武乙丑，公以疾殁，上命治坟茔于京都聚宝门外雷家庄葬焉，给赐其家甚厚。岁丙寅，晟为右军都督佥事，遂（得推）恩以其职封公，阶骠骑将军。晟既调中军，累充总兵，征代迤西及辽东五开诸处，料敌制胜，谋无遗策。太宗皇帝入承大统，晟朝京师，升后军都督府左都督。壬午，选晟之第四子琥为驸马都尉，尚安成公主，继而兵部以晟第二子瑄先任府军右卫指挥使而战死于灵璧，为（请）上特命晟之第六子瑛袭瑄职。永乐癸未，瑛复选为驸马都尉，尚咸宁公主。晟既佩平羌将军印，总兵甘肃，号令严整，奠安一方，而西北部落相率降附，赐敕褒谕其功，由是进封西宁侯，食禄一千一百石。丁亥七月，晟以疾没官，归其丧葬南京之祖茔，以琥袭爵。甲辰，仁宗皇帝即位，琥以事夺削。洪熙元年春正月，复命驸马都尉瑛袭父侯爵并署宗人府事，给以原禄，子孙世袭。公讳朝用。今上即位，改元宣德；始加赠公及公之考壹皆为西宁侯；妣朱氏、配陈氏皆为西宁侯夫人。男七人：长曰国用，早世；次曰国兴，以功授总管，殁于王事；次国祥；次晟，晟累官司至后军都督府左都督，进封西宁侯；次昱，任山西布政使；次；次旻。女三人，孙男十七人：文、献、茂、瑄、端、瑜、琥、玘、瑛、竑、翊、瑾、瑀、璧、琮、瑢、珑、琓；孙女八人。曾孙男十九人：辅、黻、安、铉、杰任金吾左卫指挥使，佐、镛、铎、伟任羽林左卫指挥同知，镐、俊任天策卫指挥佥事，俨任旗手卫正千户，佑任龙骧卫正千户，戊、先、佇、俛、俊、偃。曾孙女八人。瑛间尝告余曰："惟瑛菲薄，叨承祖父遗烈，得以联姻戚里，享有封爵，斯实先德敷右所致，其奚敢忘？然夙夜思惟吾祖，当草昧之初，遭遇太祖高皇帝兴王之运，与吾父两世戮力，（屡）从征伐，茂著勋庸，而吾祖不幸年迈，负疾家居，厥功弗显。瑛仰荷余荫，叨有厚禄，虽蒙国家恩荣盛典，宠贲九亥而墓碑无文，何以示后？幸赐一言以褒拂之，非惟足以彰朝廷之厚恩，尤足以昭先德于无穷也。"予辞弗获，因为叙次其概，而系之以铭曰：

昔在太祖，受命而兴。天戈所向，莫之敢婴。贤豪景从，云龙风虎。经营四方，罔不顺附。维时宋公，默识事机。发迹田野，真主是依。岂惟公能，公又有子。推诚效忠，折冲御侮。群雄剪除，公亦年耄。负疾家居，辞荣履道。子既克翊，懋建厥功。诸侪是贤，爵位益崇。九京茫茫，不可复作。龙光昭回，以慰冥漠。雷庄盘盘，有巍斯阡。铭以昭之，永世其传。

时正德十一年岁在丙子十一月戊寅初七日，钦差南京协同守备兼管南京右军都督府事、奉敕掌行祭祀、掌府事、见任西宁侯孝玄孙男宋恺立石。金陵杨镛镌。

注：原碑部分缺字参照杨荣《文敏集》卷十九《追封西宁侯宋公墓碑》补齐，并以括号框出。

宣武将军佥广武卫指挥使司事赠骠骑将军佥都督府事李公神道碑铭

（皇）明受命，奄有四海。文经武纬，天下治平。有生之类莫不各遂□□，推本所自，皆（上）之赐与诸将臣宣忠效力之所致。盖尝观于有元之季，君臣（怠肆），群雄蜂起，盗名字者不可胜（数，九）州之内，莽为战区，生民涂炭极矣。我（皇）上以圣神文武之资，膺（天）眷命，建义于淮泗之间，历数在躬，豪杰景附，天戈所指，妖孽（廓）清，天下归心，四方底定，民得（安居），今四十余年矣。自登大宝以来，追念将臣开拓之劳，修报功之典，既已显荣其身，复令其子孙世有禄秩，且诏有司着为令，以示永久。若广武卫指挥佥事李公以死于战，（诏）即赠镇国上将军、都指挥使，命官其子谅。谅继立军功，今官至骠骑将军、佥中军都督府事；子（忠）复以材能累官至昭勇将军、旗手卫亲军指挥使司指挥使。而公又以子贵，加赠骠骑将军、佥都督府事。都督公与其弟指挥使议曰："先人幸得依凭风云，捐躯百战以有爵禄，以庇佑于我后人，其葬日久，神道之碑（尚未）有（诗）以刻，诚图之，庶几可以侈（恩赐），且使为我子若孙者知其所本，以永世不忘。"议既合，以其故告予，且（求铭）焉，予辞弗获已，（乃）复自思：予虽顽鄙，荷（圣）天子涵育成就，俾官于朝，恭闻（圣）训之日久矣，我朝将臣，奇勋伟绩，亦获知其一二，尝慨然欲纪述以示天下后世，使知创业之艰难，凡安居暇食、优游于今日者皆当思其所自，相与保极于无穷。况都督公昆季，虽以外戚之贵而温恭谦抑，乐善之意款款见于言词间，其材贤又能副（上）任使，有足书者，何可以予鄙陋而固辞？谨按：李氏之先出于皋陶，皋陶为尧大理，世（以理为姓），后因事改为李，子孙散处天下，自柱下史聃显于周，由秦、汉、唐、宋至今历数百年，或侯王将相，或公卿大夫，代有显人，宗姓蕃衍，久而益盛，虽经丧乱，谱牒散逸，考其源流，盖出于一。公讳杰，字茂实，世居寿州霍丘县（之寿安）乡，为人朴直，力于稿事。元至正庚寅、辛卯间，兵起颍、汝，延及旁郡，民老幼罹锋镝死者相枕藉，而元将用兵又不以律，钞掠甚于寇贼。公叹曰："时事若此，天意可识矣！"乃入戎伍，驱驰于群雄间者六、七载。（圣）天子定鼎金陵，政化闻于远迩，豪杰之士相率来归。公闻之，以丙申之岁渡江来属，（上）悦，使隶大将军麾下。由是攻宣城、毗陵、安庆、九江、太平、庐、泰、高邮、淮安、吴兴、姑苏、荆、湘诸郡及鏖战彭蠡皆与有劳。其攻姑苏也，我军方阵，敌悉众来拒，步卒十数为彼所得；公怒，单骑追及之，手刃数人，夺步卒以归；敌愕视不敢斗。我师围武昌，敌计欲持久以老我师，公曰："吾远来，利于速战；观敌虽众，可劫而胜！"大将军然之，令率敢死士数十人夜入其垒，鼓噪而起，敌众大乱，自相杀戮，我军乘之，一战而胜。公之胆略多类此，论功自天策卫管军千户迁宣武将军、佥广武卫指挥使司事。洪武元年，诏大将军入中原，山东西、河南北州郡相继而下，独所谓孔山寨者贼恃险以抗我，公奋然先驱，与贼接战，已而贼众大合，援不及继，公遂死焉，时冬十有二月乙亥也，享年三十有八。都督公同指挥使迎公丧归，以洪武二年八月庚午葬于京城南聚宝山之阳。考永中，以子及孙贵，亦赠骠骑将军、佥都督府事，妣董氏封夫人。公娶茅氏，封太夫人。子，男二人：长即都督公也，次即指挥使也；女一人，今为淑妃。孙男五人：曰泾、曰溟、曰涛、曰淦、曰深，皆聪明就学，克绍其家。呜呼！自古英伟卓荦之士，立功业有裨于国家不获躬食其报者，其子孙未有不显荣光大。观公之遭时有为，死于忠勇，积而未发，其子孙享爵禄而与国同久远，盖亦宜也。铭曰：

维昔君臣，遇合孔艰。职此之故，功名鲜闻。阔疏千载，时一其逢。智（勇）莫及，惟天启衷。嗟元之季，君怠臣肆。下民怨咨，声闻于（帝）。帝哀下民，笃生（圣）君。锡以勇智，（俾伐）暴昏。烈烈李公，奋于畎亩。豪雄毕来，时不可后。载驰载驱，为国爪牙。执（讯）获丑，厥功寔多。功则多矣，莫食其报。（天）子念功，崇以爵号。燕及后人，蕃蕃子孙。子孙多贤，克昌其门。如堂斯构，如播斯获。有相之道，岂伊人度。南山之坟，穹然其碑。我作铭诗，以永其贻。

洪武三十一年夏五月二十日立，武林翁子文镌。

注：原碑部分缺字按文意补齐，并以括号框出。

僧录司右善世南洲溥洽法师塔铭

［明］杨士奇

洪熙元年八月十八日，上御便殿召僧录司右善世溥洽入见，慰劳甚至。遂奏乞还南京大报恩寺以终老。从之，赐佛像、经钞若干缗，给驿舟，命中官护送。既至，明年为宣德元年七月廿有八日，微疾，呼寺之住持惟实付后事，留偈诀别其徒云：清净自在中，还得如是住，一切大安乐，清净自在住。遂化，春秋八十有一，僧腊六十有九。停龛旬余，颜色如生。其徒举龛于长干西南之凤岭，奉全身建塔焉。贵戚名卿士庶方外耆耄送者万余人。讣闻，上遣行人王麟莅祭。于是其徒圆澹、慈霔等奉惟实所状事行介礼部尚书胡公求塔铭，而少师吏部尚书蹇公助之言。按状，师讳溥洽，字南洲，晚号迂叟，又称一雨翁者，人即其所居轩号之也。姓陆氏，宋宝章阁待制游之后。世居会稽之山阴，祖某仕元为饶州余干县尹，父仁甫、母余干周氏。师生于至正丙戌，自幼闿爽颖异，父教之诗书，悟解日益进。未龀已志慕出世法。有老长戏之曰："仙人本是山人作。"师应声对曰："凤鸟终非凡鸟为。"众惊异之。每入招提瞻佛像，辄敬礼膜拜，父母知不可遏，命于郡之普济寺礼雪庭裕公为师。既受具戒，上天竺谒东明日公，一见器重之，命典宾客，其仪矩从容秩然，丛林老宿多推服，以为难能，而博究教典，虽寒暑，夙夜不懈。已而，从具庵玘公于普福，讲求要旨，凡诸经范精粗小大之义靡不贯串，而旁通儒书，间以余力诗文，多有造诣。玘公命首忏事，行三昧法，而自是进于止观明净之道。及玘公还演福广，陶铸来学，师偕同志二三辈奋进其中，沛然有所自得。洪武辛亥出世，主孤山玛瑙讲寺。戊午全室泐公等奉诏注楞伽、金刚、心经，师时侍玘公在焉。训释考订，多所助益。癸亥，住苏州北禅寺，学徒云集。师为开演五时八教如来一代施化之仪，郡之乐善者咸心悦诚服，率其子弟日诣讲下，请受法华经旨，师敷析要义，无智愚高下，人人满所欲而退。一时宗门耆硕如九皋声公、启宗佑公，咸共嗟赏谓：吴中法席繇宋迄今可盛矣。又六年，主杭之天竺，苏之学徒从往者甚众。乃循慈云故事，建金光明护国期忏七昼夜，为众讲贯无虚日。岁余，太祖皇帝闻其贤，召僧录司右讲经，玉音褒谕，有通东鲁之书、博西来之意之语，盖知之为深。居长干西丈室三年。时梦观主天禧，其徒由高者夜梦诣师室，及门有二神人，兜鍪金甲，护卫甚严，叱止高曰：寺主在是。既觉，诣师告所梦，且曰公其代吾师乎。踰月，梦观卒。有旨命师兼主天禧，而四方学者归向益盛，法益振，教益流，誉望益隆，勋尊贵戚趋走敬礼者接踵户外。又三年，升右阐教，遂升左善世。太宗皇帝举义师，道衍公有辅翼居守功。上即位，召衍至，自北京命主教事。师以左善世逊衍而已居右，上嘉从之。永乐四年，诏修天禧寺浮图，落成之日，车驾临幸，命师庆赞，祥光煜煜，万众聚观，天颜愉怿。时有任觉义者忌师之宠，构词间之，左迁右觉义，疏斥，师不辩，自处裕如。既而，上察其心，复右善世。仁宗皇帝临御，以老宿数被召问，礼遇特厚，命居庆寿寺松阴精舍，以自佚而赐赍屡加。盖师历事列圣，一以至诚而言动必祗礼，度处物以和，驭众以宽，接引来学，随材具深浅而开悟之，咸有成而去。解后逢掖士，喜商论文事。三四十年间，巨缁老衲有文声者，师与衍公为首。衍公既进位太子少师，赐名广孝，其晚岁于师尤厚。有疾将化之前一日，太宗皇帝亲临视之，问所欲言，独举师为对，不及他事，盖两人知契最深云。尝有问师寿几何，曰九九不过焉。有日供畦蔬者，一日师劳之，曰：勤尔久矣更用尽，七月耳。至是皆验。师所着有《金刚经注解》附录二卷、应制及与名人倡和诗若干卷，国家建法会一切科仪文字皆师所定，以贻范于后。

其所度弟子圆悟大沾、僧录右觉义慈霔志了若干人。得法弟子僧录左善世闻晟、右善世圆瀧鸿义玄妙广惠禅师、右善世行杲、左觉义守行、右觉义惠朗德润。集庆云山僧纲都副智达善启、上天竺住持碧潭等若干人。铭曰：

天台之源，启于鹫岭，教观显示，焕乎炳炳。如狮子吼、如海潮音，浩乎洋洋，闳博雄深。以大总持，妙尽佛意，作宪垂范，沿远有嗣。千岁之下，传暨洽公，公所自出，伟儒其宗。明爽夙成，与佛有契，一瞻金像，如悟宿世。捐弃爱念，皈命慈父，秉心之坚，金石非固。道之难致，海阔天高，力探精思，靡夕靡朝。昉其思之，沉潜反覆，逮其发之，芬华秾郁。如山之载，如川之输，撷之无尽，挹之有余。奕奕讲筵，鸣鼓其镗，四众拱听，如阇得明。名山巨刹，屡主法席。来学来依，奔走填溢，誉闻四驰，升闻黼扆。褒之扬之，有来玉旨。尔正尔徒，无间远邦。为国迎厘，为民迓祥，祇事列圣，宠命有赫，孰为中蠹，天鉴靡忒，世龄八十，聪明疆固，唉挥玉麈，从容嘱付，灵蜕所藏，云覆荫之，中天秋月，朗朗清辉。

明宪宗孝贞皇后王氏家族墓志铭

戚里王公克威墓志铭

嘉议大夫南京吏部左侍郎前翰林侍读学士国志总裁直文华殿赐一品服东吴钱溥撰

赐进士嘉议大夫南京礼部侍郎前太常少卿翰林侍读经筵讲官直东阁同修国史西蜀李本篆盖

赐进士进阶正奉大夫正治卿南京刑部左侍郎江浦张瑄书丹

克威王公讳钺，克威其字，顺天密云人也。高祖玉、曾祖福，世尚隐德。元季兵兴，祖福率附我高皇平定，以功授密云中卫百户。福生寿，袭升义勇后卫正千户，因家南京，寻调归密云，公之伯父也。父凤、母高，留居南京，生三子：长鉴，次镇，次即公也。镇为今上皇后之父，晋中军右都督，封其父、赠其祖、曾祖皆荣禄大夫、中军都督府都督同知，妣皆赠夫人。父既受封，年余八十，既贵且寿，安享尊荣，而公独侍其左右，以孝敬闻。成化壬辰哭其父，明年哭其伯兄，又明年哭其仲兄。父既没，朝廷以椒房至戚，命官谕祭，命工部营葬于都城南凤台门之西。公又出父所遗赀以增益之，不自私焉。公体貌魁梧，美须髯，家置园亭，垒石浚池，杂植花卉，畜禽鱼，驯鹤鹿，以供观玩，以乐宴游，一切世务不屑焉。凡桥圮而欲建，道壅而欲除，井湮而欲浚，梵宇琳宫之欲饰，贫无资而欲赖之以举火，亲欲婚而不能成，死不能以葬者，有告于门，辄乐然响应而周济之，不少吝焉。享年五十有七，成化己亥八月二十四日，无疾而卒。其天性和厚，早游江湖，以贸迁为业。逮居戚畹，谨礼法而无骄侈之态，保富贵而无危溢之虞，延誉远迩而缙绅加重焉。配叶氏。子男四：长淳，早卒；次溥、次涞。女三：一适兴武卫指挥使脩纪；一适豹韬卫指挥同知金润；一适应袭羽林卫指挥使张昱。皆叶出也。幼子淮，侧室孙出也。卒之日，五弟锐与其孤溥、伯兄之子洪，经纪其丧，且以讣报仲兄之子、锦衣卫都指挥使源，以其年十月初八日葬焉。锐以其友冬官郎中吴元玉所为状来请铭，余亦交于公者，尝记公先都督之圹矣，而于铭墓也奚辞。铭曰：

处贵戚而不骄，守富盛而不溢。不溢不骄，诞归有极，以无忝于先德，后其有征，在此铭石。

明故处士王克衡妻孺人李氏墓志铭

赐进士荣禄大夫太子太保礼部尚书兼武英殿大学士知制诰国史总裁同知经筵事洛阳刘健撰文

赐进士资德大夫正治上卿太子少保户部尚书侍经筵官山阳叶淇书丹

赐进士第资德大夫正治上卿太子少保都察院左都御史经筵官四明屠滽篆盖

孺人讳玉，姓李氏，故武略将军、南京金吾右卫千户讳旺之女，母刘氏。孺人生有淑质，不妄言笑，然体素清臞，若不胜衣，父母爱而怜之，择所归以为处士王君克衡之配。克衡讳铨，金陵望族，乃追封特进光禄大夫、柱国、瑞安侯讳凤之子，追封特进光禄大夫、右柱国、阜国公、谥“康穆”讳镇之弟，今皇太后之生父也。孺人自归王氏，事舅姑以孝，相夫子以礼，处娣姒、御群□以恩义，即有贤称。仅数载，而克衡遘危疾，孺人毕力以侍，汤药弗效，竟不起。亲族或有惜其年少无子有他言者，孺人曰“夫，妇之天也。天岂有二日，吾之无子亦数也，岂可以此易所守，以□吾夫哉！”乃以死自誓，惜之者遂不敢复言。时皇太后在室，孺人知非常人，极力视养，皇太后德之，因随侍□□□□赐第，礼待特优厚。每被召入内，一见即求出，曰：“此非未亡人所宜久留也。”皇太后由是益重焉。年及五十，例得旌表贞节。或以为言，孺人辞曰：“吾举家皆沐国恩，顾吾一孀妇亦欲叨冒，人其谓何？况守节亦妇行之常，无足异者。”因力止之，事竟不行。今年秋，偶感疾，知不起，乃进其侄瑞安侯源，谓曰：“吾平无补王氏，死之日，获归葬南都，与吾夫同穴，志愿毕矣。毋过厚以劳人。”遂卒，弘治乙卯七月廿四日也，距其生宣德丁未十二月初八日，享年六十有九。讣闻，皇太后哀悼甚至，时遣人赙祭于家，源及诸昆仲服丧以礼，且请于朝，遣其从兄锦衣卫正千户浩，给官舟扶柩南归，将以弘治丙辰三月十九日祔葬处士君之墓，而征铭於余。孺人生贵族，自结褵至属纩，能守一节而无玷，亦女妇中之特然者也，不可以无铭，乃为之铭曰：

始于为女，终於为妇，皎然一节，无惭无负。南都之原，先茔之次，同穴以藏，从其素志。

明故昭勇将军南京锦衣卫指挥使王君墓志铭

赐进士第资善大夫南京礼部尚书前奉敕松潘等处提督军务兼理巡抚都察院右副都御史南京吏部右侍郎番阳童轩撰文

奉敕协同守备兼管南京右军都督府事提督大小教场神机新江口等营总兵官柱国武靖伯凤阳赵承庆篆盖

赐进士出身通议大夫南京刑部右侍郎前都察院右副都御史泰和萧祯书丹

君姓王，讳锐，字克英，其先本顺天之密云人，世以武功累官徙金陵正阳门东，家焉，今已数叶矣。其光禄大夫、中军都督府右都督、赠瑞安侯讳风者，君之父也；前密云中卫正千户、赠光禄大夫、中军都督府右都督、瑞安侯讳福者，君之大父也；隐居密云、赠光禄大夫、中军都督府右都督、瑞安侯讳玉者，君之曾大父也；追封特进光禄大夫、右柱国、阜国公、谥康穆讳镇者，君之兄也。王氏自曾大父以来，怀诚累善，质行履方，非一世矣。至康穆乃大发其祥，笃生皇太后，上配宪宗纯皇帝，正位中宫，母仪天下，光被九族，与国咸休。君生景泰辛未十月七日，鞠于嫡母高夫人膝下。自少颖敏慧悟，殊异常儿。稍长操心虑事，既深且远，明达世故。诸昆相继即世，君独守旧基寅奉先公园寝，岁时伏腊，必严祀事，未尝少怠。用是，宪皇嘉之，乃于成化癸卯夏四月钦授南京锦衣卫正千户之职。弘治庚戌秋七月，今上推亲亲之仁，进君本卫指挥佥事。君益广基业，经营恢拓，甲第如云，一时贵富之家尠与为俪。壬子，入觐，赐赉优厚，复进昭勇将军、指挥使言。旋之日，交游宾从，珥貂横玉者接武其门，舞袖歌钟，燕集终日。古称陶猗之豪富，梓泽之繇华，殆莫能尚，诚可谓荣盛矣。然君雅有知识，凡所臆度，物无遁情，时与客商确，事后可否成败，议论英发，亹□□□，□如其言。每见时政之有缺失，兵民之有利病，辄疏以闻，亦颇见采纳。诸子虽在幼稚，必延师家塾，令其诵习儒书，不使有膏纨之习，又若老于世故者。无何，忽疽发于首，群医环视，莫疗。疾革，犹处分后事，井井弗迷。以弘治乙卯十一月庚辰日卒，得年四十有五。配宜人杨氏，都阃得广之女，有贤行，先卒。继梅氏，亦克妇道。诸姬陈氏生子汉；薛氏生子潮、滢；次润，黄氏出；次涌，陈氏出；次泷，张氏出也。俱幼，未室。卜以卒之明年丙辰岁三月十九日，祔葬凤台冈祖茔之次。先期，讣闻于朝，钦赐□祭，孤子汉以致海州守事邓君新之所状行实，诣予丐铭，矧君素所厚外姻钦差协同守备、掌南京右军都督府事、武靖伯赵公数为之请，谊不可辞，铭曰：

于维王氏，累德世厚。上帝监观，笃生圣后。嗟嗟王君，实承其祐。百福来同，曰贵曰富。于何履盈，竟啬其寿。年虽弗将，庆流未究。谢庭芝兰，振振而茂。凤台先茔，托体冈阜。既固且安，尚利其后。

诰封宜人杨氏墓志铭

赐进士及第资善大夫南京吏部尚书前翰林学士国子祭酒经筵讲官兼修国史晋陵王僎譔文

赐进士出身中宪大夫南京太常少卿前翰林侍讲经筵官兼修国史莆田陈音书丹

赐进士出身南京工科给事中东嘉章玄应篆盖

宜人杨氏，金陵望族、南京鹰扬卫指挥均之曾孙女、都指挥佥事得广之女也。母赵氏。宜人德性沉静，寡言笑，慎举止，非父母有命，不辄至中庭，姻族稍疏远者，至不知其在室。年十九，以选归戚里王氏，为南京锦衣中所正千户克英之妻，都督同知、赠瑞安伯凤之介妇。都督五子，其仲讳克安者，今圣母尊上皇太后父也，其季为克英。兄弟同居，家庭雍睦，而宜人处妯娌之间，侍舅姑之侧，柔逊以和，敬养不衰，上下称之，无间言焉。成化癸巳，都督自顾暮龄，仰给者众，乃命诸子分财异产。宜人至是又相克英，以俭以勤，用致饶裕，因间请曰："人之娶妇，上以承宗祧，下以继胤嗣也。君家贵盛，胤嗣宜蕃，而妾故多病，生子不育，为君之虑，宜早置妾。"克英不纳，谓为过计。宜人言之至再至三，意诚词恳，而后纳焉。既又谋于克英，焚香吁天，祈早得嗣，自壬寅以迄戊申，六七载间，累生三子。宜人抚之，仁慈备至，提携顾复，无异己出。贤声播闻，皇太后乃赐衣履，固笃亲亲，亦宠嘉之也。宜人平生，奉先以诚，待下以恕，妾媵有过，不加谴责，从容训戒，俾之悛改。遇克英之箠挞婢仆，必劝止之，罔俾离心。其服御不尚华侈，间得珍异，必均给众妾，而自取其不堪者，众妾德之，如奉慈母，而诸子亦亲爱之，不知其非宜人所出。往岁丁未，以克英贵，给诰命封宜人，居无几何而遘疾卒矣。此克英所为深悼惜之，以图其传于予也。宜人生景泰辛未十一月五日，卒弘治改元六月二十三日，享年三十有八。子三人：汉、潮、滢。卒之年九月十日，葬江宁县风台冈祖茔之次。其状则光禄少卿张君所述。呜呼！太史公尝言："女无美恶，入宫见妒；士无贤不肖，入朝见嫌。"盖谋深虑远而急於承先，推贤让能而于忘我。此学士大夫所不多见，况女妇乎？噫！如宜人者，诚不可使无闻于后世也，故不辞为论撰之，而系之以铭。铭曰：

先王教远习俗婾，人怀媢嫉憎匹仇。争妍妒宠身为谋，名虽为士妾妇流。贤哉宜人诚好逑，女中丈夫乃其俦。樛木逮下德最优，恩施均一犹鳲鸠。年龄有已声无休，斫石荐词款诸幽。

王志远墓志铭

赐进士出身中宪大夫南京都察院右佥都御史奉敕提督操江括苍虞瑶撰文

赐进士出身奉议大夫南京吏部文选郎中东嘉杜整书丹

奉议大夫南京尚宝司卿吴郡李应祯篆盖

王志远，讳洪，金陵人也，其先家于顺天之密云。曾大父福，密云中卫百户、赠荣禄大夫、中军都督府都督同知；妣刘氏，赠夫人；大父凤，封荣禄大夫、中军都督府都督同知，赠柱国、瑞安伯；妣高氏，赠夫人。凤少倜傥不羁，南游齐鲁吴楚间，爱金陵山川文物之盛，遂徙家于城东之正阳街。生六子：长曰鉴，恩荣冠带，娶赵氏，是为志远之父母也；次曰镇，寔生皇太后，以贞静柔慈、含弘光大之德，配我宪宗纯皇帝，用是封荣禄大夫、中军都督府都督同知，升右都督，卒谥“康穆”，后以子源封爵，赠柱国、瑞安伯。志远之曾大父、大父暨其妣，皆有封赠，实又推恩之所及云。志远生七月而失母，且多疾，赖叔母李鞠养以长，既而又得继母徐□夜教育，克底成立。性纯笃，寡言笑，涉猎书史而通其大意。弱冠丧父，敛葬视诸礼无愆，而哀毁过之。岁时奉祀事，必诚必敬，语及父母不逮养辄涕泣俱下。感继/母及叔母鞠养教育之恩，孝情曲尽，侍奉诸父如其父，友爱群从如其同气。至于处姻族、乡邻，皆有恩义。所与游者，多缙绅逢掖之士。尤善治家，食指虽繁，节其劳逸，均其衣食，皆有矩矱，无敢有媮惰怨望者。虽居戚里，自奉俭素如寒士，由是藉藉有贤名，南畿大夫、士咸器重之。皇太后察其贤，且为王氏之元孙，尝命之入见，将荫以官。志远深以盈满为戒，语人曰：“吾家素无勋伐，徒以内戚之故，诸父及吾弟源等，仰蒙恩赉，叨享爵位，已踰分矣，猥劣如洪，岂敢复有所觊觎哉。”欿然退处不敢当。皇太后闻而益贤之，不强其所不欲，数遣人慰劳而赉以内帑币帛，盖所以旌之也。以疾卒于弘治己酉三月十二日，享年三十有九。娶成氏，子男一，曰封，在襁褓；女三，皆幼而未行。凡所以抚育其遗孤，而综理其丧事，于从父锦衣卫正千户锐者，幸有赖焉。锐卜是年十一月六日，举其柩附葬于凤台冈先茔之次。先期求南京光禄寺少卿张君贲状其行实，而请铭于予。铭曰：

虽畀其贤，而夺其年。彼苍者天，胡为而然。

戚畹故公子王志远妻成氏墓志铭

赐进士出身南京刑部山东司副郎萧山李性明撰

朝列大夫广东布政使司左参议檇李罗麟书

明威将军豹韬左卫指挥佥事江东金润篆

龙江卫倅成君复初，与余为文字交，盖有年矣。一日，持友人叶廷芳所著厥姊行述谒余乞铭，且曰：“良姊不幸，蚤失所天，又不幸不为天所恤，今死矣！遗孤甫十岁，罔知所图，则图不朽者，固良之责。不然，殆与草木而同腐矣，于良心焉忍耶？”余闻而哀之，遂不让而为之志。按状，孺人讳妙音，姓成氏，世为陕之同州人。父名昂，母王姓。孺人自幼有异质，言动不凡，性聪敏，女红不待教而能。事父母极孝，厥姊暨弟尤为敬爱焉，盖其天性然也。天顺初，姊妙观被选入内庭，后随崇府之国，极近幸，能以正匡佐，自王妃以下咸敬惮之。孺人时尚幼，语父母曰：“姊若是已，不为凡人妻妾矣，吾岂为庸人妇耶？”居无何，宪庙中宫族弟讳洪，字志远者，有士风，闻其贤而聘之。年十八嫔于王，克执妇道，事舅姑如事父母。姑甚严，孺人曲为奉侍无怠心，亦无愠色。于凡卑□遇之一以礼，用是内外无怨言。未几，夫寝疾，孺人躬事汤药，罔分于□夜，虽劳疲不自知。疾且革，愿天祈以身代。踰一稔而夫亡矣，孺人欲以死殉，既而曰：“死固吾之正，奈宗祀无所承。姑已老，幼孤无恃，吾所/以不死者，为此故也。”既葬，以哀毁致疾，医疗百至，弗愈，竟以弘治丁巳三月二日酉时卒，距生之年实景泰辛未十二月初七日子时也，得年四十有七。男二：长曰树，未聘；其次曰柱，高所出。女三：曰淑贤，适龙骧指挥使刘昶；曰淑良，适兴宁伯仲孙□宥；

曰淑安，尚在阁。卜以是年四月十一日葬于凤台冈祖茔之次，与其夫合窆焉。呜呼！以妇人而知宗祀之大计，隐忍而不死，君子以为犹死也，其视徒死而无益于死者大不侔矣，不贤而能若是乎？法宜铭，铭曰：

□□□亡，妇为未亡。为宗祀计，义不可亡。既安于义，恶用乎亡。终始一节，以底于亡。于千百世，吁嗟乎，孺人其不亡。

孝陵神宫监太监韦公墓志铭

赐进士中宪大夫南京太常寺少卿西蜀李本撰

赐进士前翰林学士兼修国史南京吏部左侍郎云间钱溥书

参赞机务资善大夫南京都察院右都御使三原王恕篆

太监姓韦讳清，字源洁，广之庆远府思恩县人氏。先世名族英裔，有□□□□宣宗章皇帝己酉，选拔俊秀者动履宫壶，选至阙，于内书馆读书。视其所以，□□天成。宣德癸丑，任内承运库书办，小心慎密，殷勤干济。至景泰甲戌，擢御用监某作房管监，督官匠监造御物等器。天顺丁丑，知公立身老成，升御用监□□。成化丁亥，升本监右监丞。戊子，升左监丞。成化庚寅，升右少监。成化壬辰，□左少监。成化甲午，升御用监太监。成化乙未，改调南京，升除孝陵神宫监太监，掌管印信。

公历阶登荣，未尝喜加于形色。曾受皇命钦差陕西、山西、河南等处公干，深得上意，优宠垂顾，知公素行忠厚、宽裕、温良，廉而有能，一心报国。其性情雅淡，沉默简言，鼓琴乐志，延士开怀，礼乐、射御、书数无不周知。治或行事，威而不猛，恭而安。侍奉太祖高皇帝陵寝，一日有三司香，诚意正心，严装衣冠，愈加谨慎，事亡如事存。节用须臾不敢懈怠，兢兢业业，礼度如初。抚安孝陵卫官旗军士，善御守获，各安其定止，亦不错落规矩。妇女儿童，皆知公有德矣。是故林林有作中官者，似公盖鲜矣！亦燕然闲暇无事之时，扱水灌蔬，培壅花木，以悦情趣，诚有古人之风焉！其不忘休休乐道之志，凌高节，迈流辈，公岂不有出尘之想？因持状请铭于予，曰："当年与公同游仕路，亦知公平昔所为，不旦是而信不诬矣！"深感于怀，不亦宜乎？公弟侄孙，森列满前，同族作显官者亦数十余人。公生于永乐癸巳，享年八十有二岁，预刻于铭，以待寿终不可期矣。治寿藏在于应天府江宁县天隆寺安德乡之原。谓其铭曰：

公处盛世，身依帝乡。涉猎经史，志气汪洋。襟怀洒落，礼度如常。圣君付托，股肱惟良。奉公守法，用舍行藏。供事五主，深宠恩光。晚向南都，乐福无疆。际此高任，其孰敢当。尔功尔劳，名誉昭彰。千载而下，刻石于堂。

大明弘治甲寅年甲戌月己亥日葬

金陵杨林镌石

福清公主墓志

公主讳清□，太祖高皇帝第八女，母后孝慈高皇后，生母□氏。公主生洪武三年十月十五日，十八年三月十七日册封为福清公主，□□驸马都尉张麟。永乐十五年二月十□□薨，□年四十有八。子男一人□。□以是年四月初四日奉敕葬安德山之原。谨志。

驸马舍人张杰墓志

舍人讳杰，字克俊，姓张氏，世为凤阳临淮人。祖讳隆，以开国功封凤翔侯，祖妣王氏，封凤翔侯夫人。推恩及三世，故祖、妣皆侯爵、夫人。父讳麟，以功臣子选尚太祖高皇帝女福清公主。洪武二十三年岁庚午闰四月二日，舍人生，甫五岁而孤。及长，好读书，循矩度，事母以孝谨闻。永乐十五年二月十三日丁母公主忧，哀毁逾礼，洎终丧常，如袒括日，及禫，即躬赴行在拜恩。既至，忽遘疡疾，以永乐七年八月初七日卒于北京庆寿寺寓舍，享年仅三十。娶阎氏，子二人，长武纲，次武纪，皆童稚。卒之日，中使以闻，有敕礼部备棺殓归葬，以是年十一月二十日葬于安德山母公主茔之东。

前南京守备司礼监太监卜公墓志铭

赐进士出身朝列大夫南京国子监祭酒前右春坊右庶子兼翰林侍讲掌南京翰林院事同修国史经筵讲官钟石费寀撰文

钦差南京协同守备掌左军都督府事永康侯合肥徐源书丹并篆盖

嘉靖甲午夏四月四日，前南京守备司礼监太监卜公卒。越六月一日，卜葬于京城聚宝门外普德寺后山之西麓。前期，南京司礼监左监丞居君良、内官监左少监王君胜执状诣寀，请铭其墓曰：

卜公，讳春，字纯仁，号芝轩，河间任丘人也。幼入内廷，侍宪庙，得为长随，为奉御。

孝庙弘治初元，例谪内使，读书内书馆。五年，选司礼监六科廊办文书。九年，选侍皇太子。十三年，转典玺局办文书。十四年，升长随。十六年，除奉御。

十八年，武庙正德改元，升内官监太监佥书任事，赐蟒衣、玉带，为宫中管事牌子，宫城外骑马出入，随朝请剑。二年，命宫中教书。五年，奉旨视篆酒醋面局。其年秋七月，调南京司礼监太监佥书任事。

嘉靖乙酉，奉今上皇帝命，守备南京，有蟒衣、玉带之赐。己丑春，高公卒，命掌守备关防。夏六月，辞任去。越壬辰，病风，竟不起。距生成化庚寅，享年六十五。

某二人为公旧名下，经纪丧事，思得先生铭公之墓，而后可托永久。予念昔在翰林，公曾请为文，纪修蒋庙，延饮其家，意款甚，出三子长跪，送酒为寿，起告予曰："春考讳海，妣姓齐。是三子，名玉、镗、金，吾同产兄景芳子也。"又指三少者曰："永昌、永泰、良弼为兄之孙，吾皆育之成人。"似欲相托而不竟其说。卒之二日，予往吊之，见前所谓子孙者，斩衰苴杖，泣拜阶下，累如也。兹闻二君语，益恻于心，而为之铭。铭曰：蟒袍玉束，既华且禄。乃历四朝，以终有淑。惟君上之赐，亦公之福。大都维藩，既贵且严。胡□不有闻，以若无权。虽天子之圣，亦公之贤。归于兹土，以得其所。门徒护之，亦有孙子。托名不磨，粤惟太史。

明开国辅运推诚宣力武臣荣禄大夫柱国南安侯俞通源墓志

〔盖文〕

开国辅运推诚宣力武臣荣禄大夫柱国南安侯俞通源之墓

〔志文〕

□□侯俞公，讳通源，字伯川，凤阳临淮人，虢国□通海之弟也。公之兄当元季之乱，起兵来和阳，效忠于国，大勋方集，不幸而逝，乃追封为虢国公。公始年少时，亦从兄于戎伍间，至丁未，克苏州有功，命为平章，守江淮省。洪武己酉，同总兵官取燕赵、齐鲁之地，克西京、汴梁、陇西诸郡。三年之间，悉定中原。旋师之日，定功行赏，因世其官，授以开国辅运推诚宣力武臣、荣禄大夫、柱国、南安侯，食禄一千五百石，仍使子孙世袭其爵。自是而后，征西蜀，征沙漠，征甘肃，皆有功焉。洪武癸亥，命守云南，征广南。戊辰，征僰夷。八月，有诏回京师。至己巳三月二十九日，以疾薨于家，享年四十有四。夫人吴氏。子男一人，曰祖。女三人。以是年五月初二日，葬于江宁县聚宝山之原，□□以纳诸圹中。呜呼！兄能立功于前，弟复立功于后，悉授封爵，光于乡里，以显祖宗传之子孙，□□无躬，可谓盛矣。生荣死哀，何憾焉？千万□□，□□□□，□□者完。谨志。

重修刘介廉先生墓碑铭

宣统二年，岁在庚戌二月朔乙亥越十六日庚寅建

花翎二品衔署理湖北盐法武昌道军机处存记湖北补用道上元金鼎撰

武进李正华书江西补用知县金嗣芬篆额上元侯仁继刻石。

先生讳智，字介廉，晚自号一斋。上元刘氏，世习天方之学。父汉英先生，有文行，尝喟然叹曰：“天方经典，析理甚精，惜未有汉译，俾广其传于东土也。”时先生方总角受书，窃闻绪论，已默识之。年十五，笃志于劬学，于经史百家之籍，靡不研究，凡八年。乃进而读天方经典，又六年。将从事于翻译，忽复不敢自信，则又进而读释藏经三年，道经一年，又进而读西洋书百三十七种。由是怡然涣解，乃操笔著述。且译且诵，朝作夕思，屏弃人事，举凡当世声色利禄之途，视之若浮云之过太空，而飘飘之入吾耳也。久之，又以为未足，复裹粮负笈，历齐、鲁、燕、赵，走京师，与朝士贤大夫游，相与讨论学术。折而至湘楚，入秦陇，访求遗经宿学。南下武林，上会稽，寻岣嵝碑。再登天童及大嵩珠山，观沧海，而学识益大进。雍正庚子，应衮州太守马公之招。谒孔林，心忾然有所感，遂辞而归。盖至是而涉猎之富，登览之远，足以尊所闻而副所志矣！

方其求天方经典原本也，得《至圣实录》全帙于河南朱仙镇赛氏，得吴氏藏经数十册于京师某氏，皆西文旁行。自元代入中国藏于秘府，至明季流寇之乱始流传人间。其书多言天算舆地之学，为世所罕观。既又得《人镜》《格致全经》诸书于秦中，于是本教中故籍稚记集略皆备矣！

先生自少至老所著书数百卷，其先行刊行者曰《天方典礼》二十卷、《天方性理》五卷、

既又著《五功释义》一卷、《字母解义》一卷。晚年始著《至圣实录年谱》一书。转博采天方群籍，胪列至圣生平事迹，颇仿紫阳纲目之例，年经事纬，凡涉于政教、刑法、礼乐、阴阳、五行、风俗、疆域、人物，辑录无遗，盖数十年心力之所萃，垂老而成之者也。先生晚归金陵，居清凉山扫叶楼十余年，闭户覃思。一时名公贤士无不知金陵刘居士者。乾隆中，天子开四库，采访天下古今遗书，而《天方典礼》遂得收入存目中。提要称其：习儒书，援经义，文颇雅赡。呜呼，信矣！

先生墓在聚宝门外，粤匪之乱，全家歼焉。谱牒无征，其世自汉英先生以上殆不可考。先生生平岁月亦不能详。以行辈计之，自康熙中叶，迄乾隆初年，享寿盖五、六十岁。有远孙德坤，今为金陵净觉寺掌教，能善承先志，继介廉先生之学于不朽云。光绪丙午，乡人士集资葺先生墓，凡为圹若干丈，华表二，石坊一，碑一，而属鼎为文以志之。乃即其荦荦可记者著于碑，俾知吾教中大贤邱垄之所在，又欲使后之人有所考镜观感焉。铭曰：峨峨钟山，孕毓灵奇。穆穆先生，实降于兹。遗编榛莽，廓而清之。回教西来，历年逾千。非释非道，末流涣焉。西称哲学，我宗儒经。非是不美，乃坠晦暝。手振坠绪，爰发其光。明教阐理，厥声琅琅。坯上既夷，坊表谁正。既封既树，桑梓是敬。告我后人，式此卓行。

学贯天人碑

原籍江南上元寄藉粤西桂林后学白润苍拜撰并书

中华民国四年岁次乙卯端阳后一日立目而建立匠人刘□

学贯天人　先贤介廉刘公千古　刘公之于学也，出乎天天入乎人人，会通诸家而折衷于天方之学，苦心孤诣，著述等身，其有功于世也至钜。润苍读公之书，慨然想见其为人，一再谒墓，辄低徊不忍去，爰泐数言以表钦仰，文字之功拙不暇计也。

九烈士殉难事略

中华民国三十年十二月，日寇发动太平洋战争，翌年一月二日陷马尼剌（拉），我总领事杨光泩、朱少屏、莫介恩，随习领事姚竹修、萧东明、杨庆寿，主事卢秉枢，学习生王恭玮等，守正不阿，于四月十七日悉被害。同年一月十九日，日寇登陆山打根，我领事卓还来被囚，忠贞不屈，三十四年七月六日亦被害。呜呼！此九人者皆外交界之英俊，为保全民族令誉而牺牲者也。我政府特将其忠骸运归，公葬于名山。后之来此瞻拜者，亦知有所矜式也夫。

外交部部长　王世杰谨识

中华民国三十六年九月三日

重修刘智墓记

刘智，字介廉，号一斋，江苏上元人，回族，清初伊斯兰教学者，译著颇丰，主要有《天方典礼》

《天方性礼[理]》《天方至圣实录》。刘公生于康熙初年，卒于乾隆初年，葬于南京郊茅家巷墓地，现存清末建石墓门两道，碑刻五方，民初一方。解放后，一九五七年、一九八二年人民政府两次拨款重修，其墓已列为江苏省文物保护单位。

一九八三年七月南京市伊斯兰教协会谨记

刘智墓园重建碑记

刘智墓园居南京市雨花台南麓，现为江苏省文物保护单位。园以墓冢为中心，以伊斯兰教建筑风格为基调，精心设计，合理布局，现存墓冢、碑坊、石柱、照壁及碑刻等，规划完整。

刘智（约1660—1730），字介廉，号一斋，清上元（南京）人，清初回族伊斯兰教著名学者著作家。其修身研阅经史百家之籍，览读西洋书百余种，呕心沥血，潜心著书立说达40余年，遂创具中国特色之伊斯兰教思想体系，学者誉之为中国伊斯兰教哲学思想集大成者，广大穆斯林尊奉为“先贤”。刘智一生著书数百卷，《天方典礼》被收入乾隆时编纂之《四库全书》。

多年来，刘智墓得省市文物、宗教部门和雨花台区委区政府悉心保护，曾数次拨专款维修。1999年，宁南新区开发建设之初，规划道路主动北移30米，迁移了墓冢周边民坟数百座，方为今日之墓园建设奠定坚实基础。刘智墓园建设乃政府为增进民族团结而实施的南京文化遗产保护之工程。自2001年初，雨花台区组织挖方平坡，修复墓冢、照壁、神道，建铁栅栏围墙、园地绿化、美化。到2001年8月竣工期间得省文化厅、省文物局、市民族宗教事务局，市伊斯兰教协会等多方关心支持。愿刘智墓园永为民族团结之见证，居民尊贤养心之佳所。

南京市雨花台区文物事业管理委员会立

二〇〇一年八月

四、敕　文

出阿育王塔下佛舍利诏

［梁］萧　衍

大同四年八月，月犯五车，老人星见。改造长干寺阿育王塔，出佛舍利发爪。阿育，铁轮王也。王阎浮一天下，一日夜役鬼神造八万四千塔，此其一焉。乘舆幸长干寺，设无碍法喜食。诏曰：天地盈虚，与时消息，万物不得，齐其蠢生。二仪不得，恒其覆载。故劳逸异年，欢惨殊日。去岁失稔，斗粟贵腾，民有困穷，遂臻斯滥。原情察咎，或有可矜，下车问罪，闻诸往诰。责归元首，实在朕躬。若皆以法绳，则自新无路。《书》不云乎？与杀不辜，宁失不经。《易》曰：随时之义，大矣哉！今真形舍利，复现于世，逢希有之事，起难遭之想。今出阿育王寺，说无碍会，耆年童齿，莫不欣悦，如积饥得食，如久别见亲，幽显归心，远近驰仰。士女霞布，冠盖云集，因时布德，允叶人灵。凡天下罪无轻重，皆赦除之。

报恩寺修官斋敕 永乐五年十月十五日

［明］朱　棣

敕谕天下赴会僧众，朕惟佛氏之道，清净慈仁，弘深广大，包含万有，贯彻妙微，利益幽明，功德无量。比者仁孝皇后崩逝，举荐扬之科，启无遮之会，广集僧伽，讽扬经典，百日之间，嘉祯翕集，慧灯降于金刹，法云覆于绀园，绣绚五文，辉灿诸品，毫光累现，众彩毕呈。天花雨空，满衹林之宝树。缟鹤飞舞，绕碧落之幡幢。佛之舍利，或流辉于梵宫，或腾耀于宝塔，开照空之菡萏，烂涌地之摩尼，动若骊珠，炳焕午夜，晃如虹彩，烛影丹宵。宝塔之前，圆结金梅之果；长干之境，秀产琼芝之祥。若斯显灵，难以悉举，皆由尔众毗尼，克谨梵行清修。澜翻八藏之文，悟解三乘之旨。秉至诚以奉朕命，摅精意以扣佛慈。其中亦有至人，道化高妙，飞行变化，隐显莫测，感朕诚心，来临法会，证盟善功。朕德薄有未能知，藉兹众善，遂致感通，睹瑞应之蕃臻，想神灵之济度，超游极乐，信有明征，朕实欢愉，特加褒奖。夫观百川之流者，必至海乃止；亏一篑之功者，则为山不成。尔等益勤益进，庶永谢于尘缘，究竟真空，期早登于觉地。利生助化，翼我皇家。钦哉故谕。

重修报恩寺敕 永乐十一年

［明］朱　棣

天禧寺旧名长干寺，建于吴赤乌年间。缘及历代，屡兴屡废。宋真宗天禧年间，尝经修建，遂改名曰天禧寺。至我朝洪武年间，寺宇稍坏，工部侍郎黄立恭奏请募众财略为修葺。朕即位之初，遂敕工部修理，比旧加新。比年有无藉僧本性，以其私愤，怀杀人之心，潜于僧室放火，将寺焚毁，崇殿修廊，寸木不存，黄金之地，悉为瓦砾，浮图煨烬，颓裂倾敝，周览顾望，丘墟草野。朕念皇考皇妣罔极之恩，无以报称，况此灵迹，岂可终废，乃用军民人等，勤劳其力，趋事赴工者，如水之流下，其势莫御，一新创建，充广殿宇，重作浮图，比之于旧，工力万倍。以此胜因，上荐父皇母后在天之灵，下为天下生民祈福，使雨旸时若，百谷丰登，家给人足，妖孽不兴，灾沴不作，乃名曰大报恩寺。表兹胜刹，垂耀无穷。告于有众，咸使知之。

御制大报恩寺左碑 永乐二十二年二月□日

［明］朱　棣

朕惟佛氏之道，清净坚固以为体，慈悲利济以为用。包含无外，微妙难名。匪色相之可求，无端倪之可测。圆明普遍，显化无方，有不可思议者焉。朕皇考太祖圣神文武钦明启运俊德成功统天大孝高皇帝、皇妣孝慈昭宪至仁文德承天顺圣高皇后，开创国家，协心致理。德合天地，功在生民。至盛极大，无以复加也。朕以菲德，统承大宝，负荷不易，夙夜惟勤。惕惕兢兢，衹循成宪，重惟大恩罔极，末由报称。且圣志惓惓，惟欲斯世斯民，暨一切有情，咸得其所。继述之重，其在朕躬。仰惟如来万法之祖，弘济普度，慈誓甚深；一念克诚，宜无不应。增隆福德，斯有赖焉。南京聚宝门之外有寺，旧名长干，吴赤乌之岁所建。历世既远，兴替相因。宋真宗时，改寺额为天禧。

国朝洪武中，撤而新之。岁月屡更，将复颓圮。永乐乙酉，尝命修葺。未几，厄于回禄。今特命重建，弘拓故址，加于旧规。像貌尊严，三宝完具。殿堂廊庑，辉焕一新。重造浮图，高壮坚丽，度越前代，更名曰大报恩寺。所以祇灵迎贶，上资福于皇考、皇妣，且祈普佑海宇生灵及儿幽滞爽，咸获济利，用仰承我皇考、妣之圣志，而表朕之孝诚。今将竣事，特志其本末于碑，用昭示如来之道化。我皇考、皇妣之功德，配天地之广大，同日月之光明，而相为悠久于万万年。

御制大报恩寺右碑 宣德三年三月十五日

［明］朱瞻基

夫大觉之道，肇自西域，入中国，行于天下。其要归于导民为善，一切撤其迷妄之蔽，而内诸清净安稳之域，以辅翼国家之治。而功化之妙，下至幽冥沦滞，靡不资其开济。是以功超天地，泽及无穷。历代人主，咸崇奖信。我国家自太祖高皇帝受命为君，功德广大，同乎覆载。太宗皇帝奉天中兴，大德丰功，海宇悦服。仁宗皇帝嗣临大宝，功隆继述，远迩归仁。三圣之心，与天为一，与佛不二。是以道高帝王，恩周普率；四方万国、熙皞同春。朕承天序，寅奉鸿图。惟祖宗之心，操存不越；惟祖宗之道，率履弗违。至于事神爱民，一惟先志。南京聚宝门之外，故有天禧寺，我太祖皇帝加修葺之致，清理之功。岁久而毁，太宗皇帝更新作之，名大报恩寺。上以伸圣孝，下以溥仁恩。经营之精深，规模之广大，极盛而无以加焉。垂成之日，龙舆上宾。仁宗皇帝临御，用竟厥功。制作之备，岿焉焕焉。踔立宇宙，光映日月。于以奉万德之尊，会三乘之众。永宣灵化，弘建福德；显幽万类，覆被无穷。盖自古所未有也！其兴造之由，已见永乐甲辰御制之碑，龙章丽天，本末完具。兹谨述三圣所以嘉厚象教之盛心，刻文贞石，昭示悠久。于戏！钟山巍巍，大江洋洋。圣德长存，慧化不息。亿万万年，与天同寿。

雨花台历史地名

长干里

今雨花台风景名胜区北面至内秦淮河（五代杨吴筑城之前为秦淮河主河道）之间的区域史称“古长干里”，是南京先民聚居的繁华区域。据唐代许嵩《建康实录》记载：“建业南五里有山冈，其间平地，庶民杂居。有大长干、小长干、东长干，并是地里名。小长干，在瓦官南巷，西头出江。”长干里南有雨花台，北有秦淮河，西则长江相护，又处秦淮河入江通道旁，自古战略地位极为重要。

讲经坡

讲经坡，亦称“说法处”“讲经台”，在雨花台之顶端。1929 年南京特别市教育局编《首都名胜古迹》“（二十八）讲经坡”：“讲经坡，在雨花台之顶端。”

宋代周应合撰《景定建康志》：“高座寺一名永宁寺，在城南门外甘露寺，尝有云光法师讲法华经于寺，天花散落，今‘讲经台’遗址犹存。”

元代释觉岸《释氏稽古略》：“天监二年（503），建康法云寺云光法师，凡讲经，天雨花如雪片。”明代徐应秋《玉芝堂谈荟》：“梁武与云光法师讲经金陵，感天雨花，天厨献食，因筑雨花台。”明代陈耀文《天中记》：“梁武帝时，有云光法师讲经于此台，感得天雨赐花，天厨献食。”清代高晋纂修《钦定南巡盛典》：“雨

讲经坡（1929 年）

花台在江宁府聚宝山东麓，梁云光法师讲经于此，天为雨花，故名。据冈阜之巅，俯瞩城闉，烟火万家，与远近云峰相间，遥望江流，微茫千顷。其顶旧无草，宋刘克庄诗‘一片山无草敢生’是也。”

土门冈

土门冈位于雨花台北、长干里南、俞家山西。宋代设有驿铺土门铺。明代南城兵马司设于此，故又名兵马司冈、南城冈。

南宋时期，土门冈建有褒忠庙，祀在此殉难的抗金英雄杨邦乂。明代附祀文天祥，为杨文二公祠，亦曰“二忠祠”。清甘熙《白下琐言》载：“杨忠襄公墓，在聚宝门外海公祠旁，山名土门冈……今墓道有坊表，刻‘剖心处’三字。墓前有石碣，刻‘愿为赵氏鬼，不作他邦臣’二语。冈上有二忠祠，与文信国合祀。”明亡后增祀于北京文天祥祠内殉国的李邦华，改称“三忠祠”。三忠皆江西吉水人。

土门冈明初还曾建有卫国忠肃公庙，祀元江南行台御史大夫福寿。

清代江宁县丞署亦设于土门冈。《同治上江两县志》载：“江宁县丞，十二年七月工竣。仍就聚宝门外兵马司冈即雨花冈旧址建造房屋三十七间，走廊十一号。”

清光绪元年（1875），南京缎业首富于绍璋发起创建慈善机构同善堂，堂址位于土门冈。抗战胜利后，南京增设安德门区，称第十一区，区公所设于同善堂。1947 年 1 月，国防部审判战犯军事法庭在第十一区区公所设立临时调查庭，调查南京大屠杀主犯谷寿夫罪行。1949 年 5 月，南京市军管会和南京市人民政府接管同善堂。6 月 2 日，南京市第十一区人民政府在同善堂成立，8 月底迁出。1953 年 6 月，第十区人民政府（1950 年第十一区改称第十区，1955 年改称雨花台区）迁回同善堂旧址，至 1983 年迁出。

杨　巷

杨巷，明代古巷。位于土门冈上，北邻宁芜铁路，因近褒忠祠、杨邦乂墓而得名。《万历江宁县志》载：土门冈“即杨忠襄公死节处，今其地有杨巷、褒忠祠”。

清中期巷内有著名学者翁荃住宅止园。道光年间，止园为画家陈泰占所有，改名“勺园”。杨巷后讹为羊巷，有东、西之分。西起雨花路，东至晨光巷。1984 年建雨花路立交桥，杨巷被截断，渐废。

能仁里

能仁里因能仁寺得名，位于雨花西路东。

能仁寺初名报恩寺，始建于南朝宋元嘉年间，明洪武二十一年（1388）毁于火，主僧行果请徙城南广福山（天竺山）重建，为明代金陵五大刹之一。今不存。

明金陵诗人金大车《游能仁寺》诗云：“驱车南国破朝烟，醉扫苍苔石上眠。九月霜清猿啸苦，诸天风静磬声传。不堪摇落逢秋日，况复蹉跎入暮年。问水寻山聊尔尔，拟将穷达任皇天。”清甘熙《白下琐言》载：“梅花以隐仙庵为最古，乃六朝遗迹。聚宝门外能仁寺一株，色淡红而心素，枝多下垂，呼为覆水梅。寺已败圮，开时游人杂遝，虽不足与隐仙抗衡，然亦后来之秀矣。”《金陵杂咏·能仁寺》诗序云：“寺有古红梅一株。”诗云：“游兴先于蝶，南冈此探春。寺名仍率旧，梅意已争新。野径多穿竹，僧房半作榛。对花浇茗碗，一笑亦前因。”

今有能仁里一村、能仁里二村、能仁里三村居民小区和能仁里市民广场。能仁里一号大院内有天界寺遗址。

落马涧

落马涧亦名南涧、死马涧、跃马涧。

《景定建康志》载：“落马涧，一名南涧，在江宁县南五里，东北流入城濠。事迹：宋孝武讨元凶，元凶军败，人马倾满涧中，时人呼为‘落马涧’。”《至正金陵新志》载：“此地近犹呼落马涧，此年始题其榜曰‘跃马涧’，人皆呼为‘跃马涧’矣。”涧畔六朝有南涧寺，寺侧南朝刘宋时有何尚之宅。他“立宅南郭外，置玄学，聚生徒”，时谓之南学。清陈文述《秣陵集·宋司徒何尚之宅》诗：“早年南涧聚生徒，中岁华林有谏书。慕道孔荀仍载酒，同时羊孟未悬车。空劳袁淑讥真隐，曾入方山赋退居。记与延年共游览，西池评骘定何如。”

宋代涧畔有南涧楼。王安石写有《南涧》《南涧楼》《再题南涧楼》诗。《南涧》：“小涧何年跃马蹄，白沙翠竹净无泥。石桥流水行人过，野渡斜阳倦鸟啼。”《南涧楼（在江宁尉司）》：“扑扑烟岚绕四阿，物华终恨未能多。故应陡起三千丈，始奈重山复岭何。”《再题南涧楼》：“北山云漠漠，南涧水悠悠。去此非吾愿，临分更上楼。”清人有诗云：“南涧桥边涧水长，难将往事问斜阳。残碑剩有荆公句，曾去摩挲读旧章。”

落马涧今名南玉带河，发源邓府山，流入外秦淮河。涧子桥、来宾桥、玉带桥（旧名显庙桥）、五贵桥（旧名善世桥）、就湾桥横跨其上。其中五贵桥已被中华门地铁站南广场覆盖，就湾桥被雨花西路路面覆盖。

阴山河

阴山河宋代为夹江。陆游《入蜀记》载：“港浅而狭，行亦甚缓。”元代称大城港，后浚为运粮河道，因流经阴山脚下，故称“阴山运粮河道”，简称阴山河、运粮河。《至正金陵新志》载，元泰定三年（1326），建康路总管那怀中顺提议开浚阴山运粮河道，“寻以动工例禁罢役”。至元四年（1338），谔勒哲图通议复请疏浚阴山运粮河道。至正二年（1342），集庆路判官周尧做实地查勘，“上至官庄铺，下至毛公渡，中分新旧两河”。至正三年（1343）冬十月，阴山河道开浚。明代因通大胜关，亦称大胜河，河道北延至三汊河。《正德江宁县志》：“大城港，纳大江，东流有麾扇渡（毛公渡），又东有瓦屑坝，其东南会聚宝门城壕，纳重译桥、落马涧诸水，其西北会石城淮，又北为三汊河，至龙江关外出大江。”民国时因位于南京城南郊，名为南河。孙中山《实业计划》言：“大胜关，关即大城港，有运粮河，东至西善桥，为京市天然界限，后来航运之孔道也。长江上游货物，由此折入内河，转运入城。”1933年夏，江宁实验县政府征工疏浚南河。11 月 28 日，于西善桥镇成立工程处。一期工程自大胜关至赛虹桥止，二期自赛虹桥以下至北河口。1934 年 4 月底，全部工程即告完竣。新中国成立后南河概念缩小。据 2024 年《江苏省南京市雨花台区标准地名录》，南河“北起赛虹桥，原西南至大胜关入江，1979 年被秦淮河横穿，改入秦淮河，全长 9.3 千米”。

俞家山

俞家山因山北麓有明朝开国功臣虢国公俞通海家族墓地而得名。山原与梅岗为一体，1954 年，原穿雨花台烈士陵园之宁溧路，向外移至梅岗东北麓，两者始分离。

俞家山顶旧有八十七师淞沪抗日阵亡将士墓。1932 年由南京工部局制图，1933 年夏建造并竣工。今尚存墓碑遗址、塔阶和平台。

凤台门

凤台门为南京明城墙外郭城的十八座城门之一。大约位于今共青团路的中兴通讯处，望江矶车站前后。始建于明洪武二十三年（1390），是为弥补和加强南京明城墙京城的防卫而建造，城垣本体以丘陵、垒土为主，只在城门等防守的薄弱地段加筑城砖，城高 8—10 米，城墙上则宽 6—8 米。

清顾祖禹撰《读史方舆纪要》卷二十《南直二》：“又凤台山在府南，亦曰凤台冈。刘宋元嘉中，有凤集此，筑台其上，山因以名。旧《志》：冈南傍秦淮，今有凤台门。”明永乐七年（1409）二月，置在京二十五门城门郎。凤台门设城门郎一员，“正六品，选武职舍人为之”。由南京留守前卫所辖安德凤台门千户所驻守。“凡有坍塌，修砌属于应天府。”明计成撰《园冶》：“苏州虎丘山，南京凤台门，贩花扎架，处处皆然。”陈作霖撰《金陵物产风土志》：“城外凤台门，花佣善养茉莉、珠兰、金橘，皆盆景也。”清代祀元御史大夫福寿为凤台门城隍。明清时门外有皇姑庵，祀不肯做永乐帝皇后的明中山王徐达第三女徐妙锦。

清末至民国时期，凤台门逐渐衰败，地表城门现已不存，仅存遗址，地名沿用。

凤台街

凤台街，明代古街，因南通凤台门而得名。北经泉水桥接聚宝街（今雨花路）。为天界寺、普德寺东界，月印庵西界。本系土路。正德年间，南京内守备黄伟曾出资铺为砖路，在街边凿砌义井，供行人、居民饮用。

泉水桥俗称清水桥，位于普德寺东南，今雨花台景区西大门北。旧时雨花台山水经该桥穿越凤台街，从普德寺前西流，在善世桥（五贵桥）东汇入落马涧（即今南玉带河）。水道今为暗沟。泉水桥在明代朱之蕃金陵四十景之“长干春游”图中有标示。

因清代凤台门外建有花神庙，故凤台街亦称花神庙路。清末路北端入口处建有止足亭，路南段建有息心亭（在南北中村境内）。两亭均为伊斯兰教送殡建筑，形制相同，但止足亭体量稍小。

止足亭于20世纪50年代末拆除，息心亭于2004年拆除。该路在新中国成立后亦称宁花公路。

1957年，为纪念中国新民主主义青年团更名为中国共产主义青年团，以白下区为主的南京市共青团员，在原花神庙土路基础上义务修筑共青团路。该路南至望江矶“三烈士墓”，全长3公里，于国庆节前夕竣工，为全国第一条共青团路。共青团路北端原有雨花台街，清末形成，东北、西南走向，长380米。21世纪初，共青团路北端取直，接雨花西路。雨花台街遂废弃，遗址在今雨麓苑内。2003年，共青团路自雨花南路至凤台门遗址段，成为花神大道北端。

安德门

安德门，亦名“大安德门”，为南京明城墙中外郭城的十八座城门之一，位于今南京市雨花台区小行路警官学院一带，明外郭小安德门与凤台门之间。因位于安德乡境，较小安德门大，故名。

明洪武二十三年（1390），明太祖朱元璋为弥补和加强南京明城墙京城的防卫而建造，城垣本体以丘陵、垒土为主，只在城门等防守的薄弱地段加筑城砖，城高8—10米，城墙上则宽6—8米。永乐七年（1409）二月，置在京二十五门城门郎。安德门设城门郎一员，正六品，选武职舍人担任。安德门在明代由南京留守前卫所辖安德凤台门千户所驻守。

明代安德门外有安德门厢（“厢”为明代基层社会组织，“附城郭之外者曰厢”），门内有驿铺七里店铺。清代安德门附近有关帝庙（浙东会馆），新中国成立后犹存。

1937年12月，侵华日军进攻南京，在安德门遭到中国守军的顽强抗击。

安德门遗址位于小行路上，民国时立有两根标志性门柱。2005年9月3日，南京地铁1号线安德门站正式投入使用。

安德街

安德街为明代古街，因南通安德门而得名。北经就湾桥、善世桥（今五贵桥）至小市口接驯象街（今西街）。1933年京芜国道建成，安德街南段为其一部分。1936年建成通车的江南铁路中华门站占用安德街路面，但尚可通行。今中华门地铁站至西街的中山南路南下高架，系古安德街街面。沿途有能仁寺、碧峰寺、天界寺、永福寺、宋晟墓等遗址。

小门里

小门里因位于小安德门内而得名。《明史》记载，南京明城墙“外郭，洪武二十三年（1390）四月建，周一百八十里，门十有六”。小安德门即为明洪武年间所筑外郭十六城门之一，因位于安德乡境，较大安德门小，故名小安德门，亦称安德小门。《南京都察院志》载：“安德小门北至驯象门界，南至安德大门界，共长二百七十二丈。本门系后续添，不通要道，原无给有令牌。官厅三间，直房三间，城隍庙一间，盘诘房一间，锁钥一副。”《南枢志》载：“（安德小门）设有把总指挥二员，间用委官千户，以督军余；盘诘千百户二员，以讥出入；管事军二员，以司启闭；军余六十名，以卫锁钥。”小安德门明代由南京留守前卫所辖安德凤台门千户所驻守。“凡有坍塌，修砌属于应天府。”外通毛公渡、华严寺。嘉靖倭乱后，门外设有华严寺伏兵场。《南枢志》载：“小安德门二号伏场华严寺，约有居民五十余家。东二里至大安德门，西一里至小安德门。咫尺近秦淮河、沙州圩、大胜关及太平府水陆要路，北傍城墙，应设伏兵五百名拒截来寇。”小门里遗址在今龙福花园一带。旧有小门村，1950 年并入安德里村。

窑岗村

窑岗村位于长虹路。它是雨花台绵延起伏的丘陵最西端。窑岗村有着悠久的烧窑史。此地古名芙蓉山，相传明朝洪武年间有风水师声称芙蓉山有王气，朱元璋于是下令在此山置 72 座御窑，以此来烧断王者气脉，保证朱家江山千秋万代。芙蓉山也被改称“无用山”。因烧造琉璃砖瓦所用原料白土，系从明太平府治所在的安徽当涂县采取运来，故亦称“太平窑”。甘熙《白下琐言》卷六载：“前明琉璃瓦以备大内需，其窑在南门外西善桥一带，谓之琉璃窑。报恩塔及孝陵享殿，皆用琉璃瓦，壮丽无比。”

2008 年 10 月，在原南京锅炉厂工地发掘出 14 座琉璃窑体，证实自元代至正到明代万历年间，大报恩寺、明故宫所用琉璃建筑构件均来源于此。其地今名窑岗村。

白泥地

白泥地位于南京同仁堂制药厂西侧，宁芜铁路线以东百米处。白泥地是当年烧制琉璃构件原料的料场。随着雨花台火车站货场扩建，将白泥地辟为货场。白泥地也填平消失。

丁　墙

丁字墙的省称。南京明城墙外郭土城，在夹岗门与凤台门之间斜出一段经双桥门通向清水塘的土城（残迹今名土城头），即南京民谚“里十三，外十八，一根门闩朝外插”中的“门闩”，与原外郭土城形成丁字形状，故名，亦作钉子墙。明《南都察院志》载：“双桥门，东起清水塘百五十丈，西至丁字墙二百四十丈。”清江宁恤颐堂有丁字墙义冢，每年春秋致祭。后成村名。《江苏省南京市地名录》“丁墙”条载：“明初建村，位于外城土城墙下，墙形似丁字，故名。曾名丁祥村。”丁墙村在 1949 年以前属南京市凤台乡三十三保，1949 年后属高辇柏乡，1953 年析送驾、周单二楼归江宁县，1956 年复归。1958 年为夹岗乡优胜大队。1965 年归雨花台公社，因队部在丁墙自然村，更名丁墙大队。1983 年改称丁墙村民委员会，辖蒋家、周单二楼、送驾、磨盘陈、西响叶村、孙家沟、丁墙等 7 个自然村，9 个村民小组，总面积 2.1 平方千米。2003 年 4 月撤村成立丁墙社区，隶属雨花台区雨花街道，东至卡子门大街，西至玉兰路，北至紫荆花路，南至绕城公路，占地面积 2.17 平方千米。

瓦屑坝

瓦屑坝本指毛公渡迤北的南河堤坝，后泛化为地名，拖板桥、赛虹桥均在其范畴。明代设有瓦屑坝竹木抽分局，按比例抽取实物税，为皇家建筑营建、修缮及日常生活耗用提供原材料。有瓦屑坝窑，并置有瓦屑坝厢。坝西有明初十六楼之一的集贤楼。

普德村

普德村东抵共青团路，西与五贵里毗邻，南接能仁里三村。因普德寺得名。普德寺始建于南朝梁天监二年（503），明正统年间重修，民国时与栖霞、毗卢、卧佛三寺并称“金陵四大古刹”。明清时，普德寺后山曾建有先贤祠。1944年，学愚和尚在普德寺内创办普德佛学院。1948年，改为普德中学。

1952年，于寺建清源中学，后改为洋钉厂。1970年建金陵橡胶厂。寺内原有五百铁罗汉，日军侵华期间被盗取三尊运往日本，后以泥塑取代。1958年，铁罗汉悉数被熔为钢铁。大铁佛以及大雄宝殿中的三座铁鼎，均在“文革”中被毁。现存大雄宝殿、无量佛殿、石龟趺、“雨花泉”石井栏各一。现“雨花泉”石井栏被放置在雨花台风景名胜区内甘露井上。

1952年成立普德村居民委员会。1985年4月，成立普德村社区。1992年后，能仁里二化机居民委员会并入。

小 行

小行为地名，清代雨花路名米行大街，此处米市规模相对较小，故名“小米行”，简称小行。曾名小行里，亦称小行街、小行镇。民国初期属普德镇，末期属南京市第十一区。1949年属菊花乡。1958年属雨花台公社小行大队。1978年成立小行居委会。2003年与小行村委会合并成立小行社区，面积为1平方千米。

小行南京药械厂内有南京市文物保护单位顾兴祖墓。1934年蚕业教育家、企业家葛敬中曾在小行镇设立蚕丝研究所。小行桥位于小行村旁，横跨南河，西通沙洲圩，清代《同治上江两县志》之《二县乡镇图》上标名为“小航桥”。侵华日军攻占南京时该桥被炸毁，后多次重修。1965年改建为混凝土结构。1985年翻建，1986年建成。为三孔拱桥，两桥并列，钢筋混凝土结构。

望江矶

望江矶位于凤台门遗址西北方向。清末凤台门北之凤台街旁建有望江居茶社（五里亭），“居”后讹为“矶”，故名。古时于此可观“二水中分白鹭洲”景致。1953年春节后，于望江矶西南兴建皖南事变三烈士墓，1955年5月完工。6月19日上午举行安葬仪式。皖南事变三烈士墓东侧原有华东人民海军烈士公墓，1950年10月建立，2009年9月迁至西天寺公墓烈士墓区。2004年前，望江矶自然村拆迁。中兴通讯南京研发中心一区二期占用望江矶地面58000平方米，2005年7月开工建设，2006年11月建成并投入使用。望江矶小游园位于花神大道西侧、望江矶2号东侧，2016年8月开工建设，12月竣工，占地面积约3000平方米，集步道、平台、组团绿化为一体，矶顶有景观凉亭，亭北一巨石壁立，上书“望江矶”三个红色大字。

五贵里

五贵里位于五贵桥南。清代、民国时名三里店。清道光年间，江宁府社稷坛由水西门外移建于三里店，同治十一年（1872）重建。1935年，中央古物保管委员会刊印的《南京地图》犹标今五贵里为“三里店”。后因五贵桥而更名。1949年，沿旧制建五贵里镇公所，管辖钱家村、雨花路、五贵里、雨花台街。镇公所驻五贵里。1953年，钱家村以东和高辇柏乡的土城头合并建五贵镇，下辖钱家村、普德村、雨花台三个居委会。1955年，十区改称雨花台区，五贵镇属雨花台区。1958年10月17日，撤销雨花台区，五贵镇属雨花台人民公社，增设五贵里居委会。1963年，恢复雨花台区建制，雨花镇复称五贵镇。1968年2月，成立雨花镇革命委员会，五贵镇名称从此终结。作为里巷概念的五贵里原位于五贵桥东南。1992年编纂完成的《雨花台区地名志》记载：“东西走向，呈长方形。东西长150米，南北宽100米。占地1.33公顷。门牌编号为2–114号。雨花西路从西北侧通过。附近有雨花镇政府、南京火柴厂、雨花台中学等单位。”因城市改造，原五贵里道路已拆迁，原路名现用于东起雨花东路（中华门地铁站3号出口旁）、西至中华新村居民小区的东西向道路命名。

毛家巷

毛家巷为自然村名。清末建村，原名曹梁二村，曾与夏家凹合称曹夏西村。后因村民多姓毛，且旧时村中留有过社火之大巷，故名。昔时毛家为花神庙地区八大花农世家之一。村已于2004年拆迁。村内旧有毛家巷回民公墓。现存清康熙、雍正年间伊斯兰教学者刘智墓园，为毛家巷故址重要地标。

养回红村

民国时，此地有养虎仓、回回营、红土山等几个地名，后取三地名之首字而成村名。养虎仓原系明朝南京羽林右卫仓。《南都察院志》载：“在本卫辅字铺地方。”《大明会典》载：“凡南京各卫仓，专设主事一员，提督修理。遇有损坏，开报本部计料兴工。”嘉靖年间，湛若水在南京广置漏泽园地，各封界为阡。明崔铣《城南漏泽园记》载：“养虎仓民田二十七亩为二阡。”回回营为明清回民聚居地，旧有九开间九进共81间礼拜寺，占地面积13亩6分（约9057.6平方米）。弘治五年（1492）王鏊所撰《敕建净觉寺礼拜寺二座于江南应天府之城南碑记》载：“洪武二十一年（1388），有亦卜剌金、可马鲁丁等，原系西域鲁密国人，为征金山、开元地面，遂从金山境内随宋国公归附中华。钦蒙高帝喜其宾服，钦赏纻丝银钞等物，著落礼部给与脚力，前往永平府搬取家小赴京居住，因而敕建二寺安扎。”清末民初，金陵老字号马祥兴清真菜馆经营于回回营。养回红村境内旧有小刹宝林庵，明代属永宁寺统领。明朝洪武国丈李杰墓原亦在养回红村境内。

凤凰村

凤凰村为自然村名。原名“四棵松”，谐称“柿裹松”。1937 年，葬国民革命军一级上将朱培德于此，取“凤凰不落无宝之地”之意，改今名。

朱培德（1888—1937），字益之，云南盐兴（今属禄丰）人。1911 年 8 月，毕业于云南陆军讲武堂。辛亥革命时在滇西巡阅使李根源部任排长。1915 年，升为护国第二军支队长。1925 年，任国民革命军第三军军长。1927 年 2 月，任江西省主席兼第五路军总指挥。1931 年 12 月，任陆海空三军参谋总长。1935 年 4 月，被授予国民政府最高军衔——陆军一级上将。1937 年 2 月 17 日，在南京鼓楼医院病逝。2012 年底，南京市博物馆考古工作者在凤凰村发现“王景弘地券”。王景弘，福建漳平赤水镇香寮村人，明代南京守备太监、航海家。曾多次与郑和下西洋。宣德九年（1434）六月，受命独自出使南洋诸国。

南北中村

南北中村为自然村名。来源有两种说法：一说花神庙一带原有行香祭祀的 18 个庙社，此村因地处南社、北社之间而得名中社村，1932 年始用现名；二说花神庙周围有南社、北社、中堂 3 个自然村，1932 年合并为南北中行政村。

村沿原花神庙路两旁建设，呈带状，长约 1 千米。旧时村民以种植茶、花、苗木为业。家家有花房花树，著名“长春花园”即在其村。1952 年，南北中村成立互助组。1954 年春，南北中村的 8 户花农率先成立初级生产合作社“五一茶花生产合作社”，至 1955 年春，全村 80 多户均入社。1956 年元月 6 日，“五一高级园艺生产合作社”成立。20 世纪 60 年代中期，南北中村花业生产队与毛家巷队合并，花房由土改前的 284 间增加到近千间，白兰花产量达 3 万多公斤。十一届三中全会后，花木生产实行以组为单位的承包责任制。1988 年，直接将花树和花房分给个人经营。

南北中村 1935 年属上新河区。1949 年归南京市第十一区。1950 年归南京市第十区花神庙乡。1953 年属高辇柏乡。1958 年初属雨花镇高辇柏乡五一大队，同年 9 月属雨花台公社。1963 年属雨花台公社五一大队。1965 年属雨花台公社花木大队。1983 年属雨花台乡花神庙村委会。20 世纪 90 年代后，因城市建设需要，村子逐步拆迁。

雨花台博物场馆

浡泥国王历史陈列馆

浡泥国王历史陈列馆位于安德门外乌龟山南麓浡泥国王墓园内。明永乐六年（1408），浡泥国国王麻那惹加那携王室、陪臣，共计150多人来中国进行友好访问，同年十月病故于南京城。明成祖朱棣遵其“希望体魄托葬中华”的遗愿，以礼葬王侯的仪式埋葬，谥恭顺王，建祠祭祀，并赐坟户，派人世代为之守墓。2016年4月18日，浡泥国王墓被国家文物局确定为“海上丝绸之路·中国史迹”首批申遗点。浡泥国王历史陈列馆于2019年建成，面积305平方米，主要展示古代中国与古浡泥国友好交往，浡泥国王率团千里迢迢访问大明的历史背景、活动概况、客逝南京、托葬中华的后世影响和“海上丝绸之路”的历史价值等内容。

浡泥国王历史陈列馆陈列的浡泥国王墓神道碑

雨花台烈士纪念馆

雨花台烈士纪念馆位于南京市雨花台区雨花路215号雨花台烈士陵园内。建筑面积6339平方米，由杨廷宝设计，邓小平题写馆名，1988年7月1日正式建成对外开放，是全面反映雨花英烈斗争历史的大型专题国有纪念馆。纪念馆是国家一级博物馆，系全国重点文物保护单位、全国爱国主义教育示范基地、全国廉政教育基地、全国青少年教育基地、国家级烈士纪念设施。

纪念馆现有藏品5520件/套。珍贵文物共610件/套，其中包括郭纲琳致伦兄信、贺瑞麟的狱中日记、谢士炎《狱中诗》手稿等一级革命文物19件/套。基本陈列以“信仰的力量——雨花

雨花台烈士纪念馆

英烈生平事迹展”为主题，以新民主主义革命的历史进程为主线，分为前言、“光荣北伐　革命先锋”“力挽狂澜　前仆后继”“奋起抗战　中流砥柱”“迎接黎明　血沃新天”、结束语 6 个部分。展陈邓中夏、恽代英、罗登贤等 179 位雨花英烈的生平事迹，突出展现以“崇高理想信念、高尚道德情操、为民牺牲的大无畏精神”为内涵的雨花英烈的事迹和精神，生动诠释了中国共产党人的初心和使命。

南京雨花石博物馆

南京雨花石博物馆原位于雨花台风景名胜区高座寺遗址，现位于风景区东部的雨花石文化区内，是国内首家收藏、展示、研究、弘扬雨花石文化的国有博物馆。1990 年 4 月 2 日正式对外开放。中央电视台于 1990 年 4 月 6 日在《新闻联播》中播出南京雨花石博物馆开馆的

南京雨花石博物馆旧影

新闻。2004 年南京雨花石博物馆选址重建，2007 年对外开放。

南京雨花石博物馆建筑面积 1686 平方米，展陈面积 820 平方米，藏有雨花石 700 余枚。馆藏雨花石屡次参加全国雨花石展览并获奖。博物馆另藏有 340 件雨花石供石、各类观赏石、雨花石雕刻件及雨花石卵石画等。博物馆展厅分为三个部分。第一部分“雨花石之源”阐述了雨花石的来源、成因及分类；第二部分“雨花石之美”展示了雨花石的呈像美、意蕴美及艺术美；第三部分“雨花石之赏”介绍了雨花石鉴赏方法及雨花石鉴赏习俗作为南京地区盛行的风俗与风尚从发祥到发展光大的历史演变过程。2014 年 2 月，南京雨花石博物馆与南京市产品质量监督检验院共同起草的《雨花石鉴评规范》由国家标准委正式发布。2016 年 1 月 14 日，“雨花石鉴赏习俗”入选第四批省级非物质文化遗产代表性项目名录。南京雨花石博物馆是该非物质文化遗产代表性项目保护单位之一。

前驻外使节九烈士史料陈列馆

前驻外使节九烈士史料陈列馆坐落于菊花台公园内，占地 180 平方米，1995 年 4 月 17 日建成开放，陈列前驻外使节九烈士的简历及英勇斗争的事迹。1942 至 1945 年抗战期间，中国驻菲律宾马尼拉、北婆罗洲山打根领事馆外交人员杨光泩、朱少屏、莫介恩、姚竹修、萧东明、杨庆寿、卢秉枢、王恭玮、卓还来 9 人被日军逮捕。他们受尽酷刑，在死亡的威胁下，坚守民族气节和中国外交官的尊严，断然拒绝与日军合作，最终惨遭秘密杀害。1947 年，归葬于南京菊花台。在 2015 年 8 月民政部公布的第二批 600 名著名抗日英烈和英雄群体名录中，9 名国民政府驻菲律宾马尼拉和北婆罗洲山打根外交使节被称为“抗日外交九烈士”。陈列馆展陈内容由“异域忠魂、名垂国史”“忠贞不屈、成仁成义”“义凛南天、魂系中华”“忠骸归葬、万民同悼”“民族气节、日月同辉”“岁月沧桑、春华秋实”6 个部分组成。展柜陈列了介绍、宣传九烈士事迹史料的杂志、报刊和书籍，国内外亲友的信函，以及南京市雨花台区实验小学九烈士中队的队旗，少年儿童的作文和笔记等。

驻外使节九烈士陈列馆

南京科技馆

南京科技馆

南京科技馆位于雨花台区紫荆花路9号，总占地面积15万平方米，主建筑面积约3万平方米，水面积5万平方米，是江苏省规模最大的现代化、多功能的科普活动场馆。科技馆于2002年启动建设，2005年10月20日正式对公众开放。

科技馆主体馆外观新颖奇特，远看似巨型椭圆飞碟，近看像潜水艇。外形设计出自加拿大著名设计师之手，设计灵感来自科幻小说《海底两万里》中的“鹦鹉螺号”。场馆外有一圈周长约400米的镜湖，寓意着南京科技馆将载着青少年们在科技的海洋中探索遨游。

科技馆包含主场馆、科技影院及园区三部分。主场馆由常设展厅、非常设展厅和会议中心组成。常设展厅一共四层，负一楼是公共安全教育馆，一楼是基础科学和少儿科普体验区两个展厅，二楼是能源与环境、机器人世界、信息与技术三个展厅，三楼是南京市中小学科技创新中心。展区里超过70%的展项是参与性项目，游客可以通过亲身参与感悟科学的魅力，从而达到寓教于乐的效果。科技影院分为IMAX球幕影院、4D动漫影院、3D数字影院。

科技馆园区内有湿地公园、后山、礼仪广场等户外景点。主体馆序厅门前的广阔空间是礼仪广场，园区被主干道分成东西两侧。在位于科技馆东侧的后山，依山势打造了“花雨茶园”“南山竹径”“晚樱抱叶”“紫薇含羞”“海棠垂梦”等景点。位于科技馆西侧的湿地公园内打造了景点“二月兰海”。

南京科技馆先后被评为全国科普教育基地、国家AAAA级旅游景区、全国青少年素质教育基地、江苏省科普教育基地、江苏省青少年自护基地、长三角世博主题体验之旅等。

南京民间抗日战争博物馆

南京民间抗日战争博物馆展厅

南京民间抗日战争博物馆位于南京市雨花台区安德门大街48号。该馆始建于2006年，占地面积5000平方米。为纯公益性质、面向社会公众免费开放的非国有博物馆，系民建中央爱国主义教育基地、中国人民解放军东部战区陆军红色教育基地、江苏省全民国防教育基地、中共江苏省党史教育基地、南京市爱国主义教育基地、南京市统一战线爱国主义教育基地、南京市中小学生研学基地以及多所高等院校的爱国主义教育基地。博物馆共三个基本展陈，分别为“1937·南京记忆展”“不愿做奴隶的人们——抗战老兵资料展”和“典籍里的红色中国——中国共产党革命文献展”，共有藏品 6100 余件、图书 4 万余册，其中关于抗战历史的孤本善本有 1200 多本。

南京中华指纹博物馆

2007 年 12 月，江苏警官学院在安德门校区创建了当时全国唯一指纹专题博物馆——南京中华指纹博物馆。2016 年，学院在浦口校区新建了第二代指纹博物馆。2022 年，该馆被评为全国科普教育基地。南京中华指纹博物馆集文物收藏展示、保护研究于一体，以指纹文化为主题，向人们展示着指纹的奥秘、指纹应用历史，以及现代指纹技术的发展等多方面内容。该馆共有藏品 7493 件 / 套，包括留有指纹印记的古代陶器，清代中晚期到中华民国时期的契约、文书，民国时期政要视察“中央警官学校”指纹实验室的图片等珍贵藏品。

指纹博物馆通过对几千年来中华指纹技术历史的总结和展示，弘扬了中华文明的灿烂历史，揭示了指纹技术的科学价值及内在奥秘，不断探索它在人类社会中的潜在功能和作用，推动我国指纹文化的传承、保护、研究和发扬，为社会发展继续做出贡献。

江苏国家安全教育馆

江苏国家安全教育馆坐落于雨花台烈士陵园内，2009 年 4 月建成并向社会公众免费开放，是经国家安全部和江苏省委、省政府批准，由国家安全部政治部、江苏省委宣传部和江苏省国家安全厅共同筹建的大型国家安全主题教育展馆，为全国国家安全教育基地、全国爱国主义教育示范基地、江苏省爱国主义基地。

教育馆占地面积 3000 平方米、总建筑面积 2000 平方米，其中展览面积约 1600 平方米，展厅现有照片 680 张、实物文物 427 件、雕塑 9 件、景观 5 处、艺术品 19 件。教育馆由前厅、序厅、三个主展区以及尾厅六个部分组成，主要以宣传党的隐蔽战线光辉历史、反映当代隐蔽战线敌情、介绍近现代国际谍战为宣教内容。展馆门前广场的红色花岗岩路面上，依次镌刻着 1921、1927、1949、1983 四个数字，分别代表中国共产党、中央特科、新中国和国家安全部成立的年份。走进序厅，巨幅党徽、雕塑、环形屏幕等元素映入眼帘。巨型党徽突出了中国共产党对隐蔽战线的领导，两组雕塑分别展现了战士们在正面战场上的冲锋陷阵以及地下工作者们在隐蔽战线上的奉献牺牲。

主展区分为“无名丰碑”“无声较量”“无形战线”三个部分。“无名丰碑”以编年与纪传相结合的方法，为我们展示了建党之初至新中国成立这段时期内，隐蔽战线上的无名英雄们在党的领导下战龙潭、斗虎穴，为实现民族独立、人民解放所开创的不朽勋业。“无声较量”展示了新中国成立至今，国家安全部门为巩固新生政权、维护国家安全和社会稳定而无私奉献的战斗历程，同时介绍了改革开放新时期我国国家安全面临的新挑战、新威胁。“无形战线”展示了近现代国际上著名的间谍人物、间谍案例和间谍器材。尾厅的主体是一口巨型的警世钟。

江苏国家安全教育馆

雨花台中学雨花石文化博物馆

雨花台中学雨花石文化博物馆位于南京市雨花台中学内，是一所集雨花石地质科学研究、雨花石科普活动和雨花石赏石文化于一体的科技类场馆。该馆展厅面积580平方米，分为“成之妙”“赏之美”“论之佳”“鉴之雅”“藏之奇”五大功能展厅，展陈雨花石展品500多件、化石标本100多件、矿物晶体70多件、传统观赏石20多件，并有介绍雨花石文化发展历史、校园石文化理念的展览。博物馆全年对学生和社会团体开放。南京市雨花台中学依托博物馆编撰了5套校本课程专用教材，组建以雨花石讲解、雕刻、雅赏等主题的雨花石文化社团，将雨花石文化与校园文化相融合，引导学生通过欣赏雨花石，感受美、创造美，提高审美情趣。

参考书目

（西晋）陈寿著，（宋）裴松之注：《三国志》，中华书局，2006 年。

（南朝宋）山谦之纂：《丹阳记》，上海印书馆铅印本，1930 年。

（南朝宋）刘义庆著，（南朝梁）刘孝标注，徐传武校点：《世说新语》，上海古籍出版社，2013 年。

（南朝梁）萧统辑，（唐）李善等注：《昭明文选》，国家图书馆出版社，2020 年。

（南朝梁）释慧皎撰，汤用彤校注，汤一玄整理：《高僧传》，中华书局，1992 年。

（南朝梁）沈约撰：《宋书》，中华书局，2003 年。

（南朝梁）萧子显撰：《南齐书》，中华书局，2016 年。

（唐）许嵩著：《建康实录》，上海古籍出版社，1987 年。

（唐）房玄龄等著：《晋书》，中华书局，1974 年。

（唐）道宣撰，郭绍林点校：《续高僧传》，中华书局，2014 年。

（唐）姚察、姚思廉撰：《梁书》，中华书局，1999 年。

（唐）姚思廉撰：《陈书》，中华书局，1977 年。

（唐）李延寿撰，周国林校点：《南史》，岳麓书社，1998 年。

（唐）李吉甫撰，贺次君点校：《元和郡县图志》二册，中华书局，1983 年。

（宋）赞宁撰：《宋高僧传》，中国书店出版社，2018 年。

（宋）李昉编纂，夏剑钦校点：《太平御览》，河北教育出版社，1994 年。

（宋）祝穆撰，（宋）祝洙增订，施和金点校：《方舆胜览》，中华书局，2003 年。

（宋）王存撰，王文楚、魏嵩山点校：《元丰九域志》二册，中华书局，1984 年。

（宋）释志磐撰：《佛祖统纪》，江苏广陵古籍刻印社，1992 年。

（宋）乐史撰，王文楚等点校：《太平寰宇记》九册，中华书局，2002 年。

（宋）袁枢撰：《通鉴纪事本末》，中华书局，2015 年。

（宋）马令撰，（宋）陆游撰：《南唐书》（两种），南京出版社，2010 年。

（宋）司马光主编：《资治通鉴》，中华书局，2012 年。

（宋）徐铉撰：《徐骑省集》，（台湾）商务印书馆，1968 年。

（宋）杨万里著：《钦定四库全书荟要·诚斋集》，吉林出版社，2005年。

（宋）徐梦莘撰：《三朝北盟会编》，上海古籍出版社，2008年。

（宋）张敦颐撰，王能伟点校，（宋）李焘撰，胡阿祥、童岭点校：《六朝事迹编类·六朝通鉴博议》，南京出版社，2007年。

（宋）周应合纂：《景定建康志》四册，南京出版社，2007年。

（宋）曾极撰，（宋）苏泂撰，（清）王友亮撰，（清）汤濂撰：《金陵百咏·金陵杂兴·金陵杂咏·金陵百咏（外一种）》，南京出版社，2012年。

（元）脱脱等撰：《宋史》，中华书局，1977年。

（元）释觉岸撰，（明）释幻轮撰：《释氏稽古略·释氏稽古略续集》，江苏广陵古籍刻印社，1992年。

（元）赵孟頫著，黄天美点校：《松雪斋集》，西泠印社出版社，2010年。

（元）张铉撰，田崇点校：《至正金陵新志》，南京出版社，1991年。

（明）释明河撰：《补续高僧传》（《大藏新纂卍续藏经》第77册），河北民族出版社，2006年。

（明）礼部纂修，（明）陈沂撰，欧阳摩壹点校：《洪武京城图志·金陵古今图考》，南京出版社，2006年。

（明）周晖撰，张增泰点校：《金陵琐事·续金陵琐事·二续金陵琐事》，南京出版社，2007年。

（明）顾起元撰，吴福林点校：《客座赘语》，南京出版社，2009年。

（明）陈沂撰，（明）孙应岳撰，（清）余宾硕撰，成林点校：《金陵世纪·金陵选胜·金陵览古》，南京出版社，2009年。

（明）吴应箕撰，吴小铁点校，（清）金鳌撰，朱兰霞、邓振明、濮小南点校：《留都见闻录·金陵待征录》，南京出版社，2009年。

（明）葛寅亮撰，何孝荣、濮小南审校：《金陵梵刹志》（上、中、下），南京出版社，2011年。

（明）葛寅亮撰，何孝荣点校，邓振明审校：《金陵玄观志》，南京出版社，2011年。

（明）王诰修，刘雨纂，管景等增修：《正德江宁县志》（《金陵全书》本），南京出版社，2012年。

（明）周诗等修，（明）李登等纂：《万历江宁县志》，南京古旧书店影印本，1985年。

（明）程三省修，（明）李登等纂：《万历上元县志》，上海书店影印本，1991年。

（明）闻人诠修，（明）陈沂纂：《南畿志》（《金陵全书》本），南京出版社，2017年。

（明）程嗣功修，（明）王一化纂：《万历应天府志》（《金陵全书》本），南京出版社，2011年。

（明）解缙撰，（民国）李邵清纂，邢东升点校：《南京·南京》，南京出版社，2012年。

（明）如惺撰：《大明高僧传》，中国书店出版社，2018年。

（明）黄宗羲编：《明文海》，中华书局，1987年。

（明）张廷玉等撰：《明史》，中华书局，1974年。

（明）宋濂撰：《钦定四库全书荟要·文宪集》，吉林人民出版社，1997年。

（明）焦竑撰：《国朝献征录》，广陵书社，2013年。

（明）程敏政编：《明文衡》，社会科学文献出版社，2015年。

（明）倪岳撰：《青溪漫稿》，上海古籍出版社，1991年。

（明）徐纮编：《明名臣琬琰录》，江苏广陵古籍刻印社，1988年。

（明）陆楫编：《古今说海》，巴蜀书社，1988年。

（明）孙继宗、李贤等撰：《明实录·明英宗实录》，上海书店出版社，2015年。

（明）李东阳撰：《怀麓堂集》，上海古籍出版社，1991年。

（明）罗玘撰：《圭峰集》，上海古籍出版社，1991年。

（明）吕柟著：《吕柟集·泾野先生文集》，西北大学出版社，2015年。

（明）李贤等撰：《钦定四库全书·史部·明一统志》，上海古籍出版社，1987年。

（明）湛若水撰，钟彩钧、游腾达点校：《泉翁大全集》，中国文哲研究所，2017年。

（清）吕燕昭修，（清）姚鼐纂：《嘉庆新修江宁府志》（《金陵全书》本），南京出版社，2011年。

（清）蒋启勋、赵佑宸修，汪士铎等纂：《同治续纂江宁府志》（中国地方志集成本），江苏古籍出版社，1991年。

（清）孙文川辑述，（清）陈作霖编纂：《南朝佛寺志》（中国佛寺志丛刊），江苏广陵古籍刻印社，1996年。

（清）刘世珩撰：《南朝寺考》（中国佛寺志丛刊），江苏广陵古籍刻印社，1996年。

（清）甘熙撰，邓振明点校：《白下琐言》，南京出版社，2007年。

（清）陈文述撰，管军波、欧阳摩壹点校：《秣陵集》，南京出版社，2009年。

（清）陈开虞纂修：《康熙江宁府志》（《金陵全书》本），南京出版社，2011年。

（清）于成龙纂修：《康熙江宁府志》（《金陵全书》本），南京出版社，2011年。

（清）唐开陶修纂：《康熙上元县志》（《金陵全书》本），南京出版社，2010年。

（清）佟世燕修：《康熙江宁县志》（《金陵全书》本），南京出版社，2013年。

（清）顾炎武撰，胡箫白点校：《建康古今记》，南京出版社，2011年。

（清）袁枚纂修：《乾隆江宁县新志》（《金陵全书》本），南京出版社，2013年。

（清）袁枚修：《江宁新志》，中国书店出版社，1992年。

（清）莫祥芝、甘绍盘修，（清）汪士铎等纂：《同治上江两县志》（中国地方志集成本），江苏古籍出版社，1991年。

（清）张宝绘：《泛槎图》，北京古籍出版社，1988年。

（清）高晋等著，张维明选编：《南巡盛典名胜图录》，古吴轩出版社，1999年。

（清）沈德潜选：《古诗源》，文学古籍刊行社，1957年。

（清）陈梦雷主编：《古今图书集成·方舆汇编·职方典》，中华书局，1987年。

（清）徐松辑：《宋会要辑稿》，中华书局，1957年。

（清）沈德潜、周准编：《明诗别裁集》，上海古籍出版社，1979年。

（清）史梦兰著，黑土、水秀校注：《全史宫词》，大众文艺出版社，1999年。

（清）徐鼒撰，王崇武点校：《小腆纪年附考》，中华书局，1957年。

（清）于成龙等修，张九徵、陈焯等纂：《康熙江南通志》（通行本），清康熙二十三年（1684）刻本。

（清）黄之隽等编撰，（清）赵弘恩监修：《乾隆江南通志》五册，广陵书社，2010年。

（清）和珅等撰：《钦定大清一统志》（《钦定四库全书·史部》本），杭州出版社，2015年。

（清）顾祖禹撰，贺次君、施和金点校：《读史方舆纪要》十册，中华书局，2019年。

（清）吴敬梓著：《文木山房集》，古典文学出版社，1957年。

（清）计六奇撰，任道斌、魏得良点校：《明季南略》，中华书局，1984年。

（清）赵尔巽等编纂：《清史稿》，中华书局，1977年。

（清末民初）陈作霖撰，（民国）陈诒绂撰：《金陵琐志九种》，南京出版社，2008年。

（清末民初）徐寿卿撰，卢海鸣点校：《金陵杂志·金陵杂志续集》，南京出版社，2013年。

（民国）叶楚伧、柳诒徵主编，（民国）王焕镳编纂：《首都志》（《金陵全书》本），南京出版社，2013年。

（民国）喻谦编著，李云点校：《新续高僧传》，商务印书馆，2022年。

（民国）国都设计技术专员办事处编，王宇新、王明发点校：《首都计划》，南京出版社，2006年。

（民国）张惠衣撰，杨献文点校：《金陵大报恩寺塔志》，南京出版社，2007年。

（民国）胡祥翰撰，卢海鸣点校：《金陵胜迹志》，南京出版社，2012年。

（民国）陈迺勋、杜福堃编：《新京备乘》，南京出版社，2014年。

（民国）周念行、徐芳田编，邓攀点校：《新都胜迹考》，南京出版社，2014年。

（民国）王猩酋著，南京市地方志编纂委员会办公室编，周德麟、赵启斌整理：《雨花石子记》南京出版社，2018年。

（民国）周玲荪编绘：《金陵名胜写生集》，南京出版社，2019年。

（民国）张轮远著，卢开刚点校：《万石斋灵岩大理石谱》，南京出版社，2020年。

（民国）缪荃孙、冯煦、庄蕴宽、吴廷燮等纂修：《江苏省通志稿》，凤凰出版社，2019年。

（民国）中国科学社编，南京市地方志编纂委员会办公室整理：《科学的南京》，南京出版社，2018年。

（民国）朱偰著，南京市地方志编纂委员会办公室编：《金陵古迹图考》，南京出版社，2019年。

（民国）朱偰著，南京市地方志编纂委员会办公室编：《金陵古迹名胜影集》，南京出版社，2019年。

南京市雨花台区地名委员会编：《南京市雨花台区地名志》，南京市雨花台区地名委员会、南京市雨花台区城乡建设局（内部发行），1992年。

杨新华主编：《南京市雨花台区文物志》，南京大学出版社，1994年。

伍贻业主编：《南京回族伊斯兰教史稿》，南京市伊斯兰教协会（内部发行），2000 年。

南京市地方志编纂委员会编：《南京人物志》，学林出版社，2001 年。

南京市雨花台区地方志编纂委员会编：《雨花台区志》，方志出版社，2002 年。

黄唯佳主编，赵启斌、周德麟著：《雨花石艺》，南京出版社，2007 年。

黄唯佳主编，孙辰编著：《雨花遗珍》，南京出版社，2007 年。

黄唯佳主编，周安庆、张宏编注：《雨花诗韵》，南京出版社，2007 年。

黄唯佳主编，陈玥编：《雨花胜境》，南京出版社，2007 年。

江宁区政协编：《江宁历史文化大观》，南京出版社，2008 年。

南京市六合区地方志办公室编：《雨花石志》，中华书局，2008 年。

中共南京市委党史工作办公室编著：《南京百科全书》，江苏人民出版社，2009 年。

吴之洪著：《金陵大报恩寺历代高僧》，吉林人民出版社，2009 年。

南京市地方志编纂委员会编：《南京民族宗教志》，南京出版社，2009 年。

叶兆言等著：《老明信片·南京旧影》，南京出版社，2011 年。

叶兆言、卢海鸣、韩文宁撰：《老照片·南京旧影》，南京出版社，2012 年。

南京博物馆编：《南京考古资料汇编》，凤凰出版社，2013 年。

王聿诚辑注：《雨花历史文献》，南京出版社，2013 年。

卢海鸣、钱长江编：《老画册·南京旧影》，南京出版社，2014 年。

朱炳贵编著：《老地图·南京旧影》，南京出版社，2014 年。

张立新主编：《南京简志》，南京出版社，2014 年。

方中友主编：《金陵茶香》，南京大学出版社，2015 年。

中共南京市委党史工作办公室编著：《中国共产党南京历史大事记 1919—1949》，中央文献出版社，2015 年。

王德滋主编：《南京雨花石》，江苏凤凰科学技术出版社，2016 年。

隆相主编：《金陵梵刹旧影》，江苏凤凰美术出版社，2016 年。

曾立平校注：《明清南京乡试及相关碑刻校注》，南京出版社，2016 年。

卢海鸣编选：《老风景画·南京旧影》，南京出版社，2017 年。

杨新华编：《金陵碑刻精华》，西泠印社出版社，2019 年。

南京市雨花台烈士陵园管理局编：《雨花台烈士陵园志》，南京出版社，2019 年。

封野著：《南京佛寺叙录》，凤凰出版社，2019 年。

南京市雨花台区地方志编纂委员会办公室编：《雨花台年鉴（2019）》，方志出版社，2019 年。

《江苏省南京市雨花台区标准地名录》编辑部编：《江苏省南京市雨花台区标准地名录》，南京出版社，2024 年。

后　记

《雨花台志》是在《雨花台烈士陵园志》正式出版后立即启动的又一本志书。

本志编辑人员以《雨花台烈士陵园志》编委会的部分原班人马为基础，同时聘请了比较熟悉雨花台地区历史的部分学者，包括社会科学院、大专院校、地方志专业系统的相关专业学者、方志学者等。

在编写本志之前，雨花台之名，对于多数人来说还是一个模糊的概念，因为这里的地名除雨花台外，还有石子冈、石子墩、玛瑙冈、玛瑙山、聚宝山等若干名称，其中雨花台最负盛名。问题是：雨花台究竟指的是哪些具体方位？这就涉及雨花台的地理范围如何定位的问题。雨花台之名分为狭义的与广义的两种：狭义的是指今雨花台烈士陵园，这个认识基本上没有疑义；广义的是指由北到南，即从中华门长干里向南延伸至东晋时期的新亭江边，这是一条古老山冈带，即石子冈，此冈长达十余里。1949 年新中国成立后，党和人民政府开始在雨花台北部筹建烈士陵园。随着雨花台烈士陵园的逐步建成，今人习惯把这里认作雨花台，南部至新亭的那一部分山冈渐渐为人们所淡忘。为此，本志编委会的部分同志驱车专程深入实地对整个石子冈山冈进行系统考察，加上历史文献佐证，基本确定了石子冈的完整状况与面貌。所以，这次所编纂的《雨花台志》记述的区域范围是整个石子冈区域，属于广义上的雨花台。

历史上的雨花台文献丰富，资料繁杂，一个事件有多种说法，且史料舛误交错，要从两千多年历史中梳理出雨花台比较清晰的面貌来，确非易事。本志编委会的全体专家学者不畏艰辛，克服困苦，以五年汗水之功，最终完成洋洋百万字巨著《雨花台志》，诚可嘉贺。

全书由著名学者、地方史志专家杨永泉先生总纂，陆晖、张彧协助并负责出版编务工作。编写组由南京市社会科学院、滁州学院、中国第二历史档案馆、江苏省地方志工作办公室、南京市地方志办公室、南京古都学会、南京市雨花台区地方志办公室、南京市考古研究院、南京市秦淮区文化和旅游局、中共南京市委老干部局、南京市雨花台中学、南京雨花石协会和南京市雨花台烈士陵园管理局的相关人员组成。其中，全书“序”由编委会撰写；“综述”由杨永泉撰写；第一章“环境 资源”由朱向东、张彧、陆晖撰写；第二章“周边社会”由金戈、王守玲、陆晖撰写；第三章“古迹遗址”由朱向东、吕昂、陆晖、韩传强撰写，龚巨平、王聿诚、王守玲、杨永泉补缺，第二节“墓冢”中部分内容由南京市雨花台功德园提供；第四章“人物”由吕昂撰写，朱向东、杨永泉、孙宅巍、郭必强、陆晖补缺；第五章“重大战事”由赵德智撰写，朱兰霞、濮小南、陆晖修改及补缺；第六章“烈士陵园”由曹雨燕撰写；第七章“艺文”由杨永泉、王聿诚、吕昂、陆晖、莫佳思、房亚萍、杨柳、张彧辑录；“大事记”由王书宽、陆晖辑录，张彧补缺；“附录”雨花台重要文献中“史志文录”由王书宽辑录，“祠庙碑刻”“墓碑墓志”“敕文”由王聿诚、龚巨平、陆晖辑录，莫佳思、房亚萍、杨柳、张彧整理并补缺。

图照是书籍不可或缺的一个组成部分。本志除了选择历史上与雨花台相关的图照外，还收录了熟悉地图测绘、本志作者之一朱向东先生专门绘制的《雨花台地区古迹互见图》。

特别感谢江苏省委党史工作办公室副主任吴逵隆；南通市地方志办公室副主任陈红；南京市社会科学界联合会主席、党组书记，南京市社会科学院院长、研究员曹劲松；南京博物院原院长龚良；南京大学历史学院教授、博士生导师张学锋；江苏省社会科学院历史研究所研究员王卫星；南京师范大学教授、博士生导师，文物与博物馆学系主任王志高，雨花英烈研究会副会长向媛华等专家学者为本志提出了许多宝贵的建议与要求。南京旅游学会会长、江苏省旅游学会副会长邢定康自始至终关心本志的编写并提供了相关资料；南京图书馆研究馆员陈希亮、南京市雨花台区铁心桥街道政协工委主任（原雨花台区地方志办公室主任）俞建宁，航天晨光（香港）股份有限公司董事、南京晨光艺术工程有限公司董事王宇，南京晨光集团有限责任公司李嘉炜等同志为本志提供了若干图照。

《雨花台志》成功入选2024年江苏省重点史志作品编纂出版资助项目，得到江苏省地方志工作办公室、南京市地方志办公室的精心指导和大力支持。南京出版社卢海鸣社长一直关心全书的编写进程，他率出版社相关编辑谢微、翟聪睿、李雅凡、冯展君、王晓晨从出版专业的规范性给予本志以指导。在《雨花台志》一书即将付梓之际，是志编委会全体同仁对以上领导师友一并深表谢忱！

《雨花台志》编委会

2024年11月